Kompetenzerziehung: Befähigung zur Bewältigung

Heinz-Werner Wollersheim

KOMPETENZ-ERZIEHUNG:

BEFÄHIGUNG ZUR BEWÄLTIGUNG

PETER LANG
Frankfurt am Main · Berlin · Bern · New York · Paris · Wien

Die Deutsche Bibliothek - CIP-Einheitsaufnahme

Wollersheim, Heinz-Werner:
Kompetenzerziehung : Befähigung zur Bewältigung / Heinz-Werner Wollersheim. - Frankfurt am Main ; Berlin ; Bern ; New York ; Paris ; Wien : Lang, 1993
  ISBN 3-631-46314-6
NE: GT

ISBN 3-631-46314-6
© Verlag Peter Lang GmbH, Frankfurt am Main 1993
Alle Rechte vorbehalten.

Das Werk einschließlich aller seiner Teile ist urheberrechtlich geschützt. Jede Verwertung außerhalb der engen Grenzen des Urheberrechtsgesetzes ist ohne Zustimmung des Verlages unzulässig und strafbar. Das gilt insbesondere für Vervielfältigungen, Übersetzungen, Mikroverfilmungen und die Einspeicherung und Verarbeitung in elektronischen Systemen.

Printed in Germany 1 2 3 4 6 7

Vorwort

Diese Arbeit wurde im Sommer 1992 von der Philosophischen Fakultät der Universität Bonn als Habilitationsschrift angenommen. Dank sei an dieser Stelle allen - auch den nicht namentlich genannten - gesagt, die mich bei der Fertigstellung dieser Arbeit unterstützt haben. Dieser Dank gilt im besonderen meinem langjährigen akademischen Lehrer Prof. Dr. Erich E. Geißler, der den Fortgang der Arbeit mit freundlichem Wohlwollen beobachtet hat, notwendige Freiheit gewährte und trotz seiner vielfältigen zeitintensiven Aufgaben in Bonn und Leipzig immer wieder das Gespräch ermöglichte.

Aus der unmittelbaren Nähe des gemeinsamen Büros hat Frau PD Dr. Claudia Solzbacher die Entstehung dieser Arbeit miterlebt. Dieser Gemeinschaft verdankt die vorliegende Arbeit mehr, als sich im einzelnen aufzählen ließe. In idealer Mischung von Klugheit und Wärme, Mut und Gelassenheit hat sie dazu beigetragen, daß mir die gemeinsamen Assistentenjahre zum Maßstab gemeinsamen Denkens und Arbeitens geworden sind.

Mein Freund, Herr Michael Fellbach M.A., unterzog sich der Mühsal, den gesamten Text kritisch zu lesen. Seinem soziologisch geschulten Blick danke ich neben akribischen Korrekturhinweisen, kritischen Anmerkungen zur Lesbarkeit und Argumentation viele wertvolle Gespräche über die Spiegelungen meines Themas in den mir bis dahin weitgehend verschlossenen Labyrinthen der Soziologie.

Meine Frau Ulrike und mein Sohn Adrian haben die Zeit höchster Anspannung gemeinsam mit mir getragen und mir, meist ohne Murren, überlange Zeiten am Schreibtisch eingeräumt. Als mein Sohn ein neues Lieblingsspiel entwickelte: "Ich geh' jetzt in mein Arbeitszimmer, mach' die Tür hinter mir zu und darf nicht gestört werden", wußte ich, daß die Sache nunmehr zu einem Abschluß gebracht werden mußte. Den beiden liebsten Menschen, die bisweilen Anlaß, zumeist jedoch wichtigster Kraftquell meines eigenen Coping-Verhaltens waren und sind, ist diese Arbeit zugeeignet.

INHALT

1.	Ziel, Methode und Aufriß der Untersuchung	11
1.1	Ausgangspunkt und Zielsetzung der vorgelegten Untersuchung	11
1.2	Methoden	13
1.3	Zum Gang der Untersuchung	14

ERSTER TEIL: BELASTUNGEN UND DIE FRAGE IHRER PÄDAGOGISCHEN VERANTWORTBARKEIT   15

2.	Belastung und Bewältigung	17
2.1	Das strikte Verdikt: Krisen als Gefährdung der seelischen Gesundheit	17
2.1.1	Katastrophen und seelische Krisen	17
2.1.2	Das Leid als absolute Kategorie	19
2.1.3	Gesellschaftlich bedingte individuelle Krisen	20
2.2	Entlastung - ein "trojanisches Pferd" für den kompetenten Menschen?	24
2.2.1	Die Doppelte Verneinung: Entlastung als "Mechanismus gesellschaftlicher Repression"	24
2.2.2	Entlastung und individuelles Anspruchsdenken	25
2.2.3	Individuelle Entlastung und Verwöhnung	25
2.3	Vom möglichen Wert der Krise	28
2.3.1	Hinweise aus dem Bereich der Literatur	28
2.3.2	Krise als Kennzeichen menschlicher Existenz	31
2.3.3	Bewertung im christlichen Existentialismus	34
2.3.4	Krise als Absurdität des Seins: Albert Camus	37
2.4	Krisen im Spiegel der Forschung: Von der Abwehr zur Bewältigung	39
2.4.1	Zur Psychopathogenität der Abwehr bei Sigmund Freud	40
2.4.2	Abwehrmechanismen bei Anna Freud	40
2.4.3	Erik Erikson: Identitätsentwicklung durch Krisenbewältigung	42
2.4.4	Peter Blos: Revision der Abwehrmechanismen	43
2.4.5	Norma Haan: Abwehr und Bewältigung	45
2.4.6	Richard Lazarus: Bewältigung als Grundfunktion	47
2.4.7	Systematische Erträge	48
2.5	Belastungen im Alltag: anthropologische Positionen	49
2.6	Belastungen, Erfolg und Selbstvertrauen	52
2.6.1	Anspruchsniveau und Realziel: F. Hoppe	52
2.6.2	Sachlicher Mißerfolg und emotionale Tönung: T. Dembo	55
2.6.3	Langzeitwirkungen: S. Fajans und M. Jucknat	56

3. Belastungen aus pädagogischer Sicht 61
3.1 Belastung und Bewältigung: Besonderheiten der pädagogischen Perspektive 62
3.2 Belastungen - Versuch einer Systematisierung aus pädagogischer Sicht 64
3.2.1 Schwere, Wirktendenz und Ursachen von Belastungen 64
3.2.2 Einsicht, Übersicht und die Erwartung eineslogischen Zusammenhangs 65
3.2.3 Informationsfülle und Orientierungsverlust 67
3.2.3.1 Zur Expansion des Grundlagen- und Anwendungswissens 68
3.2.3.2 Zur ungebrochenen Bedeutung des Wissens 69
3.2.3.3 Informationsmenge und Handlungsfähigkeit 69
3.2.4 Komponenten eines pädagogischen Belastungskonzepts 72
3.3 Bildung als Prävention: Klassische Begründung und neuere Lösungsversuche 75
3.3.1 Informationsfülle, Ungewißheit und Grundversionen formaler Bildung 75
3.3.2 Die Hoffnung auf das Exemplarische 76
3.3.3 Zukunftsbewältigung durch Qualifizierung 78
3.4 Zusammenfassung und Ausblick: Kompetenz durch Bewältigung 84

ZWEITER TEIL: KOMPETENZ DURCH BEWÄLTIGUNG - GRUNDELEMENTE 87

4. Kompetenz als Ziel und Grund von Bewältigungsprozessen 89
4.1 Zum Begriff der Kompetenz 89
4.1.1 Überblick 89
4.1.2 "Kompetenz": Zur Begriffsverwendung in psychologischen Konzepten 90
4.1.3 Zur Verwendung des Kompetenz-Begriffs in der Pädagogik 98
4.2 Grunddimensionen eines pädagogischen Kompetenz-Begriffs 102
4.2.1 Kompetenz: Folgerungen aus der Begriffsdiskussion 102
4.2.1.1 Epistemische und heuristische Kompetenz: Aspekte oder Differenz? 102
4.2.1.2 Kompetenz-Einschätzung statt Kompetenz? 103
4.2.1.3 "Kompetenz durch Performanz" oder "Performanz durch Kompetenz"? 105
4.2.1.4 Individualisierung der Maßstäbe? 107
4.2.2 Kompetenz, Kontrolle und Selbstwirksamkeit 108
4.2.3 Kompetenz, Motivation und Emotion 113
4.2.4 Kompetenz und Selbständigkeit 117

5. Kompetenz durch Bewältigung und das Transferproblem 123
5.1 Zur Transferierbarkeit von Bewältigungsstrategien 123
5.2 Transfer: Schwierigkeiten der Begriffsbestimmung 123
5.2.1 Transfer im Alltag: Übung und Anwendung 123
5.2.2 Definitorische Vielfalt 125
5.3 Formale Bildung oder spezifisches Lernen? 128

5.3.1	Formale Bildung - ein Mythos?	128
5.3.2	Empirisch begründete Zweifel	129
5.3.3	Widerlegung oder Paradigmenwechsel?	130
5.4	Komplexes wächst aus Einfachem: Bedingungen des Transfers	131
5.4.1	Experimente mit weitreichenden Folgen	131
5.4.2	Theoretische Positionen: Zur Neuorientierung des Transfermodells	135
5.5	Sachlogische Bedingungen von Kompetenz: Wissen und seine Organisation	139
5.5.1	"Schemata" als psychologische Basiseinheiten	139
5.5.2	Werkzeuge der Assimilation	140
5.5.3	Schema und System: Wissen	141
5.5.4	Neuere Forschungsergebnisse	145
5.5.5	Sachkenntnis und Kreativität: ein Ausblick	147
5.6	Zusammenfassung und Ausblick	152
6.	Zum Aufbau von Kompetenz durch Bewältigung	155
6.1	Kognitive Grundlegung: Beiträge der Problemforschung	155
6.1.1	Einleitender Überblick	155
6.1.2	Problemlösen als Informationsverarbeitung: D. Dörner	156
6.1.2.1	Problemtypen	156
6.1.2.2	Wirklichkeitsbereiche und ihre Struktur	159
6.1.2.3	Kognitive Strukturen	160
6.1.2.4	Problemlösetraining	162
6.1.3	Fehlleistungen in Problemlöseprozessen	164
6.1.3.1	Handlungsziele	164
6.1.3.2	Informationsbeschaffung und Modellierung	167
6.1.3.3	Eigendynamik von Systemen	168
6.1.3.4	Planen	169
6.1.3.5	Kontrolliertes Handeln	170
6.1.4	Pädagogische Konsequenzen	172
6.2	Problemlösen, Problembewältigung und Entwicklung	179
6.2.1	Einleitende Hinweise	179
6.2.2	Robbie Case: Entwicklung durch Problemlösen	180
6.2.3	Problemlösen und Problembewältigung	180
6.2.4	Robert Havighurst: Entwicklungsaufgaben	183
6.2.5	Richard Lerners Konzept der selbstproduzierten Entwicklung	186
6.3	Bewältigungsforschung: Ein kurzer Überblick	188
6.4	Die Mikroebene: Coping-Prozesse	190
6.4.1	Coping-Prozesse: Modellvorstellungen	190
6.4.2	Das ursprüngliche Konzept: Threat und Coping	190
6.4.3	Modifikationen des Konzepts	195

6.4.3.1 "Transaktion" statt "Interaktion" — 195
6.4.3.2 Zur Neudefinition von "Coping" — 197
6.4.3.3 Zum Verhältnis von Primary und Secondary Appraisal — 199
6.4.3.4 Verschiebungen in der Klassifikation der Coping-Prozesse — 199
6.4.3.5 Einflußfaktoren auf die Wahl der Coping-Form — 200
6.4.4 Systematische Erträge — 202

6.5 Die Makroebene: Thematische Strukturierung der Biographie — 205
6.5.1 Einige Grundzüge der dynamischen Persönlichkeitstheorie H. Thomaes — 205
6.5.2 Daseinsthematik und kognitive Repräsentation — 209
6.5.3 Daseinsthematik, Daseinstechnik und Reaktionshierarchien — 210
6.5.4 Systematische Erträge: Reaktionsformen und Anleitung zur Bewältigung — 214

6.6 Zusammenfassung und Ausblick — 216

DRITTER TEIL: BEFÄHIGUNG ZUR BEWÄLTIGUNG — 221

7. Anleitung zur Bewältigung — 221
7.1 Anleitung zum Problemlösen — 221
7.1.1 G. Polya: "Moderne Heuristik" — 221
7.1.2 Weiterentwicklung der Heuristik bei H. Aebli — 224
7.1.3 Trainingseffekt: Über den Begriff des Problemlösens verfügen — 226
7.2 Kompetenzerziehung als Denkerziehung — 227
7.3 Anleitung zum Coping-Verhalten — 229
7.3.1 Zur Vermittlung von "Coping-Skills" — 229
7.3.2 Coping im Unterricht: Ein erster Versuch — 233
7.4 Bildung und Bewältigung: Beispiele aus der pädagogischen Praxis — 238
7.4.1 Johann Heinrich Pestalozzi: Erziehung zur Bewältigung — 238
7.4.2 Kurt Hahn: Erziehung, Bewährung, Verantwortung — 244
7.4.3 Bildung und Bewältigung — 250
7.5 Kompetenzerziehung: Systematische Perspektiven — 251

8. Kompetenzerziehung: Ergebnisse und offene Probleme — 255

ANMERKUNGEN — 267

LITERATUR — 305

1. Ziel, Methode und Aufriß der Untersuchung

1.1 Ausgangspunkt und Zielsetzung der vorgelegten Untersuchung

Innerhalb nur weniger Jahre hat sich in einigen Bereichen der Humanwissenschaften ein Wandel in ihrem aktuell favorisierten Bild vom Menschen vollzogen, wie man ihn sich radikaler kaum vorstellen kann.

Lange Zeit hindurch hatten Vorstellungen dominiert, die den Menschen als Opfer einer als "repressiv" eingestuften Gesellschaft thematisierten. Die zweifellos existierende Beeinflussung des Menschen durch seine soziale Mit- und dingliche Umwelt war ins Zentrum des sozialwissenschaftlichen Forschungsinteresses getreten, wobei aus der interessebedingten Verschiebung des Erkenntnisakzents bald ein ideologisch fixiertes spezifisches Handlungsinteresse erwuchs: Kritische Sozialwissenschaft durfte sich als Anwalt des Opfers "Mensch" begreifen, das es vor jedweden - als illegitim und belastend begriffenen - Fremdforderungen zu bewahren gälte.

Vor einiger Zeit begann die Besinnung darauf, daß diese Sichtweise dem Insgesamt menschlicher Existenz nicht angemessen ist. Ausgehend von Ergebnissen der amerikanischen Krisen- und Streßforschung, die zunächst auf Konstrukte wie Adaptation, Mastery oder Competence gerichtet war und seit Mitte der siebziger Jahre unter der Leitkategorie Coping - im Deutschen am häufigsten übersetzt mit "Bewältigung" - einen regelrechten Publikationsboom auslöste, begann sich ein neues Bewußtsein dafür zu schärfen, daß einer erfolgreichen Bewältigung belastender Situationen über den bloßen Augenblick hinaus große Bedeutung für die Entwicklung personaler Stabilität zukommt. Speziell in Deutschland ergab sich damit eine gewisse Nähe des Coping-Konzepts zu einer biographisch fundierten Persönlichkeitspsychologie, wie sie seit den frühen fünfziger Jahren von Hans Thomae entwickelt wurde und noch heute weiterentwickelt wird. Über den Umweg der Jugendforschung[1] hat das Coping-Konzept zwischenzeitlich auch unter Erziehungswissenschaftlern Beachtung gefunden[2]. Dabei wurde die Grundaussage dieses New Look personaler Entwicklung rasch popularisiert und, von ihrem theoretischen Unterbau abgelöst, in unkritischer Weise als Maxime pädagogischen Handelns verbreitet: Fordern statt verwöhnen![3] Daß die Einseitigkeit solcher Imperative all jene erschrecken mußte, die um die destruktiven Wirkungen von anhaltender Überforderung und wiederholten Mißerfolgserlebnissen[4] wußten, liegt auf der Hand: Vor einer ideologischen Glorifizierung von Krisen wurde unlängst energisch gewarnt.[5]

Beide Positionen bilden die Pole ein und derselben Dimension, und in beiden Extremen wird eine gezielte Förderung von Menschen unmöglich: Permanente Überforderung hat ständig sich wiederholende Mißerfolgserlebnisse und in deren Folge mit an Sicherheit grenzender Wahrscheinlichkeit Mißerfolgserwartungen zur Konsequenz. Der Verzicht auf jedwedes Fordern schließt diese dramatische Konsequenz zwar aus, dafür wird es nun unmöglich, eine gewünschte Entwicklungsrichtung vor anderen auszuzeichnen. "Fördern" setzt nämlich Klarheit über die Richtung von Entwicklung voraus; "Fördern" bedeutet darüber hinaus im Gegensatz zum bloßen Beobachten den bewußten, aktiven und auf Wirkung ausgerichteten Eingriff eines Mentors in den Lebensraum eines anderen Menschen.

Die eingangs erwähnten Ergebnisse psychologischer Untersuchungen, wonach die erfolgreiche Bewältigung von Belastungen bedeutsam für die Entwicklung von selbständiger Handlungsfähigkeit und personaler Stabilität ist, machen das Thema "Bewältigung" für Pädagogen interessant. Allerdings modifiziert sich aus pädagogischer Sicht die Fragestellung: Es interessiert weniger die Tatsache, daß es Coping-Prozesse mit ihren begehrenswerten positiven Rückwirkungen gibt, als die Beantwortung der Frage, wie man solche Prozesse in Gang setzen und positiv beeinflussen kann. Auf eine Formel gebracht: Die Befähigung zur Bewältigung rückt in den Mittelpunkt der Aufmerksamkeit.

Die Belastungen, die Menschen im Laufe ihres Lebens erfahren, sind höchst vielfältig, und dies war wahrscheinlich zu keiner Epoche anders. Es wundert daher nicht, daß die Vorbereitung auf die erfolgreiche Bewältigung künftiger und die Hilfe bei der Meisterung aktueller Belastungen, wie die reichhaltige Literatur zeigt, seit je ein wichtiges Thema menschlicher Lebenshilfe in den unterschiedlichsten Bereichen sind: Das Spektrum reicht im Aktuellen von der einfachen, hilfreichen Sachinformation über das ratsuchende Gespräch in der Familie oder unter Freunden, das professionalisierte Aufgabenfeld der psychosozialen Dienste bis hin zur seelsorgerischen Betreuung und priesterlichen Beistand in existentiellen Krisen. Zur Vorbereitung auf die erfolgreiche Bewältigung künftiger Belastungen mag in konkreteren Fällen die antizipierende Übung bestimmter Grundfertigkeiten hilfreich sein, in anderen, thematisch klar strukturierten Fällen kann beispielsweise die intensive Auseinandersetzung mit dem tragischen Normenkonflikt des Helden im klassischen Drama Entscheidungshilfe in Grundfragen bieten, wie auch in allgemeineren Fällen das Studium einer bestimmten Position, beispielsweise des stoischen Ideals der rechten Lebensführung, bei der Bewältigung allgemeinster und alltäglicher Probleme Hilfe und Orientierung zu bieten vermag.

Auch im pädagogischen Kontext ist die Fragestellung einer Befähigung zur Bewältigung nicht erst in der jüngeren Vergangenheit erwachsen, sondern sie gehört, vor allem in ihrer präventiven Dimension, zu den allgemeinen Zielvorstellungen, von denen her sich pädagogische Prozesse legitimieren und auf die sie ausgerichtet sind: Sofern man ihn nicht nur als Institutionalisierung eines einseitigen Anpassungsprozesses des Individuums an die Vorgaben der Gesellschaft interpretiert, läßt sich auch der Gemeinspruch "Nicht für die Schule, sondern für das Leben lernen wir" in diesem Sinne verstehen. Schule soll die organisierte und institutionalisierte Form einer Befähigung zur Bewältigung sein. Freilich sind, wie der Ursprung des Gemeinspruchs zeigt, die Zweifel an der Alltagstauglichkeit der Institution im Hinblick auf diesen Zweck anscheinend ebenso alt wie die Maxime selbst; Seneca hatte nämlich voll bitterer Ironie resümiert: "Non vitae, sed scholae discimus."[6]

Überlegungen, wie eine solche "Befähigung zur Bewältigung" organisatorisch und inhaltlich bestmöglich erreicht werden kann, charakterisieren die Schulstrukturdebatte und vor allem die Lehrplan- und Curriculumdiskussion, seitdem es Lehrpläne gibt. Insofern und als Ziel verstanden fügt sich das Gemeinte insbesondere nahtlos in die bildungstheoretische Diskussionslinie der Nachkriegszeit ein. Schulpraktische und bildungsorganisatorische Detailfragen sind indessen nicht Gegenstand der hier vorgelegten Arbeit; statt dessen begnüge ich mich mit dem Hinweis, daß die Mehrzahl der in diesem Zusammenhang zu thematisierenden Fragen und Probleme in der jüngsten Arbeit von Werner Heldmann[7] mit einem derart hohen Maß an Überblick wie Detailverständnis erörtert worden sind, wie es einem um Jahrzehnte Jüngeren naturgemäß kaum möglich sein dürfte.

In systematischer Absicht verfolgt die hier vorgelegte Arbeit vielmehr das Ziel, Kompetenz als zentrales Konzept menschlicher Bewältigungsfähigkeit auf seine sachlogischen und psychologischen Bedingungen hin zu untersuchen und nach Perspektiven Ausschau zu halten, wie eine entsprechende Kompetenzerziehung als Befähigung zur Bewältigung konzeptionell beschaffen sein könnte.

1.2 Methoden

Die Abhandlung bewegt sich über weite Strecken im Schnittbereich zwischen Psychologie und Pädagogik. Dies darf jedoch nicht zu der Annahme verleiten, mir sei an einer "psychologischen" Umschrift der Erziehungswissenschaft gelegen: Einsatzpunkt und Intention der Untersuchung sind pädagogisch bestimmt.

Die pädagogische Perspektive ist, wie an späterer Stelle[8] noch genauer gezeigt werden wird, unter anderem durch einen mehr auf Prävention denn auf Intervention oder Therapie hin ausgerichtet. Aus diesem Grunde bleiben ausnahmslos alle therapeutischen Ansätze einer Anleitung zur Bewältigung im Rahmen dieser Arbeit unbehandelt, auch wenn diese im Einzelfall zur Thematik dieser Arbeit beitragen könnten.[9]

Eine Vielzahl von psychologischen Einzeluntersuchungen hat ein reiches Detailwissen um hier zu bearbeitende Fragenkomplexe hervorgebracht. Diese Einzelergebnisse sollen in der vorliegenden Untersuchung mit dem "Methodeninventar" der geisteswissenschaftlich orientierten Pädagogik bearbeitet und zu einer eigenen neuen Gestalt verdichtet werden. Wo immer es sinnvoll ist, werden die Ergebnisse neuerer psychologischer Forschung auf korrespondierende Aussagen im Bereich der pädagogischen Tradition bezogen, wobei ich mich von der Erwartung leiten lasse, wechselseitige Korrektiva erkennbar zu machen. Untersuchungsergebnisse einer sich als empirische Sozialwissenschaft verstehenden Psychologie können dazu beitragen, die ebenfalls an der Realität gewonnenen Aussagen der pädagogischen Tradition unter differentiellem Aspekt zu präzisieren oder - im Extremfall - zu revidieren. Umgekehrt können die auf den ganzheitlichen Aspekt von Bildungskonzeptionen ausgerichteten pädagogischen Überlegungen dazu beitragen, die in bisweilen sehr speziellen Forschungsdesigns gewonnenen psychologischen Ergebnisse in umfassenderem Zusammenhang zu würdigen.

1.3 Zum Gang der Untersuchung

In der eingangs formulierten These, daß eine erfolgreiche Bewältigung belastender Situationen über den bloßen Augenblick hinaus große Bedeutung für die Entwicklung personaler Stabilität zukomme, ist die Legitimation des Verfahrens "Fördern durch Fordern" schlicht vorausgesetzt. Diese Position ist jedoch nichts weniger als unumstritten. Soll der hier vorgelegten Abhandlung nicht von vornherein der logische Boden unter den Füßen entzogen werden, ist es unumgänglich, sich zunächst genau dieser Legitimationsfrage zuzuwenden. Dies geschieht im ersten Teil der Arbeit: Belastungen und die Frage ihrer pädagogischen Verantwortbarkeit. Hier wird erstens die Auseinandersetzung mit den strikten Gegenpositionen geführt. In einem zweiten Schritt wird die Mannigfaltigkeit realer Belastungssituationen und die Vielzahl möglicher Formen der Unterstützung und Hilfe bei ihrer Bewältigung auf die Spezifika der pädagogischen Problemstellung hin ausgelegt, denn nicht jede Belastung und nicht jede Anleitung zur Bewältigung fällt in das Aufgabenfeld des Pädagogen.

Aus der im ersten Teil entwickelten Sicht des Menschen als eines auf aktive Gestaltung von Welt hin strebenden Wesens ergibt sich der Zielbegriff der hier vorgelegten Arbeit: "Kompetenz". Im zweiten Teil der Abhandlung wird dieser Kompetenzbegriff zunächst im Kontext vorliegender psychologischer und pädagogischer Forschungsergebnisse analysiert und um notwendige Komponenten jenseits "bloß gekonnter" Fertigkeiten erweitert.

Wissen, dies ist Gegenstand des fünften Kapitels, ist und bleibt jedoch eine unabdingbare Voraussetzung von Kompetenz und gleichzeitig ein Medium von Kompetenzerziehung: Die begehrte, indessen lediglich formalen Zielcharakter tragende Kompetenz läßt sich nicht durch formal-strategisches Training, sondern nur "auf dem Rücken" von Sach- und Handlungswissen gewinnen.

Während im fünften Kapitel die Strukturierung des Sachwissens im Mittelpunkt stand, geht das sechste Kapitel der Struktur des Handlungswissens nach, indem grundlegende Modelle von Problemlösen und Problembewältigung dargestellt und untersucht werden.

Auf dieser Grundlage bleibt es dem dritten Teil der hier vorgelegten Arbeit vorbehalten, vorliegende Ansätze einer Anleitung zur Bewältigung einer kritischen Analyse zu unterziehen. Die Gliederung folgt im wesentlichen der Unterscheidung des sechsten Kapitels zwischen Problemlösen und Problembewältigung. Die vorgestellten Konzepte werden abschließend auf bildungsorientierte Konzeptionen einer umfassenden Kompetenzerziehung aus der pädagogischen Praxis bezogen. Eine Zusammenfassung der wichtigsten Ergebnisse und eine Diskussion offener Fragen beschließt die Arbeit.

Erster Teil: Belastungen und die Frage ihrer pädagogischen Verantwortbarkeit

Vielerorts, wie beispielsweise im gesamten sportlichen Bereich, scheint sich die Frage nach der Verantwortbarkeit gezielter Belastungen gar nicht zu stellen: Kein Trainer, der nicht versucht, durch gezielte und dosierte Belastungen die Leistungsfähigkeit seines Schützlings zu steigern. Nur gelegentlich und in besonderen Grenzfällen gerät die Verantwortung des Trainers ins Kreuzfeuer öffentlicher Kritik, beispielsweise in den Fällen eines zu frühen und übermäßig harten Trainings[1] oder des Einsatzes von Anabolika. Doch auch in diesen Fällen sind es eher die Auswüchse wie die menschenverachtende Praxis der "Züchtung" von sportlicher Höchstleistung um jeden Preis, die angeprangert werden. Das Grundprinzip selbst, wonach eine Leistungssteigerung ohne die gezielten Belastungen eine Trainings nicht zu haben sind, steht außer Frage.

Wer in diesen Bahnen zu denken gewohnt ist, für den mag sich auch im Pädagogischen die Frage nach der Verantwortbarkeit von Belastungen gar nicht stellen: Ist doch die Vermittlung von Wissen an die selbständige Lösung von Aufgaben geknüpft und damit zugleich an einen Prozeß, der immer auch belastende Momente beinhaltet. Auch im Bereich der Erziehung kann man nicht davon ausgehen, daß unvermeidbare Fremdforderungen des Erziehenden stets ohne mehr oder weniger große psychische Belastungen des Erzogenen abgehen.

Doch solch einfache Analogien zwischen dem Bereich des körperlichen Trainings und dem des geistigen Förderns sind von zweifelhaftem Wert. Mindestens drei Gründe lassen sich nämlich gegen die Übertragung des physiologischen Trainingsmodells ins Feld führen:

Erstens scheint mir, daß ein ähnlich eindeutiger Zusammenhang zwischen Optimalbelastung und Leistungssteigerung, wie er im physiologischen Bereich zu finden ist, mangels einer erkennbaren, abgrenzbaren und direkt trainierbaren seelischen "Muskulatur" mit erheblichen Problemen beim Versuch seiner empirischen Validierung verbunden wäre. Zugleich scheint die im physiologischen Bereich sinnvolle systemische Trennung zwischen externer Belastung, Ermüdung und Regeneration einerseits und Aufbau der Muskulatur als Reaktion auf Belastung andererseits hier kaum möglich, weil im Psychischen die Ermüdung selbst wieder eine wesentliche Belastung darstellt. Dem vorwiegend exogenen Belastungsgeschehen im physiologischen Bereich steht somit ein gleichermaßen exogen wie endogen gespeistes Belastungskonzept im Psychischen gegenüber.

Zweitens sind die Identifizierbarkeit und Lokalisierbarkeit von Belastungen im psychischen Bereich schwieriger, wie folgende Beispiele verdeutlichen sollen: In Schulen, aber auch in Betrieben ist die "unbedachte Überforderung" von Schülern oder Mitarbeitern keine allzu seltene Situation. Eine solche Überforderung kann aus der

2. Belastung und Bewältigung

sachlichen Qualität der Aufgabenstellung herrühren, sie kann aber auch aus dem Zusammenwirken vieler kleiner und im einzelnen unbedeutender Ärgernisse entstehen: So kann die Permanenz des Tadels in der Erziehung, des Nörglerischen in der Ehe oder der egozentrisch-neidischen Konkurrenz am Arbeitsplatz zu erheblichen psychischen Belastungen führen.

Drittens ist daran zu erinnern, daß Belastungen graduell unterschiedlich sein können. Unsere Alltagserfahrung zeigt, daß damit unterschiedlich starke Erfahrungen von seelischem Schmerz verbunden sind. Insbesondere schwere psychische Belastungen, wie sie beispielsweise in der Folge des Verlustes nahestehender Personen oder eigener schwerer chronischer Krankheit auftreten können, sind für die betroffene Person häufig mit einem beträchtlichen Ausmaß an Leid verbunden. Unter dem Gesichtspunkt dieses unvermeidlichen Leiderlebens wirkt die Idee, Menschen gezielt Belastungen auszusetzen, wie ein Paradekapitel aus der Schwarzen Pädagogik oder wie ein Hauptstichwort aus dem Wörterbuch des Unmenschen.

Beides, der positive Zusammenhang von Belastung und Training einerseits, wie die referierten Gründe gegen eine direkte Übertragung dieser Denkfigur auf den gesamten pädagogischen Bereich, zeigt die Notwendigkeit, das Problemfeld "Belastung und Bewältigung" einer gründlichen Analyse zu unterwerfen. Dies soll in zwei Schritten geschehen: In einem ersten Durchgang stehen die Fragen der ethischen Zulässigkeit und des möglichen Nutzens im Mittelpunkt. Die Argumentationsfigur folgt formal der Struktur eines Widerspruchsbeweises: Ausgehend von der Annahme, psychischen Belastungen gehe jedweder positive pädagogische Aspekt ab, werden Positionen dargestellt, die den möglichen Sinn selbst schwerer psychischer Belastungen erweisen. In positiver Fortsetzung kann man dann versuchen, die Bedeutung erfolgreicher und mißlingender Bewältigungshandlungen für die Entwicklung personaler Stabilität und eines positiven Selbstwertgefühls zu zeigen. In einem zweiten großen Schritt gilt es dann, die Besonderheit der pädagogischen Position gegenüber anderen Perspektiven herauszuarbeiten, um so zu einem Belastungskonzept aus pädagogischer Sicht zu gelangen.

2. Belastung und Bewältigung

2.1 Das strikte Verdikt: Krisen als Gefährdung der seelischen Gesundheit

Hiob war ein Gerechter. Von Satan aufgereizt prüfte Gott seinen Knecht. Er nahm ihm seinen Reichtum, seine Kinder und schließlich seine Gesundheit. Trotz tiefster Verzweiflung ist Hiob letztlich nicht an seinem Schicksal zerbrochen, sondern bewahrte seine Rechtgläubigkeit und damit die zentrale Komponente seiner personalen Identität.

Gefährten Hiobs sind all jene, denen das Schicksal hart zusetzt. Als solcher fühlt sich indessen auch mancher, dem weit weniger harte Belastungen auferlegt sind. Ob echte oder "kleine" Hiobsbotschaft: Unangenehm, ja leidvoll sind sie alle.

"Belastung" ist daher zunächst sicherlich ein negativ besetzter Begriff: Man begegnet ihm in negativen Wortzusammensetzungen wie zum Beispiel "Umweltbelastung" oder "Steuerbelastung" und ist im Bereich der Medizin und Psychologie gebräuchlich[2] für starke körperliche und seelische Beanspruchungen durch anhaltende äußere oder innere Aktivität oder Reizeinwirkung (Muskelarbeit, Konzentrations- und Denkleistungen u.a.m.). Durch diese Beanspruchung kann es zu einer allmählichen Schwächung der psychophysischen Struktur des Menschen - sei es in der Form der Ermüdung, oder sei es in Extremfällen in der Form von Erkrankung infolge von Streß - kommen.

Wenn dieser Sachverhalt richtig ist, muß man dann nicht gerade als Pädagoge alle Bemühungen daran setzen, solch mögliche Gefährdung eines Menschen zu vermeiden und ihn folglich vor Belastungen zu bewahren?

2.1.1 Katastrophen und seelische Krisen

Die Beantwortung dieser Frage fällt alles andere als leicht, und zunächst sollen die Argumente geprüft werden, die ihre Bejahung angeraten scheinen lassen. Die Kernthese all dieser Argumente, die im folgenden entfaltet werden sollen, lautet: Außergewöhnliche Belastungen können Menschen derart stark beanspruchen, daß es zu einer Krise ihrer gesamten Persönlichkeit und ihrer Identität kommt. Die erfolgreiche Bewältigung dieser Krise sei überaus ungewiß; vielmehr bestehe die Gefahr, daß diese Menschen an ihrem Schicksal zerbrechen. Deshalb sei es geradezu unmoralisch, Menschen solchen Krisen auszusetzen. Und weil die Grenze kaum bestimmbar sei, ab welchem Maß an Belastung diese in eine solche umfassende Krisenlage umschlage, ergebe sich daraus die notwendige Verallgemeinerung, auf Belastungen ihres potentiell gefährdenden Charakters wegen zu gänzlich zu verzichten.

Die Belege für diese These entstammen zunächst Bereichen, in denen man sich ihrer Evidenz kaum zu entziehen vermag. So hatte beispielsweise Thyhurst[3] zu Beginn der fünfziger Jahre von seinen Erfahrungen mit der psychosozialen Therapie bei Opfern von Brand- und Flutkatastrophen berichtet. Unter dem schockartigen Eindruck des Verlustes von materiellem Besitz, der eigenen Gesundheit oder nahestehender Menschen hatten sich tiefgreifende, den Kern der eigenen Persönlichkeit berührende Krisen eingestellt, die einer therapeutischen Behandlung bedurften. Opfer einer Brandkatastrophe bildeten auch eine Klientengruppe bei Lindemann[4], der bereits zuvor die Trauerreaktionen von Katastrophenopfern und Hinterbliebenen von Gestorbenen und Gefallenen untersuchte. Auch hier konnten durch den Trennungsschmerz bewirkte nachhaltige psychische Störungen beobachtet werden.

Der in diesem Zusammenhang benutzte Krisenbegriff orientiert sich augenscheinlich an psychischen Prozessen, wie sie in der Folge schwerer Schicksalsschläge auftreten können. Eine Ausweitung des Krisenbegriffs auf Situationen von geringerer äußerer Dramatik ergab sich bereits sehr früh und fand seinen Niederschlag im sogenannten Wellesley-Projekt[5], einem der frühen Ansätze zur gemeindenahen psychosozialen Versorgung in einem Vorort von Boston. Lindemann hatte nämlich erkannt, daß Krisen durchaus "alltägliche" Ursachen haben können: "Gewisse unausweichliche Ereignisse im Lebenslauf jeden Individuums können als gefährliche Situationen beschrieben werden (z.B. Verlust, andere Veränderungen im bedeutsamen sozialen Umfeld einer Person, die Geburt eines Kindes, Heirat einschließlich dem Verlassen des Elternhauses und dem Eingehen einer dauernden neuen Beziehung und weniger persönlich der Eintritt in die Schule oder einen Beruf oder Umzug)"[6]. Diese Prozesse spitzen sich nach Lindemann nur bei denjenigen Personen zur Krise zu, die eine Disposition dafür aufgrund ihrer Persönlichkeit, früherer Erfahrungen oder anderer Faktoren mitbringen, die also besonders verletzbar sind und den akuten Belastungen keine adäquaten emotionalen Ressourcen mehr entgegensetzen können.[7]

Gerald Caplan, Harvard-Kollege Lindemanns und seit 1948 sein enger Mitarbeiter im Wellesley-Projekt, präzisierte den Krisenbegriff im Kontext der Gemeindepsychiatrie. Nach Caplan entstehen Krisen im Lebenslauf "normaler" Menschen durch einen Zusammenbruch des inneren Kräftegleichgewichts einer Person[8]: Mit Krisen sei zu rechnen, wenn Menschen sich Problemen gegenübersähen, die sie nicht zu lösen vermöchten. Dann nämlich steige die innere Spannung, Mißbehagen und eine Störung der realitätsangemessenen Anpassung des Menschen an seine Umwelt seien die Folge.

Entscheidend für die Entstehung von Krisen ist damit in diesem Ansatz das Mißverhältnis zwischen der situativen Anforderung und verfügbaren Bewältigungsmöglichkeiten[9] - ein Aspekt, der später im Zusammenhang mit dem transaktionalen Coping-Konzept bei Lazarus noch eingehend behandelt werden wird. Zusammenfassend läßt sich feststellen, daß Ausgangspunkt der Betrachtung in den Konzepten der gemeindenahen psychosozialen Versorgung der psychisch überlastete Mensch ist. Sowohl Lindemann als auch Caplan hatten "Krise" bewußt als außerordentliche Belastung gegenüber alltäglicheren Belastungen ab, die sie mit "Stress" bezeichnen. Ausgehend von Katastrophen rückten dabei mehr und mehr auch Alltagssituationen in den Blick, die aufgrund ihrer situativen Konstellation Krisen auszulösen vermochten. Ziel war es, durch eine Analyse des Krisenprozesses Anhaltspunkte für eine frühzeitige Hilfeleistung durch Laien in sozialen Netzwerken zu gewinnen, um zu verhindern, daß aus akuten Krisen dauerhafte psychische Störungen werden.

2.1 Das strikte Verdikt: Krisen als Gefährdung der seelischen Gesundheit

Trotz dieser Betonung des Gefährdungspotentials und trotz der hochselektiven Zielgruppe bleibt "Krise" bei Lindemann und Caplan ein hinsichtlich des Ausganges offenes Konzept: Krisen können langfristig negative Folgen haben, aber sie können auch Chancen zu Neustrukturierung der Persönlichkeit und damit prinzipiell die Möglichkeit positiver Entwicklung bieten.[10]

Dies zu betonen ist wichtig, weil die Analyse von Krisensituationen in der Vergangenheit auch zu anderen Bewertungen geführt hatte, wie sie zum Beispiel in der kritischen Reserve S. Freuds zum Ausdruck kommt - der einzigen Verwendung des Wortes "Krise" übrigens im Gesamtwerk. In einer Spätschrift aus dem Jahre 1937 hatte Freud die Überzeugung geäußert: "In akut krisenhaften Zuständen ist die Analyse so gut wie nicht zu brauchen. Alles Interesse des Ichs wird dann von der schmerzhaften Realität in Anspruch genommen und verweigert sich der Analyse ...".[11] Dies ist zunächst eine methodenkritische Aussage, gewiß. Aber darüber hinaus lenkt diese Interpretation von "Krise" die Aufmerksamkeit stärker auf den Leidensdruck der betroffenen Person als dies in den bisher dargestellten Ansätzen der Fall war.

2.1.2 Das Leid als absolute Kategorie

Ulich, der in jüngster Zeit eine Aufarbeitung des Krisen-Konzepts[12] im deutschen Sprachraum unternommen hat, wendet in diesem Sinne den Blick wieder stärker zurück auf die Dimension des individuellen Leidens im Verlaufe krisenhafter Prozesse.

Ulich hält entschieden daran fest, daß Krisen aus psychologischer Perspektive "eindeutig negative Zustände oder Zustandsveränderungen" seien und definiert, Krise sei "ein belastender, temporärer, in seinem Verlauf und seinen Folgen offener Veränderungsprozeß der Person, der gekennzeichnet ist durch eine Unterbrechung der Kontinuität des Erlebens und Handelns, durch eine partielle Desintegration der Handlungsorganisation und eine Destabilisierung im emotionalen Bereich."[13] Ulich bestreitet zwar nicht, daß Personen sich in Folge von Krisen positiv verändern können, ebensowenig, daß Persönlichkeitsentwicklung faktisch oft auch die Erfahrung und Verarbeitung persönlichen Leidens einschließt[14]. Jedoch wendet er sich scharf - und gemäß dieser beiden Prämissen logisch nicht ganz nachvollziehbar - gegen Schlußfolgerungen aus diesen beiden Gegebenheiten. Das individuelle Leid disqualifiziert für Ulich jedwedes andere Argument: "Krise ist mit Leiden verbunden, und es verwundert daher, daß es immer wieder Leute gegeben hat, die uns einreden wollen, daß Krisen auch etwas Heilsames hätten oder gar, daß sie notwendig seien für Entwicklung und Reifung, für das 'Werden der Person', daß sie also zum 'wahren Menschsein' dazugehören. Solches Denken wurzelt ... in pseudoreligiösen Vorstellungen, nach denen das Leiden ... zum Leben selbst und zur Erlangung religiösen Heils gehören"[15]. Ulich geht davon aus, daß ein beträchtlicher Teil der krisenauslösenden Situationsfaktoren in den konkreten gesellschaftlichen Bedingungen zu suchen ist, unter denen Menschen leben. Entsprechend fordert er: "Wenn solche Auffassungen sich nicht mindestens mit Analysen der Ursachen von Krisen auch in der Gesellschaft verbinden, entsteht ein individualisierend-elitärer Denkansatz, der Krisen als etwas Naturwüchsiges oder Naturgeschichtliches versteht und möglicherweise auch in fragwürdige Erziehungsmaximen

('Gelobt sei, was hart macht'; 'per aspera ad astra') ausartet."[16] Einer solchen "Ausartung" in der individuellen Dimension des Erzieherischen entspreche schließlich eine ebensolche in der kollektiven Dimension des Politischen: "Gelegentlich stellt sich eine derartige Anthropologie auch noch in den Dienst politischer Mächte, wenn etwa den Menschen eingeredet werden soll, daß man für den Fortschritt zu leiden habe, daß wir uns Entwicklung, Reifung, Fortschritt oder gar das 'Heil' durch Leiden quasi 'verdienen' müssen. 'Krise' kann somit zu einer Kurzformel für Fortschrittsideologie werden."[17] Für Ulich ist klar: "Aus psychologischer Sicht sind Krisen eindeutig negative Zustände oder Zustandsveränderungen."[18] Wer die gesellschaftliche Komponente in der Ätiologie des Krisengeschehens mißachte, der betreibe Krisenintervention als Psycho-Reparatur: Erfolgreich habe dann derjenige Krisen bewältigt, der anschließend in dem System, das ihn zuvor erst krank gemacht habe, wieder optimal funktioniere. "Wenn Entwicklung im Sinne einer Verwirklichung von Lebenschancen durch Zerstörung der Lebensgrundlagen (s. Atomkatastrophe) unmöglich gemacht wird, dann ist Krisenintervention tatsächlich nur noch als Reparaturbetrieb möglich. So sind Krisenintervention, Entwicklungsförderung und Gesellschaftsgestaltung wechselseitig aufeinander angewiesen."[19]

2.1.3 Gesellschaftlich bedingte individuelle Krisen

Die korrumpierenden Einflüsse der Gesellschaft spielen auch eine bedeutende Rolle in der Konzeption von Habermas, welche dieser in seiner Zeit als Mitdirektor des Max-Planck-Instituts zur Erforschung der Lebensbedingungen der wissenschaftlich-technischen Welt in Starnberg (1971-1983) mit seinen Mitarbeitern Döbert und Nunner-Winkler entwickelte. Habermas versuchte, einen sozialwissenschaftlichen Krisenbegriff zu konstituieren und in seine Theorie der Moderne[20] zu integrieren. Ausgangspunkt seiner Überlegungen bildete dabei das Verhältnis von individueller Ich-Identität und kollektiver Gruppen-Identität. Beide sind nach Habermas eng aufeinander verwiesen. Bedeute nämlich "die gelungene Ich-Identität ... jene eigentümliche Fähigkeit sprach- und handlungsfähiger Subjekte, auch noch in tiefgreifenden Veränderungen der Persönlichkeitsstruktur, mit denen sie auf widersprüchliche Situationen antwortet, mit sich identisch zu bleiben"[21], so setze dies voraus, daß das Sich-unterscheiden-von-Anderen von diesen anderen anerkannt sein müsse. Eine ohne jeden Sozialbezug lebende Monade brauche nicht nur keine Ich-Identität, sondern die Selbstdefinition einer entsprechenden Identität wäre ihr gar nicht möglich. Also folgerte Habermas: "Die durch Selbstidentifikation erzeugte und durchgehaltene symbolische Einheit der Person beruht ihrerseits auf der Zugehörigkeit zur symbolischen Realität einer Gruppe, auf der Möglichkeit einer Lokalisierung in der Welt dieser Gruppe. Eine die individuellen Lebensgeschichten übergreifende Identität der Gruppe ist deshalb Bedingung für die Identität der einzelnen."[22]

Für Habermas entsteht Ich-Identität durch die Auseinandersetzung des einzelnen mit Werten und Normen der Gruppe. Diese Auseinandersetzung kann sich sehr unterschiedlich gestalten[23]: Während in "frühen Hochkulturen" eine "klar geschnittene Gruppenidentität" zu finden sei, die einen identitätsstiftenden Zusammenhang für den

2.1 Das strikte Verdikt: Krisen als Gefährdung der seelischen Gesundheit

einzelnen verbürge, und während in "entwickelten Hochkulturen" die Ideologien die Vermittlung zwischen kollektiver und individueller Identität leisteten, seien mit dem "Eintritt in die Moderne" diese Möglichkeiten individueller Identitätsbildung verloren.[24] Habermas wies damit die Position Hegels zurück, wonach im Staat das vernünftige Leben der selbstbewußten Freiheit zu sehen sei, weil er diese für nicht mehr vermittelbar hielt - weder von der Philosophie noch durch die religiöse Gesinnung. Angesichts des Wertepluralismus bezweifelte er, daß die frühere Rolle der Religion, "das normative Bewußtsein der ganzen Bevölkerung [zu] integrier[en]"[25], von dieser oder irgendeiner "Nachfolge-Institution" übernommen werden könnte. Eben deshalb, weil das kollektive Interesse einer staatlichen Gemeinschaft heute in viele Partikularinteressen zerfallen sei, Ich-Identität sich demzufolge nicht mehr in der Auseinandersetzung mit dem Ganzen, sondern ebenfalls nur noch partikular ausbilden könne, und weil darüber hinaus jede diese Partikularinteressen umspannende und damit Identitätsbildung vermittelnde Ideologie ihrer Tragkraft beraubt sei, deshalb sei die Ausbildung von Ich-Identität in komplexen Gesellschaften erheblich erschwert, wenn nicht gar unmöglich gemacht.[26]

Man sieht: Habermas steht einerseits in seinem Beharren auf der Wirkmächtigkeit der Vernunft in einer Reihe mit den großen Protagonisten der Aufklärung, in seinen Analysen der gesellschaftlichen Bedingtheit vernünftiger Identität indes gleichzeitig in der Front ihrer Kritiker.

Mit Kritikern - wie beispielsweise bereits Rousseau - eint ihn die Überzeugung, daß die herrschenden gesellschaftlichen Verhältnisse die Ausbildung einer moralisch integren Persönlichkeit behindere[27]. In der Zielrichtung ähnlich formulierte zweihundert Jahre später einer der Väter der "Dialektik der Aufklärung", Theodor W. Adorno, sein sattsam bekanntes Verdikt: "Das Ziel der gut integrierten Persönlichkeit ist verwerflich, weil es dem Individuum jene Balance der Kräfte zumutet, die in der bestehenden Gesellschaft nicht besteht und auch gar nicht bestehen sollte, weil jene Kräfte nicht gleichen Rechts sind." Und: "In der antagonistischen Gesellschaft sind die Menschen, jeder einzelne, unidentisch mit sich und kraft solcher Spaltung a priori beschädigt ... Was dem Subjekt als sein eigenes Wesen erscheint und worin es gegenüber den entfremdeten gesellschaftlichen Notwendigkeiten sich selbst zu besitzen scheint, ist, gemessen an jenen Notwendigkeiten, bloße Illusion ... Selbsterhaltung glückt den Individuen nur noch durch selbstverordnete Regression."[28] Der Mensch als Opfer gesellschaftlicher Destruktion ist, um die Liste mit ausgewählten Beispielen abzuschließen, auch das Thema des "eindimensionalen Menschen" Herbert Marcuses. Für diesen ist es der "Fortschritt technologischer Rationalität", durch den alle "oppositionellen und transzendierenden Elemente in der 'höheren Kultur'"[29] beseitigt würden. Ehedem habe sich jene 'höhere Kultur' im Widerspruch mit der gesellschaftlichen Wirklichkeit befunden und eben dadurch "eine andere Dimension der Wirklichkeit"[30] mit einer eigenen Wahrheit gebildet. Die wenigen privilegierten Menschen, die damals an jener 'höheren Kultur' Anteil hatten, seien einerseits über diesen "Antagonismus zwischen Kultur und gesellschaftlicher Wirklichkeit" unglücklich gewesen, hätten jedoch andererseits aus deren Werten Ideale, Hoffnung und Orientierung bezogen. Der Fortschritt technischer Rationalität, der mit seinen Erfolgen die moderne Überflußgesellschaft präge, mache dies heute zunichte und besiege das "unglückliche Bewußtsein" durch eine "repressive Entsublimierung": "Was heute geschieht, ist nicht die Herabsetzung der höheren Kultur zur Massenkultur, sondern die Widerlegung dieser Kultur durch die Wirklichkeit. Diese übertrifft ihre Kultur. Der Mensch vermag heute mehr als die Helden der Kultur und die Halbgötter; er hat viele unlösbare Probleme gelöst. Aber er hat auch die Hoffnung verraten und die Wahrheit zerstört, die in den Sublimationen der höheren Kultur aufgehoben waren."[31] Eine solche "Liquidation der zweidimensionalen Kultur" geschehe nun auf besonders perfide Art und Weise: nämlich nicht durch offenen Widerstand gegen die Kulturwerte, "sondern so, daß sie der etablierten Ordnung unterschiedslos einverleibt und in massivem Ausmaß reproduziert und zur Schau gestellt werden"[32]. Solchermaßen beraube der die gegenwärtige Gesellschaft prägende 'Fortschritt der technischen Rationalität' das Individuum auf raffinierte Art jeder Möglichkeit, sich in Opposition zu dieser Wirklichkeit zu setzen und Möglichkeiten alternativer Wirklichkeitsgestaltung auch nur zu denken.

Leitmotiv der dargestellten Positionen war, daß gesellschaftliche Zwänge den Menschen in der Ausbildung einer personalen Identität behinderten. Habermas, dessen Identitätstheorie den Ausgangspunkt der Überlegungen gebildet hatte, argumentiert im Vergleich zu Marcuse freilich differenzierter, indem er - und insofern ist er durchaus ein zeitgenössischer Protagonist des klassischen Aufklärungs-Ethos - an der Vernunftfähigkeit des Menschen festhält.[33] Er unterstellt, "daß die kritische Gesellschaftstheorie am Begriff des autonomen Ichs auch da noch festhält, wo sie die düstere Prognose stellt, daß dieses Ich seine Basis verliert"[34]. Er stellt schonungslos fest, "daß sich Adorno und Marcuse durch eine überprägnante und übervereinfachende Interpretation bestimmter Tendenzen haben verführen lassen, ein linkes Gegenstück zu der seinerzeit beliebten Theorie totalitärer Herrschaft zu entwickeln."[35] Andererseits kommt auch er nicht umhin, als eine der drei wichtigsten Krisentendenzen, in denen sich die "Legitimationsprobleme im Spätkapitalismus" erweisen, die Störung der "anthropologischen Balance" zu konstatieren.[36] Menschliches Verhalten orientiere sich an rechtfertigungsbedürftigen Normen und an identitätsverbürgenden Deutungssystemen. Gegenwärtige gesellschaftliche Systeme könnten dies im Medium der ihnen eigentümlichen Sozialisation nicht mehr leisten - die Begründung dieses Arguments folgt der Gedankenkette, die weiter oben bereits referiert wurde.

Wiederholt vorgetragenes Kernargument der genannten Denker, beginnend bei Rousseau bis hin zu Habermas und Ulich, ist also, daß der einzelne Mensch im Erleben äußerer Umstände - seien es die verderbten Sitten bei Rousseau, seien es die Integrationszwänge einer repressiven Gesellschaft bei Adorno, sei es die pluralistische Auflösung identitätsverbürgender Strukturen bei Habermas - ein derartiges Maß an Belastungen erfährt, daß ihm die Ausbildung einer freien reflexions-, handlungs- und verantwortungsfähigen Einheit, die wir gewöhnlich als "Person" bezeichnen, kaum oder überhaupt nicht möglich ist.[37]

In der entwickelten Argumentation wird eine Perspektive entworfen, wie man sie sich bedrohlicher kaum vorstellen und die man in ihrem Insgesamt wohl als entmuti-

2.1 Das strikte Verdikt: Krisen als Gefährdung der seelischen Gesundheit

gend bezeichnen kann. Dennoch ist die identitätsbedrohende Entmutigung nicht zwangsläufig und nicht total; vielmehr lassen sich gegenüber solchen Befunden - so sie denn überhaupt wahr sind - durchaus unterschiedliche Haltungen einnehmen und zur Handlungsmaxime erheben.

Eine Möglichkeit besteht darin, die vermeintliche Ausweglosigkeit der Situation anzuerkennen, aber genau dies zum Prüfstein eigener Kraft und Stärke umzudefinieren und daraus die Forderung abzuleiten, ein solches Schicksal "heldenmütig" durchzustehen. Eine solche Haltung findet man beispielhaft bei Gustav Wyneken, einem wichtigen Theoretiker der Jugendbewegung, der im typischen Pathos der Epoche formulierte: "Schopenhauer sagte einmal: 'Ein glückliches Leben ist unmöglich; das Höchste was der Mensch erringen kann, ist ein heroischer Lebenslauf.' Das ist die große Umwertung, die wir zu vollziehen haben, und sie bestimmt die Richtung der Erziehung. Wer Menschen dazu erzieht, nach Glück zu trachten, betrügt und verstümmelt sie. Die Menschheit wird ihr Dasein nicht mehr ertragen, wenn sie es nicht gelernt hat, es heroisch aufzufassen."[38] Der im Zitat enthaltene Hinweis auf Schopenhauers Philosophie verweist auf die Andersartigkeit der Begründung: Bei Schopenhauer war es bekanntlich zunächst die Eigentümlichkeit eines rational nicht begründbaren, jedem "Letztzweck" sich entziehenden Lebensdranges, wie dann auch jenes Charakteristikum der menschlichen Motivationsstruktur, für eine stets erneuerte Handlungsaktivierung zu sorgen und sich eben dadurch einem außerhalb ihrer selbst liegenden Sinnzusammenhang zu entziehen, welche die abgrundtiefe Sinnlosigkeit menschlicher Existenz evident mache.[39] Diese andere Begründung des Pessimismus durch Schopenhauer ist für die in dieser Arbeit vorgetragene Argumentation jedoch nicht weiter von Bedeutung: Wichtig ist allein die Antwort, die Wyneken auf diese düstere Vision gibt. Auf unseren Fall übertragen würde dies bedeuten, die pessimistische Vision von der identitätsdestruierenden Wirkung der sozialisatorischen Kräfte zwar anzuerkennen, sich jedoch "heroisch" gegen diese Entwicklung zu stemmen, und zwar wissend um das letztliche Scheitern der eigenen Bemühungen.

Möglich - und vielleicht wahrscheinlicher - ist jedoch eine andere Reaktion auf die entmutigende Perspektive von der allgegenwärtigen Destruktivität "der" Gesellschaft, freilich auf dem Boden einer ganz anderen Anthropologie: Wo selbst ein mit aller Macht und Aufbietung aller Willensenergie geführter "heroischer" Kampf zum Scheitern verurteilt sei, erweise sich doch die Ohnmacht des Individuums gegenüber der Umwelt. Der Mensch sei eben nicht das freie, sich selbst reflektierende und sich bewußt verändernde Wesen, sondern er sei eingespannt in das Prokrustesbett gesellschaftlicher Bedingungen. Angesichts der massiven Bedrohung des einzelnen von außen könne dieser alleine gar nichts ausrichten. Auch die Ausbildung einer Identität und eines entsprechenden Identitätsbewußtseins sei nur insoweit möglich, wie es die eher günstigen oder eher schlechten Rahmenbedingungen der Gesellschaft zuließen. Wolle man das Problem wirklich lösen, und das heißt: die Ursachen beseitigen, statt bloß an den Symptomen kurieren, so bedürfe es primär der Veränderung der äußeren Systemparameter.

2. Belastung und Bewältigung

Nochmals ist der Hinweis zu wiederholen, der weiter oben bereits gegeben wurde: Insgesamt läuft diese Argumentation, die hier idealiter konstruiert wurde, für die sich gleichwohl Belege bei verschiedenen Autoren angeben ließen, auf eine pädagogisch höchst bedenkliche anthropologische Position hinaus. Der Mensch erscheint im Lichte dieser Argumentation primär als ein schutz- und betreuungsbedürftiges Wesen, das vor den überfordernden Beanspruchungen der physischen Umwelt und der sozialen Mitwelt zu bewahren ist. Ihn zusätzlich gezielten Belastungen auszusetzen, erscheint dann nicht nur als kontraproduktiv, sondern geradezu als eine Perversion des "humanitären Ethos".

Folge solchen Denkens ist, daß eine Vermehrung sozialer Entlastungs- und Absicherungsmechanismen wünschenswert und notwendig erscheint. Dies wiederum, so begrüßenswert dies vordergründig im Hinblick auf das humanistische Ethos und so angenehm dies im betroffenen Einzelfall auch sein mag, ist so unproblematisch nicht, wie es zunächst den Anschein hat.

2.2 Entlastung - ein "trojanisches Pferd" für den kompetenten Menschen?

2.2.1 Die Doppelte Verneinung: Entlastung als "Mechanismus gesellschaftlicher Repression"

Eines freilich bleibt - folgt man strikt der Logik dieser sozialdeterministischen Anthropologie - unklar: Wenn die Grundthese von der repressiven und identitätsdestruierenden Gesellschaft richtig ist, darf man dann überhaupt hoffen, daß "die" Gesellschaft Institutionen hervorbringt, die wirklich zur Entlastung des Individuums gedacht sind? Müßte man nicht konsequenterweise erwarten, daß diese repressive Gesellschaft nur solche Institutionen zuläßt, die zwar vorgeblich der Entlastung des einzelnen dienen, die aber insgeheim den selbständigen, kritischen und damit unbequemen Bürger nur umgarnen und auf dem Umweg über seine Bequemlichkeit zu einem besonders perfiden Instrument der Repression geraten? "Timeo Danaos et dona ferentes", wäre dann die gebotene Haltung äußerster Vorsicht gegenüber einer prinzipiell als repressiv bewerteten Gesellschaft.

Einen solchen Standpunkt findet man beispielsweise bei John McKnight, einem an der Northwestern University in Chicago lehrenden Verwaltungsspezialisten und Kommunikationsforscher aus dem Kreis um Ivan Illich. McKnight sprach sich in der sozialen Wirklichkeit der USA in der Mitte der siebziger Jahre eindeutig gegen einen verstärkten Ausbau staatlicher Fürsorgeprogramme aus, nachdem er in einem Aufsatz der Frage nachgegangen war, wie sich der Ausbau des Bereichs sozialer Dienstleistungen auf den Menschen auswirkt. Soziale Dienstleistungssysteme seien, so der nach dem Muster von Illichs Entschulungsdebatte argumentierende Autor, lediglich unter dem Deckmantel fürsorglicher Nächstenliebe besonders raffiniert getarnte Wirtschaftsunternehmen, die den Menschen weiszumachen versuchten, sie erfüllten seine Bedürfnisse, obwohl in Wirklichkeit lediglich die Bedürfnisse der Dienstleistenden nach regelmäßigem Einkommen befriedigt würden. Nach seiner Meinung liegt es "in der menschlichen Natur, eher selbst zu handeln als behandelt zu werden. Nach diesem menschlichen Imperativ kann es sein, daß auch das optimal gemanagte Dienstleistungssystem die Öffentlichkeit nicht darüber hinwegtäuschen kann, daß die moderne, professionelle Dienstleistung den Menschen entmündigt."[40]

2.2.2 Entlastung und individuelles Anspruchsdenken

Man muß indessen gar nicht der Ansicht sein, daß sich hinter entlastenden Institutionen und Fürsorgeprogrammen besonders raffiniert getarnte Mechanismen der Entmündigung verbergen, um an weitgehenden gesellschaftlichen Entlastungsmechanismen auch Bedenkliches zu entdecken. So hat beispielsweise - aus völlig anderer Perspektive als McKnight - etwa zeitgleich Helmut Klages auf den Zusammenhang von Anspruchsdynamik und staatlicher Fürsorge-Bürokratie hingewiesen. Klages kam zu der Feststellung, "daß die gesellschaftliche Entwicklung allgemein zu einer Dynamisierung der menschlichen Aspirationen und Erwartungen und gleichzeitig zu einer 'Externalisierung' der von den Menschen adressierten Realisierungsinstanzen führt, d.h. zu einer Verlagerung derjenigen Kräfte, von denen die Menschen ihr Glück erwarten, aus dem individuellen Innenleben in ... den Staat und andere für zuständig erachtete Institutionen der Daseinsvorsorge".[41]

Der Staat müsse zur Befriedigung dieser steigenden Ansprüche nicht nur mehr Geld aufwenden, sondern darüber hinaus auch ein ständig dichter werdendes Netz von sozialen Fürsorgeinstitutionen einrichten und unterhalten, die aus ihrem eigenen Regelungsbedarf ein Mehr an Bürokratie bedingten. Eine Folge sei ein Anwachsen von Bürokratie und damit eine Zunahme des Gefühls gesellschaftlicher Intransparenz und des Bewußtseins, ein "verwalteter Bürger" zu sein. Gleichzeitig aber reproduziere die Bürokratie mit einer gewissen Zwangsläufigkeit ihre eigene Existenzbegründung: "Das Zusammenwirken von Bürokratisierung und Anspruchsdymanik stellt sich hier als ein Ineinandergreifen von Betreuungs- und Versorgungsinteressen und einem Bedürfnis nach Betreuung und Versorgung dar, in das eine Mehrzahl von akzelerierenden Momenten eingreifen, welche allesamt dazu beitragen, 'Bedürftigkeit' als einen Dauerzustand zu erzeugen, d.h. 'Befriedigungen' auszuschließen."[42]

2.2.3 Individuelle Entlastung und Verwöhnung

Klages hatte auf der Ebene gesamtgesellschaftlicher Problemlagen argumentiert: Gesellschaftliche Entlastungsmechanismen perpetuierten die Probleme, zu deren Lösung sie eingerichtet wurden. Der Ökonom Alsguth und der Heidelberger Vertreter der kybernetischen Pädagogik v. Cube sind hingegen der Frage nachgegangen, wie solche Entlastungsmechanismen auf der individuellen Ebene zu bewerten sind.

Die Autoren gehen in ihrem Manifest "Fordern statt verwöhnen"[43] von Ergebnissen der Verhaltensbiologie[44] aus und erheben den Anspruch, die "Erkenntnisse der Verhaltensbiologie in Erziehung und Führung" umzusetzen. Als eines der wichtigsten Ergebnisse referieren sie den verhaltensbiologischen Regelkreis von Reizintensität und

Aktionspotential.[45] Es gelte für den Zusammenhang von "Triebstärke" und "Reizstärke" nämlich das "Prinzip der doppelten Quantifizierung", wonach die Höhe des aktuellen Aktionspotentials durch die "Reizstärke" einerseits, die "Triebstärke" andererseits und die (offenbar additiv gedachte) Kopplung dieser beiden Größen bestimmt werde. Die Maximierung des Aktionspotentials, die gleichzeitig zu einer Maximierung des Lustempfindens führe, sei durch zwei Strategien zu erreichen: durch einen absichtlichen Aufschub der Triebbefriedigung oder durch eine Erhöhung der Reizintensität.

Als fatal bewerten die Autoren den Einbruch der Überflußgesellschaft in diesen ursprünglich funktionstüchtigen und sinnvollen Regelkreis. Die Überflußgesellschaft und die in ihr möglichen engmaschigen sozialen Absicherungsnetze erzeugten eine "Massenverwöhnung". Verwöhnung wird dabei verstanden als rasche, leichte und dabei lustvolle Triebbefriedigung ohne Anstrengung[46].

Der Wunsch nach solchem Sich-Verwöhnen-Lassen sei alt, doch sei es in der Wohlstandsgesellschaft erstmals gelungen, so argumentieren die Autoren kühn, jene alten Traumvorstellungen "vom Schlaraffenland oder vom ewig währenden Paradies ... auch tatsächlich zu realisieren"[47]. Trotz dieser auf den ersten Blick erfreulichen Sachlage stehen die beiden Verfasser dieser Entwicklung allerdings keineswegs uneingeschränkt positiv gegenüber; im Gegenteil sind sie davon überzeugt, "daß Verwöhnung zwangsläufig zu steigenden Ansprüchen und wachsenden Aggressionen führt."[48] Steigende Ansprüche deshalb, weil bei gleichbleibend leichter Triebbefriedigung immer höhere Reizintensitäten benötigt würden, um ein Lusterlebnis auszulösen. Weil dabei gleichzeitig die zur Triebbefriedigung bereitgestellten Aktionspotentiale nicht durch entsprechende Aktivitäten abgerufen würden, stelle sich zwangsläufig aggressive Langeweile ein.[49]

Man muß weder die verhaltensbiologische Grundposition noch die nur unter sehr speziellen Gesichtspunkten haltbare These von der Massenverwöhnung in der heutigen Gesellschaft teilen, um die Berechtigung des Grundargumentes anzuerkennen: Wer selbst allen Belastungen ausweicht, steht diesen, sollten sie ihn doch einmal erreichen, recht unvorbereitet gegenüber. Und weiter: Wer als Elternteil, als Lehrer oder als Vorgesetzter den ihm anvertrauten Menschen alle Belastungen aus dem Wege räumen wollte, dürfte sich nicht wundern, wenn diese sich Belastungen im Bedarfsfall nicht gewachsen zeigten. Ärger noch: Er nähme ihnen die Möglichkeit der Selbsterfahrung, wie man sich unter Belastungen verhält und wie man mit Belastungssituationen umgehen kann. Auch dieses Argument kann man in einer scharfen, "kritischen" Form gegen heteronome "Herrschaftsansprüche" wenden: Wer den ihm Anvertrauten alle Schwierigkeiten aus dem Wege räume, sei an echter Hilfestellung ihnen gegenüber augenscheinlich weniger interessiert als daran, sich selbst unersetzlich zu machen und zu fühlen, und solchermaßen auf subtile Weise das bestehende Machtungleichgewicht zu eigenen Gunsten zu erhalten.

2.2 Entlastung - ein "trojanisches Pferd" für den kompetenten Menschen?

Hilfe, so ließe sich der Befund neutraler formulieren, darf nicht darin bestehen, Probleme für andere zu lösen, sondern muß dahin zielen, den anderen zur selbständigen Problembewältigung zu befähigen.

Damit jedoch noch nicht genug: Findet man doch Anhaltspunkte dafür, daß man nicht nur mit der Ausbildung negativer Einstellungen rechnen muß, sondern zusätzlich die Entwicklung fundamentaler positiver Einstellungen nachgerade verhindert, wenn man Menschen jedwede Belastungen und Widerstände aus dem Wege räumt. Pestalozzi[50] hat bereits vor rund zweihundert Jahren erkannt, daß Geborgenheit und Vertrauen nicht angeboren sind, sondern vom Kleinkind erst erlernt werden, und er hat gleichzeitig ein einfaches Modell dieses Lernprozesses gegeben, das in seinen Grundzügen auch durch neuere empirische Forschungen psychologischer und soziologischer Provenienz nicht erschüttert worden ist. Pestalozzi hatte darauf hingewiesen, daß Geborgenheit erst im Erfahren zumindest kurzfristiger Ungeborgenheit erlebbar werde. Solange der (wohl nur als Gedankenexperiment mögliche) permanente Kontakt von Mutter und Kind gegeben sei, sei es dem Kind daher nicht möglich, Vertrauen in die Beständigkeit liebender Zuwendung durch die Mutter zu entwickeln. Vertrauen wird nämlich erst da nötig, aber auch erst da möglich, wo eine temporäre Ungewißheit durchgestanden werden muß. Ihre besondere Bedeutung erhält diese Beobachtung durch die weiterführende Vorstellung, daß ein solches Vertrauen in die Beständigkeit mütterlicher Zuwendung als Fundament eines grundlegenden Vertrauens in das Dasein aufzufassen sei. Erikson hat in der Mitte des zwanzigsten Jahrhunderts ein solches "Urvertrauen" als Grundstein einer gelingenden psychosozialen Entwicklung angesehen - und damit zugleich übrigens auch expressis verbis als Basis einer gelingenden Identitätsbildung.

Bevor die Untersuchung ihren Fortgang nehmen kann, scheint es ratsam, sich des bisher Erreichten zu vergewissern: Den Ausgangspunkt der Überlegungen zur Zulässigkeit gezielter Belastungen in der Pädagogik bildete die seelische Überforderungssituation von Katastrophenopfern, deren gesamte personale Identität in der Verarbeitung von Krisen auf dem Spiele stand. Von dort wurde die Perspektive geweitet: Auch alltägliche Widrigkeiten können in der Summe zu solchen Überforderungssituationen führen, die auch in ähnlich schwere psychische Krisen einmünden können. Die alltäglichen Ärgernisse können, folgt man der gesellschaftskritischen Argumentationslinie von Rousseau bis Habermas, in den strukturellen Bedingungen der Gesellschaft begründet sein. Gegen eine nun naheliegende Forderung nach Entlastung des einzelnen durch weitreichende gesellschaftliche Fürsorgeinstitutionen waren nun ihrerseits schwere Bedenken angemeldet worden: Diese könnten besonders raffinierte Herrschaftsinstrumente darstellen, perpetuierten auf gesellschaftlicher Ebene die Mißstände, zu deren Lösung sie geschaffen worden seien, beförderten eine allgemeine Anspruchsdynamik und über das Vehikel einer kollektiven Verwöhnung die Grundstimmung einer aggressiven Langeweile. Dies kann zunächst als ausreichend betrachtet werden, um das strikte Verdikt, wonach Krisen und Belastungen im Bereich des Pädagogischen als disqualifiziert zu gelten hätten, als nicht haltbar zu betrachten. Der kurze Hinweis auf die Genese des Vertrauens läßt zusammen mit dem zuvor Dargestellten die sich Folgerung zu, daß völlig ohne die Erfahrung von Belastungen und Widersprüchen die Bildung von personaler Identität offenbar nicht möglich ist. Den Untersuchungen über Streß, Überforderung und Scheitern muß man folglich solche über Over-Protection, Verwöhnung und Kompetenzverlust durch Überbetreuung zur Seite stellen, um ein der Realität eher angemessenes Bild zu erhalten. Wenn man das Eingangsbild des Kapitels nochmals aufnehmen wollte, so ließe sich in zugespitzter Formulierung darauf hinweisen: Hiob ist an seinen Prüfungen nicht zerbrochen, sondern hat seine Identität bewahrt.[51]

Allerdings pflegt bei negativen Beweisführungen ein bitterer Nachgeschmack zu bleiben: Zwar ist die feindliche Hauptthese widerlegt, doch ist damit noch keine positive Begründung der Gegenthese gewonnen. Statt sich also damit zufrieden zu geben, daß man Belastungen ohnehin nicht vermeiden kann und eine optimale Vorbereitung auf ihre erfolgreiche Bewältigung bereits deshalb zum Gegenstandsfeld des Pädagogischen gehören muß, soll die Grenzfrage, die eingangs thematisiert worden war, nochmals aufgegriffen werden: Wie ist das Leid, das mit dem Durchleben von Krisen verbunden ist, mit dem pädagogischen Ethos vereinbar? Kann man überhaupt dem Leid eine sinnvolle Seite abgewinnen oder ist dies, wie Ulich zu glauben scheint, lediglich der krankhafte Auswuchs einer masochistischen Phantasie?

Um Mißverständnissen vorzubeugen: Weder einem irrationalen Heroismus noch einer Wiederauflage jener unglückseligen "Hart-wie-Kruppstahl"-Mentalität soll in dieser Untersuchung das Wort geredet werden. Wohl aber ist der Blick zu lenken auf den Zusammenhang von Widerständen und ihrer Bewältigung einerseits und Kompetenz und personaler Selbständigkeit andererseits. Nach einer Epoche sehr weitgehenden Fürsorgedenkens ist eine "neue Nachdenklichkeit" angezeigt, die ihren Ausgangspunkt bei anthropologischen Überlegungen zu nehmen hat.

2.3 Vom möglichen Wert der Krise

2.3.1 Hinweise aus dem Bereich der Literatur

Bereits ein flüchtiger Blick auf die reiche Literatur zeigt, daß es sich hierbei um ein altes Thema handelt: Das Hiob-Thema war bereits erwähnt worden, die Versuchung Abrahams[52] könnte man hinzunehmen. Ödipus, verzweifelt über sein Schicksal, blendete sich selbst. Orest, der Rächer seines Vaters und Mörder seiner Mutter, wurde vom Zwiespalt zwischen Rachepflicht und Kindesliebe zerrissen. Torquato Tasso ging an seiner eigenen Dichterexistenz zugrunde, den armen Menschen Woyczek trieb eine allumspannende Verschwörung in den Wahnsinn. Franz Biberkopf, der von allen verlassene, und sogar Gogo und Didi, welche die Langeweile des Wartens auf Godot verbindet, sie alle werden gezeigt als tief in Krisen verstrickt.

Die Liste der Helden und Anti-Helden ließe sich mühelos verlängern. Die Konflikte sind unterschiedlich angelegt, die Handlungsmöglichkeiten der Helden variieren, die Schuldzuweisungen streuen. Dies alles gilt insbesondere für das klassische Drama. Bei aller Verschiedenheit der einzelnen Handlungsmuster ist auf ein Merkmal hinzuwei-

2.3 Vom möglichen Wert der Krise

sen, das vielleicht als allgemeinstes Kennzeichen gelten kann: Daß die Dramenhandlung in ihrem Verlauf von der spannungsvollen Entwicklung eines zentralen Konflikts bestimmt wird, der den Helden in eine tiefe Krise stürzt. Dieser Konflikt kann innerer oder äußerer Natur sein, er kann als Konflikt zwischen Mensch und Schicksal oder zwischen verschiedenen Charakteren oder sozialen Kräften angelegt sein. Die Auseinandersetzung des Helden mit den verschiedenen widerstrebenden Mächten seiner Psyche oder seiner Lebenswelt kann zu einer positiven Auflösung kommen oder mit seinem Untergang im Konflikt enden. Doch bei aller Vielfalt eint sie alle eine gemeinsame Perspektive: der Blick auf den Menschen in der Krise.

Dieser Blick hat stets auch eine aufklärerische Absicht: Die krisenhafte Verstrickung des Helden und ihre Gründe darzulegen - gleichgültig, ob eine mögliche individuelle Lösung dargestellt, ob der Mensch in seiner ungeschützten Existenz als unschuldig-schuldbeladenen oder - in späteren Varianten - als Opfer gesellschaftlicher Mißstände gezeigt wird.

Die intendierten Wirkungen des Bühnengeschehens sind durchaus unterschiedlich. So hat Heinrich Weinstock in einer Untersuchung aus den fünfziger Jahren unseres Jahrhunderts[53] beispielhaft auf die Funktion der Konfrontation mit dem Tragischen bei Aischylos hingewiesen. Es ist ein düsteres Bild menschlicher Existenz, das in Weinstocks Interpretation gezeigt wird: "Der Mensch muß sein Leben auf eigene Verantwortung, aber durchaus ins Ungewisse führen. Er muß sich entscheiden, aber ohne das Maß zu wissen, das er vielmehr erst zu lernen hat. Aber lernen kann er nur in der Entscheidung, also auf den dunklen Irrwegen von Schuld und Leid. Will er diesem unerträglichen Zirkel, der seine tragische Existenz ausmacht, entgehen, will er also seine Blindheit nicht wahrhaben, so kann er sich nur verblenden. Damit aber steigert er nur seine Heillosigkeit in Gottlosigkeit. Seine wahre Aufgabe ist es also, den tragischen Kreis in mutiger Angst zu durchmessen."[54]

In den Dramen des Sophokles und des Aischylos werde diese Krisenhaftigkeit menschlicher Existenz einer interessanten Lösung zugeführt: Da der Mensch als einzelner unter dem Druck unvermeidbarer Schuld zusammenbrechen würde, bedarf er der Gemeinschaft mit anderen: Die Polis ist die notwendige Geistesgrundlage menschlicher Existenz. Die existenzstabilisierende Funktion der Polis ist so stark, daß in der Geschäftigkeit des Alltags das Bewußtsein für die prinzipielle Ungeschütztheit des Menschen - und in der Folge sogar für die Notwendigkeit der Polis als Existenzform - verschüttet werden kann. Um dieses Bewußtsein des Aufeinander-verwiesen-Seins wach zu halten, muß die 'heilsame Furcht' vor einem Rückfall in die isolierte Ungeschütztheit, in das Ausgeliefertsein an die Mächte des Schicksals geweckt werden.

In dieser Engführung von Individualexistenz und staatlicher Gemeinschaft "braucht die Polis Wächter. Den höchsten Wächterdienst leistet die Tragödie, indem sie 'Furcht und Mit-Leiden' erweckt"[55]. Der Krise, in die der Bühnenheld und mit ihm der Zuschauer gerissen wird, kommt also eine hohe positive Bedeutung zu: Sie soll das Bewußtsein aller dafür wach halten, daß eine vollständig isolierte Einzelexistenz nicht möglich ist, die Gemeinschaft aber Aufgabe bleibt, deren Scheitern stets möglich ist.

2. Belastung und Bewältigung

Später hat Aristoteles auf dem Boden seiner Mesotes-Lehre im sechsten Kapitel der Poetik diese Funktion der Tragödie modifiziert: "Ihre Aufgabe", heißt es dort, "ist, durch Furcht (Erschütterung) und Mitleid (Rührung) eine Befreiung von derartigen Gemütsbewegungen zu bewirken."[56] Entsprechend erhält die Konfrontation mit der Krise eine andere Bedeutung: Indem der Zuschauer miterlebt, wie der Held der Handlung durch allzu heftige Gemütsbewegungen, welche das "rechte Maß" verletzen, in die Katastrophe gerät, soll er selbst von diesen Affekten 'gereinigt' werden. Weinstock kommentierte diese Stelle: "Pathema, Erleidung, meint hier ... die selbstverschuldete Leidenschaft, die das gesunde Gleichgewicht, die Harmonie der Seele stört, ist also die Affektivität, welche immer wieder die besonnene Vernunft zu überwältigen sucht und die Seele krank macht."[57] Solcherart wird die Bühne zur moralischen Lehranstalt, der Held zum Modellfall, dessen individuelles Schicksal als Beispiel für allgemein menschliche Lebenssituationen gelten kann. "Im Miterleben und Miterleiden - das griechische συμπαθειν (Sympathie) geht auf eine solche Art der Teilnahme zurück - geschah καθαρσισ (Katharsis), nämlich die Erkenntnis von Bedingungen, unter denen auch die eigene Existenz steht und dadurch eingeleitete Befreiung von Vorurteilen und einseitigen Affekten. Das "Erkenne dich selbst" war Ziel und zugleich Inhalt solcher Art von Bildung."[58]

In einer wiederum modifizierten Weise trifft man den Krisenbegriff im klassischen Drama an: "'Krise' auf der dramatischen Bühne ist ... nicht nur formal-strukturell zu verstehen als eine durch den Dramatiker kunstvoll in Szene gesetzte Schürzung von Gegensätzen, die in der Person des Helden zu einer Entscheidung drängen. Dem Drama - als einem besonderen Ausdrucksmittel der 'moralischen Bühne' - liegt das Konzept zugrunde, daß der Konflikt, in den der Held gestürzt wird, zu dessen Läuterung beiträgt. Solche Läuterung kann freilich höchst unterschiedliche Formen annehmen. Der gute Ausgang ist keineswegs vorgezeichnet."[59]

Die Krise wird im klassischen Drama zu einem Stilelement und zu einem Aufbauprinzip: Ausgehend von dem antiken Vorbild (Exposition, Peripetie und Katastrophe) wird hier ein Konflikt gegensätzlicher Haltungen und Motivstrukturen (Menschenwürde, Seelengröße, innere und äußere Freiheit) aufgebaut. Gustav Freytag[60] hatte vornehmlich die Dramen Schillers vor Augen, als er die Krise als Höhepunkt eines fünfstufigen pyramidenförmigen Schemas der 'steigenden' und 'fallenden' Handlung mit Exposition, erregendem Moment (Konfliktauslösung), Peripetie (Höhepunkt, Krise), Verzögerung und Katastrophe (Auflösung) ansah. Merkmal dieser 'Anthropologie' des Dramas ist der bis zum Scheitern herausgeforderte Mensch. Nicht selten scheitert der Held, weil er nur in seinem Untergang die eigene Identität bewahren kann. Wichtiger als diese Aussage über glückliche Lösung oder Untergang ist die Grundaussage über die Handlungsfähigkeit des Menschen. Auch in krisenhaften Situationen, ja selbst im Falle des Scheiterns, handelt der Bühnenheld, und zwar nicht gezwungen von äußeren Kräften, sondern aus sich heraus.

Zusammenfassend läßt sich in der Auswertung dieser drei Beispiele feststellen, daß Belastung, sogar eine solche, die bis an die Grenzen personaler Stabilität führt, in den hier angedeuteten Denkzusammenhängen keineswegs eine negativ besetzte Kategorie darstellt. Vielmehr erscheint sie als notwendiger Bestandteil menschlicher Existenz. "Krise" meint nämlich in dieser von Aristoteles begründeten, in der Aufklärung modifizierten[61], bis Hegel gültigen klassischen Ästhetik[62] den Wendepunkt eines schicksalhaften Prozesses, der nicht einfach von außen über das Individuum hereinbricht. "Der Widerspruch, der sich in der katastrophischen Zuspitzung eines Handlungskonfliktes ausdrückt, ist in der Struktur des Handlungssystems und in den Persönlichkeitssystemen der Helden selbst angelegt. Das Schicksal erfüllt sich in der Enthüllung widerstreitender Normen, an denen die Identität der Beteiligten zerbricht, wenn diese nicht ihrerseits die Kraft aufbringen, ihre Freiheit dadurch zurückzugewinnen, daß sie die mythische Gewalt des Schicksals zerbrechen."[63]

Wichtig scheint mir, daß in allen diesen Formen die dramatische Handlung auch der Erhöhung der eigenen Reflexionsfähigkeit des Zuschauers oder Lesers dienen soll: Es werden Modelle - und damit Distanz - geschaffen, welche es möglich machen, Widersprüche und Konflikte in ihrer "reinen" Form zu studieren, jenseits der eigenen unmittelbaren Betroffenheit zu analysieren und das so gewonnene Wissen über die Lösbarkeit von Konflikten und mögliche konkrete Lösungen in die eigene Wissensbasis für künftige reale Situationen zu integrieren.

Es ist also nicht nur dramaturgische Fiktion, daß der Zuschauer im Miterleben des Handlungsbogens καταρσισ erfährt und daß für diesen die krisenhafte Zuspitzung des Handlungsverlaufs unerläßlich sei. Der Bühnenheld kann ja nur deshalb ein überzeugendes Modell für ihn darstellen, weil der Zuschauer im Krisenschicksal des Helden eine korrespondierende Struktur der eigenen Lebenswirklichkeit wiedererkennt. Dies wiederum bedeutet, daß die krisenhafte Verstrickung des Menschen in konfligierende Normensysteme als eine Grundtatsache menschlicher Existenz vorausgesetzt wird.

2.3.2 Krise als Kennzeichen menschlicher Existenz

Die Bewertung der menschlichen Existenz als eines ungeschützten Ausgeliefertseins, wie sie weiter oben im Zusammenhang mit den Tragödien des Aischylos dargestellt worden ist, weist in einigen Zügen Ähnlichkeiten mit der Bewertung der menschlichen Grundsituation in der Existenzphilosophie auf, wo sie freilich ihre radikalste Form angenommen hat, weil die Lösung "Polis" nicht mehr möglich schien. Zeitlich vor dem Hintergrund der tiefgreifenden Erschütterungen, die der Erste Weltkrieg mit sich gebracht hatte, und ideengeschichtlich vor der Folie des historistischen Relativismus' in der Nachfolge Diltheys, erschien menschliches Dasein mehr und mehr als ein hoffnungsloses Ausgeliefertsein an eine umfassende Sinnlosigkeit und das heißt zugleich: an das Nichts.

Das Welt- und Lebensverständnis der Existenzphilosophie ist von vornherein von ganz bestimmten Stimmungslagen besetzt: Angst, Verzweiflung, Schwermut und Langeweile sind vorherrschend. Dies hat ihnen den häufig wiederholten Vorwurf eines lebenshemmenden Pessimismus eingetragen. Deutlich wird dies vor allem, wenn man

2. Belastung und Bewältigung

häufig verwendete Termini existentialistischer Autoren einmal bewußt im umgangssprachlichen Kontext zur Kenntnis nimmt.

Für Jaspers sind es die "Grenzsituationen": Leiden, Kampf, Zufall, Schuld, die das Wesen des Menschen wesentlich mitbestimmen. Dabei sind Grenzsituationen "nichts, was man im Wissen hinnehmen und im Handeln berücksichtigen könnte, sondern das Entscheidende ist grade, daß dem Menschen vor ihrer bedrängenden Wirklichkeit der Grund jedes Wissens und Handelns fragwürdig wird, daß eine Unzulänglichkeit in ihnen aufbricht, die ... sein Leben bis auf den innersten Grund erschüttern muß"[64].

Düsterer wird die Szene bei Heidegger: Er, der das Dasein als "je schon immer gestimmt" ansieht, erkennt in der "oft anhaltenden, fahlen Ungestimmtheit" den "Lastcharakter des Daseins"[65]. Eine gehobene Stimmung können dem Menschen nur zeitweise "der offenbaren Last des Seins entheben". Das Dasein ist Last, weil es "geworfen" ist. Nur für kurze Augenblicke, und dann ausgerechnet im Erleben der Angst, kommt es zu sich selber, ansonsten ist es "verfallen an das Man", es "flieht" vor sich selbst in die Uneigentlichkeit des Man.[66] Angst ist die Grundbefindlichkeit des Menschen, sie verweist das Dasein auf seine Eigentlichkeit. Dabei ist das "wovor die Angst sich ängstet ... das In-der-Welt-sein selbst"[67]. Und dasjenige, worum die Angst sich ängstet, ist ebenfalls das bloße In-der-Welt-sein-Können, denn letztlich ist das Dasein immer ein "Sein zum Tode"[68], also unter dem Aspekt der Zeitlichkeit ein Sein auf den Tod hin.

Vollendete Trostlosigkeit verbreitet die Strömung in ihrem späteren französischen Zweig. Zunächst findet man auch hier einen Gedanken, der ähnlich wichtig ist wie der der Grenzsituationen bei Jaspers: Mit dem Bewußtsein seines Seins ist dieses für den Menschen verfügbar, gestaltbar, aber auch in Frage gestellt. In radikaler "Freiheit und Verlassenheit" sieht sich der Mensch ständig mit der Notwendigkeit konfrontiert, ohne allgemeingültige Verhaltensmaßstäbe Entscheidungen zu treffen und Handlungsstrategien zu wählen. Dabei ist seine Verantwortung schier grenzenlos; Sartre sieht, "daß der Mensch, der verurteilt ist, frei zu sein, das ganze Gewicht der Welt auf seinen Schultern trägt"[69]. "Verurteilt" ist der Mensch, weil er gezwungen ist, sich zu "entwerfen", sich zu "wählen", ohne daß dieser Akt etwas Abgeschlossenes und Endgültiges darstellen könnte.

Die Aufspaltung des Seins in ein An-sich und ein (mit Bewußtsein begabtes) Fürsich bringt indessen noch andere Konsequenzen mit sich, die den anklingenden Pessimismus nachhaltig verstärken: Bei Sartre ist es nicht die Heidegger'sche Angst, die den Menschen zum "eigentlichen" Sein empor reißt, sondern es ist der Ekel, der seinen Romanhelden Roquentin[70] die eigentliche Verfaßtheit des Seins - und das heißt für ihn: die Kontingenz und Sinnleere der Existenz - erkennen läßt. Und weiter: Menschen, mit dem Privileg des Für-sich-Seins ausgezeichnet, können die tiefe Kluft zwischen einzelnen Individualitäten nur überwinden, indem sie den jeweils anderen zu einem An-sich versteinern, das dessen Für-sich nicht gerecht werden kann. Das ist die bedrückende Schlußfolgerung in Huis clos: Die Hölle, das sind die anderen.

2.3 Vom möglichen Wert der Krise

Diese allenthalben spürbare düstere Stimmung im Verein mit der absurd wirkenden Forderung nach "Engagement" verleiht dem Existentialismus in seiner Gesamtheit bisweilen Züge einer irrationalen Bewegung[71]. Allerdings wird man sich davor hüten müssen, hierin einen nur eine heroistische Übersteigerung der Szene zu sehen. Immerhin werden nämlich - in der Deutung Bollnows - "die dunklen Stimmungen ... zum Träger der entscheidenden metaphysischen Erfahrungen" des Menschen, aber nur "indem er ihnen ohne Fluchtversuch standhält und ... im innersten Kern der eigenen Person ... letzten Halt findet"[72].

Für das Thema dieser Arbeit lassen sich wichtige Gesichtspunkte gewinnen, wenn man sich auf die Akzentverschiebung durch den Existentialismus beschränkt und die Folgerungen, die sich innerhalb der jeweiligen Systembildung ergeben haben, für den Moment hintanstellt. Dies gilt vor allem für Jaspers. Der lenkt nämlich die Aufmerksamkeit auf den Umstand, daß nicht einmal jene Situationen, in denen der Mensch an die Grenze seines Daseins geführt wird, leichtfertig aus der Sphäre des Menschlichen hinausargumentiert werden dürfen. In Grenzsituationen wird die Endlichkeit des menschlichen Daseins erfahren. Da alles Wissen und Denken in diesen Situationen seine Macht verliert, erfährt der Mensch radikal, schonungslos und ungeschönt, wer er ist. Die Erfahrung von Grenzsituationen wird damit zu einem wichtigen Bestandteil von Identitätsbildung: "Wir werden wir selbst", schreibt Jaspers im zweiten Band der Philosophie, "indem wir in die Grenzsituation offenen Auges eintreten."[73] An späterer Stelle wird deutlich, daß eine ähnliche Denkfigur wesentlich zur Begründung eines reformpädagogischen Ansatzes beigetragen hat.[74] Für Jaspers vollzieht sich in der krisenhaften Zuspitzung von Grenzsituationen Entwicklung: "Im Gang der Entwicklung heißt Krisis der Augenblick, in dem das Ganze einem Umschlag unterliegt, aus dem der Mensch als ein Verwandelter hervorgeht, sei es mit neuem Ursprung eines Entschlusses, sei es im Verfallensein. Die Lebensgeschichte geht nicht zeitlich ihren gleichmäßigen Gang, sondern gliedert ihre Zeit qualitatitv, treibt die Entwicklung des Erlebens auf die Spitze, an der entschieden werden muß. Nur im Sträuben gegen die Entwicklung kann der Mensch den vergeblichen Versuch machen, sich auf der Spitze der Entscheidung zu halten, ohne zu entscheiden. Dann wird über ihn entschieden durch den faktischen Fortgang des Lebens."[75]

Schwieriger verhält es sich mit Sartre, der sich - sofern man seine Philosophie nicht als ein Plädoyer für einen sich am Augenblick berauschenden exzentrischen Lebensstil mißversteht - durchaus auch in der Tradition der großen französischen Moralisten deuten läßt. Schwieriger deshalb, weil Sartre weniger über die Bedeutung der existentiellen Unheimlichkeit der Welt für den einzelnen und mehr über die ihm angemessen scheinende persönliche Haltung dieser Situation gegenüber aussagt. Der Mensch ist zur Freiheit verurteilt, zur Wahl seiner Möglichkeiten, und zwar nicht nur intellektuell, sondern auch im praktischen Lebensvollzug. Sartre fordert den absoluten Einsatz.

Im Hinblick auf die Thematik der hier vorgelegten Untersuchung ist daraus zu folgern, daß auch Sartre keineswegs angesichts der bedrückenden Szenerie zur mutlosen Apathie tendiert. Im Gegenteil bewertet Bollnow die dem gesamten Existentialismus eigene sittliche Haltung, die er um die Begriffe Entscheidung, Entschlossenheit und

Engagement gruppiert, als "Haltung letzter heroischer Größe"[76] (und knüpft gerade daran seine entscheidende Kritik, hier werde auf's Ganze gesehen ein verzerrtes Bild des menschlichen Daseins gezeichnet).

Zusammenfassend läßt sich feststellen: Die zitierte Begrifflichkeit bei Jaspers, vor allem aber bei Heidegger und Sartre spiegelt ein beklemmendes Bild menschlicher Existenz. Eine Interpretation von Leben, wonach man erst im Erleben von Angst zu seiner Eigentlichkeit vordringen kann, erzeugt die Folie einer Art von Dauerkrise, vor der sich einzelne Handlungen oder Entwicklungsprozesse abspielen, und sich die insgesamt belastend und hemmend auf den Menschen auswirkt: "Die Geschichte eines beliebigen Lebens", sagt Sartre, "ist die Geschichte eines Scheiterns. Der Feindseligkeitskoeffizient der Dinge ist ein solcher, daß es Jahre der Geduld bedarf, um den geringsten Erfolg zu erreichen."[77]

Doch bereits die düsteren Konstruktionen der philosophischen Systeme Heideggers und Sartres beschreiben die Situation der "Geworfenheit" zwar als belastend, wollen damit aber keineswegs einem Fatalismus oder einem Quietismus das Wort reden: "Engagement" ist nicht zufällig eines der zahlreichen Worte, die aus der Sphäre der existentialistischen Philosophie in unsere Alltagssprache eingesickert sind. Sartre spricht ausdrücklich von einer "Geworfenheit in eine Verantwortlichkeit"[78], um die Unvermeidlichkeit jener inneren Haltung trotz der ermüdenden Feindseligkeit der Dinge zu betonen.

Diese anthropologische Bewertung des menschlichen Lebens als Dauerkrise begegnet uns wieder als Grundlage existenzanalytischer Therapieansätze. Zumeist sind hier die oben genannten Grundpositionen gemildert, indem die Akzente entscheidend verschoben werden: Die "Dauerkrise Leben" wirke sich deshalb nicht pathogen aus, weil sie notwendig mit menschlicher Existenz und Persönlichkeitsentwicklung verbunden sei. In diesem Sinne läßt sich der Krisenzustand als eine Art existentieller Grundspannung verstehen, gleichgültig, ob der Begriff explizit genannt wird, wie als "Werdens-Krise" bei v. Gebsattel[79], oder ob er als Hintergrundspannung vorliegt, wie in Frankls "Wille zum Sinn"[80].

2.3.3 Bewertung im christlichen Existentialismus

Eine eindimensionale, psychologisierend-historisierende Rückführung existenzphilosophischer Denkfiguren auf die grauenhafte Erfahrung des Ersten Weltkrieges wäre von unangemessener Kurzschlüssigkeit. Vielmehr spiegeln diese auch die radikale Verunsicherung des Menschen hinsichtlich seiner Stellung in der Welt wider. In einer heute in ihrer Radikalität kaum noch nachvollziehbaren Wirkung hatte vor allem die Evolutionstheorie in der Nachfolge Darwins das traditionelle Bild vom Menschen als "Krone der Schöpfung", geschaffen nach Gottes Ebenbild, ins Wanken gebracht.

Das neue, wissenschaftlich untermauerte Bild von Mensch und Welt wirkt düster und beklemmend: Jaques Monod, der Molekularbiologe und Nobelpreisträger, steht noch 1970 ganz in dieser Tradition, wenn er jede metaphysische Denkfigur als Begründung menschlichen Daseins ablehnt[81]: "Wir möchten, daß wir notwendig sind, daß unsere Existenz unvermeidbar und seit allen Zeiten beschlossen ist. Alle Religionen, fast alle Philosophien und zum Teil auch die Wissenschaft zeugen von der unermüdlichen, heroischen Anstrengung der Menschheit, verzweifelt ihre eigene Zufälligkeit zu leugnen." Nach Monod sind es jedoch gerade die zufälligen Spiele der Evolution, welche die menschliche Lebensform hervorgebracht haben. Die Evolution selbst sei am Schicksal der Menschheit nicht interessiert, darum müsse der "Mensch endlich aus seinem tausendjährigen Traum erwachen und seine totale Verlassenheit, seine radikale Fremdheit erkennen. Er weiß nun, daß er seinen Platz wie ein Zigeuner am Rande des Universums hat, das für seine Musik taub ist und gleichgültig gegen seine Hoffnungen, Leiden oder Verbrechen."[82] Typisch werden nun quantitative Vergleiche, wie etwa die bekannte Uhren-Metapher[83], welche die Nichtigkeit der menschlichen Existenz ausdrücken: Ein Wesen, das die Welt unvoreingenommen betrachten könnte, so soll Bertrand Russel einmal gesagt haben, würde den Menschen schwerlich erwähnen, ausgenommen vielleicht in einer Fußnote gegen Ende des Buches.[84]

Jaques Monod hat die Konsequenz aus seiner Weltsicht selbst mit unüberbietbarer Schärfe formuliert: Er geht davon aus, "daß das Bedürfnis nach einer umfassenden Erklärung [seiner Existenz, d.V.] angeboren ist und daß das Fehlen einer solchen Erklärung eine Ursache tiefer Angst ist"[85]. Die neue Sicht von Mensch und Welt ist eben nicht nur ein kognitives Problem, sondern sie berührt alle Sinnbereiche[86] seines Seins und stellt deshalb in besonderem Maße eine Herausforderung für die Spitze der Sinnstufenordnung, das Religiöse, dar.

Für die Katholische Theologie hat am nachdrücklichsten Karl Rahner eine Antwort auf die existentielle Ungesichertheit des Menschen formuliert.[87] Unter den französischen Denkern ist an Gabriel Marcel zu erinnern, dessen Homo viator die Unbehaustheit des Menschen erst im Glauben überwinden kann. Besonders deutlich läßt sich die Besonderheit dieser Position an Peter Wust, Gymnasiallehrer und später Ordinarius für Philosophie in Münster, exemplifizieren. Wust der selbst kein Theologe war, stand jedoch dem französischen "Renouveau Catholique" um Paul Claudel nahe und hat die Dimension des Religiösen in sein Denken intensiv mit einbezogen. Westhoff[88] charakterisiert sein Werk als "christliches Existenzbewußtsein".

In seiner letzten größeren Veröffentlichung "Ungewißheit und Wagnis" wählt Wust das Gleichnis vom verlorenen Sohn[89], um in einer ungewohnten Interpretation dieser Geschichte zwei verschiedene Lebenswege zu reflektieren. Gewöhnlich gilt der ältere Bruder, der sich in die Ordnung der Väter fügt und wie selbstverständlich die notwendigen Arbeiten auf dem Hofe des Vaters durchführt, als Vorbild, während der jüngere, der sich amüsiert, sein Erbteil verpraßt und ins Elend stürzt, eher als negatives Beispiel verstanden wird. Wust läßt diese Deutung nur bedingt gelten: Nach der Heimkehr des jüngeren ist nicht der ältere, daheimgebliebene Bruder im Recht, sondern der jüngere, der sich zunächst auf die Ungesichertheit des Lebens einläßt und den Schritt in die Ungewißheit aus eigenem Antrieb wagt.

Man wird sich davor hüten müssen, diese Interpretation vorschnell als "Wandervogelromantik"[90] abzutun, obwohl dieser Einfluß von den Lebensdaten des Autors - Wust wurde 1884 geboren und studierte 1907 bei Paulsen in Berlin - ebenfalls nicht auszuschließen ist. Wust ist vielmehr geprägt von der Ungesichertheit des Daseins, die er in seiner Jugendzeit - ähnlich wie der fünf Jahre jüngere Heidegger - am eigenen Leib erfahren hatte. Diese Ungesichertheit sei jedoch kein "Fehler", kein "Störungsmoment des Lebens"[91], sondern "das Leben selbst ... scheint viel eher mit der Ungesichertheit insgeheim im Bunde ..., weil erst die Ungesichertheit zu jener besonderen Art von Gesichertheit führt, die den Menschen als Menschen über sich selbst hinausdrängt und ihn damit erst ganz zu sich selbst emporhebt"[92].

Für Wust ist es nicht nur die materielle Ungesichertheit, die den Menschen bedrängt; schwerer wiegt für ihn die Ungesichertheit im Bereich des Geistigen: die Ungewißheit. Wust geht davon aus, daß das Streben nach Gewißheit mit den Mitteln der Philosophie allein nicht zu befriedigen ist, weil es nicht möglich sei, "von einem in jeder Hinsicht religiös neutralen Wissensstreben zu sprechen ... Es ist die absolute Sinnfrage in der Philosophie, in der dieser religiöse Charakter aller philosophischen Reflexion im letzten zum Ausdruck kommt. Und deshalb ist denn auch das tiefste Erlebnis der menschlichen Wissensungewißheit im Hintergrunde der obersten philosophischen Gewißheit eine erste Ankündigung jener metaphysischen Situation der Insecuritas humana, die im Bereich des religiösen Heilsstrebens in ihrer überwältigenden Dunkelheit erkennbar wird."[93]

Gerade im religiösen Bereich erfahre der Mensch den "gefährlichen Schwebezustand zwischen Gesichertheit und Ungesichertheit am intensivsten"[94]: letztlich stehe hier nämlich die persönliche Heilsgewißheit in Frage. Die Ungesichertheit der menschlichen Existenz und die ihr subjektiv korrespondierende Ungewißheit des Menschen stelle deshalb ohne Zweifel eine erhebliche Belastung dar; andererseits rüttle sie den Menschen immer wieder auf und stelle ihn aufs neu vor die Entscheidung. Eben dadurch werde sie zu einem unverzichtbaren Bestimmungsgrund menschlicher Existenz: Wust stellt als Fazit heraus, "daß die Erhöhung des menschlichen Selbst nur durch die Steigerung seiner Gefährdetheit erreicht werden kann"[95].

Diese wenigen Hinweise genügen bereits, um zu erkennen, daß Wust die existenzphilosophische Problemstellung und große Teile des existentialistischen Vokabulars aufnimmt: Der Mensch ist "heimatlos", der "dunklen Majestät des Zufalls" überantwortet, in die Ungesichertheit "geworfen", die ihn ständig neu "aufrüttelt" und vor die "Entscheidung zwingt". Dies sind wohlvertraute Klänge, die mit geringen Modifikationen bei Heidegger, Jaspers oder Sartre stehen könnten. Und dennoch ist die Konstruktion eine grundsätzlich andere: Die Ungewißheit wird bei Wust als konstitutives Moment in die persönliche Heilsgeschichte des Menschen einbezogen.[96] Sie ist nicht länger Quelle einer heillosen Angst, sondern kann in einer Art "Seinsvertrauen" überwunden werden. Dies falle dem Menschen jedoch nicht einfach zu, sondern setze ein aktives Sich-Einlassen auf die Situation unter Inkaufnahme von Risiken, kurz: ein Wagnis voraus. Wust verdeutlicht dies anhand der "metaphysischen Urbedrohung": Die "großen Urfragen nach Sinn oder Unsinn des Seins im ganzen, nach Heil oder Unheil für unsere persönliche Existenz"[97] könnten "prinzipiell" von der menschlichen Vernunft "zur Evidenz des Ja" gebracht werden. "Aber selbst bei aller noch so klaren

Evidenz des Ja bleibt in ihrem Rücken immer noch die Möglichkeit einer lockenden Versuchung, ... ob nicht vielleicht doch das Ja ... nur eine große Illusion sei. ... Diese Urversuchung bleibt als Möglichkeit wie eine metaphysische Urbedrohung immer im Rücken unserer Vernunft bestehen ... Bei aller prinzipiellen Evidenz bleibt also in diesen Ursituationen unserer personalen Existenz noch ein gewisser Rest von einem idealistischen Wagnis."[98]

Mit seinem Plädoyer, die "Evidenz des Ja" zu wagen, redet Wust keineswegs einem blinden Entscheidungsirrationalismus das Wort. Die Grundhaltung, zu der er aufruft, ist das "Wagnis der Weisheit", "in dem uneingeschränkt das Prinzip der universalen Intelligibilität des Seins anerkannt und der ganz kindliche Glaube an eine schlechthin alles ... durchwaltende Vorsehung bejaht und durchlebt wird."[99] Weisheit ist für den Menschen nur in ihrer "endlichen Gestalt" zu erreichen, die noch auf dem Wege ist zur Weisheit selbst[100]. Als Homo viator[101] muß er die Weisheit wagen: Ohne die Wirklichkeit "begrifflich zu vergewaltigen oder an dem Schein ihrer Irrationalität zu verzweifeln" wagt "die wahre Lebensweisheit auf das Minimum der menschlichen Sehfähigkeit das Maximum des Glaubens an die universale Ordnung."[102]

2.3.4 Krise als Absurdität des Seins: Albert Camus

Die Phänomene jener Unstimmigkeit und dunklen Abgründigkeit, in der Wust die ängstigende Insecuritas humana wurzeln ließ, bilden auch den Ausgangspunkt für das Denken Camus'. Anders als bei Wust durchwaltet für Camus indes keine ordnende Vorsehung die Welt, vielmehr ist das menschliche Dasein von Antinomien geprägt. Nach Speck[103] ist es Camus' zentrales Anliegen, "die Grundantinomien des menschlichen Daseins darzustellen und vor allem zu zeigen, wie sie im Leben zu bewältigen sind" - mit der von Camus selbst gesetzten Zusatzbedingung: "wenn man weder an Gott noch an die Vernunft glaubt"[104].

Die beiden Grundantinomien sind nach Speck die beiden Spannungslagen zwischen Positivität und Absurdität des Lebens einerseits und zwischen der Welt der Revolte und der Welt der Gnade auf der anderen Seite.[105] Camus' Frühwerk weist ja nicht nur nihilistische Züge auf, sondern ist durchaus von einer positiven Grundstimmung getragen. Ziel der menschlichen Existenz ist ein Einswerden mit der Welt. Doch dieser Einheitssuche stehen zahlreiche Hindernisse entgegen. Zwischen Ziel und Ausgangspunkt besteht eine Diskrepanz, und diese Diskrepanz ist für Camus das "Absurde"[106]. Die Distanz zwischen Mensch und Welt manifestiert sich in ihrem Anderssein (étrangeté), in dem sich die Dinge den Entwürfen der Vernunft entziehen. Dieses Anderssein überträgt Camus auch auf den Bereich der zwischenmenschlichen Beziehungen, so daß die Grundsituation des Menschen die ist, sich selbst und der Welt fremd zu sein.

Das Absurde ist einerseits nichts, was man aus der Welt ausmerzen könnte: Camus ist, wie er im "Mythos von Sisyphos" darlegt, von der "Nichtrückführbarkeit dieser Welt auf ein vernünftiges und zureichendes Prinzip"[107] überzeugt. Das Absurde sei aber auf der anderen Seite nicht nur als Defekt des Seins zu verstehen, denn für Camus erwächst der Sinn menschlicher Existenz gerade aus dem Absurden, das selbst wider-

2. Belastung und Bewältigung

sinnig ist: Der Sinn des Absurden bestehe darin, daß man sich mit ihm nicht einverstanden erklären kann, sondern zur Revolte gezwungen werde. Deshalb kann es für Camus nicht akzeptabel sein, sich der Absurdität des Daseins zu entziehen. Die Auflehnung gegen das Absurde gibt dem Leben seinen Wert. In der bewußten Annahme des Absurden und der geistigen Auseinandersetzung des Menschen mit seiner Existenz kann es ertragen und bewältigt werden: Der "absurde Mensch" gewinnt in der klaren Einsicht seiner unseligen Lage und durch seine endgültige Absage an die Hoffnung den Sieg über die bedrängende Situation. Er wird grenzenlos frei, denn "es gibt kein Schicksal, das nicht durch Verachtung überwunden werden könnte"[108]. In diesem Sinne sei dann auch Sisyphos "glücklich" zu nennen, weil er die Absurdität seiner Situation erkannt habe.

Fassen wir zusammen, was in diesem Kapitel über den möglichen Wert von Krisen an Argumenten dargestellt wurde: Es gibt Belastungen, die, mögen sie auch teils durch die Lebensbedingungen, denen der Mensch sich stellen muß, entstanden sein, letztlich als Belastungen auf der Innenseite des Selbst wirksam werden und auch bei gefestigten äußeren Lebensverhältnissen nicht als gebannt betrachtet werden können. Solche psychischen Belastungen, die das Ausmaß tiefer existentieller Krisen annehmen können, sind von der menschlichen Existenz nicht zu trennen (Heidegger) und haben darüber hinaus ihren eigenen Wert, weil sie dem Menschen Existenzerhellung in Grenzsituationen ermöglichen (Jaspers) und von ihm sein ganzes Engagement einfordern (Sartre). Menschliche Existenz ist also mit Risiken verbunden, sowohl im Physischen als auch im Geistigen. Der Schritt ins Ungewisse muß (und darf im Vertrauen auf Gott) gewagt werden, wenn der Mensch sein Leben nicht verfehlen will (Wust). Und selbst die eingestandene Ausweglosigkeit einer absurden Welt, die den Menschen zunächst in eine tiefe Krise stürzen müßte, enthält die Chance, im revoltierenden Aushalten des Absurden Sinn, Wert und Glück des menschlichen Lebens erkennen zu können (Camus).

So unterschiedlich diese Beiträge sind, gemeinsam ist ihnen, daß "Belastung" als eine zum menschlichen Leben zugehörige Größe erscheint, und zwar nicht nur als eine bedauerlicherweise unvermeidbare, sondern als eine für die Entfaltung der vollen Menschlichkeit notwendige.

Nun wird man einwenden können, dies sei alles höchst spekulativ und mit solchen spekulativen Mitteln ließe sich letztlich alles und nichts belegen. Vor allem, so ließe sich dieser Einwand noch verschärfen, sei es natürlich überaus einfach, in der Abgeschiedenheit der philosophischen Studierstube über die Krisenhaftigkeit menschlicher Existenz zu räsonieren, die Konfrontation mit der krisengeschüttelten Kreatur allerdings in vornehmer Zurückhaltung zu meiden.

Die Ausgangsfrage dieses Kapitels, ob sich das Zumuten von Belastungen unter pädagogischen Gesichtspunkten überhaupt rechtfertigen läßt, soll daher in einem weiteren Schritt dahingehend ausgelegt werden, ob sich im Bereich der empirischen Forschung Hinweise dafür finden lassen, daß eine solche anthropologische Position, wie sie im vergangenen Abschnitt referiert worden ist, gegenüber der konträren Ansicht, wonach Krisen unbedingt zu vermeiden seien, bestehen kann oder letztlich sogar die bessere, weil konsistentere Theorie ermöglicht. Dieses Problem wird im nächsten Abschnitt näher untersucht.

2.4 Krisen im Spiegel der Forschung: Von der Abwehr zur Bewältigung

"Belastung", dies darf trotz der Untersuchungen der vergangenen Abschnitte nicht übersehen werden, verweist zunächst auf die als solche empfundene "Last"; und nicht ohne Grund weist das abgeleitete Adjektiv "lästig" dies als einen unangenehmen Zustand aus, den man zu vermindern oder gar zu vermeiden sucht.

Von daher ist es naheliegend, den Wunsch, sich solch unangenehmer Belastung zu entziehen, als "natürlich" anzusehen. Diese Sichtweise hat in bestimmten Grenzen durchaus ihre Berechtigung und scheint zudem den Vorzug zu besitzen, durch unstrittige kulturgeschichtliche Entwicklungen bestätigt zu werden: So verdankt beispielsweise der technische Fortschritt seine Entwicklung zu einem ganz wesentlichen Teil dem Wunsch, von schweren Arbeitsbedingungen ausgehende Belastungen durch Einsatz von Maschinen zu verringern. Fraglich ist, dies wurde sogar in den bisherigen Untersuchungen zur Bewertung schwerster Belastungen deutlich, ob nicht diese Betrachtungsweise dort problematisch wird, wo man sie zum vorwiegenden oder gar ausschließlich Maßstab der Bewertung von Belastung macht: Dann freilich müssen alle Verhaltensweisen, die auf Vermeidung von Belastung und auf Abwehr von Fremdforderungen gerichtet sind, als "normal", "natürlich", "gesund" bewertet werden. Diese Bewertung ist in ihrer Rigidität eindeutig falsch: Menschen nehmen zumindest zeitweilig Anstrengungen auf sich und finden im Erleben solcher Situationen Gefallen oder Befriedigung, sei es in der Funktionslust sportlicher Aktivität oder musischen Schaffens, sei es in langgedehnten Bildungs- und Arbeitsprozessen. Die Irrealität einer solchen, vorgeblich natürlichen, Zielperspektive "Freisein von Belastungen" erkennt man leicht, wenn man die Argumentation in ihre logischen Konsequenzen hinein verfolgt: Ein völliges Fehlen von Stimuli würde eine völlige Abwesenheit von - äußeren - Belastungen nach sich ziehen. Doch geht die Minderung des Reizgehaltes einer Situation keineswegs strikt mit der Minderung von Belastung einher: Vielmehr scheint die Entwicklung ab ein bestimmten Punkt zu kippen: Die als wohltuend empfundene zunehmende Entlastung schlägt, mitunter recht plötzlich, in eine neue, endogene Belastung um, wenn sich unter dem Eindruck der Monotonie Langeweile einstellt.

Soweit die einleitenden Plausibilitätsbetrachtungen, die dem Gang der nachfolgend berichteten Entwicklung bereits ein wenig vorgeeilt sind. Historischer Ausgangspunkt der zu skizzierenden Entwicklungslinie bildet nämlich die Position, Belastungen müßten als negativ angesehen werden und die Abwehr solcher Belastungen sei demzufolge als der fundamentale psychische Prozeß anzusehen. Die Erforschung solcher Abwehrprozesse beginnt bei Sigmund Freud, und nachfolgend wird darzustellen sein, wie die Vorstellungen von der Natur jener psychischen Prozesse vom Charakter der "Abwehr" zu einem solchen der "Abwehr und/oder Bewältigung" modifiziert werden, wodurch gleichzeitig die Annahmen über die Bedeutung von Krisen im menschlichen Leben und letztlich sogar über das Wesen des Menschen eine Veränderung erfuhren.

2.4.1 Zur Psychopathogenität der Abwehr bei Sigmund Freud

Die Bewertung von "Abwehr" im Werk Freuds ist zwar keineswegs eindeutig, doch läßt sich nachweisen, daß mit "Abwehr" in der gesamten Tradition seit Sigmund Freud immer wieder der Aspekt des Nicht-Meistern-Könnens von Lebenssituationen verbunden wird.

Freud selbst, der den Begriff einführte[109] und ihn zunächst[110] mit "Verdrängung" identifizierte, war ursprünglich der Überzeugung, daß es sich hierbei um einen ausschließlich pathogenetischen Vorgang handele. Dies entspricht einer Grundeinstellung, die in der Krise einen ausschließlich negativen Zustand sieht. Zum Verständnis von Freuds Krisenbegriff kann man die bereits in anderem Zusammenhang zitierte[111], einzige Verwendung des Wortes "Krise" im Gesamtwerk heranziehen: "In akut krisenhaften Zuständen ist die Analyse so gut wie nicht zu brauchen. Alles Interesse des Ichs wird dann von der schmerzhaften Realität in Anspruch genommen und verweigert sich der Analyse ...".[112] Abgesehen von dem methodenkritischen Element dieser Aussage wird hier gleichzeitig inhaltlich das Mißlingen des Umgangs mit Krisen betont: Krisen blockieren die Analyse, daher werden sie abgewehrt, verdrängt; Verdrängungen wiederum erzeugen Neurosen. Das ist es, was Krisen nach Freuds Ansicht gefährlich macht. Der betroffene Mensch erscheint damit nicht als handlungsfähig, sondern als Opfer der Krise und ihrer Dynamik.

Diese Bewertung wird in der Schrift über die Traumdeutung modifiziert: Die Verdrängung als beliebige Zu- und Abwendung von Aufmerksamkeit an peinliche Erinnerungsreste ist nun nicht mehr unbedingt pathogen, sondern bildet sogar die Entwicklungsgrundlage für ein normales Seelenleben[113]. Schließlich verändert Freud seine Bewertung noch ein weiteres Mal: In "Hemmung, Symptom und Angst" (1926) greift er seine ursprüngliche These von der entscheidenden Rolle der Verdrängung in der Genese von Neurosen wieder auf, erkennt "Verdrängung" jedoch nun als nur einen möglichen unter anderen Abwehrmechanismen.

Vom Standpunkt der heutigen Bewältigungsforschung aus betrachtet gibt es einen direkten Denkstrang von diesen Freud'schen Ideen zu Konzepten der modernen Coping-Forschung. Im Laufe der Zeit hat sich der Akzent in der Betrachtung der psychischen Prozesse immer mehr vom "Abwehr"-Konzept in Richtung auf ein aktives Meistern der Situation verschoben. Dabei lassen sich im wesentlichen fünf Phasen unterscheiden, die sich mit den Namen Anna Freud, Erik H. Erikson, Peter Blos, Norma Haan und Richard Lazarus verbinden.

2.4.2 Abwehrmechanismen bei Anna Freud

Anna Freud[114] stellte auf der Grundlage des Gedankengebäudes ihres Vaters eine Liste von Abwehrmechanismen auf. Unter diesen wird, wie bei Sigmund Freud, die Verdrängung in engem Zusammenhang mit der Entstehung von Neurosen gesehen. Die

2.4 Krisen im Spiegel der Forschung: Von der Abwehr zur Bewältigung

übrigen Formen der Abwehr[115] "halten sich, auch bei Steigerung ihrer Intensität, mehr in den Grenzen des Normalen"[116], äußern sich aber in "den zahllosen Verwandlungen, Verzerrungen und Deformierungen des Ichs, welche die Neurose teils begleiten, teils ersetzen können".

Anna Freud ist noch weitgehend der Denkweise ihres Vaters verbunden, insofern sie sich auf die Binnenprozesse der Person beschränkt. Allerdings zeigen sich bei ihr bereits erste Anzeichen dafür, diese Beschränkung aufzugeben. Neben der nach innen gerichteten Abwehrtätigkeit des Ich erkennt Anna Freud eine zweite, nach außen gerichtete. Sie betont "... die Parallele zwischen der Abwehrtätigkeit des Ichs nach außen und nach innen. Die Verdrängung leistet für die Beseitigung der Triebabkömmlinge dasselbe wie die Leugnung für die Beseitigung der Außenweltsreize. Die Reaktionsbildung dient der Sicherung gegen Rückkehr des Verdrängten von innen her, die Phantasie vom Gegenteil der Sicherung der Leugnung gegen Erschütterung durch die Außenwelt."[117]

Nach weiteren Beispielen für solche Parallelen folgt der für die hier vorgelegte Untersuchung zentrale Satz: "Alle jenen andern Abwehrvorgänge, die wie die Verkehrung ins Gegenteil oder die Wendung gegen die eigene Person in Veränderung der Triebvorgänge selbst bestehen, entsprechen nach außen hin den hier nicht mehr einbezogenen Versuchen des Ichs, die Verhältnisse der Außenwelt durch aktiven Eingriff zu verändern."[118]

Dieser Hinweis auf aktive Veränderung der Außenwelt als eine Art, sich mit Problemen und Herausforderungen auseinanderzusetzen, wird bei Anna Freud nicht weiter verfolgt. Aber es ist zumindest bemerkenswert, daß diese Perspektive von ihr sehr wohl erkannt und als eine gleichberechtigte Reaktionsform auf Konflikt und Belastung dargestellt wird. Hier wird ein eminent wichtiger Gedanke formuliert, der bei Anna Freud zwar unausgeführt bleibt, den aber ihre Schüler aufgriffen und weitertrugen. Die Bedeutung dieses Hinweises auf aktive Gestaltung von Welt wird durch eine veränderte Interpretation des Ich unterstützt: Bei Sigmund Freud war das Ich, sofern diese Aussage bei den vielfältigen Modifikationen und dem durchgängig höchst unklaren Gebrauch dieses Begriffs überhaupt gestattet ist, primär[119] Anlaß von prozeßhaft gedachten, durchweg pathogenen Abwehrmechanismen. Anna Freud modifiziert diese Sichtweise, indem sie gelingende Abwehr im wesentlichen als eine Stabilisierungsleistung des Ich begreift, wobei das Ich sich bestimmte Eigenschaften des Konstruktes "Trieb" zunutze macht. Diese doppelte Verankerung der Abwehr im Ich wie im Trieb sowie den Charakter der Abwehr als einer Leistung des Ich stellt die Autorin folgendermaßen dar: Zwar seien "die Abwehrmethoden keine reinen Ich-Leistungen. Soweit sie den Triebvorgang selber beeinflussen, bedienen sie sich auch der Triebeigenschaften. ... Die Sicherung der Verdrängung durch Reaktionsbildung bedient sich der Neigung der Triebe, sich ins Gegenteil zu verkehren. Wir dürfen annehmen, daß die Haltbarkeit eines Abwehrvorgangs mit dieser doppelten Verankerung im Ich einerseits und im Wesen des Triebvorgangs andererseits zusammenhängt. Aber auch trotz dieser Einschränkung der Selbständigkeit des Ichs bei der Schaffung der Formen, die ihm für seine Abwehrtätigkeit zur Verfügung stehen, bleibt nach der Beschäftigung mit den

Abwehrmechanismen noch ein starker Eindruck von der Größe der Ich-Leistung übrig. Die Existenz neurotischer Symptome ist an sich schon ein Zeichen von Überwältigung des Ichs. ... Das Ich ist siegreich, wenn seine Abwehrleistungen glücken."[120]

Man wird sich freilich davor hüten müssen, die Position Anna Freuds als einer Wegbereiterin moderner Bewältigungsforschung überzubewerten. Während heute die Meisterung von Anforderungen und damit der Erhalt von personaler Handlungsfähigkeit als Ziel von Bewältigungsprozessen angenommen wird, dient Abwehr nach Anna Freud (zumindest zu diesem frühen Zeitpunkt) noch orthodox-psychoanalytischen Zielsetzungen: Einschränkung von Angst und Unlust, Sicherung von Triebgenuß auch unter schwierigen Umständen und Harmonie zwischen Es, Ich, Über-Ich und Außenmächten. Andererseits erkennt man deutlich, daß ihre Konzeption in anderen, wichtigen Teilen mit Denkfiguren der modernen Bewältigungsforschung verträglich ist:

- So könnte beispielsweise ihre doppelte Verankerung der Abwehr im Ich und im Wesen des (abzuwehrenden oder umzulenkenden) Triebes im Lichte heutiger kognitiver Theoriebildung als Prüf- und Auswerteprozeß aufgefaßt werden.

- Der Wahrnehmung einer Situation und ihrer Bewertung als Bedrohung entspricht bei Anna Freud die Registrierung der triebbedingten kränkenden Vorstellungen durch das Ich, das zur Abwehr sein Wissen um das Wesen des spezifischen Triebes einsetzt.

- Dieser letzten Phase entspricht in kognitionspsychologischen Bewältigungsmodellen die Überprüfung von Ressourcen, die zur Bewältigung der Situation zur Verfügung stehen, wobei, wie in einem der Folgekapitel noch ausführlich dargestellt werden wird, diese Ressourcen nicht mehr nur - wie im Falle Anna Freuds - innerpsychischer Natur sind.

2.4.3 Erik Erikson: Identitätsentwicklung durch Krisenbewältigung

Erik H. Erikson, selbst Schüler von Anna Freud, griff deren Hinweise auf wie Bedeutung der "Außenmächte" auf und bezog sie in seine Theorie der Identitätsentwicklung ein. "Die traditionelle psychoanalytische Methode", so wandte er mit Blick auf den Schlüsselbegriff seiner Theorie ein, "kann die Identität nicht ganz erfassen, denn sie hat keine Ausdrücke entwickelt, um die Umgebung in Begriffe zu fassen."[121] Ich-Identität sei als das Ergebnis einer synthetisierenden Funktion an der Grenze von Ich und Umwelt anzusehen[122]. Die Bildung von Ich-Identität ist damit ein Prozeß, der "im Kern des Individuums 'lokalisiert' ist und doch auch im Kern seiner gemeinschaftlichen Kultur"[123], welche die Definitionsräume der Ich-Identität jeweils konkretisiert.

Anhand der nicht als Geschehnis, sondern als Leistung zu verstehenden Synthese läßt sich Eriksons Bewertung von Konflikt und Belastung für die Entwicklung des Menschen und seiner Persönlichkeit gut verdeutlichen. Gegenstand der Synthese sind die verschiedenen Repräsentationen des Selbst[124]: "Wenn man das Ich als ein zentrales und teilweise unbewußtes, organisierendes Agens auffaßt, dann hat es in jedem gegebenen Lebensstadium mit einem sich wandelnden Selbst zu tun, das die Forderung stellt, mit aufgegebenen und vorausgesehenen Selbsten synthetisiert zu werden."¹²⁵ Die ansonsten ungebräuchliche Pluralform ist beabsichtigt. Das "Selbst" ist keineswegs einfach, substantiell, sondern zusammengesetzt aus verschiedenen "Selbsten". Diese "Selbste" sind hier zu verstehen als die zunächst meist vorbewußten, je partikularen Reflexionsgegenstände des Ich in bezug auf einen bestimmten Teilaspekt seiner Existenz und unter den modifizierenden Einflüssen der Situation. So ist beispielsweise das "Körper-Selbst" Gegenstand der Reflexion des Ich in bezug auf seinen Körper. Die Synthese der verschiedenen Selbste ist sowohl in synchroner wie in diachroner Perspektive zu leisten. Im zeitlichen Querschnitt der augenblicklichen Situation sind die verschiedenen Selbste, die durch den permanenten Vergleich mit den "Anderen" auseinanderzudriften drohen, zu einem schlüssigen zusammengesetzten Selbst zusammenzufügen. Im zeitlichen Längsschnitt der Biographie steht die Erzeugung von Kontinuität im Vordergrund, insofern die Ich-Identität "die Selbst-Bilder prüft, auswählt und integriert, die ... von den psychosozialen Krisen der Kindheit hergeleitet werden"¹²⁶. Diese Synthese ist kein Geschehen, das unbeeinflußt von der Person abläuft, sondern sie ist eine Leistung des Ich. Erikson hebt diesen Aspekt ausdrücklich hervor:

"Die Ich-Identität ist also das Ergebnis der synthetisierenden Funktion an einer der Ich-Grenzen, nämlich jener 'Umwelt', die aus der sozialen Realität besteht, wie sie dem Kind während aufeinanderfolgenden Kindheitskrisen übermittelt wird. Die Identität hat in diesem Zusammenhang einen Anspruch auf Anerkennung als wichtigste Leistung des jugendlichen Ichs."¹²⁷

Identität fällt also, folgt man Erikson, niemandem in den Schoß, sondern sie will gegen Widerstände gewonnen werden. Damit wird deutlich, wie sehr sich Eriksons Bewertung der Reaktion auf Konflikt und Belastung von der Sigmund Freuds unterscheidet. Zwar beruft er sich noch auf eine gemeinsame Basis, wenn er von "Freuds weitreichender Entdeckung" spricht, "daß der neurotische Konflikt sich im Inhalt nicht sehr von den 'normativen' Konflikten unterscheidet, die jedes Kind in seiner Kindheit durchleben muß"¹²⁸, doch stellt er Freuds Thesen kurzerhand auf den Kopf, indem er postuliert, daß der Mensch, um "vital" zu bleiben, diese Konflikte beständig aufs neue lösen müsse. Wo Sigmund Freud dem (statisch gedachten) Ich Abwehrmechanismen als Schutz vor Kränkung zur Seite stellt, dort will Erikson die Entwicklung der Ich-Identität "vom Standpunkt der inneren und äußeren Konflikte aus darstellen, die die vitale Persönlichkeit glücklich übersteht, die aus jeder Krise mit einem erhöhten Gefühl der inneren Einheit hervorgeht, mit einer Zunahme an guter Urteilsfähigkeit und einer Zunahme der Fähigkeit, 'etwas zustande zu bringen', entsprechend ihren eigenen Maßstäben und den Maßstäben derer, die für sie bedeutsam sind."¹²⁹

2.4.4 Peter Blos: Revision der Abwehrmechanismen

Der Position Eriksons, vor allem in ihrer frühen Formulierung in "Kindheit und Gesellschaft", stark verpflichtet ist die neo-analytische Konzeption von Peter Blos¹³⁰. Dieser entwickelt Anna Freuds Gedanken über die Abwehr-Mechanismen auf der Basis der Psychoanalyse weiter, wobei sich als Anknüpfungspunkt der bereits erwähnte Verzicht Anna Freuds auf die Einbeziehung der "Versuche des Ichs, die Verhältnisse der

Außenwelt durch aktiven Eingriff zu verändern" anbietet. Anders als Erikson hebt Blos dabei jedoch hervor, daß das, was Anna Freud noch vereinheitlichend als "Abwehr" bezeichnet hatte, "in deutlich unterscheidbare Einzelteile zerfällt, die verschiedenen Funktionen dienen"[131]. Nicht jeder (trieb-) regulierende Eingriff des Ich sei bereits Abwehr im eigentlichen Sinne, sondern nur dort, wo eine "Vorwärtsbewegung" und "Transformation" der - als Grundtriebkraft angenommenen - "Libidoeinstellung" versagt werde, komme es zur Abwehr. Im übrigen rügt Blos die übermäßige Betonung der Abwehrmechanismen, da der "Begriff Abwehr natürlich zu eng gefaßt" sei, um der Kompliziertheit der psychischen Prozesse gerecht zu werden.[132]

Mit Blick auf das psychische Geschehen in der Adoleszenz unterscheidet Blos eine Gruppe von Reaktionen, die zwar nicht der Bewältigung von Problemen dienen, die aber dennoch eine wichtige Funktion übernehmen: "Da es nicht fähig ist, die kritischen Situationen, mit denen es konfrontiert ist, zu bewältigen, nimmt das Ich zu verschiedenen Stabilisierungsmechanismen Zuflucht als zeitweise angewandte Mittel, um seine Integrität zu bewahren."[133] Solche Stabilisierungsmechanismen dienen also der Spannungsreduktion, sind aber nicht auf Abwehr im engsten Sinne des Wortes begrenzt, sondern umfassen neben defensiven auch adaptive, restitutive und kompensatorische Mechanismen.[134] Alle diese Strategien, die hier nicht näher dargestellt werden sollen, lösen freilich die Konflikte nicht. Daneben gibt es indessen auch produktive Formen des Umgehens mit krisenhaften psychischen Situationen: Coping-Prozesse[135]. Diese erfolgreiche Bewältigung ist für die weitere Entwicklung der Persönlichkeit von besonderer Wichtigkeit: "Wo immer das Ich siegreich aus dem Kampf dieser Phase hervorgeht, verleiht die narzißtische Befriedigung darüber - Stolz, Selbstvertrauen und Selbstachtung - dieser Leistung Dauer und Stabilität."[136] Diese Stabilität basiert nicht "einzig und allein auf dem Abnehmen der Konflikte", sondern auf der Existenz eines "organisierenden Prinzips einer ganz neuen Ordnung ..., die hier als das 'Selbst' bezeichnet werden soll"[137]. Am Ende dieses Prozesses stehen "Konstanz der Selbstachtung und innere Regulativkontrollen (Über-Ich, Ich-Ideal)". "Die übertriebenen Erwartungen und verhängnisvollen Enttäuschungen im Selbst werden allmählich durch vernünftige Zielsetzungen und durch das Akzeptieren von Leistungen und Befriedigungen ersetzt, die in der Reichweite des richtig erfaßten Selbst liegen. In dieser Weise wird ein Operationsfeld innerhalb des Bereichs der Selbst-Verwirklichung abgesteckt, dessen Grenzen durch Faktoren wie Befähigungen, Umstände und Zeit bestimmt sind."[138]

Während die Mechanismen also lediglich dazu dienen, das Ich in Konfliktfällen zu stabilisieren, ohne dabei auf eine Lösung gerichtet zu sein, gibt es nach Blos darüber hinaus Coping-Mechanismen, die über die Instanz "Ich" hinaus den Aufbau und die Stabilität eines "neuen Ordnungsprinzips"[139], des Selbst, ermöglichen. Kennzeichen dieses Ordnungsprinzips ist die "Realitätsprüfung und realistische Selbsteinschätzung als Grundlage für Denken und Handeln"[140]. Die erwähnte "Selbst-Verwirklichung" ist folgerichtig noch nicht zur hohlen Entschuldigungsformel für exessiven Egoismus verkommen, wie man ihn nur wenige Jahre später in popularisierter Verzerrung psychoanalytischer Theoreme zur "Apotheose des Selbst"[141] gebrauchen sollte. Vielmehr wird hier Selbst-Verwirklichung noch als Aufgabe gesehen, derer man sich innerhalb der Grenzen von Befähigungen, Umständen und Zeit zu widmen habe.

Blos' Konzeption enthält gewiß zahlreiche Schwächen, deren gravierendste wohl darin besteht, daß die Entwicklung zum reifen Selbst mit dem Ende der Adoleszenz, in pathogenen Fällen auch erst mit Ende der Post-Adoleszenz, abgeschlossen ist. Für eine Entwicklung im Erwachsenenalter ist kein Blick vorhanden. Auch ist bemängelt worden[142], die Deutung der Adoleszenz nach Blos stütze ein überkommenes Bild des Jugendalters als notwendig krisenhafte Epoche des "Sturm und Drang". Dennoch kommt ihm das Verdienst zu, nicht nur in der Weiterführung von Anna Freud, Hartmann, Fenichel und Lampl-de Groot die Abwehrmechanismen nach ihrer jeweiligen Funktion differenziert zu haben, sondern darüber hinaus auch "Coping" als notwendige Ergänzung zum "Defending" in die Diskussion eingeführt zu haben.

2.4.5 Norma Haan: Abwehr und Bewältigung

Zwar waren Coping-Techniken inhaltlich bei Blos nicht weiter ausgefüllt, doch anscheinend war die Zeit reif für den bereits erwähnten Perspektivwechsel. Recht schnell widmeten sich nämlich innerhalb der neo-analytischen Schule zwei Autoren, Ted C. Kroeber[143] und Norma Haan[144], diesen Prozessen. In ihren frühen Arbeiten konstruierten sie eine Taxonomie von unspezifischen Ich-Prozessen ("generic ego-processes"). Dabei verfolgten sie folgendes Argumentationsschema: Abwehr und Coping seien grundlegend verschiedene ("fundamental and pivotal distinction") Prozesse, die jedoch nicht ohne Beziehung zueinander stünden. Aus jedem der zehn Abwehrmechanismen könne, gleichsam als Gegenstück, eine Coping-Funktion des Ich abgeleitet werden, so daß beide, Coping und Defending, denselben unspezifischen Ich-Prozeß[145] repräsentieren könnten, allerdings in jeweils sehr unterschiedlichen Ausprägungen. Dies soll im folgenden kurz erläutert werden.

Jeder der zehn "klassischen" Abwehrmechanismen[146] stellt nach Überzeugung der Autoren lediglich die Verzerrung eines zugrundeliegenden unspezifischen Ich-Prozesses dar; den Vorwurf der Verzerrung erheben sie insoweit, als sie in jedem der zehn Abwehrmechanismen eine die intersubjektive Wahrheit oder die Realität negierende Interpretationsperspektive erkennen: Werde beispielsweise von "Projektion" gesprochen, so werde damit tendenziell die Selbstbewertung einer Person negiert; mit "Verleugnung" stelle man den Wirklichkeitscharakter der situativ wahrgenommenen Lebensumstände in Abrede, "Reaktionsbildung" beschönige die Tatsache, daß die Handlungsweisen der Person sozial inadäquat seien.[147]

Haan und Kroeber nahmen an, daß Abwehr lediglich einen Modus jenes unspezifischen Ich-Prozesses repräsentiere, mit dessen Hilfe Menschen normalerweise ihre größeren und kleineren Lebensprobleme lösen. Unter dieser gedanklichen Voraussetzung versuchten sie dann, sowohl die unspezifischen Ich-Prozesse als auch die zugehörigen Coping-Modi zu identifizieren, indem sie zunächst vom Abwehrmechanismus auf den Ich-Prozeß und von diesem auf den zugehörigen Coping-Modus schlossen. So liege beispielsweise der "Projektion" als unspezifischer Ich-Prozeß "Einfühlungsvermögen" zugrunde, als Coping-Modus dieses "Einfühlungsvermögens" sei "Empathie" anzusehen. "Verleugnung" sei der Abwehr-Modus des Ich-Prozesses "selektive Aufmerksamkeit", der zugehörige Coping-Modus sei "Konzentration". Als Ordnungskategorien für diese zehn Ich-Prozesse dienten Haan die vier funktionalen[148] Grunddimensionen ihres Ich-Modells[149]: So unterschied sie die Gruppen der kognitiven, der reflexiv-intrazeptiven, der aufmerksamkeitszentrierenden Funktionen und der affektiven Impulsregulation, denen nun die zehn unspezifischen Ich-Prozesse mit ihren beiden Modi Coping und Defending zugeordnet wurden.

Seit 1969 erweiterte Haan diese Deutung um einen dritten Modus, den sie "ego fragmentation" nannte, um damit einige Verhaltensweisen stark gestörter Persönlichkeiten und darüber hinaus solche zu beschreiben, die wahrscheinlich bei allen Menschen von Zeit zu Zeit in extremen Streßsituationen zu beobachten seien.[150] Nicht Abwehr-, sondern Fragmentierungsprozesse werden damit zu den eigentlich pathologischen Formen der Auseinandersetzung mit Konflikt und Belastung. Dem unspezifischen Ich-Prozeß "Einfühlungsvermögen" mit den bereits genannten Modi "Empathie" (Coping) und "Projektion" (Defending) entspricht als dritter Modus die "Wahnvorstellung" (Fragmentation). Einen Überblick über die so gewonnene Taxonomie der Ich-Prozesse gibt die folgende, der Originalarbeit von Haan entnommene Darstellung.[151]

	Taxonomy of Ego Processes		
Generic processes	*Modes*		
	Coping	*Defending*	*Fragmentation*
	Cognitive functions		
1. Discrimination	Objectivity	Isolation	Concretism
2. Detachment	Intellectuality	Intellectualizing	Word salads, neologisms
3. Means-end symbolization	Logical analysis	Rationalization	Confabulation
	Reflexive-intraceptive functions		
4. Delayed response	Tolerance of ambiguity	Doubt	Immobilization
5. Sensitivity	Empathy	Projection	Delusional
6. Time reversion	Regression-ego	Regression	Decompensation

	Attention-focusing functions		
7. Selective awareness	Concentration	Denial	Distraction, fixation
	Affective-impulse regulations		
8. Diversion	Sublimation	Displacement	Affective preoccupation
9. Transformation	Substitution	Reaction formation	Unstable alternation
10. Restraint	Suppression	Repression	Depersonalization, amnesic

Obwohl damit der Begriff der Abwehr tendenziell entlastet wird, läßt Haan keinen Zweifel daran, daß letztlich nur der Coping-Modus akzeptabel ist. Fragmentierung und Abwehr werden ausgesprochen negative Eigenschaften zugeschrieben, welche die Autorin folgendermaßen zusammenfaßt:

- Abwehr bewirke in Teilbereichen dessen, was bei Lewin "subjektiver Lebensraum" heißt, eine Abschottung des Persönlichkeitssystems;
- Fragmentierung zeige eine zeitweilige oder andauernde Störung an dergestalt, daß sich die Person intersubjektiven Wahrheiten gänzlich verschließe, die sich im Widerspruch zu dem befänden, was sie aktuell privat für wichtig hielte. Allein:
- Coping ermögliche auf Dauer die Stabilisierung des Ich als eines "offenen Systems".[152]

2.4.6 Richard Lazarus: Bewältigung als Grundfunktion

Damit ist eine fundamentale Umwertung der Reaktion auf Konflikt und Belastung vollzogen: Abwehr erscheint als eine Reaktionsform minderen Werts, Fragmentierung als hochgradig pathogen. Die Bedeutung, die Haan Coping-Prozessen beilegte, wurde durch eine zweite Modell-Familie der Coping-Forschung unterstützt, die sich in etwa zeitgleich entwickelte. Ausgehend von der Streßforschung entwickelte Richard Lazarus[153] ein kognitives Modell der (Streß-)Bewältigung, in welchem die subjektive Bewertung der Situation durch das Individuum eine zentrale Position einnimmt. Diese entscheidet nämlich darüber, ob eine Situation überhaupt als belastend erlebt wird, ob sich die Person eine Bewältigung zutraut und welche Schritte zur Bewältigung unternommen werden. Coping ist bei Lazarus, dessen Modell in einem der späteren Kapitel dieser Arbeit noch genauer dargestellt werden wird, nicht wie bei Haan prozessualer

Bestandteil des Ich, sondern eine Leistung des Ich. Lazarus unterzieht den aktuellen Bewältigungsprozeß einer Analyse, die zu folgenden Ergebnissen führt:

- Der Coping-Prozeß ist eingebettet in einen mehrfachen Bewertungsprozeß. Von einer "primären Bewertung" der Situation als bedrohlich, herausfordernd, positiv oder irrelevant kann aspekthaft die "sekundäre Bewertung" der Situation unterschieden werden, in der die Person im Falle einer bedrohlichen oder herausfordernden Primärbewertung ihre persönlichen Ressourcen (in dem weiten, in Kapitel 3 dieser Arbeit eingeführten Sinn) vornimmt. In Abhängigkeit vom Ergebnis leitet die Person eine "Neubewertung" ein, die sich sowohl auf die in der Primärdimension angesprochene Art der subjektiven Belastung als auch auf die in der Sekundärdimension thematisierte Effektivitätsschätzung beziehen kann.

- Coping-Prozesse können instrumentelle und palliative Funktion haben, d.h. sie werden zur Änderung der gestörten Person-Umwelt-Transaktion (instrumentell) als auch zur Regulation der Emotionen (palliativ) eingesetzt.

- Coping richtet sich auf die Veränderung sowohl eigener Verhaltensweisen als auch auf die der Umwelt.

- Innerhalb dieser Prämissen können vier grundsätzliche Muster von Bewältigungsprozessen unterschieden werden: "Informationssuche", "direkte Aktion", "Aktionsaufschub" und "intrapsychische Verarbeitung".

Diese Mikroanalyse des Bewältigungsprozesses erweckt den Anschein, Coping für pädagogische Intervention verfügbar und selbst trainierbar zu machen. Man hat den Eindruck, als wisse man auf dem Boden dieses Modells, "worauf es ankommt", welche Haltungen und welche Strategien zu vermitteln sind. Ob dies tatsächlich so ist, wird es eine genauere Analyse des Ansatzes zu einem späteren Zeitpunkt zeigen müssen.

2.4.7 Systematische Erträge

Wiederum ist es am Ende dieses Abschnittes sinnvoll, nachzusehen, was sich aus den referierten Ansätzen für die Fragestellung der vorliegenden Arbeit ergibt:

Wichtigstes Ergebnis ist zunächst die erreichte Neuorientierung in der Bewertung von Abwehr und Bewältigung: Während die frühe psychoanalytische Forschung zum Bereich des Umgangs mit Krisen in einem scharfen Gegensatz zu jenen anthropologischen Positionen stand, die das Bild des aktiven, nach Selbständigkeit strebenden Menschen vertraten, wurde eben diese Sichtweise in einem langwierigen Prozeß innerhalb der Psychotherapie selbst neu entwickelt, und zwar vor allem aufgrund entsprechender klinischer Befunde, die mit den ursprünglichen Theorie-Ansätzen nicht vereinbar waren. Dies kann als ein deutlicher empirischer Hinweis interpretiert werden, daß die dargestellte anthropologische Position nicht nur in sich stimmig ist, sondern darüber hinaus heute gerade von empirischen Ergebnissen aus einem Forschungszweig gestützt wird, aus dem sie zuvor auf heftigste Weise attackiert worden war.

Die Leitfrage dieses Kapitels, ob die gezielte Belastung von Menschen unter pädagogischen Gesichtspunkten überhaupt legitimiert werden kann, ist damit zumindest teilweise beantwortet: Ausgehend von der Hypothese des "strikten Verdikts" wurde in drei großen argumentativen Schritten gezeigt, daß

- Entlastungen ein "trojanisches Pferd" im Hinblick auf die Entwicklung von Kompetenz und Selbständigkeit sein können,
- daß sogar Krisen als mögliche Folgen schwerster Belastungen unter bestimmten Bedingungen Entwicklungschancen beinhalten und daher nicht generell aus dem Bereich menschlicher Existenz hinausgedrängt werden dürfen und
- daß ein solcher Ansatz nicht nur auf dem Wege philosophischer Argumentation gefunden werden kann, sondern daß entsprechende empirische Ergebnisse aus dem klinisch-therapeutischen Bereich die Korrektur bewahrungs-orientierter Ansätze erzwingen.

Mit dieser Argumentationsführung kann die Ausgangshypothese des "strikten Verdikts" sogar im Falle seelischer Krisen als widerlegt betrachtet werden. In einem nächsten Argumentationsschritt soll gezeigt werden, daß die genannten Überlegungen nicht nur für Krisen als mögliche Folge schwerster Belastungen gelten, sondern daß auch die weit weniger dramatischen Formen der alltäglichen Belastungen für das Thema dieser Arbeit bedeutungsvoll sind, weil sich hier die grundsätzliche Unvermeidbarkeit von Belastungssituationen im menschlichen Leben aufzeigen läßt.

2.5 Belastungen im Alltag: anthropologische Positionen

Seit je hat der Mensch mit den Widrigkeiten der ihn umgebenden Natur zu kämpfen. Platon stellt diese Daseinssorge in einen direkten anthropologischen Zusammenhang, wenn er im Protagoras den Mythos von der Erschaffung des Menschen berichtet, dessen Inhalt hier nur kurz angedeutet werden kann.[154] Bei der Schöpfung der Lebewesen stattet Epimetheus jedes mit einer besonderen Kombination von Fertigkeiten und Schwächen aus, durch welche die Dominanz einzelner Arten verhindert und das Überleben aller Gattungen garantiert werden soll. Allein der Mensch geht leer aus. Prometheus gleicht den Fehler seines Bruders aus, indem er den Menschen das Feuer schenkt, das er zuvor den Göttern gestohlen hatte.

Durch diese Gabe besitzt der Mensch zunächst Kulturfähigkeit, und seine unmittelbare Daseinsvorsorge ist auf individueller Ebene entscheidend verbessert. Doch ist er noch nicht fähig, im sozialen Verband zu leben und gemeinschaftlich solche Aufgaben zu bewältigen und Gefahren zu bestehen, welche die Kräfte eines einzelnen Menschen übersteigen. Dazu bedarf es eines weiteren Eingriffs: Zeus schickt den Menschen durch Hermes "Scham und Recht"[155], gibt ihnen damit Gewissen (αιδοσ) und Rechtsfähigkeit (δικη).

Der platonische Mythos von der - im Vergleich zur Tierwelt - unzureichenden Ausstattung des Menschen mit natürlichen existenzsichernden Merkmalen betont die Entstehung der Kultur aus der Not (χρεια) heraus. Zwar ist das Feuer ein Geschenk, das den Menschen als solches und damit nicht als Frucht eigenen Verdienstes zukommt,

49

doch läßt sich diese Konstruktion ohne Zwang als religiöse Verankerung menschlicher Existenz deuten. Entscheidend ist vielmehr der Grundgedanke, daß die Grundsituation des Menschen die einer Anforderung ist und daß der Mensch auf diese Anforderung mit von ihm entworfenen und aufgebauten[156] Kulturtechniken antwortet.

In dieser anthropologischen Tradition vom Menschen als Mängelwesen steht in der Neuzeit wieder Herder, der den Menschen als "ersten Freigelassenen der Schöpfung"[157] charakterisiert. Es sind einerseits die Sprache, andererseits die zur Distanzierung befähigende Reflexivität und letztlich darauf gründendes Geschichtsbewußtsein, welche nach Herder die kulturelle Antwort des Menschen auf diese Situation ausmachen. Auch hier bringt es die spezifische Situation des Freigesetztseins und damit des Ungesichertseins mit sich, daß der Mensch Kultur entwickelt.

Besondere Aufmerksamkeit findet der Gedanke in unserem Jahrhundert bei Gehlen. Die Weltoffenheit des Menschen, so führt Gehlen der Begrifflichkeit Schelers folgend aus, "ist grundsätzlich eine Belastung"[158]. Und es folgen die Sätze, die für das Verständnis wie für die Bewertung von "Belastung" im anthropologischen Kontext von so außerordentlicher Wichtigkeit sind, daß sie hier ungekürzt wiedergegeben werden: "Der Mensch unterliegt einer durchaus untierischen Reizüberflutung, der 'unzweckmäßigen' Fülle einströmender Eindrücke, die er irgendwie zu bewältigen hat. Ihm steht nicht eine Umwelt instinktiv nahegebrachter Bedeutungsverteilung gegenüber, sondern eine Welt - richtig negativ ausgedrückt: ein Überraschungsfeld unvorhersehbarer Struktur, das erst in 'Vorsicht' und 'Vorsehung' durchgearbeitet, d.h. erfahren werden muß. Schon hier liegt eine Aufgabe physischer und lebenswichtiger Dringlichkeit: aus eigenen Mitteln und eigentätig muß der Mensch sich entlasten, d.h. die Mängelbedingungen seiner Existenz eigentätig in Chancen seiner Lebensfristung umarbeiten."[159]

Auch hier findet man zunächst wieder die bereits bekannte Korrespondenz von Anforderungssituation und kultureller Antwort des Menschen. Aber Gehlen geht über die zuvor referierten Positionen hinaus. In Auseinandersetzung mit der Umwelttheorie v. Uexkülls erhält die Sonderstellung des Menschen bei Gehlen ihr belastendes Moment dadurch, daß der Mensch im Gegensatz zum Tier nicht in den geschlossenen Funktionskreis einer bestimmten Umwelt und einer ihr exakt entsprechenden Organspezialisierung einbezogen ist. Damit fehlt ihm zunächst neben einer primär existenzsichernden auch jede verhaltenssichernde Instanz. Aus dieser Situation heraus strebt der Mensch nach Entlastung, doch ist dies eine Entlastung von den Charakteristika der Grundsituation und keineswegs eine allumfassende Entlastung von jedweder Mühsal. Gehlen spricht im Gegenteil davon, daß der Mensch die Mängelbedingungen seiner Existenz zu Chancen umarbeiten muß.

In diesem Begriff des Umarbeitens liegen wiederum zwei Momente, die für unser Thema wichtig sind: Zum einen ist dies der bereits erwähnte Gedanke, daß auch diese auf Entlastung zielenden Aktivitäten ihrerseits nicht ohne belastende Momente abgehen. Zweitens ist dies der ebenso wichtige Gedanke, daß die kulturelle Antwort des Menschen keine bloße Reaktion darstellt, sondern wesensmäßig Handlung ist. In einer

2.5 Belastungen im Alltag: anthropologische Positionen

Terminologie, die sich in heutigen Veröffentlichungen der Coping-Forschung wiederfindet, klang dies bei Gehlen bereits vor fünfzig Jahren so: "Die Akte, in denen der Mensch die Aufgabe, sein Leben möglich zu machen, durchsetzt, sind ... produktive Akte der Bewältigung der Mängelbelastung".¹⁶⁰

Die Rede von der produktiven Bewältigung darf allerdings nicht darüber hinweg täuschen, daß diese Versuche auch fehlschlagen können: "Sofern der Mensch auf sich selbst gestellt eine solche lebensnotwendige Aufgabe auch verpassen kann, ist er das gefährdete oder 'riskierte' Wesen, mit einer konstitutionellen Chance, zu verunglücken."¹⁶¹ Wiederholt weist Gehlen auf diese Möglichkeit hin, "daß eine eigentätige Bewältigung dieser Weltoffenheit"¹⁶² mißlingen kann. Die Möglichkeit des Scheiterns ist für ihn jedoch kein Grund, vom erkannten Prinzip abzuweichen. Vielmehr betont er, daß "die 'Weltoffenheit', die untierische Ausgesetztheit gegenüber einer organisch gar nicht angepaßten Überflutung mit Sinneseindrücken, welche zuerst eine Belastung ist, ... auch die Bedingung dafür dar[stellt], menschlich leben zu können"¹⁶³. Belastung begründet damit einerseits die Möglichkeit zur menschlichen Existenz, andererseits erwächst aus diesem Verhältnis der Auftrag an jeden einzelnen, sich darauf einzulassen: "Diese unmittelbare Belastung wird also produktiv zur Existenzchance gemacht werden müssen." Und Gehlen fährt programmatisch fort: "Wir werden genau und bis ins einzelne verfolgen, wie die Bewältigung der Eindrucksfülle immer zugleich eine vollzogene Entlastung ist, sozusagen eine Herabsetzung des unmittelbaren Kontakts mit der Welt, wie aber gerade damit der Mensch sich orientiert, die Eindrücke ordnet, sich faßlich macht und sie vor allem in die Hand bekommt."¹⁶⁴

Gehlen zeigt im Fortgang seiner Untersuchung, daß das gesamte Verhältnis von Mensch und Welt aus der Sicht des Menschen in Form eines Gefüges entlastender Leistungsstrukturen durchkonstruiert ist - angefangen von der "Entwicklung der Bewegungsbeherrschung"¹⁶⁵ über die Sprache und das Denken bis hin zu den Führungssystemen, die sich in Weltanschauungen manifestieren¹⁶⁶. Diese entlastenden Strukturen müssen - der Wichtigkeit halber sei dies nochmals betont - ihrerseits eigentätig in langwierigen und mühevollen Lernprozessen erworben werden.

Mag auch Gehlens Anthropologie als anthropo-bio-logische Verkürzung kritisiert¹⁶⁷ worden sein: für die hier vorgetragene Argumentation ist dies vorerst ohne Belang, da es hier um die der Gehlen'schen Position selbst zugrunde liegende Denkfigur geht. Mit ihr erhält nämlich "Belastung" ihre doppelte anthropologische Funktion: unentrinnbare Aufgabe und Chance humaner Existenzweise zugleich.

Bisher ist die Argumentation vorwiegend defensiv geführt worden: Krisen und Formen alltäglicher Belastungen erschienen als unvermeidbar, daher wurde die aktive Auseinandersetzung mit diesen Situationen als unumgänglich erachtet. Es läßt sich indes darüber hinaus zeigen, daß Belastungen Situationen von hohem pädagogischen Wert darstellen können. Deshalb soll im nächsten Abschnitt exemplarisch gezeigt werden, welche Bedeutung das Thema "Erfolg und Mißerfolg" für die Entwicklung von personaler Stabilität hat und wie das Erleben von Erfolg an die Erfahrung von Belastung geknüpft ist.

2.6 Belastungen, Erfolg und Selbstvertrauen

Erfolg kann nur dort erlebt werden, wo ein gewünschtes Ereignis aufgrund eigener Anstrengung, also durch Überwindung von Belastungen, herbeigeführt wird. Tritt das Ereignis auch ohne eigenes Zutun ein, spricht man von Zufall statt von Erfolg. Ist es zwar als Folge eigener Handlungen anzusehen, ohne daß jedoch zu seiner Realisierung nennenswerte Anstrengungen nötig gewesen wären, so wird man dies schwerlich als Erfolg erleben können. Erfolgserlebnisse sind also an die Überwindung von "hinreichend hohen Hürden" gebunden.

Häufig zitiert ist die Bedeutung von Erfolgserlebnissen für die Entwicklung von Selbstvertrauen und personaler Stabilität. Umgekehrt ist auch der Zusammenhang zwischen fehlendem Zutrauen in die eigene Leistungsfähigkeit einerseits und tatsächlich Verfehlen der geforderten Leistungsnorm andererseits vielfach belegt. Allerdings geht die komplizierte Dynamik von Person und Situation, Können und Erfolg vor allem in der populären pädagogischen Ratgeberliteratur verloren, wenn man über die Betonung des richtigen Zusammenhanges von Erfolg und Selbstbewußtsein vergißt, daß "Erfolg" eine im wesentlichen von personalen und situativen Bedingungen abhängige Größe ist.

Da hier die wichtige Nahtstelle zwischen der pädagogischen Zielvorstellung Selbständigkeit - ohne ein Mindestmaß an Selbstbewußtsein und positivem Selbstwertgefühl nicht vorstellbar - und dem zentralen Thema dieser Untersuchung, der Bewältigung von Belastungen, zu sehen ist, sollen nachfolgend wichtige Ergebnisse der Forschung zum Thema "Erfolg und Mißerfolg" in Erinnerung gebracht werden. In Deutschland beginnt eine wesentliche Forschungslinie mit vier zwischen 1930 und 1937 auf Anregung von Kurt Lewin entstandenen Arbeiten von Ferdinand Hoppe[168], Tamara Dembo[169], Sara Fajans[170] und Margarete Jucknat[171], die seit kurzem wieder leicht zugänglich sind[172].

2.6.1 Anspruchsniveau und Realziel: F. Hoppe

Das Ausgangsproblem bildet die folgende paradoxe Situation: Da man bekanntlich gerne tut, was man gut kann, so sollte man annehmen, daß eine Steigerung des Könnens - beispielsweise durch Übung - dazu führt, daß man die geübten Abläufe nun besonders gern ausführt. Dies aber steht in scharfem Widerspruch zu der allgegenwärtigen Beobachtung, daß aus Geübtem keineswegs Geliebtes, sondern nicht selten sogar Verhaßtes wird: "Zwanzig Jahre vielleicht wird er brauchen, bis Johanna ihm wieder etwas anderes sein kann als eine staubige Pedantin", lautet das vernichtende Fazit, mit dem der Erzähler in Heinrich Manns "Professor Unrat" die motivations-destruierenden Nebenwirkungen der Übungen am literarischen Objekt kommentiert. Daß sich durch die reibungslose Erledigung von Routineaufgaben beispielsweise im beruflichen Alltag nicht nur kein Erfolgserlebnis vermitteln läßt, sondern sich im Gegenteil eine aversive Grundhaltung des Desinteressierten einstellen kann, ist ebenfalls bekannt. Dieser Sachverhalt stellt allerdings die gängige Formel "Gelingen gleich Motivation" auf den Kopf.

2.6 Belastungen, Erfolg und Selbstvertrauen

An diesem Punkt setzten die Überlegungen Ferdinand Hoppes an: Offensichtlich bringt die Ausführung erfolgbringender Handlungen, wenn sie mehrmals identisch wiederholt wird, unter bestimmten psychologischen Bedingungen weniger gesteigerte Kompetenz als vermehrte Unlust mit sich.[173] Zur Erklärung dieses Phänomens bediente sich Hoppe der Unterscheidung von "Sättigung" und "Befriedigung": Eine Sättigung führt zur Abneigung, eine bestimmte Handlung noch einmal auszuführen, während im Falle einer Befriedigung eine Wiederholungstendenz zu beobachten ist.

Man muß daher nach den Bedingungen forschen, wann eine Handlungsfolge als befriedigend erlebt werden kann. Hoppe fand, daß seine Versuchspersonen nach Erfolgserlebnissen die Handlung eben nicht in identischer Form wieder aufnahmen, sondern mit veränderter Zielsetzung: Nach dem Willen der Versuchspersonen sollten nun die ursprünglichen Aufgaben schneller und sicherer bewältigt oder ähnliche Aufgaben mit höherer Schwierigkeit gelöst werden. Hoppe deutete dies so, daß die identische Wiederholung erfolgbringender Handlungen nicht mehr als Erfolg erlebt werden kann. Ob eine Leistung als Erfolg oder Mißerfolg erlebt werde, sei nicht allein von ihrer objektiven Güte abhängig, sondern wesentlich auch davon, ob das persönliche Anspruchsniveau erreicht oder nicht erreicht erscheint.[174] Als Anspruchsniveau bezeichnet Hoppe dabei "die Gesamtheit dieser ... Erwartungen, Zielsetzungen oder Ansprüche an die zukünftige eigene Leistung".[175]

Hoppes "Anspruchsniveau" ähnelt dem, was in der Sprache der modernen Psychologie als "Einschätzung eigener Kompetenz" bezeichnet werden könnte. In die Terminologie unseres Systems übersetzt heißt das: Die Einschätzung eigener Kompetenz wird zu einer zentralen Steuergröße des Problembewältigungshandelns. Entscheidend ist nun, daß eine solche Einschätzung der eigenen Kompetenz keineswegs eine statische Größe ist. Hoppe konnte nämlich zeigen, daß das Anspruchsniveau durch Erfolg und Mißerfolg verschoben wird.[176] Während Erfolg das Anspruchsniveau erhöht, sinkt bei Mißerfolgen in der Regel das Anspruchsniveau, wobei dieser Prozeß nicht einem plötzlichen Einbruch ähnelt, sondern in Stufen verläuft. In der Regel galt jedoch: War das Anspruchsniveau auf einen niedrigen Pegel gesunken, hielt sich die Person mithin für situativ inkompetent, wurden alle Lösungsversuche an der gestellten Versuchsaufgabe abgebrochen. Zwar hatten vereinzelte Mißerfolge in der Regel keinen Einfluß auf die Bewegungen des Anspruchsniveaus[177], Serien von Mißerfolgen hingegen zeigten deutliche Effekte, und zwar auch im emotionalen Bereich: Die Versuchspersonen bemühten sich zunächst um Erfolg durch eine gezielt leichte Wahl des Aufgabenniveaus; brachte dies nicht den gewünschten Erfolg, wurden Lösungsversuche ganz eingestellt. Wurde die Aufgabenstellung trotzdem weiter aufrecht erhalten, schlug das Verhalten der Personen nicht selten in Aggression um: "Wird die VP veranlaßt, trotz dauernder Mißerfolge die Handlung lange fortzusetzen, so steigert sich ihre mehr und mehr wachsende Abneigung schließlich bis zu echten Wutausbrüchen."[178]

Hoppe betont übrigens, daß alle Versuchspersonen zunächst auf dem gewählten Anspruchsniveau selbständig operieren wollten und dementsprechend jedes Angebot des Versuchsleiters, helfend einzuspringen, "brüsk zurückgewiesen" hätten. Den Wunsch erwachsener Versuchspersonen, "es selbst schaffen zu wollen", parallelisiert Hoppe ausdrücklich mit dem von ihm bei Kindern beobachteten Verhalten.[179] In diesem Auseinanderklaffen von Kompetenzmotivation und erlebter Inkompetenz sind die tieferen Gründe für das erwähnte aggressive Verhalten zu sehen.

Hoppes Beobachtungen lassen folgende Interpretation des zugrunde liegenden psychischen Wirkmechanismus' zu: Hoppe beobachtete bei seinen Versuchen, daß dem Anspruchsniveau einer Person für eine bestimmte einzelne Leistung eine Zielsetzung innerhalb der gesamten Aufgabenstruktur entsprach, die er Realziel nannte. Davon unterschied er das Idealziel als das übergeordnete Ziel einer ganzen Versuchsreihe, das die letztlich angestrebte Fertigkeit beschreibt. Während sich das Realziel mit dem Anspruchsniveau in Abhängigkeit von Erfolg und Mißerfolg verschiebt, bleibt das Idealziel konstant auf dem maximalen Wert. Mit der Veränderung des Anspruchsniveaus ändert sich also der Abstand zwischen Realziel und Idealziel, was für Hoppe gleichbedeutend ist mit der Tatsache, daß sich der Realitätsgrad des Idealziels verändert: "Das Idealziel kann jede Realität verlieren und damit für das weitere Handlungsgeschehen unwirksam werden"; umgekehrt kann das Idealziel "Realziel werden, wenn vorausgegangene Erfolge es erreichbar scheinen lassen".[180]

Hoppes frühe Arbeit aus dem Jahre 1930 enthält also wichtige Hinweise

- auf den Zusammenhang von Anspruchsniveau, das wir hier mit "Einschätzung der eigenen Kompetenz" identifizieren, und problembezogenem Bewältigungsverhalten einerseits wie

- auf Erfolg und Mißerfolg als Einflußfaktoren des Anspruchsniveaus andererseits und schließlich

- auf die Bedeutung des durch Erfolg und Mißerfolg beeinflußten Realitätsgrades des übergeordneten Idealziels.

Doch lassen sich hier auch bereits wichtige Fragen ableiten, die so weit ich sehe in ihrer Gesamtheit auch von der moderneren Forschung noch nicht vollständig beantwortet sind:

- Wirkt sich jede Aufgabenstellung in gleicher Weise aus oder spielen subjektive Gewichtungen eine Rolle?

- Welche Bedeutung haben intersubjektive Differenzen für die erwähnten Folgen von Mißerfolgserlebnissen?

- Ist die beschriebene Reaktionskette nach Mißerfolgserlebnissen thematisch an die Aufgabenstellung des Versuchs gebunden?

Was die erste Frage betrifft, so hatte bereits Hoppe selbst darauf hingewiesen, daß es nicht in jedem Fall zur Aktivierung eines Anspruchsniveaus kommen muß.[181] Trotz des Bestehens eines von außen gesetzten, objektiven Handlungsziels müssen sich Personen dieses erst zu eigen machen, um mit der äußeren Aufgabe einen Anspruch an sich selbst zu verbinden. Dieser Gedanke, den Hoppe an dieser Stelle leider nicht weiter verfolgte, spielt eine wichtige Rolle in modernen Modellen des Bewältigungsprozesses, die an späterer Stelle noch referiert werden: In Lazarus' "primary appraisal" - der

2.6 Belastungen, Erfolg und Selbstvertrauen

Ausgangsbewertung, ob ein vorliegendes Signal ein zu bewältigendes Problem repräsentiert oder übergangen werden kann - wird er uns ebenso begegnen wie in Thomaes Konzeption der thematisch gesteuerten "Daseinstechniken".

2.6.2 Sachlicher Mißerfolg und emotionale Tönung: T. Dembo

Der zweiten Frage war die ein Jahr nach von Hoppe veröffentlichte, aber zeitgleich entstandene Arbeit von Tamara Dembo[182] über Den Ärger als dynamisches Problem gewidmet. Dembo, die in ihrer Arbeit stärker als Hoppe die emotionale Komponente des Mißerfolges untersuchte, stellte heraus, daß der faktische Einschluß der Person zwischen der Innenbarriere und der Außenbarriere einer Aufgabensituation Spannungslagen erzeugt, welche die Person in zunehmende Orientierungsschwierigkeiten bringen. Unter "Innenbarriere" ist bei Dembo einfach die zur Lösung einer Aufgabe zu überwindende Schwierigkeit gemeint. "Außenbarrieren" werden durch die Selbstverpflichtung der Person oder durch Fremderwartungen aufgebaut; sie verhindern, daß die Lösungsversuche einfach abgebrochen werden können.

Dembos Konstruktion, den Ärger "auf dem Boden" dieses "Pendelns und Gezerrtwerdens" infolge eines erlebten Orientierungsverlustes entstehen zu lassen, ist dem im vergangenen Abschnitt kurz vorgestellten modernen neo-analytischen Ansatz Norma Haans[183] sehr ähnlich: Haan unterscheidet Abwehr- von Bewältigungsprozessen nach der Qualität der "affektiven Einflüsse": "Affektive Störungen" führen hier zu einer Störung in der Handlungskoordination; statt einer Bewältigung findet eine Abwehr (im Sinne A. Freuds) statt.

Dembo, die sich auf Ärgersituationen konzentriert, berichtet von solchen beobachteten Abwehrreaktionen[184]: Ihre Probanden zogen sich in Fluchthandlungen zurück, boten Ersatzlösungen an, werteten das Material oder ihr momentanes Leistungsvermögen ab. "Schließlich entstehen Vorgänge, die zu einer Umformung des Feldes führen. Es treten Ersatzhandlungen auf, reine Affektäußerungen und Affekthandlungen."[185] Bei erkennbarer Grundrichtung des Wirkzusammenhanges von Mißerfolg und Affekt ist die Bandbreite der gezeigten Verhaltensweisen so groß, daß von einer einheitlichen Reaktionsweise nicht die Rede sein kann.

Die dritte Fragestellung - ob die beschriebene Reaktionskette nach Mißerfolgserlebnissen thematisch an die Aufgabenstellung des Versuchs gebunden ist - weist gleich in zwei Richtungen: Einmal läßt sie sich auf den aktuellen Zeithorizont beziehen. Dann lautet die Frage, ob zunächst thematisch gebundene Mißerfolgserlebnisse im Augenblick eine psychische Disposition bewirken, die Erfolgen auch in anderen thematischen Zusammenhängen entgegensteht. Zweitens ist zu fragen, ob sich über wiederholte Mißerfolgserlebnisse langfristig wirkende Veränderungen von größerer Allgemeinheit ergeben.

Die Beantwortung der ersten Teilfrage scheint einfach: Nach dem bislang Gesagten entsteht in der Person eine "Bodenaffektivität" (T. Dembo), durch die für die betroffene Person die Konturen der Realität mehr und mehr verschwinden. Insofern strahlen Mißerfolgsserien durchaus über das eigentliche Thema der Aufgaben hinaus auf das

Erleben der Gesamtsituation aus. Allerdings kann man nicht sagen, daß in einer so bestimmten Situation kein Erfolgserlebnis mehr möglich sei. Im Gegenteil: Die von Dembo beschriebenen Flucht- und Ersatzhandlungen müssen ja geradezu so interpretiert werden, daß Situationen mit hoher Erfolgswahrscheinlichkeit in anderen thematischen Zusammenhängen gezielt aufgesucht werden. Wobei darauf hinzuweisen ist, daß ein solches Verhalten nicht nur negativ zu beurteilen ist, sondern sich in bestimmten Grenzen positiv auf die Problemlösefähigkeit auswirkt, wenn beispielsweise Personen solche "Fluchthandlungen" gezielt einsetzen, um psychischen Streß abzubauen und entspannt und mit positiv getönter Gefühlslage wieder an die Lösung des eigentlichen Problems zu gehen. Umgekehrt scheint es wahrscheinlich, daß die Ausgangsmißerfolge sehr wohl auf Anforderungen durchschlagen, die in ihrer situativen Konstellation der Mißerfolgssituation ähnlich sind.

2.6.3 Langzeitwirkungen: S. Fajans und M. Jucknat

Die Frage möglicher Langzeitwirkungen wurde zunächst von Sara Fajans bei Kindern untersucht.[186] Sie maß die Dauer der Zuwendung, die Kinder einem Spielzeug entgegenbrachten, in Abhängigkeit von arrangierten Erfolgs- und Mißerfolgssituationen und konnte zeigen, daß die typische Wirkung des Erfolges in einer starken Aktivierung und in größerer Ausdauer besteht. Dabei vermutete sie, daß diese positiven Wirkungen auf allgemeinere Persönlichkeitsvariablen, nämlich "auf größerer Freiheit und Selbstvertrauen basieren"[187].

Margarete Jucknat[188] griff diesen Aspekt wieder auf: Aus den Arbeiten von Hoppe, Dembo und Fajans folgerte sie, daß die Wirkung von Erfolgen und Mißerfolgen nicht auf die betreffenden Aufgabensituation beschränkt bleiben, sondern daß Nachwirkungen wie "etwa allgemeine Veränderungen des Verhaltens, der Aktivität und ... Zielverschiebungen bei anderen Aufgaben"[189] auftreten. Jucknat untersuchte vor allem den letztgenannten Aspekt. Die Verschiebung des Anspruchsniveaus deutete sie dabei als Veränderung des "Leistungsmutes, d.h. des Zutrauens zur eigenen Leistungsfähigkeit"[190].

Über die bereits bei Hoppe dargestellten Verschiebungen des Anspruchsniveaus hinaus berichtete Jucknat von Veränderungen im Arbeitsverhalten und der Stimmungslage der Versuchspersonen. Nach Mißerfolgen stellte sie neben der überwiegenden Senkung des Anspruchsniveaus eine Tendenz zur Verzögerung, Verlangsamung des Arbeitstempos oder nervöse Hast, Hemmungen im Arbeitsverlauf, Gefährdung der Leistungsfähigkeit und des sozialen Kontaktes sowie wechselnde Stimmungslagen (Trotz, Depression, Apathie) fest.[191] "Bezeichnend für das Endstadium der Mißerfolgsphase ist ein häufiger Stimmungswechsel. Großer Eifer schlägt in Apathie um, Depression in Trotz und umgekehrt. Erneuter Mut und Erschlaffung sind einem plötzlichen Wandel unterworfen. Am Ende herrscht eine freudlose, niedergedrückte Stimmung."[192] Ferner berichtete Jucknat, daß auch das soziale Verhalten betroffen ist: Ihre Versuchspersonen reagierten teils feindselig, teils mit eisiger Zurückhaltung, andere mit übertriebener Höflichkeit, wieder andere durch Unterwürfigkeit.[193]

2.6 Belastungen, Erfolg und Selbstvertrauen

Jucknat deutete diese Befunde als Beeinträchtigung des Selbstbewußtseins, dessen Erhaltung und Steigerung sie umgekehrt als das Zentralziel der Person begreift. "Der gesamte Handlungsablauf erklärt sich demnach aus dem Zusammenwirken der Faktoren: momentanes Anspruchsniveau, Leistung (Erfolg bzw. Mißerfolg) und Selbstbewußtsein (Zentralziel)."[194] Nach einer Überprüfung der Ergebnisse Hoppes untersuchte Jucknat eingehend die Dynamik des Handelns in Erfolgs- und Mißerfolgsphasen. Ihre Ergebnisse sind nachstehend in einem längeren Zitat wiedergegeben, weil sie einerseits außerordentlich wichtig für unser Thema der Wechselwirkung von Kompetenz und Bewältigung sind und andererseits Jucknats Darstellung sprachlich nicht mehr weiter komprimierbar ist.

"Für den Handlungsablauf in unseren Versuchen sind folgende Faktoren von Bedeutung: die augenblickliche Güte der Leistung (Gelingen oder Mißlingen), die historische Leistungssicherheit der VP, der momentane Leistungsimpuls (Interesse und Bedürfnis) und die Beziehung des Versuchs zu zentralen oder peripheren Schichten der Person." Entscheidende Momente des Leistungsablaufes sind die *"Festsetzung des Anfangsniveaus (erste Wahl einer Schwierigkeitsstufe), bei den Verschiebungen des Anspruchsniveaus (weitere Wahlen) und bei Beendigung jeder Versuchsphase.*

Die Festsetzung des Anfangsniveaus geschieht nicht zufällig, sondern ... es ließ sich eine Übereinstimmung von Anfangsniveau und allgemeinem Leistungsniveau (d.h. Schulniveau) bei Kindern nachweisen.

Das Anfangsniveau bildet sich, wie jedes Anspruchsniveau, in einem Konflikt zweier entgegengesetzter Wahlrichtungen heraus, nämlich dem Ehrgeizvektor, der zur Wahl einer möglichst schweren, 'wertvollen' Aufgabe treibt, und dem Angstvektor, der die VP zu einer leichten, 'ungefährlichen' Aufgabe drängt.

Bedingungen für eine gesetzmäßige Verschiebung des Anspruchsniveaus sind:

a) Berührung des Versuchs mit zentralen Schichten der Person (Ernstcharakter der Situation), so daß der jedesmaligen Wahl einer Schwierigkeitsstufe ein Anspruchsniveau auf seiten der VP entspricht,

b) das Vorhandensein umfassender Bedürfnisspannungen, die auf einen guten Abschluß tendieren, ohne daß die Endziele völlig starr festgelegt sind,

c) gewisse Übereinstimmung zwischen momentanen und früheren Erfahrungseinflüssen, wenn der aktuelle Handlungsbereich mit einem früheren Erfahrungsbereich kommuniziert,

d) eindeutige Erfolge oder Mißerfolge in einem relativ selbständigen aktuellen Handlungsbereich. (Verselbständigung des aktuellen Handlungsbereichs findet statt, wenn die VP ganz in die Situation hineingeht, so daß die Dynamik des Versuchsgeschehens nur durch momentanen Erfolg oder Mißerfolg gesteuert wird."[195]

Mit der Vertreibung führender Mitglieder des Berliner Psychologischen Instituts - Köhler, Lewin und Mitarbeiter - durch das nationalsozialistische Regime brach diese

Forschungslinie in Deutschland zunächst ab. Erst sehr viel später wurden auf dem Umweg des Re-Imports aus den USA Themen der Berliner Lewin-Gruppe wieder aufgenommen; so ist beispielsweise unter dem Rubrum "leistungsthematisches Erleben" an die Erfolg-Mißerfolgs-Linie vor allem von Heinz Heckhausen angeknüpft worden, der seit den frühen sechziger Jahren auf diesem Gebiet bedeutende Forschungen vorgelegt hat.

Bezieht man die referierten Forschungsergebnisse auf die Leitfrage dieses Hauptkapitels, ob die gezielte Belastung von Menschen unter pädagogischen Gesichtspunkten legitimiert werden kann, ergeben sich folgende systematische Ergebnisse:

- Ein Erfolgserlebnis ohne vorhergehende Belastung ist nicht möglich, weil ohne Belastung keine Grundlage für ein situationsbezogenes Anspruchsniveau besteht (Hoppe).

- Durch Erfolg und Mißerfolg verschiebt sich das Anspruchsniveau (Hoppe): Die subjektiven Bedingungen des nächsten Erfolges werden auf einem höheren Niveau definiert, das nicht Ausdruck einer höheren Belastung, sondern einer ähnlich großen Belastung in Relation zum Stand des eigenen Könnens ist.

- Erfolg und Mißerfolg gehen mit stabilisierenden bzw. desorientierenden Emotionen einher, die vom aufgabenbezogenen Erlebnisbereich auf die gesamte Person ausstrahlen in diese in eine entsprechende Stimmung versetzen (Dembo), die wiederum von sattsam bekanntem Einfluß auf die Wahrnehmungsorganisation des Menschen sind, so daß sich insgesamt positive bzw. negative Verstärkungskreise ergeben.

- Über die lokale Aufgabenstellung hinaus bewirkt der an die Bewältigung von Widerständen gebundene Erfolg langfristig eine stärkere Aktivierung der Person und eine Stärkung ihres Durchhaltevermögens (Fajans), so daß die Überwindung von Belastungen je länger je besser gelingt.

- Mittelbar wird das Zutrauen in die eigene Leistungsfähigkeit erhöht (Jucknat), wobei die erfolgsbedingte Steigerung des Anspruchsniveaus an vier Faktoren gebunden ist: an den Ernstcharakter der Situation, an ihre subjektive Bedeutsamkeit, an das Vorliegen einer umfassenden Bedürfnisspannung mit günstiger Lösungstendenz und an den Einfluß früherer Erfahrungen in ähnlichen Bewährungssituationen.

Nimmt man die Aussagen der Kapitel 2.2 bis 2.4 zusammen, so läßt sich daraus folgern, daß

- die gezielte Belastung einer anthropologischen Position entspricht, die den Menschen als nach aktiver, selbständiger Gestaltung seiner Lebenssituation strebend, mithin primär als ein handelndes Wesen begreift und selbst in schweren Krisen zunächst die Herausforderung der eigenen Identität sieht;

- diese Position durch die ideengeschichtlich stringente Entwicklung entsprechender Theorien im klinisch-therapeutischen Bereich gestützt wird, welche nicht willkürlich, sondern um der Integrierbarkeit entsprechender empirischer Befunde willen vorangetrieben wurde;

- die personstabilisierende Wirkung von Erfolg nicht ohne die vorhergehende Bewältigung von Belastungen zu haben ist und daß schließlich
- Versuche, Menschen in möglichst weitgehend zu entlasten, keineswegs zur deren Stabilisierung beitragen konnten, sondern daß im Gegenteil unerwünschte Nebeneffekte von der partiellen Entmündigung durch übertriebene Vorsorge bis hin zur Verwöhnung und erheblich gesteigerten Anspruchsmentalität zu beobachten waren.

Die Frage, ob die gezielte Belastung von Menschen unter pädagogischen Gesichtspunkten legitimiert werden kann, ist damit eindeutig zu bejahen. Im Gegenteil wäre es geradezu verantwortungslos, wollte man die positiven Begleiteffekte von Bewältigung einem Menschen vorenthalten, weil damit sein Weg zur Persönlichkeit letztlich erschwert würde. Nachdem die Frage nach der Legitimation und damit die Frage nach dem "Ob" eines entsprechenden pädagogischen Engagements positiv beantwortet wurde, ist nun der Blick auf das "Wie" frei. Bevor allerdings Modelle des Bewältigungsverhaltens analysiert und pädagogisch ausgewertet werden können, ist es unumgänglich, die Maßstäbe einer solchen pädagogischen Auswertung zu fixieren. Dies bedeutet, daß im nächsten Untersuchungsschritt zunächst zu klären ist, was man unter Belastungen aus pädagogischer Sicht zu verstehen hat. Dies soll im folgenden, kürzeren Hauptkapitel geschehen.

3. Belastungen aus pädagogischer Sicht

Belastungen, so viel ist klar, stellen gewiß keinen Wert an sich dar. Insofern würde jede Pädagogik, die Belastung um ihrer selbst willen zum Prinzip erheben wollte, den humanistischen Anspruch des Pädagogischen geradezu pervertieren. Andererseits, das haben die Untersuchungen des vorigen Kapitels ergeben, gibt es doch zahlreiche Hinweise auf den potentiellen Wert von Krisen. Und weiter: Selbst wenn man Krisen und Belastungen als per se negativ ansieht und sie ausmerzen möchte, so sind sie doch unvermeidlich und gehören zur menschlichen Existenz dazu. Sicherheit, zumal eine absolute, bleibt Fiktion. Schließlich: Der Aufbau von Selbstbewußtsein, eines stabilen Selbstwertgefühls und personaler Stabilität schlechthin sind an die Erfahrung erfolgreicher Bewältigung von Belastungen gebunden. Nimmt man alles zusammen, so folgt daraus, daß sich eine verantwortungsvolle Erziehung gerade nicht darin erweisen kann, möglichst belastungsarme Schonräume aufzubauen, sondern sich darin zeigt, daß eine eingehende Auseinandersetzung mit dieser Thematik geschieht.

Es ergeben sich nun unmittelbar eine Reihe von offenen Fragen, die den weiteren Gang der Untersuchung strukturieren:

- Welches Ereignis stellt für welche Person unter welchen Bedingungen eine Belastung dar?
- Was bedeutet: "Eine Belastung bewältigen"?
- Gibt es ein Konstrukt, mit dem sich die Fähigkeit zur Bewältigung beschreiben läßt?
- Wie hat man sich den Aufbau einer solchen "Bewältigungsfähigkeit" vorzustellen?
- Welche Möglichkeiten pädagogischer Einflußnahme im Sinne einer "Befähigung zur Bewältigung" sind erkennbar?

Einer systematischen Untersuchung dieser Fragen steht allerdings entgegen, daß in dieser Arbeit eine Einordnung des Bewältigungskonzeptes in den Theoriezusammenhang der Pädagogik bislang noch nicht erfolgt ist. Vor allem die ersten beiden Fragen, welches Ereignis wann für wen eine Belastung bildet und was es überhaupt bedeutet, eine Belastung zu bewältigen, wird beispielsweise in einem soziologischen Interpretationszusammenhang anders beantwortet werden als aus psychologischer Sicht, und diese unterscheidet sich wiederum von der pädagogischen.

Deshalb ist es wichtig, sich des pädagogischen Fundamentes zu versichern, bevor dann im zweiten Teil dieser Arbeit Modelle des Bewältigungsgeschehens analysiert und die Möglichkeiten ihrer Umsetzung in pädagogisches Handeln untersucht werden.

Innerhalb des folgenden Kapitels soll zunächst kurz die Besonderheit der pädagogischen Perspektive skizziert werden, bevor in einem zweiten Schritt eine phänomenologisch orientierte Bestandsaufnahme von Belastungen aus pädagogischer Sicht versucht werden soll, um in einem dritten Schritt den Versuch zu unternehmen, dieses Material zu einem pädagogischen Belastungskonzept zu strukturieren.

3.1 Belastung und Bewältigung: Besonderheiten der pädagogischen Perspektive

Wenn Menschen Belastungen ausgesetzt sind, Probleme zu bewältigen oder gar Krisen durchzustehen haben, gibt es für sie vielfältige Möglichkeiten, an der Lösung ihrer Schwierigkeiten zu arbeiten und dabei Unterstützung und Hilfe zu erfahren: Bei Sachproblemen kann die gezielte Suche nach Information bereits ausreichend sein. Ist eine Entspannung der emotionalen Situation erforderlich, kann dazu beispielsweise bereits ein Spaziergang oder eine gezielte autosuggestive Übung dienen. Bei wichtigen Entscheidungen wird man vielleicht den Rat eines Menschen suchen, dem man vertraut. In Krisen wird manch einer das Gespräch mit einem Priester suchen, andere mögen sich in die Obhut eines Therapeuten begeben oder Zuflucht zu esoterischen Ritualen nehmen. Jeder dieser Wege kann bei der "Bewältigung"[1] von Problemen helfen, jeder kann scheitern.

Es gibt offensichtlich Unterschiede zwischen den oben genannten Wegen und dem pädagogischen Ansatz, wie es auch Überschneidungen gibt. Ich nenne im Überblick die wichtigsten:

- Vom therapeutischen unterscheidet sich der pädagogische Ansatz durch die zeitliche Orientierung: Ziel pädagogischen Handelns ist primär die *Prophylaxe,* und nicht die Therapie, die - wenn überhaupt - nur in ausgewählten Teilbereichen der Pädagogik[2] von Bedeutung ist. Gemeinsamkeiten können sich, ja nach Therapieform, in den Zielvorstellungen ergeben, insofern alles pädagogische bzw. therapeutische Handeln auf die Ermöglichung bzw. Wiederherstellung von Selbständigkeit ausgerichtet ist. Dennoch ist zu betonen: Der pädagogische Ansatz zielt auf die "vorsorgliche" Befähigung des Menschen. Von ihm kann daher in der Regel keine Anleitung zur Bewältigung einzelner, konkreter Problemlagen erwartet werden, sondern die Vermittlung relativ allgemeiner Strategien, welche eine erfolgreiche Bewältigung künftiger, in ihrer konkreten Gestalt heute noch nicht erkennbarer Problemlagen wahrscheinlicher erscheinen lassen.

- Vom priesterlichen Beistand unterscheidet sich die pädagogische Unterstützung dadurch, daß nicht der gemeinsame Sinnhorizont des Glaubens die eigentliche Grundlage für die Kommunikation und für die Zielrichtung der Beratung bildet.

- Vom Gespräch unter Freunden unterscheidet sich die pädagogische Beratung durch die stärkere Asymmetrie der Beziehung, die dem pädagogischen Bereich mehr Distanz verleiht.

- Während das therapeutische, das seelsorgerische und das freundschaftliche Gespräch in der Mehrzahl der Fälle die Form einer Einzelberatung aufweisen wird, hat die Pädagogik, vor allem in außerfamiliären Institutionen, von einer Gruppensituation auszugehen.

- Die ausschließlich am Individuum orientierte Perspektive des Bewältigungsgeschehens, wonach der subjektive Sinnzusammenhang der individuellen Biographie zum alleinigen Maßstab erfolgreicher Bewältigung gemacht wird, kann unter pädagogi-

3.1 Belastung und Bewältigung: Besonderheiten der pädagogischen Perspektive

schen Gesichtspunkten nicht aufrechterhalten werden, weil die pädagogische Zielkategorie der Selbständigkeit auf der Vermittlungsebene von Individuum und Gemeinschaft liegt: Weder eine völlige Unterordnung unter gesellschaftliche Normvorstellungen noch eine ausschließlich solipsistische Lösung eines Problems können unter pädagogischen Gesichtspunkten befriedigen.

- Im Zusammenhang mit diesem Punkt ist auch auf Unterschiede im Entwicklungsbegriff zwischen Psychologie und Pädagogik hinzuweisen, die von weitreichender Bedeutung sind. Der psychologische Entwicklungsbegriff ist ungerichtet und neutral: Entwicklung "erscheint ... als Reihe von miteinander zusammenhängenden Veränderungen, die bestimmten Orten des zeitlichen Kontinuums eines individuellen Lebenslaufs zuzuordnen sind", lautet die berühmt gewordene Definition Thomaes aus dem Jahre 1959.[3] Diese neutrale Perspektive hat sich als außerordentlich fruchtbar erwiesen, weil sie die genaue Analyse und Beschreibung von Entwicklungsprozessen erst möglich wurde. Allein impliziert sie auch Schwierigkeiten: Man erinnere sich nur an die eingangs des zweiten Kapitels referierte Position Ulichs, der für eine "Wertbezogenheit von Entwicklung" eingetreten war, um überhaupt definieren zu können, wann eine Krise vorliegt.[4] Der psychologische Entwicklungsbegriff Thomaes ist auf den Bereich der Pädagogik nicht isomorph abbildbar: Anwendung findet er sicherlich in der Analyse von Situationen und Prozessen, durch welche pädagogisches Handeln vorbereitet und begleitet wird. Durch die Zielkategorie der Selbständigkeit ist aber dem pädagogischen Handeln eine Richtung gegeben, und die Qualität aller pädagogischer Einflußnahmen muß sich daran messen lassen, inwieweit sie dieses Ziel befördern.

Vor allem diese letztgenannte Position ist von zentraler Bedeutung für das Verständnis von Bewältigungsprozessen aus pädagogischer Sicht, weil sie den Kern einer eigenständigen pädagogischen Theorie der Bewältigungsprozesse bildet: Von "Bewältigung" im pädagogischen Sinne wird man nur in jenen Fällen sprechen dürfen, in denen die eingeleitete Entwicklung der pädagogisch gewünschten Richtung folgt. Bloß palliative Bewältigungsstrategien, welche nur die Verbesserung der subjektiven Befindlichkeit verfolgen, erhalten unter dieser Prämisse einen anderen, niedrigeren Stellenwert als solche, welche die Vermehrung von Selbständigkeit über selbsttätiges Lösen von Problemen zum Ziele haben.

"Befähigung zur Bewältigung" muß daher aus pädagogischer Sicht zweierlei umfassen: Erstens die Maxime, die Erfahrung des selbständigen Problemlösens zu ermöglichen, und zweitens das Bemühen, die Wahrscheinlichkeit erfolgreichen Problemlösens zu erhöhen. Im Sinne dieses zweiten Schrittes bedarf es einer gründlichen Analyse, welchen Ursprung Belastungen haben, wie sie erfolgreich bewältigt werden können und ob und wie weit die Befähigung zu dieser Bewältigung in den Aufgabenbereich der Pädagogik fällt. Nach der Prüfung der Legitimation gezielter Belastungen im vorigen Kapitel bildet damit die Untersuchung des Erscheinungsfeldes den nächsten logischen Schritt in Richtung auf eine pädagogische Theorie der Bewältigungsprozesse.

3.2 Belastungen - Versuch einer Systematisierung aus pädagogischer Sicht

3.2.1 Schwere, Wirktendenz und Ursachen von Belastungen

Belastungen können unterschieden werden nach ihrer Schwere, nach ihrer Wirktendenz und nach ihren Ursachen. In der Umgangssprache sind eine Reihe von Begriffen - beispielsweise "Aufgabe", "Belastung", "Konflikt", "Herausforderung", "Krise" - gebräuchlich, die diesen Unterschieden Rechnung tragen, allerdings hinsichtlich der genannten Dimensionen nicht scharf trennen. So ist der Unterschied zwischen "Belastung" und "Krise" nicht nur gradueller Art, sondern gleichzeitig wird eine bestimmte Wirktendenz zum Ausdruck gebracht.

Die Schwere einer Belastung bemißt sich nicht ausschließlich an den objektiven Anforderungen der Situation, genau so wenig ist sie ausschließlich Ergebnis eines subjektiven Empfindens, sondern sie ergibt sich aus der je konkreten situativen Konstellation des belasteten Menschen mit seinen spezifischen Vorerfahrungen und Erwartungen einerseits und der Eigenart der zu bewältigenden Aufgabe mit ihren spezifischen Leistungsanforderungen andererseits. Zur Ermittlung der Schwere einer Belastung ist also jene Fragestellung zu prüfen, die U. Lehr in anderem Kontext formuliert hat:

"... es kommt darauf an, zu ergründen, welche Persönlichkeit mit welcher biographischen Entwicklung und in welcher gegenwärtigen Lebenssituation mit welchen Ereignissen unter welchen Bedingungen konfrontiert wird, wie sie diese Ereignisse erlebt und mit welchen Bewältigungsstrategien sie darauf reagiert."[5]

Eine generalisierende Aussage über die Wirktendenz von Belastungen ist ebenfalls nicht möglich. Dem einen Argumentationsstrang, wonach anhaltende Belastungen zur Ermüdung führen und bei ungenügender Regenerationsmöglichkeit durch Überforderung Erschöpfung und Verschleiß nach sich ziehen, steht ein anderer entgegen, wonach vielfach erst unter Belastung Kräfte mobilisiert und freigesetzt werden, die unter anderen Bedingungen nicht aktiviert werden. Keine dieser Argumentationen kann Anspruch auf alleinige Gültigkeit erheben.

Dies sieht am leicht ein, wenn man die einzelnen Positionen innerhalb der beiden Argumentationsstränge untersucht: So findet man beispielsweise bei Brockhaus[6] den Hinweis, daß Ermüdung rein körperliche Ursachen haben oder vorwiegend psychisch bedingt sein kann. "Dabei spielt die Einstellung zu der durchzuführenden Tätigkeit eine wichtige Rolle."[7] Ob und wann es zur Ermüdung kommt, hängt also nicht nur von den äußeren Faktoren der Situation ab, sondern ebenso von psychogenen. Umgekehrt wird nicht der Körper nur deshalb nicht ermüden, weil man hochmotiviert und an den Grenzen eigener Leistungsfähigkeit Sport treibt. Die Überforderung des Systems durch die Situation bleibt möglich.

Die situative Varianz in der Wirktendenz von Belastungen setzt sich konsequent im pädagogischen Bereich fort: Hier ist zunächst festzustellen, daß mit jeder Aufgabenstellung eine (objektive) Belastung verbunden ist. Es gibt aber nicht nur "leichte" und

3.2 Belastungen - Versuch einer Systematisierung aus pädagogischer Sicht

"schwere" Aufgaben, sondern dieselbe Aufgabe wird in der Regel von verschiedenen Schülern als unterschiedlich schwer erlebt. Dabei besteht zudem kein eindeutiger Zusammenhang zwischen dem Schwierigkeitsgrad einer Aufgabe und der subjektiv erlebten Belastung: Eine Reihe von einfachen Aufgaben ohne Steigerung des Schwierigkeitsgrades kann über Monotonieeffekte und die sich einstellende psychische Sättigung[8] ungleich mehr belasten als objektiv schwierigere Aufgaben. Schließlich ist die subjektive Bedeutsamkeit, der Erfolgsdruck, ein wichtiger Faktor im Belastungserleben: Sind mit der erfolgreichen Bewältigung der Aufgabe wichtige Konsequenzen verbunden (Versetzung, Abschlußprüfung, Einstellungstests), so geht von der Gesamtsituation weitaus eher eine psychische Belastung aus als in anderen Fällen, wo man Lösungen weitestgehend sanktionsfrei versuchen und den etwaigen Mißerfolg distanzieren kann.

Es gibt aber - auch hier - nicht nur diesen negativen Begriff der Belastung. Wenn beispielsweise ein didaktischer Grundsatz lautet, Lernprozesse seien so zu arrangieren, daß sie von einem "fruchtbaren Problem"[9] ihren Ausgang nehmen könnten, so ist damit gleichzeitig gefordert, den Lernenden in eine Spannungslage zu versetzen: Gefesselt von der Problemstellung soll er möglichst umfassend in eine Zielspannung einbezogen werden, welche die Antriebsenergie zur Verfügung stellen, dem gesamten Prozeß eine Richtung geben und der Person darüber hinaus das notwendige Maß an Konzentration und Durchhaltevermögen liefern soll. Jeder, der wenigstens einmal ernsthaft um die Lösung eines solchen, ihn herausfordernden Problems gerungen hat, weiß, daß von solchen Situationen außerordentlich starke Belastungen ausgehen können. Häufig sind Menschen in dieser Lage unsicher, überaus reizbar und wirken unzufrieden. Auch in diesem Fall wird man zwar nicht die Belastung selbst als pädagogisch wertvoll ansehen können, wohl aber das ihr zugrunde liegende Spannungsverhältnis, das wiederum von der belastenden Wirkung nicht zu trennen ist.

Damit droht die dritte Frage nach den möglichen Ursachenzusammenhängen von Belastungen zu einem kaum noch zu durchblickenden Verwirrspiel zu geraten: Ob und in welchem Ausmaß Belastungen erlebt werden, hängt von einer Vielzahl von Faktoren ab, die sich wechselseitig beeinflussen. Die Argumentation gerät in einen Teufelskreis zirkulärer Abhängigkeiten.

Einen Ausweg aus dieser Situation läßt sich finden, wenn man sich nochmals das oben diskutierte Beispiel des "fruchtbaren Problems" vor Augen führt und der Frage nachgeht, wodurch hier eigentlich Belastungen entstehen.

3.2.2 Einsicht, Übersicht und die Erwartung eines logischen Zusammenhangs

Das "fruchtbare Problem" zu Beginn eines Lernprozesses versetzt den Menschen als Ganzes in eine Spannungslage, aus der er sich weder selbst, außer durch erfolgreiche Bewältigung, noch durch Eingriff Dritter ohne weiteres befreien kann.

Zu verstehen, daß man von manchen Problemen "gepackt" wird, von vielen anderen hingegen nicht, ja letztlich zu verstehen, daß dieses "Gepacktwerden" überhaupt möglich ist, ist alles andere als einfach. So viel ist klar, daß über dieses "Gepacktwerden" nicht allein die äußere Situation entscheidet, sonst wären die "packenden" Probleme für jedermann dieselben. Es muß also einen Prozeß oder Instanz auf der Innenseite der Person geben, die für dieses Affiziertwerden verantwortlich ist.

Der Kölner Erziehungswissenschaftler Lutz Koch hat in seiner jüngst veröffentlichten Habilitationsschrift *Logik des Lernens*[10] auf dem Boden der Erkenntnisphilosophie Kants einen Gedanken entwickelt, der für dieses Thema wichtige Beiträge liefert. Ich referiere kurz die wichtigsten Argumente: Koch geht von Kants Unterscheidung von Verstand und Vernunft und der darauf beruhenden Unterscheidung von verständiger und vernünftiger Erkenntnis aus, die Koch als "Verstehen" und "Einsicht"[11] bezeichnet. Während sich das Verstehen auf die sinnlich vermittelte Faktizität eines Sachverhaltes beziehe, sei Einsicht "Erkenntnis a priori"[12], nämlich ein "Erkennen aus Gründen": "Der Einsichtige blickt in sein Inneres, in seinen Verstand, wo er die Gründe (die Regeln), aus denen er seine Erkenntnisse als Folgen ableitet, erblickt."[13] Mit Einsicht sei jedoch, so argumentiert Koch weiter[14], das Eigentümliche rationaler Erkenntnis noch nicht vollständig erfaßt, sondern es müsse durch "Übersicht" als zweites Merkmal ergänzt werden. Koch interpretiert nun Kant dahingehend, daß "jede der beiden intellektuellen Funktionen ... Einheit zu bewirken [sucht]: Während der Verstand die Mannigfaltigkeit gegebener Vorstellungen von Dingen und Ereignissen unter Begriffen, Regeln und Gesetzen zur Erkenntnis von ihnen vereinigt, sucht Vernunft die Vielfalt der so gewonnenen Erkenntnisse zu einer noch höheren Einheit zu bringen."[15] Koch spricht von einem "architektonischen Bestreben unserer Vernunft"[16], ein zusammenhängendes Ganzes unseres Wissens aufzubauen. Zwar sei eine solche Vernunfteinheit stets bloß ein Projekt und zudem nicht direkt zu bewirken, sondern an das Vorhandensein von Wissen gebunden, "aber der logische Formwille ist schon eher da"[17].

Mit diesem Gedanken läßt sich die weiter oben aufgeworfene Frage, wie man die Ausbildung einer Spannungslage in der Folge einer intellektuellen Problemstellung verstehen könne, beantworten: Folgt man der Kant-Interpretation Kochs, so wäre es das Grundvermögen rationaler Erkenntnis im Menschen selbst, das spontan auf eine möglichst weitgehende Erfassung der erwarteten logischen Ordnung der Welt drängt. Die Spannungslage wäre dann Ausdruck des ursprünglichen "logischen Formwillens" und ergäbe sich zugleich aus dem Bewußtsein, daß in der Diskursivität menschlichen Denkens solche Ordnungen stets nur solange vorläufige Gültigkeit haben, bis Widersprechendes auf die kritische Revision des Systems des Gewußten drängt.

Die Argumentationsfigur Kochs läßt sich einbeziehen in einen umfassenderen Zusammenhang: Der Annahme eines "logischen Formwillens" kann man die eines allgemeinen "Orientierungswillens" und eines "Kompetenz-Willens" zur Seite stellen. Der logische Formwille ist insofern als Bestandteil eines allgemeinen Orientierungswillens anzusehen, als die Orientierung als handlungsvorbereitende und -leitende Funktion das Erkennen eines Weges, was zu tun ist, beinhaltet. Der Kompetenzwille geht insofern über den Orientierungswillen hinaus, als das Wissen, was warum zu tun ist, für sich belassen unbefriedigend bleibt, solange nicht auch eine Realisierung des als richtig Erkannten in den Bereich des Möglichen rückt.

Als Zwischenbilanz läßt sich damit folgender Argumentationsgang festhalten: Die Schwere von Belastungen ist inter- und intraindividuell verschieden. Eindeutige übersituativ gültige Aussagen über die Wirktendenz von Belastungen sind nur in seltenen Fällen möglich. Belastungen lassen sich als Spannungslagen deuten, die auf den logischen Formwillen oder allgemeiner auf einen als ursprünglich angenommenen Orientierungs- und Kompetenz-Willen zurückgeführt werden können.

In dieses Konzept, Belastungen unter pädagogischen Gesichtspunkten als Ausdruck eines Orientierungs- und Kompetenz-Willens zu verstehen, passen sich die Aussagen des vorigen Hauptkapitels nahtlos ein: Krisen können als Orientierungsproblem gedeutet werden; Absurdität bei Camus ist die behauptete Unmöglichkeit auch nur halbwegs sicheren Orientierungswissens; die Gehlen'sche Anthropologie beschreibt in weiten Teilen den Orientierungs- und Handlungszwang, dem der Mensch ausgesetzt ist.

Bevor eine Systematisierung von Belastung unter pädagogischen Gesichtspunkten mit Aussicht auf Erfolg betrieben werden kann, soll daher zunächst der Versuch unternommen werden, die spezifischen Belastungen zu skizzieren, die sich aus der alltäglichen Lebenssituation für die Orientierungsfähigkeit des Menschen ergeben.

3.2.3 Informationsfülle und Orientierungsverlust

Eine wesentliche Schwierigkeit für die Fähigkeit des Menschen, sich in der Welt zu orientieren, besteht heute in der Menge der verfügbaren und in verantwortungsvolle Entscheidungen mit einzubeziehenden Information.

Die der Menschheit zur Verfügung stehende Datenmenge expandiert mit atemberaubender Geschwindigkeit. Die Anzahl der in wissenschaftlichen Aufsätzen, Büchern, Referaten, Memoranden oder wie auch immer publizierten und in einer sprunghaft wachsenden Zahl von Datenbanken dokumentierten und weltweit verbreiteten Forschungsergebnisse nimmt nicht nur linear, sondern mit ständig beschleunigter Wachstumsgeschwindigkeit zu.[18] Gegenwärtig verdoppelt sich, wenn man entsprechenden Schätzungen glauben darf, die gesamte für den Menschen verfügbare Informationsmenge binnen einer Dekade, in manchen besonders forschungsintensiven Bereichen wie etwa der modernen Biologie dürfte es noch viel schneller gehen.[19]

Man muß allerdings darauf hinweisen, daß diese Daten zunächst nur auf eine Vermehrung von Information hindeuten. Über die Vermehrung des "Wissens der Menschheit" ließe sich hingegen frühestens dann eine Aussage machen, wenn man verläßliche Angaben über die Redundanz der neu publizierten Information besäße.

Beide Trends, die Vermehrung von Wissen und die Informationsexplosion, haben eine Reihe von Konsequenzen, sowohl was die durch sie beeinflußte Lage insgesamt, als auch was das Erleben dieser Lage und ihrer Veränderungen auf seiten der einzelnen Person angeht. Beides berührt, wie noch näher auszuführen sein wird, unmittelbar den Bereich der Pädagogik.

3.2.3.1 Zur Expansion des Grundlagen- und Anwendungswissens

Die Menge des verfügbaren Wissens wächst. Dies gilt vor allem für den Bereich des Anwendungswissens: Auch ohne bahnbrechende oder gar weltbildverändernde neue Entdeckungen werden täglich mit vorhandenen Ressourcen neue Lösungen für mannigfaltige (vor allem technische) Probleme gefunden. Dazu trägt bei, daß die Umsetzung des Wissens von den Grundlagenwissenschaften in entsprechende Anwendungen immer rascher vonstatten geht: Zwischen der Erfindung der Dampfmaschine und der Entwicklung der ersten Dampflokomotive lagen fünfzig Jahre. Von der Entwicklung des ersten funktionsfähigen Lasers durch Maimann im Jahre 1960 bis zur Produktanwendung vergingen kaum zehn Jahre. Im Bereich der Mikroelektronik trennen Konzept und Produktentwicklung heute nur noch Monate.

Für den einzelnen Menschen und seine (berufliche) Handlungsfähigkeit hat dies weitreichende Konsequenzen: Die zunehmend raschere Umsetzung von Grundlagenwissen in Anwendungswissen hat zur Folge, daß existierendes Anwendungswissen in immer kürzeren Zeitabständen "veraltet" und damit subjektives "Herrschaftswissen"[20] entwertet wird, denn mögen auch die subjektiven Wissensbestände für sich genommen ihre Richtigkeit behalten, so verlieren sie jedoch im Hinblick auf den je aktuellen Know-How-Standard ihre Gültigkeit.

Um den erwähnten Prozeß des Qualitätsverlustes von Anwendungswissen zu veranschaulichen, hat man ein Bild aus der Atomphysik entlehnt und spricht von der "Halbwertszeit"[21] von Anwendungswissen: Nach Ablauf dieser Halbwertszeit sei die Hälfte des Wissens, das man sich angeeignet habe, "verfallen" - so veraltet, daß man es im Hinblick auf seien aktuelle Verwertbarkeit "vergessen" könne.

Die Halbwertszeiten von Anwendungswissen werden - Konsequenz der oben geschilderten Entwicklung - immer kürzer. In einer Modellrechnung aus dem Hause MBB ging man zu Beginn der achtziger Jahre davon aus, daß die Halbwertszeit für Anwendungswissen aus dem Bereich "Materialtechnologie", die im Jahre 1960 noch etwa zehn Jahre betragen habe, derzeit noch mit sechseinhalb Jahren anzusetzen sei. Im Bereich der Mikroelektronik ging die Studie von einer Halbwertszeit in der Größenordnung von drei Jahren aus[22].

Dies hätte dann beispielsweise zur Folge, daß heute ein Entwicklungsingenieur im Bereich der Mikroelektronik binnen dreier Jahre einen ganz erheblichen Teil seines Wissens an den aktuellen Stand anpassen muß, wobei fraglich ist, ob dies als "Learning on the Job" an seinem Arbeitsplatz geschehen kann oder in welchem Maß auch in Freistellung organisierte Weiterbildung in immer kürzeren Zeitabständen notwendig werden wird. Für andere Berufsgruppen mögen andere "Halbwertszeiten" gelten: Das skizzierte Problem ist gleich.

Die Notwendigkeit, den eigenen Wissensstand in solcher Weise aufzuwerten, damit er nicht ohne eigenes Zutun durch die Entwicklung entwertet wird, stellt offensichtlich erhebliche Anforderungen an die Betroffenen. Als belastend werden diese mit einiger Wahrscheinlichkeit vor allem dort erlebt werden, wo man aufgrund traditioneller Berufsbiographien oder persönlicher Gewohnheiten zwar nicht auf bildungsunwillige, wohl aber auf bildungsungewohnte Persönlichkeitsmuster trifft.[23]

3.2.3.2 Zur ungebrochenen Bedeutung des Wissens

Mit der vermeintlichen, aber so erlebten Relativierung von Wissen durch Informationsvermehrung läuft eine Entwicklung synchron, die zu dieser in einem scharfen Gegensatz steht: Gemeint ist die ungebrochene, wenn nicht sogar wachsende Bedeutung, die Wissen für adäquate Handlungsentscheidungen erhält. Hans Jonas[24] hat bekanntlich Verantwortung zum neuen Zentralprinzip seiner Ethik erhoben, weil angesichts der ungeheuren räumlichen und zeitlichen Fernwirkung des hochtechnisierten Handelns die vorausschauende Abwägung möglicher Folgen unverzichtbar sei: Klimakatastrophe und Bevölkerungsexplosion, Robben-, Wald- und Steinsterben, Genmanipulation - all dies sind willkürlich herausgegriffene Begriffe aus dem Katastrophen-Vokabularium der jüngsten Vergangenheit, die die wachsende Bedeutung von Wissen im gemeinten Sinne belegen.

Diese wachsende Bedeutung des Wissens spiegelt die im Laufe der Zeit enorm erweiterten Wahlmöglichkeiten des Menschen, denn erst dort, wo man die Wahl hat, sich zwischen verschiedenen Möglichkeiten zu entscheiden, wird die Wissensfrage für das eigene Handeln virulent. Es ist evident, daß die Freiheit der Wahl die Aufforderung zur Entscheidung beinhaltet und sie damit wie jede Aktivität, die jemandem abverlangt wird, von diesem als belastend empfunden werden kann. Aus diesem Grund hatte Gehlen[25] in seiner Institutionenlehre noch eindringlich betont, welcher Grad an Entlastung damit verbunden sei, daß im Alltagsleben die Motivbildung aus dem Psychischen heraus in die Sphäre des Äußeren verlegt sei.

3.2.3.3 Informationsmenge und Handlungsfähigkeit

Die dargestellte Problemlage wäre für sich alleine genommen bereits gravierend genug. Sie erfährt allerdings noch eine weitere Verschärfung, wenn man das Thema der Informationsvermehrung nochmals aufgreift, nun aber die Ebene der Verwertbarkeitsdiskussion verläßt und darauf sieht, welche Konsequenzen sich aus der Zunahme von verfügbarer Information für die Handlungsfähigkeit des Menschen in Alltagssituationen ergeben. Diese "subjektive Seite" des Informationsproblems gründet auf der Erkenntnis, daß jede Selektion und Verdichtung von wahrgenommener Information stets eine Leistung der Person darstellt und daher potentiell belastenden Charakter hat. Insgesamt läßt die beobachtbare Entwicklung eine Reihe von strukturellen Problemen erkennen, die sich in der Frage bündeln lassen, ob die 'neue Unübersichtlichkeit' der Über-Information in eine 'neue Unmündigkeit' des Nicht-Informiertseins umschlagen wird.

Die Informationsflut stellt die Fähigkeit des Menschen, Datenmengen in Sinnzusammenhängen zu strukturieren, vor Aufgaben, die hinsichtlich ihres quantitativen Umfangs und - Konsequenz unserer pluralistischen Lebensordnung - ihrer Widersprüchlichkeit neuartig sind. Dabei wird die Situation dadurch verschärft, daß einerseits eine Überversorgung mit "unerwünschter" Information vorliegt, andererseits die für Entscheidungsprozesse dringend benötigten Informationen immer mühsamer beschafft werden müssen, weil das Auffinden und Bewerten der Information schwieriger wird.

Zunächst bereitet die Verarbeitung des Überflusses an Information, die an den Menschen herangetragen wird, Probleme: Solche Informationen können, aber müssen nicht subjektiv bedeutsam sein; sie können, aber sie müssen nicht mit dem Ziel verbreitet worden sein, unser Verhalten in eine bestimmte Richtung zu lenken; sie können, aber sie müssen nicht in unser persönliches Weltbild integrierbar sein; sie können, aber sie müssen nicht mit unseren eigenen Wertvorstellungen konform sein. All diese Fragen stellen sich in demselben Moment, da eine beliebige Information uns erreicht. Die Notwendigkeit angemessener Informationsverarbeitung setzt den Menschen daher in einen permanenten Entscheidungsdruck, dessen belastende Wirkung mit der Menge der je Zeiteinheit zu treffenden Entscheidungen und damit mit dem Umfang der ihm übermittelten Information wächst.

Das "Informationsverarbeitungssystem" des Menschen arbeitet also ständig unter Überlast[26,] wobei er notwendig Informationen auch unkontrolliert übernehmen muß, ohne aber wissen zu können, wann und in welchem Ausmaß dies geschieht. Eben dieses Nichtwissen verunsichert den Menschen, und dies um so mehr, je stärker er sich dem Ethos der Aufklärung verpflichtet fühlt.

Ein Weiteres kommt hinzu: Wo Information im Status einer unstrukturierten Menge prinzipiell gleichwertiger Daten bleibt, wird die Legitimation von Urteilen paralysiert. Dies betrifft selbstverständlich auch die Kriterien selbst, nach denen die oben geforderte Informationsbewertung durchgeführt werden könnte: Kriterien verlieren ihre Funktion, wenn verschiedene Handlungsalternativen durch entsprechende Kriteriensysteme gestützt werden, die ihrerseits unentscheidbar gleich-gültig nebeneinander existieren. Dabei interessiert hier weniger die logisch-philosophische Problemdimension des regressus ad infinitum, sondern die psychologische Wirkung - die Verunsicherung des Menschen, und das heißt in diesem Fall: weitere, über das bloße Informationsmengen-Problem hinausgehende, den Kern menschlicher Lebensorientierung angreifende Verunsicherung.

Die so entstehende Unsicherheit wirkt auf das Erleben der aktuellen Situation und die Erwartung eigener Bewältigungskompetenz zurück. In diesem Sinne läßt sich nachvollziehen, was Jürgen Habermas 1985 über die Bedeutung der "Neuen Unübersichtlichkeit" schrieb: "Die Lage mag unübersichtlich sein. Unübersichtlichkeit ist indessen auch eine Funktion der Handlungsbereitschaft."[27] Diese Aussage gilt dann freilich auch in ihrer Umkehrung: Wo man sich selbst keine Handlung zutraut, begibt man sich der Möglichkeit, Unübersichtliches ordnend zu bewältigen. Solchermaßen kann sich ein Verstärkerkreis von Unentscheidbarkeit, Unsicherheit, Verzicht auf aktive Bewältigungsformen zur verstärkten Wahrnehmung von Unentscheidbarkeit ausbilden.

Die Folgen dieser Entwicklung für die psychische Situation der Menschen können erheblich sein: Seit zwanzig Jahren wird die These einer erschwerten Identitätsbildung

3.2 Belastungen - Versuch einer Systematisierung aus pädagogischer Sicht

Jugendlicher in westlich-pluralistischen Gesellschaften diskutiert[28]; man muß indessen durchaus nicht auf "Legitimationsprobleme im Spätkapitalismus" rekurrieren, um beobachtbare Phänomene dieser Art zu erklären. Orientierungsverlust aufgrund einer als unstrukturiert und möglicherweise unstrukturierbar erlebten Informationslandschaft erklärt die Wirkung ebenso.

Die unter den Schlagworten "Glaubwürdigkeitsverlust", "Vertrauensverlust", "Undurchschaubarkeit" oder "Sinnkrise" geführte aktuelle politische Diskussion der achtziger Jahre hat hier möglicherweise ihre tiefere Wurzel. Peter Atteslander diagnostizierte 1985 in einem Essay[29] im Zusammenhang mit der damaligen Mediatisierungsdiskussion eine "gefährliche Überinformation", deren gefährdende Wirkung er in der mangelnden Strukturiertheit der Information begründet sah. "Schon heute ist für den einzelnen Menschen der Anteil der ihm angebotenen Informationen, vermittelt durch Medien, größer als der aus seinem sozialen Bereich, aus alltäglichen mitmenschlichen Kontakten, die er selbst erlebt. In vermehrtem Maße also ist der Mensch Informationen ausgesetzt, die er nicht zu überblicken, mithin nicht zu kontrollieren vermag." Diese Situation gefährde die Kommunikationsfähigkeit des Menschen und dadurch den Bestand der demokratischen Ordnung, denn "Demokratie bedeutet ... Fähigkeit zur Kommunikation".

Atteslanders Diagnose deckt sich offenbar mit der hier entwickelten Position: Eine Vermehrung nicht überschaubarer, weil nicht strukturierter Information wirft einerseits Urteile auf das Niveau einer emotiv bestimmten Auswahl aus Beliebigkeit zurück, gleichzeitig erzeugt sie über das Bewußtsein des "ad libitum" eine abgrundtiefe Skepsis hinsichtlich der Gültigkeit von Urteilen, und das heißt zugleich: hinsichtlich der Gültigkeit von Werturteilen.

Damit wird ein für den Argumentationszusammenhang der vorgelegten Arbeit wichtiger Punkt offengelegt. Gabriele Schörner hat in einer glänzenden Dissertation dieses Problem unter dem Aspekt der moralischen Autonomie untersucht. Sie kommt am Ende ihrer vergleichenden Untersuchungen zu dem Fazit: "Das Bedürfnis, das eigene Urteil begründet als frei ansehen zu können, kann zweifellos als ein geistiges Grundbedürfnis der Menschen unseres Kulturkreises angesehen werden."[30] Wo durch unzureichend verarbeitete Informationsmassen das Vertrauen in die eigene Urteilsfähigkeit zerstört wird, hat man es also nicht nur mit einem bloß technisch-methodischen Problem des "Handlings" von "Know-How" zu tun, sondern hier ist das Humanum selbst betroffen.

So aktuell und drückend dieses Problem auch ist, so wenig ist es - nach der Seite seiner subjektiven Bedeutsamkeit betrachtet - neu. Die radikale Verunsicherung, die von den destabilisierenden Folgen der mit Agnostizismus, Pyrrhonismus, Skeptizismus und den verschiedenen Wahrheits-Relativismen benannten Phänomene ausgeht, hat man in theologischen, philosophischen und soziologischen Ansätzen zu überwinden gesucht: Wo aber die theologische Perspektive keinen für alle tragfähigen Grund mehr abgibt, wo andererseits eine Reihe von Konzepten bereits deshalb als unbrauchbar erscheint, weil sie den beklagten Ausgangszustand kulturell (Spengler), historisch

(Dilthey) oder soziologistisch distanzieren oder gar in einer existentiellen Wendung (Sartre) als Preis der Freiheit zum Zielzustand umetikettieren, und wo schließlich andere Ansätze, die an der Urteilsfähigkeit des Menschen festhalten, diese als Voraussetzung betrachten und damit die ontogenetische Komponente des Problems ausklammern, dort tritt das Spezifikum der pädagogischen Position deutlich hervor, die sich zur Urteilsfähigkeit als Zielzustand bekennt, sie indes nicht als Voraussetzung, sondern als Ziel von Bildungsprozessen betrachtet. Philosophische Klarheit und pädagogische Konsequenz vereinigen sich so beispielhaft in dem bekannten Ausspruch Herbarts, der in Abwandlung eines Martial'schen Epigrammes[31] die Überwindbarkeit von Unsicherheit durch Bildung deutlich macht: "Jeder tüchtige Anfänger in der Philosophie ist Skeptiker. Und umgekehrt: jeder Skeptiker als solcher ist Anfänger."

Zusammenfassend läßt sich am Ende dieses Abschnitts feststellen:

- Die ständige Erneuerung des technischen Anwendungswissens in immer schnellerem Tempo bedroht einerseits die berufliche - und zum Teil die lebenspraktische - Kompetenz des Menschen und zwingt ihn zu vermehrten Weiterbildungsaktivitäten, um dieser Entwicklung zu begegnen. Die Wahrnehmung dieses "Entwertungsprozesses" von Wissen kann zu Verunsicherung hinsichtlich eigener Kompetenz führen.

- Gleichzeitig wächst die Bedeutung, die Wissen im Hinblick auf sachangemessene, verantwortungsvolle Entscheidungen erhält, weil menschliches Handeln heute immer größere räumliche und zeitliche Fernwirkungen erhält.

- Drittens bedroht die Informationsfülle, die verarbeitet werden muß, aber oft nicht angemessen verarbeitet werden kann, die Mündigkeit und die Handlungsfähigkeit des Menschen, und zwar sowohl unmittelbar (auf dem Wege "geheimer Verführer") als auch mittelbar über die scheinbare Unentscheidbarkeit der Bedeutsamkeit von Informationen. Zwar besteht kein unmittelbarer Kausalzusammenhang zwischen Vermehrung der Informationsmenge und Orientierungsverlust, doch ist eine Bedingung dafür, daß ein solcher Orientierungsverlust nicht eintritt, der erfolgreiche Aufbau eines persönlichen, gut strukturierten Wissenssystems.

Alle drei genannten Trends können zu einem Orientierungsverlust des Menschen beitragen, von dem erhebliche Belastungen psychischer Art zu erwarten sind, selbst wenn die genannten Prozesse nicht vollständig bewußt werden, sondern sich eher in einer Art "schleichender Unterminierung des personalen Selbst" äußern.

3.2.4 Komponenten eines pädagogischen Belastungskonzepts

Nimmt man die bisherigen Untersuchungsergebnisse aus den Kapiteln 2 und 3 dieser Arbeit zusammen, so kann man versuchen, daraus ein Konzept abzuleiten, was eigentlich eine Belastung[32] ist, welchen Belastungen man sich aus der pädagogischen Perspektive annehmen kann und worin der Beitrag einer pädagogischen Befähigung zur Bewältigung bestehen könnte.

3.2 Belastungen - Versuch einer Systematisierung aus pädagogischer Sicht

Die Analysen zur Schwere, Wirktendenz und Ursachen von Belastungen haben ergeben, daß der Entwurf eines generalisierenden Belastungskonzepts nicht gelingen kann, sondern daß einem solchen Konzept ein hohes Maß an inter- und intraindividueller Variabilität des Belastungserlebens zugrundezulegen ist. In einem nächsten Schritt wurde gezeigt, daß diese Situations- und Personbezogenheit auf ein Bestreben des Menschen zurückgeführt werden kann, in der Erscheinungsvielfalt der ihn umgebenden Welt eine sinnvolle Ordnung zu erkennen ("logischer Formwille"), die ihm ermöglichen soll, auch langfristige Perspektiven eigenen Handelns zu erkennen ("Orientierungswille"); beides zusammen wurde gedeutet als Ausdruck eines als ursprünglich angenommenen Wunsches, das eigene Leben aktiv und erfolgreich zu gestalten ("Kompetenz-Wille"). Außerdem wurde dargelegt, daß diese Deutung des Belastungserlebens verträglich ist mit den Belastungsformen, die in der Untersuchung der Legitimationsproblematik in Kapitel 2 diskutiert worden waren: Schwere psychische Krisen können als Zwang zur Neuorientierung, der Lastcharakter alltäglichen Handelns[33] als Orientierungs- und Handlungsdruck gedeutet werden.

Diese Ergebnisse legen es nahe, Belastungen aus pädagogischer Perspektive primär als Spannungslagen zu deuten, die sich aufgrund von Barrieren des logischen Formwillens, des Orientierungs- und Kompetenz-Willens einstellen. Die Analysen des Abschnittes 3.2 haben ergeben, daß eine (wichtige) unter dieser Barrieren die Bedrohung der Handlungsfähigkeit ist, die von einer nicht angemessenen Verarbeitung der auf den Menschen einströmenden Informationsfülle ausgeht.

Versucht man nun, verschiedene Belastungen nach dem Grade ihrer subjektiven Bedrohlichkeit[34] anzuordnen, so bietet sich eine Unterteilung in "Schicksalsschläge", "Alltagsprobleme" und in eine "schleichende Unterminierung des personalen Selbst" an. Schicksalsschläge: Damit sind jene besonders schweren, nicht alltäglichen Ereignisse gemeint, welche die Person in schwere Krisen stürzen können, weil sie nicht selten eine radikale Neuorientierung erfordern. Das kann der Tod eines Ehepartners sein, das kann durch Ehescheidung ausgelöst sein, das kann aber auch Ergebnis eines äußeren Ereignisses[35] von nicht unbedingt für jedermann erkennbaren Tragweite[36] sein, welches zur Revision des bisherigen Weltbildes drängt. Solche "Schicksalsschläge", "bedeutsamen Lebensereignisse", "biographische Wendepunkte" oder wie man sie auch nennen mag, drängen sich unmittelbar in das Bewußtsein der Person und nehmen dort eine besonders hohe Problempriorität ein. Krisen, die sich in ihrem Gefolge häufig einstellen, sind wenigstens zum Teil auf den außerordentlichen Charakter dieser Ereignisse zurückzuführen: Das Außerordentliche impliziert ja gerade, daß keine oder nur wenige persönliche Erfahrungen zur Verfügung stehen, mit welchen Strategien dieser Situation zu begegnen ist. Die Person wird in ihrem gesamten Form- und Orientierungspotential in vollem Umfang gefordert.

Dies unterscheidet die "bedeutsamen Lebensereignisse" von den alltäglichen kleinen Belastungen und Ärgernissen, den "daily hassles". Darunter sind die unspektakulären Widerfahrnisse zu verstehen, denen im Einzelfall - auch subjektiv - weniger Bedeutung beigelegt wird, die sich aber wechselseitig oder langfristig zu einem erheblichen Belastungspotential aufschaukeln können. Für solche Alltagsbelastungen liegen Bewälti-

73

gungsstrategien zumindest in Ansatzpunkten bereits vor, so daß hier zumeist keine aktuelle Überforderungssituation entsteht, sondern ein Strategie-Transfer auf der sachlichen Ebene möglich scheint. Anders als bei den "bedeutsamen Lebensereignissen" spielt bei den "daily hassles" zudem das motivationale Problem eine größere Rolle: Belastungen, die beispielsweise von der erlebten Monotonie täglicher Routine ausgehen, wird man häufig nur unter Aufbietung von beträchtlicher Willensenergie begegnen können, während außerordentliche Belastungen viel stärker zu einer Veränderung der Situation- sei es Flucht, sei es Lösung - drängen.

Die dritte Form der Belastung, die schleichende Unterminierung des personalen Selbst, muß in ihren Ursachen und in Ausprägungen subjektiv überhaupt nicht erkannt werden; die belastenden Symptome des Orientierungsverlustes und der Handlungsunsicherheit können dennoch ihre Wirksamkeit entfalten.

Welchen Beitrag kann Pädagogik zu einer Befähigung zur Bewältigung auf den unterschiedlichen Ebenen leisten:

- Im Hinblick auf "Schicksalsschläge" vermag die Pädagogik wenig; ihre Aufgabe ist, dies wurde bereits dargestellt, nicht therapeutischer, sondern prophylaktischer Art. In allen aktuellen Fällen schwerer psychischer Krisen kann ein Pädagoge in gleichem Maße und in gleicher Weise helfen, wie jeder andere Mensch in der Umgebung des Betroffenen auch. Der Pädagoge leistet diese Hilfe nämlich als Mensch in dem Maße, wie es ihm möglich ist. Sein pädagogisches Wissen legitimiert ihn zu nichts, was über dieses unmittelbar menschliche Hilfeverhältnis hinausgeht. Die Frage, ob es eine wirksame Prophylaxe für seelische Krisen gibt, kann in dieser Arbeit nicht beantwortet werden. Hinweise wären meines Erachtens eher in den verschiedenen 'Tugendlehren' und 'Anleitungen zum glücklichen Leben' zu suchen, die sich in verschiedenen Systemen der praktischen Philosophie und religiös fundierten Verhaltenskodizes finden, als in der pädagogischen Literatur. Allerdings sieht man zugleich, daß diese Lösungsansätze mitteilbar sind und damit zum Inhalt von Bildungsprozesses gemacht werden können. Pädagogische Prophylaxe im Bereich schwerer seelischer Krisen kann deshalb nur bedeuten, sich mit Modellen solcher Krisen - beispielsweise in der Literatur - exemplarisch auseinanderzusetzen und unterschiedliche Ansätze, das "rechte Leben" zu gewinnen, zu studieren. Erhoffen darf man sich von einem solchen Vorgehen die Reflexion des Problems in der Distanz von den Affekten unmittelbarer Betroffenheit. Ob allerdings im Krisenfall dieses Wissen für eigenes Handeln fruchtbar gemacht werden kann, bleibt offen.

- Im Bereich der "daily hassles" kann aus pädagogischer Perspektive zweierlei erwarten: Erstens, daß über Bildungsprozesse vermittelt die subjektive Fähigkeit zur Problemlösung auf der Ebene des Sachproblems verbessert wird, und zweitens, daß über Erziehungs- und Selbsterziehungsprozesse das individuelle "Selbst-Management" (z.B. Affektkontrolle, Ambiguitäts- und Frustrationstoleranz, intrinsische Motivation) in bewältigungsförderlicher Weise beeinflußt wird.

- Im dritten Bereich, der schleichenden Unterminierung des personalen Selbst, können Bildung und Erziehung ihren vielleicht wichtigsten Beitrag leisten: Die Selbständigkeit der Person ist ihr höchstes Ziel; eine solche Selbständigkeit ist nicht denkbar ohne das sichere Fundament eines strukturierten Wissens und eines Systems stützender Einstellungen und Haltungen, die in ihrem Insgesamt eine Orientierung in der Welt ermöglichen und dadurch die individuell-erfolgreiche Bewältigung von Belastungen ein gut Stück wahrscheinlicher machen.

Bevor die Feinstruktur der Bewältigungsprozesse im zweiten Teil dieser Arbeit näher untersucht wird, soll zunächst dieser letztgenannte Aspekt einer genaueren Analyse unterworfen werden: Die Bedeutung, die Bildungs- und Erziehungsprozessen im Hinblick auf die Stabilisierung des personalen Selbst zukommt, soll im Hinblick auf die Besonderheiten der aktuellen Situation, wie sie im Abschnitt "Informationsfülle und Handlungsfähigkeit" dargestellt worden sind, untersucht werden.

3.3 Bildung als Prävention: Klassische Begründung und neuere Lösungsversuche

3.3.1 Informationsfülle, Ungewißheit und Grundversionen formaler Bildung

Unstrukturierte Datenmengen stellen kein Entscheidungs- und Handlungswissen dar, sondern tragen im Gegenteil zur Verunsicherung des Menschen in Entscheidungssituationen bei. Die Strukturierung von Einzelinformationen in Sinnganzheiten ist in der Pädagogik seit je über alle theoretischen Positionen hinweg als Grundbestandteil von Bildung anerkannt. Wie dies erreicht werden kann, ist hingegen umstritten.

Es ist kein Zufall, daß die theoretische Grundfigur, die sich hier als Ausweg anzubieten scheint, zu einer Zeit entwickelt worden ist, da die Dynamisierung[37] menschlicher Lebensverhältnisse erstmals massiv spürbar geworden war. Zur Verdeutlichung sei an die Ausgangssituation erinnert, in der Humboldt sein Bildungskonzept entwickelte, wobei ich der Interpretation von Clemens Menze folge: "Gerade die einsetzende Industrialisierung, die mit ihr verknüpfte soziale Emanzipation des Bürgertums und der daraus resultierende Auseinanderfall von politischer und sozialer Elite haben zusammen mit der Verwissenschaftlichung der Lebensbedingungen und Lebensverhältnisse Mensch und Welt grundlegend verändert."[38] Dabei sei die Situation des Menschen in diesen sich wandelnden Verhältnissen so zu bestimmen, daß die Gesamtentwicklung Bewegungen unterstütze, teilweise auch initiiere, die den Menschen mit der Herauslösung aus seinen alten und keineswegs bewahrenswerten Verhältnissen jetzt zu einer bloßen Funktion des jeweiligen Sich-Verändernden zu machen drohten. Die Säkularisierung des Religiösen, der Gültigkeitsverlust tradierter Handlungsschemata, die wahllos aufgehäuften Informationen partikularistisch betriebener Wissenschaft - all dies treibe den Widerspruch zwischen dem Anspruch der Aufklärung, ein Licht des Geistes zu entzünden und den Menschen zu befreien, und den nivellierenden und alles Eigentümlich verzehrenden Zeittendenzen auf die Spitze. Folge sei eine sich ständig selbst noch verstärkende Verunsicherung, in welcher der Mensch sich mehr und mehr hilflos den vorgegebenen Zwängen ausgeliefert sehe.

3. Belastungen aus pädagogischer Sicht

So läßt sich der Kernpunkt der Humboldt'schen Bildungstheorie in Fragen formulieren, die ihre ungeschmälerte Gültigkeit für die beschriebene aktuelle Situation erkennen lassen: Wie soll der Mensch in einer sich verändernden Welt handlungsfähig werden, die mit einem Mehr an Freiheit zugleich ein Mehr an Bedrohung, an Möglichkeiten der Verkehrung und der Selbstpreisgabe bringen? Wie kann das den Menschen anonym bedrohende Geschick in eine Chance des Menschen umgewandelt werden?

Humboldts Konzept ist bekannt: Die "höchste und proportionierlichste Bildung seiner Kräfte zu einem Ganzen" sei der wahre Zweck des Menschen[39]. Die Antwort besteht also nicht in einem Katalog von Wissensinhalten und Fertigkeiten, sondern in einer formalen Beschreibung des Ziels. Formale Bildung war (und ist) die hoffnungsvolle Antwort auf die Frage nach Bildung angesichts der Imprognostibilität zukünftiger Lebensumstände. In enger zeitlicher Nähe entwickelten sich die drei "klassischen" Ansätze formaler Bildung[40]: die Idee der Kräftebildung im Neuhumanismus, das Konzept methodischer Bildung, das sich in einem ersten Ansatz bereits bei Herbart[41] findet, und der Gedanke der elementaren Bildung durch exemplarische Lehre, für den sich erste Versuche bei Pestalozzi[42] nachweisen lassen.

Es ist also keineswegs verwunderlich, daß in der zweiten Hälfte des zwanzigsten Jahrhunderts Konzepte formaler Bildung zur Lösung des Grundproblems, wie selbständige Lebensführung angesichts prinzipiell unvorhersagbarer zukünftiger Lebensumstände ermöglicht werden kann, eine Renaissance erlebten. Die skizzierte Ausgangssituation bildungstheoretischen Denkens bei Pestalozzi, Humboldt und Herbart war der aktuellen strukturell durchaus ähnlich. Natürlich sind auch Unterschiede unverkennbar: Auf die starke Beschleunigung technischer Innovationszyklen wurde ja bereits hingewiesen. Zu erwähnen wäre in diesem Zusammenhang sicherlich auch ein weiteres Problem, durch das sich die aktuelle Situation auszeichnet und das aus den Migrationsbewegungen der letzten Jahrzehnte resultiert. Die entstehende multinationale Gesellschaft in den Staaten Europas erfordert von ihren Mitgliedern eine "multikulturelle Bewegungsfähigkeit"[43], wobei allerdings über die Vorstellungen davon, was darunter zu verstehen sei, noch kein Konsens absehbar ist.

3.3.2 Die Hoffnung auf das Exemplarische

Nach dem Zweiten Weltkrieg begann die Diskussion der Frage, wie die Strukturierung von Information zu einem zeitgemäßen Bildungswissen gelingen könne, in jenem Bereich formaler Bildung, der als Thematik des exemplarischen Lernens bekannt ist. Am 1. Oktober 1951 verabschiedeten Vertreter der höheren Schulen und der Hochschulen ein Paket von Empfehlungen, wie der wachsenden "Stoffülle" im Gymnasium Rechnung getragen werden könne[44]: neben schulorganisatorischen Maßnahmen in der Hauptsache durch eine Beschränkung der Unterrichtsfächer auf das Wesentliche und Exemplarische und die Betonung von Verständnis gegenüber bloßer Gedächtnisleistung. Diese Anregungen, die in der am 29./30.9.1960 beschlossenen Saarbrücker Rahmenvereinbarung der KMK ihren Niederschlag fanden, lösten die zentrale didaktische Diskussion der fünfziger und frühen sechziger Jahre aus[45]. Geblieben sind eine Reihe von Begriffen im engen Umfeld des Exemplarischen, die heute zu einem Groß-

3.3 Bildung als Prävention: Klassische Begründung und neuere Lösungsversuche

teil ohne scharfe begriffliche Trennung gehandhabt werden, da sie wieder zu den weniger bekannten pädagogischen Grundbegriffen gehören: das Exemplarische, das Elementare, das Repräsentative, das Fundamentale und das Kategoriale. Jedes dieser Prinzipien hatte seinen Hauptakzent an etwas anderer Stelle, berührte sich indes mit diesen der Wirktendenz nach. Ich verzichte an dieser Stelle auf eine eingehende Diskussion und hebe lediglich die für den weiteren Gedankengang wichtigen Merkmale hervor, wobei ich im wesentlichen der rückschauenden Bewertung Derbolavs[46] folge.

Grundintention des exemplarischen Prinzips war die Überführung unstrukturierter Datenmengen in ein - wie es damals gerne genannt wurde - "lebendiges Strukturwissen", um damit der wachsenden Stofffülle und der zunehmenden Spezialisierung und Fächersegmentierung entgegenzuwirken. Um Anspruch und Leistung dieses Prinzips gerecht zu werden, muß man im Blick behalten, daß zwar Kritik am Enzyklopädismus und an der durch ihn zum Programm erhobenen Stofffülle durchaus nicht neu war: Erinnert sei an Comenius Kritik des Enzyklopädismus, an Rousseaus Ächtung der Gelehrsamkeit[47], an den Überbürdungsstreit der Hausaufgabendiskussion um die Jahrhundertwende[48] oder an die teils rüde formulierten Angriffe von Reformpädagogen gegen die traditionelle "Buchschule". Das Problem der Stofffülle, wie es sich zu Beginn der fünfziger Jahre darstellte, war jedoch von gänzlich anderem Charakter: Jetzt resultierte es nicht mehr aus der Lust an der "curiositas" und Gelehrsamkeit, die beispielsweise das Bildungsideal des Barock geprägt und aus diesem Grund für eine stoffliche Überbürdung der Lehre gesorgt hatten. Jetzt hingegen ergab sich die Stofffülle aus der unaufhaltsamen Wissenschaftsproduktion moderner Forschung. Benötigt wurde daher ein Verfahren, das es gestattete, einerseits die Kluft zwischen Forschungswissen und Schulwissen nicht zu groß werden zu lassen, andererseits dafür Sorge zu tragen, daß in den Datenmengen eine Struktur erkennbar wurde; dies war die Zielrichtung des exemplarischen Lernens.

Freilich war es um die Praktikabilität des exemplarischen Prinzips nie zum besten bestellt. Es blieb letztlich der Intuition des Lehrers aufgegeben, solche exemplarischen Inhalte in der Fülle des von ihm vertretenen Fachs aufzufinden. Auch blieb unklar, ob die Anwendung des exemplarischen Prinzips auf eine relativ kleine Zahl von Unterrichtsinhalten beschränkt ist oder ob es sich jeder Stoff für dieses Verfahren eignet, vorausgesetzt, daß eine entsprechende didaktische Aufbereitung gelingt. Zu einer "Unterrichtstechnik" oder einer "Methode" hat sich das exemplarische Prinzip daher nie entwickelt.

Im Zuge der sechziger Jahre gewannen gegenüber der im exemplarischen Prinzip geleisteten Vertiefung des Wissenserwerbs andere Tendenzen an Bedeutung, deren beide wichtigsten die Forderung nach Effizienzsteigerung von Unterricht im Sinne bildungsökonomischer Denkfiguren[49] und die gesellschaftskritische Selbstreflexion von Schule darstellten. Beide drängten das Exemplarische als Prinzip stark zurück, und dies wurde leicht akzeptiert, weil beide spezifischen Schwächen des exemplarischen Lernens entgegengestellt waren: Die Didaktik der Berliner Schule[50] griff das Problem einer methodischen Gestaltung von Unterricht auf und machte es - gegenüber seiner Vernachlässigung in der Diskussion um das exemplarische Lernen - zu einer wichtigen

77

Fragestellung innerhalb der wissenschaftlichen Unterrichtsanalyse. Die Strukturgittertheorie der Münsteraner - Herwig Blankertz und sein Mitarbeiterkreis[51] - erweiterte unter dem lebhaften Eindruck der politischen Ereignisse der späten sechziger Jahre diesen Ansatz um eine weitere grundlegende Dimension, indem nun die ideologiekritische Selbstreflexion der Schule und der in ihr dargebotenen Bildungsgüter verlangt wurde.

Weitreichender als die genannten didaktischen Modelle waren allerdings Überlegungen zur Vermittlung eines Orientierungs- und Handlungswissens, die gänzlich anders konzipiert waren und die vor allem in der aktuellen Diskussion der späten achtziger Jahre eine bedeutende Rolle spielen. Dieser Argumentationsstrang beginnt im Jahre 1967.

3.3.3 Zukunftsbewältigung durch Qualifizierung

In diesem Jahr hatte Saul Robinsohn[52] versucht, Bildungsinhalte von jetzt und künftig benötigten Qualifikationen her zu legitimieren; diese wiederum sollten sich von jetzigen und zukünftigen Verwendungssituationen der Menschen her bestimmen lassen.[53]

Robinsohns Modell ist derart bekannt, daß auf eine neuerliche eingehende Darstellung an dieser Stelle verzichtet werden kann.[54] Für die hier vorgetragene Argumentation ist wichtig, daß in diesem Ansatz der Begriff der "Qualifikation" in einer Art und Weise Verwendung fand, wie sie vorher in der erziehungswissenschaftlichen Diskussion nicht üblich gewesen war. Eine der zentralen Prämissen[55] des Modells bestand darin, daß Erziehung und Bildung zur Bewältigung von Lebenssituationen befähigen solle. Ausgehend davon ergebe sich für die Curriculumforschung die "Aufgabe,

- Methoden zu finden und anzuwenden, durch welche diese *Situationen* und die in ihnen geforderten *Funktionen,*
- die zu deren Bewältigung notwendigen *Qualifikationen,*
- und die *Bildungsinhalte* und Gegenstände, durch welche diese Qualifizierung bewirkt werden soll,

in optimaler Objektivierung identifiziert werden können."[56]

Dieses Modell scheint zunächst einfach und durchsichtig. Neben einer Reihe von schwierigsten Problemen, die sich allerdings aus diesem rekonstruktiven Weg der Curriculumerstellung ergeben[57], ist außerdem auf eine Problematik hinzuweisen, die in der Begriffsgeschichte des Qualifikationsbegriffes begründet liegt. Man muß nämlich daran erinnern, daß der Qualifikationsbegriff ursprünglich[58] der Sphäre der Berufsbildung entstammt und dort als berufsbezogene, zweckhafte Bildung zunächst einen Gegenpol zur Idee einer "allgemeinen Menschenbildung" markierte. Dieser enge Verwendungszusammenhang wurde bei Robinsohn gesprengt: Er verstand unter "Qualifikation" ein nicht spezifisch ausgerichtetes Konglomerat von "Kenntnissen, Einsichten, Haltungen und Fertigkeiten"[59], die in ihrem Insgesamt zur Bewältigung von Lebenssituationen notwendig sind. Damit wurde der Qualifikationsbegriff derart ausgeweitet, daß er mit dem Anspruch versehen werden konnte, die traditionellen Begriffe

3.3 Bildung als Prävention: Klassische Begründung und neuere Lösungsversuche

"Bildung" und "Erziehung" zu ersetzen, da er nun Zielpositionen besetzte, die zum Kernbereich dieser Begriffe gehören. Mehr noch: Die klassische Crux der Begriffe "Bildung" und "Erziehung" - daß über deren Ziele weitgehend Konsens besteht, die Wege zur Erreichung dieser Ziele aber ungewiß bleiben - schien für einen Moment überwindbar: Versprach doch die klare Legitimationsstruktur des Robinsohn'schen Modells eine "optimal objektivierende" Beschreibung des Weges, wie die Ziele von Bildung und Erziehung - er nannte "Autonomie" und "Mündigkeit"[60] - erreicht werden könnten.

Allerdings erwies sich bald, daß mit der Ausweitung des Qualifikationsbegriffes dieser das gesamte problematische Erbe des Bildungsbegriffs antrat, ohne dessen positive Komponenten ebenfalls übernehmen zu können: Qualifikation bezeichnete nun eben nicht mehr die fest umrissene, zweckhafte berufliche Zieldimension, sondern weitaus komplexere und abstraktere Zielvorstellungen. Allerdings fehlte für den neuen Begriff jene bildungsphilosophische Tradition, die für eine angemessene Auslotung des Begriffsfeldes hätte sorgen können. So lag die Versuchung nahe, den Qualifikationsbegriff dadurch besser faßlich zu machen, daß man den Prozeß der Qualifizierung als einen zu absolvierenden Durchlauf durch ein ausdifferenziertes System von Lernzielen zu beschreiben suchte. Eine solche 'Operationalisierung' von "Autonomie" und "Mündigkeit" in einem hierarchisch gegliederten System von Lernzielen, oder wie man es damals nannte: in einer 'Taxonomie'[61], bedeutete indessen eine behavioristische Wendung, die - von Robinsohn selbst nicht intendiert[62] - letztlich unannehmbar blieb: "Selbst wenn Operationalisierbarkeit bei Richtzielen und bei globalen Bildungszielen möglich wäre, müßte ... geprüft werden, in welcher Hinsicht sie angewendet werden darf, denn aus eigenen Überlegungen stammende Entscheidungen und die damit zusammenhängende Verantwortlichkeit des Ichs vertragen sich nicht mit einer Überprüfbarkeit genau definierbarer Formen 'wünschenswerten Endverhaltens'."[63] Die Operationalisierung in gewünschte Qualifikationen beinhaltet die Gefahr, zu einem "didaktischen Gängelband" der Richt-, Global- und Feinziele zu entarten.

Daß in der Erziehung Ausstattung zur Bewältigung von Lebenssituationen geleistet werde, war die Voraussetzung des Robinsohn'schen Ansatzes. Wie dies überhaupt gelingen kann und wie dies zu bewerkstelligen ist, diese Frage leitet die hier vorgelegte Untersuchung. Eine ähnliche Akzentverschiebung ist auch im Fortgang der Qualifikationsdebatte auszumachen, die bis in die Gegenwart hineinreicht und unter dem Rubrum "Schlüsselqualifikationen" der Frage nachgeht, welches die zukunftssichernden Qualifikationen sind und wie man sie erwirbt. Die Mahnung eines damaligen Kritikers: "Gelingt es, eine Strukturidentität oder -ähnlichkeit einer verhaltenstheoretisch beschriebenen Qualifikationskette zu der 'structure of discipline' aufzuweisen, etwa zwischen dem Lernen kreativen Verhaltens und der Heuristik mathematischer Problemlösungen, so ließen sich Transferhypothesen wagen, die zugleich immanente Kriterien der Sequenzorganisation lieferten"[64], scheint jedoch mit Blick auf die heutige Diskussion nichts an Aktualität eingebüßt zu haben. Und so wird auch die Transferproblematik im weiteren Gang dieser Untersuchung noch eine wichtige Rolle spielen.

3. Belastungen aus pädagogischer Sicht

Offensichtlich markiert die Curriculumtheorie außerdem einen weiteren Schritt wachsender Formalisierung in der Pädagogik: Lernziele, vor allem wenn es sich um Richt- oder Globalziele handelt, wurden nicht als Lerninhalte formuliert, sondern als Soll-Fähigkeiten: Wo früher eine Unterrichtseinheit "gemischtquadratische Gleichungen" in den Lehrplänen zu finden war, hieß es nun "Der Schüler soll in der Lage sein, die Nullstellen von Polynomen zweiten Grades mit reellwertigen Koeffizienten zu finden, und er soll bereit sein, die gefundene Lösung durch eine Probe zu kontrollieren."[65] Eine solche Nomenklatur suggeriert, daß durch entsprechende Unterrichtsprozesse nicht nur Wissen vermittelt, sondern Fähigkeiten und Haltungen gebildet werden. Bildung von Fähigkeiten kann - schaut man auf das Handlungssubjekt - einerseits verstanden werden als Pflege und Entwicklung von "Seelenvermögen", um durch den Gebrauch dieses altertümlichen Begriffes auf die formale Ähnlichkeiten zu neuhumanistischen Denkfiguren hinzuweisen. Blickt man aber vorrangig auf das Resultat und damit zugleich auf die Effizienz von Unterricht, verstanden als Trainingszuwachs von Input-Level zu Output-Level, dann findet dieses Argumentationsschema Verwendung in curriculartheoretischen Überlegungen.

Saul Robinsohn gehörte seit dem 2. Februar 1967 zu den von den Mitgliedern der Bildungskommission des Deutschen Bildungsrates berufenen Mitgliedern der Ausschüsse der Bildungskommission[66.] Als diese im Februar 1970 mit dem *Strukturplan für das Bildungswesen* an die Öffentlichkeit trat, fanden sich neben den referierten Argumenten Robinsohns noch weitere Denkfiguren, die auf eine stärkere Betonung formaler Bildung abhoben. Lehr- und Lernprozesse wurden, wie zuvor bei Robinsohn, weniger auf die Anlagen, Begabungen und Neigungen des einzelnen als auf die Anforderungen des Lebens in der modernen Gesellschaft bezogen. Wichtiger als das Erlernen bestimmter Wissensinhalte sei allemal "das Lernen des Lernens": "Die gezielte Förderung der Fähigkeit des Lernens ... wird auch gefordert durch das Tempo der gesellschaftlichen, technisch-wissenschaftlichen und wirtschaftlichen Entwicklung sowie durch die Veränderung der Lebensumstände und der Arbeitsverhältnisse."[67] Es war die Vision einer "Life-long-learning-society", die hier erstmals in dieser Deutlichkeit zum Ausgangspunkt von Bildungsplanung gemacht wurde: "Der in der Schule oder Ausbildung vom einzelnen erworbene Kenntnisstand wird in vielen Bereichen noch während seiner Lebenszeit überholt werden. Es ist nicht nur für die Berufstätigkeit, sondern auch für das persönliche Leben des älter werdenden Menschen und nicht zuletzt für das Verhältnis der Generationen zueinander von Bedeutung, daß die Schule einen Prozeß lebenslangen Lernens begründet."[68]

"Die Wissenschaftsorientiertheit von Lerngegenstand und Lernmethode ... für jeden Unterricht auf jeder Altersstufe"[69] wurde zum (formalen) 'Prinzip Hoffnung' künftiger Bildungsorganisation. Der Strukturplan war noch zur Gänze von einem ungebrochenen Vertrauen in die fortschrittsträchtige Wirkmächtigkeit von Wissenschaft geprägt. Nach der individuellen Seite hin interpretiert bedeutete dies: Wer sich die wissenschaftliche Zugriffsweise auf Welt als Haltung zu eigen gemacht habe, der werde in der Lage sein, künftige "Veränderungen der Lebensumstände und Arbeitsbedingungen" zu bewältigen. In dieser Denkweise mischt sich eine bestimmte Variante formaler Bildung, wie

3.3 Bildung als Prävention: Klassische Begründung und neuere Lösungsversuche

sie als Methodenbildung aus den Konzepten Herbarts[70], Gaudigs[71], Deweys[72] und von ihnen ausgehenden Weiterentwicklungen bekannt ist, mit Fichte'scher Geschichtsphilosophie[73]: die wissenschaftliche Methodologie als Grundlage und als Ersatz für jede Wertorientierung erschien als 'Königsweg' des Fortschritts.

Diese Grundforderung des "Lernen des Lernens" als Schlüssel zur erfolgreichen Zukunftsbewältigung setzte sich in der Fülle der bildungspolitischen und pädagogischen Literatur zu Beginn der siebziger Jahre fort, fand Eingang in regierungsoffizielle Dokumente[74] und wurde zum Gegenstand eigenständiger pädagogischer Untersuchungen[75]. Schon bald verband sich das formale Lernziel "Lernen lernen" mit bildungsökonomischen Überlegungen, die seit den frühen sechziger Jahren in der Bundesrepublik an Einfluß gewonnen hatten[76]. So hieß es beispielsweise im Vorwort des Berichtes der Bundesregierung zu Bildungspolitik aus dem Jahre 1972 mit kaum zu überbietender Deutlichkeit: "Natürlich ist der Fortschritt unserer Gesellschaft an die wirtschaftliche Entwicklung gebunden. ... Bildung und Wissenschaft aber sind ... Voraussetzungen für die *Jahr um Jahr notwendigen Steigerungen von Produktivität und wirtschaftlicher Leistung.*"[77]

Am Ölpreisschock[78] von 1973 zerbrach fürs erste neben anderen gesellschaftlichen utopischen Potentialen auch die überzogene Hoffnung auf die "Heilkraft" organisierter Bildungsprozesse: Die Lerngesellschaft stieß an ihre Grenzen[79]. Nicht die administrative Sorge um die Herstellung eines "politischen Bewußtseins, das aus der Kenntnis der Ursachen und Zusammenhänge der Krise des Bildungswesens die Motivation und Zielsetzung für seine Erneuerung ableitet", wofür "allen Verantwortlichen äußerste Anstrengungen" abzuverlangen seien[80], sondern die individuelle Sorge um die Sicherung eines bestimmten Wohlstandsniveaus unter den neuen Bedingungen eines durch gesamtwirtschaftliche Faktoren und demographische Entwicklungen strukturell veränderten Arbeitsmarktes[81] bestimmten nun die Erwartungen an Bildung.

Diese Situation löste einen weiteren Formalisierungsschub aus: Es war der damalige Direktor des Instituts für Arbeitsmarkt- und Berufsforschung, Dieter Mertens, der, begrifflich noch in engster Nähe zu den Konzepten Robinsohns und des Strukturplans, inhaltlich jedoch bereits deutlich an der neuen Situation orientiert, 1974 der Frage nachging, welchen Qualifikationen im Hinblick auf Berufsvorbereitung, gesellschaftliches Verhalten und Persönlichkeitsentwicklung eine Schlüsselrolle zukämen: "Schlüsselqualifikationen", definierte er damals, "sind übergeordnete Bildungsziele und Bildungselemente, die den Schlüssel zur raschen Erschließung von wechselndem Spezialwissen bilden."[82] Mertens entwickelte ein System von vier unterschiedlichen Qualifikationskategorien:

- "Basisqualifikationen", unter die er im wesentlichen eine Reihe kognitiver Fähigkeiten zählte, wie zum Beispiel "logisches Denken", "konzeptionelles Denken", "kontextuelles Denken", "kreatives Denken" und andere mehr;

- "Horizontalqualifikationen", die anders als die Basisqualifikationen nicht vornehmlich dem "vertikalen" Transfer jetziger Probleme auf früher erlernte Lösungsmuster, sondern dem Ziele dienten, "horizontal", d.h. auf der aktuellen Problemebene, relevante Information zu beschaffen und zu verarbeiten;

- "Breitenelemente", die sich durch einen Filterprozeß identifizieren ließen als diejenigen Qualifikationen, die in der überwiegenden Anzahl von Berufen vom Arbeitenden gefordert wurden; hierzu gehörten die kulturellen Grundfertigkeiten Lesen, Schreiben und Rechnen und darüber hinaus eine Reihe von Fähigkeiten, die man durch Schnittmengenbildung sämtlicher Ausbildungsprüfungsordnungen ermitteln könnte.

- Schließlich faßte Mertens unter der etwas launigen Bezeichnung "Vintage-Faktoren" eine Reihe von Bildungsinhalten zusammen, die ihre Existenz der epochal bestimmten Ausprägung von Bildungsprofilen verdanken. "Vintage" - das Wort bezeichnet im Englischen den Jahrgang eines Weines - wäre in diesem Zusammenhang in die sozialwissenschaftliche Fachsprache korrekt zu übersetzen mit dem Terminus "kohortenspezifisches Bildungswissen". Der Gymnasiast der fünfziger Jahre hat ein Schulfach wie beispielsweise "Biologie" noch ohne Lerninhalte wie "Zitronensäurezyklus", "DNA" oder "Biotechnologie" erlebt. Soll sich hier zwischen Menschen unterschiedlicher Generationszugehörigkeit - sei es im Beruf oder im Bereich des gesellschaftlichen Lebens - kein "Generational Gap" auftun, werde, so Mertens, eine Nachschulung mit "Vintage"-Inhalten notwendig.

Diesem Modell wurde zunächst wenig Aufmerksamkeit zuteil. Vertreter der Wirtschaft, die vorrangige Ansprechpartner in Sachen berufliche Bildung sind, zeigten in den siebziger Jahren nur wenig Interesse an einer Veränderung beruflicher Bildung, weil sie

- von der überlegenen Qualität des dualen Systems in der Berufsbildung überzeugt waren,

- in damals vorliegenden bildungspolitischen Aussagen[83] zur Reform des beruflichen Bildungssystems einen Angriff auf das duale System sahen,

- vor allem für den Bereich des Handwerks und kleinerer Unternehmen auch betriebswirtschaftliche Anreizfaktoren für den Beibehalt des dualen Systems ausmachen konnten.

An der Bewertung des dualen Systems als überlegenes Berufsbildungssystem hat sich bis auf den heutigen Tag nichts verändert: Es trage, so die einhellige Meinung am Ende der achtziger Jahre[84], entscheidend zum Vorteil des Wirtschaftsstandortes Bundesrepublik Deutschland im internationalen Vergleich bei. Dennoch hat sich die Akzeptanz des Konzepts "Schlüsselqualifikationen" jetzt deutlich verbessert. Dies liegt zum einen daran, daß Mertens' dritte Kategorie der "Breitenelemente" bei Teilen der Wirtschaft auf offene Ohren stieß, weil sich hier Klagen der Ausbilder über eine Senkung des schulischen Qualifikationsniveaus - vor allem in den Bereichen "Rechtschreibung", "Grundrechenarten" und "Allgemeinbildungsniveau" - seit Jahren wiederholten[85]. Zweitens bietet sich der Begriff der "Schlüsselqualifikationen" bei steigenden Qualifikationsanforderungen an die Beschäftigten geradezu an, produktions- und wettbewerbsrelevante Fähigkeiten im Zusammenhang mit allgemeinbildenden Zielen zu katalogisieren. Wie eng die "neuen Qualifikationen" der achtziger Jahre mit den "Schlüsselqualifikationen" im Mertens'schen Sinne verwandt sind, zeigt eine Veröffentlichung aus den frühen achtziger Jahren aus dem Institut der deutschen Wirtschaft. Bezogen auf den Erhalt wirtschaftlicher Wettbewerbsfähigkeit und der Standortqualität eines Industrielandes sei entscheidend, "Qualifikationen zu fördern und zu vermitteln, die in Zukunft mehr und mehr an Bedeutung gewinnen wie abstraktes Denken, Kreativität, Verstehen komplexer Zusammenhänge, strukturell-analytisches Denkvermögen, aber auch sprachliche Fähigkeiten (Fremdsprachen!) und sogenannte extrafunktionale Fähigkeiten und Kompetenzen wie Verantwortungsbereitschaft, Belastbarkeit, Entscheidungsfähigkeit, Teamgeist, um die eigene Arbeit selbständig planen, durchführen und kontrollieren zu können."[86]

Diese Auflistung von Schlüsselqualifikationen ist typisch für den Gebrauch des Begriffs in der zweiten Hälfte der achtziger Jahre.[87] Darüber hinaus markiert sie noch einmal deutlich den Trend von Robinsohn bis in die Gegenwart hinein, den Begriff der Qualifikation, dem im Rahmen der traditionellen Pädagogik am ehesten der der Ausbildung entsprochen hätte, bewußt auszudehnen. Josef Derbolav hat in seinem letzten Buch darauf hingewiesen, daß im Begriff der Qualifikation zunächst eine Art technische Fähigkeit angesprochen ist "ohne Berücksichtigung der sozialen Bezüge und der praktischen Verantwortlichkeiten, die in ihrem Horizont impliziert sind"[88]. Diese Grenzen werden verwischt, wenn man "Qualifikation" im Sinne allgemeinbildender Zielvorstellungen gebraucht: So etwa, wenn man die auf einen frühen Aufsatz von Dahrendorf[89] zurückgehende Unterscheidung von "funktionalen" und "extrafunktionalen" Qualifikationen benutzt; oder wenn man mit den Göttinger Industriesoziologen Kern und Schumann[90] zwischen "prozeßgebundener" und "ungebundener" Qualifikation trennen möchte. Ähnlich argumentierten auch Offe[91], der "technische" gegen "normative" Qualifikationen abhob, und Lempert[92], der "technische Fertigkeiten" von "Orientierungen" schied. Innerhalb dieser Denkfamilie treibt Kuhn die Formalisierung der Zielreflexion auf die Spitze, wenn er seine Liste von "Qualifikationen" um sogenannte "Meta-Qualifikationen" ergänzt, womit er die Fähigkeiten zum Erwerb neuer Qualifikationen bezeichnet[93].

Die Gefahr, die von dieser Entwicklung ausgeht, besteht vor allem darin, daß hier die Begrifflichkeit eines bestimmten Denkansatzes benutzt und auf aktuelle Fragestellungen angewendet wird, ohne daß die Prämissen des ursprünglichen Denkmodells und die sich aus diesen Prämissen ergebenden Konsequenzen für die Behandlung der aktuellen Frage hinreichend durchschaut wären. Die Fragestellung selbst erscheint dann in der breiten Diskussion nur noch unter perzeptiven Filtern und wird damit, zumindest was ihre aktuelle Bearbeitung angeht, dahingehend verändert, daß nur noch Teilaspekte ins Bewußtsein treten. Auf das genannte Beispiel der Qualifikationsforschung bezogen bedeutet dies: Qualifikationsforschung ist, soweit man die hier zitierten Quellen zugrundelegt, ein Teilgebiet der Bildungsökonomie. Zu den Modellvoraussetzungen der Bildungsökonomie gehört es, daß der gesamte Bereich des Aufbaus personaler Identität aus dem Bereich dessen, was hier "Bildung" genannt wird, bewußt ausgeklammert wird. Mit ökonomischen Kategorien zu fassen ist nämlich lediglich der Zusammenhang zwischen Aus-Bildung und gesellschaftlicher Entwicklung. Wenn man die in den achtziger Jahren spürbare Unsicherheit, ob das, was unsere "allgemeinbildenden" Schulen vermitteln, dem Anspruch, zur selbständigen Lebensführung auch in einer künftig stark veränderten Welt zu befähigen, denn genüge[94], mit dem Hinweis auf die Notwendigkeit von "Schlüsselqualifikationen" reduzieren möchte, muß man sich der Frage stellen, ob man die skizzierten Denkvoraussetzungen der Bildungsökonomie als Prämissen eines allgemeinbildenden Systems anzuerkennen bereit ist.

3.4 Zusammenfassung und Ausblick: Kompetenz durch Bewältigung

Man mag vielleicht den Eindruck gewonnen haben, daß die Argumentation innerhalb des nun abgeschlossenen Gliederungspunktes vom Thema der vorliegenden Arbeit weggeführt habe. Dies ist jedoch nicht der Fall: Das nun abgeschlossene Hauptkapitel diente dazu, nach der Legitimationsdiskussion in Kapitel 2 nun eine Übersicht zu gewinnen, wie sich Belastungen aus pädagogischer Sicht darstellen und welchen Beitrag Pädagogen zu einer individuellen Befähigung zur Bewältigung zu erwarten ist. In einem weiteren Schritt konnten drei Elemente eines pädagogischen Belastungskonzepts identifiziert werden:

- Relativ seltene, außerordentliche Belastungen, in deren Gefolge seelische Krisen auftreten können ("Schicksalsschläge"),
- alltägliche Belastungen, die jeweils für sich genommen weniger bedrängend sind, die sich aber durchaus zu Überforderungssituationen summieren können und dann ebenfalls seelische Krisen nach sich ziehen können,
- eine schleichende Unterminierung des personalen Selbst, die sich infolge eines erlebten Überangebots an Information bei gleichzeitigem Fehlen adäquater Informationsverarbeitungskriterien ergeben kann.

Diese drei Elemente wurden zurückgeführt auf den ihnen gemeinsamen Deutungshorizont eines subjektiven Orientierungs- und Kompetenzverlustes.

Im letzten Gliederungspunkt nun wurde dieser Gedanke wieder aufgenommen und es erwies sich, daß die Ausgangsfrage nach der Befähigung zur Bewältigung eng verknüpft ist mit traditionellen bildungstheoretischen Konzepten der Pädagogik. Insbesondere ergab sich eine Affinität der Fragestellung zu formalen Bildungstheorien. Nach einem kurzen Überblick über die klassischen Grundversionen formaler Bildung (Kräftebildung, Methodenbildung, Elementarbildung) wurden zwei wichtige bildungstheoretische Strömungen untersucht, welche die Entwicklung nach dem Zweiten Weltkrieg maßgeblich beeinflußt haben. Vor allem die Diskussion, die sich um den Begriff der Qualifikation seit Robinsohn ergeben hat, war für das Thema dieser Untersuchung besonders wichtig, weil ihre Leitfrage mit der Prämisse Robinsohns (der Befähigung zur Bewältigung von Lebenssituationen durch Bildung) und der Diskussion

3.4 Zusammenfassung und Ausblick: Kompetenz durch Bewältigung

um Schlüsselqualifikationen in der zweiten Hälfte der achtziger Jahre strukturell ähnlich ist. Allerdings hatte sich als eine entscheidende Schwachstelle des Qualifikationsansatzes die ihm inhärente, durch seine enge Verquickung mit behavioristischen und ökonomischen Denkfiguren systematisch bedingte Tendenz erwiesen, die Subjektseite des Bildungsprozesses - den Aufbau eines personalen Entscheidungs- und Handlungszentrums - aus dem Blick zu verlieren.

Im Bereich der Psychologie wurden in den letzten Jahren zwei Ansätze entwickelt, die das Problem individueller Entscheidungs- und Handlungsfähigkeit tangieren: "Kompetenz" und "Problembewältigung". Dabei erscheint "Kompetenz", in globalem Sinne verstanden als die Fähigkeit, sein Leben erfolgreich zu meistern, als Konstrukt zur Beschreibung der Zielperspektive, und "Problembewältigung" - sofern man diese nicht ausschließlich aktualgenetisch betrachtet, sondern im Kontext lebenslauforientierter Entwicklung interpretiert - möglicherweise als der Prozeß, dem für den Aufbau von Kompetenz zentrale Bedeutung zukommt.

Der Aufweis neuerer bildungstheoretischer wie -politischer Entwicklungen diente damit auch dem Ziel, die - im nächsten Teil dieser Arbeit näher erläuterten - *psychologischen* Konstrukte "Kompetenz" und "Bewältigung" in einen *pädagogischen* Kontext einzubinden.

Schließlich darf zum Abschluß dieser einleitenden Untersuchungen nicht unerwähnt bleiben, daß die vorgetragenen Überlegungen zur Bildungstheorie - für sich alleine betrachtet - meiner eigenen Einschätzung nach von kühner Lückenhaftigkeit sind. Dieses Vorgehen ist durch den Umstand zu rechtfertigen, daß eine systematische Analyse und Darstellung des bildungstheoretischen Aspekts nicht im Kontext der vorliegenden Untersuchung zu leisten ist, sondern einer eigenständigen Studie vorbehalten bleiben muß.

ZWEITER TEIL: KOMPETENZ DURCH BEWÄLTIGUNG - GRUNDELEMENTE

Der Argumentationsgang der vorliegenden Untersuchung setzt in diesem Kapitel neu an: Bisher wurde dargestellt, daß Belastungen unter pädagogischen Gesichtspunkten eine ambivalente Größe darstellen, daß Belastungserleben ein primär subjektiv bestimmtes Geschehen ist und worin die Besonderheit der pädagogischen Perspektive besteht.

Der erste Gesichtspunkt hatte vor allem zur Lösung der Legitimationsproblematik beigetragen: Trotz aller und vielfach guter pädagogischer Tradition, durch Fordern zu fördern, erschienen Belastungen nicht unbedenklich, trotz aller Bedenken aber erschienen sie gleichzeitig unvermeidbar und unverzichtbar. Wo aber Belastungen ubiquitär und unvermeidbar sind, handelt nicht derjenige *pädagogisch verantwortlich*, der lediglich ihre potentiell destruierende Wirkung beklagt, sondern vielmehr der, der ihre situative Wirkung analysiert, destruierende Wirkungen nach Möglichkeit abfängt und ihre positiven Wirkungen für die Planung eigenen pädagogischen Handelns berücksichtigt.

Der zweite Aspekt führte bereits in die Argumentation des zweiten Teiles der Untersuchung hinein: Die *Subjektivität* des Belastungsgeschehens kann zunächst nur konstatiert werden. Die Frage, für wen in welcher Situation was eine Belastung darstelle, führt weit weg von generalisierenden Aussagen über Belastungen und ihre Wirkungen. *Potentiell* belastend ist alles und nichts. Ausschlaggebend für das subjektive Belastungserleben sind weniger äußere Bedingungen als der umfassende *individuelle Sinnzusammenhang*, in dem die betreffende Situation erlebt wird.

In diesem Sinnzusammenhang spielt unter anderem die Motivation eine wichtige Rolle: Der Wunsch nach einem erfolgreichen Umgang mit belastenden Situationen und - damit verbunden - der Wunsch nach einem ordnenden Erkennen der Welt wird in dieser Arbeit als *ursprünglich* und *nicht weiter ableitbar* angenommen. Dies führt zum Themenkreis der Kompetenz, die sich, wie später gezeigt werden wird, als genau dieses Ziel menschlichen Strebens auffassen läßt. Andererseits erwächst die Kompetenz aus dem Tun, ist also nicht nur ein motivorientierter, sondern gleichzeitig ein resultatorientierter Begriff. In diesem Sinne kann man von Kompetenz als der *Fähigkeit* zur Bewältigung sprechen und die Befähigung zur Bewältigung als *Aufbau entsprechender Kompetenzen* deuten.

Aus diesem Gedanken ergibt sich das Grobprogramm des zweiten Teiles dieser Arbeit. In einem ersten Schritt soll das Kompetenz-Konstrukt selbst einer genauen Analyse unterzogen werden, die vor allem der Frage nachgehen soll, ob und welche Ergebnisse der psychologischen Kompetenz-Forschung mit der entwickelten pädagogischen Betrachtungsweise der Befähigung zur Bewältigung verträglich sind. In einem zweiten Schritt ist dann zu klären, ob man solche Bewältigungsstrategien, deren Beherrschung Kompetenz ausmacht, abstrakt trainieren kann oder wie man sich ansonsten die Realisierung der hochgradig formalen Zielvorstellung "Befähigung zur Bewältigung" vorstellen kann. Zu diesem Zweck wird das zugrundeliegende Transfer-Problem zunächst für sich untersucht werden, um aus diesen Ergebnissen Hinweise zu erhalten, wie man den Transfer von Bewältigungsstrategien begünstigen kann. Schließlich sind dann in einem dritten Schritt jene Modelle zu studieren, die man sich von der Bewältigung einer Problemsituation bisher gemacht hat, mit dem Ziel, Anhaltspunkte für pädagogische Programme zur "Befähigung zur Bewältigung" zu erhalten.

Ohne der Argumentation des Kapitels allzu sehr vorzugreifen, darf man an dieser Stelle bereits darauf hinweisen, daß diese Programmatik erhebliche Probleme birgt: Getreu des entwickelten Transfermodells sollte im Idealfall detailliert der Weg beschrieben werden, wie man von der Mikroebene dieses Themas - der aktuellen Bewältigung eines einzelnen Problems hier und jetzt - zur Makroebene der Biographie gelangt, in der sich strukturelle Bedingungen für erfolgreiches oder weniger erfolgreiches Bewältigungsverhalten aufzeigen ließen. Dieser Anspruch - das darf man jenseits aller Selbstexkulpation sagen - kann zur Zeit nur teilweise eingelöst werden: Zum einen ist Vieles noch unerforscht; auf der anderen Seite scheint es aber auch zweifelhaft, ob ein solcher streng deduktiver Weg von der Mikro- zur Makroebene überhaupt gelingen kann. Man bewegt sich nämlich, wenn man die Prämisse von der Wichtigkeit des individuellen Sinnzusammenhangs akzeptiert, im Schnitt- oder Vermittlungsbereich idiographischer und nomothetischer Forschung. Weil individuelle Biographien aber nun einmal je verschieden sind, trägt der Aufbau individueller Kompetenz über die Bewältigung von Herausforderungen in seinem konkreten Verlauf aleatorische Züge. Vorerst geht es deshalb in bescheidenerer Zielsetzung darum, "Bausteine" zu beschreiben, deren Relevanz für das Thema der Arbeit erkennbar ist und deren Kenntnis, wenn sie auch nicht ausreicht, eine Befähigung zur Bewältigung zu garantieren, doch dazu beitragen kann, die Reflexionsfähigkeit im Hinblick auf das beschriebene Problem zu erhöhen und damit die Qualität pädagogischen Handelns zu verbessern.

Eine letzte Vorbemerkung: Die folgenden Abschnitte stützen sich im wesentlichen auf Ergebnisse psychologischer Forschung und sind vor allem den Beiträgen kognitionspsychologischer Provenienz verpflichtet. Die gewählte Vorgehensweise birgt Tükken eigener Art: Sie suggeriert dem Leser, daß die Selektion und Verdichtung, kurz: die *Verarbeitung von Information* der alles entscheidende Gesichtspunkt sei. Dieser Eindruck wird gestützt, wenn man, wie dies im vorliegenden Fall geschehen ist, eine terminologische Angleichung der Zielposition durchführt: Wenn die "Informationsgesellschaft" zur belastenden Erfahrung wird, müssen Interventionsprogramme auf den "Aufbau eines personalen Entscheidungs- und Handlungszentrums" zielen. Die Verwendung dieser Begrifflichkeit rückt die vorliegenden Überlegungen in beträchtliche Nähe zu kognitivistischen Konzepten mit ihrer typischen Überbetonung des Rationalen, weshalb hier einleitend betont wird, daß Kompetenz, Problembewältigung und auch Bildung sich nicht bereits in der Sphäre des Kognitiven erschöpfen, sondern daß auch andere Dimensionen, beispielsweise die emotionale, eine wichtige Rolle spielen. Die Forschungslage insbesondere zur Emotionalität ist derzeit jedoch so offen, daß eine befriedigende Integration dieser Aspekte nicht gelingen konnte. Deshalb wurde die emotionale Seite des Themas nur durch gelegentliche Hinweise in besonders eindeutigen und klaren Fällen berücksichtigt.

4. Kompetenz als Ziel und Grund von Bewältigungsprozessen

4.1 Zum Begriff der Kompetenz

4.1.1 Überblick

Kompetenz leitet sich vom lateinischen competere ab, was zunächst soviel bedeutet wie zusammenfallen oder zusammentreffen. Der Wortstamm gibt einen deutlichen Hinweis auf konstitutive Faktoren des Begriffes "Kompetenz": Wenn die Erfordernisse der Situation mit dem individuellen Konglomerat von Fähigkeiten und Fertigkeiten eines Menschen "zusammentreffen", so besitzt dieser also die "Kompetenz" zur Bewältigung der Situation.

Aus dem Gedanken einer Balance von Sollen und Können, von Aufgabe und Fähigkeit, ergibt sich jener der "Zuständigkeit": Im Sinne einer optimalen Problemlösung in einer aufgabenteiligen Organisationsform von Gesellschaft und ihren Institutionen sollten jene für die Lösung von bestimmten Aufgaben zuständig sein, bei denen dieses Zusammentreffen von Sollen und Können erwiesen war oder wenigstens am ehesten gewährleistet schien. Dies ist der Kompetenz-Begriff, wie er in der Betriebswirtschaftslehre[1] Verwendung findet: Kompetenz meint hier das Spektrum der Handlungsrechte, das einem Stelleninhaber zur Erfüllung zugewiesener Aufgaben innerhalb einer Organisation zugewiesen wird. Kompetenzen werden dabei so festgelegt, daß Überschneidungen und daraus möglicherweise folgende Konflikte und Reibungsverluste möglichst vermieden werden. Auf der Grundlage der oben angesprochenen Balance von Sollen und Können wird Kompetenz hier zu einem "Können und Dürfen".

Die eben angesprochene Begrifflichkeit des Sollens, Könnens und Dürfens findet man vorwiegend in älteren Texten. Der Kölner Erziehungswissenschaftler Lutz Koch hat in seiner eben veröffentlichten Habilitationsschrift[2] daran erinnert, daß bereits in der griechischen Antike im Begriff des "Könnens" enthalten war, daß es nur durch selbsttätige Übung im konkreten Vollzug erworben wird und damit über das bloße Wissen hinausgeht. Zwar beinhaltet die "Kunst" (τεχνη) einen Kern an mitteilbarem Wissen, das gelernt (μανθανειν) werden kann, doch umfaßt die "Kunst" neben diesem Bereich des Wissens (επισθημη) außerdem ein Wissen um die Bewirkung von etwas, und dieses "Können" ist nicht mitteilbar, sondern nur durch Übung (ασκησισ) zu erwerben.

Die Terminologie von "Kunst" und "Können" hielt sich unangefochten bis weit in unser Jahrhundert hinein. So verdanken wir beispielsweise einer psychologischen Untersuchung aus den dreißiger Jahren[3] den wichtigen Hinweis, daß "Können" - im Sinne einer erfolgreichen Aufgabenbewältigung - nicht nur von den Fähigkeiten einer Person, sondern darüber hinaus zweitens von ihrem objektiven Handlungsspielraum in der Situation und drittens von ihrem Bewußtsein dieses Spielraums abhängt.

Als Konstrukt sozialwissenschaftlicher Forschung ist "Kompetenz" hingegen noch relativ jung und wird keineswegs eindeutig gebraucht: "Kompetenz" wird in manchen

Ansätzen motivationstheoretisch begründet, in anderen kognitionspsychologisch. "Kompetenz" kann zur Bezeichnung von Fähigkeiten und eines entsprechenden Bewußtseins um diese Fähigkeiten einer Person dienen, während in anderen Konzepten dem Fähigkeitsbewußtsein mehr Gewicht beigelegt wird. Während noch Dorschs Psychologisches Wörterbuch in seiner neuesten Auflage[4] zum Stichwort "Kompetenz" im wesentlichen auf Chomskys generative Transformationsgrammatik abstellt und keine psychologischen Konzepte aufführt, ist doch nicht zu übersehen, daß längst Beiträge zur Erforschung des Kompetenz-Konstrukts aus verschiedenen Teildisziplinen der Psychologie vorlagen: Im Rahmen der Sozialen Lerntheorie formulierte Rotter[5] das Konstrukt des "locus of control", das die generalisierte Erwartung des Handlungssubjekts bezeichnet, ob die Kontrolle über die Verstärkungsbedingungen bei ihm selbst liegt oder von eigenem Einfluß unabhängig ist. Seligman[6] beschrieb in seiner Theorie der erlernten Hilflosigkeit implizit die Entstehung eines niedrigen Kompetenzniveaus. Bandura[7] steuerte mit dem Konzept der Selbstwirksamkeits-Erwartung wichtige Erkenntnisse zum Aufbau von Kompetenz bei. Lazarus[8] thematisierte "Kompetenz" im Rahmen seiner Coping-Theorie im Zusammenhang mit den Appraisal-Prozessen: Das Subjekt überprüft eigene Ressourcen zur Bewältigung von Anforderungen.

Nach drei Jahrzehnten intensiver, wenn auch divergierender Forschungsarbeit sind in den letzten Jahren in verstärktem Maße Bemühungen zu registrieren, die vielfältigen Ergebnisse zu koordinieren. Besondere Bedeutung hat dabei die Bewältigungsforschung: Die Frage, ob man auf eine gegebene Situation mit Hilfe der zur Verfügung stehenden Mittel so Einfluß nehmen kann, daß die eigenen Ziele erreicht werden[9], deckt einen Teilbereich der Coping-Forschung ab, einigt als Zielperspektive unterschiedliche Forschungsaspekte und macht deutlich, daß der Einschätzung eigener Kompetenz eine wichtige Rolle für die Bewältigung von Anforderungen spielt. In diesem Zusammenhang sind vor allem die im gerontologischen Kontext entstandenen Überblicksartikel von Kruse[10], Lehr[11], Olbrich[12] und Thomae[13] zu erwähnen, deren Darstellungen hier besondere Berücksichtigung finden, da sie zu spezifischen, für den Bereich der Erziehungswissenschaft relevanten Fragestellungen führen. Diesen Hinweisen und Fragestellungen nachzugehen scheint schon allein deshalb notwendig, weil einem ausgesprochenen Publikationsboom und dem damit zu vermutenden Erkenntniszuwachs in der Psychologie ein eigenartiges Defizit im Bereich der Pädagogik gegenübersteht: Einträge zum Stichwort "Kompetenz" im Sachindex des ZEUS und seines Vorgängerorgans, der Pädagogischen Jahresberichte, sind nach 1980 überaus selten.

4.1.2 "Kompetenz": Zur Begriffsverwendung in psychologischen Konzepten

In Dorschs Psychologischem Wörterbuch findet sich, wie bereits erwähnt, kaum ein Hinweis auf genuin psychologische Konzeptionen der Kompetenz. Daß daraus nicht gefolgert werden darf, Kompetenz sei kein Gegenstand aktueller psychologischer Forschung, belegt eindrucksvoll eine im gleichen Jahr erschienene Veröffentlichung Olbrichs[14], in der sich ein umfangreicher Katalog von Arbeiten zum Kompetenz-Konstrukt findet. Aus dieser Darstellung lassen sich, ohne daß dabei eine abschließende

4.1 Zum Begriff der Kompetenz

Systematisierung beabsichtigt wäre, folgende Elemente einer Problemfelderschließung von Kompetenz gewinnen:

- Einige Autoren sehen Kompetenz in erster Linie durch die Kontrolle über sensumotorische Prozesse und Funktionen bestimmt.
- Andere sehen ein Hauptmerkmal der Kompetenz in der Möglichkeit, Aktivitäten selbständig, unabhängig und eigenverantwortlich durchführen zu können.
- Mehr unter kontinuitätsbetonter Perspektive wird unter Kompetenz von manchen die Möglichkeit verstanden, Erfahrungen, Fertigkeiten und Wissen zu akkomodieren und sie auf neue Situationen assimilieren zu können.
- Mehr unter wachstumsbezogener Perspektive fassen andere Kompetenz als die Möglichkeit auf, sich mit neuen Situationen auseinanderzusetzen und zwar im Sinne einer Ausweitung eigenen Wissens und der eigenen Fähigkeiten.
- Ähnlich wird Kompetenz auch durch das Erhalten und Weiterentwickeln kognitiver Funktionen und Fähigkeiten sowie durch die Suche nach neuen stimulierenden und motivierenden Aufgaben beschrieben.
- Zur Kompetenz gehört in einer stärker lebensweltlich-praktischen Perspektive auch die Möglichkeit, soziale Situationen zu bewältigen, Kontakte aufrechterhalten zu können und neue Kontakte zu knüpfen.
- Ebenso ist die Möglichkeit, ein positives Selbstbild zu behalten oder wiedererlangen zu können, ein Merkmal von Kompetenz.
- Kompetenz wird auf einer relativ hohen Abstraktionsebene interpretiert als Kontrolle über wesentliche Prozesse und Funktionen.
- In ähnlicher Zielrichtung wird Kompetenz auch als die Fähigkeit zu einer verantwortlichen Lebensführung aufgefaßt.
- Von dieser Generalperspektive unterscheiden sich Positionen, in denen Kompetenz stärker mit dem Akzent gedeutet wird, potentielle Belastungssituationen, Beeinträchtigungen und Verluste zu antizipieren und effektiv mit ihnen umzugehen.
- Stärker unter motivationalem Aspekt enthält Kompetenz die Komponente der Definition und der Verwirklichung von Zielen, Idealen und Werten, die das Individuum als bedeutungsvoll und notwendig für sein Leben betrachtet.
- Im Hinblick auf die augenblickliche Lage eines Menschen verbindet man mit Kompetenz auch die Möglichkeit, Begrenzungen und Behinderungen zu akzeptieren und dabei nach möglichen Verbesserungen der Situation zu suchen.
- Die beiden letztgenannten Aspekte treffen sich in einer Position, in der Kompetenz die Möglichkeit beinhaltet, eine realistische Zukunftsperspektive aufrechtzuerhalten oder zu entwickeln, welche Chancen und Begrenzungen des Lebens berücksichtigt.

- Unter gerontologischem Aspekt beinhaltet das Konzept der Kompetenz auch das Gewahrwerden, daß die alternde Person einige Funktionen und Prozesse nicht mehr kontrollieren kann, dennoch aber nicht resigniert oder depressiv wird.
- Schließlich sind Ansätze zu erwähnen, die Kompetenz im Alter weitgehend mit Informationsverarbeitungskapazität gleichsetzen.
- Genannt wird ferner die Auffassung von Kompetenz als erwiesener Fähigkeit zu einem Handeln, das durch einen Grenzwert in kritischer Selbsteinschätzung zwischen Überforderung und Unterforderung immer wieder neu bestimmt wird.

Bei einem Versuch, die von Olbrich angeführten Arbeiten nochmals zu systematisieren, lassen sich zwei Hauptgruppen unterscheiden: Die erste Gruppe von Autoren definiert Kompetenz auf höchster Abstraktionsebene: als Fähigkeit zur Kontrolle, als Fähigkeit zur Akkomodation und Assimilation, als Fähigkeit zur Auseinandersetzung mit oder Bewältigung von (neuen) Situationen, als erwiesene Fähigkeit zum Handeln, als Fähigkeit zur selbständigen und eigenverantwortlichen Lebensführung. Die zweite Gruppe thematisiert demgegenüber inhaltliche Komponenten, die einem oder mehreren der formalisierten Definitionen der ersten Gruppe zuzuordnen sind, und zwar in der Regel in der Weise, daß hier Aspekte explizit betont werden, die bei der üblichen und naheliegenden Explikation von Kompetenz durch epistemische Kategorien unbeachtet bleiben: Zur Kompetenz im Sinne einer umfassenden Fähigkeit zur Auseinandersetzung mit oder Bewältigung von Lebenssituationen gehören neben Wissen eben auch die Fähigkeit zur Pflege sozialer Kontakte, die Fähigkeit zur Antizipation und Verarbeitung von Belastungen, die Erfahrung der Transformation eigener Bewältigungsmöglichkeiten und -techniken im Laufe der Biographie.

Ein anderer, stärker formal-funktionaler Ansatz zum Verständnis von "Kompetenz" liegt bei Thea Stäudel[15] vor. Die Autorin, die dem Mitarbeiterkreis des Bamberger Psychologen Dietrich Dörner angehört, gründet ihre Überlegung auf das neuere Dörner'sche Modell der Verhaltensregulation[16]. Dörners kybernetischem Grundansatz, menschliche Handlungssteuerung als auf umfassender Informationsverarbeitung beruhende Regulation von Verhalten zu interpretieren, entspricht die systematische Einordnung des Kompetenzkonstrukts in Stäudels Konzeption: Einer der "zentralen Steuerungsmechanismen" sei "die subjektive Einschätzung der eigenen Handlungsmöglichkeiten im Hinblick auf eine gegebene Situation und die vom Individuum darin angestrebten Ziele ... Diese Einschätzung basiert auf der epistemischen und der heuristischen Kompetenz, die gemeinsam die aktuelle Kompetenz für die vorliegende problematische Situation bilden."[17]

Kompetenz wird hier verstanden als generalisierte Erwartung hinsichtlich der Verfügbarkeit von "Operatoren"[18], wobei sich die "aktuelle Kompetenz" aus der "heuristischen" und der "epistemischen Kompetenz" ergibt: Stäudel nimmt an, daß Menschen in Problemsituationen zunächst einmal in ihrem Gedächtnis nach fertigen Musterlösungen suchen oder nach zur Problemlösung verwertbaren Wissenselementen und Handlungskomponenten, also nach bereits existierenden und "gewußten" Operatoren. Dies bezeichnet Stäudel als den epistemischen Bereich und ordnet ihm die epistemische Kompetenz zu. Wenn aber diese Suche ohne Erfolg bleibt, so nimmt Städel an, daß dann eine Reflexion der Person einsetzt, ob und wie neue Operatoren gefunden und/oder konstruiert werden können, durch die das Problem zu lösen ist. Heuristik bezieht sich hier, abweichend von der üblichen Verwendung dieses Begriffs[19], auf eine "Meta-Operator"-Ebene: "Wir unterscheiden also zwischen Operatoren epistemischer und heuristischer Art, also Operatoren, die direkt auf die Aufgabe ... bezogen sind, und Meta-Operatoren, mit denen solche direkten Operatoren erzeugt werden können."[20] Damit ergibt sich der dieser Meta-Ebene zugeordnete Bereich der "heuristische(n) Kompetenz als eine über die Situationen hinweg generalisierte Einschätzung der eigenen Fähigkeit, neuartige Situationen bewältigen zu können"[21].

Zwischen der epistemischen und der heuristischen Kompetenz bestehe nun der für Bewältigungsprozesse eminent wichtige Unterschied, daß die heuristische Kompetenz "nicht bereichsspezifisch und damit relativ stabil ist und sich nur längerfristig durch entsprechende Erfahrungen im Umgang mit neuartigen Situationen verändert."[22] Die Bedeutung solcher Stabilität liegt offen zutage: "Ist nun der Anteil der heuristischen Kompetenz an der aktuellen Kompetenz groß, so kann diese aufgrund situativer Veränderungen nicht so stark sinken wie in dem Fall, in dem die aktuelle Kompetenz vor allem auf der epistemischen Kompetenz beruht. Verändert sich nämlich die Situation so, daß unvorhergesehene Ereignisse eintreten und damit das reine Wissen nicht mehr ausreicht, um die Situation zu bewältigen, so kann der heuristische Kompetente darauf vertrauen, daß er mit Hilfe seiner heuristischen Fähigkeiten eine Lösung finden wird, während der nur epistemisch Kompetente den neuartigen Anforderungen nicht mehr gewachsen ist."[23]

Stärker am Konzept der Fähigkeit orientiert erscheint der Kompetenz-Begriff bei Rolf Oerter.[24] Dieser versteht "Kompetenzen" pragmatisch als dasjenige, was zur Lösung von Aufgaben benötigt wird und ordnet Kompetenzen in ein Spektrum zunehmend komplexer Bewältigungsressourcen zwischen Fertigkeiten einerseits und Tätigkeit als zentrale organisierende Tätigkeit andererseits ein.[25] Neben dem höheren Komplexitätsgrad unterscheiden sich Kompetenzen von Fertigkeiten außerdem dadurch, daß "emotionale Spannungen und Probleme mit einbezogen werden müssen"[26]. Als drittes Charakteristikum führt Oerter den thematischen Charakter von Kompetenzen an: "Unter Kompetenzen versteht man die Nutzung von Fertigkeiten, die auf bestimmte anstehende Thematiken und Aufgaben ausgerichtet sind."[27] Als Beispiel für solche Kompetenzen nennt Oerter die "soziale Kompetenz".

Wiederum unter anderem Blickwinkel nähert sich August Flammer[28] dem Kompetenz-Begriff und benutzt ihn - cum grano salis - für eine 'kompetenztheoretische Umschrift' der Entwicklungspsychologie. Ausgehend von einem dem Kompetenz-Modell verpflichteten Entwicklungsbegriff hat er - ähnlich wie Gagné dies im Bereich der Lerntheorien getan hatte - zwar keine originäre, durch eigene empirische Forschung abgesicherte Entwicklungstheorie verfaßt, wohl aber durch Analyse, kritische Bewertung und Neuordnung der Elemente ein Aussagegebäude neuer Qualität entstehen lassen.

Entwicklung umfaßt nach Flammer "alle längerfristig wirksamen Veränderungen von Kompetenzen."[29] Dieser Definition liegt folgender Kompetenz-Begriff zugrunde: "Wenn davon die Rede ist, daß durch Entwicklung Kompetenzen entstehen, sind im Sinne der Kognitiven Psychologie ... persönliche Voraussetzungen für Verhalten und Erlebnisweisen gemeint. Eine Kompetenz kann nur aus einer gewissen Regelmäßigkeit des Verhaltens und Erlebens erschlossen werden, sie selbst ist nicht sichtbar; aber es ist auch nicht nötig, daß das betreffende Verhalten jederzeit gezeigt oder das Erleben aktualisiert wird, die Kompetenz dafür kann doch (schon oder noch) da sein."[30]

Flammer gruppiert die Elemente der verschiedenen in seinem Lehrbuch referierten Entwicklungstheorien abschließend in einem Modell, welches die Prozesse des Aufbaus von Kompetenzen beschreiben soll und gleichzeitig den sachlogischen Ort einzelner Entwicklungstheorien angibt. Ich gebe nachstehend Flammers Synopse wieder, ohne die Punkte im einzelnen auszuführen.

Entwicklung als Aufbau von Kompetenzen und der 'Ort' verschiedener Entwicklungstheorien

ENTWICKLUNGSBEDINGUNGEN:
Körperliche Konstitution: Schwellen, Obergrenzen
Performanz: sensumotorische Vollzüge (Piaget etc.) Problemlösen (Case),
    Handlung (Brandtstädter)
Objektive Gegebenheiten: 'Naturphysik', 'Kulturphysik' (Dialektiker), soziale Einrichtungen
    (Dialektiker, Bronfenbrenner, Systemiker)

ENTWICKLUNGSPROZESSE:
Piaget: Äquilibration
Werner: Differenzierung, Spezifizierung, Zentralisierung, hierarchische Integration

   MIKROPROZESSE:
   Piaget: Assimilation / Akkomodation
   Fischer: Differenzierung, Substitution, Fokussierung, Zusammensetzung,
        Interkoordination
   Klahr: Diskriminierung, Generalisierung, Zusammensetzung
   (Lernpsychologie: Konditionierung, Habituation, assoziatives Behalten von
        Beobachtungen)
   (Gedächtnispsycholgie: Seletion, Dekodierung, Transformation, Elaboration,
    Subsumierung und 'Behalten')

Als Besonderheit ist hervorzuheben, daß Flammer einer der wenigen Autoren ist, die an der aus dem linguistischen Bereich stammenden Unterscheidung von Kompetenz und Performanz festhält. Performanz, also das tatsächlich gezeigte im Gegensatz zum theoretisch verfügbaren Problemlöse- oder Bewältigungsverhalten, ist von der Mehrzahl psychologischer Autoren vorwiegend verwendet worden, um die erwartungswidrig geringere Leistungsfähigkeit von Versuchspersonen zu erklären, die eine

4.1 Zum Begriff der Kompetenz

Aufgaben "eigentlich" hätten bewältigen können müssen. In diesem Sinne versteht man unter Performanzvariablen nicht-kognitive Einflußfaktoren auf Leistungsverhalten: So kann die theoretische Leistungsfähigkeit behindert werden durch mangelnde Motivation, Unsicherheit und Ängstlichkeit in Testsituationen, Zeitdruck oder eine mangelnde Vertrautheit mit Tests schlechthin.[31]

Im Hinblick auf Performanz setzt Flammer den Akzent anders: Nicht als situative Einschränkung theoretischer Fähigkeiten, sondern allgemeiner als Voraussetzung und Ziel von Kompetenzen gewinnt Performanz hier Bedeutung: "Entwicklung heißt Erwerb von Kompetenzsystemen (Lernen heißt Erwerb von Kompetenzen), Kompetenzen sind das Resultat von Performanzen. Auf der anderen Seite sind Kompetenzen nur Performanzmöglichkeiten; an sich und nur an sich sind Kompetenzen unbedeutend. Wenn Entwicklung für etwas 'gut' sein soll, dann nur, wenn Kompetenz wieder in Performanz umgesetzt wird. So ist Performanz die wichtigste Voraussetzung der Entwicklung und gleichzeitig der Sinn der Entwicklung."[32] Dieser wichtige Doppelaspekt der Kompetenz: Folge von und Voraussetzung für reale Problembewältigung zu sein, ist für die spätere pädagogische Auswertung des Kompetenz-Konstrukts als wichtiges Zwischenergebnis zu notieren.

Einen weiteren Zugang zum Kompetenz-Begriff findet man bei Olbrich, für den Kompetenz ein "Ressourcen organisierendes Konstrukt" darstellt. Mit dieser zunächst verwirrenden Kurzformel[33] faßt Olbrich folgenden Sachverhalt: Basierend auf einer Arbeit von Waters & Sroufe[34] deutet Olbrich Kompetenz in einem transaktionalen Zusammenhang. Kompetenz beschreibt[35] in deren Konzept Möglichkeiten, flexible und adaptive Reaktionen auf bestimmte Anforderungen der Umwelt zu koordinieren oder zu entwickeln. Dabei wird die *Möglichkeit* der Person angesprochen, Ressourcen der Umwelt wie auch eigene zu nutzen, um ein "günstiges Entwicklungsergebnis" zu erreichen. Den entscheidenden Punkt formuliert Olbrich so: "Kompetenz wird nicht etwa als eine Eigenschaft der Person verstanden, sondern als Ressourcen organisierendes Konstrukt."[36] Dabei sind Umweltressourcen nicht nur im materiellen Bereich zu suchen: Verhaltensmodelle und Ansprechpartner gehören ebenso dazu. Zu den personalen Ressourcen gehören neben spezifischen und allgemeinen Fähigkeiten vor allem die "Programme" zur Mobilisierung, Koordinierung und Aktualisierung dieser Fähigkeiten.

Zu einer solchen transaktionalen Interpretation des Kompetenz-Begriffs war Olbrich aufgrund folgender Schwierigkeiten des traditionellen, fertigkeitsorientierten Ansatzes gelangt: Wenn man Kompetenz als allgemeine Handlungs- und Problembewältigungsfähigkeit ansah, so konnte man auf der einen Seite darauf sehen, in welchen Bereichen menschlichen Daseins welche Voraussetzungen erfüllt sein müssen, damit hier von kompetenter Lebensführung gesprochen werden kann. Diese Frage führte zu einer generellen (d.h. übersituativen) und universellen (d.h. überindividuellen) Behandlung der Kompetenzthematik.

Auf der anderen Seite konnte man - bei gleicher Grundinterpretation von Kompetenz als allgemeiner Handlungs- und Problemlösefähigkeit - danach fragen, wodurch sich die Kompetenz dieser einen Person zu unterschiedlichen Zeitpunkten ihrer Biographie in unterschiedlichen Lebenssituationen erwiesen habe. Dieser Ansatz betont nach Olbrich stärker die Einheit und Unverwechselbarkeit der Person als Handlungszentrum und führte zu einer situativen und individuellen Behandlung der Kompetenz-Thematik in kontextualistischen oder transaktionalistischen Forschungsparadigmen.

Die erstgenannte Forschungstradition führt zur Unterteilung des Kompetenz- Konstruktes in verschiedene Kompetenzbereiche. Solche Einteilungsvorschläge fallen, je nach verwendetem Kriterium, unterschiedlich aus. Ich nenne drei Positionen aus dem gesamten Spektrum:

- Lehr[37] nennt die "physiologisch-biologische", die "kognitive" und die "soziale" Kompetenz.

- Kruse[38] unterscheidet eine "physiologische", eine "psychologische" und eine "soziale" Kompetenz, wobei die psychologische Dimension sowohl kognitive Fähigkeiten als auch reflexive Momente der Selbstverortung und Situationsbewertung mit einschließt.

- Thomae[39] kristallisierte aus den Daten der Bonner Gerontologischen Längsschnittstudie Merkmale heraus, die er in sechs Gruppen der kognitiven, sozialen und emotionalen Kompetenz im Alter zuordnete.

Eine Analyse der globalen Kompetenz in solche Kompetenzbereiche soll Aufschluß darüber geben, ob es einen Schlüsselbereich kompetenten Verhaltens gibt. Würde diese Frage positiv beantwortet, ließe sich im Hinblick auf Prophylaxe und Intervention folgern, welchen Bereich man fördern muß, um Kompetenz aufzubauen, einem möglichen Kompetenzverlust entgegenzuwirken bzw. verlorene Kompetenz wiederzugewinnen.

Die Suche nach generellen und universellen Bedingungen der Kompetenz kann derzeit nicht als abgeschlossen betrachtet werden. Zwar sind wichtige Fortschritte erzielt worden: So fand Thomae[40], daß die kognitive Kompetenz den nachhaltigsten Einfluß auf die meisten der unterschiedlichen Kompetenzbereiche hatte. Berücksichtigt man, daß in dieser Untersuchung vier der fünf Indikatoren für kognitive Kompetenz durch Intelligenztests dargestellt wurden, dann wird dieses Ergebnis auch durch Vertreter der transaktionalen Interpretation von Kompetenz bestätigt: Intelligenz gehört - neben Kontrolle, Coping und Persönlichkeitsvariablen - für Olbrich zu den psychologischen Komponenten der Kompetenz. Andererseits fand Thomae einige Gruppen von Indikatoren für soziale Kompetenz, die von dem durch das Instrumentarium beschriebenen Gesamtniveau der Kompetenz relativ unabhängig waren. Thomae resümiert: "Im ganzen ist die durch aktive Problembewältigung definierte soziale Kompetenz also offensichtlich weniger vom generellen Kompetenzniveau einer Person als von der Situation, der in ihr wahrgenommenen Schwere bzw. Bedeutsamkeit der Probleme, z.T. auch von bestimmten, mit den Problemen verbundenen sozialen Rollen abhängig."[41]

Olbrich geht davon aus, daß solche Unstimmigkeiten in generellen und universellen Kompetenz-Modellen hingenommen werden müssen. Deshalb betont er, "daß sich *die*

4.1 Zum Begriff der Kompetenz

Kompetenz schlechthin nicht bestimmen läßt", Kompetenz sich vielmehr stets aus einer Relation bestimme. "Kompetenzen werden ... in jeder Entwicklungsperiode für jeden Menschen - und zwar *spezifisch* nach Maßgabe der Anforderungen seiner Lebenssituation ebenso wie nach Maßgabe seiner *individuellen* Ressourcen beschreibbar"[42].

Den normierenden Modellen von Kompetenz gegenüber stellt Olbrich heraus, daß "dieses Konzept Transaktionen beschreibt und durch Elemente der Situation (Anforderungsseite) ebenso wie der Person (Seite der Potentiale) bestimmt ist"[43]. Der Transaktionsbegriff lenke in der Entwicklungspsychologie die Aufmerksamkeit auf die Tatsache, daß eine Verbundenheit zwischen Person und Umwelt nicht allein in der Weise besteht, daß Entwicklung multifaktoriell bestimmt ist (Kontextualismus), sondern daß auch die intrapersonalen Prozesse zwischen Auftreten eines Stimulus und Handlung der Person durch das situative Verhältnis zwischen Person und Umwelt mitbestimmt sind: Die verzerrte Wahrnehmung eines Arguments im Zustande des Zorns mag hier als Hinweis auf das Gemeinte genügen.

Mit dieser Betonung situativ-individueller gegenüber generell-universellen Aspekten wird gleichzeitig die Veränderung von Kompetenzstrukturen in der Lebensspanne und damit ein Entwicklungsaspekt thematisiert. Das Kompetenz-Konzept von Waters & Sroufe ist altersunabhängig definiert; gleichwohl enthält es einen vagen Entwicklungsbezug, insofern es als Ergebnis der Organisation von Ressourcen ein "günstiges Entwicklungsergebnis" postuliert.

Am Ende dieses Abschnittes ist es sinnvoll, sich die dargestellte Breite des Spektrums psychologischer Beiträge zum Kompetenz-Begriff noch einmal zu vergegenwärtigen:

- Im Anschluß an eine Veröffentlichung Olbrichs wurde ein Katalog von sechzehn verschiedenen Ansätzen zum Kompetenz-Konstrukt referiert. Dabei waren zwei Hauptgruppen zu unterscheiden: Kompetenz-Konzepte auf höchster Abstraktionsstufe (Fähigkeit zu Kontrolle, Akkomodation etc.) und Ansätze auf inhaltlich konkreterer Ebene (Fähigkeit zur Zielsetzung, zum Erhalt eines positiven Selbstbildes, zur Pflege sozialer Kontakte etc.).

- Stäudel versteht Kompetenz als Grundlage des zentralen Steuerungsmechanismus menschlichen Handelns. Sie unterscheidet zwischen einer auf Erfahrungswissen beruhenden epistemischen und einer zur Bewältigung neuer Situationen benötigten heuristischen Kompetenz, die nicht bereichsspezifisch und damit übersituativ stabil sei.

- Oerter versteht unter Kompetenzen die Nutzung von Fertigkeiten, die auf bestimmte anstehende Thematiken ausgerichtet sind. Kompetenzen sind komplexer organisiert als Fertigkeiten und beinhalten die Kontrolle von Emotionen.

- Flammer versteht unter Kompetenzen die persönlichen Voraussetzungen für Verhalten und Erlebnisweisen, die sich im Laufe der Entwicklung verändern. Kompetenzen sind das Resultat von Performanzen und die Grundlage für weitere Performanzen.

- Olbrich legt eine Deutung des Kompetenz-Konstrukts im Rahmen eines transaktionalen Person-Umwelt-Bezuges vor: Kompetenz sei deshalb nur individuell und situativ bestimmbar und bezeichne in diesem Zusammenhang diejenige Instanz in der Person, die für die Organisation der zur Problemlösung benötigten Ressourcen verantwortlich ist.

Bevor eine Auswertung dieser Ansätze erfolgt, soll zunächst die Explikation der Begriffsverwendung abgeschlossen werden; bisher fehlt nämlich noch eine Darstellung des pädagogischen Verwendungszusammenhanges.

4.1.3 Zur Verwendung des Kompetenz-Begriffs in der Pädagogik

Eine entsprechende Vielzahl von verschiedenen Zugangsweisen zum Kompetenz-Konstrukt in der Pädagogik fehlt. Zum Abschluß des vorletzten Gliederungspunktes war bereits darauf hingewiesen worden, daß die großen pädagogischen Fachbibliographien Einträge unter dem Stichwort "Kompetenz" seit mehr als zehn Jahren so gut wie überhaupt nicht mehr nachweisen. Pädagogische Lexika verfahren ähnlich wie Dorsch: Nicht wenige und durchaus unterschiedlich angelegte Werke folgen dem Vorgehen Böhms im *Wörterbuch der Pädagogik* und beschränken sich in knappen Beiträgen zum Thema Kompetenz auf die Darstellung von Konzepten nicht-pädagogischer Provenienz.[44]

Im "Kompetenz - Performanz" betitelten Artikel im ersten Band der *Enzyklopädie Erziehungswissenschaft*[45] finden sich Hinweise auf die Rezeptionsgeschichte des Kompetenzbegriffs in der Erziehungswissenschaft: Der "pädagogische Optimismus", "der noch mit den ersten Übernahmeversuchen der Kompetenztheorie in die erziehungswissenschaftliche Diskussion verbunden" gewesen sei, könne "so nicht aufrechterhalten werden"[46]. Dieser Optimismus, von dem Heursen spricht, ist aus der damaligen Situation der pädagogischen Forschung zu verstehen: Die im Anschluß an Robinsohn entstandenen curricularen Bemühungen, Bildungsinhalte auf konkrete Anwendungsbezüge hinzuordnen und für künftige Anwendungssituationen relevante Qualifikationen in Form entsprechender Zielangaben zu operationalisieren, hatten zu umfangreichen Lernziel-Katalogen auf unterschiedlichen Zielebenen geführt. Das alsbald spürbare Unbehagen an der Dogmatisierung solcher Lernziel- und Inhaltskataloge führte zu einer Reformulierung der Lernziele als Kompetenzen, wobei nun die jeweilige inhaltliche Füllung solcher Kompetenz-Ziele umgangen werden konnte. Dies schien einerseits der situativen Variabilität von Unterrichtssituationen, andererseits der Nicht-Operationalisierbarkeit komplexer pädagogischer Ziele wie beispielsweise "Mündigkeit" besser Rechnung zu tragen. In prononcierter Formulierung: Die Habermas'sche Vision von kommunikativen Kompetenz des mündigen Subjekts verdrängte die in ihrer Wirkung schon als Gängelung empfundenen elaborierten Lernziel-Checklisten.

4.1 Zum Begriff der Kompetenz

Rückblickend muß man sagen, daß auch diese Vision nicht ohne negative Nebenwirkungen für den pädagogischen Alltag geblieben ist: Bald wich nämlich die Hoffnung der ernüchternden Erfahrung, daß die idealistische Interpretation von Kompetenzen als Bildungsziele die Gefahr beinhaltete, daß "vor ihrem Maßstab das Scheitern von Bildungsmaßnahmen fast zur Regel werden muß"[47]. In eine schlichtere Sprache übersetzt bedeutet dies die leidvolle Erfahrung, daß abstrakte Bildungsziele, so wertvoll sie auch erscheinen mögen, nicht in einem streng kausalen Sinne "bewirkt" werden können. Resultat war, daß - begünstigt durch die einsetzende resignative Grundhaltung in der Erziehungswissenschaft - "Kompetenz" als Begriff der erziehungswissenschaftlichen Diskussion und Theoriebildung so rasch verschwand, wie er aufgetaucht war, daß "Kompetenz" als Begriff jedoch blieb und bis zum heutigen Tag zum festen Sprachinventar des pädagogischen Berufsfeldes gehört, ohne daß eine inhaltliche Fixierung in ausreichender Form je geleistet worden wäre.

Dort, wo auf eine explizite Definition des Begriffs verzichtet wird, findet sich der Begriff der Kompetenz zumeist in der Bedeutung von "notwendige und hinreichende Fähigkeit". So beschreibt beispielsweise Loch[48] mit Blick auf den Lebenslauf "curriculare [i.S.v. Lebenslauf, d.V.] Kompetenzen" als jene "Fähigkeiten", über die das Individuum verfügen können muß, wenn es den "Situationen gerecht werden soll, die ihm im Leben unausweichlich bevorstehen"[49]. Hier bleibt zwar der Aspekt der erfolgreichen Bewältigung von Herausforderungen noch in der Ausgangsdefinition erhalten, doch konzentriert Loch alsbald seine Kompetenz-Überlegungen auf ein Kalkül der Fähigkeiten, wodurch diese mehr als "fertige Ergebnisse" und somit statisch erscheinen.

Auch von erziehungswissenschaftlichen Autoren des anglo-amerikanischen Raums wird, folgt man den Hinweisen Brezinkas[50], diese Verwendungsweise mittlerweile bevorzugt: Kompetenz werde dort vorwiegend als "degree or level of capability deemed sufficient"[51] angesehen. Auch hier steht eine statische, produktorientierte Betrachtungsweise im Vordergrund.

In dieser engen Bedeutung von Fähigkeit wird das Kompetenz-Konstrukt heute auch in der betrieblichen Aus- und Weiterbildung verwendet, wobei eine verbale Amalgamierung mit dem modischen Terminus "Schlüsselqualifikation" zu verzeichnen ist. In einer gemeinsamen Publikation der Industrie- und Handelskammer zu Köln und der Universität zu Köln heißt es in diesem Sinne: "Die unaufhaltsam vordringenden Neuen Technologien verlangen die Integration großer Kreise der Berufstätigen in diesen Prozeß. Eine Antwort auf diese Situation ist die laufende 'Qualifizierungsoffensive'. Intensiv wird auch die Frage diskutiert, welche Bedeutung den sog. 'Schlüsselqualifikationen' in der Ausbildung zukommt. Gemeint sind damit überfachliche Kenntnisse wie abstraktes und logisches Denken, Anpassungs-, Lern- und Kommunikationsfähigkeit sowie die Bereitschaft zur Teamarbeit als notwendige Ergänzungen des grundlegenden Faktenwissens. ... Es geht um eine betriebliche Aus-, Fort- und Weiterbildung, die auf eine umfassende Handlungskompetenz der Mitarbeiter abzielt."[52]

Diese angestrebte "Handlungskompetenz wird im allgemeinen als eine übergreifende Qualifikation beschrieben"[53]. Auch bei dieser Interpretation liegt der Akzent auf dem ergebnisorientierten Teil der Kompetenz: Man soll eine Fähigkeit erwerben, und sofern man dieses hat, ist man kompetent. Eine so verstandene Handlungskompetenz läßt sich dann auch mühelos in Teil-Kompetenzen zerlegen - im vorliegenden Fall sind dies "Fachkompetenz", "Sozialkompetenz", "Individualkompetenz" und "Methodenkompetenz" -, wodurch der eigentliche Impetus, den Kompetenz-Begriff in die pädagogische Diskussion aufzunehmen (nämlich die Abkehr von der Dogmatisierung hierarchisierter Lernziel-Kataloge), beinahe schon in sein Gegenteil verkehrt wird.

Eine solche Verengung des Kompetenz-Begriffs auf ein Konzept der "Fähigkeiten" ist eine faktische Entwicklung, die bei der Einführung des Begriffs in die erziehungswissenschaftliche Fachsprache nicht unbedingt nahegelegen hatte.

Soweit ich sehe, war Heinrich Roth[54] der erste Pädagoge im deutschsprachigen Raum, der ein ausgearbeitetes Kompetenz-Modell vorlegte. Roth stützt sich dabei explizit auf den Autor, der das Kompetenz-Konstrukt überhaupt in die sozialwissenschaftlichtliche Diskussion eingeführt hatte: R. W. White[55]. Dieser hatte "Kompetenz" in motivationspsychologischem Zusammenhang benutzt, um gegenüber behavioristischen Modellen des menschlichen Antriebsverhaltens, die in der Behebung einer aktuellen Mangel- oder Notsituation die eigentlich motivierende Kraft ansiedelten, das Bedürfnis des Menschen nach Bewältigung und Meisterung seiner Umwelt als ursprüngliche und stärkste Antriebskraft ("Competence Motivation") herauszustellen. Roth stützt sich ausdrücklich[56] auf diese Verwendung des Begriffs, wenn er die Anerkennung der "Anstrengungen des Kindes, selber etwas tun zu wollen"[57] zum Ausgangspunkt pädagogischer Einflußnahme auf das Antriebs- und Motivationssystem des Kindes macht. Diese ursprüngliche Interpretation, wonach "alle Lebewesen von Natur aus motiviert sind, Kompetenz, d.h. effektive Wirksamkeit über ihre Umwelt zu erlangen"[58] greift Roth auf, um die "entscheidenden Fortschrittsstufen der menschlichen Handlungsfähigkeit" in der Vierstufenfolge "Erlernen der frei geführten Bewegung", "Entwicklung zu Sachkompetenz", "Entwicklung zu Sozialkompetenz" und "Entwicklung zu Selbstkompetenz" zu markieren. Damit wird seine an früherer Stelle[59] vorgebrachte Interpretation des Erziehungszieles "Mündigkeit" als Trias von Sach-, Sozial- und Selbstkompetenz, die dort noch willkürlich erscheinen mochte[60], in den Kontext individueller Entwicklung eingebunden.

Da menschliche Handlungsfähigkeit sich nach Roth letztlich als moralische Handlungsfähigkeit erweisen muß, entwickelt er sein Kompetenzmodell hierarchisch: Kognitive Lernprozesse haben Sachkompetenz, soziale Lernprozesse Sozialkompetenz zum Ergebnis. Sach- und Sozialkompetenz bilden zusammen mit moralischen Lernprozessen die Voraussetzung für die "moralische Mündigkeit zur Selbstbestimmung der Person", wobei es nicht ganz deutlich wird, ob er dieses oberste Ziel als Synonym für Selbstkompetenz verstanden wissen will: "Selbstkompetenz im Sinne freier und effektiver Selbstbestimmung und mündige Moralität im Sinne kritischer und kreativer Autonomie setzen Sachkompetenz und Selbstkompetenz voraus."[61] Der solipsistische Zungenschlag, der sich in dieser Formulierung andeutet, wird zwar an späterer Stelle revi-

4.1 Zum Begriff der Kompetenz

diert, wenn Roth vom "Erlernen werteinsichtigen Verhaltens und Handels" spricht und darunter die "Entwicklung und Erziehung zu Selbstkompetenz und moralischer Mündigkeit"[62] versteht, doch bleibt auch hier das Verhältnis von Kompetenz und Mündigkeit ungeklärt.

Merkwürdig genug: Zunächst wird Mündigkeit durch eine Kompetenz-Trias erklärt, anschließend taucht jede dieser Kompetenzen in einem Spannungsverhältnis zu einem korrespondierenden Mündigkeitsbereich auf. Zwar läßt sich dieser Widerspruch nicht auflösen, doch mit dem Hinweis erklären, daß Roth offensichtlich mit dem Begriff Kompetenz unter demselben Namen Verschiedenes bezeichnet: Dort, wo er Mündigkeit als Trias von Sach-, Sozial- und Selbstkompetenz betrachtet, benutzt er den Begriff Kompetenz synonym für "Fähigkeit"; Kompetenz hat hier jenen statischen "Produkt"-Charakter, wie er auch bei anderen Autoren bereits mehrfach zu finden war. Wenn er späterhin stets die Verbindung von Kompetenz und Mündigkeit erwähnt: Sachkompetenz und intellektuelle Mündigkeit, Sozialkompetenz und soziale Mündigkeit, Selbstkompetenz und moralische Mündigkeit, dann spiegelt sich hier die White'sche Ursprungsbedeutung von Kompetenz als Motivdimension. Menschen streben danach, in ihren kognitiven Urteilen selbständig zu werden, und wollen dieses Gefühl der Sachkompetenz erleben. Doch selbst wenn sie Sachkompetenz verspüren, ist damit noch nicht gesagt, daß sie einer intellektuellen Aufgabenstellung tatsächlich entsprechen: Selbstbild (Kompetenz) und Fremdbild können divergieren, deshalb bedarf es einer sozial vermittelten Kompetenz-Bestätigung: der Mündigkeit.

Zusammenfassend ist somit zur pädagogischen Begriffsverwendung festzuhalten:

- Die pädagogische Rezeptionsgeschichte von "Kompetenz" ist eng verknüpft mit dem Ziel, die Vorzüge präzis formulierter Lernziele einerseits und eines möglichst großen, auf die Freiheit des Menschen ausgerichteten Handlungsspielraums andererseits zu vereinigen. In diesem Sinne wurden "Kompetenzen" als Bildungs- und Erziehungsziele auf einer relativ hohen Ebene der Zielhierarchie formuliert.

- Daneben findet man den Gebrauch des Begriffes Kompetenz im Sinne von "notwendige und hinreichende Fähigkeit". Eine solche, vergleichsweise wenig reflektierte Begriffsverwendung ist auch in den aktuellen Ansätzen zu "Schlüsselqualifikationen" anzutreffen.

- Roth bezeichnet mit Kompetenz das Gefühl, Lebenssituationen angemessen zu bewältigen, wobei menschliches Handeln zu einem nicht geringen Teil darauf ausgerichtet ist, dieses Gefühl zu erleben. Diesen natürlich-motivierenden Aspekt von Kompetenzen greift Roth auf, um ihn für Entwicklungs- und Erziehungsprozesse in den drei grundlegenden Dimensionen des Wissens, des Sozialen und des Selbst als vom Ziel her wirkende Kräfte nutzbar zu machen: Gemeinsames Ziel ist die aufeinander abgestimmte Förderung von subjektiv erlebter Kompetenz und sich in objektiven Bezügen erweisender Problemlösefähigkeit, die sich in sozial attribuierter Mündigkeit niederschlägt.

4. Kompetenz als Ziel und Grund von Bewältigungsprozessen

Nachdem nun ein Überblick über die unterschiedlichen Verwendungsweisen des Kompetenz-Begriffs in Psychologie und Pädagogik vorliegt, muß man daran gehen zu prüfen, wie das Kompetenz-Konstrukt beschaffen sein muß, damit es im Argumentationszusammenhang der vorliegenden Arbeit einsetzbar ist.

4.2 Grunddimensionen eines pädagogischen Kompetenz-Begriffs

Kompetenz wird im Argumentationszusammenhang der vorliegenden Arbeit verstanden als Grundlage und Ziel von Bewältigungsprozessen. Zur Klärung, wie aus dieser Grundperspektive ein eigenständig pädagogischer Kompetenz-Begriff bestimmt werden kann, ist die Analyse in zwei Richtungen voranzutreiben: Erstens ist eine Auswertung der referierten psychologischen Ansätze vorzunehmen, zweitens muß Kompetenz als Bildungsziel in seinen Grunddimensionen geklärt werden. Ich beginne mit dem Erstgenannten.

4.2.1 Kompetenz: Folgerungen aus der Begriffsdiskussion

4.2.1.1 Epistemische und heuristische Kompetenz: Aspekte oder Differenz?

Mit Blick auf die Unterscheidung Stäudels zwischen einer epistemischen und einer heuristischen Kompetenz ist zunächst an die grundsätzliche Nähe dieser Aussagen zu bekannten Kernpositionen der pädagogischen Denktradition zu erinnern: Bloße Wissensvermittlung - so die immer wieder vorgebrachte Mahnung - reicht nicht aus, um Problemlösefähigkeiten zu vermitteln.

Freilich ist aus pädagogischer Sicht die Unterscheidung zwischen einem epistemischen und einem heuristischen Bereich höchstens als aspekthafte Differenzierung nützlich; der Versuch, sie grundsätzlich und in allen Bereichen durchzuhalten, führt zu beträchtlichen Schwierigkeiten. In der Pädagogik sind immer wieder Strukturen in jenem Bereich gefordert und eingeführt worden, der hier der "epistemische" heißt; man denke etwa an Herbarts Formel des "geordneten Gedankenkreises" oder in neuerer Zeit an Aeblis Ansatz, Denkfähigkeit auf eine entsprechende Strukturierung des Wissens zu gründen. Zudem wurden und werden in pädagogischen Konzepten Heuristiken entwickelt, wie eine entsprechende subjektive Ziellage (Handlungsbereitschaft und -fähigkeit sowie Selbstvertrauen), deren Wichtigkeit bei Stäudel ja besonders betont wird, günstig beeinflußt werden kann; dabei wurde den übersituativen Konzepten stets größte Aufmerksamkeit zuteil: Ich erinnere hier nur an Gaudigs Ansatz, dies durch Betonung der Aspekte Selbsttätigkeit und Methodenschulung in Unterrichtsprozessen zu erreichen.

Stäudels Ansatz ist erkennbar auf eine situative Analyse von Kompetenz gerichtet: Kompetenz ist eine zentrale Steuerungsvariable aktuellen Handelns. Stäudel berücksichtigt - und dies schmälert ihre Leistung keineswegs - die Frage nach der Entstehung von Kompetenz nur sehr global, indem sie annimmt, daß die Operatoren im Bereich der heuristischen Kompetenz über Selbsterfahrungsprozesse in Problemlösesituationen gebildet werden, die Inhalte und situationsspezifischen Lösungswege gleichzeitig im epistemischen Bereich verankert werden. Die Frage nach der Notwendigkeit einer Strukturierung des epistemischen Bereichs bleibt ebenfalls weitgehend ausgeklammert; sie ist höchstens implizit in der Definition von Kompetenz als *Verfügbarkeit* von Operatoren und in der Berücksichtigung einer nicht weiter differenzierten Variable "Vorwissen" im Kompetenzkonstrukt[63] enthalten.

4.2.1.2 Kompetenz-Einschätzung statt Kompetenz?

Um die pädagogische Relevanz des Stäudel'schen Ansatzes besser beurteilen zu können, muß auf eine weitere modellbedingte Eigenheit und ihre Konsequenzen hingewiesen werden:

Kompetenz wird in Stäudels Konzept nicht als motivationale Variable wie bei White eingeführt, ebensowenig im Sinne eines Fähigkeits-Konzepts wie in den erwähnten aktuellen populär-pädagogischen Qualifikations-Ansätzen, sondern als *Steuerungsvariable* der Verhaltensregulation. Auch hier ist die genaue Analyse aufschlußreich: Auf der Grundlage des Dörner'schen Modells der Verhaltensregulation nimmt Stäudel an, "daß einer der zentralen Steuerungsmechanismen bei der Handlungsregulation die *subjektive Einschätzung der eigenen Handlungsmöglichkeiten* im Hinblick auf eine gegebene Situation und die vom Individuum darin angestrebten Ziele ist"[64].

Zwar setzt Stäudel an dieser Stelle fort: "Diese Einschätzung basiert auf der epistemischen und der heuristischen Kompetenz"[65], allerdings wird nirgendwo geklärt, wie man sich dieses Grund-Folge-Verhältnis vorzustellen hat. Im Gegenteil: Man findet zahlreiche Belege dafür, daß Kompetenz hier mit der Einschätzung von Bewältigungserfolg oder -fähigkeiten identifiziert wird: So, wenn die Autorin die "Einschätzung der Erfolgswahrscheinlichkeit, also die Kompetenz"[66] erwähnt, wenn sie an anderer Stelle von der Einschätzung der Verfügbarkeit von Operatoren und ihrer Konstruktionsprinzipien sagt: "Diese Einschätzung nennen wir epistemische und heuristische Kompetenz"[67], oder wenn sie wieder an anderer Stelle definiert: "Die aktuelle Kompetenz stellt eine subjektive Einschätzung der eigenen Fähigkeiten ... dar."[68]

Dem ist jedoch entgegenzuhalten, daß die Einschätzung der eigenen Kompetenz keineswegs mit der tatsächlichen Kompetenz im Sinne von Bewältigungsfähigkeit übereinstimmen muß. Aus der Unterrichts- und Erziehungspraxis ist eine Vielzahl von Fällen bekannt, daß Menschen sich weniger zutrauen, als sie tatsächlich zu leisten imstande sind, und daher ermutigender Hilfen bedürfen. Auch der umgekehrte Fall, daß sich Menschen mehr zutrauen als sie können, ist nicht unbekannt.[69] In bewußter Überzeichnung der Verhältnisse läßt sich formulieren: In der Logik des Stäudel'schen Kompetenz-Konstrukts als 'Einschätzung eigener Fähigkeiten und Bewältigungserfolges' läge es, dem ganz und gar Größenwahnsinnigen höchste Kompetenz zu attestieren.

Formuliert man diesen Einwand nicht kasuistisch, sondern formal-systematisch, so ist festzuhalten: Die Stäudel'sche Konstruktion von Kompetenz als *Einschätzung* von Handlungsmöglichkeiten klammert offensichtlich objektivierbare inhaltliche Komponenten aus und ersetzt damit Kompetenz durch die Einschätzung von Kompetenz.

4. Kompetenz als Ziel und Grund von Bewältigungsprozessen

Wenn ich auch Stäudel darin beipflichte, daß für die Frage der Handlungs*steuerung* mit höchster Wahrscheinlichkeit nicht die Kompetenz einer Person, sondern ihre subjektive Einschätzung der eigenen Kompetenz von ausschlaggebender Bedeutung sein dürfte, so halte ich die generelle Identifikation beider Größen für falsch. Eine solch positive Einschätzung der eigenen Kompetenz hängt schließlich in hohem Maße von "geistigem Baumaterial", von kombinierbaren und auf eine gesuchte Lösung hin formierbaren Wissenselementen ab.

Die Autorin hat die Konsequenzen ihres definitorischen Vorgehens übrigens in ihren eigenen Untersuchungsergebnissen zu spüren bekommen: Sie hatte nämlich, wie bereits erwähnt, der heuristischen Kompetenz besondere Bedeutung beigelegt, weil sich im Grade ihrer Ausprägung ein übersituatives Maß an Zutrauen in die eigene erfolgreiche Problembewältigung spiegeln und sich aufgrund dieser Übersituativität ein besonders hohes Maß an Frustrationstoleranz gegenüber Fehlversuchen ausbilden sollte; ich verweise auf die oben zitierte Stelle. Stäudel konnte diesen vermuteten Zusammenhang im großen und ganzen bestätigen: Versuchspersonen mit hoher heuristischer Kompetenz wiesen bereits zu Beginn der Problembearbeitung bei den Aufgaben handelte es sich um komplexe Computersimulationen mit nicht gleichzeitig maximierbaren Zielvariablen) eine höhere aktuelle Kompetenz und eine geringere emotionale Belastung auf. Geringe heuristische Kompetenz ging mit stärkerer emotionaler Belastung einher. Problematisch war allerdings der Zusammenhang zwischen heuristischer Kompetenz und der Problemlösegüte: Stäudel fand, daß in "Situationen, in denen die Auswirkungen des eigenen Handelns unsichtbar sind oder zeitverzögert auftreten ... die heuristische Kompetenz zwar eine Vorhersage auf die zu erwartenden Verhaltens- und Erlebensweisen der Vp, nicht aber auf die Güte, die sie letztlich erreicht"[70], erlaube.

Mit anderen Worten: Sofern Entscheidungskonsequenzen und Verhaltenseffekte nicht sofort sichtbar sind, besteht die Möglichkeit, daß insbesondere heuristisch Kompetente in voller Siegeszuversicht das Falsche tun. Stäudel fordert selbstkritisch: "Wichtig ... wäre es, herauszufinden, von welchen Faktoren es abhängt, ob eine Vp die nötigen Neben- und Fernwirkungsanalysen durchführt oder nicht."[71] Bei aller sonst so kritischen Haltung den eigenen Ergebnissen gegenüber[72] scheint Stäudel in diesem Punkt gar nicht auf die Idee zu kommen, daß ihre modellimmanente Identifikation von Kompetenz und Kompetenzeinschätzung über den Rahmen der aktuellen Verhaltenssteuerung hinaus nicht haltbar ist. Interessanterweise gehen aber alle abschließend von ihr diskutierten Desiderata und Erweiterungen ihres Kompetenz-Modells in die Richtung, unter Kompetenz mehr als nur die Einschätzung eigener Fähigkeiten zu verstehen: Stäudel fordert die Berücksichtigung von Vorwissen, eine Erfassung der objektiv vorhandenen Heurismen einer Person, Verfahren zur Messung der Angemessenheit der Selbsteinschätzung, eine Erschließung der heuristischen Kompetenz durch Variablen, die weniger anfällig für subjektive Verzerrungen sind.[73]

Aus dem Gesagten läßt sich folgendes Zwischenergebnis festhalten:

- Städels Untersuchungen sichern eindrucksvoll die heuristisch gewonnene traditionelle pädagogische These ab, daß bloßes Wissen allein zwar notwendige, aber keine hinreichende Bedingung erfolgreicher Problembewältigung ist.
- Unter Absehung von Strukturierungsfragen des epistemischen Bereichs konzentriert sie ihre Überlegungen auf die Steuerung des Bewältigungsprozesses, wobei sie Anhaltspunkte dafür findet, daß mehr noch als direkt verwendbare Lösungselemente das Wissen um Lösungsstrategien zum Kompetenzbewußtsein und damit zur Vermeidung belastender Emotionen beiträgt. Ihre Befunde zur gering ausgeprägten "heuristischen Kompetenz" stützen unmittelbar die Arbeiten von E. Höhn[74] über den "Teufelskreis des schlechten Schülers", die bekanntlich in zahlreichen Nachuntersuchungen erhärtet wurden[75].
- Das von ihr mit "Kompetenz" bezeichnete Konstrukt, das m.E. genauer mit "Kompetenz-Selbsteinschätzung" zu bezeichnen ist, hat eine zentrale Bedeutung für die Verhaltenssteuerung. Ebenso wichtig wie der Aufbau eines positiven Selbstbewußtseins und eines "Problemlöse-Optimismus" ist allerdings eine Erziehung zur realistischen Lagebeurteilung.

4.2.1.3 "Kompetenz durch Performanz" oder "Performanz durch Kompetenz"?

In Flammers Ansatz einer kompetenztheoretischen Interpretation von Entwicklung gibt es eine Reihe von offenen Fragen und Problemen, deren wichtigstes der letztlich ungeklärte Charakter von "Kompetenz" in Flammers Konzept ist. Kompetenzen entstehen "durch Entwicklung" heißt: Sie werden individuell erlernt und erarbeitet. Offen bleibt bei Flammer, wie die Verknüpfung von Lernen und Kompetenzaufbau beschaffen ist. Ist jedes Lernprodukt gleich eine Kompetenz? Was unterscheidet "Kompetenz" dann von "Gewußtem"?

Ergiebiger und pädagogisch relevant scheint indessen Flammers Zielrichtung. "Kompetenzen sind das Resultat von Performanzen": Das beinhaltet eine ganze Lerntheorie, die dem praktischen Tun bzw. dem Erlebnis den Primat vor der theoretischen Vermittlung einräumt.

Ein solcher Primat - wollte man ihn absolut setzen - wäre sicherlich nicht haltbar.[76] Lernprozesse stuften sich vom Erkennen zum Tun, dies war die Meinung einer älteren Didaktik, die das Tun des Schülers vor allem in der präzisen Ausführung von Vorgegebenem und Vorgemachtem sah. In der ersten reformpädagogischen Phase dieses Jahrhunderts haben Kerschensteiner, Dewey, Decroly und Ferrière diese Konzeption von Erkenntnisgewinn (erst theoretische Vermittlung, dann Anwendung) einzuschränken und teilweise umzukehren begonnen.[77] Der Handlungsvollzug dürfe nicht als Appendix theoretischer Erkenntnis verstanden werden, sondern die Handlung zu Beginn eines Lernprozesses stelle eine Erkenntnisquelle von eigenem Wert dar. Lernen ist, so muß man folgern, kein eindimensionaler Vorgang von der theoretischen Erkenntnis zur praktischen Anwendung, sondern fluktuiert zwischen beiden Bezugsebenen. Dies gilt nun auch wieder für einen behaupteten "Primat des Handelns" als Königsweg des Lernens: Der Versuch (trial) darf am Anfang eines Lernprozesses stehen und ist dort - je nach Lernsituation - durchweg wichtig. Aber das eigenständige Probieren kann das geordnete Arrangement von Lernprozessen nicht ersetzen.

Ein weiteres wichtiges Element in Flammers Kompetenztheorie ist die weiter oben zitierte Aussage: "An sich und nur an sich sind Kompetenzen unbedeutend." Das weist erstens daraufhin, daß Kompetenzen die notwendige Grundlage von Performanzen sind und bleiben. "An sich und nur an sich" bedeutet darüber hinaus: Zwischen der theoretischen Einsicht in die Richtigkeit und Notwendigkeit eines Sachverhalts und der tatsächlichen Ausführung ein vermittelndes Glied besteht. Der Pädagoge nennt dieses "Wille" und erkennt ihn als erziehungsbedürftig.

Flammers Betonung der Performanz ist, ich erwähnte es bereits, nicht die Regel. Ungeachtet des Gebrauchs im Bereich der Linguistik scheint die Mehrzahl psychologischer und pädagogischer Autoren eine Beibehaltung der dort gebräuchlichen Trennung zwischen Kompetenz als theoretischem Vermögen und Performanz als dessen Aktualisierung für ihren Bereich als wenig sinnvoll anzusehen. Im Gegenteil scheint der Gebrauch des Kompetenz-Begriffs hier den Aspekt der Performanz ausdrücklich mit einzuschließen. So etwa bei Roth, der seine Kompetenzen auf Mündigkeit und moralische Handlungsfähigkeit hinordnet, so auch beispielsweise bei Thomae, wenn er Kompetenz als generelle Fähigkeit, sein Leben adäquat zu gestalten, faßt. In beiden Fällen geht es den Autoren augenscheinlich um Handlung, die in einer konkreten Situation geschieht, also letztlich um Performanz.

Dieser Hinweis hat nicht nur theoretische Bedeutung: Für denjenigen, der sich mit Fragen der Erziehung auseinanderzusetzen hat, enthält diese Unterscheidung die Mahnung, sich nicht bereits mit dem theoretischen Vermögen zufrieden zu geben. Erziehung soll eine Anbindung des Willens an die Urteile des Verstandes bewirken, mithin Sachwissen in Handlungswissen überführen. Die Preisgabe der Performanzen hat - da die betreffenden Autoren ja nicht zwangsläufig eine Reduktion in der Sache intendieren - eine entsprechende Erweiterung des Kompetenz-Begriffs zur Folge mit bisweilen bizarr wirkenden Sinn-Konstruktionen: "Kompetenz ist ... die Fähigkeit des Menschen, ... eine Aufgabe zu haben ...".[78]

4.2.1.4 Individualisierung der Maßstäbe?

Ein weiterer Punkt, der den Pädagogen nachdenklich stimmen muß, ist in vielen Ansätzen nachzuweisen, die einer transaktionalen Deutung des Person-Welt-Bezuges verpflichtet sind. Ich exemplifiziere ihn an der Position Olbrichs.

Noch einmal zur Erinnerung: Olbrichs Ansatz ist in gerontologischem Kontext entstanden. Sein Anliegen ist es, dem Defizit- und dem Disuse-Modell[79] des Alters ein Kompetenzmodell des Alterns entgegen zu setzen. Für eine biographisch fundierte kognitive Persönlichkeitstheorie, die das Individuum in seiner Welt studieren möchte, ist damit ein wichtiger Schritt vollzogen: Thomaes Forderung[80], vorurteilshafte Altersnormen durch das Verstehen verschiedener Altersformen zu ersetzen, erfährt hier eine

Entsprechung in der theoretischen Modellierung des Alternsprozesses. Olbrich erreicht damit jene Ausbalancierung zwischen idiographischer und nomothetischer Ebene im Hinblick auf Altern, die Thomae als Voraussetzung einer fruchtbaren Persönlichkeitstheorie gefordert hatte.[81]

Man wird nun kaum erwarten dürfen, daß sich das, was ausdrücklich zum Verständnis des Einzelschicksals und zur Abwehr eines Defizite betonenden Altersbildes konzipiert wurde, sich ohne weiteres in den pädagogischen Bereich organisierter Lern- und Erziehungsprozesse übertragen läßt. In der Tat ergäben sich für die Erziehungswissenschaft verhängnisvolle Konsequenzen, wollte man - wie das bei Olbrich geschieht - generelle und universelle Aspekte der Kompetenz grundsätzlich in Abrede stellen. Ich spitze meine Darstellung bewußt zu: Den Pädagogen interessiert weniger die Tatsache, daß es Kompetenz gibt, als die Frage, wie er sie bei anderen fördern, erhalten oder gegebenenfalls wiedergewinnen kann. Dazu benötigt er Aussagen von einer gewissen Allgemeingültigkeit, die ihm gestatten, Beobachtungen einzuordnen und - bei aller Vorsicht - Entwicklungen zu prognostizieren. Diese Aussagen müssen so in pädagogisches Handlungswissen umsetzbar sein, daß pädagogische Strategien in der Begegnung mit einem kollektiven Subjekt möglich werden: Denn anders als im psychologischen Bereich ist für den Pädagogen nicht die personale Begegnung mit dem einzelnen anderen der Regelfall, sondern die Begegnung des einzelnen Pädagogen mit einer Gruppe, und jedes deren Mitglieder hat prinzipiell denselben Anspruch auf Förderung seines persönlichen Kompetenzsystems. Wenn nun aber nichts Generelles und Universelles der Kompetenz mehr anhaften würde, wenn sich vielmehr kompetentes Verhalten ausschließlich in einer je konkreten Lebenssituation eines ganz bestimmten Menschen zu einem ganz bestimmten Zeitpunkt erwiese, dann müßte man einerseits nach den Kriterien fragen, anhand derer dann überhaupt noch irgendein Ego die Kompetenz irgendeines Alter erkennen könnte, andererseits würde man wohl resignativ die Möglichkeit verwerfen müssen, vorbereitend auf prinzipiell nicht antizipierbare künftige Situationen mit einer gewissen Aussicht auf Erfolg die Kompetenz eines Menschen mehren zu können. Was aber ist eine Kompetenz, die ich nicht erkennen kann, und was taugt eine Pädagogik, die nicht befähigen kann?

Eine Übertreibung, gewiß, doch darf man die Gefahren nicht unterschätzen: Dem Pädagogen nützt eine Steigerung der Verstehensleistung - Verstehen als Einordnen in Sinnzusammenhänge nach Spranger - wenig, sofern die entsprechenden Sinnhorizonte das Individuelle nicht mehr übersteigen.

Behält man allerdings die Verschiedenheit der Situationen im Gerontologischen und im Pädagogischen im Blick, so wird man Olbrichs Ansatz durchaus nicht im Grundsatz verwerfen. Die Auffassung, daß Kompetenz nicht eigenschaftstheoretisch zu fassen, sondern als "Ressourcen organisierendes Konstrukt" anzusehen ist, läßt sich auch dahingehend interpretieren, daß Kompetenz als Ziel organisierter Bildungs- und Erziehungsprozesse kein statisches Produkt ist, das ein für allemal zu erwerben wäre und der Person dann als Quasi-Eigenschaft zukäme. In diesem Sinne bleibt ja auch Bildung eine prinzipiell nicht abschließbare Aufgabe für den einzelnen und seine Lebensführung. Die transaktionale Interpretation lenkt die Aufmerksamkeit auf die Prozesse der

Auseinandersetzung und wechselseitigen Beeinflussung von Individuum und Umwelt und betont dabei die Fähigkeit zu einem situationsangemessenen "Management" der persönlichen Ressourcen. Umgekehrt macht eine solche transaktionale Sichtweise von Kompetenz organisierte Bildungs- und Erziehungsprozesse weder unmöglich noch überflüssig: Die Frage, ob sich die notwendige Organisation von Ressourcen durch soziale Einhilfe günstig beeinflussen läßt und welche Rolle der Vermittlung eines in Problemhorizonten organisierten Sachwissens zukommt, wurde in diesem Ansatz ja gar nicht gestellt.

4.2.2 Kompetenz, Kontrolle und Selbstwirksamkeit

Neben den bisher dargestellten und eben ausgewerteten Konzepten existieren noch eine Reihe weiterer Ansätze, die in ihrem Forschungskontext zwar nicht ausdrücklich auf den Begriff der Kompetenz abheben, die aber zur hier angestrebten Arrondierung des pädagogischen Kompetenzbegriffs herangezogen werden können. An dieser Stelle wären beispielsweise die Arbeiten der Berliner Lewin-Gruppe über die Bedingungen und Wirkungen von Erfolg und Mißerfolg zu nennen, die ich bereits zu einem früheren Zeitpunkt dieser Arbeit ausführlich dargestellt habe.[82] Ergänzt werden deren Ergebnisse durch jene Arbeiten, die sich mit dem Einfluß subjektiver Kompetenzeinschätzung auf ein als zentrale Motivationsvariable angenommenes *Kontrollbedürfnis* auseinandersetzen. Kompetenzwunsch und Kontrollbedürfnis sind dabei thematisch eng verwandt.

Die Selbsteinschätzung der eigenen Leistungsfähigkeit wird offensichtlich entscheidend davon mitbeeinflußt, wem der Erfolg oder der Mißerfolg einer Handlung zugeschrieben wird - ob er aufgrund eigener Fähigkeit, eigener Anstrengung, fremder Gnade oder gar nur zufällig eintritt. Ausgangspunkt der hier zu referierenden Forschungen bilden Ideen des Gestaltpsychologen Fritz Heider[83]. Dieser postulierte, daß Menschen im allgemeinen nicht damit zufrieden seien, Vorgänge in ihrer Umgebung nur zu registrieren, sondern daß die Person ein Bedürfnis habe, diese Beobachtungen auf Ursachen zurückzuführen. Mit anderen Worten: Es gebe eine Motivation zur Ursachenzuschreibung ("need for evaluation"). Heider kategorisierte die Ursachen für auftretende Ereignisse in Personfaktoren und Umweltfaktoren (interne bzw. externe Attribution). Weiterhin unterschied er beide Faktorengruppen noch dahingehend, ob die jeweilige Ursache variabel oder stabil sei. Inbesondere nennt er Fähigkeit (interne, stabile Ursache), objektive Schwierigkeit (externe, stabile Ursache), Anstrengung (interne, variable Ursache) und Zufall (externe, variable Ursache) als verschiedene Gründe, auf die beobachtete Ereignisse zurückgeführt werden können.[84]

John W. Atkinson[85] beobachtete, daß die Art der Motivation entscheidend für die Auswahl des Schwierigkeitsniveaus von Aufgaben sei: Erfolgsmotivierte mieden sowohl Aufgaben mit hoher Erfolgswahrscheinlichkeit (geringer Anreiz) als auch Aufgaben mit hohem Anreiz (geringe Erfolgschance). Daraus ergebe sich eine maximale Attraktivität der Aufgaben bei mittleren Erfolgswahrscheinlichkeiten (vgl. Skizze). Mißerfolgsmotivierte zeigten das umgekehrte Wahlverhalten, indem sie sich bevorzugt Aufgaben mit hohen Erfolgsaussichten oder höchstem Anreiz zuwendeten. Damit deute sich ein Verstärkerzirkel im Positiven wie im Negativen an: Während der Erfolgsmotivierte sich durch die Wahl von Aufgaben mit mittlerem Niveau Erfolgserlebnisse verschaffe, greife der Mißerfolgsmotivierte entweder zu Aufgaben auf geringem Schwierigkeitsniveau, deren Bewältigung er jedoch nicht als Erfolg erleben könne, oder zu extrem schwierigen Aufgaben, an denen er fast zwangsläufig scheitere. Kurz: Der Mißerfolgsmotivierte programmiere durch sein Wahlverhalten künftige Mißerfolge.

Bernhard Weiner[86] wies die Folgen einer solchen Handlungsstrategie nach: Erfolgsmotivierte Personen attribuierten überwiegend Erfolg auf interne (Fähigkeit, Anstrengung), Mißerfolg hingegen auf variable Faktoren

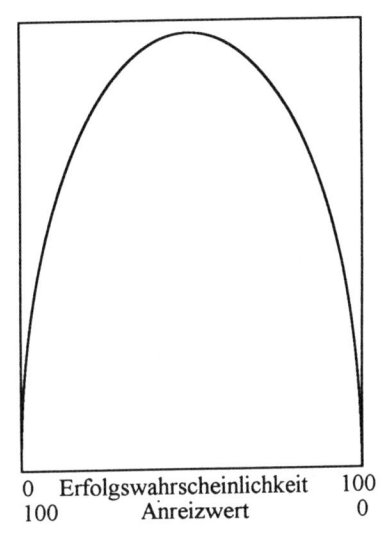

0   Erfolgswahrscheinlichkeit   100
100   Anreizwert   0

(mangelnde Anstrengung, Pech). Mißerfolgsmotivierte Personen attribuierten im Gegensatz dazu überwiegend Erfolg auf externe (geringe Schwierigkeit, Glück), Mißerfolg hingegen auf stabile Faktoren (Schwierigkeit, mangelnde Fähigkeit). Eine solche Ursachenattribution setze nun nicht erst am Ende einer Handlung ein, wenn die Folgen feststehen ("Post-hoc-Attribution"), sondern finde schon bei der Planung statt und betrifft den erwarteten Ausgang und die Motiviertheit von Handlungen ("A-priori-Attribution").

Übertragen auf unser Thema der Kompetenz läßt sich dies so interpretieren, daß die Einschätzung eigener Kompetenz oder Inkompetenz einerseits abhängig ist von einschlägigen Vorerfahrungen, daß aber gleichzeitig die Qualität der aktuellen Kompetenzeinschätzung von entscheidendem Einfluß auf die Planung (Atkinson) und das Erleben (Weiner) künftiger Leistungssituationen ist.

Es ist bemerkenswert, daß man im Laufe der Jahre nicht nur in der gestalttheoretisch beeinflußten Psychologie, sondern auch im Umkreis ehedem strikt behavioristisch ausgerichteter Denktraditionen zu ähnlichen Ergebnissen kam.[87] Als bahnbrechend dürfen hier vor allem die Arbeiten J.B. Rotters[88] gelten. Rotter unterschied zwischen spezifischen und generalisierten Erwartungen. Letztere sind durch Verallgemeinerung aus spezifischen Erfahrungen hervorgegangen und treten in relativ neuen Situationen an die Stelle spezifischer Erwartungen. Sie stellen also nicht nur verallgemeinertes retrospektives Handlungswissen dar, sondern werden für die Lösung neuartiger Probleme bedeutsam: Aus den Erfahrungen in anderen Situationen werden Erwartungen darüber generalisiert, welche Verhaltensweisen wahrscheinlich zur Problemlösung führen.[89]

Eine solche generalisierte Erwartung betrifft die Frage der Urheberschaft von Erfolg und Mißerfolg - in die Sprache der behavioristischen Lerntheorien rückübersetzt: die Frage, wem die Kontrolle über die den Lernprozeß steuernden Verstärker obliegt, dem

Individuum oder Mächten außerhalb seiner selbst. Dieses Konzept des "locus of control of reinforcement", der internalen bzw. externalen Kontrollüberzeugung wurde in Experimenten als unabhängige Variable gesetzt, um in Abhängigkeit von der Art der Kontrollüberzeugung Gesetzmäßigkeiten des Verhaltens aufzudecken.[90] Als Hauptergebnis läßt sich formulieren, daß bei gleicher Intelligenz "Internale" weniger ängstlich und ausdauernder bei Mißerfolgen sind, während "Externale" schneller aufgeben.[91]

Dieser Befund ähnelt den Ergebnissen, die De Charms[92] den späten sechziger Jahren gewonnen hatte. Er vertrat in einer sehr bildhaften Sprache das Konzept der Selbst- und Fremdattribution, das er in die Unterscheidung von "origins" und "pawns", also von "Tätern" und "Bauern auf dem Schachbrett" faßte. "Pawns" fühlen sich durch fremde Kräfte gesteuert, "origins" sind überzeugt, daß ihr Verhalten durch eigene Entscheidungen gelenkt wird. De Charms war der Ansicht, "origins" verfügten über eine vorwiegend intrinsische Handlungsmotivation, schätzten ihren persönlichen Handlungsspielraum als relativ groß ein und bewerteten neue Situationen eher als Herausforderung; "pawns" hingegen seien überwiegend extrinsisch motiviert, schätzten ihren Handlungsspielraum eher als gering ein und erlebten dementsprechend neue Situationen vorwiegend als Bedrohung. Ein nach diesem Konzept durchgeführtes Trainingsprogramm mit Schulkindern[93] konnte die allgemeine Einstellung zur Verursachung von Handlungsfolgen in Richtung auf den "origins"-Pol verändern; gleichzeitig wurden die Kinder dazu erzogen, ihre Ziele realistischer zu wählen. Insgesamt konnten dadurch die Schulleistungen verbessert werden.

Die Konzepte von Rotter und De Charms modellieren zunächst die alltägliche Erfahrung, daß beobachtbare Ergebnisse von externen Faktoren oder vom eigenen Handeln abhängen. Rotter wies auf den Zusammenhang der entsprechenden Kontrollüberzeugung mit dem Leistungsverhalten der Person hin. De Charms zeigte die Konsequenzen dieser Überzeugung für den angenommenen Handlungsspielraum und die Bewertung neuer Situationen (Herausforderung bzw. Bedrohung) auf. Im Zusammenhang mit der behaupteten Prädisposition von "pawns" für extrinsisch motivierte Handlungen ist an die Arbeiten J.W. Brehms[94] zu erinnern. Brehm stellte fest, daß hohe extrinsische Anreize nicht in jedem Falle als Motivatoren dienen. Die simple behavioristische Gleichung: "Je größer die Aussicht auf Belohnung, desto höher die Bereitwilligkeit zur Handlung", gelte so absolut sicherlich nicht. Brehm deutete Verstöße gegen die "Belohnungs-Dressur" als Bedürfnis des Menschen, sich Entscheidungsspielräume zu bewahren. Das Streben des Menschen, sich dem Verlust von persönlichen Freiheitsräumen zu widersetzen, hielt Brehm für so wichtig, daß er ihm einen eigenen Namen gab: "Reaktanz".

Trifft Brehms These zu, so ist bei external attribuierenden Personen neben der emotionalen Belastung durch das Mißerfolgserlebnis (Dembo) eine weitere emotionale Belastung zu gewärtigen, die aus der Auflehnung gegen eine als Einengung eigener Handlungsfreiheit erlebte persönliche Lage entsteht. Von daher liefert Brehms Konzept einen wichtigen Beitrag zu unserem Themenfeld. Es ist allerdings nicht einfach, Brehms "Reaktanz" in die bisher referierten Konzepte einzuordnen: Offensichtlich geht es bei der Reaktanz um den Wunsch nach autonomer Entscheidungsmöglichkeit

4.2 Grunddimensionen eines pädagogischen Kompetenz-Begriffs

an sich. Reaktanz ist mit dem Kompetenz-Konstrukt insoweit verträglich, als es ein tendenziell ähnlich gerichtetes motivationales Grundaxiom signalisiert: Menschen streben danach, Entscheidungsspielräume zu behalten, kompetent zu sein, selbständig zu leben. Anders als Kompetenz und Selbständigkeit kann Brehms Reaktanz jedoch auch losgelöst von einer sachlichen Entsprechung (Fähigkeit) bestehen und erhält dann einen irrationalen Zug: Die Entscheidung selbst wird zum Wert stilisiert.

Die größte Nähe zum Kompetenz-Konstrukt weist in einer Art von Synthese aus den Positionen Rotters und Brehms Albert Banduras Konzept der "Selbstwirksamkeit" (self-efficacy)[95] auf. Dieses basiert auf einer Unterscheidung unterschiedlicher Ursachen- und Folgeerwartungen im Handlungsprozeß. Einen guten Überblick über solche Erwartungen bietet das Modell von Heckhausen[96] aus dem Jahre 1977:

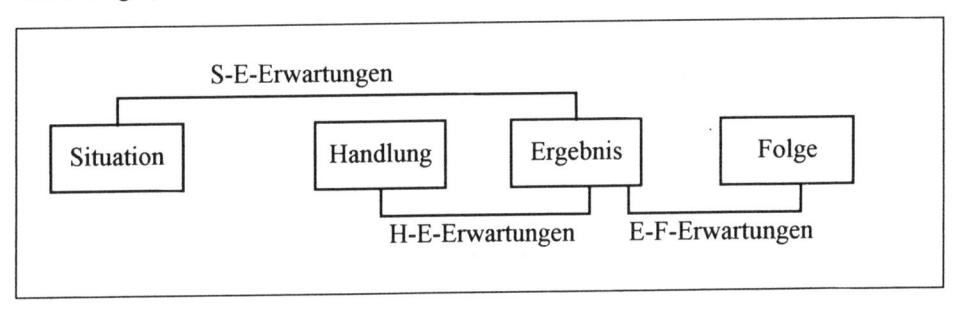

```
         ┌──────── S-E-Erwartungen ────────┐
         │                                  │
    ┌─────────┐   ┌─────────┐   ┌─────────┐   ┌─────────┐
    │Situation│   │Handlung │   │Ergebnis │   │  Folge  │
    └─────────┘   └─────────┘   └─────────┘   └─────────┘
                      │             │             │
                      └─────────────┘             │
                      H-E-Erwartungen  E-F-Erwartungen
```

Dabei entsprechen die Situations-Ergebnis-Erwartungen den Erwartungen externaler Kontrolle im Sinne Rotters und die Handlungs-Ergebnis-Erwartungen den Erwartungen internaler Kontrolle.

Banduras Überlegungen sind im Vorfeld der H-E-Erwartungen angesiedelt. Er ist davon überzeugt, daß dieses Konzept zur Vorhersage von Handlungen nicht ausreicht: Verhaltensweisen träten nicht zwangsläufig auf, wenn man wisse, welche Ergebnisse man dadurch erzielen könne. Neben der Ergebnis-Erwartung (response-outcome-expectation) sei auch bedeutsam, ob man sich das notwendige Handeln überhaupt zutraue. Entsprechende Erwartungen bezeichnet Bandura als "Selbst-Wirksamkeits-Erwartungen" (self-efficacy-expectations). Bandura erweitert damit den oben dargestellten Motivationszusammenhang um folgende Einheit:

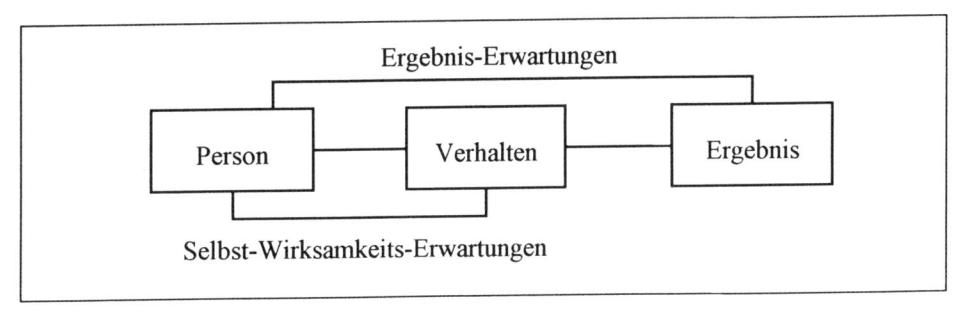

```
         ┌──────── Ergebnis-Erwartungen ────────┐
         │                                       │
    ┌─────────┐      ┌─────────┐      ┌─────────┐
    │ Person  │──────│Verhalten│      │Ergebnis │
    └─────────┘      └─────────┘      └─────────┘
         │
         └─ Selbst-Wirksamkeits-Erwartungen
```

111

Während also Rotter mit seinem "locus-of-control"-Konzept vorwiegend auf Überzeugungen hinsichtlich der Verursachung von Verhaltens-Ergebnis-Zusammenhängen abhebt, bezieht Bandura die Selbst-Wirksamkeits-Erwartung - oder im Konzept dieser Arbeit: Teile des Kompetenzbewußtseins - der Person als zentrales Moment mit ein. Personen, die Veränderungen in ihrer Umwelt zwar durchaus als vom eigenen Verhalten abhängig wahrnehmen, denen allerdings ihrer eigenen Einschätzung zufolge die erforderlichen Fähigkeiten zur Ausführung dieser Verhaltensweisen fehlen, haben nur sehr geringe Selbst-Wirksamkeits-Erwartungen. Das Bewußtsein, die eigene Lage zwar prinzipiell verändern zu können, aber technisch-konkret dazu doch nicht in der Lage zu sein, wirkt zunächst ernüchternd oder gar entmutigend. Die nachfolgende Bewertung, ob ein Erwerb der benötigten Fähigkeiten möglich ist und ob er lohnt, wird darüber entscheiden, ob Anstrengungen in Richtung auf das Ziel unternommen werden oder nicht.

Bandura setzt sich damit auch kritisch gegen das Konzept der erlernten Hilflosigkeit ab, das Martin Seligman zur lerntheoretischen Erklärung des Zustandekommens von Unkontrollierbarkeit vorgelegt hatte: Seligman[97] hatte zunächst[98] angenommen, daß negative Ereignisse, wenn sie von Menschen als "schicksalhaft" erlebt, wenn in deren Auftreten also kein Zusammenhang zum eigenen Verhalten erkennbar ist, bei diesen zu einer allgemeinen Erwartung der Unkontrollierbarkeit von Umweltereignissen führen könne. Diese Erwartung führe zu Hilflosigkeit, die sich in sinkender Bereitschaft zu aktivem Handeln zeige, mit gesteigerten emotionalen Reaktionen sowie und der wachsenden Schwierigkeit einhergehe, eigene Erfolge überhaupt noch als solche wahrzunehmen. Die motivationalen, emotionalen und kognitiven Folgen dieser Hilflosigkeit sind insgesamt den Symptomen einer Depression sehr ähnlich.

Seligmans Fragestellung weicht insofern von der hier behandelten ab, als er sich ausschließlich mit negativen Erfahrungen (Leid, Schmerz, Scheitern) beschäftigt. Dennoch sind seine Überlegungen für die vorliegende Untersuchung von Belang, als das Phänomen der Hilflosigkeit im weitesten Sinne als Erleben eigener Inkompetenz zu deuten ist. Durch Banduras Überlegungen zur self-efficacy ist es indessen möglich, bedeutsame Differenzierungen in der Ausgangssituation vorzunehmen: Die von Seligman beobachteten Phänomene können nämlich ebensogut einer mangelnden Selbst-Wirksamkeits-Erwartung zugeschrieben werden wie der Erwartung, daß eigene Aktionen trotz Kompetenz an den Widerständen der Umwelt scheitern. Beide Erwartungshaltungen bedürfen zu ihrer Änderung unterschiedlicher Strategien.[99] Dies wurde mittlerweile in einer modifizierten Theorie der erlernten Hilflosigkeit[100] in der Weise berücksichtigt, daß Seligman und seine Mitarbeiter nun zwischen einer persönlichen und einer universellen Hilflosigkeit unterscheiden. Persönliche Hilflosigkeit liege dort vor, wo die Ursachen des Scheiterns in der eigenen Person gesucht werden, während man von universeller Hilflosigkeit spricht, wenn eine entsprechende Kontrolle der Umweltbedingungen auch anderen Personen nicht möglich ist.

Mielke wies darauf hin, daß die Unterscheidung von Wirksamkeits- und Ergebniserwartungen überdies hilfreich für die Differenzierung psychischer Befindlichkeiten sein kann: Die Selbsteinschätzung "relative Wirkungslosigkeit" entspreche einer

Kombination von hoher Selbst-Wirksamkeits-Erwartung bei gleichzeitiger geringer Ergebnis-Erwartung. "Hilflosigkeit" wäre zu verstehen als Vorliegen geringer Selbst-Wirksamkeits-Erwartungen bei gleichzeitig hoher Ergebniserwartung. "Hoffnungslosigkeit" schließlich ließe sich interpretieren als simultaner Ausfall von Selbst-Wirksamkeits- und Ergebnis-Erwartungen.

Mit Banduras self-efficacy scheint sich damit der Kreis zu den früher referierten Arbeiten Hoppes und Jucknats zu schließen: Erfolg und Mißerfolg entstehen im Zusammenwirken objektiver Gegebenheiten und subjektiver Anspruchsniveaus. Letztere unterliegen gesetzmäßigen Verschiebungen im Zusammenhang des leistungsthematischen Erlebens. Dieses wiederum hat kognitive Voraussetzungen, unter anderem die, daß überhaupt ein Zusammenhang zwischen Veränderungen der Umwelt und eigenem Verhalten erkannt werden kann. Aufgrund entsprechender Erfahrungen bilden sich einschlägige Erwartungen, sowohl hinsichtlich der prinzipiellen als auch der persönlichen gestalterischen Einflußnahme auf die Umwelt. Der Wunsch, sich selbst als gestaltend zu erfahren, sich selbst den Herausforderungen seiner Umwelt als gewachsen zu erweisen und sich selbst sinnvolle Ziele setzen zu können, zeichnet sich dabei als eminent wichtige, vielleicht als die zentrale Motivationsquelle menschlicher Lebensführung ab.

4.2.3 Kompetenz, Motivation und Emotion

Die Untersuchung des begrifflichen Umfelds von "Kompetenz" hat zahlreiche Berührungspunkte von "Kompetenz" und "Motivation" aufgezeigt, ohne daß dies bislang systematisch untersucht worden wäre.

Situationen meistern, Herausforderungen bestehen, kurz: Kompetent-Sein, ist eine erstrebenswerte Erfahrung, und unter diesem Gesichtspunkt ist Kompetenz eine Quelle für Motivation. Hans Aebli, der dieses Thema in seinen Schriften immer wieder behandelt hat, stellt diese Kompetenz-Motivation, wie sie bereits bei White referiert worden war, besonders heraus, wenn er beispielsweise die Existenz einer eigenständigen "Lernmotivation" skeptisch beurteilt: "Nicht 'Lehrstoff' ist primär attraktiv, sondern Tätigkeit. ... Das Kind will nicht vor allem lernen, es will die Tätigkeit meistern und dabei ein bestimmtes Ergebnis erreichen: sich freier oder schneller bewegen, ein konkretes Produkt erzeugen."[101] Liest man sorgfältig, so erkennt man, daß auch bei Aebli weniger die Tätigkeit selbst als das gekonnte Beherrschen der Tätigkeit im Mittelpunkt steht.

Kompetenz als Quelle von Motivation: das ist freilich nur die eine Seite der Medaille. Motivation kann nämlich nicht nur auf das Kompetent-Sein abheben, sondern von der Erfahrung eigener Kompetenz geht in der Regel wiederum eine stimulierende Wirkung aus. In einer großen amerikanischen Jugendstudie, in der das Selbstbild von mehr als 20.000 Jugendlichen untersucht wurde, fand das Item "Jede Arbeit, die ich gut mache, macht mir Freude" eine Zustimmungsquote von durchschnittlich 96%.[102] Die Freude am eigenen Können, am vollendeten Werk, am eigenen Kompetenz-Erleben ist ein wichtiger Gesichtspunkt bei der Entwicklung der sogenannten sekundären

Motivation. Unter Bezeichnungen wie "Funktionslust", "spielerische Assimilation", "Gipfelerlebnis" oder "intrinsische Belohnung" ist dieser Effekt vor allem im Zusammenhang mit spielerischen Aktivitäten von Karl Bühler[103], Johan Huizinga[104], Jean Piaget[105] und Abraham Maslow[106] untersucht worden.

Der ungarisch-amerikanische Soziologe Mihaly Csikszentmihalyi von der Universität Chicago hat 1975 nochmals eindringlich darauf hingewiesen, daß man solche Elemente intrinsischer Belohnung und eine positive Grundstimmung insgesamt zwar besonders häufig, aber nicht nur bei sogenannten autotelischen Aktivitäten (Spiel im weitesten Sinne) finde: Heterotelische Aktivitäten - also solche, die auf die Erreichung eines Zwecks außerhalb ihrer selbst gerichtet sind - können von denselben positiven psychischen Erlebnisformen ("Flow"-Erlebnis[107]) begleitet sein. Mit dieser Perspektiverweiterung wird es möglich, die Freude an der eigenen Arbeit prinzipiell unter den gleichen Kategorien zu untersuchen wie die Freude am Spiel: Ein Flow-Erlebnis ist auch in der Arbeit möglich.

Csikszentmihalyi ging davon aus, daß ein Flow-Erlebnis durch das Verschmelzen von Tun und Bewußtsein, durch das völlige Aufgehen der Person in der Handlung zu charakterisieren sei. Damit ein solches Flow-Erlebnis zustande kommt, müssen nach Csikszentmihalyi bestimmte Bedingungen erfüllt sein: So müsse die "Aufgabe im Bereich der Leistungsfähigkeit des Ausführenden liegen"[108] und die Person müsse "ihre Handlungen und die Umwelt unter Kontrolle"[109] haben. Damit machte Csikszentmihalyi offensichtlich Kompetenz zu einer wesentlichen Bedingung des lustvoll erlebten Flows. Da die Flow-Aktivität selbst "keine Ziele oder Belohnungen zu benötigen scheint, welche außerhalb ihrer selbst liegen"[110], bestehe eine starke Wiederholungstendenz auf höherem Anspruchsniveau, welche nun wieder eine höhere Kompetenz nach sich zieht - ein positiver Verstärker-Kreislauf beginne.

Das Bedingungsgefüge von Anforderungen und Kompetenz war für Csikszentmihalyi so wichtig, daß er aus ihm die Grundstruktur von Flow-Aktivitäten ableitete: Flow-Aktivitäten seien solche "jenseits von Angst und Langeweile" - dies war übrigens der Titel der amerikanischen Originalausgabe -, "die im Verhältnis zu den Fähigkeiten der Person optimale Herausforderungen bieten"[111]. Csikszentmihalyi konnte diese Strukturbedingung von Flow-Zuständen in verschiedenen Aktivitäten nachweisen: im Schachspiel, im Felsklettern und - wie bereits erwähnt - sogar in Arbeitssituationen.

Die Ideen Csikszentmihalyis, obwohl nicht in ausgefeilter Systematik formuliert, sind von größter Bedeutung, weil sie auf pädagogisch wichtige Zusammenhänge aufmerksam machen: Aktivitäten sind dann attraktiv, wenn man sie so perfekt beherrscht, daß man mit ihren Bestandteilen schöpferisch umgehen kann. Interesse, verstanden als Haltung der Person, setzt ein Mindestmaß an Können voraus. Ist dies nicht gegeben, so wird eine Person dazu neigen, sich in der permanenten Konkurrenz der Handlungsmöglichkeiten für solche Alternativen zu entscheiden, welche Flow-Erlebnisse ermöglichen - sogar dann, wenn dies für den Außenstehenden ausgesprochen unvernünftig erscheint.

4.2 Grunddimensionen eines pädagogischen Kompetenz-Begriffs

Zu diesem Ergebnis ist jedenfalls der Heckhausen-Schüler Falko Rheinberg in einem 1989 vorgelegten Ergebnisbericht eines von ihm geleiteten Forschungsprojektes[112] gekommen. Rheinberg ging der Frage nach[113], wodurch sich Schüler zur Vorbereitung auf eine Klassenarbeit veranlaßt sähen. Unter den Antworten fielen vor allem solche auf, die im Falle von geringer oder keiner Vorbereitung auf konkurrierende Tätigkeiten Bezug nahmen und in denen der Begriff des Interesses verwendet wurde. Rheinberg deutete dies als Folge von tätigkeitseigenen Anreizen, welche offensichtlich die Ereignisfolgen zu überlagern imstande seien. Bei weiteren Untersuchungen kam Rheinberg zu dem Ergebnis, daß zweckzentrierte Anreize das Alltagshandeln quantitativ in deutlich geringerem Ausmaß beeinflußten als tätigkeitszentrierte: So ergab seine Analyse von protokollierten Tagesaktivitäten[114] von Studenten, daß fast die Hälfte aller Aktivitäten auf tätigkeitszentrierte Anreize zurückgeführt werden konnten, wohingegen die "zweckmotivierten" Handlungen nur etwa ein Drittel ausmachten.

Mit Csikszentmihalyis Konzept sind Rheinbergs Ergebnisse einfach zu deuten: Sogar dort, wo die zweckrationale Überlegungen eine intensive Beschäftigung mit dem Stoffpensum einer Klassenarbeit erzwingen müßten, weichen Schüler in Aktivitäten aus, die ihnen Flow-Erlebnisse ermöglichen. Falls man diese Ergebnisse verallgemeinern kann - und bislang spricht nichts dagegen -, so bedeutet dies eine grundlegende Kritik an der vernunftgeleiteten Handlungssteuerung. Würde man sie verabsolutieren, so käme dies alles in allem sogar der Schopenhauer'schen Position recht nahe, wonach die geistige Tätigkeit durch Triebe und Affekte bestimmt werde und im Frondienst des sinnlichen Lebens stehe, so daß von einem freien Denken überhaupt nicht mehr gesprochen werden könne. Eine solche Verabsolutierung scheint jedoch unangemessen, so daß in dieser Arbeit folgende pragmatisch-vermittelnde Position vertreten wird: Weder wird die Möglichkeit vernunftgeleiteten Handelns grundsätzlich in Abrede gestellt, noch kann bestritten werden, daß eine solche irrational anmutende, an Flow-Erlebnissen orientierte Handlungssteuerung besteht. Beide Möglichkeiten stehen dem Menschen zur Verfügung. Ziel pädagogischer Einflußnahme ist es, den Menschen nicht in einer Gefangenschaft von affektbetonter Handlungssteuerung zu belassen, sondern ihn zur Mündigkeit zu befähigen.

Rheinbergs Analysen machen dabei deutlich, daß die Ausgangsbedingungen schulisch organisierter Bildungsprozesse denkbar problematisch sind: Die Mindestkompetenz, die man benötigt, um sich für ein bestimmtes Bildungsgut zu interessieren, fehlt anfänglich; solange diese aber fehlt, gibt es eine Vielzahl von Aktivitäten, die attraktiver sind. Dieser Zirkel muß durchbrochen werden: Mit Csikszentmihalyis Flow-Aktivitäten allein kann dies jedoch nicht gelingen. In organisierten Bildungsprozessen kann man sich mit den ursprünglich vorgefundenen, spontan verfestigten Flow-Aktivitäten des Individuums nicht zufrieden geben, sondern man muß versuchen, dem Menschen neue Interessen zu erschließen.

Die Lösung dieses Dilemmas zu suchen, gleicht der Aufforderung, Münchhausens Husarenstück nachzumachen und sich an den eigenen Haaren aus dem Sumpf zu ziehen. Dazu bedarf es einer von außen kommenden motivatorischen Kraft, die im Lernenden zweierlei bewirken muß: Erstens muß sie ihn in die Lage versetzen, die Anfangsschwierigkeiten einer Sachbegegnung zu überbrücken und zweitens dann trotz aller Rückschläge "am Ball zu bleiben". Diesen zweiten Gesichtspunkt kann man genauer bestimmen als das zeitliche Verhältnis zwischen den ersten Intentionen des Ich und dem Erreichen des Zieles. In der älteren deutschen Psychologie bezeichnete man dieses Verhältnis als den persönlichen "Spannungsbogen"[115].

Hans Aebli hat in einem seiner letzten Bücher[116] gezeigt, wie ein solches Boot-Strapping von Motivation und Kompetenz gelingen kann: Für ihn wohnen den unterrichtlichen Tätigkeiten drei Qualitäten inne, von den motivierende Kräfte ausgehen. Diese drei motivbildenden Qualitäten findet der Psychologe Aebli in den philosophischen Kategorien des Wahren, des Schönen und des Guten.[117] Aebli ist der Ansicht, daß man sich die motivierenden Kräfte des Wahren, des Schönen und des Guten bedienen könne, wenn man Schüler die Erfahrungen des sachgemäßen und konsistenten Denkens und Handelns, der ästhetischen Gestaltung von Tätigkeiten und der elementaren Bedeutung des guten Handelns ermögliche. Eine Aufrechterhaltung und Ausweitung des Spannungsbogens läßt sich durch bestimmte Bedingungen in der Organisation von Bildungsprozessen begünstigen.[118]

Behält man diese Probleme des Gegensatzes bzw. des Ausgleichs zwischen Triebspannungen, Willen und Vernunft im Blick[119], so wird die starke emotionale Abhängigkeit der hier besprochenen Phänomene des Spannungsbogens, der Motivation und letztlich auch der Kompetenz deutlich. Rein wissensorientierte Kompetenz-Konstrukte müssen daher aus pädagogischer Sicht völlig unzureichend bleiben: Kompetenz gründet immer bereits in einer werthaft besetzten Basis, aus der heraus jener "Spannungsbogen der Aufmerksamkeit" aufrechterhalten werden kann, der notwendig ist, um sich erst Wissen zu erarbeiten, das Voraussetzung für Interesse ist.

Die Wertungsdimension von Kompetenz wird aber auch noch an einer anderen Stelle deutlich: Kompetenz kann dort nicht entstehen, wo jede Information gleichberechtigt neben ihrem Nachbarn steht. Das Weltbild, das in Bildungsprozessen vermittelt bzw. erworben wird, braucht eine "dritte Dimension". Aebli greift auf einen Gedanken Schiefeles zurück, wenn er fordert: "Aus dem flächigen Weltbild muß ein Bedeutungsrelief werden: gewisse Punkte und Regionen müssen aus der Fläche herausragen, weil sie interessant, wertvoll sind, für den jungen Menschen Sinn und Bedeutung erlangt haben und ihn daher zu spontaner Betätigung und zu konkretem Handeln und Entscheiden anregen."[120] Interessebildung ist daher - dies ist im übrigen bereits bei Herbart nachzulesen[121] - ein wichtiger, wenn nicht sogar der wichtigste Faktor organisierter Bildungsprozesse.[122] Interessen sind dabei nicht nur "das einzige Mittel, den Erfolgen [des Unterrichts, d.V.] Haltbarkeit zu verleihen"[123], sondern Interesse "führt zum Engagement und zu den sogenannten Arbeitstugenden, aber auch zur kritischen Reflexion über Vorstellungsinhalte und Vorstellungsbewegungen."[124] Eine an Werterfahrung und Werturteile gebundene Ausbildung eines "vielseitigen Interesses" wird damit zur unabdingbaren Voraussetzung von Kompetenz und Mündigkeit.

Ein solchermaßen als zeitlich überdauernde Haltung verstandenes Interesse - und damit verbunden eine auf seine Fundamente gegründete Kompetenz - berührt unmittelbar die Dimension personaler Identität. Damit wird auch verständlich, warum eine ganze Reihe von empirischen Untersuchungen sowohl der Kompetenz-Forschung als auch der Identitäts-Forschung zuzuordnen sind. zum Begriff der Motivation auf, sondern ebenso zu dem der Identität. Karl Haußer, der in seiner Habilitationsschrift zur Identitätsentwicklung[125] unter anderem auch eine Zusammenfassung moderner psychologischer Forschung zum Identitätsbegriff[126] gibt, rechnet jedenfalls zahlreiche Arbeiten, die ich zur Analyse des Kompetenz-Konstruktes herangezogen habe, unter die identitätspsychologischen Beiträge. Beispielhaft seien genannt:

- Die "personale Kontrolle"[127] ist nach Haußer ein fester Bestandteil von Identität als "situativer Erfahrung": Man erfährt sich in der aktuellen Situation als kompetent oder inkompetent. Gleichzeitig rechnet er die "Kontrollüberzeugung"[128] zur Identitätskomponente der "übersituativen Verarbeitung": Die Erfahrungen von Kompetenz oder Inkompetenz wurden, wo immer sie auftraten, generalisiert und bilden nun den aktuellen Bezugsgrund für Erfahrungen.

- Die "Dynamik des Selbstwertgefühls" wird bei Haußer zum Identitätsaspekt der "übersituativen Verarbeitung" gerechnet: Die ähnlich gelagerten Arbeiten von Hoppe, Dembo und Jucknat waren in der hier vorgelegten Untersuchung direkt auf Kompetenz bezogen worden.

- Schließlich kehrt im Aspekt der "Identität als motivationale Quelle" bei Haußer ein ähnlicher Gedanke wieder, wie er in der hier vorgelegten Arbeit für Kompetenz dargestellt worden ist. Davon war weiter oben noch die Rede.

Aus dem Gesagten läßt sich folgern, daß Kompetenz nicht nur - wie in Städels Konzept - ein zentraler Steuerungsmechanismus menschlichen Handelns ist oder - wie bei White - eine Quelle menschlicher Motivation darstellt, sondern einen wichtigen Bestandteil von Identität ausmacht.

4.2.4 Kompetenz und Selbständigkeit

Unübersehbar sind damit Parallelen zwischen "Kompetenz" und dem älteren Leitbegriff der Pädagogik "Selbständigkeit". Neben der motivatorischen Ähnlichkeit kann auch dort keine Rede davon sein, daß sich Selbständigkeit in Faktenwissen erschöpft. Das Finden und Konstruieren neuer Lösungen gehört ebenso zu ihr wie zur Kompetenz, und fragt man, worin sich Selbständigkeit im Bereich des Sozialen erweise, so wird man keine anderen Antworten zu geben vermögen als jene, die man zur Charakterisierung "sozialer Kompetenz" findet. Der in Performanzen gründende und auf Performanz zielende sachlogische Ort der Kompetenz entspricht beispielsweise die klassische Unterteilung im Herbart'schen System der Pädagogik, wonach dieser Prozeß der Selbständigwerdung durch zwei gleichberechtigte Säulen zu stützen ist: der auf den Intellekt zielenden "Bildung" und der auf den Willen zielenden und ins Handeln führenden "Erziehung"; der kühnen Verkürzung der wiederholt zitierten Flammer'schen Formel, daß Kompetenzen in Performanzen gründen, wird - um im erwähnten Beispiel zu bleiben - bereits in Herbarts Formalstufenlehre[129] eine detaillierte Sicht entgegenge-

4. Kompetenz als Ziel und Grund von Bewältigungsprozessen

setzt, die diesen Prozeß des "Abziehens" der Kompetenz von den Unterrichtsinhalten erstaunlich modern modelliert.

Aus der erkannten Nähe von "Kompetenz" und "Selbständigkeit" ergibt sich die Möglichkeit, die notwendige Beantwortung der Frage, worin sich denn "Kompetenz" erweise, nicht ausschließlich der aktuellen assoziativen oder, schlimmer noch, einer auf machbare empirische Designs rekurrieren-den[130] Bearbeitung zu überlassen. Vielmehr rücken jetzt Dimensionen des Kompetenz-Begriffs in den Blick, die für Kompetenz als Zielkategorie pädagogischen Handelns unverzichtbar sind.

"Selbständigkeit" ist die deutsche Übertragung des lateinischen Begriffs *substantia*, für die *substantia* im Bereich des Geistigen ist der Begriff "Person" gebräuchlich. Bekannt und in zahlreichen Variationen abgewandelt ist die klassische Definition des Boethius: *"Persona est naturae rationabilis individua substantia"*[131] - Person ist der unteilbare Selbstand eines geistigen Wesens. Solche Selbständigkeit zeichnet sich vor allem dadurch aus, daß die Person die Fähigkeit hat, sich denkend auf sich selbst zu beziehen, und zwar gleichermaßen erkennend wie wertend. Dies hat wichtige Konsequenzen für menschliches Tun, das erst dadurch aus dem Geschehnishaften heraustritt und die Qualität eines nach moralischen Kriterien reflektierten, individuell verantworteten Handelns annimmt. Freiheit, Moralität und Selbständigkeit sind in diesem Konzept untrennbar miteinander verwoben.[132]

"Kompetenz" im empirisch-psychologischen Forschungszusammenhang erscheint als primär individuell bedeutsam: Sie ist das "Ressourcen organisierende Konstrukt"[133] - formulieren Waters und Sroufe - und zwar auf der Innenseite des Individuums, müßte man hinzufügen. Kompetenz wird damit zur subjektiven Bedingung von "succesful aging", psychosozialem Wohlbefinden und Lebenszufriedenheit. Sicherlich gibt es neben dem Dargestellten auch das Kompetenz-Fremdbild - allerdings eher in einer eigenschaftstheoretischen Verwendung des Kompetenz-Begriffs, die hier weitgehend als unzutreffend zurückgewiesen worden war. Insgesamt entsteht damit ein stark subjektivistischer Zug: Was eine kompetente Bewältigung einer Situation sein soll, bestimmt sich ausschließlich nach Maßgabe der beteiligten Person und der situativen Bedingungen.

Von Anfang an überwindet "Selbständigkeit" in der Tradition des weiter oben skizzierten Denkens die Gefahr einer solch solipsistischen Beschränkung: Selbständigkeit ist entgegen einer naiv verkürzenden Interpretation nichts, was sich auf den Horizont des Individuellen eingrenzen ließe: Die aristotelische Wesensbestimmung des Menschen in seiner Doppelnatur als ζωον λογον εχον und ζωον πολιτικον, die zur Interpretation der Person-Definition des Boethius heranzuziehen ist[134], verdeutlicht dies: Die Entfaltung der Vernunft kann sich nicht in Weltabgeschiedenheit und -vergessenheit vollziehen, sondern Ich und Welt müssen einander begegnen. Der Rückzug auf ausschließlich eigene Belange (τα ιδια) läßt bereits bei Aristoteles den "Beschränkten" (ιδιοθησ) entstehen, und es ist daran zu erinnern, daß sich "privat" vom lateinischen "privatio" (Beraubung) ableitet. Das rein Private ist nicht zu verwirklichen ohne eine "Beraubung" der eigentlichen menschlichen Möglichkeiten nach zwei Seiten hin: Der

Gemeinschaft vorenthaltend, was ihr gebührt, und den Welthorizont der eigenen Vernunft begrenzend auf die Spitze der eigenen Nase.

"Selbständigkeit" gibt noch weitere Hinweise für einen pädagogischen Kompetenz-Begriff: Wenn man Kompetenz als das aktuell theoretisch verfügbare Handlungswissen einer Person ansieht - was mit den weiter oben referierten Konzepten im Einklang ist -, dann ist es nicht einfach, den deontischen Charakter des Begriffs zu bewahren: Kompetenz wird in dieser Sicht zu demjenigen Ressourcen organisierenden Konstrukt, wie es sich im Laufe der Ontogenese entwickelt hat. Als Ziel pädagogischer Prozesse ließe sich dann nur "Vermehrung von Kompetenz" angeben; dies wiederum ist aber in der transaktionalen Sichtweise nicht zulässig, weil "Kompetenzen" sich nur situativ bestimmen lassen. "Selbständigkeit" hingegen offenbart sich bei näherer Betrachtung als regulative Idee des Prozesses der Personagenese. Sie ist nicht nur kognitive Verhaltensbasis, sondern gleichzeitig eine spezifische Haltung der Welt gegenüber. Das Kantische Postulat aufgeklärten Denkens: "Sapere aude!" - "Habe Mut, dich deiner Vernunft zu bedienen!" weist in diese Richtung. Auch hier wird über die Ausbildung der Wissensbasis hinaus der Aufbau einer solchen Haltung gefordert. Keineswegs beiläufig, sondern ausdrücklich wird damit anerkannt, daß es zum geforderten Verhalten nicht nur der Vernunft bedarf, sondern darüber hinaus einer außerhalb ihrer selbst liegenden, Werturteile und damit Sinnhorizonte außerhalb des Subjekts voraussetzenden, moralisch als Tugend qualifizierten Haltung des "Mutes". Hier wird ein außerordentlich schwieriges Balance-Problem thematisiert: Dem Menschen wird "zuge-mut-et", die Endlichkeit seiner eigenen Vernunft, die Begrenztheit und den Vorläufigkeitscharakter seines persönlichen Wissens zu erkennen und auszuhalten; ihm wird zugemutet, angesichts seines endlichen Erkenntnisvermögens Verantwortung für sein Handeln zu übernehmen, dessen letzte Folgen er nicht überblicken kann; ihm wird zugemutet, die angesichts dieser prinzipiellen Unabschließbarkeit wissensfundierter Urteilsprozesse verständliche Scheu vor Entscheidungen und Sehnsucht nach immer mehr Wissen zu durchbrechen und zu handeln. Dies weist bereits zur anderen Seite des Balance-Problems: Bei aller notwendigen Offenheit für neue Erfahrungen, bei aller prinzipiellen Bereitschaft, bisher gültige Urteilssysteme angesichts neuer Fakten kritisch zu revidieren, darf dies nicht zur Abwendung von der Welt und ihrem Bedarf an tatsächlichem "Problemlösen", zum Rückzug auf die museale Schau des Wissens und zur permanenten Disponibilität aller eigenen Handlungsgrundsätze führen.

Mit den herausgearbeiteten Hinweisen soll natürlich nicht behauptet werden, daß "Kompetenz" in den referierten modernen psychologischen Ansätzen dies nicht abzudecken vermöchte. Festzuhalten aber bleibt, daß die erwähnten Aspekte von "Selbständigkeit" so nicht in Erscheinung treten, für die Planung und Organisation von pädagogischen Prozessen indessen unverzichtbar sind.

Am Ende dieses Kapitels läßt sich festhalten, daß Kompetenz sich nicht in Katalogen erlernter Fertigkeiten erschöpfend beschreiben läßt. Neben den resultatorientierten Könnens-Komponenten der Kompetenz erweist sich diese als komplexes Konstrukt, zu dem neben sachlogischen Faktoren (Sach- und Handlungswissen) auch wichtige motivationale, normative und identitätstheoretische Komponenten beitragen.

4. Kompetenz als Ziel und Grund von Bewältigungsprozessen

Ein nach pädagogischen Aspekten modifiziertes Konzept der Kompetenz, das weiter unten skizziert wird, muß demnach, wie neuere Forschungen aus dem Institut für Erziehungswissenschaft der Universität Bonn ergeben haben, mindestens drei Dimensionen aufweisen:

- Erstens eine kognitive Dimension. Kompetenz setzt ausreichendes Faktenwissen voraus, auf dessen Basis Einsichten in Problemzusammenhänge gewonnen werden. Auf der Grundlage solchen Verstehens sind dann sachbezogene, hier noch wertneutrale Urteile zu fällen. Der Aufbau dieser kognitiven Dimension wird im folgenden fünften Kapitel näher untersucht werden.

- Diese kognitive Dimension der Kompetenz bedarf zur Handlungssteuerung der Ergänzung durch eine zweite, normative Dimension: Diese normative oder Wertdimension wiederum betrifft einerseits die Verfügbarkeit von Werten in ihrer Absolutheit als Richtschnüre des Handelns. Soll Handeln aber nicht in einem moralischen Rigorismus verhärten oder im Entscheidungsdilemma zwischen zwei oder mehr "absoluten" Werten gelähmt werden, muß andererseits hier auch die Fähigkeit zur situationsangemessenen Wertung unter Einschluß notwendiger Güterabwägung abgedeckt werden. Diese motivationalen und wertbezogenen Einflußfaktoren der Kompetenz im weitesten Sinne waren im abgeschlossenen vierten Kapitel ausführlich untersucht worden.

- Schließlich gehört zu einem pädagogisch modifizierten Modell der Kompetenz als dritte die Handlungsdimension: Sie betrifft die Fähigkeit, komplexe Problemlösungen zu planen, Mittel zu ihrer Ausführung bereit zu stellen, den gewählten Lösungsweg schließlich durchzuführen und zuletzt die Qualität der Handlung zu prüfen. Diese Aspekte des Handlungsvollzugs werden im Zusammenhang des sechsten Kapitels, das der Analyse von Problemlöseprozessen und Bewältigungsmodellen gewidmet ist, noch näher analysiert.

Sofern nicht ausdrücklich auf eine andere Verwendung hingewiesen wird, sei im folgenden dieser erweiterte, nach pädagogischen Gesichtspunkten modifizierte Kompetenzbegriff zugrundegelegt, der durch die Skizze auf der folgenden Seite nochmals im Überblick wiedergegeben wird.

Diese Mehrdimensionalität von Kompetenz zu beachten ist wichtig, will man nicht überkommene Fehler wiederholen: Es darf nämlich nicht übersehen werden, daß eine primär auf schulische Belange ausgerichtete pädagogische Praxis gelegentlich der Versuchung erlegen ist, die kognitiven Fundamente der Kompetenz mit dieser selbst zu identifizieren und mitunter den Anwendungsbezug des vermittelten Wissens stärker aus den Augen zu verlieren, als dies dem schulischen System nach notwendig und dem Lernprozeß förderlich wäre. Das genaue Studium realitätsnaher Reaktionsformen auf Belastungen verspricht daher für die Erziehungswissenschaft einigen Gewinn, zumal in einer historischen Situation, da sie die Beschränkung auf die schulische Sphäre sprengt und sich Bildungsprozessen in allen Altersstufen und in unterschiedlichsten Rahmenbedingungen zuwendet. Den Ergebnissen der Bewältigungsforschung gelten daher die Überlegungen in einem der folgenden Hauptkapitel.

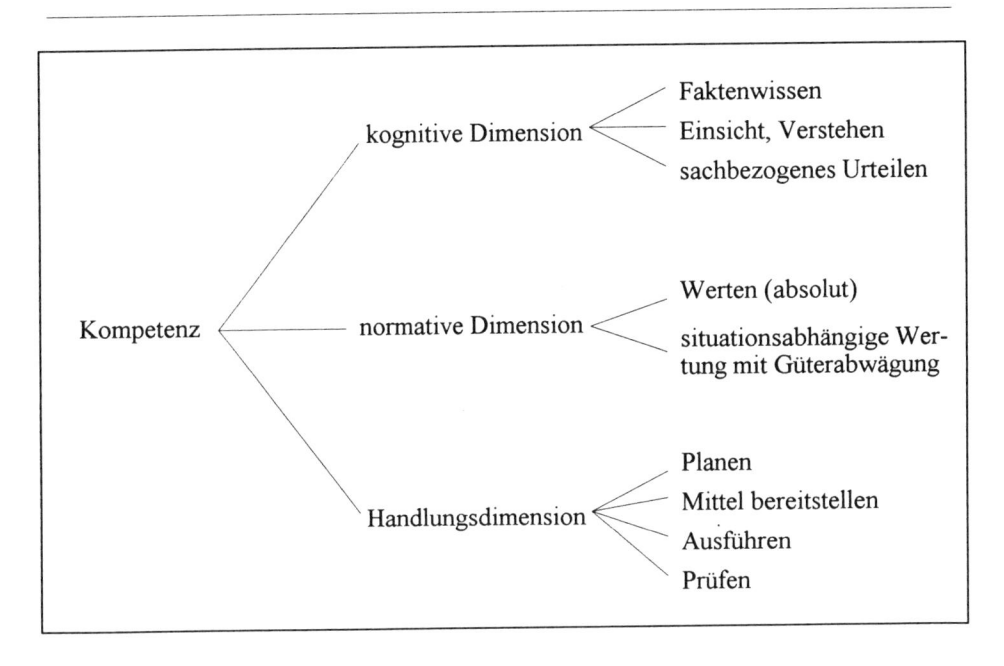

4.2 Grunddimensionen eines pädagogischen Kompetenz-Begriffs

```
                              ┌── Faktenwissen
         kognitive Dimension ─┼── Einsicht, Verstehen
                              └── sachbezogenes Urteilen

                              ┌── Werten (absolut)
Kompetenz ── normative Dimension ─┤
                              └── situationsabhängige Wer-
                                  tung mit Güterabwägung

                              ┌── Planen
         Handlungsdimension ──┼── Mittel bereitstellen
                              ├── Ausführen
                              └── Prüfen
```

Zuvor allerdings gilt es zu klären, wie man sich den Aufbau von Kompetenzen bzw. die Befähigung zur Bewältigung vorzustellen hat. Gehört Kompetenz doch ähnlich der Selbständigkeit zu jenen Bildungszielen, die man nicht direkt bewirken kann. Formal formulierte Ziele wie eben jene "Befähigung zur Bewältigung" basieren mehr oder weniger stark auf der Möglichkeit formaler Bildung. Diese Frage wird daher im nächsten Hauptkapitel systematisch untersucht.

5. Kompetenz durch Bewältigung und das Transferproblem

5.1 Zur Transferierbarkeit von Bewältigungsstrategien

Wenn im folgenden die Frage untersucht werden soll, welche Möglichkeiten es gibt, pädagogische Hilfestellung und Anleitung bei der Vermittlung von individuell einsetzbaren tragfähigen Bewältigungsstrategien zu leisten, so muß man sich zuvor darüber klar werden, was man eigentlich erwarten darf. Sicherlich wäre es wünschenswert, ein Trainingsprogramm zusammenzustellen, nach dessen erfolgreichem Durchlaufen die Teilnehmer zu erfolgreichen Problemlösern und subjektiv zufriedeneren Problembewältigern avancieren. Ein solches Trainingsprogramm sollte sich, da die Totalität problemträchtiger Lebenssituationen nicht lehrend vorweggenommen werden kann, möglichst auf die Vermittlung von Strategien und Taktiken, Algorithmen und Heuristiken konzentrieren.

Verfolgt man diesen Gedanken weiter, so erkennt man rasch, daß alle solche Ziele hochgradig formal sind und daß die Vermittlung und erfolgreiche Anwendung solcher Techniken auf seiten des Trainees ein beträchtliches Maß an Transferleistung voraussetzt.

Deshalb muß man versuchen, sich zunächst Klarheit über die Natur des Konstruktes "Transfer" zu verschaffen, um die Ergebnisse dieser Analyse von Anfang an in die pädagogische Bewertung von Coping-Modellen und in die Konstruktion von Bildungsprogrammen einfließen zu lassen. Dies scheint im Moment aufwendig, weil hier die Aufarbeitung umfangreicher Forschungen zu leisten ist; dennoch räume ich diesem Vorgehen auf längere Sicht erhöhte Bedeutung ein, weil sich zeigen wird, daß ein angemessenes Verständnis von "Transfer" bereits viel zum Verständnis der Genese von Kompetenz beitragen kann. Zuvor gilt es jedoch, einige begriffliche Schwierigkeiten auszuräumen und hier und dort auch bequeme Illusionen zu relativieren.

5.2 Transfer: Schwierigkeiten der Begriffsbestimmung

5.2.1 Transfer im Alltag: Übung und Anwendung

Scheinbar ist die Sache ganz einfach: Jemand, der das Rollschuhlaufen beherrscht, erlernt das Schlittschuhlaufen leicht. Wer Klavierspielen kann, lernt das Maschineschreiben im Zehnfingersystem schneller als andere. Jemand, der gelernt hat, eine Zahlkarte auszufüllen, kommt auch mit einem Banküberweisungsformular zurecht. Wer mit einem bestimmten Textverarbeitungsprogramm auf dem Computer umgehen kann, vermag sich in ein anderes Textverarbeitungsprogramm in verhältnismäßig kurzer Zeit einzuarbeiten. Wer sich in der Personalführung eines kleinen Teams bewährt hat, dem traut man auch Führungsqualitäten für größere organisatorische Einheiten zu. Es scheint so zu sein, daß man beim Erlernen einer ganz bestimmten Fähigkeit immer noch ein wenig mehr lernt, als man ursprünglich sollte oder wollte. Auf die Frage, wie dieses "Mehr" zustandekomme, lautet gewöhnlich die Antwort: "Durch Transfer!"

5. Kompetenz durch Bewältigung und das Transferproblem

Allerdings verdeckt diese Gewohnheit ein wenig den Blick dafür, daß die bloße Benennung eines Phänomens dasselbe noch nicht erklärt. Was meinen wir, wenn wir von Transfer sprechen? Meinen wir die "Verbesserung" einer Fähigkeit aufgrund zuvor gemachter Lernerfahrungen? Dann ist "Transfer" offenbar etwas Ähnliches wie "Übung", mit dieser jedoch nicht identisch. Ähnlich insoweit, als "Übung" zu einer eindrucksvollen Verbesserung der geübten Fähigkeit führt, die im bekannten *Potenzgesetz der Übung* zum Ausdruck kommt.

Trägt man in einem Diagramm die zur Ausführung einer geübten Fertigkeit benötigte Zeit T gegen die Anzahl der Wiederholungen W (Übung) auf, so erhält man das bekannte Bild einer Potenzfunktion vom Typ $T = \text{const } W^{-a}$ (vgl. z. B. Anderson 1988, S. 222). Die zur Ausführung benötigte Zeit T wird demnach immer geringer, allerdings sind die Übungseffekte nicht konstant, sondern gehen über die Zeit immer mehr zurück. Solche Übungskurven wurden in recht einfachen Bereichen, etwa für die Addition von Zahlen (Blackburn 1936), gefunden, ließen sich darüber hinaus auch in relativ komplexen Problemlösebereichen nachweisen, wie beispielsweise in geometrischen Beweisverfahren (Neves & Anderson 1981) oder beim Erwerb von Lesefertigkeit mit stufenweise verfremdetem Lesematerial (Kolers 1979).[1]

Transfer ist jedoch nicht mit Übung identisch. Die Eingangsbeispiele zeichneten sich ja gerade dadurch aus, daß - in bewußt offener Formulierung - nach dem Erwerb und sicheren Beherrschen einer ganz bestimmten Fertigkeit eine andere, nicht direkt geübte ebenfalls "gekonnt" oder ihr Erwerb zumindest wesentlich erleichtert wird. Zur Abgrenzung könnte man also festhalten: "Übung" bezieht sich ausschließlich auf die ursprünglich intendierte Fähigkeit und ist zu deren Konsolidierung absolut notwendig.[2] Diese Abgrenzung findet ihre Entsprechung in der vor allem in der älteren Literatur gebräuchlichen Bezeichnung "Mitübung". Dieser Begriff war freilich wenig glücklich gewählt, zumal er die Frage, was denn eigentlich "mit geübt" werde - irgendwelche (dann notwendig isoliert gedachten) Fähigkeiten oder Handlungsroutinen oder aber "geistige Kräfte" - offen läßt. Aus diesem Grund sprachen andere später bevorzugt von Übungsübertragung[3], von Lernübertragung[4] oder unübersetzt von "Transfer"[5] (wobei auch in der englischsprachigen Literatur die Bezeichnungen *"transfer of training"* und *"transfer of learning"* nebeneinander benutzt werden).

Mag die (je nach Definitionslage nicht haltbare) Abgrenzung des Transfers von "Übung" auch ein wenig mehr Klarheit bringen: längst nicht alle Fragen sind damit geklärt. Soll mit Transfer eher das *Ergebnis* bezeichnet werden, oder ist Transfer der *Vorgang*, der den Lernvorteil ermöglicht oder bewirkt? *Besteht* Transfer in der Anwendung[6] von Gelerntem oder ist Transfer das, was Anwendung erst *möglich macht*? Ist Transfer an Lernmaterial gebunden oder kann man das Übertragen selbst üben und somit eine abstrakte "Transfer-Fähigkeit" entwickeln?

5.2.2 Definitorische Vielfalt

Vorliegende Definitionen des Transferbegriffes streuen beträchtlich: So will beispielsweise Franz Weinert "unter Transfer alle Veränderungen von Lernprozessen als Folge vorausgehenden Lernens"[7] verstanden wissen. Diese Definition hat den Vorteil, daß sie "Transfer" eng an den Begriff des Lernens ankoppelt und dadurch dem bewährten Methodeninstrumentarium der Lernforschung zugänglich macht. Dabei muß jedoch in Kauf genommen werden, daß eine solch weit gefaßte Definition dann auch eine Vielzahl von Phänomenen umfaßt, die zuvor in ihrem Kontext jeweils selbständig erforscht wurden, beispielsweise das Thema der "Interferenzen" in der Lernpsychologie oder das der "pro- oder retroaktiven Hemmung" in der Gedächtnispsychologie. Auch ist es im Rahmen dieser Definition nicht möglich, "Übung" von "Transfer" zu unterscheiden. In ähnlicher Weise wie in der Weinert'schen Definition erscheint "Transfer" auch im dtv-Atlas zu Psychologie lediglich als Fußnote zum "Übungseffekt"[8], und John R. Anderson behandelt den Begriff in seinem Lehrbuch der Kognitiven Psychologie[9] ausschließlich unter dem Aspekt von Interferenzeffekten des Lernens. Zweifel an der Fruchtbarkeit der oben genannten Definition ergeben sich für mich letztlich aufgrund ihres hohen Abstraktionsgrades: Wenn jedwedes Lernen in irgendeiner Weise durch vorhergehende Lernprozesse beeinflußt wird, was sagt dann ein solcher Transferbegriff überhaupt aus, außer, *daß* es solche Einflüsse *gibt*?

August Flammer schlägt angesichts dieser Schwierigkeiten in seiner Dissertation[10] aus dem Jahre 1970 vor, einen "Transfer im weiteren Sinne" von einem "Transfer im engeren Sinne" zu unterscheiden. Mit "Transfer i.w.S." solle "jeder Aspekt der Nutzbarmachung [von Gelerntem, d.V.] in neuen Situationen (und es gibt nur neue Situationen!)" bezeichnet werden. Er regt an, "i.e.S. nur dann von Transfer zu sprechen, wenn zwischen zwei deutlich verschiedenen, wenn auch 'verwandten' Situationen Übertragung von bereits Gelerntem einen hervorstechenden Anteil am Erleben oder Verhalten aufweist"[11]. Ein solcher Transfer lasse sich nur post factum messen, indem zwischen der späteren und der früheren Situation ein Zusammenhang nachgewiesen werde. Transfer wird zum korrelationsstatistischen Artefakt: "Transfer muß sich in der Korrelation zwischen den individuellen Leistungen der zwei betreffenden Aufgaben zeigen."[12]

Ebenfalls am Begriff des Lernens orientiert ist der Vorschlag Karl Josef Klauers. Der Autor, der sich seit den sechziger Jahren eingehend mit dem Thema "Intelligenztraining" beschäftigt, mußte, um diese Trainierbarkeit theoretisch und empirisch absichern zu können, dem Transferproblem seine besondere Aufmerksamkeit widmen. In seiner Habilitationsschrift aus dem Jahre 1969 findet sich folgender Vorschlag: "Wir unterscheiden nun triviale von nichttrivialen Lerneffekten und definieren Transfer als nichttrivialen Lerneffekt. Die Unterscheidung bezieht sich auf die Aufgaben, bei denen Lerneffekte [definiert als 'lernabhängige Verhaltensänderung', d.V.] nachzuweisen sind; triviale Lerneffekte beschränken sich auf die Aufgabenstichprobe der Lernprozedur, nichttriviale oder Transfereffekte sind bei anderen Aufgaben nachweisbar."[13]

Transfer, verstanden als "nichttrivialer Lerneffekt", wird hier deutlich vom bloßen "Üben" abgehoben. Charakteristisch für Klauers Vorschlag ist, daß er die Nichtidentität von ursprünglicher Lern- und späterer Transfersituation betont und damit den alltagssprachlichen Phänomenen, die eingangs beschrieben wurden, weitaus näher kommt als die eben referierten, weit gefaßten Definitionsvorschläge. Klauer maß den Einfluß des Trainings mit testfremden Aufgaben auf Niveau, Profil und Struktur der Intelligenztestleistungen von Schulkindern. In der bildungspolitischen Auseinandersetzung um die Mobilisierung der Begabungsreserven[14] und im wissenschaftlichen Disput um die "dynamische Begabung"[15] konnte er zeigen, daß der Intelligenzquotient einer Entwicklung unterliegt und daß "grundsätzlich jeder Lernprozeß die intellektuelle Entwicklung beeinflussen kann, sei es fördernd, hemmend oder differenzierend, und zwar gleichsam als Nebenwirkung, d.h. also unabhängig davon, was unserer Meinung nach dabei in erster Linie gelernt wird"[16]. Man erkennt, welch tragende Bedeutung ein so verstandener Transfer für die (natürliche und geleitete) Entwicklung komplexer geistiger Funktionen und Strukturen hat.

Einen anderen Weg wählt der Aebli-Schüler Helmut Messner[17]: Getreu den strukturtheoretischen Vorgaben der Genfer Schule interpretiert Messner Lernen als Veränderung eines Ausgangszustandes A in einen Endzustand B (Lernergebnis). Dabei bestehe die Transformation im wesentlichen in einer Strukturveränderung: Während im Ausgangszustand globale, noch undifferenzierte Vorbegriffe und praktische Tätigkeiten, isoliertes Faktenwissen und einzelne Handlungselemente vorherrschend seien, lasse sich der Endzustand durch ein differenziertes Netz von Begriffen und Operationen kennzeichnen, das einen bestimmten Gegenstandsbereich modellhaft abbilde. Lernen sei somit ein subjektiv-neuartiges, sinnvolles In-Beziehung-Setzen von bereits bekannten Gedanken- oder Handlungselementen und somit Konstruktionsleistungen des lernenden Subjekts. Verhalten, von Messner in Ablehnung des behavioristischen Wortgebrauchs als zielgerichtete Aktivität gedeutet[18], bestehe in einer konkreten Situation darin, daß die in einer vorhergehenden Lernsituation aufgebaute Struktur rekonstruiert wird. Die Rekonstruktion dieser Struktur könne dabei erstens in unveränderter oder modifizierter Form und zweitens am gleichen Gegenstand wie in der

	Rekonstruktion einer Struktur	
	unter vertrauten Bedingungen	unter neuen Bedingungen
in unveränderter Form	Reproduktion	Anwendung (Transfer)
in veränderter Form	Transformation	
	Schema modifiziert nach Messner (1978, S. 53)	

5.2 Transfer: Schwierigkeiten der Begriffsbestimmung

Lernsituation oder an einem neuen Lerngegenstand erfolgen. Transfer nennt Messner jedwede Rekonstruktion unter neuen Bedingungen, gleich ob sie in unveränderter oder in modifizierter Form erfolgt:

Da die Anwendung erlernter Verhaltensweisen per definitionem in neuen Situationen stattfinde, stelle jedwede Anwendung eine Transferleistung dar. Diese Transferleistung könne entweder im Erkennen einer in einer bestimmten Situation aufgebauten Struktur anhand eines neuen Falles ("erkennende Anwendung") der in der Herstellung einer bekannten Struktur in einer neuen Situation ("herstellende Anwendung") oder in einer Mischform aus beiden bestehen.

Zweifellos muß Messners Beitrag, insbesondere was seine unterrichtspraktische Relevanz angeht, hoch bewertet werden: Indem er die Strukturiertheit als notwendige Voraussetzung von Handlungswissen betont, liefert er - anders als Transfer-Theorien, die sich auf isolierte Lernakte beschränken - Kriterien für eine didaktisch-qualifizierte Gestaltung von ganzheitlichen Lernprozessen, gleich ob diese sich nun im Schulunterricht oder in der innerbetrieblichen Weiterbildung finden, mit. Auch sein Hinweis, daß bereits das Erkennen einer bekannten Struktur im Kontext eines neuen Problems eine Leistung darstellt, die ihrerseits nicht als selbstverständlich vorausgesetzt werden darf, sondern gezielter didaktischer Hilfen bedarf, ist für die Planung von Lernprozessen von Bedeutung.

Allerdings sind auch einige Schwachstellen dieses theoretischen Gebäudes unverkennbar. Erstens mutet die Argumentation zirkelhaft an: Transfer wird gedeutet als "Rekonstruktion einer Struktur unter neuen Bedingungen", womit stets eine situative Modifikation der Struktur verbunden ist. In der Sprache Messners käme dies einer "strukturellen Transformation" gleich, wodurch bei ihm Lernprozesse im allgemeinen definiert sind. Hinter der nomenklatorischen Eigenart des Ansatzes wird damit Transfer faktisch unter Lernen subsumiert, obwohl mit den Begriffen der "Rekonstruktion" und der "Anwendung" eine deutlich Abgrenzung gegenüber "Lernen" intendiert wird. Zweitens ist zu fragen, ob Messners Identifizierung von Transfer und Anwendung zu überzeugen vermag oder ob nicht vielmehr jede Anwendung ihrerseits auf Transfer beruht? Wenn man die letzte Frage bejaht, wozu ich neige, dann steht man nach wie vor der Notwendigkeit, Transfer erklären zu müssen.

Die Ausgangsfrage, was Transfer denn eigentlich sei, ist also weiterhin unbeantwortet. Im Gegenteil ist es eine frappierende Beobachtung, daß der Begriff "Transfer" zwar bis in die neueste Literatur hinein immer wieder Verwendung findet, ohne aber bis auf ganz wenige Ausnahmen[19] in ein theoretisches Modell einbezogen und in ihm erklärt zu werden. Dieser Mißstand kann im Rahmen dieser Untersuchung und deren spezifischer Zielsetzung nicht befriedigend behoben werden, würde vielmehr einer eigenständigen intensiven Arbeit Stoff geben. Dennoch soll der Wichtigkeit des Themas wegen versucht werden, einige Punkte zu skizzieren. Für die weitere Argumentation ist es zunächst wichtig zu verdeutlichen, in welchem Zusammenhang Transfer-Forschung entstanden ist.

5.3 Formale Bildung oder spezifisches Lernen?

5.3.1 Formale Bildung - ein Mythos?

Eine der wesentlichen Ideen, die von den Protagonisten der Aufklärung seit dem 17. Jahrhundert verbreitet worden waren, bestand darin, daß nicht nur einzelne Wissensinhalte oder konkrete Fertigkeiten erlernbar seien, sondern auch abstrakte Fähigkeiten wie zum Beispiel das "vernünftige Denken". Ohne diese Überzeugung hätte der Gedanke der Bildung wohl kaum seine Faszination entwickeln können und ohne sie wäre dem Kantischen "Sapere aude!" die Grundlage entzogen. Damals wie heute stellte indessen der Vermittlungsschritt, wie denn "vernünftiges Denken" aus den einzelnen Wissensdaten hervorgehe, die zentrale theoretische Schwierigkeit dar. Zur Lösung dieses Dilemmas entlehnte man damals eine Denkfigur, die der zeitgenössischen Newtonschen Physik zu ihrem unerhörten Erfolg verholfen hatte: die Vorstellung, daß zwei Größen, obwohl sie räumlich nicht direkt miteinander verbunden sind, sich dennoch über eine wirkende Kraft beeinflussen können. So sollte auch die menschliche Seele einerseits Angriffspunkt "seelischer Kräfte" sein, wie man es heute noch in der Formulierung von der "Attraktivität" als einer "erotischen Anziehungskraft" besonders plastisch vor Augen hat, zugleich aber auch Ursprung und Wirkungsfeld "seelischer Kräfte"; unter anderem auch solcher, die auf die adäquate Wahrnehmung von Welt und Planung und Kontrolle eines entsprechenden vernunftgemäßen Handelns ausgerichtet sein sollten.

Die Doktrin der *formalen Bildung* in ihrer radikalsten Form lehrte, daß die "seelischen Kräfte" ebenso trainierbar seien wie etwa die Muskelkräfte des Körpers und daß zum Training dieser "geistigen Muskulatur" besonders die alten Sprachen und Mathematik geeignet seien.[20]

Solche Formulierungen legten die Interpretation nahe, es handle sich bei diesen Überlegungen um überzeitlich gültige Momente geistiger Entwicklung und die begehrte Schulung des Geistes ergäbe sich bei Befolgung des philologischen Rezeptes gewissermaßen automatisch. Unumstritten war solches Denken selbst in Philologenkreisen nie. So ist bereits deutliche Distanz spürbar, wenn Friedrich August Wolff feststellt: "Daher gingen unsere Vorfahren so weit, die Grammatik jener Sprachen ... als eine nützliche Gymnastik des Verstandes auch jenen aufzudrängen, die nur allgemeine, nicht literarische Aufklärung suchten."[21] Und nüchtern kommentierte Johann Friedrich Herbart solche Versteigungen pädagogischer Machbarkeitsideologie: "Der Verstand der Mathematik bleibt in der Mathematik. Der Verstand der Grammatik bleibt in der Grammatik."[22] Nicht, daß Herbart den Bildungswert lateinischer und griechischer Sprachstudien schlechthin bestritten hätte: Im Gegenteil hatten sie auch in seinem System ihren unverrückbaren Platz; an den behaupteten *formalen Transfer* mochte er jedoch nicht glauben.

Fraglich ist allerdings, inwieweit diese Lesart der Formalen Bildung von den Autoren selbst jemals intendiert war. Unterzieht man die häufig zitierten Textstellen einer Kontextanalyse, so findet man, daß es den Autoren keineswegs um eine Ablehnung

5.3 Formale Bildung oder spezifisches Lernen?

von konkreten Bildungsinhalten ging, daß sie allerdings - in bewußter Absetzung von einem barocken Bildungsideal der Gelehrsamkeit - forderten, es nicht bei der Vermittlung isolierten Faktenwissens zu belassen. Erst die im Zuge massenhafter Verbreitung auftretende Vulgarisierung des neuhumanistischen Gedankengutes scheint zu jener fatalen Verabsolutierung des funktionalen Aspektes der oben genannten Bildungsprozesse geführt zu haben, gegen die dann bald berechtigte Kritik angemeldet wurde.

5.3.2 Empirisch begründete Zweifel

Erste empirisch begründete Zweifel an der Möglichkeit einer allgemein wirkenden formalen Geistesbildung wurden 1905 durch Ebert und Meumann[23] vorgetragen. Durch ein mehrwöchiges Training im Einprägen sinnloser Silben konnten sie bei ihren Versuchspersonen zwar eine durchgängige, nicht unbeträchtliche Steigerung der Gedächtnisleistungen erzielen, allerdings waren die Übungseffekte in der Langzeitwirkung dort am größten, wo spezifisch trainiert worden war: beim Behalten sinnloser Silben. Mit anderem Material, beispielsweise bei Gedichten oder philosophischer Prosa, fiel die Leistungssteigerung teilweise nur halb so hoch aus.[24] Eine trainierbare allgemeine Gedächtnisfunktion schien es demnach nicht zu geben.

Ihren entscheidenden Stoß erhielt die Theorie der formalen Bildung durch die umfangreichen Untersuchungen des amerikanischen Psychologen Edward Thorndike[25] in den zwanziger Jahren unseres Jahrhunderts. Mit vielen seiner Kollegen teilte er das Unbehagen am mythisch überhöhten formalen Bildungsanspruch der Alten Sprachen.[26] Wenn irgendeinem Schulfach, sei es nun Latein oder Mathematik, die Qualität zukomme, das logische Denken zu schulen, dann müßte sich, so lautete seine einfache Grundüberlegung, nach einer gewissen Zeit ein Unterschied in der Intelligenztestleistung erkennen lassen zwischen Menschen, die in diesem Fach unterrichtet wurden und solchen, die bei sonst gleichem Unterricht und Lebensalter in diesem Fach keinen Unterricht erhalten hatten. An mehr als 13.000 Schülern der Jahrgangsstufen 9 bis 12 in amerikanischen Highschools testete Thorndike in Vergleichsgruppenuntersuchungen den formalen Bildungswert einzelner Schulfächer im Hinblick auf ihre intelligenzsteigernde Wirkung über den Zeitraum von jeweils einem Schuljahr. Entgegen der "Doktrin der formalen Bildung", wie er den monopolisierten Bildungsanspruch der alten Sprachen nannte, konnte deren besonderer Bildungseffekt nicht nachgewiesen werden. Mehr noch: Der Intelligenzzuwachs während eines Schuljahres variierte nur in geringem Umfang in Abhängigkeit von der unterrichteten Fächerkombination, in starkem Umfang vielmehr in Abhängigkeit von den Ausgangsleistungen der einzelnen Schüler zu Beginn des Schuljahres. Ein formales Lernen gebe es streng genommen gar nicht, folgerte Thorndike, sondern Transfer komme dort, aber auch nur dort zustande, wo sich in neuem Lernstoff und früher Erlerntem "identische Elemente" zeigten, die im neuen Lerngeschehen als Assoziationsreize zum Wiedererkennen von bereits Gewußtem dienen könnten.

Aus diesen Ergebnissen zog man im amerikanischen Schulwesen sehr weitreichende Konsequenzen hinsichtlich der nun einsetzenden außerordentlich weitgehenden Differenzierung der Unterrichtsfächer. Wo kein Lehrbereich eine besondere, ihn vor anderen auszeichnende Bildungswirkung beanspruchen konnte, durfte man sich auf eine andere, primär an Nützlichkeit, unmittelbarer Verwertbarkeit und späterer Anwendbarkeit ausgerichtete Legitimationsfigur für Bildungsinhalte stützen. Dem Konzept einer *allgemeinbildenden* Schule, die nicht nur auf konkrete Aufgabenfelder vorbereitet, sondern *Denkerziehung* zu leisten im Stande ist, wurde damit - wenn auch damals nicht intendiert - eine Absage erteilt.

Weinert hat darauf hingewiesen[27], daß Thorndike aus seinen an sich korrekt gewonnenen Ergebnissen zu weit reichende Schlüsse gezogen habe. Zwar sei der ursprüngliche Optimismus der Verfechter einer formalen Bildungstheorie völlig unhaltbar, der Umkehrschluß, jegliche formalbildende Wirkung zu bestreiten, widerspreche indessen der bereits auf vorwissenschaftlicher Ebene allfälligen Erfahrung, daß Denken geschult werden könne. Thorndike hat dies selbst nie bestritten: "Identische Elemente" konnten seiner Meinung nach sowohl in den Übungsinhalten ("Identität des Stoffes") als auch in der Einstellung und der zur Anwendung gelangenden Methodik ("Identität des Verfahrens")[28] erfaßt werden. Bei der Übertragung von Einstellungen auf entsprechende Situationen und der Anwendung gleicher Verfahren in analogen Problemstellungen handelt es sich, Thorndikes Verdikt zum Trotz, um einen ausdrücklich *nicht inhaltsgebundenen*, mithin *formalen* Transferprozeß. Daß Thorndikes Theorie diesen formalen Transfer zwar postuliert, aber nicht modelliert, ist als einer ihrer entscheidenden Schwachpunkte anzusehen. Darüber hinaus hat Messner in der Denktradition Piagets und Aeblis darauf hingewiesen, daß die transferrelevante Ähnlichkeit zwischen Gegenständen oder Aufgaben weniger durch einzelne identische Elemente als durch *gemeinsame strukturelle Züge* gegeben ist. "Zwischen der Funktionsweise einer Kolbenpumpe und einem Trinkröhrchen besteht rein äußerlich keine Ähnlichkeit, und trotzdem sind beide Gegebenheiten strukturell verwandt oder ähnlich."[29] Da Grund zu der Annahme besteht, daß insbesondere die hier erwähnte strukturelle Ähnlichkeit für Transfer auf komplexer Ebene von entscheidender Bedeutung ist, erweist sich Thorndikes Theorie für als unergiebig für die Fragestellung dieser Arbeit. Als empirisch-kritische Gegenposition zu einem überzogenen Glauben an die Möglichkeiten formaler Bildung behält sie allerdings ihre Gültigkeit, und sei heute insbesondere jenen zur Lektüre empfohlen, die noch oder wieder an die Trainierbarkeit der "geistigen Muskulatur" glauben: "Gehirnjogging" trainiert nicht das Gehirn als ganzes, sondern die konkret geübten Fertigkeiten, eventuell noch Ausdauer und die Willensstärke, sich über längere Zeit einer Prozedur zu unterziehen, deren Sinn man nicht erkennen kann, an deren Wirkung zu glauben man jedoch bereit ist.

5.3.3 Widerlegung oder Paradigmenwechsel?

Wichtig für die weitere Argumentation ist folgender Hinweis, den man aus der oben gegebenen Darstellung ziehen kann: Empirische Transferforschung steht in engster Beziehung zur Theorie der formalen Bildung. Thorndike negiert zwar eine generell wirkende formale Bildung und setzt an deren Stelle den bereichsspezifischen Transfer, aber er bewegt sich innerhalb des Paradigmas der formalen Bildung. Auch er sucht nämlich nach einer "geistigen Funktion", die sich "steigernd auf andere Funktionen" auswirkt und deren gezielte erzieherische Beeinflussung entsprechende Resultate verspricht. Und er findet seine Antwort innerhalb dieses Paradigmas: "Eine geistige Funktion wirkt steigernd auf andere Funktionen, insoweit und weil diese z. T. identisch mit ihr sind."[30] Transfer beruht hier auf der Teilidentität von *geistigen Funktionen*.

Dieser Hinweis auf die konzeptgebundene Entstehung des Transfer-Begriffs ist entscheidend dafür, was man von einem Transfer-Modell eigentlich erwarten darf: Wenn "Transfer" erst unter der Prämisse der formalen Bildung gedacht werden kann, diese Prämisse sich aber als unhaltbar erweist, dann ist auch das Transfer-Phänomen selbst hinfällig. Hier gilt der Satz der Aristotelischen Logik, daß man aus Falschem nichts Wahres folgen kann. Man verstehe dies recht: Die Ablehnung des Transferbegriffs enthebt nicht der Notwendigkeit, die Bedingungen des logischen Denkens zu erforschen. Vielmehr ist zu folgern, daß die Theorie der formalen Bildung insbesondere in ihrer vulgarisierten Form zu einer falschen Fragestellung führte, als deren Antwort man das Transferkonzept entwarf. Es scheint lohnend, die gemeinsame Wurzel von Transfer und formaler Bildung wieder aufzunehmen und in der Frage zu formulieren: Wie entsteht aus dem vielen Einzelnen, das wir lernen, etwas anderes, was man "vernünftiges Denken" oder "Urteilskraft" nennt, und wie kann man die Entwicklung auf dieses Ziel hin fördern? Mit dieser Fragestellung wird die ursprüngliche Intention der formalen Bildung wieder aufgegriffen, über die Vermittlung von Faktenwissen eine ganzheitlich verstandene "Bildung des Geistes" zu gewährleisten. Dabei sei die Frage, anhand welcher Inhalte solche "Geistesbildung" geschehen solle und ob ihr ein Primat gegenüber der Wissensvermittlung einzuräumen sei, zunächst zurückgestellt.[31]

5.4 Komplexes wächst aus Einfachem: Bedingungen des Transfers

Die Abkehr vom Thorndike'schen Transfermodell vollzog sich in Etappen, die durch bestimmte Schlüsselexperimente charakterisierbar sind. Man findet sie in allen Lehrbüchern der pädagogischen Psychologie beschrieben, so daß sie hier nur kurz in Erinnerung gerufen werden müssen. Für die Argumentation dieser Arbeit ist es wichtig, die Entwicklung der Rahmentheorien zu beschreiben, um zu verdeutlichen, wie wenig befriedigend die Antworten der Thorndike'schen Transferforschung waren, unter welchen Argumenten sich Kritik formierte und zu welchem neuen, überraschend einheitlichen Argumentationsstrang sich dieser Prozeß formt.

5.4.1 Experimente mit weitreichenden Folgen

Thorndike hatte behauptet, Transfer gebe es nur insoweit, als zwischen der neuen Lernsituation und vorausgehenden Lernerfahrungen eine partielle Identität bestehe. Auf dem Boden seiner eigenen Lerntheorie[32], des Einschleifens von erfolgreichen und des Auslöschens von erfolglosen Reaktionstendenzen, müßten sich demnach in beiden Situationen identische S-R-Verbindungen aufzeigen lassen. Lange bevor Thorndike seine Experimente zum Transfer unternahm, hatte Charles Judd an dieser engen Deutung von Lernen als Bildung und Speicherung hochspezifischer S-R-Verbindungen Kritik angemeldet. Träfe diese nämlich zu, dürfte die Vermittlung eines verschiedenen Phänomenen zugrundeliegenden Prinzips auf das Erlernen dieser Sachverhalte keinen Einfluß haben, da ja von jeder einzelnen Erscheinung eine eigene S-R-Verbindung aufgebaut werden muß. Judd wies demgegenüber nach, daß bei Beherrschung des Snellius'schen Prinzips der Lichtbrechung die Trefferleistung für Unterwasserziele signifikant höher war als ohne Kenntnis dieses Prinzips.[33] Versuche mit ähnlichem Design wurden mehrfach durchgeführt. In einer Wiederholungsuntersuchung zu Judd bestätigten Overing und Travers[34] im Jahre 1966 dessen Ergebnisse vom Grundsatz her; allerdings wiesen sie in ihrer differenzierteren Studie nach, daß nicht nur die Kenntnis des Prinzips, sondern ebenso die Art und Weise, wie die Versuchspersonen das Brechungsprinzip erlernt hatten, nochmals von großem Einfluß auf die Qualität der Lösungen hatte: Je nachdem, wie die Information vermittelt worden war und ob die Versuchspersonen vor ihren Wurfversuchen die Information nochmals mit eigenen Worten wiedergeben mußten, variierte die Fehlerzahl erheblich.

Einen weiteren Beleg für die *Überlegenheit solcher sinnorientierter Lernverfahren* und zugleich für die Notwendigkeit einer Abgrenzung des Transfers von bloßen Übungsphänomenen erhält man aus dem Experiment Woodrows[35] aus dem Jahre 1927. Woodrow verglich die Gedächtnisleistung in drei verschiedenen Gruppen: Während die erste Gruppe (Kontrollgruppe) kein spezielles Training erhielt, übte eine zweite Gruppe (Praxisgruppe) während eines Monats insgesamt 177 Minuten das Auswendiglernen von Gedichten (90 Min.) und sinnlosen Silben 87 Min.). Die dritte Gruppe (Übungsgruppe) trainierte im gleichen Zeitraum in jeder der beiden Kategorien weniger (je 76 Min.), erhielt aber in den verbleibenden 25 Minuten der Gesamtübungszeit Informationen über effektive Lern- und Selbstkontrolltechniken. Gemessen wurde der Leistungszuwachs im Auswendiglernen von Prosatexten, Sachverhalten, Geschichtszahlen, türkisch-englischen Vokabelpaaren und Konsonantenreihen. Der prozentuale Übungsgewinn der Kontroll- und der Praxisgruppe war durchweg sehr gering. Nur bei der Gruppe, bei der praktisches Üben und mnemotechnisches Training kombiniert worden war, wurden beachtliche Fortschritte gemessen.

Eine Deutung, worin diese leistungssteigernde Wirkung des zuvor vermittelten Prinzips zu sehen sei, bot aus gestaltpsychologischer Perspektive Katona[36] im Jahre 1940: Katona experimentierte mit einer bestimmten Art von Denksportaufgaben (Legen von Streichholzfiguren), die zu ihrer Lösung eine Umstrukturierung der Ursprungsfigur notwendig machten. Auch er konnte zeigen, daß weniger die äußere Ähnlichkeit des Aufgabentyps als vielmehr die vorhergehende Vermittlung des zugrunde liegenden Prinzips und die daraus folgende Einsicht in die Problemstruktur eine entscheidende Steigerung der Lernleistung bewirkten.

"Einsicht" im Sinne von Erkenntniszuwachs bezüglich des Gesamtsystems spielt auch im folgenden Experiment von Bourne[37] aus dem Jahre 1970 eine zentrale Rolle. Bourne untersuchte Phänomene der Regelidentifikation bei der Begriffsbildung. Nach Bourne ist ein Begriff unter formalen Gesichtspunkten ein Gebilde der Art C = R (x, y, ...), wobei C für den Begriff (concept), x, y, ... für die den Begriff definierenden

5.4 Komplexes wächst aus Einfachem: Bedingungen des Transfers

Merkmale und R für die diese Merkmale verbindenden Relationen steht.[38] Begriffsbildung kann sich auf zwei verschiedene Arten abspielen: Erstens können bei bekannten Verknüpfungsregeln die definierenden Merkmale bestimmt werden (Merkmalsidentifikation); zweitens können bei gegebenen Merkmalen deren Verknüpfungsregeln festgelegt werden (Regelidentifikation).

Bournes genauer Versuchsablauf ist bei Hussy[39] ausführlich dargestellt und soll wegen der zu seinem Verständnis notwendigen umfangreichen Rahmenerläuterungen an dieser Stelle nicht wiederholt werden. Wichtig ist das Ergebnis: Bourne ließ seine Probanden anhand eines bestimmten Mustervorrats (Kreis, Quadrat und Dreieck in den Ausprägungen weiß, schraffiert und schwarz jeweils groß und klein) aufgrund eines vorgegebenen Beispiels nacheinander vier verschiedene Verknüpfungsregeln für zweidimensionale Begriffe, wie man sie aus der Wahrheitstafel kennt, herausfinden. Dabei mußte jede einzelne dieser Regeln in drei aufeinander folgenden Durchgängen mit verschiedenen Merkmalen erarbeitet werden. Trägt man die Fehlerzahl gegen die zwölf Durchgänge auf, findet man ein charakteristisches Muster:[40]

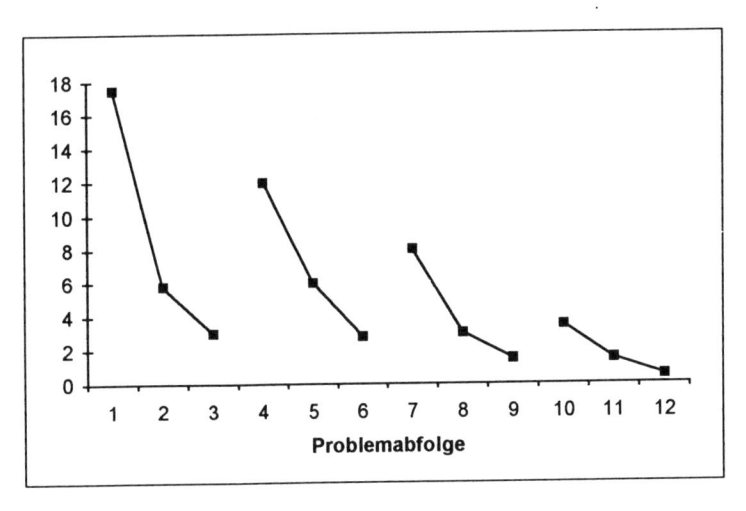

Man erkennt zunächst den deutlichen Übungseffekt innerhalb desselben Regeltyps. Bei Regelwechsel steigt die Zahl der Fehler zunächst wieder an, jedoch nicht auf den ursprünglichen Wert des ersten Versuchs. Die Versuchspersonen lernen offenbar nicht nur eine bestimmte Regel, sondern darüber hinaus auch Strategien der Regelbildung. Ihre Strategien werden um so besser, je tiefer ihre Einsicht in die Struktur des Gesamtsystems ist.[41]

Inhaltliche Berührungspunkte des Bourne-Experiments mit dem bekannten Oddity-Experiment von Harlow[42] sind offensichtlich. Harlow hatte Rhesusaffen darauf trainiert, Diskriminationsaufgaben zu lösen. Jede Aufgabe bestand darin, unter drei Symbolen, von denen jeweils zwei einander ähnlich waren, das dritte "Odd"-Symbol herauszufinden. Harlow fand, daß bei wechselnden Symbolreihen die neuen Aufgaben jeweils schneller erlernt wurden als die vorhergehenden. Er konnte sogar nachweisen, daß bei einer entsprechend hohen Zahl von Trainingsdurchgängen die Lernkurve, die bei der ersten Symbolreihe noch exakt dem Versuchs-Irrtum-Muster entsprochen hatte, nunmehr der Kurve ähnelte, wie man sie typischerweise beim Lernen aus Einsicht findet.

Harlow interpretierte seine Ergebnisse - recht weitgehend, wie mir scheint - als "learning how to learn". Dies hat jedoch nur insofern eine Berechtigung, als seine Versuchstiere gelernt hatten, mit Aufgaben des Diskriminationslernens umzugehen. Spätestens die eingedeutschte Fassung dieses Begriffs, das "Erlernen des Lernens"[43], weist jedoch in eine völlig falsche Richtung: Hier wird keineswegs das Erlernen des Lernens schlechthin behandelt, sondern das Erlernen einer bestimmten Fertigkeit, die in diesem speziellen Falle eine Diskriminationsaufgabe ist.

Wichtig bleibt indessen auch der Hinweis Harlows, daß hier ein unspezifischer, d.h. nicht an identische Materialelemente gebundener Transfer stattgefunden haben müsse: zu Zeiten eines dominanten behavioristischen Forschungsparadigmas ein bemerkenswertes Ergebnis.

An dieser Stelle muß die Diskussion, ob der Erwerb natürlicher Begriffe tatsächlich über Merkmals- oder Regelidentifikation erfolgt, nicht weiter verfolgt werden, weil das Forschungsinteresse im Rahmen der hier vorgelegten Arbeit in eine andere Richtung geht. Das Experiment von Bourne steht im Hinblick auf das Thema dieser Arbeit für sich selbst: Ich deute den hier dargestellten Prozeß der Regelidentifikation als abstrakten Problemlöseprozeß und bin zunächst mit dem Ergebnis konfrontiert, daß nicht nur das Finden ein und derselben Regel immer schneller von statten geht (Übung), sondern daß bei formal ähnlichen, inhaltlich aber deutlich verschiedenen Problemlöseprozessen ein entsprechend positiver Effekt zu beobachten ist.

Eine letzte Bemerkung: Die Lösung der Aufgaben gelingt nur auf einem hohen Abstraktionsgrad, sowohl was den Lösungsweg als auch was die Formulierung der Lösung betrifft. Darin liegt eine wesentliche Schwierigkeit für jede Versuchsperson, besonders aber für Kinder. Auf dem Boden der Piaget'schen Theorie der kognitiven Entwicklung ist zu erwarten, daß erst Probanden, die das Stadium der formalen Operation erreicht haben, zu solchen Überlegungen fähig sind. da es sich im Piaget'schen Sinne[44] bei der geforderten Leistung um den Aufbau eines kombinatorischen Systems handelt. Über eine entsprechende Beobachtung berichten Bourne und O'Banion[45] im Jahre 1971: Sie fanden, daß erst Kinder ab einem Alter von etwa zehn Jahren einen nennenswerten Transfer bei der Regelidentifikation aufwiesen. Hussy hat daraus gefolgert, daß ein solch abstrakter Erkenntnisgewinn offensichtlich vorher noch nicht möglich sei. Diese Konsequenz, die der Autor überraschenderweise nicht mit der Piaget'schen Konzeption verbindet, werte ich als einen weiteren deutlichen Hinweis dafür, daß Transfer nicht nur an sachlogische, sondern auch an personimmanente (zumindest an entwicklungspsychologische) Voraussetzungen gebunden ist und daß es sich nicht

5.4 Komplexes wächst aus Einfachem: Bedingungen des Transfers

um eine an sich bestehende Größe handelt, die an sich trainierbar wäre, ebensowenig, wie es eine für sich bestehende "Transfer-Fähigkeit" gibt.

5.4.2 Theoretische Positionen: Zur Neuorientierung des Transfermodells

Klauer[46] hat darauf hingewiesen, daß die Definition der identischen Merkmale als *Beobachtungsgrößen* eine relativ späte Entwicklung in Thorndikes Konzept darstellten, die vermutlich auf den Einfluß Watsons[47] zurückzuführen gewesen sei. Damit sei allerdings, so Klauer, nicht nur die Definition von Transfer verändert, sondern der Gegenstand selber aufgegeben worden:

"Wenn Transfer als eine Funktion von Art und Zahl identischer Elemente des Lern- und Testmaterials gefaßt wird, beinhaltet dieses, daß identisches Lernmaterial stets identische Transfereffekte produziert, daß man also für jede Aufgabe ein für allemal angeben könnte, was mit ihr gelernt wird, z.B. unabhängig davon, was vorher gelernt wurde und was nachher gelernt wird; d.h. der Transfereffekt ist unabhängig vom vorausgehenden oder nachfolgenden Lernen, Transfer bezeichnet ein Lernen, das durch anderweitiges Lernen nicht beeinflußt wird."[48]

Diese Konsequenz war in der Frühzeit behavioristischer Transferforschung nicht gesehen worden. Einen gangbaren Weg schienen zunächst die Modelle der Reiz- bzw. der Reaktionsgeneralisierung zu bieten. Von Hull[49] kam die Idee hinzu, einen Generalisierungsgradienten anzunehmen: Eine Reaktion innerhalb eines erlernten S-R-Schemas werde um so schwächer, je weniger neue auslösende Reize dem ursprünglichen ähneln. Osgood[50] hat 1949 auf der Basis solcher Überlegungen ein Transfermodell vorgelegt, das lange Zeit richtungsweisend blieb, und das als Formalisierung des Thorndike'schen Konzepts angesehen werden kann. Flammer[51] kommt in seiner Bestandsaufnahme verschiedener Transfertheorien und -modelle abschließend zu dem Ergebnis, daß die von ihm besprochenen zwölf Modelle fast alle auf einer Ausgliederung von Stimulus und Response beruhen: Sie alle schlossen sich Osgoods Überlegungen an.

In dieses Osgood'sche Grundmodell lassen sich allerdings eine Reihe von Beobachtungen nicht integrieren, die im vorigen Punkt als Schlüsselexperimente referiert wurden. Diese Experimente wurden ihrerseits geleitet von theoretischen Vorstellungen, die mit der Modellierung von Lernprozessen im Sinne des Behaviorismus nicht verträglich waren und die in ihrem Insgesamt zur Formung der Kognitiven Psychologie beitrugen.

Die Darstellung dieser Positionen dient dazu, eine zeitgemäße Vorstellung von jenen Prozessen und Zusammenhängen zu gewinnen, die innerhalb des Paradigmas der Formalen Bildung als "Transfer" bezeichnet worden waren. Eine kurze Skizze der wichtigsten theoretischen Positionen wird auch Hinweise geben auf wichtige Fragen der Organisation von Bildungsprozessen, die bei technisch-funktionaler Deutung des Transfer-Phänomens aus dem Blick geraten. Meine Darstellung wird dabei insgesamt von der Idee geleitet, das Zustandekommen komplexer geistiger Prozesse und Funktionen im allgemeinen zu erklären, denn Kompetenz, Selbständigkeit und Bewältigungsfähigkeit sind eben solche komplexen geistigen Konstrukte.

5. Kompetenz durch Bewältigung und das Transferproblem

Wilhelm Wundt (1832-1920), der Begründer der experimentellen Psychologie, stand der Erforschung komplexer geistiger Prozesse sehr reserviert gegenüber. Seine Skepsis, die sich im Strukturalismus seines Schülers Edward Titchener (1867-1927) und in der Folge im Behaviorismus John B. Watsons (1878-1958) fortsetzte, blieb lange Zeit hindurch bestimmend. Einer der ersten, die diese Reserve aufzugeben bereit waren, war Oswald Külpe (1862-1915), ebenfalls Schüler Wundts und Begründer der Würzburger Schule. Külpe überwand in den ersten Jahren unseres Jahrhunderts Wundts reduktionistische Vorstellung vom Denken als geordneter Verkettung von Vorstellungen, indem er nachwies, daß nicht jedes Denken von Vorstellungen begleitet ist. Külpe selbst interpretierte Denken als einen *zielgerichteten Prozeß*, dessen teleologische Struktur aus der *Aufgabe* erwachse. Die Aufgabe weise der Versuchsperson die *Richtung*, in die sie denken solle, und vermittle ihr eine *Einstellung*, die den Ablauf ihres gesamten Erlebens während der Aufgabenlösung beeinfluße. Solche Einstellungsphänomene müssen dabei durchaus nicht immer günstige Wirkungen zeitigen: Das wohl bekannteste Experiment zur negativen Wirkung einer solchen "Routine-Einstellung" ist das Wasserumfüllproblem von Luchins[52], in dem die Gewohnheit, wie eine Aufgabe zu lösen ist, schließlich den Blick für die *einfachste* Lösung einer dargebotenen Teilaufgabe verstellt.

Einen wichtigen Beitrag zur Korrektur des Thorndike'schen Transfer-Begriffs leisteten daneben die Vertreter der Gestaltpsychologie. Wenn die Würzburger Schule sich vorrangig auf die Erforschung des Denkens konzentriert hatte, so wiesen seit 1910 Max Wertheimer (1880-1943), Wolfgang Köhler (1887-1967) und Kurt Koffka (1886-1941) darauf hin, daß bereits in der Wahrnehmung einer Aufgabe oder eines Problems entscheidende Momente zu ihrer Lösung enthalten sind. Nach Wertheimer ist unsere Wahrnehmung mehr als die Summe einzelner Sinneseindrücke; sie organisiert sich nach eigenen Gesetzmäßigkeiten, deren gemeinsamer Nenner die "Prägnanztendenz", die Tendenz zur "guten Gestalt", darstellt.

Für das Thema dieser Untersuchung ist dabei von Bedeutung, daß nach der hier referierten Auffassung die gestalthafte Organisation des Wahrnehmungsfeldes das Denken, vor allem das Problemlösen, beeinflußt. Köhler sprach von der Bedeutung der unmittelbaren Einsicht; nicht nur durch "Versuch und Irrtum" werden Lösungen gefunden, sondern plötzlich, in einem "Aha-Erlebnis" (K. Bühler[53]). Wertheimer betonte den Charakter des produktiven Denkens als Umstrukturierung der Problemgestalt im Hinblick auf die Lösung. Sein Schüler Karl Duncker (1903-1940) faßte diesen Prozeß des Umstrukturierens noch etwas genauer: Zur Lösung einer Aufgabe müsse der Funktionswert des in der Aufgabe selbst gegebenen Materials erkannt werden. Transfer beruht dann darauf, daß die Feldstruktur der Aufgabe (Köhler) durch Einsicht erfaßt wird und daß dem zur Verfügung stehenden Material im Hinblick auf die Aufgabe ein angemessener (bekannter oder auch völlig neuer) Funktionswert zugewiesen wird.

Gerade das zuletzt Gesagte macht noch einmal sehr deutlich, wie ambivalent unter Gestalttheoretikern das Transferphänomen beurteilt wurde, beispielsweise im Zusammenhang mit Phänomenen der Kreativität: Wenn es insbesondere die Zuweisung eines unkonventionellen Funktionswertes ist, die kreative Prozesse charakterisiert, dann

5.4 Komplexes wächst aus Einfachem: Bedingungen des Transfers

können vorausgehende Erfahrungen mit dem Material eine mögliche kreative Lösung nicht nur fördern, sondern im Gegenteil entscheidend behindern: Transfer wird zur unerwünschten Größe. Dieser Zusammenhang wurde in zahlreichen Experimenten untersucht; für die kreativitätshinderliche "funktionale Gebundenheit" sei beispielhaft an das bekannte Zwei-Seile-Problem von Maier erinnert, zu dessen Lösung eine Zange zum Pendelgewicht umfunktioniert werden muß. Birch und Rabinowitz[54] haben auf der Grundlage dieses Maier'schen Problems die Dimension der funktionalen Gebundenheit in einem eindrucksvollen Experiment herauspräpariert: Wenn als Pendelgewicht zwei Gegenstände zur Verfügung standen und die Versuchspersonen auf die reguläre Funktion eines der beiden hingewiesen wurden, so strukturierten sie in den allermeisten Fällen jenen Gegenstand zum Pendelgewicht um, der ihnen zuvor nicht in einem anderen Funktionalzusammenhang erläutert worden war.

Es gibt allerdings auch einen spezifischen Beitrag der Gestaltpsychologie zur Erforschung von Transfer, der hier nicht in Form eines Wissens- oder Erfahrungstransfers vorliegt, sondern der von der Einsicht in die Feldstruktur getragen wird. Aebli hat diesen Aspekt der Gestaltpsychologie besonders hervorgehoben: "Wahrnehmung und Handlung finden in einem Felde, in einer Umwelt statt, die ihre Struktur hat. Problemlösungen haben dieser Rechnung zu tragen, Einsicht erfaßt die Zusammenhänge in ihr."[55] Problemlösungen, zu der ja auch die Nutzbarmachung von Gelerntem gehört, haben also der Feldstruktur Rechnung zu tragen. Allerdings was dies überhaupt heißt, "die Feldstruktur erfassen", wie es dazu kommt, von welchen Bedingungen dieser Prozeß näherhin abhängt, dazu sucht man vergeblich nach Hinweisen in den Schriften von Wertheimer, Köhler, Duncker. Häufig ist in diesem Zusammenhang kritisiert worden, daß die Gestalttheoretiker sich auf die Beschreibung der aktualgenetischen Aspekte einer Problemlösung beschränkten. Insbesondere die Frage, welche Voraussetzungen an Wissen und damit an vorausgegangenen Lernprozessen für die angemessene Erfassung der Feldstruktur bedeutsam sind, bleibe außen vor.

Damit ist die paradoxe Situation zu berichten, daß ausgerechnet eine Schule, die Bahnbrechendes zum produktiven Denken und zur Kreativitätserziehung entdeckt und veröffentlicht hat, ein theoretisches Gebäude errichtet, in dem wegen der aktualgenetischen Selbstbeschränkung die bildungstheoretischen Grundlagen des produktiven Denkens streng genommen nicht dargestellt werden können.

Legt man jedoch entsprechende Forschungsergebnisse aus dem Kreise der Gestaltpsychologen auf unsere Fragestellung hin aus, so wird die bleibende Bedeutung ihres Beitrages deutlich, hinter welcher die vorgetragene Kritik zurücktreten darf: Wenn die Wahrnehmung einer Situation nach ganzheitlichen Gesichtspunkten organisiert ist und wenn für die Lösung eines Problems die korrekte Erfassung der situativen Struktur notwendig ist, dann muß Transfer die Erfassung solcher Strukturen begünstigen. Dann muß man nach Wegen suchen, wie ein solcher gerichteter Wahrnehmungsprozeß nicht nur aus der aktuellen Situation, sondern außerdem aus der Gedächtnisbasis heraus, aufgrund erlernter Begriffe und Strukturen, beeinflußt werden kann.

Hinweise auf diese Fragen finden sich bei Otto Selz 1881-1944), der unabhängig von den Gestalttheoretikern und der Würzburger Schule seine Denkpsychologie entwickelte. Selz griff Külpes Moment der Zielgerichtetheit auf, und versuchte, diese dadurch zu erklären, daß er an die Stelle der Wundt'schen Assoziation den Begriff des "Sachverhältnisses" setzte: Sachverhältnisse strukturieren unser Wissen. Sie seien verantwortlich dafür, daß bei der Lösung von Aufgaben die hierarchisch verschachtelten Wissensgebiete zielgerichtet aktualisiert werden.[56] "Eine Zielsetzung zieht ... die Reproduktion gewisser mehr oder weniger allgemeiner intellektueller oder motorischer Operationen nach sich. Hierbei besteht die Gesetzmäßigkeit, daß durch die Zielsetzung diejenigen Operationen ausgewählt werden, welche zur Verwirklichung eines Zieles erfahrungsgemäß geeignet sind."[57]

Selz nahm damit in außerordentlich modern wirkender Weise wesentliche Ergebnisse der heutigen Problemlöseforschung vorweg. Ich beschränke mich auf den Aspekt, der die Transferproblematik im engeren Sinne berührt, auf die Frage, wie man sich die Anwendung von Gelerntem in neuen Situationen vorzustellen hat. Selz beantwortete diese Frage von einer gedächtnispsychologischen, wissenstheoretischen Warte aus. Er unterschied drei Fälle der Anwendung von Wissen oder, wie er sich in diesem Zusammenhang ausdrückte, von "organisierter produktiver Tätigkeit":

- "Sind die Mittel zur Erreichung eines bestimmt gearteten Zieles einer Produktion bereits bekannt, so wird das Ziel verwirklicht, indem jene Mittel durch determinierte Reproduktion aktualisiert werden."

- Wenn solche Mittel nicht zur Verfügung stehen, setze "ein Prozeß ein, der auf Aktualisierung des Wissens von solchen Methoden gerichtet ist".

- Falls dies nicht gelinge, müsse man eben warten, "bis ein günstiger Zufall einen Vorgang zeigt, der den gesuchten Erfolg herbeiführt".[58] Dietrich Dörner wird sechzig Jahre später den ersten Fall "epistemische", den zweiten "heuristische Struktur" nennen.

Anders als die Vertreter der Gestaltpsychologie konnte Selz in diesem Modell beschreiben, wie es zum transferwirksamen "Aha-Erlebnis" kommt. Ich gebe die betreffende Passage in folgendem längeren Zitat wieder: "Aus experimentellen Untersuchungen wissen wir, daß jede Zielsetzung bestimmte starke und dauernde Nachwirkungen hinterläßt, die wir nach Ach 'determinierende Tendenzen' nennen. Soll oder kann die Ausführung nicht erfolgen, bestehen diese Nachwirkungen in der Tendenz, auf einen sich aus dem Inhalt der Zielsetzung ergebenden Anlaß hin bestimmte Operationen vorzunehmen. ... Die Determination zur Verwirklichung eines Ziels schließt die determinierende Tendenz zur Beachtung und Verwertung der Tatsachen in sich, die zu seiner Realisierung dienen können. Treten solche Tatsachen auf, so wirken sie infolge der Stärke der determinierenden Tendenzen nach Art der Auslösung von Spannkräften. Das Bewußtsein von den beobachteten Tatsachen und der Inhalt der Zielsetzung enthalten nämlich als gemeinsames Moment den Hinweis auf Vorgänge, die einen bestimmten Erfolg herbeiführen. Die beobachtete Tatsache kann daher durch Gleichheitsreproduktion und sich anschließende Abstraktion ihres Verhältnisses zum Endziel ihre Erkenntnis als Mittel herbeiführen. Infolge der Stärke der determinierenden Tendenzen genügt schon eine ganz geringe reproduzierende Wirkung der beobachteten Tatsache, um den ganzen Vorgang zur Auslösung zu bringen. Die erstaunliche Fähigkeit, mit der Entdecker und Erfinder an die unscheinbarsten, tausendmal unbeachtet gelassenen Tatsachen die kühnsten Kombinationen anknüpfen, wird uns so verständlich."[59]

Transfer entsteht hier durch das vollständige Involviertsein der Person in einen produktiven Prozeß. Selz verwies damit über die Bedeutung von *Wissensinhalten* hinaus gleichzeitig auf die *motivationalen* Bedingungen von Aufmerksamkeit und sachangemessener Wahrnehmung. Überdies betonte er, daß die Nutzbarmachung von Gewußtem in neuen Situationen nicht einem einfachen Abruf von Inhalten eines Informationsspeichers gleiche, sondern daß es sich um einen konstruktiven Akt handelt. Selz nannte dies die "reproduktive Operation der Wissensaktualisierung". Freilich liegt nun die gesamte "determinierende" Kraft in den Zielen, wodurch auch ein Schein von Zwangsläufigkeit in die Selz'sche Konstruktion hineinkommt, die von ihm zweifellos nicht intendiert war: Überspitzt formuliert müßte man nur noch mit ganzem Herzen wollen und dürfte sich getrost darauf verlassen, daß das Können auf dem Fuße folgen würde. Dem ist entgegenzuhalten, daß der Glaube sicherlich Berge versetzen kann, daß sich die angestrebte Wirkung indessen durch Zuhilfenahme einer Schaufel beträchtlich unterstützen läßt.

Aber auch hier soll die Leistung in den Vordergrund gestellt werden: Die *Struktur des Problems* (nicht unbedingt des gesamten Feldes!) wird durch *Sachverhältnisse* bestimmt. Diese Sachverhältnisse sind auf der Seite des Subjekts *im Wissen* verankert und *steuern* die *zielgerichtete Aktualisierung* von Wissen zur Problemlösung. Dort, wo solches Wissen nicht unmittelbar abgerufen werden kann, wird eine psychische Gesamtlage erzeugt, die der Wahrnehmung ein *lösungsrelevant vorinterpretierendes* Filter vorschaltet.

5.5 Sachlogische Bedingungen von Kompetenz: Wissen und seine Organisation

5.5.1 "Schemata" als psychologische Basiseinheiten

Wissen sei in "Sachverhältnissen" organisiert, hatte Selz gesagt, damit aber mehr das Produkt des organisierten Wissens beschrieben. Wie es indessen dazu kommt, daß ein solches in Sachverhältnissen organisiertes Wissen aufgebaut wird und die einzelnen Wissensdaten nicht im bloß Additiven verbleiben, ist nach dem bislang Referierten noch höchst unklar. Einen wichtigen Impuls zur Beantwortung dieser Frage lieferte der britische Psychologe Frederic Bartlett, der in seinem 1932 erschienenen Werk "Remembering" den Begriff des Schemas in die Psychologie einführte. "Unter einem 'Schema' verstehen wir eine aktive Organisation von vergangenen Reaktionen oder vergangenen Erfahrungen, von der wir annehmen, daß sie in jedem gut angepaßten Organismus wirksam ist."[60]

Dies bedeutet: Erfahrungen werden nicht als unstrukturierte Datenmenge, sondern in strukturierter Form, eben als "aktive Organisation", gespeichert. Die Strukturiertheit eines Schemas macht es möglich, daß eine Person auf eine Umweltsituation angemessen reagiert; Bartlett setzt das oben begonnene Zitat fort: "Schon bei der geringsten Ordnung und Regelhaftigkeit des Verhaltens ist eine bestimmte Reaktion möglich, weil sie zu anderen, ähnlichen in Beziehung steht. Diese sind seriell organisiert, wirken jedoch nicht einfach als unabhängige Glieder, eines nach dem anderen, sondern als eine einheitliche Masse. Über die Schemata beeinflussen uns die Reaktionen und Erfahrungen der Vergangenheit. Alle hereinkommenden Impulse einer bestimmten Art oder einer bestimmten Sinnesmodalität bilden zusammen eine aktive, organisierte Ordnung: Auf relativ niedrigem Niveau organisieren sich visuelle und auditive Impulse ...; auf einem höheren Niveau geschieht dasselbe mit allen Erfahrungen, welche durch gemeinsame Interessen verbunden sind."[61]

Schemata lassen sich in vielen Bereichen nachweisen; am einfachsten sicherlich im körperlich-motorischen Bereich, wo sie bestimmte Bewegungsfolgen steuern, beispielsweise das Treppensteigen oder den Bewegungsablauf der Sequenz "Rückhand" beim Tennis. Ein Schema stellt hier das abstrakte Grundgerüst einer Handlungskette dar. Es wird durch die wiederholte Ausführung der Handlungskette aufgebaut, ist mit dieser selbst jedoch nicht identisch, sondern enthält Leerstellen (Variablen) für die Elemente der Situation.

5.5.2 Werkzeuge der Assimilation

Mit dem Prozeß der Schemabildung geht also eine Abstraktion einher. Das Schema selbst, und bisher war nur von Handlungsschemata die Rede, wird dabei zu einem Bestandteil des persönlichen Wissensschatzes, und zwar des Handlungswissens. Hans Aebli hat das dahingehend interpretiert[62], daß die Menge aller Handlungsschemata die Handlungskompetenz eines Menschen ausmachen: Es seien die Schemata, die sofort aktiviert und in Handlung umgesetzt werden können.

Zwar werden Schemata, wie sie bisher betrachtet wurden, über das Tun aufgebaut; sie sind deshalb allerdings nicht nur gespeicherte Listen von Ereignisabfolgen, nicht nur "geistige Filme", sondern von ihnen wird Erkenntnis über die Sachverhältnisse abgezogen, weshalb Jean Piaget auch von "Assimilationsschemata" gesprochen hat. Ein Kleinkind entdeckt seine Welt, indem es neue Gegenstände seinen vertrauten Handlungsschemata unterwirft und dabei erfährt, wie sich die Dinge in bezug auf diese Schemata verhalten. Sehr plastisch berichtet Piaget über eine Beobachtung an seinem Sohnes Laurent, der im Alter von etwa zehn Monaten ein Badethermometer untersucht. Laurent "lutscht am äußeren Ende des Stiels (ohne eigentliches Verlangen, daran zu lutschen, sondern nur 'um zu sehen')"[63].

Schemata haben eine große Bedeutung für das Verständnis von Transfer aus Sicht der kognitiven Psychologie: Ein Schema ist ein abstraktes Grundgerüst mit Leerstellen für die Elemente der Situation. In ihm ist Wissen über zeitliche und kausale Zusammenhänge gespeichert. Es ähnelt in gewisser Hinsicht einem Computer-Programm[64], welches ja aus einer Reihe von Befehlen in einer eindeutig definierten Reihenfolge besteht. Der Sinn eines solchen Programms besteht unter anderem darin, daß ein und dasselbe Programmschema auf unterschiedliche Eingabedaten angewandt werden kann: So wie das Programm also "Leerstellen" enthält, in welche die jeweiligen Daten einzulesen sind, so enthält das Schema im Sinne Bartletts und Aeblis "Leerstellen" für die "Elemente der Situation". Dadurch werden Schemata zunächst einmal als Steuerungselement für Handeln übertragbar. Dem Programmaufbau im obigen Bild entspricht am ehesten die Speicherung von Wissenselementen in den Zusammenhängen der erkannten "Sachverhältnisse". Der Aufbau von Schemata trägt somit zum Aufbau von Handlungswissen bei.

Mehrererlei kann an dieser Deutung noch nicht befriedigen: Erstens werden die Schemata in konkreten Handlungszusammenhängen erworben; deshalb repräsentieren sie nicht die Sachverhältnisse an sich, sondern den je konkret erfahrenen Ausschnitt aus der Gesamtheit der Sachverhältnisse. Damit kann man auch gut verstehen, wie es zu einem "negativen Transfers"[65] kommen kann: Wo durch situative Umstände bedingt eine verzerrte Schemabildung stattfindet, wird zwar auch eine Struktur erfaßt, die allerdings mit der Sachstruktur nicht besonders gut übereinstimmt. Es kommt, wenn überhaupt, nur zu einer durch dessen assimilierbare Komponenten bestimmten Partialrepräsentation des Gegenstandes. Um bei Piagets eigenem Beispiel zu bleiben: Die eigentliche Funktion des Badethermometers kann Laurent durch die ihm zu diesem Zeitpunkt zur Verfügung stehenden Schemata nicht erfassen; er entdeckt vielmehr zunächst nur den Ausschnitt an Sachverhältnissen des untersuchten Gegenstandes, den ihm seine verfügbaren Schemata ermöglichen. Man hat also, und dies ist eine erste didaktische Konsequenz aus dem bisher Gesagten, dafür zu sorgen, daß die über Schemata vermittelte subjektive Repräsentation eines Gegenstandes möglichst gut mit der durch den Gegenstand selbst gegebenen Sachstruktur übereinstimmt.

5.5.3 Schema und System: Wissen

Zweitens muß man sich verdeutlichen, daß mit einer Übertragbarkeit der Schemata vieles, aber längst nicht alles gewonnen ist. Ließen sich nur die Schemata als solche in unveränderter Form übertragen, dann könnten diese einmal erworbenen Schemata auch immer nur in ihrer Ganzheit reproduziert werden. Deshalb ist es notwendig, daß die Schemata in ihre Elemente aufgelöst und die Elemente in einer neuen Ordnung zusammengesetzt werden können. Mit anderen Worten: Es muß ein Bezug hergestellt werden zwischen den Schemata einerseits und frei zugänglichen Wissenselementen auf der anderen Seite. Dies hat Hans Aebli in seinem zweibändigen Werk *"Denken. Das Ordnen des Tuns"* in akribischer Weise beschrieben. Um seine Hauptaussagen verständlich referieren zu können, muß eine kurze Bemerkung in die Argumentation zwischengeschaltet werden:

Aebli baut auf der Kognitionstheorie Piagets auf, wobei er sie an vielen Stellen modifiziert. Den Schemabegriff, den Piaget vorrangig auf die Phase der sensumotorischen Intelligenz begrenzt hatte, dehnt Aebli auf kognitive Prozesse insgesamt aus. Da er sich, wie der Titel seines Werks bereits verkündet, auf den Zusammenhang von

Denken und Handeln konzentriert, sind für ihn drei Arten von Schemata von besonderer Bedeutung: Handlungsschemata, Operationsschemata und begriffliche Schemata. Unter Operation versteht Aebli, anders als Piaget, abstrakte Handlungen. Operationen sind nicht bloße verinnerlichte Handlungen: "Verinnerlichte Handlungen sind vorgestellte Handlungen, keine Operationen."[66] Operationen entstehen aus Handlungen, indem von denjenigen Aspekten der Handlung abstrahiert wird, die für die Lösung des die Handlung verursachenden Problems nebensächlich sind[67]. Sie tragen damit zur objektivierten Betrachtung des Handlungsflusses bei.

Operationen setzen also das Handeln auf der Innenseite der Person fort. Handlungsschemata entsprechen Operationsschemata, die ebenso wie diese zu Assimilationsschemata werden können: In Gedankenexperimenten kann nun überlegt werden, wie sich ein Gegenstand X unter einer bestimmten Operation Y verhalten wird. Zwar stellen die Operationen gegenüber den Handlungen bereits eine Objektivierung dar, doch bleibt in der Operation der zeitliche Charakter der Handlungskette erhalten. Erst im Begriff wird auch vom zeitlichen Ablauf abstrahiert, wodurch die Struktur des Bezeichneten auf neue Weise gefaßt wird. Der Begriff ist, wie Handlung und Operation, ein "Werkzeug des Denkens"; wie diese kann auch er zur Assimilation dienen; im Unterschied zu diesen macht die begriffliche Assimilation vielfältige Funktionszusammenhänge gleichzeitig bewußt.[68]

Zurück zum Problem, wie Schemata und Wissen sich zueinander verhalten. Einerseits, so war gesagt worden, dient ein Schema dem Erkenntnisgewinn. Allerdings wird der durch solche Schemata erworbene Erkenntniszuwachs als Handlungswissen gespeichert. Schemata sind demzufolge hierarchisch strukturiert; diese hierarchische Organisation erzeugt einerseits Sinnzusammenhänge[69], auf der anderen Seite muß sie durchbrochen werden können: Eine unumgehbare hierarchische Organisation würde nämlich die rasche und effiziente Ansteuerung einzelner Elemente eines Schemas und damit die Beweglichkeit der beteiligten kognitiven Prozesse entscheidend hemmen, weil das Auffinden dieser Elemente den durch die Hierarchie vorgeprägten Bahnen folgen müßte.

Aebli nahm deshalb neben den *hierarchisch strukturierten Schemata* als eine zweite Struktur des Wissens die *ahierarchisch organisierten Systeme* an. Systeme sind netzartig gegliedert: Die einzelnen Elemente stehen nicht in einem Über- und Unterordnungsverhältnis zueinander, sondern gleichberechtigt vernetzt nebeneinander. Ein solches Wissenssystem hat zwei Quellen, die Aebli als "Einebnung der Schemata"[70] und als "direktes Weben des Systems im Wahrnehmen und Lesen/Hörensagen"[71] bezeichnete. Für organisierte Bildungsprozesse sind diese Unterscheidungen von "Schema" und "System" einerseits und "Einebnung" und "direktem Weben" von höchster Bedeutung. Dazu die folgenden Erläuterungen:

Handlungs-, Operations- und Begriffsschemata können "eingeebnet" werden, wenn man von dem Zusammenhang der Elemente untereinander abstrahiert: "Die hierarchisierten Handlungsstrukturen können zu Netzen des Handlungswissens von geringer vertikaler Integration zerfallen. Die hierarchisierten Operationen verwandeln sich in

5.5 Sachlogische Bedingungen von Kompetenz: Wissen und seine Organisation

Systeme von verknüpften Größen, die untereinander vielfältig verbunden sind, ohne daß die einzelnen Operationen in einander eingebettet sind. Die Pyramiden der begrifflichen Komplexion, die einer obersten Verknüpfung zustreben, zerfallen zu Beziehungsnetzen, bei denen von einem Gegenstand aus verschiedene gleichgeordnete Beziehungen zu Nachbarknoten führen. So wird aus dem Handlungswissen Weltwissen. ... Das Wissen wird 'objektiv'. Es wird 'systematisch'."[72] Den Begriff der "Einebnung" von Schemata kann man gut nachvollziehen, wenn man Aeblis veranschaulichende Graphik auf der folgenden Seite betrachtet. Die "Einebnung von Schemata" sind graphisch durch die fehlende Sukzession der Handlungspfade gekennzeichnet.

An dem Netz des systematischen Wissens kann allerdings auch direkt "gewoben" werden. Dies kann erstens in der Wahrnehmung geschehen, wenn es um die "bildhafte" Erfassung von Wirklichkeit geht, andererseits kann dies durch sprachliche Vermittlung geschehen: in der Schilderung dieses Bildes, im "Lesen/Hörensagen".

Durch die Einebnung der ursprünglichen Hierarchien sind die Schemata nicht unwiederbringlich verloren, vielmehr können sie bei Bedarf rekonstruiert werden. Aebli charakterisiert deshalb Begriffe als *Perspektiven* in das Weltwissen und Handlungs- und Operationsschemata als *Pläne*.

"Wie muß man sich die Reproduktion eines Handlungsschemas vorstellen, wenn dieses nicht in der Form einer Gewohnheit, in stereotyper Form, gedächtnismäßig gespeichert ist? Aus welchen Elementen erfolgt die Rekonstruktion? Wo werden diese gefunden? Die beste Antwort auf diese Fragen muß wahrscheinlich so lauten: Die Rekonstruktion eines Handlungsschemas wird in das Geflecht unseres Prozeßwissens hinein entworfen. Die Elemente sind also die Prozesse, die wir kennen, und diese Prozesse stehen dem Menschen nicht als ein ungeordnetes Repertoire von Prozeßelementen zur Verfügung. Vielmehr bilden sie ein relativ zusammenhängendes Geflecht, jedoch derart, daß die Elemente einzeln angesteuert und einem Handlungsplan unterworfen werden können."[73]

In der Begrifflichkeit Aeblis - Schema, System, Einebnen und direktes Weben - läßt sich Transferproblematik neu durchdenken.[74] Das Schema wird nun zum tragenden Element des Transfers, wie folgende Überlegung deutlich macht: Wenn eine Aufgabe zu bewältigen, ein Problem zu lösen ist, dann wird das innere Wissen und seine Struktur mit den äußeren Gegebenheiten der Situation konfrontiert. Paßt die Struktur der Situation zu der Struktur eines Schemas, so assimiliert man: Wir erkennen den Sachverhalt als so und so. (Aebli spricht deshalb von "erkennender Anwendung"[75].) Sind die Strukturen gleich, so erkennen wir in der Situation Bekanntes wieder, beispielsweise: "Dieser Sachverhalt ist eine simple Dreisatzaufgabe." Sind die Strukturen nur partiell gleich, also ähnlich, so findet Transfer statt. Das Schema wird auf die neue Situation transferiert und ermöglicht die Assimilation der Situation in den Kategorien des vorhandenen Schemas. Deshalb könnte man hier von *assimilativem* oder *erkennendem* Transfer sprechen; im gleichen Beispiel wie vorhin: "Dieser Sachverhalt erinnert mich an eine Dreisatzaufgabe. Wir wollen sehen, was dabei herauskommt, wenn wir das Dreisatzschema anwenden."

5. Kompetenz durch Bewältigung und das Transferproblem

Die Schemata stellen in Aeblis Modell Pläne, Handlungsvorhaben dar. Versucht man, Pläne zu realisieren, so bedeutet dies, daß man ein vorhandenes Schema an die Situation heranträgt und versucht, dessen Leerstellen mit Elementen der Situation zu besetzen. Wo dies nicht möglich ist, wird man versuchen, das vorhandene Schema zu verändern, bis es auf die Situation paßt und seinen Zweck erfüllt. Beide stellen Akkomodationen des ursprünglichen Schemas an die Situation dar; entsprechend könnte man in diesem Fall von *akkomodativem* oder *produktivem* Transfer sprechen.

In der Praxis wird man beides wohl kaum als reine Fälle antreffen: Hier genügt es offensichtlich, davon auszugehen, daß die wahrgenommene und die tatsächliche Struktur der Situation zur Deckung gebracht werden müssen. Assimilation und Akkomodation können mehrmals hin und her gehen, bis eine befriedigende Lösung erreicht ist.

Besondere Aufmerksamkeit verdient in diesem Zusammenhang noch einmal das Wissens-System. Überall dort, wo Schemata modifiziert werden, müssen Wissenselemente in sie eingebaut werden. Solche Wissenselemente können aus eingeebneten Schemata herrühren: Dieses Wissen ist zweifellos gut gesichert, aber möglicherweise perspektivisch verengt, wenn es aus einer verzerrten Assimilation gewonnen wurde. Wissenselemente können aber auch "direkt ins Netz gewoben" worden sein; damit sie eingebaut werden können, kommt es erstens darauf an, daß diese Begriffe mit möglichst vielen Verzweigungen ins Netz hineingewoben wurden, und zweitens, daß es nicht bei einem einmaligen "Lesen oder Hörensagen" blieb, sondern daß die Wissenselemente gut gesichert werden.

Organisierte Bildungsprozesse, vor allem schulische, kranken häufig genug daran, daß dieses "direkte Weben" von Wissensnetzen durch "Lesen/Hörensagen" nicht gelingt. Daß Begriffe ohne Anschauung blind bleiben, wußte bekanntlich schon Kant. Elemente unseres Wissens, die durch "Lesen/Hörensagen" direkt in das Netz gewoben werden, beziehen ihre Kraft nicht aus unmittelbar Erlebtem. Sie sind ein Stück Weltwissen aus zweiter Hand. Diese Vermittlung aus zweiter Hand, die freilich absolut unverzichtbar ist, hat den Vorteil, daß das Wissen direkt in systematischer Form aufgenommen werden kann. Der Lernende ist nicht auf die Zufälligkeit situativer Momente verwiesen und es wird ihm sogar abgenommen, das Wesentliche des zu Lernenden vom Akzidentellen der Situation zu reinigen. Diese Chance geht aber stets mit dem Risiko einher, daß die so aufgenommenen Wissenselemente nicht vernetzt werden, sondern bestenfalls in eindimensionalen Stoffketten, deren Anordnung durch die Sequenzen des Curriculums bestimmt ist, vorliegen. Welch verhängnisvolle Folgen dies hat, ist leicht ersichtlich: Da insbesondere beim produktiven Denken, mehr noch im kreativen Bereich, die Schemata als Pläne in das System des Wissens hinein entworfen werden, erweisen sich Netzknoten ohne ausreichende Anzahl von Verzweigungen als Sackgassen des Denkens. Wenn Begriffe Perspektiven in das System des Weltwissens darstellen, dann bewirken wenig vernetzte Begriffe eine Perspektivarmut, eine Unbeweglichkeit des Denkens. Pestalozzis Reserve gegen das übermäßige "Maulbrauchen" in der Schule, Aeblis Klagen über den "bildungsfeindlichen Verbalismus" unserer Schulwirklichkeit hatten offensichtlich nicht nur wahrnehmungs- und motivationstheoretische Aspekte, sondern solche Fehlformen bewirken ihren unmittelbaren Niederschlag als Defizite im System des Weltwissens eines Menschen.

5.5.4 Neuere Forschungsergebnisse

In der zweiten Hälfte der achtziger Jahre hat Karl-Josef Klauer unter Beteiligung von Friedrich Masendorf ein theoretisches Konzept zum Intelligenztraining entwickelt, das wesentliche Ergebnisse auch für die Interpretation von Transfer erbracht hat und das in mehreren empirischen Studien auf seine Tauglichkeit hin untersucht worden ist. Diese Ergebnisse sind in einer Reihe von Aufsätzen publiziert[76]; deshalb beschränke ich mich hier auf eine kurze zusammenfassende Darstellung.

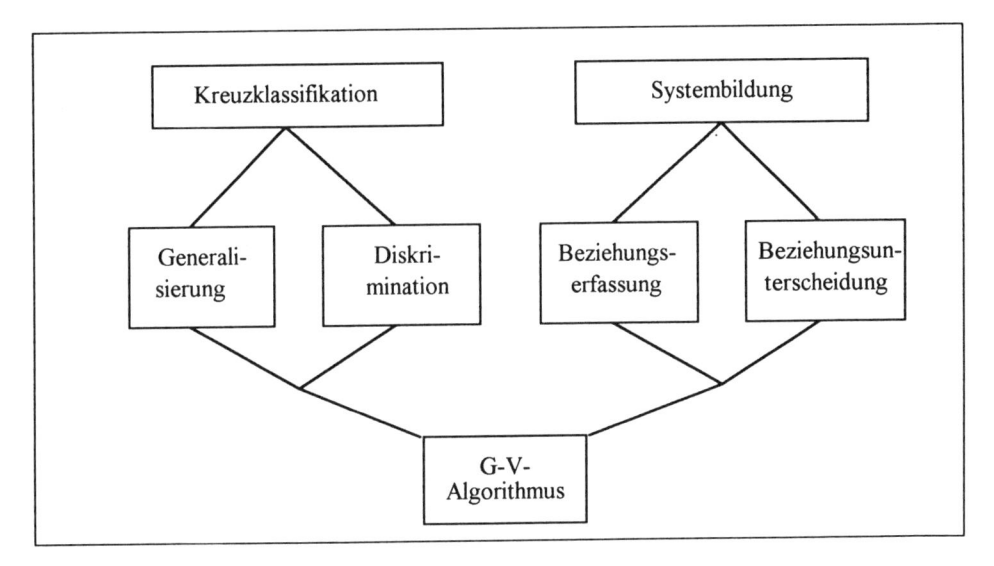

```
        Kreuzklassifikation              Systembildung
           /        \                    /            \
   Generali-      Diskri-         Beziehungs-      Beziehungsun-
   sierung        mination        erfassung        terscheidung
           \        \                    /            /
                         G-V-
                       Algorithmus
```

Klauer geht davon aus, daß eine zentrale Komponente intellektueller Leistung in der Operation besteht, Gleichheit (G) oder Verschiedenheit (V) bei Merkmalen oder Relationen festzustellen. Er leitet aus diesen elementaren Operationen eine Familie der G-V-Aufgaben ab, die insgesamt sechs Einheiten umfaßt.

Klauer trainierte seine Versuchspersonen systematisch in der Anwendung dieser sechs Aufgabentypen. Anschließend testete er, (a) ob das Training mit G-V-Aufgaben andere Effekte erzielt als ein unter vergleichbaren Bedingungen durchgeführtes Spieltraining, und (b) ob sich durch das Training einer bestimmten G-V-Klasse positive Effekte in einer anderen G-V-Klasse nachweisen lassen. Bereits die ersten Experimente machten deutlich, daß sich die Gruppe, die ein Spieltraining erhalten hatte, nicht von der Kontrollgruppe unterschied, daß aber die Gruppe, die ein G-V-Training erhalten hatte, deutlich bessere Ergebnisse aufwies. Ein unbeschränkter Transfer zwischen den G-V-Klassen konnte hingegen nicht nachgewiesen werden, im Gegenteil: Ein G-V-Training ausschließlich im Bereich des Merkmalsvergleichs führte zu schlechteren Leistungen im Bereich des Relationenvergleichs. Bei einem ausgewogenen Training zeigten sich deutliche Leistungssteigerungen. Klauer führte vergleichbare Untersuchungen mit Vorschul-, Grundschulkindern und Jugendlichen, mit lernbehinderten und mit nichtlernbehinderten Kindern in Gruppen verschiedener Größe und im Einzelfalltraining durch. Die deutlichsten Effekte waren in jüngerem Lebensalter (Kindergarten) und bei intensiver Zuwendung (Einzeltraining) zu verzeichnen.

Die Ergebnisse Klauers erhalten dadurch ein besonderes Gewicht, daß der Trainingseffekt ausschließlich in einer formalen Dimension gemessen wurde: Um eine Übertragung deklarativen Wissens auszuschließen und nur die Übertragung von Denkprozessen zuzulassen, wurde die Materialklasse zwischen Training und Test geändert: Wenn im Training geometrisch-figurales Material verwendet wurde, so bestand der Transfertest ausschließlich aus verbalen und numerischen Aufgaben. Klauer glaubt aufgrund seiner Ergebnisse davon ausgehen zu können, daß hier kein allgemeines Training geistiger Beweglichkeit stattgefunden habe, sondern daß tatsächlich Denkstrukturen vermittelt worden seien: "Das herausragende Ergebnis der vorliegenden Untersuchung ist zweifellos, daß das induktive Training einen dem Beitrag nach großen und dem Umfang nach bereichsspezifischen Transfereffekt bewirkt hat."[77]

Was können die Klauer'schen Untersuchungen zum Thema der Kompetenzerziehung beitragen? Die einzelnen Operationen der G-V-Aufgaben spielen bei der Begriffsbildung eine bedeutende Rolle: Hier geht es vorrangig um das Erkennen von Gleichheit oder Verschiedenheit von Merkmalen und Relationen. Begriffsbildung ist eine wichtige Komponente des induktiven Denkens. Insofern ist zunächst festzuhalten, daß Begriffsbildung und über diese auch induktives Denken einem systematischen Training zugänglich sind. Nach allem, was weiter oben über das Wissensmodell Hans Aeblis gesagt wurde, erkennt man unschwer, worin dieses Training eigentlich besteht: Die Versuchspersonen erhalten gezielte und wohldosierte Hilfen für den Aufbau (begrifflicher) Schemata. Das Durchlaufen der G-V-Familie bedeutet ein "Durcharbeiten" des Lernstoffes: Welche Merkmale sind gleich, welche verschieden? Was verbindet oder trennt den vorliegenden Gegenstand von anderen? Welche Beziehungen gehen von dem hier betrachteten Knoten des Begriffsnetzes aus? Wo ist der sachlogische Ort dieses Gegenstandes in einem vorliegenden System?

Allerdings scheint der Ansatz auch immanente Schranken aufzuweisen. Man mag beispielsweise Informationsverarbeitung auf eine geordnete Folge von Nullen und Einsen zurückführen können; der Versuch jedoch, geistige Operationen in entsprechender Weise auf eine Folge von "gleich" und "verschieden" zu gründen, erscheint als kühnes Unterfangen, dem sich wohl auch der Autor des Modells selbst am wenigsten verschrieben haben dürfte. Ich entledige mich der weiteren Diskussion um die Schwächen des Konzepts durch einen wiederholten Hinweis auf seine Stärke: Begriffe und ihre sichere Verankerung sind die primäre Intention des Ansatzes. Auf das spezielle Thema dieser Arbeit bezogen zeigen Klauers Untersuchungen, daß es formale Transfereffekte gibt, die sehr wohl über generelle Aspekte (Harlow-Experiment) oder bloße Aufwärmeffekte hinausgehen. Die Methoden, mit denen er seine Versuchspersonen trainierte, waren dabei dem bestehenden Repertoire der Didaktik entnommen. Klauers Experimente stehen, wenngleich in anderer Begrifflichkeit formuliert, im Einklang mit Aeblis theoretischem Konzept. Ich halte es für vertretbar, sie als eine experimentelle Bestätigung des entsprechenden Theorie-Ausschnitts anzusehen.

5.5.5 Sachkenntnis und Kreativität: ein Ausblick

Nicht unmittelbar zum Thema Transfer gehörend, doch in engster Nähe zu ihm, sind in den vergangenen fünfzehn Jahren Forschungen zur Entwicklung von Sachkenntnis und zum Verständnis von Kreativität geleistet worden, deren Ergebnisse hier kurz zur Kenntnis genommen werden müssen, weil sie eine Verbindungsstelle zwischen "Transfer" und "Kompetenz" darstellen: Beide, Sachkenntnis und Kreativität, sind integrale Bestandteile jenes pädagogischen Kompetenz-Begriffs, wie er im vierten Kapitel entwickelt worden ist.

Über Sachkenntnis zu verfügen bedeutet, die sachimmanente Struktur eines Bereichs der Realität so weit verstanden zu haben, daß man auch solche Fragen innerhalb des betreffenden Bereichs korrekt beantworten kann, die nicht als Wissensdatum zuvor erlernt worden sind. Eine wesentliche Voraussetzung dafür ist, daß man in der Lage ist, die einzelnen Wissenselemente aus ihren phänomenal gegebenen Zusammenhängen zu lösen und in veränderter Weise wieder zusammenzusetzen. Die Nähe des Themas "Sachkenntnis" zu dem zuvor Referierten wird damit deutlich, allerdings lassen sich auch weitergehende Hinweise ausmachen:

Die Entwicklung von Sachkenntnis wird in einer Vielzahl neuerer Veröffentlichungen auf die Entwicklung von Fertigkeiten zurückgeführt. Hier wiederum ist es seit der grundlegenden Arbeit von Fitts und Posner[78] aus dem Jahre 1967 üblich geworden, von drei Phasen auszugehen, die diesen Prozeß bestimmen: In der ersten, der kognitiven Phase lernen Menschen eine Beschreibung der auszuführenden Prozedur. Das bedeutet, daß all das gelernt wird, was zur Ausführung von Bedeutung ist: Die einzelnen Komponenten, ihre genaue Reihenfolge, Zusatzinformationen. In der darauf folgenden assoziativen Phase wird die konkrete Durchführung der Prozedur erlernt und durch Übung gesichert. Diese Phase endet mit dem Zustand eines immer noch sehr bewußt gesteuerten und reflektierten Tuns; man erinnere sich nur an die geläufigen Beispiele, daß die ersten Ausführungen einer neu erlernten Fertigkeit in einem Selbstgespräch verbalisiert werden: "Also wie war das gleich? Zuerst muß ich ...". Die assoziative Phase geht dabei allmählich in die dritte, die autonome Phase über, in der die Prozesse immer schneller ablaufen und einen gewissen Automatisierungsgrad erreichen, in dessen Folge auch die verbale Vermittlung allmählich verschwindet. Anderson[79] weist darauf hin, daß mit dem Übergang von der kognitiven zur autonomen Phase gleichzeitig ein Übergang vom deklarativen zum prozeduralen Wissen geleistet wird. Unter deklarativem Wissen versteht man dabei ein Wissen über Tatsachen und Dinge, unter prozeduralem Wissen hingegen ein Wissen um die Ausführung von Handlungen. Entscheidend dabei ist, daß die Prozedur als solche im Gedächtnis gespeichert ist und bei Bedarf abgerufen werden kann: Viele einzelne Wissensdaten sind in ihrem (neuen) strukturellen Zusammenhang unter einem einzigen Namen ("Chunk") gespeichert. In den vorigen Abschnitten dieses Kapitels wurden für das hier Gemeinte die Aebli'schen Bezeichnungen "Weltwissen", "Handlungswissen" und "Schema" eingeführt, die offensichtlich diesen Bereich abdecken und auch weiterhin Verwendung finden sollen.

Wichtig ist der Hinweis der Sachkenntnis-Forschung, worin sich Anfängerwissen und Expertenwissen unterscheiden und welche Folgen diese Differenz für die gewählten Lösungsstrategien hat. Ein gut untersuchtes Beispiel hierfür bietet das Wissensgebiet "Schach"[80]. Adriaan de Groot[81] fand bereits Mitte der sechziger Jahre heraus, daß ein wesentlicher Unterschied zwischen Anfängern und Experten in der Art und Weise liegt, wie die Stellung der Figuren auf dem Brett wahrgenommen wird: Während Anfänger sich mühsam die Position jeder einzelnen Figur einprägen müßten, seien Experten in der Lage, die gesamte Spielsituation als Ganzes zu erkennen und abzuspeichern. Simon und Gilmartin schätzten, daß erfahrene Spieler etwa 50.000 verschiedene Situationen beherrschten.[82] Mit "beherrschen" soll dabei ausgedrückt werden, daß zu jeder dieser Situationen relevante Zusatzinformationen, wie zum Beispiel die optimale Lösungsstrategie oder besondere Risiken, mit gespeichert und auf Abruf verfügbar sind. Der Leistungsvorteil von Experten besteht dann darin, daß diese im aktuellen Spiel Standardsituationen erkennen und darauf mit einem sehr viel genaueren Wissen um die Folgen ihres Tuns in kürzerer Zeit als Anfänger reagieren können. Experten - das zeigen auch die Untersuchungen zur Beschaffenheit und Bedeutung des Expertenwissens in den Bereichen Geometrie, Physik und Computerprogrammierung - haben also gelernt, Problemsituationen nach effizienten, meist aber nicht evidenten Prinzipien zu strukturieren. Nicht nur aufgrund ihres quantitativen Mehr an Wissen, sondern auch aufgrund ihres besseren Strukturverständnisses sind sie in der Lage, adäquate Problemlösungen zu liefern.

Nun ist es mit der Erwähnung des Referierten allein nicht getan; von entscheidender Bedeutung ist vielmehr, welche Schlüsse man zieht. Aus pädagogischer Sicht wird an dieser Stelle eine Anmerkung notwendig, um den Fehler zu vermeiden, dem zu erliegen manche Vertreter[83] der Kognitiven Psychologie Gefahr laufen: Diese ziehen nämlich aus dem referierten Schach-Beispiel den Schluß, Expertenwissen sei ein Wissen um grundlegende und auch spezifische Anwendungs- und Lösungsmuster, wobei konkrete Probleme durch einen Mustervergleich mit den im Gedächtnis gespeicherten Lösungen gelöst werden. Richtig an dieser Darstellung ist die Aussage, daß Routine-Aufgaben aufgrund von Handlungserfahrung quasi-automatisch gelöst werden, indem entsprechende Handlungsschemata abgerufen und gestartet werden. Jede automatisierte Handlungsfolge wie beispielsweise Treppensteigen oder das Zusammenspiel von Kupplung und Schaltung beim Autofahren basiert darauf, und jedes Sicherheitstraining, sei es für Autofahrer, Ausbildungsplatzbewerber oder Rhetoriker, zielt auf die Herstellung solcher Handlungsprogramme ab. Den Pädagogen interessiert allerdings nicht allein dieser Endzustand, sondern auch, wenn nicht sogar vorrangig, der Weg dorthin: Wie kann man Menschen zu Experten machen? Auf das gewählte Beispiel übertragen: Was soll man bei einem Schachspieler trainieren?

Ginge es nur um das Erkennen von Spielsituationen, könnte man auf die Idee verfallen, eine Fähigkeit "photographisches Gedächtnis" zu trainieren. Oder man könnte

5.5 Sachlogische Bedingungen von Kompetenz: Wissen und seine Organisation

Stellungen und Lösungen auswendig lernen lassen, gerade so, wie man in der Schule Vokabelpaare lernt. Man weiß, daß diesen Strategien wenig Erfolg beschieden ist. Interessanterweise lassen sich Untersuchungen derselben psychologischen Schule heranziehen, um Hinweise auf den Erwerb von Expertenwissen zu erhalten.

William Chase und Herbert Simon[84] gingen Anfang der siebziger Jahre der Frage nach, wie die Gedächtnis-Chunks beschaffen seien, die Schach-Experten benutzen. Sie stellten ihren Versuchspersonen die Aufgabe, eine bestimmte Spielsituation auf einem zweiten Brett zu rekonstruieren. Fragen wir zunächst, welche Beobachtungen man aufgrund der beiden oben genannten Hypothesen zu erwarten hätte. Träfe die Hypothese vom photographischen Gedächtnis zu, so dürfte man erwarten, auch Lösungen der Art zu finden, daß eine Versuchsperson in der linken oberen Ecke beginnend das Schachbrett zeilenweise durchfährt und auf den betreffenden Feldern mit den entsprechenden Figuren besetzt, geradewegs so, wie ein Computer den angeschlossenen Monitor ansteuert, um ein bestimmtes Bildschirmmuster zu erstellen. Folgt man der "Vokabel-Lern-Hypothese", so dürfte man erwarten, die jeweiligen Ordnungskriterien der Lernliste in der Art der Reproduktion wiederzufinden. Chase und Simon fanden nichts dergleichen. Vielmehr bauten Experten die zu rekonstruierenden Spielsituationen aus einzelnen Untereinheiten auf, die jeweils sinnvolle Spielzusammenhänge zwischen Figuren repräsentierten. Eben diese sinnvollen Spielzusammenhänge müssen zuvor erlernt worden sein; sie stellen die eigentlichen Strukturelemente des Spiels dar. Im Ergebnis ermöglicht also die Gliederung der Informationsmenge "Schachfiguren auf einem Brett" in Sinneinheiten Wahrnehmungs- und Lernökonomie - allerdings müssen zuvor die Sinnkriterien selbst erlernt worden sein.

Am Bereich "Schach" läßt sich ein weiteres Desiderat kognitionspsychologischer Forschung aus pädagogischer Sicht verdeutlichen: Charness[85] veröffentlichte 1976 seine Untersuchungen zur Gedächtnisleistung von Schachspielern. Er fand, daß Experten gegenüber schwachen Spielern über eine höhere Kapazität verfügten, um Spielstellungen dauerhaft zu speichern. Diese Experten zeigten aber bei Gedächtnistests mit Buchstabentrigrammen eine ebenso schwache Leistung wie andere Testpersonen auch. Offenbar bewirkt ein Schachtraining also einen höchst spezifischen Effekt: Man wird ein guter Schachspieler mit einem guten Gedächtnis für Spielstellungen und sonst nichts. Dieser Befund stellt einen Widerspruch dar zu der traditionellen Annahme, gerade Schach gebe ein mustergültiges Beispiel für strategische Denkschulung ab, weshalb es ja auch in einigen Ländern der Welt als Schulfach in allgemeinbildenden Schulen gelehrt wird. Ziel sei, so argumentieren die Befürworter dieser Hypothese, anhand einer gut definierten, aber hochkomplexen Situation den Umgang mit einer sich ständig verändernden Aufgabenstellung zu schulen, die wesentlich durch die konkurrierende Strategie eines aktiven Spielpartners bestimmt werde. Dies zwinge zu einer ständigen Überprüfung der eigenen Lösungspläne und diese Bereitschaft der permanenten Kontrolle in Verbindung mit vorausschauendem Denken werde, so hofft man, auf andere Planungs- und Entscheidungsbereiche übertragen. Die Charness-Studie widerlegt diese Erwartung nicht generell. Indessen macht sie deutlich, daß sich auch in diesem Lernbereich die erwünschten Transfer-Effekte nicht in jedem Fall von selbst einstellen, sondern in der Regel besonderer pädagogischer Einhilfe bedürfen. Im einfachsten Fall besteht dieses darin, daß ein Lehrer auf die Frage einer Übertragbarkeit des (schach-)strategischen Denkens hinweist und das Problem dadurch ins Bewußtsein hebt.

Die Aneignung eines Wissensbereiches braucht Zeit. Geht man von der erwähnten Schätzung aus, daß erfahrene Schachspieler etwa 50.000 Situationen beherrschen, wird die alltäglich Erfahrung verständlich, daß der Weg vom Anfänger zum Experten meist Jahre währt. Experten zeichnen sich indes nicht nur durch ihre hohe Lösungssicherheit und -geschwindigkeit aus, sondern ebenso durch ihre Fähigkeit zur kreativen Bewältigung eines Problems.

"Kreativität" ist, insbesondere im pädagogischen Sprachgebrauch, mit einigem begrifflichen Ballast behaftet, der sich aus dem unvermittelten Zusammentreffen zweier an sich unvereinbarer historischer Strömungen ergibt, die hier zum besseren Verständnis des Vorgetragenen nur kurz angedeutet werden sollen. "Kreativ" im Sinne von "schöpferisch" stellt nicht nur ein sachliches Urteil über eine Leistung dar, sondern erweist sich als in höchstem Maße sozialprestigeträchtiges Urteil über den Urheber dieser Leistung. "Kreativität" erscheint als etwas Besonderes. Der "kreative Mensch" ist damit in vieler Hinsicht der begriffliche Nachfolger dessen, der seit den Tagen der Stürmer und Dränger als "Genie" verehrt wurde. Dem steht eine Tradition gegenüber, die Kreativität prinzipiell für "machbar" erklärt. Ein früher Vertreter dieser Richtung war Gustav Hartlaub[86], der in seinem programmatischen Buchtitel "Der Genius im Kinde" bereits zum Ausdruck brachte, daß Genialität[87] nicht so exklusiv sein müsse, wie sie derzeit tatsächlich verteilt sei: Jedes Kind sei von Natur aus kreativ und werde erst durch eine falsche Erziehung seiner angeborenen Genialität beraubt. Mit völlig anderen Argumenten, indessen ähnlicher Zielsetzung lebte diese Tradition in den sechziger Jahren wieder auf. Infolge des Sputnik-Schocks wurde zunächst in den USA, bald auch in der übrigen westlichen Welt nach Möglichkeiten gesucht, Begabungsreserven in der Gesellschaft und ungenutzte Fähigkeiten in jedem Individuum zu mobilisieren. Kreativität als eine Schlüsselqualifikation für erfolgreiche innovative Produktentwicklung rückte für eine Zeitlang sogar in den Mittelpunkt der Aufmerksamkeit, denn auf dem Boden einer noch vorherrschenden behavioristischen Unterrichtsideologie schien es möglich, bei geeigneter Operationalisierung effiziente Programme zur Steigerung von Kreativität zu entwickeln. Der entscheidende Nachteil mancher dieser Programme bestand darin, daß man "Kreativität pur" schulen zu können glaubte und infolge dessen den Zusammenhang von Sachkenntnis und Kreativität aus den Augen verlor.[88] Dies wiederum kam dem generellen solipsistischen Trend der letzten Jahrzehnte sehr entgegen, und heute werden "Kreativitätsseminare" nicht nur im Bereich der Wirtschaft, sondern auch im Bereich der allgemeinen Erwachsenenbildung stark nachgefragt. Hier ist die Zielrichtung keineswegs gesellschaftsbezogen, sondern gliedert sich vielmehr nahtlos in den Reigen der Selbsterfahrungskonzepten ein.

Zwar läßt sich auch zum heutigen Stand[89] nicht abschließend sagen, was Kreativität eigentlich ist; auch bin ich weit entfernt davon zu behaupten, daß sich alles Große in Wissenschaft und Kunst als eine Folge banaler Ursachen erklären ließe. Als gesichert gelten darf hingegen die Erkenntnis, daß Kreativität ein besonders hohes Maß an Wissen und Können in dem betreffenden Sachbereich im strikten Sinne einer conditio sine qua non voraussetzt. Wer beispielsweise ein Bild malen möchte, muß in der Lage sein, seine visuellen Vorstellungen mit größtmöglicher handwerklicher Perfektion umzusetzen; wer im Bereich des künstlerischen Tanzes neue Ausdrucksfiguren sucht, muß über ein Höchstmaß an Körperbeherrschung verfügen; wer eine neue intelligente Lösung im Bereich der Computerprogrammierung sucht, muß mit den Gegebenheiten und Möglichkeiten von Hard- und Software auf's Beste vertraut sein. Der kreative Musiker, der kreative Germanist, der kreative Mathematiker, der "kreative" Steuerberater, ja sogar der "kreative" Einbrecher oder Betrüger: sie alle sind - notwendig zunächst - Experten in ihren Wissensgebieten.

Kreativitätsseminare im Kontext individualistischer Selbsterfahrung bedienen sich in der Regel auch dieses Zusammenhangs, wobei sie ihn sich in umgekehrter Weise zunutze machen: Kreativitätstraining wird in einem inhaltlichen Bereich betrieben, der die beiden Bedingungen erfüllt, allen Seminarteilnehmern gleichermaßen fremd zu sein und rasche Lernerfolge in kurzer Zeit zu ermöglichen. Sicherlich wird über solche Erfolgserlebnisse das Selbstvertrauen der Beteiligten positiv beeinflußt; möglich auch, daß bei manchen Seminarteilnehmern das Erst- oder Wiedererleben kreativer Teilkomponenten ihrer Persönlichkeit stimuliert wird. Ob allerdings ein solches Kreativitätstraining wirklich geeignet ist, "Kreativität" zu mehren, bleibt ungesichert.

Die Hoffnung auf eine trainierbare und generell transferierbare Persönlichkeitskomponente "Kreativität" - sei es als Eigenschaft, als Vermögen, als "Trait" oder wie auch immer - bleibt erkennbar ohne festes Fundament. Allerdings lassen sich auf der Basis des bislang Dargestellten einige Elemente eines kreativitätsermöglichenden Transfers angeben. Voraussetzung für eine kreative Problembewältigung ist eine besondere Ausprägung der Schema-Hierarchien und der Wissensnetze sowie eine besondere Verknüpfung beider Systeme miteinander. Kreativität setzt ein umfangreiches und reich differenziertes hierarchisches System von Schemata voraus, aus denen sich Ziele und Zwecke ganzer Handlungssequenzen ergeben. Zweitens bedarf es eines möglichst vielfältig vernetzten Begriffswissens. Divergentes Denken, das für Kreativität eine besondere Rolle spielen soll, könnte man als die Fähigkeit deuten, Querverbindungen des Wissensnetzes zu nutzen und damit exotisch anmutende Wege in seinen "Cognitive Maps" zu verfolgen.

Die letzten vorgetragenen Überlegungen führen zum eigentlichen Thema dieser Arbeit, der pädagogischen Einflußnahme auf Problembewältigung und Problemlösung, zurück. Nun steht ein tragfähiges Konzept zum Verständnis der Entwicklung von Kompetenz zur Verfügung, und im nächsten Schritt soll untersucht werden, aus welchen wie vernetzten Bestandteilen die Problemlöse- und -bewältigungsmodelle bestehen, die im Bereich der Kognitiven Psychologie derzeit diskutiert werden. Diese Analyse soll gleichzeitig den Einfluß von Problemlösen und Bewältigungshandeln auf die Genese von Kompetenz erfassen.

5.6 Zusammenfassung und Ausblick

Am Ende dieser Teiluntersuchung zum Transferproblem lassen sich folgende systematische Ergebnisse festhalten:

- Eine naive Hoffnung auf eine isoliert trainierbare Größe "Transferfähigkeit" entbehrt jeder Grundlage. Daraus folgt insbesondere, daß Bewältigungsstrategien, in deren Folge sich Kompetenz einstellen soll, nicht abstrakt vermittelt werden können, sondern an die Vermittlung von Inhalten gebunden bleiben.
- Transfer bleibt in jedem Einzelfall eine Leistung der Person, die zwar begünstigt, nicht aber bewirkt werden kann.
- Günstig auf die Entwicklung von Transferfähigkeit wirkt sich die Vermittlung von Lerninhalten in sinnvoll strukturierten Zusammenhängen aus: Die referierten Experimente von Judd, Woodrow, Katona und Bourne haben die Überlegenheit eines Lernens ergeben, welches die Angliederung neuer Information an bestehende Sinnzusammenhänge und eine vertiefte Einsicht in die Struktur des Gesamtsystems ermöglicht. Bei aller didaktischer Finesse bleibt aber die Vermittlung von transferierbaren abstrakten Strategien an entwicklungspsychologische Voraussetzungen - beispielsweise die Entfaltung formal-operationaler kognitiver Strukturen - gebunden (Bourne & O'Banion).
- Daneben sind eine Reihe von begünstigenden situativen Faktoren dargestellt worden: Külpe hatte auf die "Einstellung" der gesamten Person aufgrund der teleologischen Struktur des Problemlöseprozesses hingewiesen; Selz hatte diese Idee aufgegriffen und in die Komponenten der "Sachverhältnisse", die ein Problem strukturieren, und der psychischen Gesamtlage der Person, welche auf das Finden einer Lösung hingeordnet ist, differenziert. Ähnliche Aussagen waren anhand der Begriffe der "Prägnanztendenz" und der "Feldstruktur" der gestaltpsychologischen Schule (Wertheimer, Köhler, Duncker) gewonnen worden.
- Das traditionell als "Transfer" bezeichnete Phänomen wird im Zusammenhang der vorliegenden Arbeit verstanden als ein komplexer geistiger Prozeß. Um den Aufbau von solchen komplexen geistigen Prozessen und Funktionen zu verstehen, wurde auf den Begriff des Schemas (Bartlett, Piaget, Aebli) zurückgegriffen. Schemata stellen einerseits gespeichertes Wissen über Handlungsabläufe dar - deshalb sind sie hierarchisch organisiert -, andererseits fungieren sie als Erkenntniswerkzeuge. In diesem Sinne ermöglichen Schemata das Erkennen der Problemstruktur. Wissen ist aber nicht nur in Hierarchien von Schemata organisiert, sondern gleichzeitig in "flachen" Systemen von untereinander vernetzten Begriffen. Diese Organisationsform ermöglicht erst eine "Beweglichkeit des Denkens", indem es die Person in die Lage versetzt, die Begriffsnetze als "Cognitive Maps" zu verwenden und unkonventionelle Wege zur Lösung eines Problems zu beschreiten.
- Transfer läßt sich in diesem Zusammenhang deuten als die "Akkomodation" von Schemata auf dem Hintergrund des "Systems" (Begriffsnetz) im Hinblick auf die

5.6 Zusammenfassung und Ausblick

relative Neuartigkeit der Problemsituation und ihrer konkreten Struktur. Als Bedingungen eines erfolgreichen Transfers ergeben sich damit die Bildung eines ausreichend differenzierten Begriffsnetzes und eines hinlänglichen Bestandes an modifizierbaren Schemata.

- Klauer hat empirisch eindrucksvoll nachgewiesen, daß eine Förderung von sicherer Begriffsbildung möglich ist. Seine Trainingsprogramme zum GV-Algorithmus, die sich auf unterschiedlichen Altersstufen bewährt haben, hatte er eingebunden in ein theoretisches Modell des induktiven Denkens. Induktives Denken wiederum läßt sich zu dem zuvor referierten "erkennenden Transfer" im Sinne Aeblis in Beziehung setzen: Induktives Denken umfaßt auch die partielle Akkomodation begrifflicher Schemata. Interessant war in diesem Zusammenhang, daß sich Klauer zur Umsetzung seines Trainingsprogrammes traditioneller didaktischer Mittel bediente.

- Im letzten Gliederungspunkt dieses Kapitels wurde dann der Gesichtspunkt der inhaltlichen Grundlage komplexer geistiger Prozesse und Funktionen nochmals vertieft, wobei exemplarisch auf die komplexen Konstrukte "Sachwissen" und "Kreativität" eingegangen wurde.

Rekapituliert man diese Ergebnisse im Gesamtzusammenhang der vorliegenden Arbeit, so läßt sich festhalten: Kompetenz war gedeutet worden als komplexes geistiges Phänomen mit kognitiven, emotionalen, motivationalen und identitätstheoretischen Elementen. Weil der Aufbau solcher komplexen Konstrukte nicht direkt betrieben werden kann, muß ein indirekter Weg beschritten werden. Dies hatte zur Untersuchung der Transferproblematik Anlaß geboten.

Im Zusammenhang mit der Transferproblematik wurde der Aufbau komplexer geistiger Konstrukte bisher sehr allgemein untersucht: Das Dargestellte traf für Sachkenntnis, Kreativität und Kompetenz gleichermaßen zu. Spezielle Beiträge zur Problemlöse- und Bewältigungsforschung, von denen genauere Hinweise zur Genese des Konstruktes "Kompetenz" zu erwarten wären, sind bislang noch nicht ausgewertet worden. Dies soll nun im nächsten Hauptkapitel geschehen.

6. Zum Aufbau von Kompetenz durch Bewältigung

6.1 Kognitive Grundlegung: Beiträge der Problemlöseforschung

6.1.1 Einleitender Überblick

Probleme zu lösen, bedeutet sicherlich, sie zu bewältigen.[1] Von daher ist zu erwarten, daß Ergebnisse der Problemlöseforschung Wichtiges zur systematischen Durchdringung des Themas beitragen werden. Dies entspricht im übrigen auch der vorwissenschaftlichen Erfahrung, wonach das Lösen von Problemen zur Entwicklung von Kompetenz beiträgt, ja daß diesem Zusammenhang geradezu definitorische Qualität für die Entstehung von Kompetenz zukommt.

Hussy[2] unterscheidet einen älteren, resultatorientierten von einem neueren, prozeßorientierten Ansatz der Problemlöseforschung und teilt die Theorien des Problemlösens in drei Hauptdimensionen: assoziationstheoretische Ansätze, gestalttheoretische Beiträge und Informationsverarbeitungsmodelle.

Bei den älteren, resultatorientierten Ansätzen galt das Hauptinteresse vorwiegend dem Einfluß bestimmter interindividueller Unterschiede (Geschlecht, Schulbildung, Alter u.ä.) auf die Problemlöseleistung, als deren Maße Lösungszeit und -güte fungieren.

Neuere, prozeßorientierte Ansätze widmen hingegen ihr Interesse dem Lösungsprozeß per se: Wie kommt das beobachtete Resultat zustande? In Verbindung mit dem Informationsverarbeitungsansatz ergibt diese prozeßorientierte Sichtweise einen Ansatz, der trotz mancher berechtigten Kritik im Grundsatz[3] und im Detail[4] für die Pädagogik von Interesse ist, weil er wichtige Hinweise auf die didaktische Optimierung entsprechender Lehr- und Lernprozessen verspricht.

Unter den Hauptdimensionen der Problemlösetheorien spielen assoziationstheoretische Konzepte heute keine Rolle mehr, weil sie erstens in ihrer Anwendbarkeit auf relativ einfache Probleme beschränkt bleiben und darüber hinaus zweitens der assoziationstheoretische Ansatz als Grundmodell menschlicher Psyche und ihrer Reflexionsfähigkeit überwiegend abgelehnt wird.[5]

Beiträge der Gestaltpsychologie sind bereits im vorausgegangenen Hauptkapitel dargestellt worden. Deshalb soll an dieser Stelle der Hinweis genügen, daß aus gestalttheoretischer Perspektive Problemlösen unter dem Aspekt der Umstrukturierung gedeutet wird: Menschliche Wahrnehmung unterliege der Tendenz, Reize nicht in unvermittelter Form, sondern in umfassenderen Sinneinheiten ("Gestalten") aufzufassen. Wo immer dies nicht der Fall sei, würden im Betrachter emotionale Spannungen induziert. Problemlösen bestehe nun darin, vorhandene einzelne konstitutive Komponenten eines Problemzusammenhanges aufgrund spontaner Einsicht in ihrem "richtigen" Zusammenhang zu erkennen und entsprechend neu zu strukturieren. Ein solches Überführen von Partialwahrnehmungen in die Ganzheit einer "Gestalt" habe eine Entspannung der aktuellen emotionalen Situation zur Folge. Der gestaltpsychologische Ansatz betont damit besonders den aktiven Charakter des Problemlöseprozesses: Nicht eine aufgrund äußerer Reiz-Reaktions-Verbindungen konditionierte Auswahl von Lösungsmethoden aus einer Bibliothek von hierarchisch geordneten Verhaltensweisen, sondern allein produktives Denken[6] ermögliche Problemlösen. Problemlösen ist also in diesem Ansatz keineswegs mit Lernen identisch, sondern den (erlernten) Gedächtnisinhalten kommt lediglich eine den Problemlöseprozeß moderierende Funktion zu.

Nach dieser kurzen orientierenden Darstellung der wichtigsten Dimensionen des Forschungsfeldes "Problemlösen" soll im folgenden zunächst der Ansatz Dörners dargestellt und diskutiert werden, der im Hinblick auf das didaktische Arrangement von Problemlösesituationen und das Verständnis des Problemlöseprozesses bedeutsam ist. Hinweise auf Möglichkeiten zur didaktischen Gestaltung eines "Problemlösetrainings" lassen sich systematisch aus zwei Quellen gewinnen: Erstens indem man vorhandenes Wissen zum Thema "Anleitung zum Problemlösen" auswertet, zweitens indem man in einer Art von indirektem Zugriff Fehlleistungen in Problemlöseprozessen studiert und versucht, entsprechende Schlußfolgerungen aus diesen Ergebnissen zu ziehen. Da eine solche Analyse von Fehlleistungen unlängst von Dörner vorgelegt worden ist, soll dieser Aspekt zuerst und dadurch im unmittelbaren Zusammenhang mit den anderen Untersuchungen zu Dörners Ansatz abgehandelt werden. Ein Ausblick auf die Bedeutung des Problemlösens für Entwicklungsprozesse beschließt dieses Unterkapitel.

6.1.2 Problemlösen als Informationsverarbeitung: D. Dörner

Dietrich Dörner widmet sich seit den späten sechziger Jahren[7] intensiv der Erforschung des Problemlöseprozesses. Stand am Anfang die Modellierung von Problemlösesituationen relativ bescheidener Komplexität mit einer starken Betonung eines in Maschinenanalogien formulierten kybernetischen Ansatzes[8], so kann über die theoretische Weiterentwicklung der Konzeption[9], die Umsetzung in umfangreichen computergestützten Versuchsreihen[10] und die breitenwirksam angelegte zusammenfassende Darstellung der wichtigsten Forschungsergebnisse zum Handeln in hochkomplexen Situationen insgesamt eine Fortentwicklung der Theorie vom kybernetischen Informationsverarbeitungsprozeß zum strategischen Denken in komplexen, vernetzten, intransparenten und dynamischen Handlungssituationen[11] erkannt werden.

Insgesamt lassen sich in Dörners Konzept drei große Bereiche unterscheiden, welche den Problemlöseprozeß beeinflussen: der Problemtyp, die Struktur von Realitätsbereichen und die kognitive Struktur auf seiten des Problemlösers. Anhand dieser drei Bereiche soll im folgenden die Darstellung der Dörner'schen Konzeption gegliedert werden.

6.1.2.1 Problemtypen

Dörner interpretiert Problemlösen[12] abstrakt als die Überführung eines gegebenen, aus irgendwelchen Gründen unbefriedigenden (objektiven oder innerpsychischen) Ausgangszustandes in einen anderen, befriedigenderen Zielzustand. Problemlösungen sind damit beschreibbar durch die Angabe

- des unerwünschten Ausgangszustandes,
- des angestrebten Endzustandes und
- der Transformationsschritte, die den erstgenannten in den zweiten überführen.

Formal läßt sich dies mit mathematischen Mitteln als Anwendung von geeigneten Operatoren auf eine Menge von Zuständen darstellen. Dieses Verfahren hat den Vorzug, daß der Problemlöseprozeß innerhalb des relevanten Realitätsbereichs sehr exakt analysiert und beschrieben werden kann. Entsprechend der drei genannten Merkmale klassifiziert Dörner Probleme nach drei Dimensionen, nach

- der Offenheit der Ausgangssituation,
- der Offenheit der Zielsituation und
- der Verfügbarkeit der Operatoren.[13]

Die Offenheit der Ausgangssituation - also die Anzahl der möglichen Startsituationen zur Erreichung eines bekannten Zielzustandes - entspricht der Existenz mehrerer Handlungsalternativen mit unterschiedlicher Erfolgswahrscheinlichkeit. Die Wahl der optimalen Startposition unter mehreren möglichen stellt nach Dörner ein "Vorproblem" dar, welches vor dem eigentlichen Problem zu lösen ist.[14] In späteren Arbeiten hat Dörner dieses Vorproblem in den gesamten Problemlöseprozeß integriert, so daß Probleme nunmehr bei als bekannt und eindeutig bestimmt vorausgesetzter Ausgangssituation nur durch die Offenheit der Zielsituation und die Verfügbarkeit der Operatoren bestimmt sind. Dem Grad der Offenheit bzw. Verfügbarkeit entsprechen bestimmte Barrieretypen und damit letztlich unterschiedliche Problemtypen.

Klassifikation der Barrieretypen nach Dörner (1976) S. 14			
		Klarheit der Zielkriterien	
		hoch	*gering*
Bekanntheitsgrad der Mittel	hoch	Interpolationsbarriere	dialektische Barriere
	gering	Synthesebarriere	dialektische Barriere und Synthesebarriere

Interpolationsprobleme sind durch ein klares Ziel und einen hohen Bekanntheitsgrad der Mittel (Operatoren) gekennzeichnet. Hier kommt es also darauf an, die Mittel in der richtigen Reihenfolge anzuwenden. Ist zwar das Ziel bekannt, die Operatoren allerdings nicht, spricht Dörner von Syntheseproblemen, weil es hier offensichtlich darauf ankommt, die zur Problemlösung notwendigen Operatoren zunächst zu (re)konstruieren. Dörner ist allerdings der Meinung, die Mehrzahl[15] der Probleme sei dadurch gekennzeichnet, daß der Zielzustand nicht eindeutig bestimmt, sondern relativ offen ist. Oft finde man Komparativkriterien bei solchen Problemen, wenn man beispielsweise verlange, etwas müsse sich zum Besseren wenden. Dabei kann einerseits das "Besser" hinsichtlich der Kriterien erst vage bestimmt sein; andererseits kann der Zielzustand gerade dadurch "offen" werden, daß er mehrere einander teilweise widersprechende Zieldimensionen umfaßt, so daß das genaue Ziel als Optimierungsergebnis aus den gleichzeitig zu erfüllenden Einzelzielen gewonnen werden muß. In diesem Fall spricht er von "dialektischen" Problemen, weil der genaue Zielzustand in dialektischen Prozeduren der Zielfindung erst ermittelt werden muß.

Objektiv gleiche Probleme können nun für verschiedene Personen unterschiedliche Problembarrieren enthalten: So weist Dörner selbst[16] beispielhaft darauf hin, daß die Herstellung von Ammoniak für den Laien eine Synthesebarriere enthält, während sich der erfahrene Chemiker bestenfalls mit einer Interpolationsbarriere konfrontiert sehe.

Ohne Darstellung und Wertung in unzulässiger Weise verquicken zu wollen, ist doch bereits an dieser Stelle auf einige kritische Aspekte dieses Ansatzes hinzuweisen: Die Klassifikation der Probleme nach Barrieretypen ist hinsichtlich zweier Punkte nicht unproblematisch. Erstens ist fraglich, ob tatsächlich alle Zellen der Matrix sinnvoll besetzt werden können: Probleme mit dialektischer und Synthesebarriere - in schlichte Umgangssprache übersetzbar als: "Weder weiß ich, was ich will, noch mit welchen Mitteln ich es das erreichen kann" - scheinen eher aus der Logik des Schemas zu erwachsen als aus der empirischen Wahrnehmung von Realitätsbereichen gewonnen zu sein. Dies wiederum kann als Hinweis gewertet werden, der zu unserem zweiten Einwand führt: Die Anordnung der Problemtypen in einer 2×2-Matrix legt nahe, daß es sich bei "Klarheit der Zielkriterien" und "Bekanntheitsgrad der Mittel" tatsächlich um zwei unabhängige Dimensionen handele. Daran ist jedoch erheblich zu zweifeln: Von Mitteln kann man nämlich nur im Hinblick auf ein bekanntes Ziel sprechen, denn dem Mittel geht sein Zweck voraus.[17] Beachtet man dies, so reduziert sich die Anzahl der Barrieretypen auf drei, die in einer hierarchischen Beziehung zueinander stehen: Zunächst ist eine (möglicherweise nur vorläufige) Fixierung des Zieles nötig, im Hinblick auf dieses Ziel können sich dann Interpolations- oder Syntheseprobleme ergeben. Der Tatsache, daß Zielfindung selbst prozessualen Charakter haben kann, trägt die Bezeichnung "dialektische Barriere" ebenso Rechnung wie derjenigen, daß sich das Ziel während der Handlung unter bestimmten Umständen verändern kann.

Dörners Ansatz zur Typologie von Problemen läßt sich besser verstehen, wenn man kontrastierend andere Einteilungsversuche mit heranzieht. So verfolgt beispielsweise Hans Aebli[18] eine andere Klassifikationsstrategie der Problemtypen: In direkter Konsequenz seiner strukturpsychologischen Denkweise faßt er Probleme als subjektiv unbefriedigende Strukturen auf.[19] Solche Mängel können in der Lückenhaftigkeit, in der Widersprüchlichkeit oder in der Kompliziertheit der aktuell verfügbaren Struktur bestehen. Die Probleme mit Lücke umfassen ihrerseits die beiden Gruppen der Interpolations- und der Gestaltungsprobleme. Diese entsprechen im wesentlichen den Dörner'schen Gruppen der Probleme mit Interpolations- und Synthesebarriere. Widersprüchlichkeit als Kennzeichen von Problemen versteht Aebli als einander widersprechende, gleichzeitig zu verwirklichender Handlungsziele. Die Berücksichtigung dieses Polytelie-Problems findet sich explizit erst in den späten Veröffentlichungen Dörners[20] und dort im Rahmen einer allgemeinen Handlungstheorie. Zum Teil kann es aber auch als dialektische Barriere gedeutet werden, insofern es dort um die Präzisierung von Zielkriterien geht. Probleme mit unnötiger Komplikation sind nach Aebli solche mit Wiederholungen oder unwesentlichem Beiwerk (Redundanz und Akzidens). Dieser Problemtyp läßt sich in Dörners Matrix nicht erfassen. Allerdings hat Dörner, wie gleich noch zu referieren werden wird, ausgeführt, daß neben dem Barrieretyp Probleme auch durch die Qualität der Ausgangssachverhalte und der zur Anwendung gelangenden Operatoren bestimmt werden. Aeblis Probleme mit unnötiger Komplikation lassen sich präziser in Dörners Terminologie als Probleme mit Sachverhalten und Operatoren bestimmter Qualität beschreiben.

6.1.2.2 Realitätsbereiche und ihre Struktur

Zurück zur Darstellung des Dörner'schen Ansatzes: Neben einer Klassifikation von Problemtypen anhand der problemkonstitutiven Barrieretypen greift Dörner auf die weiter oben kurz erwähnte Tatsache zurück, daß es kein abstraktes Problemlösen gibt, sondern daß dieser Vorgang jeweils an einen ganz bestimmten Realitätsbereich geknüpft ist. Solche Realitätsbereiche B beschreibt er als Menge zweier Mengen Z und R, wobei Z die Menge aller Sachverhalte (Zustände) des betreffenden Realitätsbereichs und R die Menge aller Operatoren[21] bezeichnet, die auf B anwendbar sind. Aufgrund dieser Definition kann Dörner die Aussage, daß sich das Problemlösen in verschiedenen Realitätsbereichen unterscheide, zurückführen auf die Untersuchung, ob und wie die Menge Z der Sachverhalte strukturiert ist und welche handlungsrelevanten Eigenschaften die Operatoren haben. Eine weitere Analyse der Strukturen von Z und R fördert Faktoren zutage, von denen neben dem Problemtyp das Problemlösen abhängt. So unterscheiden sich nach Dörner:

Sachverhalte	*Operatoren*
verschiedener Realitätsbereiche unterscheiden sich hinsichtlich ihrer	
Komplexität	Wirkungsbreite
Dynamik	Reversibilität
Vernetztheit	Größe des Anwendungsbereichs
Transparenz	Wirkungssicherheit
Grad des Vorhandenseins freier Komponenten	materiellen und zeitlichen Kosten

6.1.2.3 Kognitive Strukturen

Schließlich ist ein dritter Aspekt zu nennen, der neben dem Barrieretyp und der Struktur von Sachverhalten und Operatoren für die Beschreibung von Problemlöseverhalten aus der Sicht Dörners von Bedeutung ist: Zur Lösung von Problemen bedürfe die Person bestimmter geistiger Voraussetzungen, die Dörner zusammenfassend als "Kognitive Struktur" bezeichnet. Diese gliedert er in die epistemische Struktur und die heuristische Struktur.

Die epistemische Struktur enthalte das Wissen über einen Realitätsbereich, während die heuristische Struktur eine Art Verfahrensbibliothek zur Konstruktion von Problemlöseverfahren darstelle.

Dörner gründet seine eigene Theorie der epistemischen Struktur auf die Netzdarstellung des semantischen Gedächtnisses, wie sie von Donald Norman[22] von der University of California in San Diego und seinen Kollegen David Rumelhart[23] und Peter Lindsay zu Beginn der siebziger Jahre entwickelt worden war und die an dieser Stelle nicht ausführlich dargestellt werden kann. Dieses Modell paßte Dörner an die weniger differenzierten Bedürfnisse seiner Konzeption an, indem er die zahlreichen Relationsklassen, wie sie von der Lindsay/Norman/Rumelhart-Gruppe eingeführt worden waren, auf die Abstraktheitsrelation "ist ein" und die Teil-Ganzes-Relation "hat als Teil" zurückführte.[24] Dadurch entsteht als inneres Abbild eines Realitätsbereichs die grobe Form einer Doppelhierarchie, bestehend aus einer Abstraktionshierarchie ("ist ein") und einer Komplexionshierarchie ("hat als Teil"). Ergänzt werde die epistemische Struktur durch ein Operatorgedächtnis, in dem aktivierbare Handlungsprogramme ("gewußte Lösungswege") gespeichert seien.

Das innere Abbild eines Realitätsbereichs zusammen mit dem entsprechenden Operatorgedächtnis ermöglichten es der Person, *Aufgaben zu lösen*: also bekannte Lösungsverfahren auf gleichfalls bekannte Problemtypen anzuwenden. Die epistemische Struktur bilde damit zwar die unverzichtbare Basis des *Problemlösens*, reiche dazu allein aber nicht aus.

Problemlösen als jener Prozeß, in dem Lösungsverfahren für neuartige Situationen entwickelt werden, bedürfe als weitergehender Ansatz eines *Heurismus'*, eines Verfahrens zur Lösungsfindung. Dörner interpretiert Heurismen als Abfolge bestimmter elementarer geistiger Operationen, die nach bestimmten Kopplungsgesetzen aneinandergefügt seien. Eines dieser Gesetze sei eine Prüf-Handlungs-Schleife[25]. Die heuristische Struktur hat man sich nach Dörner insgesamt vorzustellen "als bestehend aus einem Analysator für die Eigenschaften von Problemen und Aufgaben, aus einem Speicher für Lösungsmethoden (Heurismen) und aus einem Kontrollsystem, welches den Erfolg bzw. Mißerfolg der Anwendung von Lösungsverfahren feststellt"[26].

Die heuristische Struktur operiere nicht im luftleeren Raum, sondern habe als unverzichtbare Grundlage die epistemische Struktur desselben Realitätsbereichs. "Die Operationen der heuristischen Struktur verändern und prüfen die Inhalte der epistemischen Struktur. Sie sind Metaoperationen im Hinblick auf die Operationen der jeweiligen epistemischen Struktur."[27]

Das Verhältnis der beiden Strukturen ist - obwohl das bei Dörner nicht immer hinreichend deutlich zum Ausdruck kommt, weil sein Hauptinteresse dem Problemlösen und damit den Operationen der heuristischen Struktur gilt - keine simple Hierarchie, in dem die heuristische Struktur das "Höherwertige" darstellen würde. Ohne die solide Basis der epistemischen Struktur wären Menschen kaum handlungsfähig, weil für sie - in Dörners Terminologie - jede Aufgabe bereits ein Problem darstellen würde.

Dörner selbst deutet seine Konstrukte der epistemischen und der heuristischen Struktur auch in der Begrifflichkeit anderer Ansätze, unter anderem bezieht er sie auf die Entwicklungskonzeption Piagets und das Intelligenzkonstrukt Cattels: So weist er darauf hin, daß die epistemische Struktur die Assimilationswerkzeuge und die heuristische Struktur die Akkomodationswerkzeuge für einen bestimmten Realitätsbereich enthalte.[28] Die kristallisierte Intelligenz nach Cattell sei dem epistemischen Bereich, die fluide Intelligenz hingegen dem heuristischen Bereich zuzuordnen. Im Hinblick auf eine naheliegende Unterscheidung von epistemischer und heuristischer Intelligenz weist Dörner in gewisser Nähe zum behavioristischen "law of exercise" Thorndikes kritisch darauf hin, daß "zum Teil eine konträre Beziehung zwischen diesen beiden Intelligenzformen bestehen könnte. Wenn jemandes Wissen (die epistemische Struktur enthält ja auch Handlungswissen) in einem bestimmten Bereich gut ausgeprägt sei, so brauche er seine heuristische Intelligenz in diesem Bereich kaum."[29] Eine Folgerung liegt für Dörner anscheinend auf der Hand, wenn er vermutet: "Nimmt man nun an, daß die heuristische Struktur in ihrer Entwicklung und der Aufrechterhaltung ihrer Strukturiertheit von Übung abhängig ist, so könnte eine Fortentwicklung der epistemischen Intelligenz indirekt Ursache der Verkümmerung der heuristischen Intelligenz sein."[30]

Kritisch einzuwenden bleibt, daß auch durch Vergleich mit der Terminologie der Piaget-Schule oder des Cattell-Horn'schen Intelligenzmodells die Unterscheidung von epistemischer und heuristischer Struktur und ihr Verhältnis zueinander letztlich nicht absolut klar werden: Zwar leuchtet die Abgrenzung zwischen "Wissen" inklusive den "gewußten Lösungswegen" und den "Operatoren der heuristischen Struktur" und ihrem Einsatzgebiet der neuartigen Situationen intuitiv ein, doch wird ja auch die heuristische Struktur ausdrücklich als Gedächtnisstruktur[31] eingeführt, weshalb die Inhalte der heuristischen Struktur streng genommen zum Wissen zu rechnen sind. Auch der Hinweis, die heuristische Struktur sei entscheidend für die Fähigkeit zum "produktiven Denken"[32], führt uns nicht weiter, da damit lediglich eine funktionale Definition der heuristischen Struktur vorgenommen wird, statt die eigentlich interessierende Frage zu klären, worauf produktives Denken beruht. Dörners Vorstellung von der Zweiteilung in eine epistemische und eine heuristische Struktur bereitet Schwierigkeiten, sobald man die intuitive Ebene verläßt: Was soll die heuristische Struktur enthalten, was nicht Wissen wäre? Oder soll man etwa zu einer überkommenen formalen Wissenstheorie übergehen und postulieren, daß es ein Wissen um abstrakte Problemlösefähigkeiten, abgelöst von der jeweiligen Problemsituation, geben soll? Dörners Zweiteilung leistet letztlich einer nicht intendierten Vereinfachung Vorschub, indem die Frage ausgeklammert wird, ob und wenn ja wie aus einfachen Bausteinen des epistemischen Bereichs komplexe Problemlösungen konstituiert werden. Damit wird die Frage nach dem Theorie-Praxis-Verhältnis von (Bildungs-)Wissen ebenso umgangen wie die lernpsychologische Frage nach Transfer.

Trotz meiner skeptischen Bewertung der Dörner'schen Einteilung in epistemische und heuristische Struktur enthält sein Ansatz eine Reihe für das Thema der vorliegenden Untersuchung wichtiger Aspekte: Dörner trieb seine Forschungen in zwei unterschiedliche Richtungen voran. Zunächst untersuchte er "das Lösen" von Interpolations-, Synthese- und dialektischen Problemen.[33] Dazu arbeitete er mit seinen Mitarbeitern teils eigene Untersuchungspläne aus, teils wurden Ergebnisse aus anderen Konzeptionen des Problemlösens aufgearbeitet, darunter alle wichtigen gestaltpsychologischen Arbeiten, aber auch analytisch orientierte wie etwa der bekannte "General Problem Solver" von Newell, Shaw und Simon[34]. Daraus entstand in der Mitte der siebziger Jahre ein wichtiges Kompendium bestehender Lösungsverfahren in den drei genannten Problembereichen.

6.1.2.4 Problemlösetraining

In diesem Zusammenhang ging Dörner auch kurz der Frage nach, ob und wie die Problemlösefähigkeit von Menschen verbessert werden könne. Getreu seinem Ansatz unterschied er nun zwischen Maßnahmen, die zur Verbesserung der epistemischen Struktur dienen sollten, und solchen, durch welche die heuristische Struktur trainiert werden könne. Hinsichtlich der epistemischen Struktur könne dem Probanden eine gewisse Beweglichkeit in der Organisation der Komplexionshierarchie und der Abstraktionshierarchie vermittelt werden: Man könne lernen, einzelne Elemente zu einem komplexeren Ganzen zusammenzufassen, oder umgekehrt, ein Komplexes in seine Grundelemente zu zerlegen. Ebenso könne man lernen, die Abstraktionsebene ("ist ein") nach Bedarf zu variieren. Dieses Training, das sich sowohl auf den Bereich der gewußten Sachverhalte als auch auf den Bereich der gewußten Operatoren erstrekken soll, ermögliche es dem Probanden, das anstehende Problem auf der angemessenen Komplexions- und Abstraktionsebene zu behandeln.[35]

Über die Fortentwicklung der heuristischen Struktur[36] sei, so Dörner im Jahre 1976, noch relativ wenig bekannt. Grundsätzlich erscheine aber auch dieser Bereich einer systematischen Verbesserung zugänglich. Dörner unterschied in seinem anschließenden Literaturbericht zwischen den drei Kategorien "Übungstraining", "taktisches Training" und "strategisches Training". Im Übungstraining werde versucht, durch das Lösen bestimmter, konkreter Probleme die allgemeine Problemlösefähigkeit zu steigern. Als taktisches Training bezeichnet Dörner Trainingsformen, "die darin bestehen, daß Individuen einzelne Teilprozesse eines komplexen Denkaktes erlernen oder üben"[37]. Strategisches Training solle demgegenüber dazu dienen, "den Gesamtablauf des Denkens, die Gesamtstrategie oder den Gesamtplan zu beeinflussen"[38].

6.1 Kognitive Grundlegung: Beiträge der Problemlöseforschung

Als Übungstraining zur Fortentwicklung der heuristischen Struktur berichtet Dörner über eine Studie seines Mitarbeiters Franz Reither, die in ihrem Design an das an früherer Stelle in dieser Arbeit[39] referierte Woodrow-Experiment erinnert: Reither experimentierte mit einer Apparatur, deren Anzeige (drei Farben) durch acht Funktionstasten mit unterschiedlicher und zum Teil sehr komplexer Wirkung beeinflußt werden konnte. Die Problemstellung bestand darin, eine gegebene Kombination mit Hilfe der Funktionstasten, deren genaue Wirkung den Versuchspersonen nicht mitgeteilt wurde, in einen bestimmten Zielzustand zu überführen. Reither trennte zwischen einer Experimental- und einer Kontrollgruppe: Während die Experimentalgruppe keine weitere Hilfestellung erhielt, wurde die Kontrollgruppe zur Selbstreflexion hinsichtlich des Problemlöseprozesses angehalten. Nach anfänglich gleichem Leistungsverhalten zeigte die Selbstreflexionsgruppe ab dem dritten von insgesamt zehn Problemdurchgängen ein eindeutig besseres Problemlöseverhalten.

Auch die Wirkung des taktischen Trainings (Üben einzelner mentaler Operationen, die gewöhnlich nicht selbständig auftreten) führte Dörner auf das Phänomen "Bewußtheit" zurück: "Es scheint also, daß bei den Schulkindern der Versuchsgruppe eine allgemeine Steigerung der geistigen Kapazität eingetreten ist. Wir möchten annehmen, daß dies darauf zurückzuführen ist, daß den Kindern bestimmte mentale Operationen bewußt geworden sind, und sie ihren Einsatz den jeweiligen Bedingungen angemessener steuern können."[40]

Der Wert eines strategischen Trainings - Dörner bezieht sich auf einen Versuch seiner Kollegin aus Kieler Tagen Wiebke Putz-Osterloh(41), in welchem ein bestimmtes Interpolationsproblem zu lösen war, wobei den Probanden entweder keine oder taktische oder strategische oder taktische und strategische Anleitung erhielten - scheint letztlich auch in der Bewußtheit und Verfügbarkeit von Bestandteilen des Problemlöseverhaltens zu liegen, die im alltäglichen "Struggle of life" und in der möglicherweise nur selten auftretenden Problemsituation normalerweise nicht reflektiert werden.

Mit dem hier dargestellten Konzept untersuchte Dörner in den folgenden Jahren mit einer Gruppe von Mitarbeitern, wie Problemlösen in hochkomplexen Bereichen vor sich geht und wovon die interindividuelle Variation der Lösungsqualität abhängt. Zu diesem Zweck bediente er sich des Mediums der Computersimulation, das es möglich macht, Personen mit den typischen Fragestellungen hochkomplexer Situationen zu konfrontieren und dabei ihr Verhalten genau zu beobachten und zu protokollieren. Sehr bekannt wurde Dörners "Lohhausen-Experiment", in dem Versuchspersonen als Bürgermeister mit quasi-diktatorischen Vollmachten die Geschicke einer simulierten Kleinstadt über einen Zeitraum von 120 simulierten Monaten zu lenken hatten. Dörner beobachtete das Verhalten von Versuchspersonen in diesem ca. 2000 vernetzte Variable umfassenden System und unterzog die protokollierten Lösungsversuche im Hinblick auf die vage Zielvorgabe, das Wohl der Stadt zu mehren, einer nachträglichen Klassifikation.

6.1.3 Fehlleistungen in Problemlöseprozessen

Damit verschiebt sich die Perspektive, wie bereits weiter oben angedeutet, von einer Klassifikation von Problemtypen und der Auflistung entsprechender Heurismen, zum Studium der interindividuellen Variation des Problemlöseprozesses in komplexen Problemen mit dialektischer Barriere. Eine kurze, systematische Auswertung des Lohhausen-Experiments und weiterer ähnlich konstruierter Versuche legte Dörner 1989 in seinem Buch *Die Logik des Mißlingens*[42] vor.

Dörner zeigt darin auf sehr anschauliche Weise, daß sich Schwierigkeiten für die Versuchspersonen vor allem aus den bereits genannten[43] Strukturmerkmalen der Realitätsbereiche: Komplexität, Vernetztheit, Transparenz und Dynamik[44] ergeben. Die Bedeutung dieser vier Komponenten übersetzt er in das Bild eines Schachspielers, "der mit einem Schachspiel spielen muß, welches sehr viele (etwa: einige Dutzend) Figuren aufweist, die mit Gummifäden aneinanderhängen, so daß es ihm unmöglich ist, nur eine Figur zu bewegen. Außerdem bewegen sich seine und des Gegners Figuren auch von allein, nach Regeln, die er nicht genau kennt oder über die er falsche Annahmen hat. Und obendrein befindet sich ein Teil der eigenen und der fremden Figuren im Nebel und sind nicht oder nur ungenau zu erkennen."[45]

Dörner hatte im Lohhausen-Experiment eklatante Unterschiede zwischen "guten" und "schlechten" Problemlösern gefunden. Der naheliegende Ansatz, diese Unterschiede auf die Intelligenz der Versuchspersonen zurückzuführen, konnte empirisch nicht bestätigt werden.[46] Besseren Erfolg hatten Dörner und Mitarbeiter mit dem Entwurf eines Handlungsmodells[47], in dem neben den kognitiven Fähigkeiten einer Person auch Motivation und Emotion eine wichtige Rolle spielen. Für die Analyse von Fehlleistungen in Problemlöseprozessen ist allerdings ein späteres, wieder stärker sequentialisiertes Handlungsmodell geeignet, das sich am zeitlichen Ablauf von Planung und Handlung orientiert.[48]

Indem Dörner die einzelnen Stationen des Planens und Handelns im Hinblick auf positives oder weniger erfolgreiches Lösungsverhalten untersucht, gewinnt er eine breite systematische Darstellung der Ursachen für das Scheitern menschlichen Handelns, eben: die "Logik des Mißlingens". Von einem Stu-

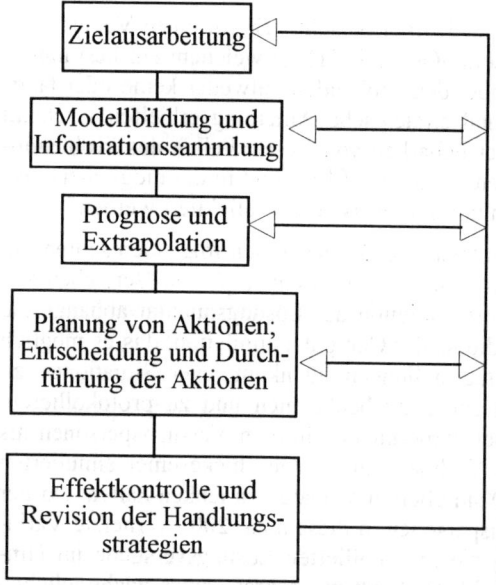

Stationen der Handlungsorganisation nach Dörner (1989)

- Zielausarbeitung
- Modellbildung und Informationssammlung
- Prognose und Extrapolation
- Planung von Aktionen; Entscheidung und Durchführung der Aktionen
- Effektkontrolle und Revision der Handlungsstrategien

dium dieser Systematik sind Hinweise zu erwarten, welche Inhalte und Fähigkeiten in Bildungsprozessen vermittelt werden sollten, um Menschen zu einem verbesserten Problemlöse- (und damit zugleich Problembewältigungs-) Verhalten anzuleiten.

6.1.3.1 Handlungsziele

Jede dieser Stationen birgt spezifische Schwierigkeiten für den Problemlöseprozeß: So weist Dörner darauf hin, daß eine sorgfältige Elaboration des Zielkomplexes[50] hinsichtlich folgender Kriterien wichtig ist:

- Lediglich negativ formulierte Ziele (daß etwas nicht sein soll) müßten in positive Zielkomponenten umgesetzt werden, da Vermeidungsziele als Leitlinie für Planen und Handeln zu wenig spezifisch seien.
- Meist lasse sich ein komplexes Handlungsziel nicht direkt angehen, sondern es sei die Bildung von Zwischenzielen notwendig. Möglicherweise sei die Erreichung des eigentlichen Handlungsziels auf mehreren Wegen möglich. Zwischenziele seien im Verhältnis zum Oberziel nach dem Gesichtspunkt maximaler *Effizienz-Divergenz* zu bestimmen, was so viel bedeute, wie möglichst viele verschiedene Möglichkeiten des Handelns mit möglichst großer Erfolgswahrscheinlichkeit offenzuhalten.
- Unklare, globale Zielbegriffe müßten hinsichtlich ihrer Bestandteile analysiert werden.
- Dabei ergebe sich häufig, daß sich hinter dem unklaren Zielbegriff ein "Mehrfachproblem" verberge. Die beteiligten Teilprobleme seien daraufhin zu untersuchen, ob sie eine Unterscheidung in zentrale und periphere Probleme zuließen, ob sie sich nach den Kriterien der Wichtigkeit und Dringlichkeit in eine Rangreihe ordnen ließen und ob sie sich durch Delegation entflechten ließen. Ein besonderer Fall liege vor, wenn die Teilziele des Mehrfachproblems selbst einander widersprächen: Dörner weist darauf hin, daß dem Problemlöser dann prinzipiell die Möglichkeiten der Zielbalance, der Alternativlösung oder der Umgestaltung des ganzen Systems blieben - Letzteres im Hinblick auf die damit verbundene Umgestaltung der kontradiktorischen Abhängigkeitsverhältnisse der beteiligten Systemvariablen (= Teilziele).
- Schließlich sei darauf zu achten, daß durch die Lösung eines Problems nicht neue erzeugt werden. Dörner verlangt zur Vermeidung solcher unerwünschten Nebenwirkungen, daß man im Zuge der Problemlösung auch Bestehendes daraufhin analysiere, welche Merkmale man unbedingt erhalten möchte. "Eine Analyse des Beizubehaltenden ist aber die einzige Chance, implizite Probleme explizit zu machen und so zu verhindern, daß die Lösung des einen Problems zur Folge hat, daß drei neue dafür auftreten."[51]

Bereits in diesem frühen Handlungsabschnitt fanden Dörner und seine Mitarbeiter zahlreiche Verstöße gegen diese an sich einleuchtenden, ja beinahe trivial anmutenden Verhaltensregeln für den Umgang mit Zielen: Komplexe Ziele wurden keineswegs sorgfältig analysiert, sondern die Teilzielbildung geschah eher zufällig. Diesem Fehlverhalten - Dörner spricht anschaulich von einer "mangelnden Dekomposition von Komplexzielen"[52] - entspricht verständlicherweise die Gefahr, die "falschen", nämlich periphere statt der eigentlichen Teilprobleme zu lösen. Zu solchen Fehlern verleitet unter anderem auch, wenn man bei relativer hoher Unsicherheit gegenüber dem, was man "eigentlich" machen soll, ein Teilproblem in Bereichen erkennt, in denen man kompetent ist: Dann, so Dörner, neigen Menschen dazu, die Probleme, die sie lösen *können*, für die Probleme zu halten, die sie lösen *müssen*.

Besondere Schwierigkeiten macht der Umgang mit widersprüchlichen Teilzielen. Dörner fand, daß Versuchspersonen hier häufig dazu neigten, statt einer rationalen Abwägung zwischen den Zielen und einer sorgfältigen Dosierung ihrer Maßnahmen den Zielkonflikt zu verdrängen. Von höchster Bedeutung ist, daß die Versuchspersonen besonders erfindungsreich waren, wenn es darum ging, die negativen Folgen dieser Fehler aus ihrem persönlichen Verantwortungsbereich hinauszuargumentieren. Da wurden kontradiktorische Teilziele in eine neue begriffliche Form gespannt, in welcher dieser Widerspruch kaum mehr zu erkennen war (z. B. "freiwillige Dienstpflicht"). Oder die eigene Nichtbeachtung von Zielkomplexität wurde hinter einer Verschwörungstheorie versteckt: Man selbst habe das Beste gewollt und gegeben, aber offensichtlich würden diese hehren Absichten sabotiert.[53]

Von Bedeutung ist dieser Befund vor allem deshalb, weil Dörner für solch irrationales Abschieben von Verantwortung folgende zentrale Ursache vermutet: "Meines Erachtens spielt hier der ... *Schutz der eigenen Kompetenzmeinung* eine zentrale Rolle. Es ist schwer, sich selbst einzugestehen, daß man selbst es war, der mehr oder minder die negativen Folgen erzeugt hat, und zwar mit den besten Absichten. Daß man mit den besten Absichten handelnd schlimme Folgen produzieren kann, bedeutet ja, daß man nur über ungenügende Einsichten in die herrschenden Verhältnisse verfügt. Ungenügende Einsichten bedeuten auch geringe Handlungsfähigkeit und müßten mit der Einsicht einhergehen, daß man nur sehr wenig tun kann und sehr vorsichtig agieren muß. Dieser Einsicht und den damit verbundenen Schuldgefühlen verschließt man sich gern."[54]

An diesem Gedankengang muß gleich Mehreres Aufmerksamkeit erregen:
- Zunächst werden findet man hier zum ersten mal ausdrücklich Hinweise dafür, daß eine hochentwickelte Kompetenz- Einschätzung nicht unproblematisch ist. Bisher war immer betont worden, daß eine ausreichend hoch ausgeprägte Einschätzung der eigenen Kompetenz eine Bedingung erfolgreichen Handelns ist. Nun ist zwar mit Dörners Vermutung dies nicht außer Kurs gesetzt. Allerdings wird man nun mit dem Januskopf der Kompetenzeinschätzung konfrontiert: Wo Menschen ihr Kompetenzgefühl bedroht sehen, verteidigen sie es, so lange es geht, notfalls auch mit Hilfe irrationaler Ideen, welche die widerspenstige Wirklichkeit in gewünschter Weise "korrigieren". Umgekehrt bedeutet dies, daß eine positive Kompetenz-Selbsteinschätzung trotz aller Bedeutung, welche diese für die Handlungssteuerung des Menschen haben mag, kein absolutes Ziel pädagogischer Einflußnahme sein darf. In paradoxaler Zuspitzung läßt sich nämlich aus dem Referierten nur der

Schluß ziehen, daß wahrhaft kompetent nur derjenige ist, der immer auch um die Grenzen seiner Kompetenz weiß.

- Bedenkt man dieses Resultat, so wird allerdings die Bedeutung von Kompetenz als zentraler Komponente menschlicher Motivation, so wie sie in Kapitel 4 entwickelt wurde, eher noch gestärkt als gemindert: Das Bedürfnis, sich kompetent zu fühlen bzw. die eigene hohe Kompetenzeinschätzung gegen Anwürfe zu verteidigen, war es ja schließlich, das Dörners Versuchspersonen zu ihren Aktionen trieb.

- Schließlich erkennt man an dieser Stelle nochmals ganz klar, daß aus pädagogischer Perspektive Kompetenz kein ausschließlich auf Können im Sinne der Beherrschung von bestimmten Fähigkeiten und Fertigkeiten ausgerichtetes Konzept sein kann. Eine solchermaßen technisch fehlinterpretierte und als solche absolut gesetzte Kompetenz und der daraus resultierende Erfolgszwang waren es, die Dörners Versuchspersonen derart in die Enge trieben, daß ihnen kein anderer Ausweg offen schien als die Verdrängung der Realität. Ich schließe daraus, daß *Kompetenz der Rückbindung an eine moralische Instanz bedarf*, damit für die Person überhaupt ein Anreiz besteht, solche unangenehmen Selbsterkenntnisse nicht einfach zu verdrängen. In diesem Sinne verweist Kompetenz auf ihre normative Dimension, wie sie im Kapitel 4 dieser Arbeit entwickelt worden war. Solche Kompetenz nähert sich, daran sei in diesem Zusammenhang nochmals erinnert, beträchtlich dem Konzept von Tugend, welches nach einem bekannten Worte Herbarts zu verstehen ist als die "in einer Person zur beharrlichen Wirklichkeit gediehene Idee der inneren Freiheit"[55].

6.1.3.2 Informationsbeschaffung und Modellierung

Die zweite Station des Planens und Handelns nach Dörner ist die Phase der Informationssammlung und Modellbildung.[56] In komplexen Problemsituationen sei hierbei vor allem zu beachten, daß die Variablen nicht isoliert stehen, sondern in einem System miteinander vernetzt sind. Das Studium des Systems, also die Modellbildung, sollte der Sammlung von Detailinformation vorangehen: "Kennt man das System, in welches eine Variable eingebettet ist, so weiß man auch, welche Informationen man sammeln muß, um die Basis für das eigene Handeln zu schaffen."[57] Kenntnis des Systems bedeutet wiederum, daß man das Wirkungsgefüge der Variablen kennen muß. Dörner notiert als weitere Regeln für den Umgang mit Systemen: "Der Handelnde muß wissen, in welcher Art und Weise die einzelnen Bestandteile eines Systems in Oberbegriffs/Unterbegriffshierarchien eingebettet sind. Dies muß er wissen, um gegebenenfalls die unbekannte Struktur des Systems durch Analogieschlüsse ergänzen zu können. Der Handelnde muß wissen, in welche Bestandteile die Elemente eines Systems zerlegbar sind und in welche Ganzheiten sie gegebenenfalls eingebettet sind. Dies muß er wissen, um Hypothesen über bislang unbekannte Beziehungen zwischen den Variablen eines Systems aufstellen zu können."[58]

Man erkennt deutlich, daß Dörner hier auf der weiter oben dargestellten Systematik der epistemischen Struktur aufbaut. In diesem Sinne war bereits in Kapitel 5 dieser Arbeit gefordert worden, das Begriffsnetz ("System") so auszubauen, daß mit ihm die Problemsituation möglichst gut zu erfassen ist.

Mit zahlreichen Beispielen belegt Dörner nun, daß Menschen sich dem mühevollen "Studium des Systems" auf unterschiedliche Weise zu entziehen suchen:

- durch die Bildung von "reduktiven Hypothesen"[59], die statt des Netzes von Variablen eine einzige zentrale Variable betrachten;
- durch die Tendenz zur selektiven, ausschließlich weltbildkonformen Informationsaufnahme oder
- durch die Neigung zur Übergeneralisierung. Die angemessene Abstraktionsebene für die Behandlung eines Problems zu finden, ist nach Dörner von besonderer Bedeutung. Hierbei gehe es stets um die schwierige Balance zwischen regelblindem Aktionismus einerseits und situationsblindem Schematismus andererseits. "Mit der Bildung abstrakter Konzepte muß man selbst 'strategisch' verfahren. Man muß wissen, wann sie angebracht sind und wann nicht."[60]
- Durch die "positive Rückkopplung zwischen dem Ausmaß an Information über eine Sache und der Unsicherheit"[61] des Problemlösers. Je mehr man wisse, desto mehr wisse man auch, was man nicht weiß: "Das sich selbst verstärkende Gefühl der Unsicherheit und Unbestimmtheit, welches sich so ergibt, ist der Grund für nie vollendete Diplom- und Doktorarbeiten."[62]

Diese zuletzt genannte Tatsache ist wohlbekannt und wäre an sich nicht weiter aufregend. Dörner glaubt jedoch, in einigen Fällen in der *aktiven Verweigerung der Informationsaufnahme* eine Selbstschutzfunktion von Individuen vor so begründeter Unsicherheit erkennen zu können. Mehr noch: Die Verweigerung der Informationsaufnahme stehe in direkter Beziehung zu der Entscheidungsfreudigkeit von Versuchspersonen: "Je weniger aufgenommene Information, desto mehr Entscheidungsfreude - und umgekehrt!"[63]

6.1.3.3 Eigendynamik von Systemen

Die dritte Station des Planens und Handelns nach Dörner betrifft die "Prognose und Extrapolation" des Modells in die Zukunft hinein. Von zentraler Bedeutung hierbei sei der Umgang der Versuchspersonen mit der Zeit, und dies stelle vielleicht den gravierendsten Mangel menschlicher Plan- und Handlungsorganisation dar. Dörner verdeutlicht in eindringlicher (und sattsam bekannter) Weise, daß Menschen

- Schwierigkeiten haben, exponentielles Wachstum korrekt zu extrapolieren, und
- nur sehr schwer mit Systemen zurecht kommen, in denen die Wirkung der Ursache nicht unmittelbar, sondern mit einigem zeitlichen Versatz folgt.

Beide Faktoren verstärken die Intransparenz des Systems und erschweren dadurch eine sachadäquate Modellbildung. Jene Fälle, in denen beide Faktoren in Kombination auftreten - wie zum Beispiel die Simulation einer biologischen Schädlingsbekämpfung als zeitversetzt einsetzendes partiell exponentielles Wachstum innerhalb von Räuber-Beute-Modellen -, liefern geradezu deprimierende Ergebnisse: "Insgesamt finden wir", kommentiert Dörner rückblickend, "daß die ... Fähigkeit, mit einem relativ einfachen zeitabhängigen System umzugehen, gering ist. Den Versuchspersonen hier bessere Strategien zu vermitteln, würde sich sicher lohnen." Und er fügt nochmals verschärfend hinzu: "Wenn man die Ergebnisse dieses Versuchs betrachtet, muß man wieder bedenken, daß die Versuchspersonen unter fast optimalen Bedingungen arbeiteten." Unter realistischen Bedingungen "würden wohl die jeweiligen Akteure noch größere Schwierigkeiten haben."[64]

6.1.3.4 Planen

Die letzte Station, die Dörner im Rahmen seiner Handlungstheorie selbst empirisch untersucht, betrifft die Planung und Entscheidung von Aktionen. Hier greift Dörner auf Ergebnisse seiner früheren theoretischen Arbeiten zum Problemlösen zurück, die zu Beginn dieses Kapitels bereits ausführlicher dargestellt worden sind: Dörners Ausführungen[65] weisen deutliche Bezüge zu Lösestrategien bei Interpolationsproblemen auf, werden indes jetzt erweitert um eine systematische Darstellung von Strategien zur "Suchraumeinschränkung" bzw. "Suchraumerweiterung". Damit sind Heurismen gemeint, die bei kompliziert verzweigten Planungsproblemen helfen sollen, die Interpolationsbarriere zu überwinden. Er nennt im einzelnen:

A) Verfahren zur Suchraumeinschränkung
- Kombination von Vorwärts- und Rückwärtsplanung (schafft Zwischenziele)
- "hill-climbing" (Planungsrichtung wird bestimmt durch den maximalen Soll-Ist-Gradienten)
- maximale Effizienz-Divergenz (erfolgversprechende Zwischenziele bilden)
- "frequency-gambling" (Welche Lösungsmethode hat sich in der Vergangenheit häufig bewährt?)

B) Verfahren zur Suchraumerweiterung
- freies Probieren
- "Ausfällen von Gemeinsamkeiten" bisher erfolgloser Lösungsversuche
- Analogieschluß

Auch bei der Planung sei die Wahl des richtigen Auflösungsniveaus von Bedeutung, denn auch hier greife die Unsicherheitsspirale, die bereits im Zusammenhang mit der Informationsbeschaffung und Modellbildung eine Rolle erwähnt worden war: Unsicherheit suggeriere "genauere Planung", genaueres Hinsehen produziere neue Fragen und neue Unsicherheit, die wiederum den Wunsch nach genauerer Planung hervorrufen. Daß der Weg aus dieser Unsicherheitsspirale heraus im Aktionismus der "befreienden Tat" bestehen kann, wurde ebenfalls bereits erwähnt. Dörners Plädoyer ist eindeutig: So begreiflich der Wunsch nach Reduktion von Unsicherheit ist, so darf er doch nicht eine reduktionistische Sicht und Behandlung des Problems zur Folge haben.

Ein weiterer, wichtiger Planungsfehler bestehe darin, sich allzu stark von Ergebniserwartungen leiten zu lassen und darüber die *Bedingungen der Anwendbarkeit* der geplanten Handlungssequenz aus den Augen zu verlieren. "Der Grund dafür, daß Pläne nicht funktionieren, liegt oft darin, daß man all die kleinen, lästigen lokalen Bedingungen (Clausewitz nennt sie 'Friktionen' - also etwa: Reibungsverluste) nicht einkalkuliert hat, die erfüllt sein müssen, damit der Plan 'geht'."[66]

Interessant ist in diesem Zusammenhang Dörners[67] Beobachtung, daß eine sorgfältige Ausarbeitung von Plänen überwiegend bei solchen Versuchspersonen anzutreffen ist, die gleichzeitig situative Bedingungen ausreichend berücksichtigen. Beide Parameter korrelierten darüber hinaus hoch mit der *erwarteten Wirkungssicherheit* der Maßnahmen.[68]

6.1.3.5 Kontrolliertes Handeln

Verläßt man nun den Bereich der Vorüberlegungen und betrachtet den Handlungsprozeß selbst, so unterscheidet Dörner zwischen einem erwarteten rationalen Verhalten, über die Effektkontrolle aus eigenen Fehlern zu lernen, einerseits und einem zunächst unverständlich scheinenden irrationalen Verhalten andererseits: manche Versuchspersonen neigten dazu, jeder Konfrontation mit den negativen Folgen ihres Tuns auszuweichen. Dörner weist daraufhin, daß ein solches Verhalten nur auf den ersten Blick unverständlich bleibe. Wenn man die Folgen der eigenen Handlungen gar nicht erst zur Kenntnis nehme, so bleibe die "Kompetenzillusion"[69] erhalten. "Hat man eine Entscheidung getroffen, um einen bestimmten Mißstand zu beseitigen, so kann man, wenn man nur die Folgen der Maßnahme nicht betrachtet, der Meinung sein, daß der Mißstand behoben ist."[70] Argumentativ erhärtet wird Dörners Deutung durch ein Experiment seines Schülers Franz Reither[71], der in einer simulierten Entwicklungshilfe-Situation seine Versuchspersonen zusätzlich zur Grundsituation mit einer vorprogrammierten Krise belastete. Reither berichtete, daß insbesondere in dieser schwierigen Situation die Versuchspersonen zwar Ziele und Absichten formulierten, ihre Maßnahmen aber kaum noch im Hinblick auf die Zielerreichung kontrollierten. "Offenbar sind die Pbn bestrebt", folgerte Reither, "immer mehr Abstand von der von ihnen geschaffenen Realität und den Konsequenzen ihrer Entscheidungen ... zu halten."[72] Gleichzeitig mit diesem Verzicht auf Ergebniskontrolle verloren die Versuchspersonen jegliches Augenmaß für die Angemessenheit der Mittel, und dies gleich in zweierlei Hinsicht: Erstens traten nun vermehrt extreme Dosierungen in den beschlossenen Maßnahmen auf und zweitens waren die Versuchspersonen nun auch in sehr viel höherem Maße bereit, solche Maßnahmen zu ergreifen, die ihren eigenen ethischen Standards nicht genügten. Dörner kommentiert zusammenfassend:

"Die Krise und der damit verbundene Verlust an Kompetenz hatten also nicht nur die Folge, daß die Versuchspersonen zu einem stark 'ballistischen' Verhalten übergingen und die Dosierung ihrer Maßnahmen erhöhten. Zusätzlich ergab sich, daß die Versuchspersonen nach dem Prinzip 'Der Zweck heiligt die Mittel' zu handeln beginnen und übergeordnete moralische Standards bei ihrer Handlungsorganisation weniger beachten. Man sieht hier eine Entwicklung zum Zynismus und zum Aufgeben moralischer Standards. So etwas kennt man natürlich! Aber daß sich eine solche Entwicklung als statistisch signifikanter Effekt, also als eine allgemeine Tendenz in einer doch ei-

6.1 Kognitive Grundlegung: Beiträge der Problemlöseforschung

gentlich ganz unbedrohlichen Spielsituation erzeugen läßt, stimmt zumindest nachdenklich."[73]

Sicherlich wird man einwenden können, vielleicht sei die leichtfertige Verletzung der eigenen moralischen Standards nur aufgrund der Spielsituation möglich, aber die Parallelität zu einer Vielzahl historischer Phänomene, wie beispielsweise zu dem, welchem der folgende Textpassus entnommen ist, spricht für sich selbst: "Wenn in friedlichen Zeiten der Kraftquell der Volksregierung die Tugend ist, so sind es in Zeiten der Revolution Tugend und Terror zusammen. Ohne die Tugend ist der Terror verhängnisvoll, ohne den Terror ist die Tugend machtlos. Der Terror ist nichts anderes als die unmittelbare, strenge und unbeugsame Gerechtigkeit; er ist also eine Emanation der Tugend." Der diese Worte sprach, war Maximilien Robbespierre in seiner Rede vor dem Nationalkonvent am 5. Februar 1794.[74]

Diesen zuletzt referierten Gedanken Dörners nochmals[75] zu betrachten, ist für das Thema der hier vorgelegten Untersuchung besonders wichtig: War doch zunächst im Zusammenhang der Darstellung des Kompetenz-Konstrukts immer wieder betont worden, daß eine positive Kompetenz-Einschätzung der eigenen Person wichtig für ein erfolgreiches Handeln ist, so muß man nun zur Kenntnis nehmen, daß gerade diese Notwendigkeit einer positiven Kompetenzeinschätzung in zunächst unerwartet negativer Weise auf die Person zurückschlagen kann. Dabei, dies hervorzuheben ist wichtig, teilt Dörner durchaus die bisher vertretene Bewertung der Kompetenzeinschätzung: "Wenn Menschen handeln sollen, so werden sie dies nur tun, wenn sie sich zumindest in minimaler Weise dafür kompetent fühlen. Sie brauchen die Erwartung, daß ihr Handeln letztlich doch erfolgreich sein könnte. Ohne jegliche Erfolgserwartung würden wir kaum mehr handeln, sondern resigniert dem Schicksal seinen Lauf lassen."[76]

Aber eben weil dies so ist, argumentiert Dörner, kann eine Bedrohung des Kompetenzgefühls zu regelrechten psychischen "Befreiungsschlägen" führen: Wenn man die Folgen des eigenen Handelns nicht kontrolliere, müsse man sich selbst keine Fehler eingestehen. Wenn auch keine Aussicht auf Lösung des Problems bestehe, so könne man sich doch durch Handeln selbst beweisen, daß man *handlungsfähig* sei. "Die Bewahrung des Gefühls eigener Kompetenz ist ein Akt des Selbstschutzes, der notwendig ist, um ein Minimum an Handlungsfähigkeit aufrechtzuerhalten."[77]

Es zeigt sich damit nochmals, wie wichtig eine Anbindung des Kompetenz-Begriffs an moralische Kategorien ist. Der klassische psychologische Kompetenz-Begriff, wie ihn Dörner zugrundelegt hat und mit Recht kritisiert, kann immer nur ein Teilziel pädagogischen Handelns sein. Um es drastisch auszudrücken: Eine positive Kompetenzeinschätzung hat auch der Größenwahnsinnige; deswegen kann Aufbau und Erhalt eines positiven Kompetenzbewußtseins nur ein Ziel sein, neben der gleichermaßen wichtigen Fähigkeit zur Selbstkritik und der Orientierung an ethischen Standards. Deshalb wird man jede Verabsolutierung von solcher Kompetenz als unangemessen zurückweisen und statt dessen eine Rückbindung der Kompetenz an eine moralische Instanz fordern müssen. Das in dieser Arbeit entwickelte pädagogische Kompetenz-Modell ist entsprechend in der kognitiven, der normativen und der Handlungsdimension ausgefaltet und vorangetrieben worden. Damit verbindet sich zugleich auch die Überzeugung, daß die kognitiven Aspekte des Kompetenz-Aufbaus (Bildung) einer Ergänzung durch erzieherische Momente bedürfen.

Der sich bisweilen auch irrationaler Mittel bedienende Schutz des eigenen Kompetenzgefühls ist dabei einer von vier zentralen Faktoren, die Dörner als Ursachen der eklatanten Fehlleistungen im Planen und Handeln vermutet. Die übrigen drei sind:

- Die "geringe Zuflußkapazität des menschlichen Gedächtnisses", die dazu verleite, sich vorwiegend mit den aktuellen Zuständen des Systems zu beschäftigen, statt seine Entwicklung zu studieren.[78]
- Die Fixierung der Aufmerksamkeit auf die gerade aktuellen Probleme und eine daraus resultierende "Überwertigkeit des aktuellen Motivs".[79]
- Die Langsamkeit des (bewußten) Denkens, das der Devise "eins nach dem anderen" folge, die geringe Zahl gleichzeitig verarbeitbarer Informationen und die daraus folgenden "Ökonomietendenzen" des Denkens (Zentralreduktion, ballistisches Verhalten, Methodismus etc.).[80]

Dörner betont, es handle sich hierbei um "sehr faßbare Ursachen, und man sollte Möglichkeiten finden, diese Faktoren als Fehlerbedingungen weitestgehend auszuschalten."[81]

6.1.4 Pädagogische Konsequenzen

Nach dieser recht umfangreichen Darstellung des Dörner'schen Ansatzes soll nun der Versuch unternommen werden, den systematischen Beitrag dieses Konzepts für das Thema der vorliegenden Untersuchung herauszuarbeiten. Dabei orientiere ich mich nochmals an den Gesichtspunkten, die bereits zur Gliederung der Darstellung gedient hatten:

- Barierretypologie,
- Sachverhalte und Operatoren,
- kognitive Struktur,
- Training der heuristischen Struktur,
- Fehlleistungen in Problemlöseprozessen.

Die Klassifikation von Problemtypen anhand des Barrieretyps, welche Dörner vorschlägt, lenkt zunächst die Aufmerksamkeit auf den einfachen Sachverhalt, daß es unterschiedliche Problembarrierren gibt, die je spezifische Schwierigkeiten beinhalten. Dieser Ansatz ist vor allem deswegen bedenkenswert, weil er es ermöglicht, intraindividuelle Unterschiede im Zugang zur Problemauffassung und -durchdringung zu verstehen. Dörner hatte ja darauf hingewiesen, daß ein und dieselbe Problemlage für verschiedene Menschen unterschiedliche Barrieren enthalten kann. Wichtig ist in diesem Zusammenhang auch der Hinweis, daß die das Problem konstituierende Barriere nicht nur im Bereich der Auswahl und Anwendung von Mitteln, sondern darüber hinaus auch im Bereich der genauen Zielbestimmung bestehen kann. Skepsis ist hingegen der genauen Anordnung der beiden Barriere-Dimensionen angezeigt. Ich hatte bereits auf die Schwierigkeit hingewiesen, die vierte Zelle der Dörner'schen Barrierematrix - Probleme mit dialektischer und Synthesebarriere - mit sinnvollen Beispielen zu füllen. Folgt man nämlich den Definitionen der dialektischen bzw. der Synthesebarriere - Unklarheit der Zielkriterien und Unklarheit der Mittel -, so tritt der logische Widerspruch der Konstruktion deutlich zutage: Wer nicht weiß, was er will, kann auch nicht um die Mittel zur Verwirklichung seiner Ziele wissen. Umgekehrt ist an Dörners Darstellung völlig richtig, daß Interpolations- und Synthesebarrieren nur im Hinblick auf ein klar definiertes Ziel auftreten können.

Aeblis Idee, zwischen Problemen mit Lücke und Problemen mit Widerspruch zu unterscheiden, kann nur teilweise zur Lösung dieses Problems beitragen: Widerspruch bedeutete bei Aebli die Widersprüchlichkeit von Teilzielen. Zwar wird hier klar zwischen der Ziel- und der Mittelebene des Problemlösens unterschieden, doch betrifft Aeblis Einteilung auch nur einen - wenn auch sehr wichtigen - Aspekt des gesamten Zielbildungskomplexes. Es geht nämlich nicht nur um den Ausgleich widersprüchlicher Teilziele, sondern der Zielbildungsprozeß kann langwierig und problematisch sein. Ein ursprüngliches Handlungsziel kann sich im Laufe der Beschäftigung mit der Problemlage und der Erkenntnisse, die man über die Struktur des Problemfeldes gewinnt, verändern. Diesen Kreisprozeß zwischen Planen und Handeln bestimmt Dörner sprachlich sehr anschaulich als Problem mit dialektischer Barriere.

Mit den genannten Einschränkungen bleibt die hier vorgetragene Einteilung von Problemen nach verschiedenen Barrieretypen ein wichtiges Analyseinstrument zur Beurteilung organisierter Bildungsprozesse. Eine Häufigkeitsbestimmung dort behandelter Problemtypen zeigt, daß Probleme mit Interpolationsbarriere dominieren, solche mit Synthesebarriere bereits deutlich seltener vertreten und Probleme mit dialektischer Barriere kaum anzutreffen sind. Die Verteilung von Barrieretypen liegt zum einen im Wesen von Unterrichtsorganisation: Vorgegebene Problemstellungen sind unter Anleitung oder selbständig zu lösen. Die Zielvorgabe erfolgt dabei durch die Curricula oder durch den Lehrer, der das Unterrichtsgeschehen steuert. Offensichtlich entspricht die Häufigkeitsverteilung von Barrieretypen in organisierten Bildungsprozessen damit nicht derjenigen, die im alltäglichen Leben außerhalb der Schule anzutreffen ist. Hier sind Probleme mit Synthesebarriere weit häufiger, und Probleme mit dialektischer Barriere, selbst wenn sie nicht die häufigsten überhaupt sind, gehören doch zu denen, deren Lösung sich am schwierigsten gestaltet. Insbesondere unter diesem Gesichtspunkt stellt das weitgehende Fehlen von Problemen mit dialektischer Barriere in organisierten Bildungsprozessen einen erheblichen Mangel dar.

Umgekehrt ist es allerdings auch nicht einfach, darzulegen, wie Zielbildung und Zielkonkretisierung in Unterrichtsprozesse mit aufgenommen werden können. Hinweise sind jedoch verschiedenen Orts zu finden: So wird ein "erziehender Unterricht", der sich nicht in der bloßen Wissensvermittlung erschöpft, über die moralische Reflexion des eigenen Handelns auch solche Zielbildungsprobleme in umfassender Weise berücksichtigen. Auch ist darauf hinzuweisen, daß in einigen Fächern - Religion, Ethik, Philosophie - vielleicht stärker als in anderen[82] Schüler zur Reflexion eigener Lebensziele angehalten und damit durchaus an die Schwelle solcher dialektischen Probleme auch auf existentiellem Niveau geführt werden. Hinweise anderer Art finden sich in den Konzepten der Reformpädagogik und insbesondere der Arbeitsschulbewegung: Man denke beispielsweise - auf einer eher äußerlichen Ebene der Zielbildung freilich - an die Unterrichtsdemonstrationen Hugo Gaudigs, die nicht selten mit einer Zielbestimmung der konkreten Unterrichtseinheit begannen. Ebenso eignen sich Projekte, deren Zielsetzung nur in wenigen wichtigen Punkten vorgegeben wird, so daß vom angestrebten Werk oder Zustand aus Überlegungen zu dessen genauer Gestaltung und Optimierung anzustellen sind. Beispiele dafür lassen sich leicht auf unterschiedlichen Schwierigkeits- und Reflexionsebenen finden, angefangen vom berühmten Starenkastenbeispiel Kerschensteiners bis hin zur Erstellung eines Abfallvermeidungs- und -verwertungskonzeptes für die Heimatgemeinde, eines lokalen Verkehrswegeplanes oder ähnlicher komplexer Planungsaufgaben. Gemeinsam mit Schülern läßt sich die Ausstattung von Schulen verbessern, angefangen vom Feuchtbiotop im Schulgarten über die wohnliche Ausgestaltung des Schulgebäudes bis hin zur Herstellung technischer Ausrüstungsgegenstände in Eigenregie.[83] Alle diese Projekte erschöpfen sich nicht in der Verwirklichung eines bestimmten angestrebten Zieles mit vorgegebenen Mitteln, sondern beziehen die gemeinsame Zielbildung, Entscheidungsfindung und Handlungsplanung mit ein. Dabei werden sowohl der dialektische Zielbildungsprozeß der Produktoptimierung wie auch der Umgang mit widersprüchlichen Teilzielen gleichermaßen erlebbar gemacht und eingeübt.

Vergebens sucht man in Dörners Arbeiten Hinweise, woran sich Zielbildung auf individueller Ebene letztlich orientiert. Der Ansatz, Problemlösen als Informationsverarbeitung zu verstehen, kann hier nur zum Teil befriedigen. Selbst wenn man Zielbildung und Zielausarbeitung und die ihnen letztlich zugrundeliegenden Werturteile im weitesten Sinne formal als Informationsverarbeitung beschreiben kann, so kann die Angabe der Kriterien dieser speziellen Informationsverarbeitungsprozesse (Wertgebundenheit) selbst nicht innerhalb dieses Modells thematisiert werden. Will man aber daran festhalten, daß die Fähigkeit, sich Ziele zu setzen, und, weil dadurch bestimmte Handlungsmöglichkeiten vor anderen ausgezeichnet werden, damit verbunden letztlich die Fähigkeit, wertgebundene Entscheidungen zu treffen, zur Kompetenz eines Menschen dazugehören, dann muß man nach Modellen suchen, welche auch diese erkennbar erzieherischen Komponenten des Bewältigungstrainings zum Gegenstand haben.

Dörners Aussagen zur Struktur von Sachverhalten und Operatoren fügen sich zum Teil recht gut in die Konzeption ein, die im fünften Kapitel als Ersatz für stärker formalisierte Transfer-Theorien entwickelt worden waren: Dörners Operator-Begriff zumindest weist große Ähnlichkeit mit dem Begriff des Schemas auf, welches im Mittelpunkt der neuen Transfer-Konzeption steht. Vor allem in der Eigenschaft, daß Operatoren und Schemata zu jeweils komplexeren Makro-Operatoren bzw. Makro-Schemata zusammengefaßt werden können, zeigt die Verwandtschaft beider Ansätze.

Ein wichtiger Unterschied zwischen Operatoren und Schemata besteht allerdings darin, daß Operatoren sowohl auf der heuristischen als auch auf der epistemischen Struktur existieren, und auf der letztgenannten sowohl im "Afferenzteil" (Gedächtnis für Sachverhalte) als auch im "Efferenzteil" (Gedächtnis für Handlungen).[84] Aeblis Schema-Begriff ist jedoch nur auf den Efferenzteil der epistemischen Struktur anwendbar. Den Operatoren im Afferenzteil entsprechen die relationalen Verbindungen im Begriffsnetz ("System des Wissens"). Zu den Operatoren der heuristischen Struktur in Dörners Konzept gibt es in der bisher entwickelten Darstellung keine vergleichbaren Ansatzpunkte. Aebli, an dessen Ideen ich meine Darstellung angelehnt habe, hatte auf eine Trennung zwischen epistemischer und heuristischer Struktur verzichtet: Für ihn gab es auf den beiden tragenden Säulen - einem hierarchisch organisierten Wissensbereich der Schemata und einem netzartig organisierten Wissensbereich "System" - keine weitere kognitive Struktur. Vielmehr unterstellte Aebli einfach eine in seinen Augen nicht weiter ableitbare Spontaneität des menschlichen Geistes, die sich am Grundbedürfnis eines geistigen Ordnens der Wahrnehmung und des Handelns immer wieder neu entfachte. Diese Spontaneität wird durch den Ausbau der beiden Wissensbereiche eingeschränkt: Wie ein genügend entwickeltes Schemata-Wissen flüssiges Handeln ermöglicht, so ermöglicht ein hinreichend entwickeltes Begriffsnetz "geistige Beweglichkeit". Diese "geistige Beweglichkeit" weist noch die größte Ähnlichkeit mit Dörners "heuristischer Struktur" auf: Beides beschreibt keine Gedächtnisinhalte, die dem Individuum bis dahin in dieser Form zur Verfügung gestanden hätten, sondern erfassen seine Fähigkeit, auf der Grundlage des Wissens um Schemata (Efferenzteil der epistemischen Struktur) und System (Afferenzteil) in der so gebildeten "Cognitive Map" Pläne zu entwerfen und Umwege zu beschreiten.

Eine Trennung der kognitiven Struktur in einen epistemischen und einen heuristischen Teil hat selbst heuristischen Wert. Sie verweist darauf, daß eine Verbesserung der Problemlösefähigkeit nicht nur im Bereich des bloßen Übens - Klauer sprach von "trivialem Transfer"[85] -, sondern auch im Sinne einer allgemeinen Steigerung der Problemlösefähigkeit zu erreichen ist. Dies ist ein Hinweis von nicht zu unterschätzender pädagogischer Tragweite.

Die genannte Aufspaltung ist vor allem eine intuitiv gut zu motivierende Trennung, insofern sie dem alten Erfahrungswissen der Menschheit Rechnung trägt, daß Daten-, Sachverhalts- und sogar Verfahrenswissen zu einer befriedigenden Lösung von komplexen Problemen alleine nicht ausreichen. Heraklits Diktum, daß Vielwissen Vernunfthaben nicht lehrt, mag als frühes Zeugnis dieses Erfahrungswissens genügen. Eine saubere analytische Trennung zwischen einer heuristischen und einer epistemischen Struktur scheint mir jedoch sehr schwierig, nicht zuletzt deshalb, weil letztlich nicht völlig klar wird, was denn eigentlich die Inhalte der heuristischen Struktur sein sollen und worin sie sich von denen der epistemischen unterscheiden. Auch fällt es schwer, für jene Meta-Ebene, auf der die Meta-Operatoren der heuristischen Struktur angesiedelt sein sollen, eine Entsprechung im Realen zu sehen.

Dörners Einteilung in heuristische und epistemische Struktur hat auch gefährliche Aspekte: So suggeriert die (begriffliche) Existenz einer eigenständigen heuristischen Struktur, daß diese getrennt von der epistemischen fortentwickelt werden könne. Seine Mitarbeiterin Thea Stäudel setzte diese Idee in zwei separate Kompetenzbereiche, "heuristische" und "epistemische" Kompetenz, um. Dörner ging, wie weiter oben berichtet, ja sogar soweit, daß er annahm, eine hochentwickelte epistemische Struktur lasse die heuristische verkümmern. Solchermaßen droht die Teilung - und man bedenke ihren letztlich artifiziellen Charakter - den Blick für die Frage zu verstellen, wie aus den einfachen Bausteinen der epistemischen Struktur komplexe Problemlösungen aufgebaut werden können.

Auch hier überzeugt Aeblis Verzicht auf eine eigenständige heuristische Struktur mehr: Seine Theorie läßt sich verstehen als eine Konzeption "lokaler Netzwerke", die sich um die zentralen Begriffe und Relationen eines Schemas herum aufbauen. Von jedem Begriff eines Schemas aus kann man ins System wechseln, um dort die jeweilige Struktur zu verstehen. Da jedes lokale Netz neben naheliegenden und von der Teleologie des Problems bestimmten Verbindungen auch unkonventionelle, im Problemzusammenhang fremd anmutende Verbindungen anbietet, kann der Problemlöser - eine hinreichende Entwicklung seiner kognitiven Struktur vorausgesetzt - neue, kreative Lösungswege finden.

Das Gesagte gilt im weiteren in spezieller Weise auch für das Problemlösen selbst: Man kann davon ausgehen, daß es einige wenige - beispielsweise an den Barrieretypen orientierte - oder auch nur ein einziges - der "späte" Dörner zog sich auf die abstrakte Ebene eines allgemeinen Handlungsschemas zurück - abstraktes Schema des Problemlösens und jeweils dazu korrespondierende Begriffsnetze gibt. Die Verbesserung der eigenen Problemlösefähigkeit ließe sich dann dahingehend deuten, daß man sich mehr und mehr "einen Begriff vom Problemlösen macht".[86]

In diese Richtung - daß eine Verbesserung der allgemeinen Problemlösefähigkeit vor allem dadurch zustande kommt, daß man sich einen Begriff vom Problemlösen macht - weisen unter anderem die Ergebnisse aus Klauers G-V-Training, in welchem den Probanden ein ganz bestimmtes "strategisches" Wissen um die relevanten Bestandteile und aussichtsreiche Verfahren zur Bewältigung bestimmter Aufgabentypen vermittelt wurde. In die nämliche Richtung weisen Dörners eigene Befunde zur Fortentwicklung der heuristischen Struktur[87], die letztlich auf eine Steigerung der Bewußtheit und Verfügbarkeit von Operatoren, also von Schemata und vernetzten Begriffen, ausgerichtet waren. In die gleiche Richtung weist schließlich Dörners Ansatz, eine handlungstheoretische Beschreibung des Problemlöseprozesses zu formulieren: Parallel zu dem in Kapitel 6.1.2 beschriebenen allgemeinen Prozeßschema

- Zielbildung
- Informationssammlung / Modellbildung
- Eigendynamik: Prognose und Extrapolation
- Planen, Entscheiden, Durchführen
- Effektkontrolle und Revision der Handlungsstrategien

entwickelte Dörner ein überaus reich differenziertes Begriffsnetz um diese fünf zentralen Begriffe herum: So sollte, wer sich mit Handlungszielen auseinandersetzt, um die Bedeutung einer klaren Ziel-Elaboration wissen; er sollte wissen, daß es eine allgemeine Grundregel gibt ("maximale Effizienz-Divergenz"), welche Zwischenziele lohnend sind; und er sollte wissen, daß Zielkonflikte grundsätzlich auf drei Wegen ausgeräumt werden können (Ausbalancieren, Alternativlösungen, Umgestaltung des Systems). Wer sich mit der Eigendynamik von Problemen beschäftigt, muß die besonderen Schwierigkeiten für die menschliche Anschauungskraft kennen, die sich aus exponentiellem Wachstum und aus zeitversetzten Wirkungen ergeben. In der Phase des Planens, Entscheidens und Ausführens ist es wichtig, Verfahren zur Suchraumerweiterung und -einschränkung zu kennen, mögliche "Friktionen" von schematisierten Lösungen aufgrund von situativen Gegebenheiten zu bedenken und damit um die Anwendbarkeit von geplanten Lösungsschritten zu wissen. Und schließlich ist es nicht minder wichtig, die Versuchung zu kennen, sich der Effektivitätskontrolle eigenen Handelns zu entziehen, um die eigene Kompetenz-Illusion zu schützen.

Betrachtet man Dörners Problemlöse-Schema und seinen eindrucksvollen Katalog der "Logik des Mißlingens", so findet man den Pädagogen mit einem immensen Pensum konfrontiert, das er auf seinem Weg der "Befähigung zur Bewältigung" zu leisten hat. Ein wenig von der Mutlosigkeit, welche solche Kataloge stets zu verbreiten pflegen, scheint auch Dörner selbst affiziert zu haben, wenn man den resignativen Unterton in seinem letzten Buch richtig deutet. So etwa, wenn die Verbesserung der Problemlösefähigkeit, die bereits durch eine gezielte Reflexion der eigenen Problemlösestrategie erzielt werden konnte, plötzlich nicht mehr einzutreten scheint. Die guten Ergebnisse, die in der Dörner-Gruppe vormals mit taktischem und strategischem Training erzielt werden konnten[88], ließen sich nämlich in hochkomplexen Situationen nicht replizieren: Zwischen der Kontroll-, der Taktik- und der Strategiegruppe im Lohhausen-Versuch gab es zwar signifikante Unterschiede in der Einschätzung der Trainingswirksamkeit durch die Versuchspersonen, ein ebensolcher Unterschied in den tatsächlich gezeigten Leistungen ließ sich allerdings nicht nachweisen. Dörner vermutete resignierend, die Versuchspersonen hätten durch das Training lediglich gelernt, besser und schöner über ihr Denken und Tun zu reden.[89]

Eigentlich ist die optimistische Schluß-Wendung des Autors unter diesen Vorzeichen nur schwer verständlich: Als geeignete Trainingshilfe für den Umgang mit hochkomplexen Problemen empfahl Dörner nämlich das Training mit einer Batterie sorgfältig abgestimmter Computer-Simulationen in Verbindung mit detaillierten Auswertegesprächen. Zu verstehen ist diese Empfehlung aus seinem Forschungsansatz, und unter pädagogischen Gesichtspunkten hat diese Methode sicherlich ihre Vorzüge: Ermöglicht sie es doch, sonst nicht Erfahrbares der sinnlichen Wahrnehmung und der kognitiven Bearbeitung zugänglich zu machen und den Lernenden in einer Weise mit den Folgen seines Handelns zu konfrontieren, wie sie sonst im intellektuellen Bereich kaum möglich ist, sondern nur in den selbstbildenden Rückwirkungen des Arbeitsprozesses wie des vollendeten Werkes gemäß den Konzepten der Arbeitsschultheoretiker eine Entsprechung findet.

Freilich bleiben auch eine Reihe von Problemen ungelöst: So scheint die Transfer-Problematik für Dörner beispielsweise nicht zu existieren. Wie groß ist die Wahrscheinlichkeit, daß man dasjenige, was man in simulierten Problemzusammenhängen kennengelernt hat, auch in anderen Bereichen einsetzen kann? Wie läßt sich erreichen, daß die Lernenden nicht der Pseudo-Exaktheit des Modells aufsitzen, sondern im Pro-

177

zeß des Sich-Einlassens auf die Simulation wichtige Strukturprinzipien der Wirklichkeit einerseits und eigenen Problemlöseverhaltens andererseits erkennen? Dies wird natürlich nicht zuletzt von der Qualität der Auswertegespräche abhängen, über deren Struktur man noch nichts weiß, weil es sie noch nicht gibt. Der Einsatz des Computers allein verbürgt noch nicht, daß die intendierten Lernwirkungen auch erzielt werden. Unberücksichtigt bleibt auch die Motivationslage des Lernenden: Insofern unterscheidet sich der Computer von keinem anderen Lehr-Medium. Unberücksichtigt in den Trainingsprogrammen bleibt ebenfalls die Frage nach dem, was klassisch "Bildsamkeit" genannt wird: Auch der Computer kann den intendierten Lernerfolg nicht garantieren. Schließlich wird man konzedieren müssen, daß Handeln in Simulatoren, obwohl diese sich als Trainings- und Ausbildungsinstrument vielfach bewährt haben, nicht mit Handeln unter realen Bedingungen identisch ist. Kurzum: Der Computer ist ein Medium des Lehrens und Lernens unter vielen anderen, das spezifische Stärken und Schwächen besitzt. Wenn man die von Dörner hervorgehobenen Vorzüge im Rahmen einer gut abgestimmten pädagogischen Gesamtplanung nutzen will, so ist dies sicherlich jeden Versuch wert.

Mag die Schulung des strategischen Denkens im Medium der Computer-Simulation auch derzeit noch eine futuristische Vision sein, so ist Dörners Analyse menschlicher Fehlleistungen in hochkomplexen, vernetzten, dynamischen, intransparenten Problemkonstellationen überaus wertvoll, wobei ihr Wert vor allem in der geschlossenen, systematischen Darstellung liegt. Unabhängig vom Einsatz des Computers ergeben sich nämlich Einsatzmöglichkeiten im Rahmen von "Problemlöse-Checklisten", ohne daß dieses Checklisten zu jener Mutlosigkeit führen müßten, von der weiter oben die Rede war. Es ist hier nämlich daran zu erinnern,

- daß erstens das entwickelte Schema und die korrespondierenden Begriffsnetze des Problemlösens bestenfalls am Ende von organisierten Bildungsprozessen gewonnen sein werden und keinesfalls zu den Voraussetzungen von Bildung gehören,
- zweitens daran, daß solche Prozesse viel Zeit benötigen, und
- drittens daran, daß Problemlösen eine individuelle Leistung bleibt. Pädagogen können dem einzelnen daher zwar den Schlüssel in die Hand geben, nicht aber garantieren, daß dieser Schlüssel überhaupt und wenn korrekt zur Anwendung gelangt.

In einer abschließenden Wertung kann man, bei allen vorgetragenen Einwendungen gegen Dörners Ansatz im Detail, diesen doch als eine Erweiterung des bisher dargelegten Modells der Kompetenz-Entwicklung ansehen, insofern Dörners Modell den Anwendungsbereich der Aebli'schen Konzeption vergrößert. Dieser hatte eher die gut definierte, intellektuell eindeutige Problemstellung im Blick, während Dörner auch polytelische Probleme, dynamische Systeme und eine beträchtlich hohe Irrtumswahrscheinlichkeit des Problemlösers ("Intransparenz") *ausdrücklich* in seine Überlegungen einbezieht. In diesem Sinne spricht also manches für eine gute didaktische Kombination beider Ansätze.

6.2 Problemlösen, Problembewältigung und Entwicklung

6.2.1 Einleitende Hinweise

Ein weiterer Aspekt der Problemlöseforschung ist für das Thema der hier vorgelegten Arbeit wichtig, weil der Aufbau von Kompetenz in jenem umfassenden, im vierten Kapitel dargestellten Sinn formal als Entwicklungsprozeß gedeutet werden kann. Der Zusammenhang zwischen Problemlösen und Entwicklungsprozessen war bereits mehrfach angesprochen worden: So zum ersten Mal in der Darstellung der Berliner Lewin-Schule um Hoppe und Jucknat im zweiten Kapitel und dann später im Rahmen der Kompetenz-Untersuchung im Zusammenhang mit Flammers Theorie eines Entwicklungszirkels von Kompetenzen und Performanzen. An dieser Stelle sind nun einige Konzepte nachzutragen, welche speziell den Aspekt des Problemlösens bzw. einer gelingenden Problembewältigung als ausschlaggebend für menschliche Entwicklungsprozesse schlechthin ansehen.

Allerdings ist im voraus anzumerken, daß mit dieser thematischen Verschränkung von Problemlösen und Entwicklung bereits innerhalb der Psychologie ein Grenzgebiet zwischen Teildisziplinen berührt wird. Brüche an deren Nahtstellen können und sollen im Rahmen der hier vorgelegten Arbeit nicht ausgeglichen werden.

Zunächst ist darauf hinzuweisen, daß sich Problemlöseforschung - zumindest methodisch - vorwiegend auf das Handeln der Person in der aktuellen Situation konzentriert. Entwicklung bezieht sich demgegenüber eher auf eine Langzeitperspektive, so daß die Frage nach dem Zusammenhang von aktuellem Problemlösen und längerfristigen Entwicklungstendenzen in unvermittelter Schärfe aufgeworfen wird. Städel und Weber[90] stellen fest, daß die Problemlöseforschung eher zu einer mikroskopischen Analyse führe, wobei es schwierig sei, "die molekularen Einheiten zu molaren zusammenzufassen und so die mikroskopische Ebene zugunsten einer globaleren Sichtweise zu verlassen".

Diese Beschränkung auf die aktuelle Situation gilt freilich streng genommen nur für den methodischen Zugriff: Die Problemlöseforschung konzentriert sich auf die Beobachtung des Verhaltens in der aktuellen Situation. Doch auch alle in dieser Arbeit referierten Konzepte zur Entwicklung und Verbesserung von Problemlösefähigkeit überwinden diesen Mangel zum Teil bereits wieder, weil keines von ihnen ohne Rückgriff auf die Instanz "Gedächtnis" und damit auf ein Stück biographischen Kontext auskommt.

"Problemlösen" als einen wesentlichen Motor von Entwicklung zu begreifen, liegt nahe: Eine (subjektive) Notwendigkeit zur Entwicklung besteht solange nicht, wie das Individuum in einer ungestörten Homöostase mit seiner Umwelt (bzw. deren kognitiven Repräsentationen) lebt. Erst das Problem als die erstmalig auftretende Nicht-Passung zwischen Wahrgenommenem und bereits Gewußtem provoziert - in der Begrifflichkeit Piagets - "Akkomodation", und nur die Akkomodation treibt die qualitative Entwicklung der kognitiven Struktur voran.

6.2.2 Robbie Case: Entwicklung durch Problemlösen

Einen ähnlichen Weg der Verknüpfung von Problemlösen und (intellektueller) Entwicklung beschreitet Robbie Case[91]. Sein Konzept wird an dieser Stelle lediglich summativ zur Arrondierung des hier vorgetragenen Ansatzes herangezogen. Für Case hat zielgerichtete menschliche Aktivität grundsätzlich die Form des Problemlösens: In einer gegebenen Situation wird ein Ziel mit bestimmten Mitteln verfolgt. Case versucht, eine formale Struktur des Problemlösens darzustellen, die für alle Entwicklungsstufen Gültigkeit besitzt. Diese formale Struktur nennt er "executive control structure" (ECS). Die unveränderliche Grundstruktur der ECS bestehe aus drei Teilen:

- der kognitiven Repräsentation der Ausgangssituation,
- dem Ziel und
- der Strategie zur Problemlösung.

Entwicklung besteht nach Case darin, daß die subjektiv verfügbaren ECS immer komplexer werden und daß gleichzeitig 'höhere' Repräsentationsstufen eine ökonomischere Handhabung dieser ECS ermöglichen. Kurz: Das Problemlösen werde effektiver.

Case beschränkt sich mit seiner Theorie auf die Beschreibung der kognitiven Entwicklung, wobei er ein weites Verständnis von "Problem" zugrundelegt: Case verwendet "Problem" sowohl im Sinne von Aufgabe als auch im engeren Sinne von Problem.

Es ist fraglich, ob aus der beobachteten Zunahme an Komplexität der ECS bereits gefolgert darf, Entwicklung sei im wesentlichen Entwicklung des Problemlösens und werde durch Problemlösen vorangetrieben. Zwei Einwände stehen dem nämlich entgegen: Erstens das Problem der kognitiven Dominanz und zweitens - unabhängig vom Ansatz, daß Probleme Auslöser von Entwicklung sein können - die Frage, ob sich Entwicklung im Medium des *Lösens* oder des *Bewältigens* von Problemen vollzieht.

Der erste Einwand ist rasch dargestellt: Problemlösen ist ein *bewußter und rational gesteuerter Prozeß*. Entwicklung mit Problemlösen zu identifizieren oder im wesentlichen auf Problemlösen zurückzuführen, legt dann nahe, Elemente der rationalen Kontrolle im Prozeß der psychischen Entwicklung über Gebühr zu betonen. Welche Rolle Emotionen oder teils unbewußt ablaufende psychische Prozesse spielen, bleibt dann völlig offen.

Dieser Einwand wird bereits aufgefangen, wenn man statt der Problem*lösung* der Problem*bewältigung* Aufmerksamkeit schenkt: Dieser Ansatz richtet nämlich von Anfang an das Interesse verstärkt auf Zusammenhänge zwischen kognitiven, emotionalen und motivationalen Teilprozessen. Darüber hinaus wird in diesem Konzept die Frage aufgeworfen, ob es zur Bewältigung eines Problems in jedem Falle auch seiner Lösung bedarf.

6.2.3 Problemlösen und Problembewältigung

Die Frage, welches Verhältnis zwischen Problemlösen und Problembewältigung besteht und ob es eine Bewältigung von Problemen geben kann, die nicht zugleich eine Lösung wäre, war eingangs zu Kapitel 6.1 bereits einmal aufgeworfen, ihre Beantwortung indes zurückgestellt worden. Diese Frage ist eine der schwierigsten, die im Kontext der hier vorgelegten Arbeit zu prüfen ist: Kann man ein Problem bewältigen, ohne es zu lösen?

Zunächst sieht man den Widerspruch: Bewältigen ohne Lösen - da assoziiert man "verdrängen" und erinnert sich der Freud'schen Neurosenlehre, in welcher die pathogene Wirkung des Verdrängens nachdrücklich hervorgehoben worden war. Probleme löst man schließlich nicht dadurch, daß man vor ihnen davonläuft.

Zwischenzeitlich haben die weiteren Untersuchungen im Rahmen dieser Arbeit allerdings ergeben, daß ein solches Denken eindimensional ist. Probleme lassen sich nicht nur auf der Ebene des direkten Überwindens lösen. Dörner hatte beispielsweise darauf hingewiesen, daß es im Umgang mit widersprüchlichen Zielen grundsätzlich drei Möglichkeiten gibt, mit dieser Situation umzugehen: Ausbalancieren, Alternativlösungen oder ein Umstrukturieren des gesamten Systems. Man verdeutliche sich dies an folgendem Beispiel: Wenn sich ein Fußgänger auf seinem Weg unversehens mit einem Fluß konfrontiert sieht, der ihm den direkten Weiterzug versperrt, so kann er versuchen, dieses Problem direkt zu lösen, indem er den Fluß durchwatet oder durchschwimmt. Er kann zweitens versuchen, sich irgendwelche Hilfsmittel zu beschaffen, mit denen die Überquerung an genau dieser Stelle gelingt. Oder er kann drittens entscheiden, daß die Überquerung an dieser Stelle nicht so wichtig ist, und ein Stück flußauf- oder -abwärts nach einer besseren Stelle oder einer Brücke suchen. Schließlich kann er sich überlegen, warum er eigentlich auf die andere Seite des Flusses will und ob dies den Einsatz des Aufwandes rechtfertigt. Eine grundsätzliche Entscheidung, welches davon die "richtige" Art des Problemlösens ist, ist ohne weitere Kenntnis situativer Faktoren nicht möglich.

Dies gilt insbesondere für den letzten Fall, daß auf die Ausführung des ursprünglichen Plans verzichtet wird: Von einer Lösung des Problems wird man sicher dann nicht sprechen, wenn die Selbstprüfung ergibt, daß der Fußgänger diesen Fluß eigentlich überqueren will und ihm die erfolgreiche Überquerung ganz besonders wichtig ist, er es aber nicht kann. Wohingegen der Spaziergänger, dem ein breiter Bach den Weg verlegt, und der auf die Überquerung verzichtet, sein Problem ja durchaus dadurch bewältigt, daß er sich mit der Grenze arrangiert. Entscheidend für die erfolgreiche Bewältigung eines Problems bleibt zunächst die subjektive Bewertung der Situation durch die Person, die im Hinblick auf die Bedeutung der Situation im Sinngefüge von Welt und Person getroffen wird.

Dieses gilt auch im Hinblick auf die Bewältigung psychischer Problemlagen im weitesten Sinne: Zum "Problem" wird ein den eigenen Zielen Widerstehendes erst dann, wenn die Erreichung des Zieles mit einer hohen subjektiven Relevanzschätzung gekoppelt ist. Die Bedeutung eines Ereignisses oder eines Zieles ergibt sich aus seiner Stellung innerhalb eines umfassenden Sinnzusammenhanges.[92] Die erfolgreiche Bewältigung eines Problems ist daher an den zunächst subjektiven Sinnhorizont der betroffenen Person geknüpft, und man versteht, wie es zu einer Differenzierung der Belastungsreaktionen kommen kann: Mißt man einem Ereignis keine Bedeutung zu, so spielt es im persönlichen Sinnhorizont des Betroffenen keine Rolle; es kann für ihn nicht bedrohlich sein, wohl aber lästig. Das Ausweichen, das einfache Aushalten oder das Übersehen solcher "Bagatell-Lästigkeiten" wird unter diesen Umständen keinen negativen Einfluß auf die Persönlichkeitsentwicklung haben. Notwendige, wenn auch nicht hinreichende Bedingung dafür, daß ein solches Vermeidungsverhalten die pathogene Form der Verdrängung annimmt, ist demnach, daß das betreffende Ereignis innerhalb des individuellen Sinnhorizontes als bedeutsam eingestuft wird und unbewältigt aus der Liste zu bearbeitender Aufgaben ausgegrenzt wird.

Eine solche Betonung der subjektiven Bewertung ist freilich nicht unproblematisch: Schließlich kann niemand eine Garantie dafür übernehmen, daß die Bewertung eines Ereignisses oder eines Faktums im Rahmen des subjektiven Sinnhorizonts auch tatsächlich problemadäquat ist. Mag das Umwerten eines Ereignisses auch subjektiv befriedigend sein, so wird dadurch doch kein Problem der äußeren "objektiven Welt" gelöst.

Die Adäquanz von subjektivem und sachlichen Bedeutungshorizont darf man dabei sicher nicht voraussetzen. Im Gegenteil: Sie herzustellen (oder zu ermöglichen) ist das Ziel von Bildung, und die innere Bereitschaft, sich selbst auf das Ziel einer möglichst guten Adäquanz zu verpflichten, ist das Ziel von Erziehung. Ob dies im Einzelfall gelingt, ist durchaus ungewiß; daß es indessen *prinzipiell möglich* ist, den aktuellen, subjektiven Sinnhorizont einer Person auch für andere Dimensionen einer "Sinnstufenordnung" aufzuschließen, kann als gesichert gelten.[93] Daß darüber hinaus das Konstrukt der "Entwicklungsaufgabe" im Kontext einer sinnbezogenene Handlungstheorie zu verstehen sei und somit also auch diese grundlegende Form des psychischen Bewältigungsgeschehens als sinnbezogen zu betrachten sei, darauf hat aus psychologischer Sicht Rolf Oerter im Jahre 1985 hingewiesen.[94]

Entwicklung als Bewältigung bzw. Lösung von Problemen zu verstehen, hat zwischenzeitlich eine umfangreiche Tradition: Weiter oben[95] wurde bereits die Entwicklungskonzeption Erik H. Eriksons erwähnt, die einem "epigenetischen" Stufenschema folgt. Das "epigenetische Prinzip" besagt, "daß alles was wächst, einen Grundplan hat, und daß die Teile aus diesem Grundplan heraus erwachsen, wobei jeder Teil seinen Zeitpunkt der speziellen Aszendenz besitzt, bis alle Teile entstanden sind, um ein funktionierendes Ganzes zu bilden".[96] Die Stadien seines bekannten epigenetischen Diagramms der Persönlichkeitsentwicklung seien bestimmt durch "Komponenten" (Urvertrauen, autonomer Wille, Initiative etc.), deren "jede ... zu ihrer Aszendenz [kommt], ... auf ihre Krise [trifft] und ... gegen Ende des erwähnten Stadiums ihre Lösung"[97] finde. "Jedes Stadium wird zu einer Krise, weil beginnendes Wachstum und Bewußtheit in einer neuen Teilfunktion mit einer Verschiebung in der Triebenergie einhergehen, und außerdem auch eine spezifische Verletzlichkeit in diesem Teil verursachen."[98]

Zwischen "Bewältigung" und der *gelingenden* Persönlichkeitsentwicklung nach Erikson besteht ein enger Zusammenhang. Die Komponenten der freien Persönlichkeit entwickeln sich nach Erikson in einer Abfolge potentieller Krisen, die ihrerseits in "einer radikalen Veränderung in der Perspektive" begründet seien. Zweifellos sind es *potentielle* Krisen: Defizite in diesen streng definierten Essentials der Persönlichkeitsentwicklung führen nicht zwingend in die Katastrophe, wohl aber sind Krisen wahrscheinlich: Wachstum besteht für Erikson "aus einer Reihe von Herausforderungen"[99].

6.2.4 Robert Havighurst: Entwicklungsaufgaben

Etwa zeitgleich zu Eriksons Konzeption entstanden in Chicago die Überlegungen des Pädagogen und Entwicklungstheoretikers Robert J. Havighurst.[100] Ähnlich wie Erikson bezog auch Havighurst die Dimension des Sozialen in die Entwicklung ein, wenn er schrieb: "The developmental task concept occupies the middle ground between the two opposite theories of education: the theory of freedom - that the child will develop best if left as free as possible, and the theory of constraint - that the child must learn to become a worthy responsible adult through restraints imposed by his society. A developmental task is midway between an individual need and a societal demand."[101]

Havighurst, der in der 2. Auflage seines Werkes Eriksons Aussagen aus *Kindheit und Gesellschaft* als Beleg seiner eigenen Position heranzog[102], konzipierte Entwicklung im wesentlichen als Lernprozeß - freilich nicht in der eingeschränkten Wortverwendung seiner behavioristischen Kollegen: Lernen geschehe um der Gesellschaft und um der Person selber willen.

Dabei wird das Konzept der Entwicklungsaufgabe bei Havighurst kaum theoretisch untermauert, sondern eher definitorisch eingeführt: "Living in a modern society such as the U.S.A is a long series of tasks to learn, where learning well brings satisfaction and reward, while learning poorly brings unhappiness and social disapproval. The tasks the individual must learn - *the developmental tasks of life* - are those things that constitute healthy and satisfactory growth in our society. They are the things a person must learn if he ist to be judged and to judge himself to be a reasonably happy and succesful Person. *A developmental task is a task which arises at or about a certain period in the life of the individual, succesful achievement of which leads to his happiness and to success with later tasks, while failure leads to unhappiness in the individual, disapproval by the society, and difficulty with later tasks.*"[103]

Anders als bei Erikson, dem deutschstämmigen und mit der abendländischen Person-Philosophie wohlvertrauten Psychoanalytiker, klingt hier unüberhörbar der Zungenschlag des amerikanischen Pragmatismus an: Die Entwicklungsaufgaben stellen sich jedermann in der Regel in bestimmten Abschnitten seines Lebens; von ihrer erfolgreichen Bewältigung hängen "Happiness" und der Erfolg in späteren Entwicklungsaufgaben ab. Developmental tasks erwachsen aus drei verschiedenen Begründungszusammenhängen:

- aus dem biologischen Wachstum der Person,
- aus den (nicht selten altersnormierten) Anforderungen der Gesellschaft an die Person und schließlich
- aus ihren Wertvorstellungen und Erwartungen.

6. Zum Aufbau von Kompetenz durch Bewältigung

Die Beispiele, die er selbst in seiner Schrift diskutierte, stellen keinen abgeschlossenen Katalog dar, sondern sollen offensichtlich lediglich zur kursorischen Erhellung der typischen Entwicklungsaufgaben einer bestimmten Lebensphase dienen. Er nannte für jede Altersphase etwa acht bis zehn solcher Entwicklungsaufgaben:

	Developmental Tasks nach Havighurst[104]
Lebensphase	*Entwicklungsaufgaben*
Frühe Kindheit (0-6)	Laufen lernen feste Nahrung zu sich nehmen können Sprechen lernen Kontrolle über die Körperausscheidungen gewinnen Geschlechter unterscheiden können physiologische Stabilität erreichen einfache Konzepte (Vorstellungen, Schemata) von sozialer und physischer Realität aufbauen emotionale Beziehungen aufbauen ein frühes Bewußtseins für "richtig" und "falsch" als Basis eines moralischen Bewußtseins entwickeln
Mittlere Kindheit (6-12)	sich komplexe motorische Grundfertigkeiten aneignen (Schwimmen etc.) in ganzheitliches Selbstverständnis vom eigenen "Kind-Sein" entwickeln mit Gleichaltrigen zurecht kommen eine eigene Geschlechtsrollenidentität entwickeln sich grundlegende Kulturfertigkeiten (Lesen, Schreiben, Rechnen) aneignen Konzepte (Begriffe, Schemata) entwickeln, die das tägliche Leben überschaubar und bewältigbar machen ein moralisches Bewußtsein und eine eigene Werteskala entwickeln personale Unabhängigkeit im Planen und Handeln erreichen grundlegende demokratische Einstellungen entwickeln
Adoleszenz (12-18)	neue und reifere Beziehungen zu Gleichaltrigen beiderlei Geschlechts erreichen eine geschlechtsbezogene soziale Rolle übernehmen den eigenen Körper akzeptieren und effektiv nutzen emotionale Unabhängigkeit von den Eltern und anderen Erwachsenen erreichen die Sicherheit wirtschaftlicher Unabhängigkeit erreichen (seinen Lebensunterhalt selbst verdienen können)

	Berufswahl und Berufsvorbereitung treffen eine positive Einstellung zu Ehe und Familie entwickeln die intellektuellen Fähigkeiten und Konzepte (Schemata, Begriffe) erwerben, die zur Wahrnehmung von staatsbürgerlichen Rechten und Pflichten notwendig sind ein sozial verantwortliches Verhalten bewußt anstreben und verwirklichen ein persönliches Wertemuster als Regulativ eige__nen Handelns erwerben
Frühes Erwachsenenalter (18-30)	einen Lebenspartner wählen mit dem Partner leben lernen eine Familie gründen Kinder erziehen einen eigenen Haushalt führen eine Berufstätigkeit aufnehmen staatsbürgerliche Verantwortung übernehmen eine angemessene ("kongeniale") soziale Gruppe finden
Mittleres Erwachsenenalter (30-55)	in vollem Umfang staatsbürgerliche und soziale Verantwortung übernehmen einen adäquaten materiellen Lebensstandard auf-bauen und erhalten den nun jugendlichen Kindern bei der Ausformung eigener verantwortlicher und zufriedener Erwachsenenrollen helfen erwachsenengemäße Freizeitaktivitäten entwickeln eine neue personale Beziehung in der Ehe entwickeln die körperlichen Veränderungen im mittleren Lebensalter akzeptieren und sich darauf einstellen sich auf das Altern der eigenen Eltern einstellen
Höheres Erwachsenenalter (ab 55)	sich auf abnehmende körperliche Kräfte und auf einen sich verschlechternden Gesundheitszustand einstellen sich auf den Ruhestand und ein verringertes Einkommen einstellen sich auf den Tod des Gatten einstellen[105] sich die Zugehörigkeit zur eigenen Altersgruppe bewußt machen und an der Lebensform dieser Altersgruppe teilnehmen den sozialen und staatsbürgerlichen Verpflichtungen weiterhin nachkommen den eigenen Wohn- und Lebensraum angenehm und bedarfsgerecht gestalten

Nochmals sei erwähnt, daß Havighursts Arbeit durchweg an den Oberflächenphänomenen einer Normalbiographie orientiert ist und der Autor weitestgehend auf eine theoretische Untermauerung seiner Aussagen verzichtet. Auch wird man nicht umhin können, eine gewisse epochale und soziokulturelle Gebundenheit[106] des Konzepts zu konstatieren: Havighurst beschreibt Stationen einer fiktiven Normalbiographie seiner eigenen Generation. Manches daran macht heute stutzig, weil sich einerseits vor allem infolge der verlängerten Ausbildungszeiten eine Reihe von Lebensstationen zeitlich - zum Teil erheblich - verschoben haben und weil heutzutage andererseits viel von der fraglosen Sicherheit abhanden gekommen ist, die in Havighurst's Beschreibung einer solchen Normalbiographie steckt. Heute hat man statt dessen von einer Pluralität möglicher Lebenswege auszugehen.

Dennoch muß man Havighursts Ansatz nicht im Grundsatz verwerfen, wenn man ihn entsprechend erweitert. Für welchen Lebensweg man sich auch entscheidet: Manche Entwicklungsaufgaben müssen auf alle Fälle gemeistert werden; und in Abhängigkeit von den individuellen Lebenszielen ergeben sich neue, individuelle Entwicklungsaufgaben, die bewältigt sein wollen, wenn sich personale Identität und persönliche Zufriedenheit einstellen sollen.

Ihren Wert erhält die Studie also weniger durch die konkrete Auswahl der "Developmental tasks" als vielmehr durch Havighurst's Lesart der Phänomene, bestimmte Elemente einer fiktiven Normalbiographie - von der Geburt bis ins hohe Alter hinein - nicht als Dressate einer manipulativen Gesellschaft, sondern als individuelle Entwicklungsaufgabe zu begreifen. Havighurst verweist darauf, daß es einen "Teachable Moment" für Developmental Tasks gebe - womit er zunächst eine rein zeitliche Bestimmung meint: Für jede Entwicklungsaufgabe gebe es einen "richtigen" Zeitpunkt, zu dem sie gelehrt werden könne.[107] Dieses Argument zielt darauf ab, Verfrühungen so weit als möglich zu vermeiden und den sachlogischen und entwicklungspsychologischen Entwicklungsstand der Person zu berücksichtigen. Darüber hinaus schlage ich vor, Havighurst's Idee des "Teachable Moment" als Hinweis auf die grundsätzliche Lern- und Lehrbarkeit von Entwicklungsaufgaben zu verstehen: Die Developmental Tasks, wie Havighurst sie einführt, eröffnen in der psychischen Entwicklung der Person die Möglichkeit eines "Momentes der Lehrbarkeit" im Sinne einer sozialen Unterstützung bei der Bewältigung von Entwicklungsaufgaben.

6.2.5 Richard Lerners Konzept der selbstproduzierten Entwicklung

Zu Beginn der achtziger Jahre herrschte über die hier angedeutete Ausdehnung des Entwicklungszeitraumes vom Kindes- und Jugendalter auf die gesamte Lebensspanne weitgehend Konsens.[108] Gleichzeitig erreichte die kontextualistische[109] Interpretation von Entwicklung, wonach die individuelle Entwicklung einerseits durch die Umwelt bedingt und beeinflußt werde, andererseits aber die je individuelle Umwelt durch die sich entwickelnde Person maßgeblich mit gestaltet sei, einen Höhepunkt in der zugespitzten Konzeption Richard M. Lerners, das Individuum sei der Produzent seiner eigenen Entwicklung.[110] Lerner griff damit in gewisser Weise die "Developmentaltasks"-Idee Havighurst's auf, veränderte sie zugleich, indem er den Entwicklungsaufgaben einen Reziprozitätsgedanken unterlegte: Menschliche Entwicklung werde in hohem Maße dadurch beeinflußt, in welchem Ausmaß individuelle körperliche Charakteristika und Eigentümlichkeiten des Verhaltens mit dem übereinstimmten, was die soziale Umgebung hinsichtlich dieser Merkmale erwarte.[111]

Lerners Entwicklungsmodell ist das einer optimalen Passung zwischen Individuum und Umgebung: "Als Konsequenz ihrer körperlichen (z.B. Geschlecht, Körperbautyp, Attraktivität des Gesichtes) und/oder ihrer verhaltensmäßigen Individualität (z.B. Temperamentsfaktoren) rufen Kinder jeweils spezifische Reaktionen in ihrer Sozialisationsumgebung hervor; diese Reaktionen wirken wieder auf die Kinder zurück und führen so zu einer immer deutlicher werdenden Individualität ihres Entwicklungsmilieus, sie geben die Grundlage für ihre weitere Entwicklung ab."[112] Man mag sich an der Rigidität der Formulierung stoßen und fragen, ob die These von der direkten Konsequenz der Umgebung so aufrechterhalten werden kann oder in welchem Umfang der moderierende Einfluß menschlicher Reflexion über die Angemessenheit der Reaktion auf mißliebige Körper- und Temperamentsmerkmale hier in Rechnung zu stellen wäre. Der Ansatz rückt sogar in gefährliche Nähe zu sozialdeterministischen Argumentationsmustern, wenn man liest, "daß sich adaptives Verhalten in der jeweiligen Umgebung einstellt, wenn die individuellen Merkmale des Kindes die dort gestellten spezifischen Anforderungen erfüllen. Jene Kinder, deren Charakteristika den meisten Umgebungen entsprechen, in denen sie leben, werden unterstützende oder positive Rückmeldungen von ihren jeweiligen Umgebungen erfahren, und sie werden eine 'gelingende' Entwicklung zeigen. Andererseits werden sich im Falle von Inkongruenz, also bei Kindern, deren Merkmale nicht den Anforderungen ihrer Umwelt entsprechen, alternative Entwicklungsverläufe ergeben."[113]

Als Beschreibung des Faktischen kann man diese Sicht akzeptieren und aus ihr wichtige Konsequenzen für das Arrangement pädagogischer Prozesse ableiten. Doch darf die Beschreibung nicht zur Norm erhoben werden: Dann wären gegen diese Sicht allerdings erhebliche Bedenken anzumelden, weil dann Entwicklung einerseits der Dominanz außensteuernder Reizkonstellationen der Umwelt ausgeliefert würde und andererseits eine "gelingende" Entwicklung an die biologische, psychische, modisch-kulturelle und moralische Angleichung an die ästhetischen und moralischen Urteile des breiten Durchschnitts geknüpft würde. Die Entwicklung eines autonomen Gewissens und einer personalen Identität, die auch dem psychischen Druck eines abweichenden Urteils der "sozialen Umgebung" standzuhalten vermögen[114], könnte in dieser Konzeption kaum mehr als "gelingende Entwicklung" bezeichnet werden.

Der Einwand einer Dominanz des sozialen Umfeldes im Entwicklungsgeschehen kann teilweise dadurch gemildert werden, daß man die "optimale Passung" als eine "kontinuierliche Variable"[115] begreift: Der Charakter eines Individuums und seiner Umgebung passen mehr oder weniger gut zusammen. Dabei ist jede Konstellation von Individuum und Umwelt qualitativ anders als alle anderen.

Dieses Konzept besitzt dann vor allem im Hinblick auf die *Beschreibung* von Negativ-Karrieren - wie beispielsweise die eines "drop-outs" unseres allgemeinbildenden

Schulsystems - einen hohen Plausibilitätswert: Es ist möglich, daß Kinder und Jugendliche falsche Entscheidungen treffen und durch die kumulierten Konsequenzen und Fernwirkungen solcher Fehlentscheidungen in Negativ-Karrieren einsteigen. Für "gelingende Entwicklung" ist die Relevanz des Konzepts nicht so klar. Flammer hat diesen Aspekt untersucht und kommt zu dem Ergebnis, daß die Idee des "Individuums als Produzent seiner eigenen Entwicklung" eine zweifache Interpretation zuließe: Erstens indem man annehme, daß Entwicklung sich als Nebenprodukt von Handlungen einstelle, und zweitens indem man voraussetze, daß es gezielte Entwicklungshandlungen gebe. So ergeben sich Kompetenzen, Einstellungen und Motive als Nebenprodukte von Handlungen, und im Gegenzug stellen objektive Handlungsprodukte Voraussetzungen für neue Entwicklungsprozesse dar. Über gezielte Entwicklungshandlungen und über diese voraussetzende "persönliche Entwicklungsziele" sei, so Flammer, aus wissenschaftlicher Perspektive nur wenig Wissen vorhanden.[116] Dem ist jedoch zu erwidern, daß im Konzept einer thematischen Bezogenheit der Biographie, wie es in den Arbeiten von Hans Thomae[117] und seiner Schüler seit mehr als vier Jahrzehnten vertreten und erforscht wird, eine Fülle von empirischen Befunden über persönliche Entwicklungsziele und individuelles Entwicklungshandeln enthalten sind.

Die Überlegungen des letzten Abschnitts haben ergeben, daß insbesondere in einer entwicklungsorientierten Sicht des Kompetenzaufbaus die Thematik des Problemlösens eine wichtige Rolle spielt, daß aber die zu "lösenden" Probleme keine rein kognitiven Aufgabenstellungen sind, sondern im Sinne ganzheitlicher Entwicklungsaufgaben die umfassende Bewältigung des Problems erfordern. Theorien und Modelle der Bewältigungsforschung rücken deshalb nun in den Mittelpunkt des Interesses.

6.3 Bewältigungsforschung: Ein kurzer Überblick

Wenngleich die Überzeugung, daß die Entwicklung von Kompetenz mit der Lösung von Aufgaben, der erfolgreichen Bewältigung von Problemen und der Meisterung unterschiedlichster Lebenssituationen eine lange Tradition hat und die moderne psychologische Forschung wieder für Fragen von bildungstheoretischer Tragweite aufschließt, fehlte es zunächst an theoretischen Modellen, mit denen Coping-Prozesse beschreibbar sind.

Ein frühes Resümee der in den siebziger Jahren exponentiell angewachsenen Zahl[118] von Veröffentlichungen zum Thema Coping zog Günther Prystav in einem Übersichtsartikel aus dem Jahre 1981[119], deren wichtigste Ergebnisse hier in Erinnerung gebracht werden sollen. Prystav nannte vier Hauptrichtungen der Theoriebildung:
- Eine Gruppe von Autoren subsumiere Coping unter den verhaltensbiologischen Begriff der Adaptation, wobei beispielsweise nach Whites Unterscheidung[120] die Prozesse des Coping für Adaptationsprozesse unter besonders schwierigen Bedingungen[121] zutreffen, während "Mastery" seiner Einschätzung nach den allgemeinen Begriff des Fertigwerdens mit einer Situation darstellt.[122]

- Eine zweite Richtung ordne Coping dem Problemlöseverhalten unter und betone dadurch den kognitiven, informationsverarbeitenden Aspekt des Bewältigungsgeschehens.
- In einem dritten Ansatz werde Coping als biokybernetischer Regulationsvorgang angesehen und einer
- vierten Gruppe von Autoren diene Coping lediglich als vager Oberbegriff für Konflikt- und Krisenbewältigung.

An dieser Situation einer "konzeptuellen Unsicherheit"[123] scheint sich im Laufe der 80er Jahre nur wenig verändert zu haben. Zwar sind Coping und Bewältigung inzwischen zu ausgesprochenen Modebegriffen geworden, wie Brüderl im Vorwort zu ihrem 1987 erschienenen Überblicksband[124] beklagte, doch ist der Stand der theoretischen Diskussion nach wie vor uneinheitlich.

Sieht man vom neoanalytischen Ansatz der Coping-Forschung nach Norma Haan ab, über den im Zusammenhang von Kapitel 2.4 bereits orientierend berichtet worden ist, so kann man in der Vielzahl der theoretischen Nuancierungen im wesentlichen eine Orientierung an zwei Konzeptionen ausmachen: Erstens sind die Arbeiten der Gruppe um den an der University of California in Berkeley lehrenden Richard S. Lazarus zu erwähnen, zweitens die an der thematischen Strukturierung der Biographie orientierte Konzeption Hans Thomaes. Diese beiden Interpretationen des Bewältigungsgeschehens stehen im Mittelpunkt der folgenden Untersuchungen, wobei ich dem ursprünglich vorhandenen Schwerpunkt der Konzepte folge und Lazarus' Ansatz primär als zeitliche Mikroperspektive der Bewältigung dieses einen aktuellen Problems verstehe, während sich bei Thomae die Langfristperspektive des gesamten Lebenslaufes findet.

Einschränkend ist zu erwähnen, daß diese Einteilung der historischen Entstehung entspricht und hier als Prinzip der Systematisierung beibehalten wird, jedoch seit etwa 1980 in dieser Strenge nicht mehr aufrechtzuerhalten ist, weil auch in der Gruppe um Lazarus seitdem die Zeitspannen der Beobachtung immer mehr ausgedehnt wurden.[125] Nun werden beispielsweise auch Beziehungen zwischen zeitlich eng begrenzten Coping-Prozessen (Alltagsbelastungen, "every-day-hassles") und längerfristig wirksamen Strategien der Auseinandersetzung ("critical life events") untersucht. Wenn im Rahmen der vorliegenden Untersuchung die Trennung dennoch beibehalten wird, so deshalb, weil die spezifischen Stärken der Konzepte von Lazarus und Thomae dadurch besser zum Ausdruck kommen. Gleichzeitig kommt in dieser getrennten Darstellung zum Ausdruck, daß eine gelungene Verbindung der Mikroebene (aktuelles Bewältigungsgeschehen) und der Makroebene (thematisch strukturierte und lebenslaufbezogene Formen der Auseinandersetzung mit Belastungen) m.E. bislang noch aussteht.

6.4 Die Mikroebene: Coping-Prozesse

6.4.1 Coping-Prozesse: Modellvorstellungen

Richard Lazarus hat, angeregt durch eine Arbeit von Lois Murphy[126], sein Konzept der Coping-Prozesse ausgehend von der Streßbewältigung entwickelt und mehrfach modifiziert. Die hier vorgelegte Darstellung folgt im wesentlichen dieser historischen Entwicklung: Einerseits läßt sich die heutige Konzeption leichter verstehen, wenn man die überschaubare Ursprungsform kennt; andererseits weisen die Modifikationen den Weg, den gedanklich zu verfolgen auch für das Thema der vorliegenden Untersuchung notwendig ist.

Ausgangspunkt der Überlegungen Lazarus' bildete die Auseinandersetzung der Person mit Stressoren.[127] Er stellte seine erste größere Untersuchung im Jahre 1966 unter drei Leitfragen:[128]

- Welche Bedingungen und Prozesse sind ausschlaggebend dafür, ob eine Person Streßreaktionen produziert oder nicht?
- Was geschieht, nachdem ein Reiz als Stressor eingestuft wurde?
- Welche Reaktionsmuster lassen auf einen aktuellen Streßzustand der Person schließen?

Neben den Fragen nach den Auslösern von Streß und einer sicheren Diagnostik war es vor allem das Studium des Prozesses "Streßbewältigung", das Lazarus' Interesse fand. Dabei handelte es sich von Anfang an um ein kognitiv orientiertes Modell des Streßgeschehens, das die individuelle Bewertung einer Situation als streßträchtig in den Mittelpunkt stellte, um so der charakteristischen Schwäche der bis dato vorherrschenden biologistischen Streßmodelle[129] - ihrer Übergeneralisierung von Streßreaktionen unabhängig von individuellen und situativen Bedingungen - entgegenzuwirken.

6.4.2 Das ursprüngliche Konzept: Threat und Coping

Lazarus' Grundansatz war und ist es, die Person im Gesamtzusammenhang ihres natürlichen Lebensraumes zu betrachten und das Auftreten von Streßreaktionen von ihrer je individuellen Bewertung der Situation abhängig zu machen. Grundlage und Anknüpfungspunkt der Bewertung bildete das Ausmaß der subjektiv wahrgenommenen Bedrohung ("threat"), wobei - methodologisch betrachtet - dem Threat-Konzept die Rolle einer intervenierenden Variablen zwischen den Streß-Stimuli einerseits und den Handlungsweisen der Person in solchen Situationen andererseits zukommt.[130] Mit wenigen Sätzen umriß Lazarus in der damaligen Veröffentlichung die Grundzüge seiner gesamten Konzeption: "Threat implies a state in which the individual anticipates a confrontation with a harmful condition of some sort. Stimuli resulting in threat or non-threat reactions are cues to signify to the individual some future condition, harmful, benign, or benificial. These and other cues are evaluated by the cognitive process of appraisal."[131]

In Abhängigkeit von der Bewertung eines Ereignisses oder der eigenen Lage als für künftige Entwicklungen günstig, irrelevant oder nachteilig werden also Coping-Prozesse aktiviert. Diese haben die funktionale Bedeutung, die gedanklich antizipierte Schädigung zu mindern oder gänzlich zu verhindern.[132]

Betrachten wir den Aufbau der Konzeption genauer. In prozessualer Sicht besteht - so Lazarus - die Auseinandersetzung mit potentiell streßträchtigen Situation aus zwei Phasen[133]: Der Bewertung einer Situation im Hinblick auf ihre Bedrohlichkeit ("first appraisal" oder "threat appraisal") und der Bewertung der eigenen Bewältigungsressourcen im Hinblick auf diese Situation ("secondary appraisal").

Das Threat-Konzept repräsentiert nach Lazarus die entscheidende intervenierende Variable für die Analyse des Streßgeschehens. Threat habe zwei fundamentale Eigenschaften: Erstens sei es zukunftsorientiert, indem es künftige Schädigungen ("harm") antizipiere. Dieser Moment der Vorwegnahme ist wichtig[134]: "Threat" entstehe nicht aus gegenwärtigen Schädigungen, sondern in Erwartung zukünftiger: "In effect, threat arises from present cues about future harms".[135] Dabei hänge der Grad der subjektiv wahrgenommenen Bedrohung primär ab vom Umfang und der zeitlichen Nähe der Gefahr und der Eintrittswahrscheinlichkeit der antizipierten Schädigung.[136] Was dabei als Schädigung ("harm") anzusehen sei, hänge zwar von der individuellen psychologischen Struktur ab[137], könne aber im Grunde als die Erfahrung des Konterkarierens eigener Handlungs- und Lebensziele ("motive thwarting") gedeutet werden.[138]

Die zweite Eigenschaft des Threat-Konzeptes besteht nach Lazarus darin, daß "threat" auf Kognitionen beruht: Die Person müsse die bedrohlichen von anderen Situationen unterscheiden und diese nach dem Grad ihrer Bedrohlichkeit ordnen können. Andere beteiligte Kognitionen seien beispielsweise Wahrnehmung, Lernen, Erinnern, Urteilen und Denken. Die kognitiven Prozesse, auf denen "threat" beruhe, bezeichnete Lazarus als die "threat-appraisal".

Die Threat-Appraisal als fundamentaler Prozeß werde durch situative und durch personbezogene Faktoren beeinflußt.[139] Unter die situativen Faktoren rechnet Lazarus

- die aktuelle Resultante[140] aus schädigendem Stimulus und den zur Minderung oder Vermeidung nutzbaren Ressourcen der Person und ihrer Umwelt,
- die Unmittelbarkeit der antizipierten Schädigung[141] und
- die Mehrdeutigkeit der situativen Hinweisreize, wobei die Mehrdeutigkeit als bedrohungsverstärkender Faktor nicht für sich allein, sondern nur verstärkende im Zusammenhang mit anderen Bedrohungsfaktoren wirke.

Die drei wichtigsten personbezogenen Faktoren, welche die Threat-Appraisal beeinflussen, seien

- motivationale Charakteristika,
- Grundüberzeugungen hinsichtlich der Person-Umwelt-Beziehungen und
- intellektuelle Ressourcen, Erziehung und Kultiviertheit ("sophistication").

Lazarus hatte sein Threat-Konzept eng mit der Motivstruktur des Individuums verknüpft ("thwarting motives"). Insofern überrascht es nicht, daß er diesen Gedanken wieder aufnahm und postulierte, daß die Stärke des betroffenen Motivs einen oberen Grenzwert für den potentiellen Grad der Bedrohung bilde.[142] Dabei stellten Motive für ihn zwar prinzipiell erworbene, jedoch in der konkreten Situation nicht weiter ableitbare oder hinterfragbare Größen dar, denn er äußerte sich überzeugt, daß man motivationale Unterschiede zur Kenntnis nehmen müsse, wolle man die Variation des Verhaltens in Streß-Situationen verstehen.

Vor allem der zweite genannte Faktor verdient Aufmerksamkeit: Auf seiten der Person werde die Threat-Appraisal durch deren Grundüberzeugungen und Grundeinstellungen ("general belief systems") hinsichtlich ihrer Möglichkeiten im Umgang mit ihrer Umwelt beeinflußt.[143] Lazarus führt ausdrücklich als Beispiel für solche Grundeinstellungen Eriksons "Urvertrauen" auf und öffnet die psychologische Forschung und Theoriebildung damit für Sichtweisen, wie sie in der Pädagogik seit den großen Systemen des 18. und 19. Jahrhunderts breit diskutiert worden sind.

Die allgemeinen Grundüberzeugungen erhalten nach Lazarus eine entscheidende Bedeutung, wenn die situativen Hinweisreize mehrdeutig seien; dann bestimmten sie wesentlich deren personspezifische Deutung und beeinflußten damit die Threat-Appraisal: "Therefore, general beliefs about one's own powers or in the ultimate providence of the world encourage hope under the worst specific circumstances. In contrast, negative general beliefs favor a pessimistic outlook even in favorable circumstances, and they make it easier for hopes to be dashed at the slightest provocation. Such beliefs can even transcend the objective evidence and create threat appraisal where none is warrented or lead to the absence of threat where the situation favors it."[144]

Schließlich wies Lazarus energisch daraufhin, daß die Threat-Appraisal eine wesentliche Determinante in den intellektuellen Ressourcen, der Erziehung und der Weltklugheit und Kultiviertheit ("sophistication") der Person hat.[145] Sicheres und strukturiertes Wissen bildet eine solide Orientierungsgrundlage und trage so auch zur Verminderung von Threat bei. Allerdings sei die Bedeutung von Wissen und Intelligenz nicht eindeutig: Es sei dieselbe Intelligenz, die sensibel gegenüber situativen Bedrohlichkeitsreizen mache, die auch zu sicheren Urteilen wie zur Identifikation von Ressourcen und damit zur Minderung von Threat beitrage. Umgekehrt sei es möglich, daß intellektuelle Defizite der Person zu mehr subjektiver Sicherheit verhülfen, weil diese Gefährdungsreize nicht mehr erkennen könne, aber leider eben auch dort, wo das Erkennen solcher Reize dringend geboten wäre. Und obwohl man die grundsätzliche Ambivalenz des Wissens im Hinblick auf die personale Handlungssicherheit[146] anerkennen müsse, müsse man doch ebenso zugestehen, daß im allgemeinen ein Defizit im Bereich der intellektuellen Ressourcen vermehrt unzutreffende Situationsbewertungen erwarten lassen sollte.[147]

Nachdem die Primary Appraisal stattgefunden hat, verfügt die Person also über eine erste Einschätzung der Bedrohlichkeit und damit über Informationen, wie wichtig für sie selbst die Bewältigung der aktuellen Situation ist. Auf der Konzeptebene bildet nämlich die Primary Appraisal zunächst nur die Tatsache ab, daß es interindividuelle Unterschiede im Bedrohungserlebnis äußerlich gleicher Situationen und intraindividuelle Unterschiede aufgrund der beteiligten Motive und ihres Ranges in der Motivhierarchie gibt.

Damit ist jedoch noch nichts ausgesagt über die Frage, welche Handlungen und Verhaltensweisen die Person als "Antwort" auf diese Herausforderung einleitet. Dies erfordert eine zweite Beurteilungsebene: "Secondary appraisal" nannte Lazarus diese und erklärt, sie könne von der "Threat Appraisal" durch die Informationsquelle unterschieden werden, von denen sie gespeist werde: Während die Primary Appraisal die Einschätzung bevorstehender *Schädigung* betreffe, beziehe sich die Secondary Appraisal auf die *Konsequenzen* von Coping-Prozessen.[148] Anders ausgedrückt: Als "Secondary Appraisal" bezeichnete Lazarus jene kognitiven Aktivitäten, die den Coping-Prozessen zugrundeliegen.[149] Der Prozeß der Secondary Appraisal wird damit zur bestimmenden Größe für das konkret beobachtbare Coping-Handeln: "Secondary appraisal ... determines the form of coping process, that is, the coping strategy adopted by the individual in attempting to master the danger."[150] Und er bekräftigte den engen - deterministischen - Zusammenhang zwischen Secondary Appraisal einerseits und Coping Strategy andererseits nochmals zusätzlich, indem er sogleich fortfuhr: "The end results observed in behavior ... are understood in terms of these intervening coping processes. Each pattern of reaction ... is determined by a particular kind of appraisal."[151]

Die Secondary Appraisal hängt nach Lazarus ebenfalls von situativen und personbezogenen Faktoren ab; darüber hinaus vom Grad der Bedrohung - einem wesentlichen Ergebnis der Threat Appraisal. Als situative Faktoren nennt Lazarus:

- die genaue Lokalisierung, von wo Schädigung droht,
- eine Beurteilung der Gangbarkeit alternativer Coping-Wege und
- situative Handlungszwänge.

Ohne eine genaue Lokalisierung der Quelle, von der Gefahr droht, seien direkte Coping-Strategien wie "Vermeiden" oder "Angriff" nicht möglich. "Gangbarkeit alternativer Coping-Wege" meint mehr als nur "Existenz mehrerer Handlungsalternativen": Es sind nämlich nur solche Alternativen zugelassen, die mit der begründeten Aussicht auf Erfolg verbunden seien, das Individuum außer Gefahr zu bringen.[152] Situative Handlungszwänge ("situational constraints") sind hier vor allem auf soziale Normen und Gruppendruck zurückzuführen. Lazarus bezog dadurch die Möglichkeit in sein Coping-Konzept ein, daß bestimmte Bewältigungshandlungen zwar im Hinblick auf das unmittelbare Ziel der Bedrohungsverminderung effektiv, von der sozialen Umwelt aber als insgesamt unangemessen oder unpassend geächtet sein könnten.[153] Zwar werde der grundlegende Handlungsimpuls durch solche situativen Handlungszwänge selbst nicht beeinflußt, doch könne die unbeirrte Ausführung dieses Handlungsimpulses unklug oder sogar gefährlich sein, weil hier dem Individuum neuer Ärger erwachsen könne. Die Fähigkeit, solche Handlungsschranken zu erkennen und sein eigenes Verhalten entsprechend einzustellen, sei ebenso wichtig wie die Bewältigung der ursprünglichen

Bedrohung. Der impulsive Mensch, unfähig zwischen Impuls und Handlung zu trennen, sei besonders verwundbar durch Schädigungen, die aufgrund solcher übertretener Handlungsnormen entstünden.

Lazarus nannte vier personbezogene Faktoren, welche die Secondary Appraisal beeinflussen:

- das Motiv-System,
- bestimmte Ich-Ressourcen,
- Abwehr-Dispositionen und
- allgemeine Grundüberzeugungen.

Motiv-System und Grundeinstellungen waren bereits als psychische Einflußgrößen der Threat-Appraisal genannt und spielen nun auch für die Secondary Appraisal eine wichtige Rolle. Mit "Ich-Ressourcen" ("ego resources") seien bestimmte Grundfähigkeiten - beispielsweise die Fähigkeit zur Kontrolle eigener Impulsivität - der Person gemeint, welche die Wahl der Bewältigungsstrategie eher direkt als über die Bewertung beeinflußten. Abwehr-Dispositionen faßten die im Laufe der Biographie habitualisierten Erfahrungen der Person in der Bewältigung von Bedrohungssituationen zusammen.[154]

Weder den situativen noch den personbezogenen Faktoren zuzurechnen, sondern eine komplexe, von beiden Gruppen und ihren Wechselwirkungen abhängende Größe sei der Grad der subjektiv wahrgenommenen Bedrohung. Auch er beeinflußt die Secondary Appraisal: Eher realitätsorientierte und auf erfolgreiche Person-Umwelt-Passung angelegte Coping-Formen seien am wahrscheinlichsten, wenn das Bedrohlichkeitserlebnis vergleichsweise gering ausfalle; unter schärferer Bedrohung würden primitive Coping-Formen begünstigt.[155] Für Lazarus ist das Ausmaß der Bedrohlichkeit ein Schlüsselfaktor für das Verständnis der nachfolgend beobachtbaren Handlungsweisen der Person.[156]

Lazarus' Modell der Bewältigung ist ein kognitives Konzept, doch betonte er, daß diese kognitive Fundamentierung keineswegs bedeute, daß die Appraisals *bewußt, rational gesteuert* oder besonders *realitätsorientiert* seien. Es komme in diesem Ansatz lediglich zum Ausdruck, daß dem, was Personen letztlich tun, bestimmte Grundüberzeugungen, Erwartungen, Wahrnehmungen und Bewertungen zugrundelägen.[157] Irrationalität komme dabei nicht etwa dadurch zustande, daß Emotionen störend das "reine Denken" beeinträchtigten, sondern sei letztlich Ausdruck der je besonderen kognitiven Struktur der Person und deren darauf aufbauenden, stets unvollkommenen Repräsentation von Welt. Es sei daher am besten, Emotionen als *Konsequenzen* solcher kognitiver Prozesse anzusehen.[158]

Auf der Grundlage der so explizierten Konzepte der Threat Appraisal und der Secondary Appraisal konnte Lazarus nun eine Klassifikation der wichtigsten Coping-Muster ableiten. Diese unterschied er zunächst in die beiden Hauptkategorien direkt zielbezogener, äußerer Bewältigungshandlungen einerseits und einer primär auf Abwehr gerichteten, innerpsychischen Neubewertung andererseits. Die erste Gruppe (direkte Handlungen) unterteilte er nach ihrer Wirkrichtung nochmals in eher zielzugewandte ("attack") und in eher fluchtorientierte ("avoidance") Copingformen.

Die Darstellung dieses frühen Ansatzes bei Lazarus bliebe unvollständig ohne den Hinweis, daß er anders - als Haan - Coping nicht als Gegensatz zu Defending ansieht, sondern als das eine übergeordnete Konzept, innerhalb dessen mannigfaltige Coping-Formen, unter anderem auch solche, die auf Defending ausgerichtet sind, existieren.[159] Die Trennung von flexiblen, realitätsorientierten und rational gesteuerten Bewältigungsprozessen hier und eher rigiden, primitiven, schlecht angepaßten und wenig effektiven Abwehrstrategien dort sei künstlich und im Grunde wenig fruchtbar. Weder dürfe eine kognitiv orientierte Problemlöseforschung die doch ebenfalls zur Situation gehörenden Parameter - wie etwa starke Triebbesetzung, Emotion oder Psychopathologisches - ignorieren, noch könne es dem primär an Frustration, Emotion und Psychopathologie Interessierten gleichgültig sein, unter welchen Bedingungen individuelle Bemühungen um psychische Anpassung besonders effektiv oder besonders ineffektiv verlaufen: "Rational and irrational efforts at mastery, that is, realistic problem solving and primitive defenses, are two sides of the same coin, and both must somehow be examined in the same conceptual context."[160]

Zusammenfassend lassen sich die wichtigsten erörterten Punkte des Konzepts aus Jahre 1966 in folgender von mir entworfenen Skizze verdichten, wobei die angedeutete Linearität keine strenge zeitliche Sukzession darstellen soll (vgl. folgende Seite).

6.4.3 Modifikationen des Konzepts

Nachdem nun die Grundkonstruktion des Ansatzes dargelegt wurde, ist zu berichten, welche wichtigen Modifikationen Lazarus im Laufe der Jahre daran vorgenommen hat.

6.4.3.1 "Transaktion" statt "Interaktion"

Lazarus hielt es in der zweiten Hälfte der 70er Jahre[161] für wichtig, sein Verständnis der Person-Umwelt-Beziehung genauer zu explizieren und stellte dementsprechend seinen Begriff der "Transaktion" stärker heraus, als dies bislang der Fall war. Neu war dieser Begriff in Lazarus' Konzept keineswegs: Tatsächlich hatte man ihn nämlich schon in seiner Streß-Studie von 1966 lesen können[162], und auch Lazarus, Averill und Opton vertraten 1974 eine transaktionale Sicht des Coping-Prozesses.[163]

Ich bin deshalb der Ansicht, daß Lazarus' plötzliches Interesse am Transaktions-Begriff mit einer fachinternen Auseinandersetzung in der amerikanischen Psychologie dieser Jahre zusammenhängt, die bald auch in der Bundesrepublik spürbar wurde: die Interaktionismus-Debatte[164], deren systematischer Verlauf anhand eines informativen Sammelbandes von Lantermann verfolgt werden kann.[165] Wenn Lazarus nämlich bemängelt, daß der "interaktionistische" Forschungsansatz nicht - wie es der deutsche Sprachgebrauch nahelegt - echte Wechselwirkungen zwischen Person und Umweltfaktoren erfasse, sondern daß der Begriff der Interaktion in diesem Zusammenhang einen mathematisch-statistischen Sachverhalt bezeichne, so bezieht er damit innerhalb der genannten Theoriedebatte erkennbar Position. Zu eng ist ihm ein korrelationsstatisti-

Grundelemente des Coping-Prozesses nach Lazarus (1966)

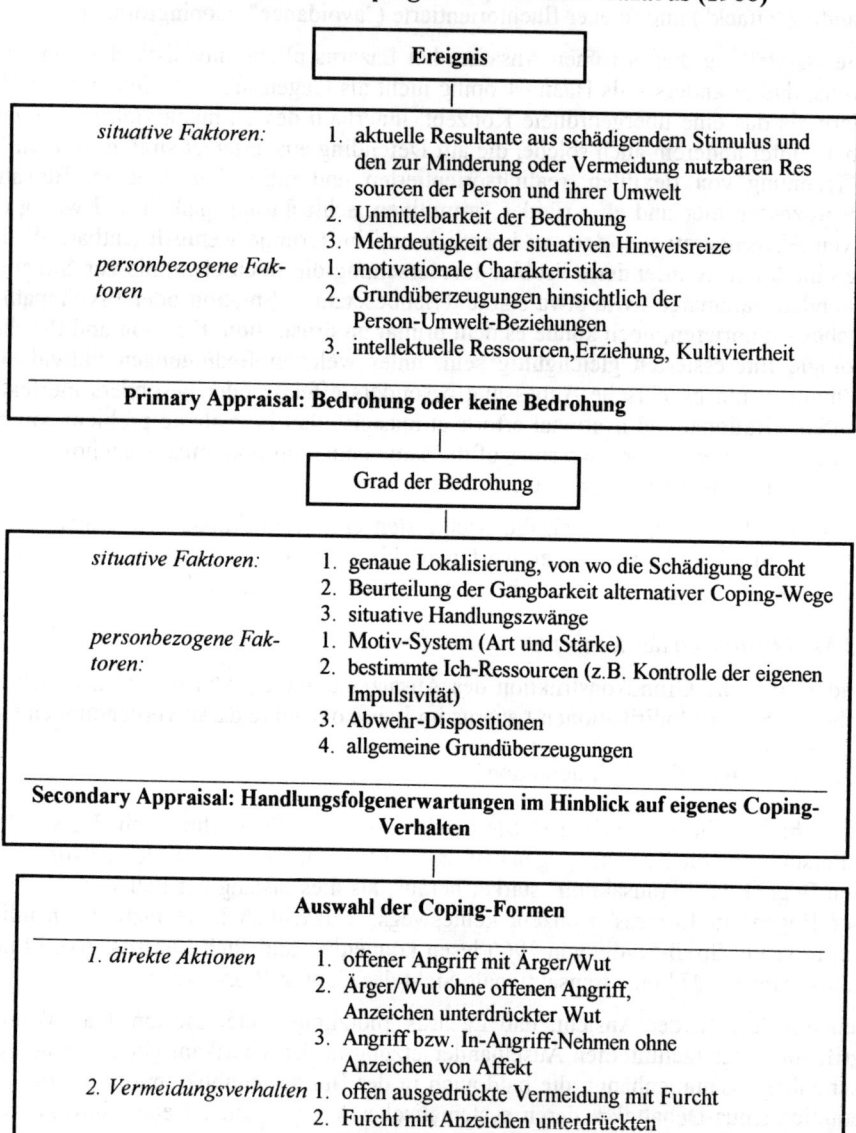

Ereignis

situative Faktoren:	1. aktuelle Resultante aus schädigendem Stimulus und den zur Minderung oder Vermeidung nutzbaren Ressourcen der Person und ihrer Umwelt
	2. Unmittelbarkeit der Bedrohung
	3. Mehrdeutigkeit der situativen Hinweisreize
personbezogene Faktoren	1. motivationale Charakteristika
	2. Grundüberzeugungen hinsichtlich der Person-Umwelt-Beziehungen
	3. intellektuelle Ressourcen, Erziehung, Kultiviertheit

Primary Appraisal: Bedrohung oder keine Bedrohung

Grad der Bedrohung

situative Faktoren:	1. genaue Lokalisierung, von wo die Schädigung droht
	2. Beurteilung der Gangbarkeit alternativer Coping-Wege
	3. situative Handlungszwänge
personbezogene Faktoren:	1. Motiv-System (Art und Stärke)
	2. bestimmte Ich-Ressourcen (z.B. Kontrolle der eigenen Impulsivität)
	3. Abwehr-Dispositionen
	4. allgemeine Grundüberzeugungen

Secondary Appraisal: Handlungsfolgenerwartungen im Hinblick auf eigenes Coping-Verhalten

Auswahl der Coping-Formen

1. direkte Aktionen	1. offener Angriff mit Ärger/Wut
	2. Ärger/Wut ohne offenen Angriff, Anzeichen unterdrückter Wut
	3. Angriff bzw. In-Angriff-Nehmen ohne Anzeichen von Affekt
2. Vermeidungsverhalten	1. offen ausgedrückte Vermeidung mit Furcht
	2. Furcht mit Anzeichen unterdrückten Vermeidungsverhaltens
	3. Vermeidungsverhalten ohne Furcht
3. Defensive Neubewertung	
4. Angstreaktionen	

sches Interaktionsverständnis, demzufolge man die beobachtete Gesamtvarianz aufteilt in Anteile, die von den unabhängigen Variablen der Untersuchung einzeln oder gemeinsam - eben "in Interaktion" - hervorgerufen werden. Von einem solchen Konzept der Interaktion statistischer Variablen will Lazarus nichts wissen, weil er den *Prozeß* der Wechselwirkung von Person und Welt beschreiben möchte, das von ihm kritisierte korrelationsstatistische Inventar aber nur statische Momentaufnahmen in diesem Prozeß beschreiben kann, so daß nach Lazarus' Ansicht durch dieses Verfahren letztlich wieder einer deterministischen Sichtweise Vorschub geleistet werde. Zur Abgrenzung seines Konzeptes verwendet er den Begriff der "Transaktion" und stellt sich damit auf die Seite der handlungspsychologisch orientierten Interaktionisten.

6.4.3.2 Zur Neudefinition von "Coping"

Die wohl wichtigste Veränderung betrifft das Grundverständnis von Coping als abhängig von der "Threat-Appraisal", welches Lazarus bald als zu eng aufgab.[166] Coping könne vielmehr, so argumentierten Lazarus, Averill und Opton im Jahre 1974[167], verstanden werden als jeder Versuch, eine neue Situation zu meistern, welche die Möglichkeiten "bedrohlich", "frustrierend", "herausfordernd" oder "erfreulich" beinhalten könne. Und obwohl Coping häufig im Zusammenhang mit Bedrohung, Frustration und negativ getönten Emotionen untersucht werde, seien doch die eher positiven Konnotationen der Herausforderung, eines möglichen positiven Ausgangs und die damit verbundenen positiv getönten Emotionen ebenso bedeutsam. Lazarus und Mitarbeiter modifizierten aufgrund dieser Überlegungen die ursprüngliche, threat-orientierte Coping-Definition folgendermaßen: "We regard coping as problem-solving efforts made by an individual when the demands he faces are highly relevant to his welfare (that is a situation of considerable jeopardy or promise), and when these demands tax his adaptive resources."[168]

Diese Definition enthält vier Strukturmerkmale, die von den Autoren eigens herausgestellt wurden:

- die Bedeutung des *emotionalen Kontext* bei Coping-Prozessen,
- die *Ambivalenz* von Belastungssituationen, die gleichermaßen als "Streß" im negativen Sinne oder als potentiell erfüllend und bereichernd erlebt werden können,
- die teilweise Überschneidung der Bereiche "Problemlösen" und "Coping" und
- die Offenheit der Ausgangssituation, deren erfolgreiche Bewältigung *nicht mit Routinemitteln* zu erreichen, sondern *prinzipiell ungewiß* ist und die Grenzen der individuellen psychischen Anpassungsfähigkeit berührt.[169]

Gegenwärtig scheint vor allem der erstgenannte Punkt ins Bewußtsein gerufen werden zu müssen: Allzu häufig ist im Zuge einer zunehmenden Abwendung von der Kognitiven Psychologie der Vorwurf zu finden, die kognitionspsychologische Konzeption der Problembewältigung stelle einen intellektualistisch reduzierten Menschentyp in den Mittelpunkt ihrer Überlegungen. Wie man sieht, sind Lazarus und Mitarbeiter von einer solchen Position weit entfernt.[170] Sie vertreten eine kognitive Theorie des psychologischen Streß im Rahmen einer kognitiven Theorie der Emotion.[171]

Lazarus öffnete den Prozeß der Primary Appraisal schließlich[172] in Richtung auf eine fundamentale Orientierungsreaktion mit drei grundlegenden Kategorien: Eine Person könne ein Ereignis entweder als "irrelevant", als "günstig" oder als "stressend" betrachten. Die Bewertung als irrelevant bedeute, daß die Person das betreffende Ereignis in seiner gegenwärtigen Form als ohne jegliche Auswirkung auf ihr Wohlbefinden betrachte. Die Bewertung "günstig" signalisiere Entspannung und schaffe freie Kapazität für andere Aufgabenbereiche. "Stressende" Bewertungen treten nach Lazarus in drei Formen auf, nämlich als *Schädigung/Verlust* ("harm-loss"), als *Bedrohung* ("threat") und als *Herausforderung* ("challenge").[173]

Diese Unterscheidung umfaßt zwei theoretische Aspekte: Erstens wird der Tatsache Rechnung getragen, daß Streß nicht nur aus der Antizipation künftiger Schädigung entsteht, sondern auch aus der Schwierigkeit, eine bereits eingetretene Schädigung zu bewältigen. Zweitens wird der 1974 von Lazarus, Averill und Opton beschriebene, potentiell positive Ausgang der Situation dadurch im Konzept abgebildet, daß Lazarus und Launier nun zwischen "Threat" und "Challenge" trennen. Die Unterscheidung zwischen Bedrohung und Herausforderung stellt für die genannten Autoren "eines der interessantesten ungeklärten Probleme im Bereich von Streß, Bewältigung, Gesundheit und Krankheit"[174] dar. Lazarus und Launier vermuten, daß die Bewertung "Challenge" von einer Reihe personbezogener Faktoren abhängt:

- Von der positiven oder negativen "Tönung", die wiederum "von der Konfiguration der Umweltereignisse selbst ab[hängt]"[175],
- Von den Überzeugungen der Person über ihre Bewältigungsfähigkeiten: "Einige Personen scheinen durch einen Denkstil gekennzeichnet zu sein, der sie eher zur Herausforderung als zur Bedrohung disponiert."[176]
- Von motivationalen Faktoren: Menschen schätzen und bemühen sich gewöhnlich darum, 'den Dingen gelassen entgegenzusehen', 'im Unglück Haltung zu bewahren' o.ä. "Hierbei liegt die implizite Annahme darin, daß Herausforderung ein besserer seelischer Zustand als Bedrohung ist, eine wirksame Art zu leben und tätig zu sein und möglicherweise ein Weg, um bessere körperliche Gesundheit zu erlangen."[177]

Lazarus und Launier weisen in diesem Zusammenhang auf zwei wichtige, zum damaligen Zeitpunkt noch nicht gelöste Probleme der empirischen Forschung hin: Einerseits sei, wenn man "Herausforderung" als Produkt von Tönungen, Stimmungen und Denkstilen betrachte, eine Abgrenzung vom intrapsychischen Abwehrmechanismus der "Leugnung" notwendig[178]; andererseits müsse man sich der Frage stellen, ob die Bewertung einer Situation als Herausforderung "zu anderen Anpassungsfolgen als die Bedrohung führt". Selbst wenn man akzeptiere, daß herausgeforderte Personen eine bessere Lebensmoral hätten und im Unglück, zumindest oberflächlich, besser gestimmt wären, sei doch offen, "ob sich dieser Vorteil auch auf die Angemessenheit des Sozialverhaltens und auf die körperlichen Gesundheit erweitert".[179]

Mit dieser Erweiterung des Coping-Konzeptes öffnete Lazarus sein Konzept vor allem für nicht-extremen Coping-Formen und damit zugleich für neue Bewertungsdimensionen des Coping-Verhaltens. Auf der Grundlage des im zweiten Kapitel dieser

Arbeit dargestellten anthropologischen Grundverständnisses vom Menschen als eines auf Herausforderung angelegten Wesens erschließt er damit zentrale Lebensbereiche für die Anwendungsbereiche seiner Theorie. Der mehrfach angesprochene Perspektivwandel von einer primären Abwehr-Orientierung auf ein neutraleres Verständnis der Auseinandersetzung mit Konflikt und Belastung wurde mit der Streß-Schrift von 1966 zwar eingeleitet, aber erst durch die Neudefinition des Coping-Prozesses wirklich vollendet.[180]

6.4.3.3 Zum Verhältnis von Primary und Secondary Appraisal

Drittens ergänzte Lazarus seine Darstellung der Secondary Appraisal, indem er nunmehr nochmals mit Nachdruck darauf hinwies, daß die Bezeichnungen "Primary" und "Secondary Appraisal" weder eine zeitliche Sukzession noch eine Rangfolge widerspiegelten. "Der entscheidende Punkt ist jedoch, daß sekundäre Bewertung sowohl für die Gestaltung der Bewältigungsmaßnahmen der unter Streß stehenden Person bedeutsam ist als auch für die Ausformung der primären Bewertungsprozesse selbst."[181] Dies ist vor allem unter dem Gesichtspunkt bedeutsam, daß man sich das Zusammenwirken von Bewertung der Situation einerseits und Bewertung der eigenen Bewältigungsfähigkeiten und -möglichkeiten ("coping resources and options") andererseits als ein im diachronen Schnitt ständig wirksames Wechselspiel vorzustellen hat. Lazarus bezeichnet diese Rückkopplung als Neubewertung ("reappraisal").[182]

6.4.3.4 Verschiebungen in der Klassifikation der Coping- Prozesse

Mehrfach änderte Lazarus seine Klassifikation der Bewältigungsprozesse. Ursprünglich bestand diese, wie weiter oben bereits ausgeführt, nur in der Grobteilung von direkt-zielbezogenen äußeren Handlungen ("attack", "avoidance") und intrapsychischen Coping-Formen. Wenige Jahre später[183] - Lazarus sprach jetzt von "Modi" ("modes of expression in coping") - wurde diese Einteilung verfeinert, ohne daß ihre duale Grundstruktur angetastet worden wäre: Als Beispiele für direkte Handlungen nannte er nun neben

- attack und avoidance ebenso
- die zielgerichtete Anstrengung ("active striking toward goal") und
- die depressive Reaktion[184].

Die intrapsychischen Coping-Formen unterteilte er an gleicher Stelle in die drei Untergruppen

- "Aufmerksamkeitsentzug" oder "Ablenkung" ("attention deployment"),
- "Umwertung" ("defensive reappraisal") und
- "illusionistischer Selbstbetrug" ("wish-fulfilling fantasy").

1974[185] begann eine stärkere Abstraktion nach Gesichtspunkten der Funktionalität: Die übergeordneten Kategorien seines dualen Systems hießen nun "direkte Aktion" und "Linderung" ("palliation"). "Linderung" umfaßte als neuer Oberbegriff die intrapsychischen Coping-Formen, wie sie auch im bisherigen Konzept bereits vorhanden waren. Doch versuchte Lazarus durch diesen Begriff nun, die funktionale Komponente dieser Prozesse (Linderung, Dämpfung, Selbstberuhigung) stärker herauszustellen.

Erstmals 1978[186] fand sich dann eine Klassifikation von Bewältigungsformen, die nicht mehr auf beispielhaft-beschreibender Ebene, sondern nach abstrakt-analytischen Kriterien erfolgt. Lazarus geht seitdem davon aus, daß es vier Coping-Modi gibt (Informationssuche, direkte Aktion, Aktionshemmung und intrapsychische Prozesse), "von denen jede sowohl problemlösende wie emotionsregulierende Funktionen erfüllt, jede sich auf die eigene Person wie die Umwelt beziehen kann und jede sowohl auf augenblickliche oder vergangene Ereignisse (Schädigung/Verlust) wie auf künftige Ereignisse (Bedrohung/Herausforderung) gerichtet ist."[187] Lazarus und Launier bieten zur Verdeutlichung folgendes Schema[188], wobei statt von "problemlösender Funktion" nun von "Änderung der gestörten Transaktion (instrumentell)" die Rede ist.

Eine ausführliche Darstellung und Diskussion dieses Klassifikationsschemas findet sich bei Lazarus & Launier[189] und bei Lazarus[190], so daß an dieser Stelle nur eine knappe Zusammenfassung gegeben zu werden braucht: Informationssuche könne einerseits - subjektbezogen - zur besseren Kenntnis seiner selbst oder - objektbezogen - zur Lösung von Problemen eingesetzt werden. Offensichtlich könne sie darüber hinaus zur Regulation von Emotionen beitragen. Direkte Aktionen seien so verschieden, wie es die Umweltanforderungen und die persönlichen Ziele von Menschen seien: Alle - mit Ausnahme der kognitiven - Aktivitäten seien hier zu subsumieren, durch die eine Person streßvolle Situationen zu bewältigen versuche, vom Ausleben des Ärgers über Flucht bis zum Selbstmord, von der Anstrengung bis zum leistungsbetonten Kraftakt.[191] Aktionshemmung sei unter die Bewältigungsmodi zu rechnen, weil - der Gedanke war bereits im Zusammenhang mit seiner Streß-Schrift von 1966 referiert worden - eine effektive Bewältigung häufig nur möglich sei, wenn solche starken Handlungsimpulse unterdrückt würden, die nur Schaden anrichten könnten. Die intrapsychischen Coping-Formen sind bereits mehrfach erwähnt worden; Lazarus[192] weist darauf hin, daß sie meist der "palliation", der "Linderung", dienten; sie könnten allerdings auch instrumentellen Charakter haben, wenn sich beispielsweise eine Person während einer entscheidenden Prüfung selbst zu beruhigen versuche, um die störende Angst zu vermindern.[193]

6.4.3.5 Einflußfaktoren auf die Wahl der Coping-Form

Schließlich wurden die Faktoren ausdifferenziert, welche die Wahl der Coping-Form beeinflussen. Man erinnere sich: 1966 hatte Lazarus einen einzigen, quer zu personimmanenten und situativen Bedingungen liegenden Faktor erwähnt, den er "Grad der Bedrohung" genannt hatte. Lazarus und Launier nannten 1978 insgesamt vier solcher Faktoren, welche die Wahl der konkreten Coping-Form beeinflussen: Es handle sich um

- den Grad der Ungewißheit,
- den Grad der Bedrohung,
- das Vorliegen eines Konflikts und
- den Grad der Hilflosigkeit.

6.4 Die Mikroebene: Coping-Prozesse

		Zeitliche Orientierung				
		Vergangenheit/Gegenwart		Zukunft		
		Funktionen		Funktionen		
		(1) Änderung der gestörten Transaktion (Instrumentell)	(2) Regulierung der Emotion (Palliation)	(1)	(2)	
		Bewältigungsmodi	Bewältigungsmodi	Bew.-Modi	Bew.-Modi	
Instrumenteller Schwerpunkt	Selbst	(a) Informationssuche (b) direkte Aktion (c) Aktionshemmung (d) intrapsychisch	(a) Informationssuche (b) direkte Aktion (c) Aktionshemmung (d) intrapsychisch	(a) (b) (c) (d)	(a) (b) (c) (d)	
	Umwelt	(a) Informationssuche (b) direkte Aktion (c) Aktionshemmung (d) intrapsychisch	(a) Informationssuche (b) direkte Aktion (c) Aktionshemmung (d) intrapsychisch	(a) (b) (c) (d)	(a) (b) (c) (d)	
Bewertungen		Schädigung		Bedrohung oder Herausforderung; Aufrechterhaltung		
Thematischer Charakter		Überwinden, Tolerieren, Erholen, Neuinterpretation vergangener Ereignisse im gegenwärtigen Situationszusammenhang		Präventive oder entwicklungsorientierte Prozesse		

Klassifikation von Bewältigungsformen nach Lazarus & Launier (1981)

Ungewißheit und Mehrdeutigkeit verminderten die Möglichkeit direkter Aktionen, verstärkten Informationssuche und intrapsychische Bewältigungsformen. Mit steigendem Grad der Bedrohung wachse die Neigung zu primitiveren, schlechter angepaßten Coping-Formen. Konflikte - hier verstanden als einander ausschließende Handlungsmöglichkeit gleichermaßen hoher Wertigkeit - legten direkte Aktionen lahm und verwiesen die Person auf intrapsychische Mechanismen. Hoffnungs- und Hilflosigkeit schließlich wirkten sich ebenfalls blockierend auf die Möglichkeiten direkten Handelns aus.[194]

6.4.4 Systematische Erträge

Unter pädagogischen Gesichtspunkten enthält das Konzept von Lazarus und seinen Mitarbeitern eine Reihe von wichtigen Hinweisen, auf die zum Teil bereits hingewiesen worden ist.

In den neueren Fassungen enthält Lazarus' Ansatz eine sehr klare Klassifikation von Bewältigungsprozessen, welche die zeitliche Orientierung (Erfahrung / Erwartung), die Funktion (Veränderung des Umweltbezugs / Regulation von Emotionen) und den Schwerpunkt des Coping-Verhaltens (Selbst / Umwelt) beinhaltet. Im Schnitt dieser drei genannten Dimensionen findet man vier grundlegende Bewältigungsmodi, die in jeder der insgesamt acht Coping-Konstellationen zur Anwendung kommen können. Diesen vier Bewältigungsmodi (Informationssuche, direkte Aktion, Aktionshemmung und intrapsychisches Coping) kommt in diesem Modell eine fundamentale Bedeutung zu.

Nun ist in diesen vier Modi die Abstraktionsstufe auf eine bedenklich hohe Ebene getrieben worden: Wer wollte leugnen, daß Problembewältigung etwas damit zu tun hat, sich Informationen zu beschaffen, das Problem direkt in Angriff zu nehmen (oder seinen Verursacher direkt zu attackieren), aufgrund von Sachzwängen auf direkte Aktionen zu verzichten oder sich mit einer intrapsychischen Bewältigung zufrieden zu geben? Viele Probleme, die Lazarus in seinen Texten durchaus anerkennt und diskutiert, drohen sich durch die sehr weiten Maschen dieses Begriffsnetzes zu entziehen. Man ziehe beispielsweise die Ergebnisse Dörners heran: Dieser hatte doch sehr eindringlich darauf hingewiesen, daß die Informationssuche und Modellbildung einer der Schwachpunkte des Problemlösens ist. Manche Menschen neigen nach Dörner dazu, sich zu wenige Informationen zu beschaffen, andere tun hier des Guten zuviel, was sie handlungsunfähig macht, wieder andere neigen dazu, nur solche Informationen zu suchen, die ihre vorgefaßten Meinungen und Urteile bestätigen. All dies fließt nun bei Lazarus gleichermaßen in die Ausprägungsmöglichkeiten des Bewältigungsmodus "Informationssuche" ein.

Anhand dieses Beispieles erkennt man den starken Einfluß der Deutungsperspektive: Dort, wo die Effizienz und die Angemessenheit der Problemlösung den Maßstab der Beurteilung abgeben, muß man eine Verhaltensweise als "Schutz der Kompetenzillusion" rügen, welche unter der stärker subjektiven Perspektive einer (irgendwie) gelingenden Person-Umwelt-Transaktion als "intrapsychischer Bewältigungsmodus" an-

6.4 Die Mikroebene: Coping-Prozesse

gesehen werden kann. Beide Positionen scheinen zunächst nicht vermittelbar. Allerdings verweisen beide Positionen, die für das Objektive stehenden Forderungen nach Angemessenheit und Effizienz hier und die das Individuelle berücksichtigende Bevorzugung des subjektiven Deutungshorizonts dort, auf eine traditionsreiche Argumentationslinie in der Pädagogik, welche die Vermittlung von Ich und Welt im Prozeß und im Medium der Bildung zum Gegenstand hat.

Man darf Lazarus indessen nicht Unrecht tun: Er selbst sah eine Vielzahl dieser Probleme sehr wohl und gab auch deutlich zu erkennen, daß ihm die Perspektive einer aktiven, lösungsorientierten Problembewältigung sehr viel sympathischer sei als beispielsweise die Verdrängung unangenehmer Wahrheiten. In den "Kondensaten" (wie hier im Falle der Bewältigungsmodi) seiner Theorie jedoch - und diese werden erfahrungsgemäß popularisiert - ist von diesem vorhandenen Problembewußtsein nur noch wenig zu sehen. Man muß daher darauf achten, auf der glatten sprachlichen Darstellung dieser Kondensate nicht unter Lazarus' eigenen Problemhorizont abzurutschen: Die Gefahr besteht sicherlich, und sie ist ernst zu nehmen - erweist doch die oben erwähnte Problemgeschichte der Vermittlung von Ich und Welt in und durch Bildung, daß diese Vermittlung notwendig scheitern muß, sobald der eine Pol dieses Verhältnisses zugunsten des anderen absolut gesetzt wird.

Lazarus' Konzept enthält jedoch eigene Hinweise, von welchen Faktoren eine solche gelingende Vermittlung beeinflußt werden kann. So enthielt bereits die früheste Fassung eine Trennung zwischen situativen und personbezogenen Einflußgrößen der Primary und der Secondary Appraisal.

Orientiert man sich an der in Kapitel 3 dieser Arbeit grundgelegten Standpunkt, wonach sich Pädagogik prinzipiell einer mehr prophylaktischen als einer therapeutischen Perspektive verpflichtet fühlen muß, weniger der einzelne Klient als die Lerngruppe im Mittelpunkt steht und ihren Bildungsauftrag sowohl von gesellschaftlicher wie von individueller Seite erhält, so folgt - vor allem aus dem erstgenannten Argument -, daß eine direkte Veränderung der situativen Faktoren nicht das primäre Anliegen pädagogischen Handelns sein kann.

Unter den personbezogenen Faktoren dominieren - sowohl in der Primary als auch in der Secondary Appraisal und durch alle Fassungen des Konzepts hindurch - immer wieder drei: Motivationale Charakteristika (Richtung und Stärke), Grundüberzeugungen hinsichtlich des Person-Umwelt-Bezuges und intellektuelle Ressourcen, Erziehung, Kultiviertheit. Diese Faktoren bestimmen (zusammen mit den situativen) sowohl die unmittelbare Einschätzung, ob ein Ereignis günstig, gleichgültig oder potentiell streßträchtig ist, als auch ganz wesentlich den Charakter, welchen der potentielle Streß zugeschrieben bekommt (Bedrohung oder Herausforderung), und sie beeinflussen darüber hinaus die Wahl der Coping-Form. Lazarus' Wertung ist klar: Günstige personspezifische Faktoren beeinflußten die Streßbewertung eher zum Pol "Herausforderung" hin und dies sei "ein besserer seelischer Zustand als Bedrohung ..., eine wirksamere Art zu leben und tätig zu sein und möglicherweise ein Weg, um bessere körperliche Gesundheit zu erlangen"[195].

Es ist auch daran zu erinnern, daß im vierten Kapitel der hier vorgelegten Arbeit eine Modifikation des Kompetenz-Konstruktes für pädagogische Zusammenhänge vorgenommen wurden. Die Modifikationen wurden aus bestimmten Dilemmata abgeleitet, welche sich in der Auswertung pädagogischer und psychologischer Ansätze ergeben hatten. Die dort entwickelten Modifikationen betrafen vor allem die Erweiterung des Kompetenz-Konzepts um den Komplex "Motivation"[196], um eine entsprechende Berücksichtigung der Bereiche "Kontrollüberzeugung" und "Selbstwirksamkeit"[197] und - an späterer Stelle - um eine Fundierung von Kompetenz durch Sach- und Handlungswissen[198]. Man kann daher feststellen, daß das bisher entwickelte Konzept von Kompetenz recht gut den personspezifischen Faktoren im Bewältigungsgeschehen nach Lazarus entspricht. Dies wiederum bedeutet, daß eine Förderung von Kompetenz in dem weiter oben beschriebenen Sinne einen direkten Beitrag zur Förderung der Bewältigungsfähigkeit leisten kann.

Leider erfährt man in Lazarus' Arbeiten nur wenig über die Wertigkeit der beiden Faktorengruppen (situative bzw. personbezogene) in bezug zueinander. Dies erschwert deutlich eine Beurteilung hinsichtlich des Effektivitätsgrades von Prävention qua Bildung und Erziehung.

Schließlich muß jedoch die Nennung der personbezogenen Faktoren - motivationale Charakteristika, Grundüberzeugungen hinsichtlich der Person-Umwelt-Beziehungen und intellektuelle Ressourcen, Erziehung und Kultiviertheit - zum Anlaß genommen werden, das Problembewältigungsverhalten von Personen prinzipiell als schul- oder trainierbar anzusehen. Dafür gibt es folgende Gründe: Erstens sind nach derzeitigem Stand des Wissens Motive nicht angeboren, sondern erworben. Über ihre Entwicklung im Laufe der Biographie liegt mittlerweile eine reiche Datenbasis vor. Erziehung und Bildung als Präventivkräfte hätten demzufolge die Aufgabe, den Aufbau und die Fortentwicklung geeigneter Motivsysteme zu lenken. Zweitens: Wenn auch bezweifelt werden muß, daß die Ausbildung persönlicher Wert- oder Überzeugungssysteme einer kurz- oder mittelfristigen erzieherischen Einflußnahme zugänglich sind, so kann man doch ebensowenig ihre langfristige Wirksamkeit in Abrede stellen. Erziehung und Bildung hätten demzufolge dafür Sorge zu tragen, daß sich auf seiten der Person ein im Grundton optimistisches, dabei zugleich realistisches Weltbild entfalten kann. Die Notwendigkeit einer bislang nicht selten vernachlässigten "emotionalen Erziehung"[199] tritt damit deutlich zutage.

Deutlicher als Dörner verweist Lazarus darauf, wie wichtig die "intellektuellen Ressourcen" insgesamt bereits in der Primary Appraisal sind, und dies nicht nur im kognitiven Bereich: Seiner Meinung nach deutet vieles auf die Bedeutung des "Faktors Bildung" für das Zustandekommen der emotional getönten Anmutung, ob man eine Situation für bewältigbar halte oder nicht: In einer Person müsse Wissen in ausreichendem Maße vorhanden und in sinnvollen Problemzusammenhängen organisiert sein, damit eine Situation als Herausforderung erlebt werden könne.

Ließe sich diese Vermutung bestätigen, so müßte manches von dem, was beispielsweise bei Bollnow über das Wesen der Stimmungen[200] geschrieben steht, neuerlich aufgearbeitet werden. Dann gälte es, diesen "vorinterpretierenden Filtern" wieder zu der ihnen gebührenden Beachtung zu verhelfen, die im Gefolge eines Denkens, welches Wissenschaft als Methode bereits für den Gipfelpunkt der Aufklärung hielt, zurückgedrängt worden ist.

Dieses Thema erhält dadurch ein zusätzliches Gewicht, daß sich solche Stimmungen einerseits ausschließlich individuell äußern können oder sich andererseits, wie man am historischen Beispiel des Umbruchs im Lebensgefühl des Wandervogels zur Bündischen Jugend[201] sehen kann, auch in kollektiver Lagerung verändern können. Stimmungen können sich spontan einstellen, sie können aber auch durch bestimmte Rituale in gewünschte Richtungen gelenkt werden. Vielleicht lohnte es, im Rahmen einer anderen Untersuchung solchen positiv-stabilisierenden Ritualen im Rahmen des (Schul- und Arbeits-) Lebens nachzuspüren. Man erschrecke nicht: Dies muß nämlich die solchen Ritualen Unterworfenen nicht zwangsläufig in neue Unfreiheit führen, sondern kann ihnen im Gegenteil auf lange Sicht zu einem Mehr an innerer Freiheit verhelfen.

6.5 Die Makroebene: Thematische Strukturierung der Biographie

Die Coping-Theorie, so wie sie im Zusammenhang der Streßforschung entstanden war, zielte ursprünglich darauf ab, die Bewältigung einer aktuellen Streß-Situation zu beschreiben. In diesen Bewältigungsprozeß des aktuellen Streß- Geschehens wurden dann konzeptionell sowohl vorhergegangene Erfahrungen als auch Erwartungen über künftige Ereignisse einbezogen. Die theoretische Konstruktion erfolgt damit von der aktuellen Situation ausgehend in den Gesamtzusammenhang der Biographie hinein.

Nun läßt sich dieser Weg auch umkehren, und man kann den Zusammenhang der Biographie als die übergeordnete theoretische Einheit begreifen, aus deren Kontext heraus sich das Verhalten der Person in jeder Situation, insbesondere auch in einer Streßsituation, verstehen läßt. Dieser zweite Weg führt in eine biographisch orientierten Persönlichkeitstheorie, wohingegen der erste stärker im je Situativen verhaftet bleibt. So sehr zu erwarten ist, daß beide Konstruktionswege zu verträglichen, weitgehend sogar ähnlichen Ergebnissen kommen, so ergeben sich doch unterschiedliche Charakteristika, die zur Kenntnis zu nehmen im vorliegenden Zusammenhang wichtig ist. Diese Position, die zunächst knapp skizziert werden soll, wurde von Hans Thomae und seinem Schülerkreis entwickelt.

6.5.1 Einige Grundzüge der dynamischen Persönlichkeitstheorie H. Thomaes

Bereits in seinem frühen Ansatz[202] plädierte Thomae für eine dynamische Persönlichkeitstheorie, die einerseits den rigideren eigenschaftsorientierten Konzepten älterer Provenienz die Möglichkeit einer lebenslaufumfassenden Entwicklung entgegenstellt, andererseits die Existenz konstanter, identitätsstiftender Elemente im Personkern nicht dem Chaos permanenter, haltloser Veränderung aufopfert.

Die Vermittlung dieser beiden Pole von Veränderung und Konstanz, von Entwicklung und Erstarrung, von Relativismus und Dogmatismus, von Persönlichkeit als

"Prozeß" und "Struktur" gelang ihm, indem er die in der Gesamtbiographie oder bedeutenden Teilabschnitten wirksamen Prozesse, in denen Entwicklung sich manifestiert, ebenso darstellte wie er auch die Bereiche aufwies, die sich konstant durch die Biographie hindurchziehen. Zur Beschreibung der "Persönlichkeit als Prozeß" dienten ihm jene "Vorgänge, die menschliches Verhalten begründen und es innerlich begleiten"[203]. Je nachdem, ob man bei ihnen einen Anfang und ein Ende innerhalb der Lebensgeschichte feststellen kann, bezeichnete Thomae diese als "Grund-" oder als "Sekundärvorgänge". Zu den Grundvorgängen zählte er "Richtung", "Orientierung", "Verfestigung" und "Bindung", zu den sekundären die Vorgänge der "Steuerung", der "Versachlichung" und der "Veränderungen der Lebenshöhe". Die "Persönlichkeit als Struktur" erfaßte Thomae durch die Charakterisierung ihrer "dynamischen Kerngebiete" und ihres "Mantels".[204] Thomae nahm mit dem Konzept der Kerngebiete eine Dreiteilung des Antriebsfonds vor: der "stets gleichbleibende Antriebsfond" verteile sich auf eine "plastisch bleibende Sphäre" ("propulsives Ich"), auf eine "Sphäre der festgelegten Regulationen und Triebe" ("impulsives Ich") und auf ein "Kontrollorgan" ("prospektives Ich").[205] Diese drei Kerngebiete begründeten keine eigenständigen Identitäten, wie Thomae betonte[206], sondern seien als Richtungen aufzufassen, in die das dynamische Geschehen weise.[207] Verbunden und getragen würden diese Kerngebiete durch das "personale Ich", durch den identitätsschaffenden und -verbürgenden "Ichkern" oder, weil nur dynamisch korrekt erfaßbar[208], durch die "Leitidee" des Menschen.

Kruse hat darauf hingewiesen, daß bereits in Thomaes Habilitationsschrift[209] die "Leitidee" charakterisiert wird als "etwas, das ständig aufs neue errungen, erkämpft und verteidigt werden muß"[210]. Dies ist in zweifacher Hinsicht wichtig: Erstens verdeutlicht Kruses Hinweis die implizite anthropologische Position Thomaes, wonach die aktive Auseinandersetzung zum notwendigen Bestandteil menschlicher Existenz[211] gehört; gleichzeitig wird deutlich, daß sich dieser Prozeß nicht im Abstrakten ereignen kann, sondern daß sich die Leitidee, die der Person selbst nicht bewußt sein muß und einer direkten Beobachtung nicht zugänglich ist, in der Tatsache und der Charakteristik der Auseinandersetzung mit bestimmten Grundsituationen manifestiert. Sie ist "thematisch" organisiert.

Der Begriff der Thematik ist nicht erst von Thomae eingeführt worden: Bereits sein Lehrer Lersch hatte diesen Begriff der "Thematik" menschlicher Existenz benutzt, um seine Persönlichkeitstheorie von monothematischen (Bedürfnispsychologie, Egoismus, Hedonismus, Machttrieb) und athematischen (z.B. Gehlen[212]) Konzepten abzugrenzen. "Thematik" war ihm ein Begriff zur Bezeichnung einer bestimmten Klasse von Antriebserlebnissen. Lersch[213] unterschied als die drei Hauptklassen die

- Thematik des lebendigen Daseins (Tätigkeitsdrang, Genußstreben, Libido, Erlebnisdrang),
- Thematik des individuellen Selbstseins (Selbsterhaltungstrieb, Egoismus, Wille zur Macht, Geltungsdrang, Vergeltungsdrang, Eigenwertstreben) und die

- Thematik des Über-sich-Hinausseins (Gesellungsdrang, Füreinandersein, Schaffensdrang, Interessen, Liebe zu etwas Konkretem, Liebe zu Ideen, Distanz und Reflexion).

Und ebenso hatte Lersch bereits gefolgert[214], daß sich aus diesen Gruppen "im einzelnen Fall die Grundmotive der Daseinsthematik eines Menschen" ableiten ließen.

Nicht unähnlich argumentiert sein Schüler Thomae, doch bezieht er neben den Antriebserlebnissen den "Ichkern" stärker mit in die Verhaltenssteuerung ein: Diese "Leitidee", die "sich höchstens nur als propulsiver Drang, als Gestimmtheit oder diffuse Gerichtetheit bemerkbar"[215] mache, differenziere sich unter den situativen Bedingungen zu einem empirisch wahrnehmbaren, persontypischen, jedoch keineswegs erstarrten System von "Daseinsthemen" und "Daseinstechniken".

Aus den biographisch zu explorierenden[216] Daseinsthemen könne man den Ichkern verstehen und Aufschluß über die Verteilung des Antriebsfonds auf die weiter oben genannten Kernbereiche des Ich und ihre Veränderung im Laufe des Lebens gewinnen. Umgekehrt sei als gesichert anzusehen, daß sich in der Auseinandersetzung mit den Themen des eigenen Daseins im Laufe der Zeit mehr und weniger erfolgreiche Formen ausdifferenzieren und habitualisiert werden, so daß sich ein persönlicher "Stil" oder ein System individueller Techniken des Umgangs herausbilde.

Anders als Lersch gliedert Thomae die Daseinsthemen in vier Gruppen, denen er entsprechende Daseinstechniken zuordnet.[217] Er nennt:

1. Daseinsbehauptung, mit den Techniken
Leistung, Anpassung, rücksichtslose Durchsetzung, Ausweichen vor der gegebenen Lage, intellektuelle Abwertung, Illusionsbildung, Einschaltung körperlicher Hilfsmittel.

2. Daseinsgenuß, mit den Techniken
schlichtes Schaffen im vorgegebenen Kreis, Anpassung, rücksichtslose Durchsetzung, spielerischer Umgang mit Mensch und Welt, Opposition, vertiefte Zuwendung zu Mensch und Welt, Blindes-sich-Treibenlassen.

> **3. Daseinssteigerung, mit den Techniken**
> Werkgestaltung,
> Selbstgestaltung,
> Machtgewinn,
> Opposition und Kampf,
> Opfer und Hilfe für andere,
> vertiefte Zuwendung zu Gott und Welt.

> **4. Daseinserweiterung, mit den Techniken**
> Leistung bzw. Werkgestaltung,
> Anpassung,
> Betonung äußerer Form,
> Einsatz primitiver Reizmittel,
> Identifikation.[218]

Die Nähe der "Daseinstechniken" zu den Coping-Styles von Lazarus ist offensichtlich. Anders als bei Lazarus kann jedoch eine "Technik" erst durch ihre Beziehung zum Grundthema eindeutig beschrieben werden: "Leistung" im Hinblick auf "Daseinsbehauptung" kann ganz andere Handlungsformen umfassen als im Hinblick auf "Daseinserweiterung". Erst in der Erkundung der thematischen Bezogenheit erschließt sich der ganze Sinn einer Daseinstechnik.

Da sich, wie bereits erwähnt, die "Leitidee" erst unter den jeweiligen situativen Bedingungen zu einem System individueller Techniken des Umgangs ausdifferenziert, spielt die Frage der Wahrnehmung dieser Situation eine wichtige Rolle: Thomae betont die aktive Rolle des Individuums im Wahrnehmungsprozeß und spricht der "erlebten Welt" die zentrale Bedeutung für das Handeln des Menschen zu. Lewin sprach deshalb vom "Lebensraum"[219], Thomae übernahm zunächst diesen Begriff[220] und ergänzte ihn in der zweiten Auflage des *Individuums* durch den der "kognitiver Repräsentation"[221]. In Anlehnung an Baldwin versteht er darunter das Phänomen, "daß die erste Phase in der durch die Reizsituation ausgelösten und die Handlung beendeten Ereigniskette durch die Bildung einer kognitiven Repräsentation der distalen Umgebung charakterisiert wird. Diese kognitive Repräsentation fungiert als die effektive Umgebung, welche Motive und Gefühle auslöst und das von außen beobachtbare Verhalten auf sein Ziel lenkt"[222].

Gleichzeitig speisten sich die kognitiven Repräsentationen aus den jeweiligen biographisch fundierten Erfahrungen der Person: "Persönliche Konstrukte, Überzeugungssysteme ... bzw. generalisierte Erwartungen sind einerseits Variablen, welche eine jeweils aktuelle kognitive Repräsentation einer Situation beeinflussen, oder sie sind Produkte chronifizierter kognitiver Repräsentationen."[223]

Verhaltenswirksam würden also nicht einzelne, objektive Daten der Situation, sondern die gesamte "Lage"[224] der Person. Thomae konstatiert folgende Wechselwirkung: "Solche kognitiven Repräsentationen sind zwar ... der realen Situation meist angenähert. Aber die ... Unterschiede in der Repräsentation vergleichbarer Situationen wie etwa Schwangerschaft oder Arbeitslosigkeit durch verschiedene Personen oder Gruppen verweist darauf, daß kognitive Repräsentationen nicht einfache Spiegelbilder der äußeren Situation sind. In vielen der interindividuellen oder gruppenspezifischen Unterschiede zeigt sich der Einfluß von verschiedenen 'thematischen Strukturen' auf den kognitiven Strukturierungsprozeß und damit die Notwendigkeit, in einer kognitiven Persönlichkeitstheorie auch motivationale Variablen zu berücksichtigen."[225]

Insgesamt faßt Thomae seine Persönlichkeitstheorie unter folgenden drei Postulaten zusammen,
- "von denen das erste dessen Strukturierung [des menschlichen Verhaltens, W.W.] durch die erlebte, nicht die objektive, Situation feststellt."[226]
- "Das zweite bezieht sich auf die Formung dieses Erlebens (der kognitiven Repräsentation) durch die äußere und innere Lage des Individuums, damit durch Umwelt und Bedürfnis- oder Motivationslage und den sich anbietenden Reaktionstendenzen."[227]
- "Die dritte These postuliert, daß die verschiedenen inneren und äußeren Prozesse, welche durch die Konfrontation eines Individuums mit einer bestimmten Lage ausgelöst werden, die Herstellung oder Wiederherstellung eines Gleichgewichtszustandes zum Ziele haben, der mindestens die Qualität eines früher erlebten aufweisen sollte. Wenn möglich sollte die neue Lage aber vielleicht ein Gleichgewicht auf einem 'höheren Niveau' bedeuten. Insofern verbinden sich in dieser Theorie homöostatische Motivationsprinzipien mit solchen einer 'Wachstumsmotivation'."[228]

6.5.2 Daseinsthematik und kognitive Repräsentation

Thomae unterstreicht, "daß jede Strukturierung des subjektiven Lebensraums zu einer bestimmten Qualität ein aktuelles, temporäres oder chronisches 'Thema' der Lebensführung auslöst. Unter diesem Aspekt zeigt sich die Verhalten lenkende Funktion kognitiver Repräsentation. Die Erfahrung bestimmter Grundqualitäten der eigenen Situation ist damit Ausgangsort motivationaler Strukturierungen."[229] Dabei führen unterschiedliche Lebensschicksale in der Regel zu gravierenden Unterschieden in den thematischen Strukturen.

Neben den bekannten globalen Wechselwirkungen zwischen thematischer Struktur und kognitiver Repräsentation weist Thomae auf einen besonderen Punkt hin: Die aktuelle Perzeption bestimmter Lebenslagen beeinflußt die thematische Strukturierung insgesamt, also auch solche Themen, in denen keine aktuellen Probleme vorliegen. "Bei erlebter hoher Mehrfachbelastung bestehen geringe Chancen für die Ausbildung von Themen wie 'Aufgreifen von Chancen und noch verbliebenen Möglichkeiten' oder 'Bemühung um Erhalt des Interessenhorizonts'. Eher überdurchschnittlich repräsentiert sind in dieser Gruppe Themen wie 'Bestimmtsein von Enttäuschungen', von Gedanken an die Endgültigkeit der unbefriedigenden Lage, von körperlichen Problemen, von Gedanken an die Endlichkeit und Betroffensein von Einschränkungen des sozialen Lebenskreises. Der kognitiven Repräsentation des eigenen Schicksals als eines stark belasteten entspricht somit eine thematische Struktur, in der sich Gedanken an Mängel, Entbehrung und Begrenztheit wie Unveränderlichkeit der eigenen Situation durchsetzen. Dieser thematischen Struktur aber korrespondiert eine größere Wahrscheinlichkeit, auf familiäre und gesundheitliche Probleme depressiv zu reagieren."[230]

Vor allem als nicht veränderbar eingeschätzte Belastungen werden von den Betroffenen häufig positiv umgedeutet. Dies gilt beispielsweise für ungünstige Wohnverhältnisse ebenso wie für eine angespannte wirtschaftliche Lage. Auf der Basis eigener gerontologischer Studien folgert Thomae: "Eine thematische Überzeugung von der Unveränderlichkeit der eigenen Lage scheint auch den relativ positiven Einschätzungen der eigenen wirtschaftlichen Situation bei älteren Menschen zugrunde zu liegen, die objektiv gesehen unter der Armutsgrenze leben. Die Wahrnehmung der eigenen Situation wird so gestaltet, daß sie nicht völlig unerträglich erscheint."[231] Thomae wertet diese Strategie indessen nicht als eine Form 'falschen Bewußtseins' ab, sondern legitimiert sie als psychische 'Überlebensstrategie', wobei er die Funktionsweise des Argumentationsmusters aufdeckt: "Als Begründung für diese Einschätzung werden freilich oft Erinnerungen an die eigenen Jugend genannt, in der man seine Eltern und Großeltern oft in größter Not erlebt habe. Die motivationale Basis der Einschätzung der eigenen ökonomischen Situation führt also weder zu einer Wahrnehmungsabwehr noch zu einer Verzerrung. Sie mobilisiert vielmehr Gedanken an ein Bezugssystem, damit ein anderes kognitives System, um die kognitive Repräsentation der eigenen Lage einigermaßen erträglich zu machen."[232]

Kognitive Prozesse und thematische Strukturen stehen dennoch in Wechselwirkung; jedes der beiden Systeme ist in einem bestimmten Ausmaß funktional unabhängig, zugleich aber mit dem anderen zu einem Gesamtsystem verbunden.

6.5.3 Daseinsthematik, Daseinstechnik und Reaktionshierarchien

Techniken haben, wie bereits erwähnt, jenen instrumentellen Charakter, der sie den Coping-Handlungen bei Lazarus verwandt erscheinen läßt. Die Bandbreite dessen, was als "Technik" gelten kann, ist beträchtlich: "Gegenüber der wahrnehmbaren oder erschließbaren Veränderung des personalen Geschehens von einer Ausgangsqualität A ... zu einer 'End'-Qualität B können viele Verhaltensweisen 'instrumentellen' Charakter annehmen. 'Instrumentelle' Verhaltensaspekte sind solche, die von einem 'Thema' zusammengefaßt und geordnet werden"[233].

Die Abgrenzung thematischer und instrumenteller Verhaltensweisen ist schwierig und nur situativ möglich: "Der Bezug auf eine 'Endqualität' oder auf ein sinnstiftendes Moment ist also das Kriterium, das thematische Einheiten im personalen Geschehen von anderen, insbesondere instrumentellen, abheben läßt. Im thematisch akzentuierten Geschehen ist ein solcher Sinnbezug deutlich faßbar, auch wenn Sorgen, Befürchtungen oder Betroffenheiten von widrigen Umständen im Mittelpunkt der Gedanken stehen. Weisen alle diese negativen Zustände doch auf einen anderen, durch Ausgleich dieser Belastungen gekennzeichneten 'Endzustand' hin. In instrumentellen Abläufen

6.5 Die Makroebene: Thematische Strukturierung der Biographie

dagegen ist der Sinnbezug nur durch die Erfassung der Thematik erkennbar, welcher sie dienen."[234]

Bei aller Ähnlichkeit, die zwischen den Konzepten von Lazarus und Thomae zu erkennen sind, handelt es sich doch um theoretisch unterschiedlich begründete Ansätze. Thomae selbst weist auf solche Differenzen hin: Coping werde definiert als "Inbegriff aller kognitiven und praktischen Bemühungen ..., welche auf die 'Meisterung, Tolerierung oder Reduzierung der externen oder internen Anforderungen und der zwischen diesen bestehenden Konflikte' gerichtet sind".[235] Diese Definition lasse sich aber nicht konsequent anwenden, weil beispielsweise das "Akzeptieren der Situation" als häufig zu beobachtende Reaktionsform auf Belastung von dieser Definition nicht erfaßt werde.

"Das Hinnehmen der Situation, so wie sie ist, stellt eine sehr häufige Reaktion auf unabänderliche Lagen dar. Es ist weder mit der von Folkman & Lazarus gegebenen Definition von 'coping', noch mit dessen häufigster deutscher Übersetzung als 'Bewältigung' vereinbar, noch weniger freilich mit dem martialischen Ausdruck 'Bewältigungsstrategie'. Wer die ganze Breite von Reaktionen auf echte Belastungen erkunden will, muß sich von den aktivistischen und rationalistischen Ideologien freimachen, die explizit wie implizit besonders die gegenwärtige deutsche Psychologie von Stress und Coping beherrschen."[236]

Andere Reaktionsformen, die durch die Coping-Definition nicht abgedeckt werden, seien "Identifikation mit den Zielen und Schicksalen anderer", Resignation, Angst, Wut und Trauer. Hierbei handelt es sich nach Thomae nicht um "Bewältigungsformen oder -strategien, sie können eine Bewältigung oft sogar erschweren"[237].

"Mit Rücksicht auf derartige Antworten auf Belastung habe ich auch den früher eingeführten Terminus 'Daseinstechnik' als Oberbegriff für alle diesbezüglichen Reaktionsformen aufgegeben. Man kann diesen Begriff alternativ mit jenem der 'Bewältigungsform' als Bezeichnung für eine Gruppe von Reaktionsformen wählen, die stärker kognitiv oder willentlich gesteuert sind. Als Oberbegriff für alle instrumentellen oder expressiven Antworten auf belastende Situationen bleibt nur jener der Reaktionsform, der darüber hinaus alle kognitiven wie praktischen, emotionalen wie physischen, 'aktiven' und 'passiven' Reaktionen einschließt."[238]

Thomae fordert, den Bericht über die Reaktionen auf Belastung lediglich nach seinem semantischen Gehalt zu befragen und ihn unter Abstraktion von allen konkreten Handlungs- und Situationsumständen einem bestimmten "Typus" bzw. einer bestimmten Klasse von Antworten zuzuordnen.[239] Die Forderung nach Erhalt des semantischen Gehalts impliziere, die Abstraktion nicht zu weit zu treiben: beispielsweise gehöre der soziale Kontext der Reaktion zum semantischen Gehalt unbedingt dazu.

Das vierpolige Konzept der Daseinstechniken weicht in der zweiten Auflage von *Das Individuums und seine Welt* einem deskriptiven System zur Klassifikation von Reaktionen auf Belastung, das zwanzig Reaktionsformen umfaßt:[240]

1. "Leistung" faßt alle Reaktionsformen zusammen, die mit Anstrengung, dem Einsatz von Energie und Ressourcen verbunden sind.
2. Die "Anpassung an die institutionellen Aspekte der Situation" betont die Beschaffung oder Verwertung aller sachlich erforderlichen Informationen und Fertigkeiten - insbesondere auch hinsichtlich der sozialen Bedingungen - für die Problemlösung.
3. Eine "Anpassung an die Eigenheiten und/oder Bedürfnisse anderer" liegt dann vor, wenn echte oder vermutete Qualitäten anderer zum Maßstab werden, dem sich das eigene Verhalten fügt.
4. Das "Aufgreifen von Chancen" ist eine aktive Auseinandersetzung mit Belastung, wobei das Individuum diese Chance zu erkennen und wahrzunehmen in der Lage sein muß.
5. Die "Bitte um Hilfe" kann sich an natürliche Personen, Institutionen oder übernatürliche Wesen richten.
6. Mit der "Stiftung und Pflege sozialer Kontakte" werden sowohl soziale Netze stabilisiert, die ihrerseits für die eigentliche Problemlösung hilfreich sein können, als auch eine emotionale Linderung der psychischen Belastung bewirkt.
7. Das "Zurückstellen eigener Bedürfnisse" kann im Sinne der bekannten "deferred gratification patterns" unmittelbar zur Problemlösung beitragen.
8. Auch das "Sich auf andere verlassen" kann eine Reaktionsform auf Belastungen sein, und sei "keineswegs immer eine passive Antwort auf Alltagsprobleme oder größere Belastungen"[241].
9. Die "Korrektur von Erwartungen" ist eine Reaktionsform, die im Zusammenhang mit Enttäuschungen oder 'Frustrationen' zu einer Korrektur zukunftsgerichteter Überlegungen zwingt.
10. "Widerstand" bezeichnet die "implizite oder explizite Weigerung, Zwang oder Druck nachzugeben"[242].
11. "(Selbst-)Behauptung" umfaßt solche Reaktionen auf Belastung, die zur Sicherung der physischen Existenz und zur Wahrung des Selbstwertgefühls dienen.
12. "Akzeptieren der Situation" bedeutet ein Hinnehmen der Lage, wie sie nun einmal sei, "ohne stärkeren resignativen Beiton"[243].
13. Die "positive Deutung" bedeutet eine Form der selektiven Wahrnehmung zum Zwecke der erfolgsbetonten Situationsdarstellung.
14. "Die Situation den Umständen überlassen" meint eher die Haltung der Gelassenheit als einen dem Gefühl der Hilflosigkeit entspringenden Verzicht auf die aktive Auseinandersetzung mit dem Problem.
15. "Hoffnung" ist eine innerpsychische Reaktionsform, als solche aber nicht auf extreme Situationen beschränkt, "sondern stellt eine notwendige Komponente des Umgehens mit unterschiedlichen Lebenslagen dar"[244].

16. Eine "depressive Reaktion/Resignation" versteht Thomae im Sinne Seligmans als Resultat einer erlebten Ohnmachtssituation.
17. "Identifikation mit den Schicksalen und/oder Zielen anderer" bedeuten eine symbolische Ausweitung des eigenen Selbst auf die Person, mit der man sich identifiziert. Diese Reaktionsform stellt eine gesteigerte Form der Anteilnahme am Schicksal anderer dar.
18. "Evasive Reaktionen" umfassen das, was Dembo als "Aus-dem-Felde-Gehen" bezeichnet hat: ein möglichst weitgehendes Ausweichen vor der Belastungsquelle.
19. In bezug auf bestimmte Grenzsituationen (unheilbare Krankheit, Tod u.ä.) kann auch die bewußte Orientierung an der Realität eingesetzt werden, um irreale Hoffnungen, Wünsche und Erwartungen auszublenden.
20. "Aggression", in körperlicher oder auch in "nur-sprachlicher" Form, beschließt das Klassifikationsschema Thomaes.

Diese Reaktionsformen werden nicht einzeln, sondern in ihrer jeweiligen Aggregation untersucht. Dahinter steht die Idee, daß Individuen auf Belastungen nicht mit einer einzelnen Reaktionsform, sondern mit einem mehr oder minder komplexen System von Reaktionen antworten: "Der Zusammenhang, in welchen eine im Bericht genannte Reaktionsform einzuordnen ist, stellt die 'Reaktionshierarchie' eines Individuums, einer Gruppe oder einer bestimmten Population in bezug auf eine bestimmte Situation dar."[245] Diese Reaktionshierarchien belegen nach Thomae deutlich, daß das Verhalten der Person nicht ausschließlich rational gesteuert ist. Kritisch wendet er ein:

"Die moderne Persönlichkeitspsychologie hat zu ihrem Nachteil die Einsichten der 'Schichtenlehre der Persönlichkeit' außer acht gelassen, daß wir im Laufe eines Tages 'bald mehr aus dem endothymen Grund, bald aus unseren Stimmungen, Gefühlen und unmittelbaren Strebungsantrieben reagieren, bald mehr unserer Überlegung und unserem zielsetzenden Willen folgen. In den Affekten der Wut, der Aufregung, der Angst und der Ekstase, zuweilen auch in der Regung der Eifersucht ist der personelle Oberbau außer Kraft gesetzt' (Lersch 1962, S. 534). Die Einführung des Begriffes 'Reaktionshierarchie' bedeutet von hier aus gesehen die Berücksichtigung der Tatsache, daß die Reaktionsauswahl auf der verschieden bewußten oder kaum bewußten Ebenen erfolgen kann (Rothacker 1965)."[246] "Auch die Analyse wichtiger Entscheidungen im Leben einzelner zeigt, wie peripher rationale Prozesse bei solchen Geschehnissen sind."[247] So "zeigen die meisten Biographien, daß auch schwierige Lebenslagen nicht durch rationale Prozesse, sondern unter Aufbietung aller Erfahrungen und Verhaltenskompetenzen, die zur Verfügung standen, zu bewältigen versucht wurden und daß die Auswahl der Reaktionen in der Regel nicht durch rationale Überlegungen gelenkt wurden."[248]

Insbesondere in Situationen, in denen Personen kaum an eigene Vorerfahrungen anknüpfen können, erweise sich die kognitive Verhaltenssteuerung als trügerische Hoffnung: Menschen, die mit einer völlig neuen Lebenssituation konfrontiert seien, reagierten ähnlich hilflos wie eine Ratte im Labyrinth: "In beiden Fällen reicht das vorhandene und erprobte Verhaltensinventar zunächst einmal nicht aus, deshalb wird diese und jene Antwort versucht bis man glaubt, eine Lösung gefunden zu haben. Erweist sie sich als eine Sackgasse, wird etwas Neues probiert."[249]

6.5.4 Systematische Erträge: Reaktionsformen und Anleitung zur Bewältigung

Thomaes Ansatz zur Persönlichkeitspsychologie beschert im Zusammenhang der Bewältigungsforschung zunächst eine Reihe neuer Probleme: Weil hier ein deskriptives Klassifikationsschema konzipiert ist, muß man aus pädagogischer Sicht fürs erste hinnehmen, daß der Autor sich von den "Daseinstechniken" auf bloße "Reaktionsformen" zurückzieht, unter denen dann auch solche sind, die in der Tat nichts zur Lösung der belastenden Problemlage beitragen: evasive Reaktionen, Depressionen, Akzeptieren.

Auf der einen Seite schärft Thomae damit den Blick dafür, daß diese - nicht einmal seltenen - Reaktionsformen zum Spektrum faktisch auftretender Reaktionen gehören und daß deshalb die pädagogische Hoffnung auf eine umfassende und sichere Trainierbarkeit von Problemlösestrategien in höchstem Maße trügerisch ist. Dies gilt um so mehr, wenn man sich Thomaes oben referierte eindringliche Kritik an der Vernachlässigung der 'Schichten der Persönlichkeit' nochmals ins Gedächtnis ruft: Der personelle Oberbau (Lersch) sei in Affektlagen außer Kraft gesetzt. Nichts berechtigt uns zu der Hoffnung, dies ließe sich 'wegtrainieren'; ja, im Gegenteil darf die Frage nicht leichtfertig abgetan werden, ob und wodurch ein solches 'Wegtrainieren' denn überhaupt legitimiert wäre.

Zweitens erinnert die deskriptiv orientierte Auflistung der Reaktionsformen daran, daß es auch weniger aktivitätsbezogene Formen der Reaktion auf Belastung gibt, die im pädagogischen Kontext nicht einfach "wegargumentiert" werden dürfen, von denen einige sogar ihren eigenen Wert besitzen können. Sicher wird man als Pädagoge nicht zufrieden sein können, wenn Personen auf Belastungen mit einer depressiven Verhaltensänderung reagieren. Auch wäre es wenig überzeugend, wenn man die "evasiven Reaktionen" unter die Bewältigungstechniken rechnen wollte: Durch Nichtstun und Flucht werden keine Probleme gelöst. Trotzdem: "Die Situation den Umständen überlassen" ist keine eindeutig negative Antwort auf Belastung; sie ist nicht einmal in jedem Fall eine pädagogisch unerwünschte Form: Nicht von ungefähr zählte man die "Gelassenheit" unter die Tugenden. Man wird also im Einzelfall prüfen und urteilen müssen, denn vieles: ergebener Fatalismus, unangemessenes "Aussitzen" wie lebenskluges Gelassen-Sein, liegt als Möglichkeit in der Reaktionsform "die Situation den Umständen überlassen".

Auch an dieser Stelle ist noch einmal auf den wiederholt erwähnten Charakter von Bildung hinzuweisen, zwischen den objektiven Ansprüchen der Welt und den Belangen des Individuums zu vermitteln. Thomaes Mahnung, das Individuum nicht von vornherein einseitig auf aktiv-gestaltungsorientierte Bewältigungsformen festzulegen, ließe sich dann als anwaltliches Mandat zugunsten der Belange des Individuums und damit zugunsten von Bildung auslegen, selbst wenn sein Insistieren auf der Berechtigung von 'nicht-coping-orientierten' Reaktionsformen den pädagogischen Optimismus, der auch in der hier vorgelegten Arbeit im Sinne einer 'Befähigung zur Bewältigung' vertreten wurde, zunächst etwas dämpft.

Eindringlicher zu diskutieren ist an dieser Stelle die Frage, ob eine Anleitung zur Problembewältigung überhaupt möglich ist: Thomaes Hinweis auf den 'endothymen Grund' der Person, seine strukturelle Deutung der Persönlichkeit als individuell geformtes und unterschiedlich gefestigtes Gefüge von 'Daseinsthemen', seine starke Betonung der Kontinuität von aktuellem Erleben und vorherigen Erfahrungsmustern könnten insgesamt den Eindruck entstehen lassen, jede Person entwickle sich im Laufe ihrer Biographie nun einmal so, wie sie sich entwickle, und gezielte Versuche, diese Entwicklung zu beeinflussen, blieben im vielstimmigen Konzert der situativen Faktoren im großen und ganzen eher wirkungslos.

Die Situation verliert bereits einen Teil ihrer Brisanz, wenn man sich verdeutlicht, daß Thomae aus wissenschaftstheoretischen Gründen stets sehr klar die deskriptive Analyse von der Interventionsperspektive trennt. Die Beschreibung der Reaktionsformen, der individuellen Gefügelagen von Daseinsthemen oder ihrer biographischer Entwicklung in sogenannten 'patterns of aging'[250] betont - ansatzbedingt - eben diese Kontinuität im Kontext der Biographie: Schließlich wird die Frage, was man tun kann und soll, um gewünschte Veränderungen zu erreichen, innerhalb dieses deskriptiven Ansatzes nicht gestellt.

Sie gehört vielmehr in den Bereich der Intervention, und die Tatsache, daß eine "Interventionsgerontologie" seit nahezu zwei Jahrzehnten entwickelt[251] und auch im Kreis der Thomae-Schule vertreten wird[252], zeigt, daß Thomaes deskriptiver Ansatz einer Umsetzung in Interventionsmaßnahmen nicht entgegenzustehen braucht.

Einschränkend ist allerdings als Hinweis zu wiederholen, was argumentativ bereits mehrfach vorgetragen worden ist: Daß sich nämlich die pädagogische Betrachtungsweise aufgrund ihrer Orientierung an in Gruppen organisierten Lernprozessen, ihres stärker präventiven Charakters und ihrer Verpflichtung dem Individuum wie der Gemeinschaft gegenüber von der stärker individualisierenden Betrachtungsweise der Psychologie unterscheidet und daß von daher auch die Ergebnisse der Interventionsgerontologie nicht ohne weiteres in den pädagogischen Bereich übertragbar sind.

Daß nicht nur eine Vermittlung von Coping-Strategien im Rahmen von Interventionsprogrammen möglich ist, sondern daß darüber hinaus der (Schul-)Bildung eine hohe Bedeutung für die Prävention zukommt, dafür finden sich wiederum Belege unter den Ergebnissen der gerontologischen Forschung: Rudinger und Lantermann[253] untersuchten die Entwicklung der psychometrischen Intelligenz bei Probanden der Bonner Längsschnittuntersuchung des Alterns (BOLSA) in Abhängigkeit von den primären, sekundären und tertiären Sozialisationsbedingungen der Versuchspersonen. Unterstellt man, daß es in der Sache Berührungspunkte zwischen dem psychometrischen Intelligenzbegriff und der Deutung von Intelligenz als kognitiver Anpassungsleistung an neuartige Anforderungssituationen der Umwelt gibt, wird die Bedeutung ihrer nachfolgend dargestellten Ergebnisse für unser Thema offenkundig: Rudinger und Lantermann zeigten, daß vor allem der Schulbildung der Versuchspersonen höchste Bedeutung für die unterschiedlichen Intelligenz- (und Bewältigungs-?)Leistungen im Alter zukommt: Der sozioökonomische Status, "der einen Indikator für das gesamte ökonomische und kognitive Anregungspotential oder die Atmosphäre der häuslichen Umwelt darstellen mag", werde "verstärkt und stabilisiert" durch "Schulbildung und Beruf unserer Probanden", "die in unserem Fall für knapp 2/3 der Varianz verantwortlich sind; dabei kommt dem Beruf als letzter 'Sozialisationsinstanz' geringere Bedeutung zu."[254] Lehr berichtet aus der gleichen Datenquelle über eine entsprechend hohe Bedeutung dieser Faktorengruppe für die Langlebigkeit der Versuchspersonen[255] bzw. für deren Aktivitätsgrad und psychophysisches Wohlbefinden im Alter.

Nun wird man sich sicher davor hüten müssen, die Bedeutung der (Schul-)Bildung unkritisch zu überhöhen. Schulisch vermitteltes Wissen, Fähigkeiten und Fertigkeiten können vermutlich nur im Verein mit einer entsprechenden Lebenserfahrung zu solch hohen Erfolgsquoten beitragen, wie sie oben der Richtung nach angedeutet wurden. Allerdings machen die hier vorgelegten Untersuchungsergebnisse nochmals deutlich, wie unverzichtbar ein gut strukturiertes Begriffs- und Handlungswissen für den Auf- und Ausbau von Coping-Strategien sind. Bildung zielt auf Orientierung in der Welt, trägt dadurch zur Stabilisierung der Person und günstigenfalls mittelbar zu deren 'Succesful Aging' bei.[256]

Doch ist bei aller Bedeutung der auf aktive Bewältigung gerichteten Bemühungen und in voller Anerkennung der Bedeutung der kognitiven Faktoren im Bewältigungsgeschehen zu berücksichtigen, daß eine Anleitung zur erfolgreichen Bewältigung von Belastungen auch situationsübergreifende, längerfristig wirksame Maßnahmen umfassen muß, die insgesamt eher dem Bereich der Erziehung als dem der Bildung zuzurechnen sind: beispielsweise die Kontrolle von Affekten, der Umgang mit Stimmungen, die Ausrichtung und Stärkung des Willens, eine positive Einstellung zur aktiven Problemlösung überhaupt.

6.6 Zusammenfassung und Ausblick

Der zweite Teil der hier vorgelegten Untersuchung hat argumentativ einen weiten Bogen gespannt, dessen wichtigste Stationen hier noch einmal kurz zu rekapitulieren sind:

Ausgehend von der belastenden Orientierungsunsicherheit des Menschen war der Bildung ausgangs des ersten Teiles eine präventive Funktion im Hinblick auf eine erfolgreiche Bewältigung späterer Situationen zugeschrieben worden. Zur Bezeichnung dieses Status des "Bewältigenkönnens" war der naheliegende Begriff der "Kompetenz" herangezogen worden. Allerdings hatte sich alsbald gezeigt, daß durch eine solchermaßen bildungstheoretisch motivierte Ausgangsfrage nach "Kompetenz" eine Reihe von Modifikationen an bisher vorliegenden Kompetenz-Konzepten erforderlich wurden. Die wichtigsten waren der Einbezug von motivatorischen Fragen, von Grundüberzeugungen hinsichtlich des Person-Umwelt-Bezugs (Kontrolle und Selbstwirksamkeit) und von Überlegungen zur Moralität und Sozialpflichtigkeit, die am besten unter dem

Stichwort "Selbständigkeit" zusammengefaßt werden können. In diesem Kompetenz-Konzept konnten drei Dimensionen unterschieden werden:

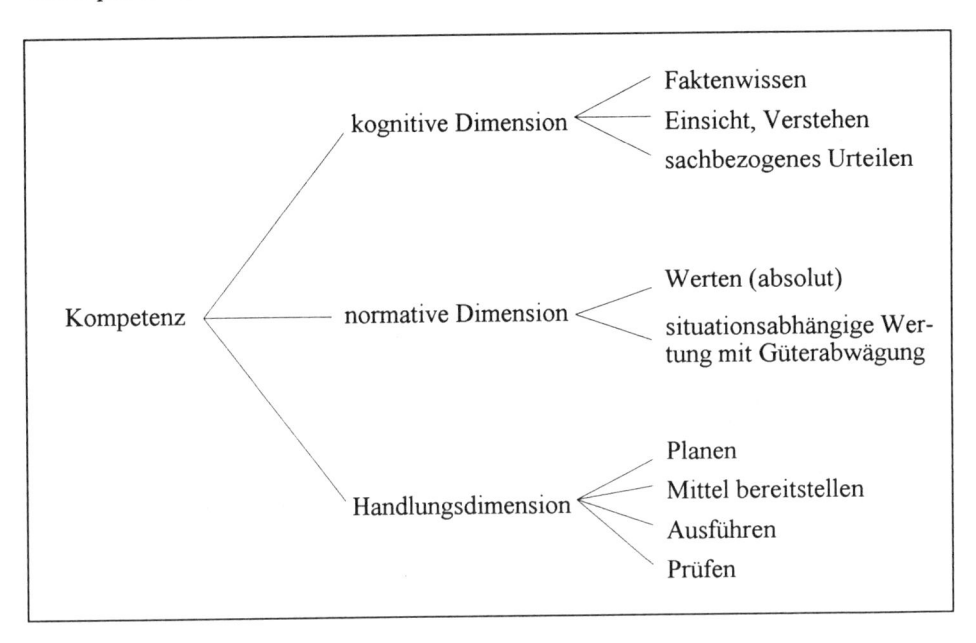

```
                          ┌─ Faktenwissen
         kognitive Dimension ─┼─ Einsicht, Verstehen
        ╱                 └─ sachbezogenes Urteilen
       ╱
      ╱                     ┌─ Werten (absolut)
Kompetenz ── normative Dimension ─┤
      ╲                     └─ situationsabhängige Wer-
       ╲                        tung mit Güterabwägung
        ╲
         ╲                  ┌─ Planen
          Handlungsdimension ─┼─ Mittel bereitstellen
                             ├─ Ausführen
                             └─ Prüfen
```

Dieses Modell ist sicher noch verbesserungsbedürftig und -fähig. So scheint - nach Abschluß der Untersuchungen des zweiten Teiles - die in ihrer Bedeutung wiederholt hervorgehobene emotionale Komponente zunächst in diesem Modell überhaupt nicht vorhanden zu sein. Zwar ist dies nicht der Fall, und formal ließe sich der Mangel durch den Rückgriff auf den enorm weit gefaßten Kognitionsbegriff bei Lazarus heilen. Aber wenn auch inhaltlich deutlich geworden sein dürfte, daß Einsicht und Verstehen keine Prozesse sind, die ohne Beteiligung oder Einwirkung von Emotionen ablaufen, ja daß sogar der Aufbau des systematischen Faktenwissens durch emotionale Tönungen begünstigt oder behindert werden kann, so ist das Schema in dieser Beziehung noch unbefriedigend. Zu verdeckt bleibt die emotionale Seite, wenn auch die normative Dimension einen beträchtlichen Teil des hier diskutierten Themas übernehmen könnte: Werte sind nun einmal keine Objekte des reinen Verstandes.

Ein weiteres ist zu ergänzen: Dem Modell scheint auf den ersten Blick der gesamte Bereich der selbst- und problembezogenen Haltungen zu fehlen; diese sind aber für eine erfolgreiche Problembewältigung von außerordentlicher Bedeutung. Dazu ist anzumerken, daß man diesen Mangel mit der immer wieder erwähnten motivatorischen Qualität von "Kompetenz" beheben kann: Wenn man dem zustimmt, daß Menschen kompetent sein *wollen*, dann ergibt sich der fehlende Bereich der Einstellungen und Haltungen als eine dem gesamtem Modell unterliegende habituelle Grundorientierung: sich - als personale Grundhaltung! - um Sachwissen, um sachbezogenes Urteilen, um situativ angemessene Wertungen, um optimale Planung und korrekte Ausführung zu bemühen.

Im fünften Kapitel wurde dann die Frage diskutiert, wie man sich den Aufbau einer solchen Kompetenz vorstellen könne. Einfache Vorstellungen, dies sei durch "Kompetenz"- oder "Bewältigungskurse" mit einem auf ihnen aufruhenden formalen Transfer zu erreichen, müssen aufgrund der eindeutigen Forschungslage zum Transferproblem aufgegeben werden.

Obgleich es formales Lernen im engeren Sinne nicht gibt, erwies es sich als möglich, Strategien zur Bewältigung von Problemen und Belastungen zu vermitteln.[257] Die notwendige Transferwirkung stellt sich dann nicht als Ergebnis des abstrakten Trainings geistiger Kräfte oder vermögenstheoretisch interpretierter "Schlüsselqualifikationen" dar, sondern als Resultat des Auf- und Ausbaus von strukturiertem Wissens (Schemata und Systeme im Sinne Aeblis). Der Erfolg eines entsprechend aufgebauten Trainings - erwähnt wurde Klauers Intelligenztraining mittels G-V-Algorithmus - ist empirisch gesichert und nicht strukturierten, "fähigkeitsorientierten" Methoden (z.B. Gehirnjogging) signifikant überlegen.

Im Zusammenhang mit der Transferproblematik wurde der Aufbau komplexer geistiger Konstrukte allerdings nur allgemein untersucht: Das Dargestellte traf für Sachkenntnis, Kreativität und Kompetenz gleichermaßen zu. Spezielle Beiträge zur Problemlöse- und Bewältigungsforschung, von denen genauere Hinweise zur Genese des Konstruktes "Kompetenz" zu erwarten waren, wurden im folgenden sechsten Kapitel ausgewertet:

Gestützt auf die theoretischen Überlegungen Dörners war dort auf der Basis strukturierten Wissens das Problemlösen als kognitive Grundlegung der Kompetenzentwicklung eingeführt worden. Ausgehend von unterschiedlichen Problemtypen wurde ein einfaches Schema des Problemlöseprozesses diskutiert, welches mit dem im fünften Kapitel entwickelten Grundgerüst (Schema- und Systemorganisation des Wissens) gut übereinstimmte. Dieses Schema ermöglicht einerseits das Studium von Fehlleistungen in Problemlöseprozessen (Dörner) und kann andererseits als Prozeßschema zur Förderung von Problemlösefähigkeiten eingesetzt werden. Denn für die Wirksamkeit der diskutierten Trainingsmethoden im Bereich Problemlösen konnte letztlich die bewußte Verfügbarkeit der Problemstruktur und die dadurch erreichte Steigerung der "geistigen Beweglichkeit" identifiziert werden.

Über das Lösen eines einzelnen Problems hinaus wurde dem Thema "Problemlösen" eine grundsätzliche Bedeutung für die Entwicklung von Kompetenz im Laufe der Biographie zugewiesen. Diese entwicklungstheoretische Bedeutung des Problemlösens wurde an den Positionen von Case, Havighurst und Lerner exemplarisch dargestellt, wobei die grundlegenden Arbeiten Piagets wegen ihrer großen Bekanntheit nicht mehr explizit erwähnt wurden.

Menschliches Verhalten in Belastungssituationen ist mit "Problemlösen" jedoch nur unzureichend beschrieben: Erstens beschreibt die Forderung nach der *Lösung* des

Problems nur die objektive Seite des hier dargestellten Gesamtzusammenhangs. Bildung, die auf die Vermittlung von Ich und Welt, von Individualität und objektiver Situation abzielt, darf demzufolge die im Zusammenhang des Problemlösens weniger beachtete individuelle Seite des Themas nicht ausklammern. Zweitens wird die Feinstruktur des prozessualen Charakters durch das emotionsumfassende "Coping"-Konzept nach Lazarus besser erfaßt. Dieses bietet überdies aufgrund seiner genauen Modellierung des Bewältigungsprozesses unter pädagogischen Gesichtspunkten die beste Möglichkeit, Zeitpunkt, Umfang und Richtung pädagogischer Einflußnahmen zu planen.

Doch darf die Exaktheit konzeptimmanenter Aussagen nicht dazu verleiten, die Modellierung der zugrundeliegenden Prozesse insgesamt für befriedigend genau zu halten: Erstens hat Thomae überzeugend nachgewiesen, daß es im breiten Spektrum möglicher Reaktionen auf Belastung Formen gibt, die nicht unter Lazarus' Begriff des Coping subsumierbar sind, aber dennoch auftreten und in einer 'subjektiven Ökonomie der psychischen Ressourcen' ihren guten Sinn haben. Zweitens ist mit Thomae gegenüber der augenblicksbetonten Sicht bei Lazarus einzuwenden, daß menschliches Handeln thematisch strukturiert ist, ohne Rückgriff auf die biographisch verankerten thematischen Strukturen der Persönlichkeit ein Verstehen nicht möglich ist und eine Planung und Durchführung entsprechender pädagogischer Maßnahmen ("Anleitung zur Bewältigung") nicht geleistet werden kann.

Nachdem bislang das Ziel (Kompetenz), dessen Grundgerüst (Schema und System des Wissens) und die Grundelemente des Kompetenzaufbaus (Problemlösen und Problembewältigung) untersucht worden sind, bleibt es dem nun folgenden dritten Teil dieser Arbeit vorbehalten, entsprechende pädagogische Organisationsformen und Arrangements geeigneter Prozesse und Situationen vorzustellen und zu diskutieren.

DRITTER TEIL: BEFÄHIGUNG ZUR BEWÄLTIGUNG

Kompetenz erwirbt eine Person durch Problemlösen und Problembewältigung auf der Grundlage eines ausreichenden Handlungswissens (Schemata) und eines hinlänglich ausdifferenzierten Begriffsnetzes (System).

Unterricht zielt auf die Vermittlung solchen Wissens. Unter quantitativen Gesichtspunkten wird in organisierten Bildungsprozessen eine beträchtliche Menge an Wissen vermittelt. Man könnte daher annehmen, daß Unterricht den Aufbau von Kompetenz notwendig nach sich ziehe. Dem steht allerdings die nicht eben seltene Erfahrung gegenüber, daß dieses erlernte Wissen für den Einsatz in Problemlöseprozessen nicht verfügbar ist.

Die Überbrückung dieses Hiatus' zwischen Gewußtem und Gekonntem ist daher - fast muß man sagen: naturgemäß - ein zentrales Anliegen einer Vielzahl von pädagogischen Konzepten. Es ist hinter dem "Orbis pictus" des Comenius ebenso zu erkennen wie in Pestalozzis Idee der Elementarbildung, in Herbarts Prinzip der Formalstufen ebenso wie in den Konzepten der Reformpädagogik und in zahlreichen neueren Konzepten.

7. Anleitung zur Bewältigung

Eine Aufarbeitung all dieser Ansätze ist im Rahmen der vorliegenden Arbeit nicht möglich. Statt dessen sollen im folgenden zunächst Ansätze und Programme analysiert werden, die ausdrücklich als Problemlöse- oder Problembewältigungstraining konzipiert wurden. Dabei stehen - entsprechend dem Aufbau im sechsten Kapitel dieser Arbeit - kognitive Trainingsprogramme des Problemlösens am Anfang. Danach werden erste Versuche vorgestellt, "Coping"-Fähigkeiten zu verbessern und zu einem erfolgreichen Bewältigungsverhalten in und durch Unterricht anzuleiten. Dabei wird sich erweisen müssen, ob diese Ansätze ausreichen, um den Aufbau von Kompetenz im umfassenden pädagogischen Sinn zu ermöglichen.

7.1 Anleitung zum Problemlösen

7.1.1 G. Polya: "Moderne Heuristik"

Der Mathematiker und Logiker G. Polya hat sich seit den dreißiger Jahren unseres Jahrhunderts intensiv der Frage gewidmet, wie man Schüler zur Lösung mathematischer Probleme anleiten kann. Die Tatsache, daß seine Überlegungen naturgemäß eine fachspezifische Beschränkung aufweisen, wird man sich im Kontext unseres Themas stets gegenwärtig halten müssen, wie im übrigen auch Polya selbst sich dessen sehr wohl bewußt war. Jedoch wies er auf den exemplarischen Charakter des mathematischen Problemlösens hin und postulierte einen entsprechend hohen Bildungswert mathematischer Denkschulung. Es lohnt daher, die Ergebnisse Polyas eingehend zu studieren, da sie zumindest für den kognitiven Bereich des Problemlösens von erheblicher Bedeutung sind.

Polyas Argumentation beginnt allerdings bei den emotionalen Rahmenbedingungen des Problemlösens, wenn er an den Leser gewandt schreibt: "Die Lösung eines großen Problems stellt eine große Entdeckung dar, doch in der Lösung eines jeden Problems steckt etwas von einer Entdeckung. Deine Aufgabe mag noch so bescheiden sein; wenn sie jedoch dein Interesse weckt, wenn deine Erfindungsgabe angeregt wird und du die Aufgabe aus dir selbst heraus löst, so wirst du die Spannung und den Triumph eines Entdeckers erfahren." Und mit Blick auf den Bildungswert solchen Tuns fährt er fort: "Wenn solche Erfahrungen in einem Alter, das für Eindrücke empfänglich ist, gemacht werden, so mag das den Sinn für geistige Arbeit hervorrufen und seinen Stempel auf Geist und Charakter für das ganze Leben einprägen. So hat der Lehrer der Mathematik eine große Chance."[1]

Ziel Polyas war es, "Mathematik 'in statu nascendi', in dem Prozeß des Erfundenwerdens"[2] darzustellen. Dazu kristallisierte er aus einem umfangreichen Repertoire an Lösungsmethoden die grundlegenden Heuristiken mathematischen Problemlösens heraus und setzte diese in ein fachdidaktisches Programm um.

Die von Polya vorgelegte tabellarische Darstellung der modernen Heuristik (für mathematische Bestimmungsaufgaben[3]) enthält Anweisungen für Lehrer und Schüler, die zur *selbständigen* Lösung eines mathematischen Problems hilfreich und nützlich sind. Die dort formulierten Leitfragen sind in ihrer weitläufigen Formulierung von großer Allgemeinheit und dadurch in ihrer Anwendbarkeit nicht auf mathematische Probleme beschränkt. Die Ausgangsfragen zum Verstehen eines Problems *Was ist unbekannt? Was ist gegeben? Wie lautet die Bedingung?* können so oder in leicht modifizierter Form auf eine Vielzahl von Problemen angewandt werden. Polya wies ausdrücklich darauf hin, daß die Fragen und Anregungen dieser Tabelle allgemeingültig, aber abgesehen von dieser Allgemeingültigkeit auch "natürlich, einfach, handgreiflich" seien und "dem klaren, gesunden Menschenverstand" entsprängen.[4]

Polya setzte auf einen formalen Transfer dieser Initiativen: Weil die Fragen und Anregungen allgemein seien und in vielen Fällen verwendet werden könnten, mache der Schüler wiederholt die Erfahrung, daß diese Fragestellungen und Anregungen zur Lösung von Problemen hilfreich sind, "und gelangt so dazu, diese Fragen bei einer ähnlichen Situation von selbst zu stellen"[5]. Dabei ist die große Allgemeinheit der Fragen nicht zufällig: Polya wies selbst darauf hin, "daß die Tabelle indirekt *die Denkoperationen aufzählt, die typisch bei der Lösung von Aufgaben helfen. Diese Denkoperationen sind in der Reihenfolge angeordnet, in der sie am wahrscheinlichsten vorkommen.*"[6]

Polya war Mathematiker und nicht Psychologe, erst recht war er kein Vertreter der expliziten Schule der Kognitiven Psychologie. Man darf sich daher nicht wundern, daß er seine Ergebnisse nicht in der Terminologie der Kognitiven Psychologie zum Ausdruck bringt. Dort, wo er auf psychologische Forschungsergebnisse Bezug nahm, rekurrierte er auf William James, Wolfgang Köhler und Karl Duncker[7], aus deren Systemen er übernahm, was ihm brauchbar erschien. Als weitere Quellen nannte er die Fragmente Gottfried Wilhelm Leibniz' zu einer geplanten, aber nie geschriebenen "Erfindungskunst", die Bruchstücke Rene Descartes' zu den "Regeln zur Leitung des Verstandes" und die Ideen Bernhard Bolzanos zur "Erfindungskunst" im Rahmen seiner "Wissenschaftslehre".

Sein heuristisches Denken charakterisierte er "nicht [als] ein letztes und strenges, sondern [als] ein vorläufiges und plausibles Denken", "dessen Zweck es ist, die Lösung der vorliegenden Aufgabe zu entdecken"[8]. Deshalb darf man an diesen Ansatz nicht die Forderung stellen, ein geschlossenes theoretisches Gebäude von Lehrsätzen über allgemeines Problemlösen zu bilden. Trotz dieser Einschränkung und trotz der beträchtlichen begrifflichen Unschärfe, die seinem Werk ähnlich wie dem mancher Gestaltpsychologen anhaftet, enthält Polyas Entwurf wichtige Anhaltspunkte für das Thema der vorliegenden Arbeit. Folgende Gesichtspunkte sind von systematischer Bedeutung:

- Polya geht davon aus, daß Problemlösen weitgehend unabhängig von der vorliegenden Problemsituation nach allgemeinen Gesichtspunkten organisiert werden kann, weil die Lösung von Problemen durch die Anwendung allgemeiner Denkoperationen vollzogen wird. Hinsichtlich der Beschaffenheit dieser grundlegenden allgemeinen Denkoperation macht Polya bedauerlicherweise keine näheren Angaben.

- Trotz der Betonung der kognitiven Komponente läßt sich Problemlösen nicht ausschließlich in der kognitiven Dimension erfassen, sondern umfaßt stets auch emotionale Aspekte. Polya betont die "Freude des Entdeckers" und den Unterhaltungswert, der Denksportaufgaben in vielfältigen Formen in einer breiten Öffentlichkeit beigemessen wird. Ebenso nennt er Niedergeschlagenheit bei Mißerfolgen. Emotionen haben in Polyas Konzept Bedeutung im Hinblick auf Motivation, Erfolgserwartung und sekundärer psychischer Belastung. Wiederum ist jedoch anzumerken, daß explizite Ausführungen zur Rolle der Emotionen in Polyas Darstellung des Problemlösens fehlen.

- Der Prozeß des Problemlösens gliedert sich in kognitiver Hinsicht in vier Phasen: a) *Verstehen* des Problems, b) Ausdenken eines *Planes* zur Lösung, c) *Ausführen* des Planes und d) *Rückschau*. Diese vier Phasen treten nach Polya in jedem erfolgreichen und soliden Problemlöseprozeß auf und zu solchem Problemlöseverhalten sollen Schüler erzogen werden.[9]

Man erkennt, daß Polyas Vier-Phasen-Modell dem Konzept einer *Methoden-Erziehung*, wie sie zuvor etwa im Formalstufenschema Herbarts und in der Konzeption des Arbeitsschultheoretikers Hugo Gaudig angelegt ist, nahe kommt. Einerseits soll der Schüler in dieser allgemeinen Methode des Problemlösens unterwiesen werden, andererseits soll er die von ihm zur Lösung des konkreten Problems benutzten Methoden reflektieren. Polyas Operationalisierung der "Rückschau" in die Unterfragen der Richtigkeit ("Kannst Du das Resultat kontrollieren?"), der alternativen Lösungswege ("Kannst Du das Resultat auf verschiedene Weise ableiten?") und des Transferpotentials ("Kannst Du das Resultat oder die Methode für irgend eine andere Aufgabe gebrauchen?") soll, in der Terminologie von Piaget und Aebli gesprochen, die "Beweglichkeit des Denkens" schulen, indem das erworbene Wissen "durchgearbeitet" wird. Polya betont, daß durch eine solche Rückschau ein "gutgeordnetes Wissen" erworben und die "Fähigkeiten im Aufgabenlösen" entwickelt würden, weil der Schüler "den entscheidenden Punkt [der benutzten Methode] ... sehen und ihn für andere Aufgaben zu verwenden" lerne.[10]

Von Bedeutung ist dabei die Rolle, die Polya dem Lehrer in diesem Zusammenhang zuweist: Dieser müsse seine Hilfe so dosieren, daß "der Schüler einen vernünftigen Anteil an der Arbeit hat"[11]. Polya betonte damit den Wert der Selbsttätigkeit des Schülers und forderte um eines möglichst intensiven Erfolgserlebnisses willen die Minimalisierung der Lehrerhilfe auf das jeweils unbedingt notwendige Maß. Lenkende Fragen seien so zu formulieren, daß sie "dem Schüler selbst hätten einfallen können"[12]. Wiederum sind Parallelen zur Arbeitsschulpädagogik, insbesondere zu Otto Scheibner[13], unübersehbar.

7.1.2 Weiterentwicklung der Heuristik bei H. Aebli

Hans Aebli hat, zum Teil auf den Arbeiten Polyas aufbauend, die Bedeutung der Heuristiken für die Schulung des Problemlösens hervorgehoben. Problemlösen stellte für Aebli, dies war bereits im Zusammenhang mit dem Dörner'schen Ansatz dargestellt worden[14], einen *konstruktiven Prozeß* dar, mit dem die "unbefriedigende Struktur", die das Problem ausmacht, überwunden werden könne. Die Lösung von Problemen werde durch verfügbare Handlungsschemata, Operationen oder Operatoren und Vorstellungen von Objekten ermöglicht. Das Abrufen dieser Lösungsideen werde durch Suchschemata gesteuert, die sich ihrerseits aus der Problemstellung ergäben: Je spezifischer die Problemstellung, desto konkreter das Suchschema, desto einfacher die Problemlösung. Die Prägnanz des Suchschemas hänge wiederum ab von der Wahl einer geeigneten Darstellung des Problems.[15] In Abhängigkeit von diesen Prozeßkomponenten

- Problemtyp,
- Problemlösen als konstruktiver Prozeß,
- Abruf von Lösungsideen und
- adäquate Repräsentation von Problemen

entwarf Aebli das nachstehend wiedergegebene System von dreizehn heuristischen Regeln[16], die eine Anleitung zum Problemlösen ermöglichen sollen:

1. "Definiere die Schwierigkeit, fasse sie sprachlich, begrifflich, wenn Du kannst, sonst vergegenwärtige sie Dir in einer anschaulichen Form."
2. "Wenn sich die Schwierigkeit im alltäglichen Handeln und Erleben eingestellt hat, beginne damit, sie in der Sprache des Alltags zu fassen."
3. "Formuliere das Problem mit Hilfe der schärfsten begrifflichen Mittel, die Dir zur Verfügung stehen."

4. "Verschaffe Dir den bestmöglichen Überblick über die Gegebenheiten des Problems!"
5. "Kennzeichne das Problem!"
6. "Suche die geeignete Repräsentation für das Problem!"
7. "Präzisiere Deine Frage!"
8. "Arbeite nicht nur vom Gegebenen zum Gesuchten vorwärts, sondern ebenso sehr vom Gesuchten zum Gegebenen rückwärts!"
9. "Prüfe den Fortschritt Deiner Lösung!"
10. "Geh auf Holzwegen nur so weit als nötig zurück!"
11. "Benutze alle Daten!"
12. "Wenn Du die Aufgabe nicht lösen kannst, suche eine verwandte Aufgabe! Suche eine speziellere Aufgabe! Oder: Suche eine allgemeinere Aufgabe!"
13. "Wenn Du ein Problem gelöst hast, gehe nicht zur Tagesordnung über, sondern blicke auf die Problemlösung zurück und versuche, aus ihr zu lernen."

Man erkennt die Grobstruktur des vierphasigen Aufbaus bei Polya wieder. Allerdings sind die vier Phasen nun nicht mehr in eine eindeutige Reihenfolge gespannt, sondern sind funktionell begründet und ermöglichen auch ein mehrfaches Durchlaufen der einzelnen Bearbeitungsschritte, bis das gewünschte Ergebnis erreicht ist. So dienen die Regeln 1 bis 6 einem vertieften "Verstehen der Aufgabe", 7-8 und 10-12 gehören nach Polya in die Phase des "Ausdenken eines Planes", Regel 9 entspricht dem Kontrollgebot beim "Ausführen des Planes" und Regel 13 entspricht der "Rückschau". Der Verzicht auf eine strenge Sukzessivität dieser Schritte ermöglicht eine flexible Anpassung an die Erfordernisse der Situation. So kann man beispielsweise in das "vertiefte Verstehen" der Aufgabe zurückkehren, wenn es sich als notwendig erweist; in anderen Fällen kann man die Lösung des Problems mit bescheidenerem intellektuellen Aufwand betreiben. Diese Perspektive ähnelt in mancher Hinsicht den Appraisal-Zyklen im Konzept Lazarus'.

Gegenüber Polya sind bei Aebli folgende systematische Veränderungen des Konzepts zu konstatieren:

- Aebli, der im Gegensatz zu Polya nicht von wohlformulierten Schulaufgaben ausgeht, läßt die Anleitung zum Problemlösen früher beginnen, nämlich bereits bei der unterschwelligen Wahrnehmung einer Schwierigkeit. Probleme werden einer kognitiven Bearbeitung erst zugänglich, wenn man sie sich bewußt macht. Dies geschieht nicht in jedem Fall automatisch, sondern häufig muß das eigentliche Problem als Ursache einer wahrgenommenen negativen Stimmungslage unter Aufbietung von Energie ins Bewußtsein gehoben werden.

- Weiterhin wird deutlich, daß Aebli der Elaboration der ersten Phase, dem Verstehen des Problems, sein Hauptinteresse zuwendet, während dies bei Polya eher der zweiten Phase, dem Ausdenken eines Planes, gilt. Aebli betont damit den Prozeßcharakter des Verstehens von der ersten, nur wenig differenzierten Wahrnehmung einer Schwierigkeit bis zur exakten Bestimmung des Problems, von dem aus dann die "Sachverhältnisse" (Selz) die Lösung des Problems strukturieren.

- Schließlich erweitert Aebli die "Moderne Heuristik" Polyas auch in der Hinsicht, daß er auf die Bedeutung der adäquaten Repräsentation des Problems hinweist. Von der richtigen Wahl der Darstellungsform kann es abhängen, ob die Lösung eines Problems gelingt. Aebli trägt damit den gestaltpsychologischen Arbeiten in noch stärkerem Maße Rechnung, als das bei Polya der Fall ist. Aber Aebli erweitert die Lesart der Gestaltpsychologie auch: Ihr "Umstrukturieren" war gebunden an das Vorhandensein einer herkömmlichen Sicht eines Phänomens und damit an die Existenz herkömmlicher Deutungsschemata. Aebli geht über diesen Status hinaus, indem er darauf hinweist, daß Probleme auf verschiedenen Abstraktionsstufen unterschiedliche, einander äquivalente Strukturen aufweisen können, so daß die erfolgreiche Lösung eines Problems nun eng mit seiner "guten Darstellung" verknüpft ist.

7.1.3 Trainingseffekt: Über den Begriff des Problemlösens verfügen

Bei genauerer Analyse der Programme Polyas und Aeblis erkennt man, daß die erhoffte Steigerung der Problemlösefähigkeit im wesentlichen durch zwei gleichzeitig verfolgte Momente erreicht werden soll: Die Person soll Einblick in die Struktur des Sachgebietes gewinnen und gleichzeitig soll sie ihr Vorgehen reflektieren, um dadurch die einzelnen Bestandteile des Problems, seine Struktur und mögliche Lösungswege bewußt zu machen. Insgesamt ist es so möglich, sich "einen Begriff vom Problemlösen" zu machen.

Auf diesen Aspekt war bereits hingewiesen worden[17], und er macht die Ergebnisse der referierten Untersuchungen verständlich, warum oftmals eine Verbesserung der Problemlösefähigkeit bereits dadurch erreicht werden konnte, daß die eine Gruppe von Probanden explizit zur Reflexion ihres Tuns angehalten wurde, während man die andere völlig sich selber überließ. Reflexion schafft Bewußtsein für Sachverhalte, Zusammenhänge und Abläufe. Auf "Bewußtheit" hatte Dörner die Trainingswirkung von Übungstraining, taktischem und strategischem Training zurückgeführt.

Aeblis Theorie des Problemlösens im Gesamtzusammenhang von Schema und System läßt sich deuten als eine Konzeption "lokaler Netzwerke", die sich um die zentralen Begriffe und Relationen eines Schemas herum aufbauen. Von jedem Begriffsknoten eines Schemas aus, so hatte ich bereits an früherer Stelle ausgeführt, kann man ins System wechseln, um dort die jeweilige Struktur zu verstehen. Da jedes lokale Netz neben naheliegenden und von der Teleologie des Problems bestimmten Verbindungen auch unkonventionelle, im Problemzusammenhang fremd anmutende Verbindungen anbietet, kann der Problemlöser - eine hinreichende Entwicklung seiner kognitiven Struktur vorausgesetzt - neue, kreative Lösungswege finden.

Diesen Sachverhalt hatte ich weiter oben auf den Prozeß des Problemlösens selbst übertragen: Man kann davon ausgehen, daß es einige wenige - oder möglicherweise auch nur ein einziges abstraktes - Schemata des Problemlösens und jeweils dazu korrespondierende Begriffsnetze gibt. Indem man sich dieses Handlungsschema aneignet und um die Schwierigkeiten weiß, die an unterschiedlichen Stationen dieses Schemas auftreten können, macht man sich mehr und mehr "einen Begriff vom Problemlösen".

Polyas und Aeblis Arbeiten zeigen sehr detailliert, wie man ein solches Training angehen kann. Der Begriff des "Trainierens" ist dabei nicht zufällig gewählt: Zumindest Polya war der Ansicht, daß man den Wert der dargestellten heuristischen Schemata in feste Assoziationsbahnen einschleifen müsse. Deswegen wollte er seine Tabelle "Wie sucht man die Lösung?" seinen Schülern in die Hand und damit stets vor Augen geben. Beide Autoren gehen überdies erkennbar von der Voraussetzung aus, daß ein solcher "Begriff vom Problemlösen" nicht abstrakt zu vermitteln ist, sondern nur aus der wiederholten Erfahrung des Lösens von Problemen in bestimmten Sachbereichen "abgezogen" werden kann.

7.2 Kompetenzerziehung als Denkerziehung

An den skizzierten Programmen Polyas und Aeblis war hervorgehoben worden, daß hier wie dort eine Doppelstrategie verfolgt wurde: Eine Verbesserung der Problemlösefähigkeit erreicht man am ehesten dadurch, daß man Probleme in bestimmten Sachbereichen löst und gleichzeitig den Problemlöseprozeß reflektiert.

Eine solche Idee des Problemlösetrainings basiert erkennbar nicht darauf, daß abstrakte Problemlösetechniken vermittelt werden, sondern hebt darauf ab, je länger je mehr den individuellen Aufbau eines "Bildes von der Welt" zu ermöglichen, das in seinem Insgesamt durch sinnhafte Beziehungen strukturiert ist. Für eine solch umfassende Fortentwicklung der kognitiven Struktur und der subjektiven Fähigkeit, sich im Netz der Begriffe zu bewegen, wird im folgenden der Begriff der Denkerziehung verwendet, um den ganzheitlichen Charakter solcher geistiger Höherentwicklung zu betonen.

Kompetenzerziehung ist damit zu einem beträchtlichen Teil zugleich Denkerziehung. Der Frage, wie eine solche Denkerziehung möglich gemacht werden könne, ist vor mehr als zwanzig Jahren Helmut Skowronek in seiner - nach wie vor sehr lesenswerten - Dissertation[18] nachgegangen. Skowronek hatte einen völlig anderen Zugang zur Thematik der Denkerziehung als jener, der in der hier vorgelegten Arbeit beschritten worden ist: Es waren nicht - wie in der hier vorlegten Arbeit - "Bewältigungsprozesse", die auf ihre kognitiven Fundamente zurückverfolgt wurden, sondern Skowronek näherte sich dem Thema direkt über die theoretischen Ansätze von Jean Piaget und Jerome Bruner[19]. Von daher erklären sich die von Skowronek gesetzten Akzente - so spielte beispielsweise die zu jener Zeit sehr aktuelle Debatte um Bruners Konzept von der enaktiven, der ikonischen und der symbolischen Repräsentation eine tragende Rolle.

Eine systematische Analyse der Gedankenführung bei Skowronek ergibt wichtige Parallelen zu den Ergebnissen der hier vorgelegten Arbeit: Sprache - als wichtigstes Medium der symbolischen Repräsentation - ist für Skowronek ein "kognitives Werkzeug", weshalb er der Begriffsbildung große Aufmerksamkeit widmet. Auch Skowronek, dies ist die zweite wichtige Parallele, kommt trotz seiner insgesamt sprachkonzentrierten, kognitiven Perspektive nicht umhin, motivatorische Aspekte in die Grundlegung einer Denkerziehung mit einzubeziehen. "Produktives Denken" wird für Skowronek auf der Grundlage dieser beiden Säulen: Sprache und Motivation möglich.

Zusammenfassend gibt Skowronek auf wenigen Seiten einen Abriß davon, worin die "Elemente einer Didaktik der Denkerziehung"[20] bestehen könnten. Als entscheidend sieht er, getreu den Strukturen der Bruner'schen Theorie, den Übergang von der anschaulichen zur symbolischen Repräsentationsform an. Ein solcher Übergang werde begünstigt

- durch das Lernen im Schonraum der Schule, welcher gegenüber praxisverhaftetem Lernen eine "Freisetzung für das Lernen an sich" ermögliche,
- durch Verzicht auf eine vorzeitige sprachliche Fixierung des Problemfeldes.

Das erste Argument stellt einen Zusammenhang her zwischen Lernsituation und der Qualität des Lernprodukts: Die Freisetzung von lebenspraktischen Vollzügen ermöglicht es, die Begriffsnetze, welche ein Problemfeld strukturieren, systematisch aufzubauen. Der zweite Faktor weist auf die notwendige Optimierung der sprachlichen Fixierung hin: Die Nichtverfügbarkeit von explizit formulierten Lösungsschemata zwingt dazu, das Problemfeld intensiver zu reflektieren und führt deshalb vielfach zu besseren Resultaten bei Suchproblemen. Die Kenntnis exakt formulierter Regeln erweist sich jedoch bei solchen kritischen Anwendungen überlegen, zu deren Lösung ein intuitives Wissen ("Daumenregel") nicht mehr ausreicht. Auf die Tatsache, daß fertig formulierte Situationsbeschreibungen und Lösungen die Problemlösung beeinträchtigen können, ist auch in der hier vorgelegten Arbeit mehrfach hingewiesen worden. Insbesondere ist an Dörners Hinweis auf die Beeinträchtigung der Problemlösegüte durch ein übertriebenes Expertenbewußtsein zu erinnern. Im Kern geht es darum, die Verwechslung von "Verstehen" und "Reden über" einen Sachverhalt zu vermeiden.

Skowronek bewertet in ähnlicher Weise wie in der hier vorgelegten Untersuchung die Bedeutung des Transferproblems und deutet Transfer als "Disponibilität kognitiver Strukturen"; eine Deutung, die der hier entworfenen von der Beweglichkeit im System und in den Schema-Hierarchien eng verwandt ist. Eine solche Disponibilität von kognitiven Strukturen werde durch eine Variation der angebotenen Erfahrung und durch Reflexion der eigenen Tätigkeit erreicht. Auf die Bedeutung des reflexiven Bewußtseins wurde auch in der hier vorgelegten Arbeit wiederholt hingewiesen. Daß Begriffe in ihrer Gestalt um so deutlicher ausgeprägt werden, je deutlicher auf das abgehoben wird, was sie von anderem unterscheidet, ist so offensichtlich, daß dieser Sachverhalt zur Definition von Begriffsdefinition herangezogen wird: "Definitio fit per genus proximum et differentiam specificam" - dies ist nicht nur eine Vorschrift über die Bestandteile einer Definition, sondern dies läßt sich auch über den Prozeß der Begriffsbildung aussagen. Eine angemessene Variation der Erfahrung ist daher ein wichtiges Prinzip der Unterrichtsorganisation.[21]

Skowroneks Arbeit ist grundlagenorientiert: Sie verfolgt am Ende der sechziger Jahre das Ziel, kognitive Prozesse als *Grundlagen* einer Didaktik der Denkerziehung einzuführen. Deshalb darf man keine durchformulierte Programmatik der Denkerziehung erwarten. Entscheidend für den hier vorgetragenen Argumentationsgang ist vielmehr, daß Skowroneks und die hier vorgelegte Darstellung bei unterschiedlichen Punkten mit unterschiedlichen Zielsetzungen starten, aber in wesentlichen Bereichen zu sehr ähnlichen Ergebnissen kommen.

In den beiden Unterpunkten "Anleitung zur Problemlösung" und "Kompetenzerziehung durch Denkerziehung" fand stärker die Fortentwicklung der kognitiven Komponenten des Problemlöseprozesses Berücksichtigung. Im folgenden Abschnitt sollen Programme dargestellt werden, die explizit das Training von Coping-Verhalten zum Gegenstand haben.

7.3 Anleitung zum Coping-Verhalten

7.3.1 Zur Vermittlung von "Coping-Skills"

Basierend auf dem Theoriestand vom Ende der siebziger Jahre[22] diskutierten Ethel Roskies und Richard Lazarus im Jahre 1980 die Frage, ob Coping-Fähigkeiten lehrbar seien. Die Autoren gingen davon aus, daß Streß nicht eine Ausnahme, sondern die Normalsituation unserer Lebenswirklichkeit darstelle.[23] Aber obwohl wir alle mehr oder minder gestreßt seien, sei es doch offensichtlich, daß nicht alle von uns körperlich oder psychisch krank seien. Offenbar komme es auf den richtigen Umgang mit stressenden Situationen, eben: auf ein erfolgreiches Coping an. Dabei räumten die Autoren ein, daß es auch ineffektive Coping-Formen gebe und daß diese (Alkoholmißbrauch, Eßsucht, Ignorieren deutlicher Krankheitssymptome usw.) die Risiken einer Erkrankung oder sogar des eigenen Todes vermehren könnten. *Effektives* Coping-Verhalten sei allerdings ein ebenso mächtiger Einflußfaktor im Hinblick auf das gesundheitliche Wohlbefinden.

Was aber ist "effektives Coping"? Darunter könne man erstens die optimale Nutzung der vorhandenen "Coping-resources" rechnen: Der gegenwärtige Kenntnisstand zum Thema sei zwar gering, doch ließen sich mindestens sechs verschiedene Gruppen von Coping-Ressourcen identifizieren.[24] Manche seien intrapersonale Konstrukte (Gesundheit, Energie, Moral, Problemlösefähigkeit, Grundüberzeugungen), andere ließen sich von einer günstigen Umweltsituation ableiten (soziale Unterstützung, materielle Ressourcen). Dabei sei im Zusammenhang mit der Frage, ob Coping-Fähigkeiten trainiert werden könnten, "social support" das bisher am besten untersuchte Konzept.

Es ist fraglich, ob sich diese Aussage heute, mehr als zehn Jahre nach Veröffentlichung des genannten Artikels von Roskies und Lazarus noch in dieser Form aufrecht erhalten läßt. Insbesondere durch die Arbeiten der Dörner-Gruppe ist zwischenzeitlich der Erkenntnisstand der Problemlöseforschung ein beträchtliches Stück vorangetrieben worden, so daß mir heute die intellektuellen Voraussetzungen des Coping-Verhaltens als weitaus besser und präziser erforscht erscheinen als der Bereich des Social-Support. Man bedenke auch, daß zum dem Zeitpunkt, da die beiden Autoren diesen Primat des Social Support formulierten, bereits umfangreiche Arbeiten zur Erforschung langfristiger Grundüberzeugungen hinsichtlich der Person-Umwelt-Beziehung vorlagen.[25]

Mit "optimaler Nutzung von Ressourcen" wird "effektives Coping" jedoch nicht vollständig erklärt, zumal die Frage, wann Coping-Ressourcen als optimal anzusehen sind, nicht leichter zu beantworten ist, als die Ursprungsfrage: Wie soll bewertet werden, ob Coping-Prozesse adäquat sind oder ineffektiv?[26]

Roskies und Lazarus gingen im weiteren davon aus, daß sich die Angemessenheit von Coping-Verhalten nicht generell, sondern nur im situativen Kontext bestimmen lasse. Ein erstes Teilproblem in der Bewertung von Coping-Verhalten bestehe daher darin, eine vernünftige Abgrenzung des Handlungszusammenhanges zu finden. Roskies und Lazarus schlugen nun vor, "Coping-Episoden"[27] zu betrachten. Ein einzelner Coping-Akt sei zu wenig aussagekräftig, da sich die Bewertung solcher Akte erst im Handlungskontext ergebe. Umgekehrt dürften die Zeiträume auch nicht zu groß gewählt werden, weil sonst die Flexibilität des Coping-Handelns in der Deutung statischer Persönlichkeitsmerkmale zu erstarren drohe.

Coping-Episoden könnten durch folgende Punkte charakterisiert werden: Sie begännen mit einem einschneidenden *Anfangsereignis*, das der Situation eine eigene Dynamik verleihe, und gleichzeitig den Streß ins Bewußtsein hebe. *Im Verlaufe* jeder Coping-Episode könne eine Person eine oder auch verschiedene Coping-Modi anwenden, um eine erwünschte Veränderung der streßauslösenden Transaktion herbeizuführen. Als Indikator für das *natürliche Ende* einer Coping-Episode lasse sich die Fähigkeit der Person ansehen, ihre Aufmerksamkeit nun wieder anderen Dingen zuzuwenden.

Das Problem der Bewertung von Coping-Effektivität wird damit überführt in das Problem, den erfolgreichen Ausgang von Coping-Episoden zu bewerten. Damit ist insofern ein Fortschritt gegenüber der Ausgangsfrage verbunden, als nun eine Vereinbarung über die zu wählende Beobachtungsebene vorgegeben ist: Es sind nicht die langdauernden, "letzten" Perspektiven, in denen die Effektivitätsfrage gelöst werden muß, sondern es geht um einen mittleren zeitlichen Standard.[28]

Damit bleibt allerdings das Problem, nach welchen Kriterien die erfolgreiche Lösung solcher Coping-Episoden zu bewerten ist, nach wie vor ungelöst. Roskies und Lazarus schlugen, basierend auf einem Vorschlag von Silber[29], vor, für diese Bewertung drei Merkmale heranzuziehen:
- die Effektivität, mit der eine Aufgabenstellung erfüllt worden ist,
- die "physiologischen Kosten" der Streßstörung im Hinblick auf den fiktiven Grundzustand einer körperlichen Homöostase und
- die "psychischen Kosten" der Verletzung des persönlichen Wertsystems.

Dabei sei die instrumentelle Effektivität die am einfachsten zu bewertende Größe, während die beiden anderen oft nur schwer zu beurteilen seien.

Betrachtet man diese Kriterien näher, so kann man unter systematischen Gesichtspunkten festhalten, daß hier drei Bewertungsdimensionen eingeflossen sind:

- ein äußerer, objektivierter Gütemaßstab, der sich auf die Faktizität der Problemlösung bezieht,
- eine Dimension großenteils objektivierbarer biologisch-medizinischer Veränderungen, welche die körperlichen Auswirkungen der Belastungssituation erfaßt und
- eine Gruppe von nur schwer zugänglichen, keineswegs eindeutigen, höchst subjektiven psychischen Wirkungen der Belastung und ihrer Verarbeitung.

Über den Zusammenhang der drei Dimensionen und mögliche Wechselwirkungen erfährt man weiter nichts, und was "effektives Coping" im Hinblick auf die "psychischen Kosten" bedeutet, wird bedauerlicherweise nicht weiter ausgeführt. Die Variabilität dessen, was als "angemessen" zu gelten habe, sei beträchtlich und zeige sich sowohl in interindividuellen als auch in situativ-intraindividuellen Differenzen. So könne man mit Sicherheit annehmen, daß alle Menschen wenigstens mit einigen 'stressenden Transaktionen' erfolgreich umgehen könnten. Ebenso sicher sei, daß alle Menschen unter bestimmten Umständen die dort aktuell bestehenden Schwierigkeiten nicht meistern könnten. Allerdings sei über das Kontinuum der Coping-Adäquanz bemerkenswert wenig bekannt.

Zur Erhellung läßt sich der Zielbegriff der Autoren, *"The Competent Coping Person"*, heranziehen. Es sei das Ziel klinischer Intervention, Individuen zum "kompetenten Coping" zu befähigen, aber auch hier lägen nur unzureichende Forschungsergebnisse vor. Unter Berufung auf Banduras Konzept der Selbstwirksamkeit stellten Roskies und Lazarus heraus, daß nicht nur die objektiven Fähigkeiten, sondern ebenso sehr das Bewußtsein der eigenen Fähigkeiten eine bedeutende Grundlage des kompetenten Copings bildeten. Es reiche nicht aus, daß der Klient über die nötigen Fähigkeiten verfüge, um ein gegebenes Ziel in Angriff zu nehmen. Ebenso wichtig sei es, daß er über den festen Glauben an seine Fähigkeit verfüge, dieses Ziel zu erreichen. Diese kognitive Zusatzkomponente sei allerdings nicht nur eine therapeutische Version des "positiven Denkens". Wenn die Psychologisierung des eigenen Bewußtseins auch einen notwendigen Bestandteil des Coping-Prozesses darstelle, so erschöpfe dieser sich doch nicht darin. Im Gegenteil: Effektives Verhalten sei der übergeordnete Gesichtspunkt von Adäquanz.

Bedenkt man, daß die Hilfe zur selbständigen Bewältigung von Lebenssituationen das Grundanliegen unterschiedlicher therapeutischer Ansätze ist, so müßten sich Hinweise auf ein *"Teaching of Coping Skills"* hier ausmachen lassen. Im therapeutischen Sektor gebe es zwar eine Vielzahl von spezifischen Techniken (wie auch theoretischer Grundannahmen), dennoch könne man, einem Gedanken Meichenbaums folgend, gewisse gemeinsame Behandlungsmerkmale ausmachen, die allen unterschiedlichen Coping-Skill-Programmen gemeinsam seien. Diese Komponenten seien:[30]

- Verständnis für die Rolle von Kognitionen im Zusammenhang mit "hausgemachten" Problemen (z.B. irrationales Zweifeln am beschrittenen Lösungsweg) wecken,
- die Selbstbeobachtung im Hinblick auf ungeschickte (schlecht angepaßte) Selbstbewertungen und Verhaltensformen schulen,

- die Grundlagen des Problemlöseverhaltens (Problem abgrenzen, Folgen bedenken, Feed-back-Reize auswerten) vermitteln,
- effektive Selbstbewertungen einschleifen, Konzentrationsfähigkeit und positive Selbsteinschätzung entwickeln,
- spezielle Coping-Fähigkeiten, wie z.B. Entspannung und "Assertivität"[31] trainieren und ein
- Verhaltenstraining in lebensnahen Situationen durchführen.

Eine eindeutige und abschließende Bewertung des Konzepts von Roskies und Lazarus im Hinblick auf das Thema 'Kompetenzerziehung' ist von dieser Stelle aus nicht möglich, zumal den Autoren zuzugestehen ist, daß die von ihnen dargestellten Probleme tatsächlich nicht einfach zu lösen sind. Allerdings muß man gleichzeitig sehen, daß ein beträchtlicher Teil dieser Probleme durch konzeptimmanente Gründe hervorgerufen wird. Wenn man, wie die Autoren dies im Grundkonzept tun, die Maßstäbe für ein erfolgreiches Coping-Verhalten ausschließlich im Individuum und in seiner aktuellen Situation sucht, darf man sich nicht wundern, daß die Beurteilung erfolgreicher Coping-Aktivitäten durch Dritte auf nahezu unüberwindliche Schwierigkeiten stößt. Ohne eine solche Beurteilung des Erfolges kann es aber auch keine Fortentwicklung von Coping-Fähigkeiten durch Dritte, mithin kein "Teaching of Coping Skills" geben.

Man kann deshalb kaum umhin festzustellen, daß diesbezüglich die Aussagen des Textes doch ein wenig dürftig bleiben. Der Anspruch, einen Beitrag zum "Teaching of Coping Skills" zu leisten, der im Titel des Beitrages erhoben wird, wird kaum eingelöst. Es bleibt bei einem blassen Hinweis darauf, daß sich im Grunde alle Psychotherapie-Programme auch als Coping-Skill-Programme deuten lassen.

Ähnlich problematisch bleibt dann auch der zuletzt genannte Katalog gemeinsamer inhaltlicher Komponenten von Coping-Skill-Programmen. Dieser Katalog läßt sich vor dem Hintergrund der bisher dargestellten Ergebnisse dieser Arbeit nochmals zu drei Gruppen verdichten:

- Eine erste Gruppe nennt Komponenten des Bewältigungsgeschehens in Übereinstimmung mit den bisher entwickelten Positionen. Dazu gehören die Vermittlung der Grundlagen des Problemlöseverhaltens (Problem abgrenzen, Folgen bedenken, Feed-back-Reize auswerten), das Einschleifen effektiver Selbstbewertungen und die Entwicklung von Konzentrationsfähigkeit und positiver Selbsteinschätzung.
- Eine zweite Gruppe geht über diese Instrumente hinaus. Neu an den Vorschlägen der Autoren sind Versuche, Verständnis für die Rolle von Kognitionen im Zusammenhang mit "hausgemachten" Problemen (z.B. irrationales Zweifeln am beschrittenen Lösungsweg) zu wecken, und die Aufforderung zur Selbstbeobachtung im Hinblick auf ungeschickte (schlecht angepaßte) Selbstbewertungen und Verhaltensformen.
- Eine dritte Gruppe postuliert den direkten Weg: Bestimmte Coping-Fähigkeiten sind einem direkten Training zugänglich und sollten direkt gelehrt werden. Hierzu rechnen die Autoren beispielsweise Assertivität und Entspannungstechniken.

7.3 Anleitung zum Coping-Verhalten

Der Wert der kognitiven Grundlagen des Problemlösens und die Vermittlung entsprechender Fähigkeiten wurde in der hier vorgelegten Arbeit immer wieder betont. Von daher stimme ich den in der ersten Gruppe genannten Komponenten zu. Die Skills der zweiten Gruppe sind bereits problematischer: Sicher ist es hilfreich, um die destruktiven Folgen ungerechtfertigten Zweifels oder einer pessimistischen Grundeinstellung zu wissen. Aber dieses Wissen ist weder hilfreich, solche Zweifel abzustellen, noch gibt es der Person eine Handhabe für die Entscheidung, wann Zweifel am beschrittenen Lösungsweg angebracht und wann sie unbegründet sind. Dörners Mahnung, notwendiges Selbstvertrauen nicht mit unbedingt schutzbedürftiger Kompetenzillusion zu verwechseln, sollte hier in Erinnerung gebracht werden. Und Schopenhauers Pessimismus wirkte, obwohl - oder gerade weil - ihn seine Leser sich bewußt machten.

Das direkte Training von Coping-Techniken wirft die größten Fragen auf: Sicherlich kann man Entspannungstechniken üben. Aber sie funktionieren nur, wenn die Person sich wirklich entspannen will. Die Grundproblematik besteht also darin, Menschen, die solcher Entspannung dringend bedürfen, aber entweder nicht loslassen können oder nicht loslassen wollen, dahin zu bringen, genau diesen ernsthaften Entschluß zu fassen: jetzt entspannen zu wollen. Diese Grundproblematik wird nicht thematisiert, geschweige denn gelöst. Auch die Frage, wie man denn die begehrte Assertivität trainieren soll, bleibt offen: Das Wissen um den Wert von Ruhe, kühlem Kopf und Mut macht selbst noch nicht ruhig, kaltblütig und mutig. Vielmehr kommt es darauf an, Menschen in Situationen zu versetzen, in denen sie den Wert solcher Tugenden erleben können und Gelegenheit haben, sich selbst in ähnlicher Weise zu bewähren.

Trotz aller Sympathie für das Coping-Konzept sind die Vorschläge von Roskies und Lazarus im allgemeinen skeptisch zu beurteilen: Die Autoren haben wichtige Komponenten des Bewältigungsprozesses identifiziert; ihr Versuch einer Operationalisierung in bequem vermittelbare Coping-Skills kommt allerdings über eine Zielbestimmung, worin solche Coping-Fähigkeiten bestehen könnten, nicht hinaus. Von einem Einsatz in organisierten Bildungsprozessen sind diese Ideen noch weit entfernt.

7.3.2 Coping im Unterricht: Ein erster Versuch

Einige Jahre später wurde die Fragestellung, wie man Coping-Strategien vermitteln könne, wieder aufgegriffen. Der Saarbrücker Pädagoge Hans-Werner Bedersdorfer, heute Leiter des dortigen Instituts für Lehrerfort- und weiterbildung, stellte sich im Rahmen seiner Dissertation die Frage: Was kann man tun, um die Art und Weise des Umgangs mit Problemen zu verbessern? Bedersdorfer versuchte, diese Frage in einem sehr speziellen Ausschnitt der Schulwirklichkeit auf der Grundlage der theoretischen Konzeption von Lazarus zu beantworten. Dazu entwickelte er ein Interventionsprogramm, das auf den Abbau von Schulangst zielt und parallel zum normalen Schulunterricht einsetzbar sein sollte.[32]

Bedersdorfers Ansatzpunkt bildete die Schulangst, genauer: die Furcht von Schülern vor Klassenarbeiten. Seine Grundidee war,

7. Anleitung zur Bewältigung

- mit einem differenzierten empirischen Instrumentarium zunächst allgemeine Angst- und Bedrohungsmaße, lehrerspezifische Angstmaße und Fragen zur generellen Einschätzung der eigenen Hilflosigkeit und Leistungsfähigkeit zu erheben (Ausgangserhebung, Meßzeitpunkt 0),
- in einem zweiten Schritt über drei verschiedene Meßzeitpunkte hinweg die Veränderung des Bedrohungserlebens und der von den Schülern eingesetzten Coping-Formen bei der zeitlichen Annäherung an eine Klassenarbeit zu ermitteln,
- sodann sein pädagogisches Interventionsprogramm einzusetzen und nach einer halbjährigen Anwendungsphase des Programms
- wiederum die Veränderung des Bedrohungserlebens zu unterschiedlichen Zeitpunkten vor einer Klassenarbeit zu erfassen.[33]

Die Messungen wurden im Oktober 1984 und April 1985 an den Schülern zweier 9. Klassen (Experimental- und Kontrollgruppe) einer saarländischen Realschule durchgeführt; von insgesamt 43 Schülern lagen zum Schluß verwertbare Daten zu allen Meßzeitpunkten vor.[34]

Das eigentlich Interessante an dieser Studie ist die Art des Interventionsprogramms und seine theoretische Verzahnung mit dem Thema "Schulangst". Bedersdorfer benutzte ein selbst entwickeltes Programm "Lern- und Arbeitstechniken", das die Schüler zu einem angemesseneren Umgang mit der Grundsituation schulischen Lernens befähigen und dadurch mittelbar bei ihnen zu einem Abbau von Schulangst führen sollte. Bedersdorfer beschrieb folgenden Zusammenhang:[35]

Die Arbeit mit dem Programm sollte den Schüler befähigen, Defizite im eigenen Lern- und Arbeitsverhalten zu erkennen und die defizitären Bereiche gezielt zu trainieren. Von einer solchen "Reduktion von Defiziten im Lern- und Arbeitsverhalten" erhoffte sich Bedersdorfer einerseits eine "Steigerung des Vertrauens in die eigene Lernfähigkeit" und eine entsprechende "Reduktion von Hilflosigkeit" und dadurch mittelbar eine "veränderte Auseinandersetzung mit der Bedrohung". Andererseits sollte sich diese veränderte Auseinandersetzung zum Teil auch direkt aus der Reduktion von Defiziten im Lern- und Arbeitsverhalten ergeben. Der veränderte Umgang führe zu einer "Steigerung der aktuellen, spezifischen, subjektiven Kompetenz", diese zu einer "Reduktion der Mißerfolgsbefürchtung" und diese wiederum zu einer "Reduktion der situativen Prüfungsangst". Bedersdorfer betonte, "daß kein direkter Weg von der Nutzung des Programms zur Steigerung der spezifischen, aktuellen subjektiven Kompetenz führt, sondern daß dieser Weg über den Umweg bestimmter Bedrohungsbewältigungsbemühungen verläuft".[36]

Zunächst ein Blick auf die empirischen Befunde: Bedersdorfer fand, daß die subjektive Kompetenz in der Experimentalgruppe nach Einsatz des Programms bei Annäherung an die Klassenarbeit stabil blieb, während die der Kontrollgruppe dramatische Einbrüche erlitt. Beide Gruppen hatten sich vor Einsatz des Programms in der Vergleichssituation des ersten Schulhalbjahres nicht unterschieden. Bedersdorfer beobachtete, daß "sich die subjektive Kompetenz der Kontrollgruppe von Z4 nach Z5 tendenziell ungünstiger entwickelt als von Z2 nach Z3."[37] Ich vermute, daß hier die zeitliche

7.3 Anleitung zum Coping-Verhalten

Nähe des Schuljahresendes und des Versetzungszeugnisses zusätzlich belastend gewirkt hat; dies wird in der Studie allerdings nicht diskutiert. Wenn Bedersdorfer also eine Stabilisierung oder sogar signifikante Steigerung der Kompetenzüberzeugungen seiner Experimentalgruppe messen konnte, war dies schon ein beachtliches Ergebnis.

Entsprechend günstig waren die Auswirkungen auf die Mißerfolgsbefürchtungen der Experimentalgruppe. Diese entwickelte sich vom Meßzeitpunkt Z2 zum Vergleichszeitpunkt Z4 "günstiger als die der Kontrollgruppe, obwohl sich die subjektive Kompetenz [zwischen diesen beiden Zeitpunkten, d.V.] ungünstiger entwickelt"[38]. Die Entwicklung vom Zeitpunkt Z3 zum Vergleichszeitpunkt Z5 verläuft sogar "deutlich günstiger"[39] als die der Kontrollgruppe.

Hinsichtlich der Veränderung von bevorzugten Coping-Formen konnte nur in einer von insgesamt acht Formen[40] ein signifikanter Unterschied zwischen Experimental- und Kontrollgruppe festgestellt werden. Dieser betraf die Coping-Form "Ablenkung/gedankliche Flucht". Während die Kontrollgruppe im zweiten Schulhalbjahr deutlich mehr zu dieser Reaktionsweise neigte, ging der Mittelwert der Experimentalgruppe um rund 40% zurück. Dieses Ergebnis war auf 5%-Niveau signifikant. Die Ergebnisse für die übrigen sieben Coping-Formen weisen zwar alle in die vorhergesagte Richtung, sind aber nicht signifikant. Auch die (subjektive) "Effizienz"[41] der eingesetzten Coping-Formen änderte sich durch das Interventionsprogramm. So gelang es, den effizienteren Einsatz der Formen "konstruktive personbezogene Maßnahmen", "Umdeutung des Bedrohungsfaktors Mißerfolgserwartung" und den weniger effizienteren Einsatz von "Ablenkung/gedankliche Flucht" und "Suche nach weiteren Bedrohungshinweisen" in der Experimentalgruppe gegenüber der Kontrollgruppe nachzuweisen.

Nach dieser kurzen Darstellung der Ergebnisse nun zur Frage ihres systematischen Bezuges im Kontext einer Kompetenzerziehung. Bedersdorfer hat ein Interventionsprogramm zum Abbau von prüfungsbezogenen Angstgefühlen - und nicht etwa von "Schulangst" - entwickelt, empirisch überprüft und in wesentlichen Teilbereichen bestätigt. Diese Intervention, die im Sinne Lazarus' auf die Linderung einer emotionalen Belastungssituation zielt, ist nun keinesfalls so aufgebaut, daß emotionale Komponenten direkt angesprochen würden. Vielmehr handelt es sich um ein kognitiv orientiertes Programm zur Verbesserung der Lern- und Arbeitstechniken, das neben dem eigentlichen Unterricht eingesetzt wurde.

Dies ist das eigentlich Entscheidende: Bereits so einfach konzipierte und einsetzbare Programme wie das hier erwähnte können in erheblichem Ausmaß dazu beitragen, daß das Selbstbewußtsein der Betroffenen gestärkt und ihr Kompetenzgefühl gesteigert wird, so daß sie den negativen Verstärkungszirkel der Mißerfolgserwartung unterbrechen und statt evasiver Strategien "Ablenkung/gedankliche Flucht" vermehrt auf konstruktive Bewältigungsformen zurückgreifen. Die erwünschte Emotionsregulierung erfolgt gleichsam "auf dem Rücken" von sachbezogenem Training; die solchermaßen verbesserte kognitive Ausgangslage sorgt in Verbindung mit der emotionalen Entlastung für einen Zuwachs an Kompetenz.

7. Anleitung zur Bewältigung

Es soll nicht verschwiegen werden, daß die hier diskutierte Arbeit von Bedersdorfer auch einige Schwachpunkte enthält. Dies beginnt bereits bei der Darstellung des Untersuchungsgegenstandes: Das 'flaue Gefühl im Magen' vor einer Klassenarbeit als 'Schulangst' zu bezeichnen, geht an dem in der einschlägigen Schulangstdebatte so bezeichneten Phänomen vorbei. Wenig verwunderlich also, daß sein Interventionsprogramm hinsichtlich des Abbaus von prüfungsbezogenen Angstgefühlen Erfolge aufweisen kann, hinsichtlich der allgemeinen Schulangst, der lehrerspezifischen Schulangst und der sozialen Angst jedoch keinerlei Wirkung zeigt.

Solche Tendenz zu ein wenig hoch aufgehängten Etiketten ist auch in der Formulierung der Coping-Formen bemerkbar: Ob man die Frage nach dem, was in einer Klassenarbeit wahrscheinlich 'drankommt', als "konstruktive situationsbezogene Maßnahme" bezeichnen muß, ist doch sehr die Frage. Als Resultat aus der Diskrepanz zwischen solchen ein wenig hochtrabend formulierten wissenschaftlichen Konstrukten und der schulischen Realisation kann sich beim Leser ein - an sich völlig unangebrachter - Eindruck des Etikettenschwindels ergeben.[42]

Wichtiger noch sind Abstriche in der Konzeptualisierung der Untersuchung. So mußte Bedersdorfer auf die empirische Untersuchung einer ganzen Reihe von Copingformen verzichten, darunter auch "Rückgriff auf soziale Ressourcen unspezifischer Art" und "Herausforderung". Dadurch wurde einerseits eine Verengung gegenüber dem Ressourcenbegriff bei Lazarus und Olbrich vorgenommen. Zweitens wurde durch den Verzicht auf "Herausforderung" das 'flaue Gefühl' des Schülers vor der Klassenarbeit theoretisch auf Angst und Bedrohung festgelegt. Die auf den Schlußseiten des Berichts formulierte zweifelnde Selbstbeobachtung Bedersdorfers, er habe selbst die Arbeit an seinem Forschungsprojekt niemals als Bedrohungsbewältigung verstanden[43] und von daher sei die Frage nach dem Zusammenhang von Lernen und Bedrohungsbewältigung vielleicht falsch gestellt, zeigt deutlich, in welche Schwierigkeiten man gerät, wenn man sich auf diese theoretische Verengung einläßt, und wie wenig insbesondere diese Dimension der Herausforderung vernachlässigt werden darf.

Gleichzeitig deuten sich erste Schranken des Modells an, die in der situationsbetonten Konzeptionalisierung von Coping nach Lazarus liegen könnten. Wenn Bedersdorfers Programm am allgemeinen Schulangsterleben nichts verändern konnte und wenn der Autor am Ende seines Forschungsberichts darauf hinwies, daß seiner Überzeugung nach dieses Problem besser durch eine "Interessenorientierung schulischen Lernens"[44] angegangen werden solle, so deutet dies genau in die Richtung, die im vorigen Hauptkapitel als notwendige Erweiterung des Lazarus'schen Copingmodells durch Thomaes Überlegungen zur thematischen Strukturierung menschlichen Handelns diskutiert worden war: Schulangst kann (und wird in der Regel) völlig andere Gründe haben als Prüfungsangst. Sie ist ohne die Erfassung der thematischen Struktur des Schülers wahrscheinlich nicht in den Griff zu bekommen.

Insgesamt ist natürlich der positive Zusammenhang von Schulerfolg und positivem Selbstbild nicht überraschend. So braucht hier nur am Rande erwähnt zu werden, daß die Ergebnisse Bedersdorfers, daß kognitive Trainingsprogramme zur Steigerung der schulischen Leistungsfähigkeit zur Stabilisierung des Selbstwertgefühls und Kompetenzbewußtseins beitragen, durch Befunde unterstützt werden, die Jerald Bachmann in einer amerikanischen Langzeitstudie ermittelt hat: Nach Bachmanns Ergebnissen erwies sich das schulische Bildungsniveau seiner Probanden als außerordentlich trennscharfer Untersuchungsparameter von hoher zeitlicher Stabilität. "Wir fanden, daß das Selbstwertgefühl mit dem schulischen Bildungsniveau verbunden ist", resümierte Bachmann nach Abschluß der gesamten Untersuchung.[45] Diese Korrelation war im Schulalter höher als zum letzten Meßzeitpunkt, der fünf Jahre nach dem Schulabschluß lag. Auch dies ist nicht weiter verwunderlich, weil sich die Zentralität des Merkmals ändere: Während für Schüler die eigene Schulleistung und das erreichte Bildungsniveau ein bedeutsames Identifikationspotential darstellen, sind fünf Jahre nach Abschluß der Schule andere Lebensbereiche, z.B. berufliche Arbeit, wichtiger.

Bedersdorfers Untersuchung verdeutlicht auch Möglichkeiten und Grenzen des Coping-Konzepts in der Pädagogik. Will man überzogenen Erwartungen und damit notwendig verbundenen Enttäuschungen vorbeugen, so ist es sinnvoll, sich anhand der Aussagen der vorhergehenden Kapitel und des dargestellten Ansatzes von Bedersdorf klar zu machen, wo der systemlogische Ort des Coping-Konzeptes in der Pädagogik zu sehen ist.

Bemerkenswert ist vor allem Bedersdorfers Grundintention: die Regulation und Bewältigung von emotionaler Belastung durch Bildung anzustreben. Defizite im Bewältigungsverhalten werden nicht nur als sach- bzw. problembezogenes Versagen, sondern nicht selten auch als Verletzungen des eigenen Gestaltungsvermögens, der Selbstwirksamkeitserwartungen und der eigenen Identität erlebt. Dadurch wird deutlich, daß Bewältigung eine Leistung der ganzen Person ist, und nicht etwa eine kognitive oder emotionale Partialfunktion des Subjekts. Weil Bewältigung nur im Horizont eines ganzheitlichen Personverständnisses interpretiert werden kann, läßt sie sich auch nicht durch ein nur partielles Training von Bewältigungsstrategien oder bestimmter Fertigkeiten bewirken, sondern nur durch umfassende Bildung ermöglichen. Die Frage: "Wie ist Anleitung zur Bewältigung heute möglich?" ist der Frage "Wie ist Bildung heute möglich?" äquivalent.

Die Frage nach der Möglichkeit von Bildung unter den Bedingungen unserer Zeit kann in dieser Arbeit nicht abschließend beantwortet werden. Allerdings zeigt die Überführung des psychologischen Coping-Konzepts in Bildung als sein pädagogisches Äquivalent, daß eine Besinnung auf die einheimischen Begriffe der Pädagogik[46] heute wieder dringend geboten ist. Die pädagogische Forschung erlitt durch die eine Zeitlang zu beobachtende Vernachlässigung bildungstheoretischer Fragestellungen bei der Mehrzahl bundesdeutscher Erziehungswissenschaftler[47] einen schweren Rückschlag.

Wenngleich die Ausarbeitung eines bildungstheoretischen Konzept im Rahmen der hier vorgelegten Arbeit nicht mehr geleistet werden kann, so soll dennoch nachfolgend der Versuch unternommen werden, im exemplarischen Aufweis einiger pädagogischer Anknüpfungspunkte die oben dargestellte Beschränkungen, wie sie sich in den Ansät-

7. Anleitung zur Bewältigung

zen von Roskies und Lazarus hier und Bedersdorfer dort gezeigt haben, zu überwinden.

7.4 Bildung und Bewältigung: Beispiele aus der pädagogischen Praxis

Zu diesem Zweck habe ich zwei Beispiele aus der pädagogischen Praxis ausgewählt, an denen sich zeigen läßt, wie das Thema der "Befähigung zur Bewältigung" in vorliegenden pädagogischen Konzeptionen behandelt worden ist. Das erste Beispiel, Pestalozzis Konzept der Armenerziehung, verdeutlicht, was Anleitung zur Bewältigung im Kontext einer allgemeinen, öffentlichen Schule zu bewirken vermag, sofern man die Erziehung dort konsequent gestaltet. Das zweite Beispiel, Kurt Hahns Idee der Erziehung zur Verantwortung durch Bewährung, wurde im Rahmen verschiedener Internatsschulen und in den sogenannten Kurzschulen erprobt. Es stellt das Thema der Bewährung abschließend wieder in den anthropologischen Zusammenhang, mit dem im zweiten Kapitel dieser Arbeit die Untersuchung begonnen worden war.

7.4.1 Johann Heinrich Pestalozzi: Erziehung zur Bewältigung

Ausgangspunkt für Pestalozzis Erziehungskonzeption war seine praktische Arbeit als Armen-Erzieher. 1773 hatte er erstmals Kinder auf dem Neuhof aufgenommen. Ende 1774 war aus dem mehr schlecht als recht angelaufenen bäuerlichen Betrieb eine Anstalt geworden, um "armen Kindern ... Auferziehung und Arbeit zu geben"[48].

Die betroffenen Kinder erfuhren eine Erziehung zur Bewältigung ihrer Lebenssituation. Man muß sich klar vor Augen führen, welches Schicksal diesen Kindern üblicherweise beschieden war: Als Kinder mittelloser Tagelöhner und Arbeiter waren sie bereits früh gezwungen, den eigenen Lebensunterhalt in einer im wesentlichen agrarisch strukturierten, unter Arbeitskräfteüberfluß leidenden Gesellschaft zu verdienen. Pestalozzi war tief berührt von der Not dieser Kinder: "Ich sah in einer armen Gegend das Elend der bei den Bauern von den Gemeinden verdungenen Kinder; ich sah, wie erdrückende Härte des Eigennutzes diese Kinder fast alle durchgehends an Leib und Seele - fast dürfte ich sagen, zugrunde richtet; wie viele, ohne Mut und Leben, dahinsiechend, zu keiner Menschlichkeit, zu keinen Kräften sich selbst und dem Vaterland emporwachsen können."[49]

Pestalozzi erkannte, daß den Armen und insbesondere den Kindern unter ihnen nicht dadurch geholfen werden kann, daß man sie zeitweilig in Armenanstalten alimentierte. Solange die Armut in der Gesellschaft nicht beseitigt werden könne, komme es vielmehr darauf an, den Armen zur Bewältigung seiner höchst widrigen Lebenssituation zu befähigen. Dazu bedürfe es im wesentlichen der Verwirklichung zweier Ziele: Erstens müsse der Arme dazu befähigt werden, diese Situation überhaupt zu ertragen, und zweitens müsse er gleichzeitig in den Stand versetzt werden, sich selbst aus eigener Kraft aus dieser Situation zu befreien.

Insbesondere bei den ihm anvertrauten Kindern war das zweite Ziel von besonderer Wichtigkeit: Hier sollte elementare Bildung im Verein mit beruflicher Bildung dazu beitragen, daß die Kinder den "Teufelskreis der Armut" aus eigener Kraft durchbrechen könnten. Diese beiden Ziele sollen im folgenden näher erläutert werden:

Die Situation der eigenen Armut überhaupt ertragen zu können, ohne zu verzweifeln und ohne sich der Resignation des Bettels zu überantworten, dies war das erste Ziel, das Pestalozzi verfolgte. Der zur Zeit letzte seiner Biographen, Max Liedtke, interpretierte dieses Anliegen folgendermaßen: "Dem Armen kann nach Pestalozzis Meinung nicht geholfen werden, wenn man ihn zeitweilig in eine karitative Armenanstalt aufnimmt und ihn dann wieder in eine Umwelt entläßt, die völlig anderen Gesetzen unterliegt als der geschützte Raum dieser Anstalt. So lange zu erwarten ist, daß der Arme nach dem Aufenthalt in der Anstalt wieder in eine Umwelt zurück muß, die durch Armut gekennzeichnet ist, kann es nur ein taugliches Prinzip für die Armenerziehung geben: *Der Arme muß zur Armuth aufgezogen werden.*"[50]

Bereits in der *Abendstunde eines Einsiedlers*[51], der aphoristischen Frühschrift aus dem Jahre 1780, spielte dieser Gedanke der "Erziehung zur Armut" eine wichtige Rolle. Dort legitimierte Pestalozzi sein Ziel mit Blick auf die individuelle seelische Lage des Menschen: "Der Mensch muß zu innerer Ruhe gebildet werden. Genügsamkeit mit seiner Lage und mit ihm erreichbaren Genießungen, Duldung, Achtung und Glauben an die Liebe des Vaters bei jeder Hemmung, das ist Bildung zur Menschenweisheit."[52] Was hier für heutige Ohren zunächst nach Erziehung zur Unterwürfigkeit, Abhängigkeit und Untertanengeist klingen muß, ist bei Pestalozzi völlig anders motiviert: Niemandem, am allerwenigsten den Betroffenen selbst, ist damit geholfen, wenn man in ausweglos scheinenden Situationen seinen Lebensmut gänzlich verliert und in tiefe Verzweiflung verfällt. Im Gegenteil: Die Veränderung der mißlichen Lage wird häufig erst dadurch möglich, daß man sich vom unmittelbaren Bedrohungserleben so weit als möglich distanziert, die Ausgangslage nüchtern analysiert, auf dieser Grundlage realistische Ziele wählt und diese dann selbständig verwirklicht. Pestalozzi empfahl ein solches Sich-Arrangieren - und das bedeutet nicht: Sich-tatenlos-Abfinden - allerdings nicht nur im Hinblick auf diese Ausgangslage von Bewältigungsversuchen, sondern "Innere Ruhe" war für ihn von grundsätzlicher Bedeutung:

"Ohne innere Ruhe ist der Mensch auf wilden Wegen. Durst und Drang zu unmöglichen Fernen rauben ihm jeden Genuß des nahen gegenwärtigen Segens und jede Kraft des weisen, geduldigen und lenksamen Geistes. Wenn das Gefühl nicht mehr von innerer Ruhe beseelt ist, entnervet seine Kraft den Menschen in seinem Innersten und plagt ihn mit finsteren Qualen in Tagen, in denen der heitere Weise lächelt. Der ungenügsame Mensch ärgert sich im Kreise seines Haussegens."[53]

Dies sind lyrische Töne, gewiß. Aber dahinter erkennt man deutlich die "psychohygienische Grundhaltung"[54], die Pestalozzis Anliegen war: "Innere Ruhe" ist eine unabdingbare Grundvoraussetzung nicht nur für effizientes Coping-Verhalten, sondern darüber hinaus auch für seelisches Wohlbefinden insgesamt. Diese innere Ruhe - oder Zufriedenheit - strahlt über die aktuelle Situation hinaus aus: Friede ohne Zufriedenheit ist kaum vorstellbar.

7. Anleitung zur Bewältigung

Im dritten und vierten Teil von *Lienhard und Gertrud*, zwischen 1783 und 1787 entstanden, erläuterte Pestalozzi detailliert, wie er sich eine solche Armenerziehung, die neben der "Auferziehung zur Armut" auch das Durchbrechen der Armutsspirale ermöglichen sollte, vorstellte. Am Beispiel eines Dorfes namens Bonnal, das durch Mißwirtschaft und den Schlendrian seiner Bewohner mit elenden Lebensverhältnissen aufzuwarten weiß, demonstrierte Pestalozzi das Musterbeispiel einer Volksschule. Hilfe konnte den Armen nämlich nur dadurch zuteil werden, daß man ihnen Bildung zuteil werden ließ, und zwar eine allgemeine elementare Bildung im Verein mit Berufsbildung. Liedtke betonte: "Dabei ging es Pestalozzi ... darum, den Tagelöhner oder den unbedarften Industriearbeiter so abzusichern, daß seine Existenz nicht allein von einer einzigen Einkommensquelle abhing. ... Die ökonomische Sicherheit des Armen könnte nur gewährleistet werden durch eine Ausbildung, die auf der Vereinigung der Hauswirtschaft, des kleineren Feldbaus und der Industrie beruht."[55] Dieses Konzept hatte sich bereits in Pestalozzis erstem Unterstützungsgesuch von 1775[56] gezeigt, in welchem er versprach, seine Schützlinge nicht nur im Lesen, Schreiben und Rechnen zu unterrichten, sondern sie auch in Methoden der Feldbestellung, des Anbaus, in Düngerarten, Obst- und Waldbau und etlichem anderen mehr zu unterweisen.

In *Lienhard und Gertrud* wies Pestalozzi auf die Gefährdung des Menschen durch die drückende Armut hin. Sofern es nicht gelänge, ihnen Akzeptanz und Perspektiven ihrer widrigen Lebenssituation beizubringen, drohe ein allgemeiner Niedergang. Der Egoismus der Individuen suche nur den eigenen Vorteil, sei es offen oder sei es verdeckt: "Auf der einen Seite leitet es ... sein ganzes Streben dahin, auch, wie seine Obern, von der verhaßten Kette loszukommen, und wie sie auch wie im Wald zu leben, und dabei womöglich noch bei ihrem Waldleben andere zweibeinige Geschöpfe zu ihrer Bedienung, zu ihrer Kommlichkeit und ihrem Schutz unter sich zu haben. Und dann aber auf der anderen Seite kommt es dahin, von einer unter diesen Umständen allerhöchst wichtigen und allerhöchst notdürftigen Galgen-, Rad- und Galeeren-Gerechtigkeit zurückgeschreckt, zurückgebunden und zurückgemetzelt, durch die Umwege der Falschheit, des Betrugs, der Verstellung und eines hündischen Kriechens zur Befriedigung der Triebe zu gelangen ..."[57] Diese Strafjustiz bekämpfe aber nur die Symptome, statt den Menschen eine Perspektive zu bieten: "... aber alle Gerechtigkeit, welche unter diesen Umständen in einem Staate möglich ist, ist denn auch nichts anders als eine armselige Notjagd gegen verwahrloste und verwilderte Tiermenschen, welche aber das Geschlecht so wenig ändert, bessert oder zahm macht, als die Fallen und Gruben im Wald den Fuchs und den Bär und den Wolf anders machen als sie sind. Dieses Geschlecht wird nicht anders und nicht besser, als wo es durch eine mit seiner Natur übereinstimmende Bildung und Führung, mit Weisheit zu seiner bürgerlichen Bestimmung emporgehoben und zu dem gemacht wird, was es in der Welt auch wirklich sein soll."[58]

Pestalozzi arbeitete, daran ist in diesem Zusammenhang nochmals zu erinnern, mit Menschen, die aufgrund ihrer Lebensumstände und der spezifischen Gewohnheiten, welche sie sich in diesen erworben hatten, eine besonders schwierige Klientel bildeten. Entsprechend realistisch - wenn auch keinesfalls pessimistisch - war seine anthropologische Position: "Der Mensch ... ist von Natur, wenn er sich selbst überlassen, wild aufwächst, träg, unwissend, unvorsichtig, unbedachtsam, leichtsinnig, leichtgläubig, furchtsam und ohne Grenzen gierig, und wird dann noch durch die Gefahren, die seiner Schwäche, und die Hindernisse, die seiner Gierigkeit aufstoßen, krumm, verschlagen, heimtückisch, mißtrauisch, gewaltsam, verwegen, rachgierig und grausam. Das ist der Mensch, wie er von Natur, wenn er sich selbst überlassen, wild aufwächst, werden muß; er raubt wie er ist und mordet wie er schläft. Das Recht seiner Natur ist sein Bedürfnis, der Grund seines Rechts ist sein Gelüsten, die Grenze seiner Ansprüche ist seine Trägheit und die Unmöglichkeit, weiter zu gelangen."[59]

Pestalozzis Pessimismus bezog sich indessen nur auf den Fall, daß der Mensch sich selbst überlassen bleibe. "Der ganze bürgerliche Wert des Menschen und alle seine der Gesellschaft nutzbaren und brauchbaren Kräfte ruhen auf Einrichtungen, Sitten, Erziehungsarten und Gesetzen, die ihn in seinem Innersten verändern und umstimmen, um ihn ins Geleise einer Ordnung hineinzubringen, die wider die ersten Triebe seiner Natur streitet ..."[60]

Die Bändigung dieser ersten Triebe der Natur sei nicht leicht, und dort, wo sie bereits gewohnheitsmäßig verfestigt worden seien, sei die gewünschte Erziehung nicht ohne Härte zu haben. So ließ Pestalozzi die Figur des erfolgreichen Dorfschulmeisters, Leutnant Glüphi, mit militärischer Disziplin ein Regiment von unerbittlicher Konsequenz führen, die heute manchem als Erziehungs-Terror vorkommen muß: "Auch sagte ihm der Leutnant oft unter die Augen, er sei nicht imstande, etwas Rechtes aus den Menschen zu machen, er verderbe sie nur mit seiner Güte! ... Er behauptete laut, die Liebe sei zum Auferziehen der Menschen nichts nütze als nur hinten und neben der Furcht; denn sie müssen lernen, Dornen und Disteln ausreuten, und der Mensch tue das nie gern und nie von selbst, sondern nur, weil er müsse, und wenn er daran gewöhnt werde. Wer immer etwas mit den Menschen ausrichten oder sie zu etwas machen will, sagte er, der muß ihre Bosheit bemeistern, ihre Falschheit verfolgen und ihnen auf ihren krummen Wegen den Angstschweiß austreiben."[61]

Mit Akribie überwacht der Lehrer jede Äußerung seiner Schüler und versucht, sogar in ihre geheimen Seelenbewegungen einzudringen: "Er kannte seine Kinder in acht Tagen besser, als ihre Eltern sie in acht Jahren kannten, und brauchte dieses ... ihnen den Angstschweiß auszutreiben, wenn sie ihm etwas verbergen wollten, und überhaupt immer, ihr Herz vor seinen Augen offen liegend zu halten."[62]

Es war eine Art - zugestandenermaßen - "wohlwollender Erziehungsdiktatur", die Pestalozzi hier entwarf, deren Härte ihre Begründung wohl in der Härte der Lebensumstände hatte, auf die sie vorbereiten sollte, und in dem Ausmaß an Widerstand, das ihr entgegengebracht wurde. "So zielte jedes Wort, das er redete, dahin, seine Kinder durch feste Angewöhnung an alles das, was sie einst sein und können müssen, zur wahren Weisheit des Lebens zu führen, indem er mit jedem Wort in ihrem Innern das Fundament zu derjenigen Gleichmütigkeit und Ruhe zu legen suchte, welche der Mensch in allen Umständen seines Lebens besitzen kann, wenn ihm die Beschwerlichkeiten seiner Laufbahn früh zur andern Natur gemacht werden."[63]

7. Anleitung zur Bewältigung

Angesichts der historischen Bedingungen und der wirklichkeitsnahen Schilderungen, die Pestalozzi im Stanser Brief von den Unarten der an keinerlei Ordnung gewöhnten Kinder gibt, wird man in diesem Kontext seinem Konzept von Anleitung zur Bewältigung nicht nur Konsequenz, sondern auch Angemessenheit bescheinigen müssen. Unter heutigen Bedingungen wird man sich jedoch kaum noch Situationen vorstellen können, in welchen man den Leutnant Glüphi Pestalozzis und seine harschen Erziehungsmethoden akzeptieren könnte.[64]

Dies ändert jedoch nichts an der Bewertung der gedanklichen Grundfigur im Hinblick auf das Thema der vorliegenden Untersuchung. Pestalozzi hat im Konzept seiner Armenerziehung Bewältigungsstrategien beschrieben, die durchgängig in den Termini der modernen Coping-Forschung formulierbar wären: So betonte Pestalozzi die Bedeutung von - wie es dort heißen würde - Grundüberzeugungen hinsichtlich des "Person-Umwelt-Verhältnisses" und vermittelt diese auch: "So viel sah ich bald: Die Umstände machen den Menschen. Aber ich sah ebensobald: Der Mensch macht die Umstände; er hat eine Kraft in sich selbst, selbige vielfältig nach seinem Willen zu lenken."[65]

Diese Grundüberzeugungen sind in zweifacher Weise vermittelbar: Einerseits sind sie mitteilbar und besitzen im Rahmen einer rationalen Argumentation eine eigene Überzeugungskraft. Dies ist jedoch nicht zufällig der Weg, den Pestalozzi erst im vierten Teil von Lienhard und Gertrud in seinen Überlegungen zu einer rechten Gesetzgebung beschritt. Zuvor sei es wichtig - und dies ist die andere Vermittlungsweise -, die Faktizität der behaupteten Wirkmächtigkeit selber erlebbar zu machen. Ansonsten drohe die Gefahr, daß durch ein verfrühtes "Maulbrauchen" kein authentisches Gefühl, sondern lediglich ein glänzender Lacküberzug von Worten ausgebildet werde. Man erinnere sich an die berichtete Beobachtung Dörners, wonach das strategische Training im Lohhausen-Versuch (und hierbei handelte es sich im wesentlichen um die Vermittlung einer abstrakten Strategie, der sogenannten "Nutzwertanalyse") die Versuchspersonen lediglich dazu befähigt habe, "mit vielen schönen, neuen Begriffen über ihr Denken und Tun und über die jeweiligen Probleme [zu] reden. Ihr Tun blieb aber von diesem Zugewinn an Eloquenz ganz unbeeinflußt."[66] Dörner sprach in diesem Zusammenhang nicht weniger drastisch als der bilderreiche Pestalozzi von einem "Eunuchenwissen"[67], das sich die Versuchspersonen angeeignet hätten.

Für Pestalozzi war es gewiß, daß dem Reden über die Dinge die Erfahrung und dem Reden über wünschenswerte Haltungen ihre Einübung vorausgehen müßten: "Erst wenn durch feste Übungen in guten Lebensfertigkeiten in ihnen ein besseres Fundament zu guten und edlen Neigungen, das ist, zur Wahrheit und Religion gelegt worden sei, können sie darüber reden."[68] Dort, wo die primäre Sozialisation bisher andere Haltungen begünstigt habe, müßten diese verändert werden. "Des Müßiggangs, eines zügellosen Lebens und ihrer unregelmäßigen Genüsse gewohnt und in der Hoffnung getäuscht, im Kloster nach Klosterweise gefüttert zu werden und müßig bleiben zu können, beklagten sich bald mehrere ob der langen Zeit und wollten nicht bleiben. Mehrere redeten von einem Schulfieber, das die Kinder befalle, wenn sie den ganzen Tag lernen sollten."[69]

7.4 Bildung und Bewältigung: Beispiele aus der pädagogischen Praxis

Zur Änderung solcher Fehlhaltungen bedürfe es seitens des Erziehers der Geduld und äußerster Konsequenz, notfalls, soweit alle anderen Mittel versagt hätten, auch der Gewalt.[70] Das Lernen am Vorbild Gleichaltriger und sogar jüngerer Kinder[71], die Erfahrung eigenen Könnens und des sich allmählich einstellenden Erfolgs[72] gäben Selbstvertrauen und neue Motivation für weitere Anstrengungen. Man kann dies an einer bereits erwähnten Stelle in Lienhard und Gertrud sehr klar zeigen, in der es darum geht, daß die Dorfkinder das Spinnen erlernen sollen, was ihnen recht schwer fällt. Heirli, der kleinste unter ihnen, demonstriert, daß er sogar mit verbundenen Augen spinnen kann:

"Die Kinder, die um ihn herstunden, sagten alle: Das ist doch auch! Das ist doch auch! und hätten ihm bis zu Nacht zugesehen, wie er so blind spinne. ... Da sagten die Kinder zu ihm: Aber sag jetzt auch, lernen wir's auch so? Warum auch das nicht, sagte der Heirli; ihr habt ja auch Hände wie ich; und dann setzte er hinzu: Ich hab zuerst auch geglaubt, ich könne es fast nicht lernen; aber da ist es mir auf einmal gekommen, ich hab fast nicht gewußt wie. Aber ihr müßt mit den Augen dazu sperren, wie wenn ihr Sommervögel fangen wolltet. Dieses Spiel, und was er dazu sagte, machte die Kinder mutiger und eifriger ob ihrer Arbeit."[73]

In diesem Beispiel lassen sich eine Reihe von Elementen zeigen, die im Zusammenhang mit modernen Coping-Konzepten referiert worden sind:

- Die Situation, die zuvor als kaum bewältigbar erschienen war, nimmt nun den Charakter einer Herausforderung an: "Das ist doch auch!".
- Dies nimmt der Situation etliches von ihrer Bedrohlichkeit: Es findet eine "Reappraisal" gegenüber der ursprünglichen "Threat- Appraisal" statt.
- Gleichzeitig wird eine Überprüfung der "persönlichen Ressourcen" eingeleitet und es werden Selbstwirksamkeitserwartungen geprüft: "Aber sag jetzt auch, lernen wir es auch so?"
- Die zunächst noch offene Frage, ob man selbst den Anforderungen der Situation gerecht werden könne, wird durch eine Art "Social Support" günstig beeinflußt, in welchem auf die notwendigen Voraussetzungen der Leistung ("ihr habt ja auch Hände und Augen wie ich") hingewiesen und die Erfahrungswelt des Experten geöffnet wird ("ich hab zuerst auch geglaubt, ich könne es fast nicht lernen".
- Schließlich wird als extrinsische Stütze des Lernprozesses ein Spiel eingeführt, durch welches der Zwangscharakter des Lernen-Müssens zugunsten des kurzweiligen Spiels aus dem Bewußtsein gedrängt wird. Dies könnte nach Lazarus als "palliative Funktion" - also auf Linderung belastender Emotionen ausgerichtete Maßnahme - gedeutet werden.

Man kann auch die weiter oben dargestellten Grundelemente Pestalozzis: Erziehung zur Armut und zur Selbstbefreiung aus der Armut in der Begrifflichkeit der Bewältigungstheorie deuten:

7. Anleitung zur Bewältigung

- Das Akzeptieren der derzeitigen Lebenssituation als Ausgangssituation für eigene Leistung entspricht in mancher Hinsicht Thomaes Reaktionsform der "Anpassung an die institutionellen Gegebenheiten der Situation".
- Die Grundorientierung, in die Pestalozzi seine Schüler lenken will, entspricht der Reaktionsform "Leistung".
- Schließlich finden sich etliche der zwanzig genannten Reaktionsformen nach Thomae[74] in Pestalozzis Konzeption wieder. Allerdings wertete Pestalozzi eindeutig: Für ihn stellten Reaktionsformen wie "Sich auf andere verlassen", "die Situation den Umständen überlassen" oder "depressives Verhalten" keine Lösungen dar. Andere, wie beispielsweise das "Aufgreifen von Chancen", das "Zurückstellen eigener Bedürfnisse", die "Korrektur von Erwartungen", das "Akzeptieren der Situation" und die "positive Deutung" derselben sowie "Hoffnung" fanden, je nach situativem Kontext, durchaus ihren Platz in Pestalozzis System.

Pestalozzis Erziehung zur Bewältigung setzte dabei, auch dies wurde bereits erwähnt, keineswegs auf eindimensionale Rezepte. Dies gilt ersten im Hinblick auf die Vielfältigkeit der Kompetenz-Basis, die er durch seine Erziehung zu vermitteln suchte: "Not und Armut machen dem Menschen gar viel durch Kopf und Hände gehen, das er mit Geduld und Anstrengung darin herumdrehen muß, bis er Brot daraus ziehen kann."[75]

Zweitens gilt diese Feststellung der Mehrdimensionalität für seine Erziehungskonzeption insgesamt, die keineswegs darauf ausgerichtet war, eine Erziehung zur Bewältigung durch die Vermittlung von Wissen und sachlichem Know-How zu verwirklichen. Pestalozzi setzte auf die "Macht der rechten Gewohnheiten", auf die Verbindung von Handlungsorientierung und Wortwissen und auf den Zusammenhang dieser beiden Bereiche mit dem Thema "moralische Erziehung":

"Er hielt selbst so viel auf dem Schweiß der Tagesarbeit und dem Müdewerden, daß er behauptete, alles, was man einem Menschen beibringen könne, mache ihn nur insoweit brauchbar oder zu einem Mann, auf den und dessen Kunst man bauen könne, insofern sein Wissen und seine Kunst auf diesen Schweiß seiner Lehrzeit gebaut seien, und wo dieser fehle, seien die Künste und Wissenschaften der Menschen wie ein Schaum im Meer ... Daher, sagte er, müsse bei der Erziehung des Menschen die ernste und strenge Berufsbildung allem Wortunterricht notwendig vorhergehen. Und genau mit der Berufsbildung verband er die Sittenbildung und behauptete, die Sitten eines jeden Standes und Gewerbs und auch des Orts und des Lands, in dem ein Mensch wohne, seien für ihn so wichtig, daß sein Glück und die Ruhe und der Friede seines Lebens ... davon abhängen, ob er ein ungetadeltes Muster dieser Sitten sei."[76]

7.4.2 Kurt Hahn: Erziehung, Bewährung, Verantwortung

Kurt Hahn, Großbürgersohn, politischer Vertrauter des letzten Reichskanzlers Prinz Max von Baden und geistiger Schüler von Hermann Lietz, dem Gründer der Deutschen Landerziehungsheime, hatte nach dem Ersten Weltkrieg die Gelegenheit wahrgenommen, auf den Ländereien des Hauses Baden eine Internatsschule nach dem Vorbild der

7.4 Bildung und Bewältigung: Beispiele aus der pädagogischen Praxis

Deutschen Landerziehungsheime zu gründen. Die pädagogischen Grundsätze, von denen Hahn sich leiten ließ, stellten den Gedanken der Erziehung zur Verantwortung durch das Bestehen von Bewährungssituationen in besonders deutlich ausgeprägter Form heraus. Vertreten war dieser Gedanke der Erziehung durch gezielte Belastung nämlich, so viel sei an dieser Stelle nur bemerkt, in der gesamten Reformpädagogik in erstaunlichem Ausmaß: Bei Maria Montessori, die von ihren Kindern die Beschäftigung mit dem bekannten Material im sittlichen Ernst der Arbeit verlangte, bei Hermann Lietz, der seinen Schülern Nachtmärsche auf Skiern zumutete, wie bei all jenen anderen, die mit typisch reformpädagogischen Elan darauf setzten, daß wahre Bildung nicht als Wortgelehrsamkeit eingetrichtert werden könne, sondern unter Anstrengung des ganzen Menschen errungen werden müsse. Kurt Hahns Ideen sind in diesem Zusammenhang wichtig, weil sich an ihnen so deutlich wie selten sonst die Beziehung zwischen dem zugrundeliegenden Menschenbild und den pädagogischen Konsequenzen zeigen läßt, obwohl einschränkend darauf hinzuweisen ist, daß Hahn sich außer in wenigen, dann allerdings sehr deutlichen Hinweisen nur selten explizit über sein "Menschenbild" geäußert hat.[77]

In seiner Frühschrift *Gedanken über Erziehung* (1908) ging Hahn von der Kantischen Philosophie aus: Das einzige Ziel der Pädagogik bestehe darin, "die Kinder zu sittlichen Menschen zu erziehen", wobei er unter Sittlichkeit die Fähigkeit verstand, "aus Achtung vor dem Sittengesetz zu handeln"[78]. Anthropologische Prämisse seines weiteren Denkens war die Annahme, daß jedem Menschen eine auf Vernunfteinsicht gegründete Achtung vor der Würde des Menschen eigen sein müsse. Allerdings wußte auch Hahn, ähnlich wie das eben für Pestalozzi gezeigt wurde, nur zu gut, daß Verstand allein kein hinreichender Bestimmungsgrund sittlicher Existenz ist: Vernunft und Neigung können vielmehr in einem widersprüchlichen Verhältnis zueinander stehen.

Hahn konstruierte in der Folge eine Art Kräftemodell menschlicher Neigungen: In jedem Menschen gebe es einerseits den "Eigennutz, das heißt die Neigung, die Würde des Menschen zu verletzen"[79]. Andererseits finde man "eine Neigung im Menschen, die ihn beständig dazu lockt, die Würde des Menschen zu schonen: ... die energische Teilnahme"[80]. Mit "energischer Teilnahme" ist etwas gemeint, was man in heutiger Terminologie als "Fähigkeit und Bereitschaft, die Probleme der Mitmenschen auch zu den eigenen zu machen und sich für deren Lösung einzusetzen" oder kürzer als "Verantwortungsmotivation" bezeichnen könnte. Da Sittlichkeit sich nicht *ausschließlich* - hier milderte Hahn die Position Kants - auf die Neigung zum guten Handeln stützen dürfe, müsse man "die menschlichen Seelen so einrichten, daß im Kräftespiel der Neigungen keine zwingt, sondern eine jede nur rät"[81]. Dieses Ziel, sofern es sich auf das Kräftespiel der Neigungen insgesamt bezieht und nicht nur auf die beiden antagonistischen Kräfte, von denen eben die Rede war, ist ein wesentlicher Teilbereich von "Selbständigkeit". Über ihre Beziehung zur "Kompetenz" wurde bereits gesprochen.[82]

Die positive Neigung der "energischen Teilnahme" sah Hahn in seiner Situationsanalyse ernsthaft gefährdet. "Bei den meisten Erwachsenen [ist sie] verkümmert", klagte er und fügte hinzu: "Das ist ja gerade ... das traurige Resultat der heutigen Erziehung, daß sie die Schönheit der Seele, wie sie dem Kinde noch eigen ist, langsam aushungert."[83] "Energische Schönheit der Seele" bedeutete für Hahn, daß "beim Kinde der θυμοσ besonders lebendig"[84] ist; θυμοσ wiederum stand bei Platon, den Hahn hier im Zusammenhang mit seinem Bild vom "kranken Weideland"[85] der Jugend rezipiert hatte, als Sammelbegriff für alle positiven Haltungen des Menschen: Tapferkeit, Herzlichkeit, Empfindsamkeit, Einfühlungsvermögen.

Es gelte also - so Hahn -, diese im Kindesalter noch vorhandenen positiven Eigenschaften zu bewahren. Scharf tadelte er daher den Jugendkult seiner Epoche, dessen Protagonisten dafür keinen Blick zu haben schienen: "Die Umwerber der Jugend, die durch die Worte wie 'Jugendkultur' den Jungen und Mädchen 'Schmeichelsalbe auf die Seele legen': als ob sie nicht mehr zu werden brauchten, sondern schon sind, rauben der Jugend die Entwicklungsfreudigkeit und verkürzen dadurch gewaltsam die natürliche Periode des seelischen Wachstums."[86] Aus dieser Sichtweise von Kindheit ergab sich für Hahn das Problem, daß die Pubertät ein krisenhaftes Ereignis in der Biographie darstelle und damit besondere Aufgaben für pädagogische Handeln beinhalte. Pubertät stellt in dieser Denkweise nämlich einen gravierenden Einbruch in den Zustand bisheriger "Stärke" dar. Um nicht mißverstanden zu werden: Weniger im Hinblick auf die Entfaltung neuer Triebe (Sexualität etwa) erschien Hahn die Pubertät problematisch, als vielmehr im Hinblick auf eine drohende Stagnation der seelischen Entwicklung, die er als eine mögliche (aber nicht notwendige) Folge "neuerwachter Neigungen" befürchtete.

Es war dann bereits der Praktiker Hahn, der 1928 die Konsequenz dieses Ansatzes klar formulierte: "Das zentrale Problem der Erziehung ist: Wie soll man die Kinderkraft durch die Entwicklungsjahre hindurch erhalten, ungebrochen und unverdünnt?"[87] Auch Hahns Antwort war an der Erfahrung der frühen Salemer Jahre gewonnen: "Durch die Entfachung giftloser Leidenschaften wird in der Pubertätszeit die Alleinherrschaft erotischer Antriebe verhindert"[88], heißt es in derselben Schrift, und 1934 verdichtete Hahn diese Idee zu einem anthropologischen Argument: "Dabei entdeckten wir einen Wesenszug des Menschen, auf den wir nicht vorbereitet waren ...: Wenn man die *Grande Passion* vor oder zu Beginn der Pubertät anzuregen vermag, wird sie zum Schutzengel der Entwicklungsjahre, während der ungeschützte und unerschlossene Junge zwischen 11 und 15 seine Lebensfreude selten ungebrochen bewahrt."[89] Als Beispiele für eine solche "Grande Passion" nannte er: "Die Lust am Bauen, die Sehnsucht nach Bewährung im Ernstfall, auch in der Gefahr, der Forschungstrieb, die Freude an der Kunstfertigkeit, die Sorgfalt und Geduld erfordert."[90]

Bereits hier, unter den Beispielen für die "Grande Passion", begegnet man also der "Bewährung im Ernstfall, auch in der Gefahr". Zweierlei darf man nicht übersehen: Daß es sich bei dem *Beispiel* "Bewährung" zunächst um eine Leerformel handelt - Bewährung um der Bewährung willen -, die zudem nicht völlig unproblematisch ist.[91] Zweitens jedoch, daß auch alle anderen genannten Beispiele einen ausgesprochenen Bewährungscharakter aufweisen, insofern hier die ernsthafte Herausforderung der eigenen Leistungs- und Gestaltungsfähigkeit erlebbar wird.

7.4 Bildung und Bewältigung: Beispiele aus der pädagogischen Praxis

Mit diesen wichtigen Aspekten ist die Bedeutung von "Bewährung" in Hahns Konzept indessen noch keineswegs erschöpft. Hahns Erziehungsziel war die Befähigung zum sittlichen Handeln. Allein durch Bewahrung kindlicher Stärke ist dieses Ziel nicht zu verwirklichen. Sittlichkeit bedeute, auch entgegen momentanen Neigungen aus Achtung vor dem Sittengesetz zu handeln. Diese Sittlichkeit läßt sich nicht kausal bewirken. Vielmehr gelte: "Der Pädagoge muß die Seele des Kindes schön, lebendig und fähig machen, weil nur dadurch der werdende Mensch instand gesetzt wird, sich selber zu einem sittlichen Menschen zu machen."[92] Was kann der Erzieher dazu tun? Man erinnert sich, daß Selbständigkeit als Kräftegleichgewicht positiver und negativer Neigungen begriffen wurde. Dieses Kräfteverhältnis lasse sich gezielt beeinflussen: Hahn sprach von der "Nährung" entsprechender Motive und unterschied: "1. Die Ernährung der Motivembryonen, so daß sie lebendig werden, 2. die Ernährung der lebendigen Motive geschieht durch ihre Betätigung; Motive verhungern, wenn sie keine Betätigung finden. Die Ernährung der Motivembryonen geschieht durch den Antrieb zu ihrer Nachahmung."[93]

Auf diesen beiden Argumenten: Der Entdeckung und der Befriedigung der "Grande Passion" und der Übung der Heranwachsenden mit dem Ziel, "ihrer Schwäche Herr zu werden"[94], beruht die Pädagogik Hahns. Und dies ist die zweite, vielleicht noch wichtigere Dimension von "Bewährung" in Hahns Ansatz. Denn die Überwindung eigener Schwäche läßt sich nicht allein auf die kognitive Ebene der Einsicht, des "rechten Wissens" beschränken; sie muß von jedem einzelnen selber in voller Anstrengung erlebt werden. Freilich könne man, so Hahn, pädagogisch unterstützen: Dem dienen die "leichtathletischen Pausen" ebenso wie die "handwerkliche Ausbildung", die beide dem "Verfall der körperlichen Tauglichkeit" und dem "Verfall der Sorgsamkeit und Vertiefung" entgegenwirken sollten - beides Erscheinungen, die Hahn bei seinen Zeitgenossen diagnostizierte.

Hahn hob sich damit streng gegen jeden hedonistisch eingefärbten Individualismus ab. Er hielt es vielmehr mit der "strengen Forderung, daß die werdenden Menschen tauglich an Leib und Seele werden, um der gemeinsamen Sache zu dienen"[95]. Hahn forderte von jungen Menschen, daß sie sich erproben sollten, und ließ zu, daß sie sich dabei Gefahren aussetzten. Er wollte Tapferkeit in der Bewältigung von Ängsten erreichen.

Hahns Schüler agierten in einem gesellschaftlichen Schonraum, wie ihn jede Schule und Schulen in Internatsform in Sonderheit darstellen. Aber *innerhalb* des Schonraums herrschte bei Hahn ein Maximum an individueller Belastung.

Hahn entwickelte mit groben Strichen, theoretisch keineswegs ausgefeilt, an der ein oder anderen Stelle vielleicht auch ein wenig naiv, ein anthropologisches Grundmuster, das der Maxime des "Förderns durch Fordern" erkennbar verpflichtet war. Doch keineswegs so, daß hierbei das Fordern um seiner selbst willen absolut gesetzt würde: Hahn sah den Menschen generell - und im besonderen den Jugendlichen - in den unauflöslichen und doch ständig zu vermittelnden Gegensätzen von Ruhe und Bewegung, Spannung und Lösung, Individualität und Gemeinschaft, Wagnis und Sicherheit. Nur in einer ausreichend gleichmäßigen Berücksichtigung beider Pole lassen sich die von Hahn geforderten menschlichen Qualitäten[96] ausbilden. Fehle eine Seite, träten Belastungen auf, die in ihrer Einseitigkeit zu Charakterverformungen führen könnten. Unter den vorherrschenden mangelhaften Erziehungsverhältnissen, die Hahn diagnostizierte, seien solche Verformungen geradezu zu einer kollektiven Krankheit geworden. Hahn sprach deshalb von einem fünffachen Verfall:

- "dem Verfall der körperlichen Tauglichkeit,
- dem Verfall der Initiative,
- dem Verfall der Sorgsamkeit,
- dem Verfall der Selbstzucht und
- dem Verfall des Erbarmens."[97]

Hahns Überlegungen enthalten auch Hinweise auf die Erfahrung von Grenzsituationen, allerdings in einem verändertem Zusammenhang. Ihr Verständnis setzt daher sorgfältige hermeneutische Vorarbeiten voraus. Ausgangspunkt bildet hier eine Forderung von William James, ein "Moral Equivalent of War" zu finden. Diese Begriffsbildung ist für den heutigen Menschen so widersinnig, daß man sich den Bedeutungszusammenhang bei James recht mühsam erarbeiten muß:

Der gebürtige New Yorker William James, der einen Großteil seiner Schulzeit auf europäischen Schulen verbrachte und selbst den amerikanischen Sezessionskrieg als Harvard-Student in seinem dritten Lebensjahrzehnt erlebte, war offenbar vom Zwang zur Entscheidung, die von diesem Krieg ausging, tief beeindruckt. Zugleich scheint er überdies jenen *"Gothic Tales"* aufgesessen zu sein, die den Krieg zu einem romantischen Abenteuer stilisierten: Im Krieg gerate der einzelne unweigerlich in jene (Grenz) Situationen - Tod, Schuld, Zufall -, die ihm schonungslos vieles von seiner Identität entdeckten und ihm dadurch seine Existenz erhellten. Diese Grenzsituationen forderten die Entscheidung des Menschen, ohne daß dieser ihnen ausweichen könne: Für den radikalen Empiristen James und seiner Lehre vom Werte und Zwecke setzenden freien Willen bot daher der - romantisch stilisierte - Krieg ein nachgerade ideales Reservoir an Erfahrungsräumen, welche individuelle Wahrheit und subjektive Moralität erst ermöglichten.

Hahn, der im Gegensatz zu James die entpersönlichte Kriegswirklichkeit des Ersten Weltkrieges und die im ganzen verheerenden Auswirkungen des Krieges auf die individuellen und kollektiven Wertsysteme erlebt hatte, dachte hier nüchterner: Krieg ist kein Bildungsmittel. Wohl aber konnte er nachvollziehen, daß der existentielle Bewährungszwang in Kriegssituationen den von James beschriebenen Zielen jenseits der Kriegswirklichkeit des zwanzigsten Jahrhunderts förderlich gewesen sein könnte. Er war jedoch davon überzeugt, daß eben diese Ziele, denen er ja selbst zum Teil verpflichtet war, auf anderem Gebiet besser erreicht werden konnten: "Ich habe ... bestimmte Einsichten über die menschlichen Bedürfnisse der heranwachsenden Jugend gewonnen, die ... Allgemeingültigkeit verdienen. 1. Die Leidenschaft des Rettens entbindet die stärkste Dynamik der menschlichen Seele, nicht der Krieg, wie behauptet

7.4 Bildung und Bewältigung: Beispiele aus der pädagogischen Praxis

worden ist. 2. Der Dienst in der Not des Nächsten befriedigt den natürlichen Drang der Jungen nach männlicher Bewährung und veredelt ihn zugleich."[98]

Bewährung im "reinlichen Abenteuer", im Rettungsdienst, das ist der Grundgedanke, der Hahns Schulen wie auch seine "Outward-Bound"-Konzeption durchzieht. "Shaping character by experience": Auf diese Kurzformel läßt sich dabei Kurt Hahns Intention bringen. An anderer Stelle führte er aus: "Es ist Vergewaltigung, Kinder in Meinungen hineinzuzwingen, aber es ist Verwahrlosung, ihnen nicht zu Erlebnissen zu verhelfen, durch die sie ihrer verborgenen Kräfte gewahr werden können."[99]

Hahns Konzept mußte an einer völlig anderen Stelle ansetzen, als es Pestalozzis Armenerziehung tat: Hahns Klientel waren Kinder und Jugendliche, deren Entwicklung ohne sein Eingreifen in den luxurierenden Snobismus jeder "Jeunesse Dorée" hätte führen können. Es war nicht der Mangel, der über Gewöhnung an den Bettel zur Unselbständigkeit führt, sondern es war in diesem Fall der Überfluß, der im Endeffekt ähnliche Sozialisationseffekte hervorrief.

Die Erziehung zur Bewältigung, wie man sie bei Hahn vorfindet, beginnt deshalb bei der Fähigkeit, sich lohnende Ziele zu setzen - bei der Erweckung der "Grande Passion". Hahn will damit eine thematische Orientierung der Biographie erreichen, wobei die Wahl des Themenbereichs dem Aleatorischen alltäglicher Bedürfnisse und Neigungen entzogen wird. Durch gezielte Angebote hofft man, ein pädagogisch gewünschtes Thema für eine 'Grand Passion' zu entdecken, bevor sich Fehlentwicklungen habitualisieren können. An den Zusammenhang zwischen Kompetenz und Interessebildung, der im vierten Kapitel dieser Arbeit[100] herausgestellt worden war, ist in diesem Zusammenhang nochmals zu erinnern: Eine erfolgreiche Bewältigung des eigenen Lebens setzt voraus, daß aus den kognitiven Landkarten des Wissens dreidimensionale Bedeutungsreliefs (Schiefele) werden.

Weil Hahn mehr voraussetzen durfte als Pestalozzi, sind seine Ideen einer Befähigung zur Bewältigung um ein Vielfaches spezieller: Weil die Volksschule am Anfang des zwanzigsten Jahrhunderts in Deutschland die elementaren Kulturfähigkeiten in vorzüglicher Weise "flächendeckend" vermittelte und weil sowohl die Eltern seiner Schüler als auch er selbst den Wert gymnasial orientierter kultureller Bildung anerkannten, findet sich nur wenig über die Bedeutung der Schulbildung. Weil ihm die Sicherung des Broterwerbs bei seinen Schülern selbstverständlich war, mußte er sich auch über eine Erziehung zur Berufstüchtigkeit keine Gedanken machen. Hahn konzentrierte sich völlig auf den Gesichtspunkt der staatsbürgerlichen und sittlichen Tüchtigkeit.

Bei seinen Trainingsprogrammen setzte er also vor allem darauf, daß die Bewährungssituation an sich die in jedem Menschen enthaltenen "Motivembryonen" zur Entfaltung bringe. Die Wiederholung solcher Erlebnisse solle dann die gewünschte Haltung "einschleifen". Die "Outward-Bound-Konzeption" verfolgt dies mit großer Konsequenz: Auf dem Programm der ersten Kurzschulgründung, der "Outward Bound Sea School" in Aberdovy (Wales) standen Übung und Bewährung gleichermaßen:

7. Anleitung zur Bewältigung

"Jeder Kurs versammelt bis zu 100 Jungen zwischen 15 und 19 Jahren aus der Handelsmarine, aus höheren Schulen, die meisten aus der Industrie; trainiert sie in Ausdauer, Schnellkraft und Behendigkeit, schult sie für Expeditionen, in deren sorgsamer Vorbereitung und zäher Durchführung, übt sie im Seehandwerk, getreu einer Tradition, die Wagemut mit Vorsicht vereint. Zwei Betätigungen ... geben den Kursen die eigentliche Bedeutung: Die verantwortliche Beteiligung der Jungen an der Ordnung des Gemeinschaftslebens und die Übung im Rettungsdienst (in Feuer-, Berg- und Seenot)."[101]

Bewältigung und Bewährung waren für Hahn zentrale Selbsterfahrungsprozesse auf dem Weg zur eigenen Identität: "Shaping character by experience" lautete die bereits erwähnte Losung. Bewältigung wird damit zum Medium, in dem sich Charakterbildung vollzieht und gewinnt daher die Qualität einer anthropologischen Bedingung: Zum Menschsein gehört die Gelegenheit zur Bewährung. Anleitung zur Bewältigung erhält damit einen doppelten Sinn: Einerseits geht es, wie in anderen Coping-Programmen auch, um die Vermittlung problemlöserelevanter Fähigkeiten (körperliche Fitness, Planung, Durchführung); auf der anderen Seite geht es um die Anleitung, über solche Bewährungserlebnisse zu sich selbst zu finden.

7.4.3 Bildung und Bewältigung

Die dargestellten Beispiele zeigen deutlich, daß Anleitung zur Bewältigung ein pädagogischer Aufgabenbereich ist, zu dem bereits seit längerem durchaus vielversprechende Ansatzpunkte gehören. Dazu gehören die heuristischen Trainingsprogramme Polyas und Aeblis, dazu gehören insbesondere die zahlreichen in der hier vorgelegten Arbeit nicht behandelten Ansätze aus der Mathematik-Didaktik, in der wie in kaum einer anderen Disziplin die Anleitung zum Problemlösen untersucht worden ist.[102] Dazu gehören aber auch die auf den ganzen Menschen zielenden Bildungs- und Erziehungsprogramme, für die stellvertretend Pestalozzi und Hahn ausgewählt wurden.

Insbesondere die Analyse der pestalozzianischen Konzeption hat deutliche Hinweise darauf gegeben, daß die Befähigung zur Bewältigung ein Thema von beachtlicher Komplexität ist, wenn man es unter den Gesichtspunkten des mehrdimensionalen, pädagogisch modifizierten Kompetenzbegriffs angehen will, wie er im vierten Kapitel dieser Arbeit ausgearbeitet wurde. Wenn bereits in so lapidar anmutenden Situationen wie der dargestellten Heirli-Szene aus *Lienhard und Gertrud* so viele Bewältigungsprozesse unterschiedlicher Funktion gleichzeitig ablaufen und sich wechselseitig beeinflussen, dann scheint die pädagogische Planung solcher Coping-Prozesse entweder auf recht isolierte Phänomene wie den Abbau von Prüfungsängsten anwendbar zu sein oder aber in ein unüberschaubares Gewirr von Bedingungen und Folgen und damit außerhalb jeder Handhabbarkeit zu geraten. Daß dies jedoch keineswegs der Fall ist, sollen die abschließenden Analysen des nächsten Kapitels zeigen.

7.5 Kompetenzerziehung: Systematische Perspektiven

Kompetenz, verstanden als die Fähigkeit, die Herausforderungen des Lebens erfolgreich zu bewältigen, ist, wie weiter oben gezeigt wurde, ein mehrdimensionales Konstrukt. Es gründet auf Wissen, umfaßt aber außerdem eine normative und eine Handlungsdimension, in welchen die emotionalen, motivationalen und identitätstheoretischen Aspekte von Kompetenz zum Ausdruck kommen: Wer sich selbst als wirkmächtig erlebt, wird entsprechende Selbstwirksamkeitserwartungen ausbilden. Die Situation unter Kontrolle zu haben, macht Freude. Tun auf der Grundlage dessen, was man kann, und angesichts dessen, was man "können könnte", ermöglicht Flow-Erlebnisse. Kompetenz bedeutet auch, die "richtigen" Entscheidungen zu treffen und umzusetzen, wobei sich das "richtig" sowohl an den Erfordernissen der Situation einschließlich der längerfristigen Handlungsfolgen als auch an den Gegebenheiten auf seiten des Individuums und an seiner Biographie bemißt. Kompetenz hat somit eine wichtige Orientierungsfunktion.

Diese Orientierungsfunktion war in den beiden zuletzt besprochenen Beispielen der Armenerziehung Pestalozzis und des Bewährungskonzepts Hahns besonders deutlich geworden. Hier stand die "Anleitung zur Bewältigung" stets unter der Maxime, recht zu handeln. Wer aber die "richtigen" Entscheidungen treffen soll, ist mit Sachwissen nur ungenügend ausgerüstet, er benötigt vielmehr ein Orientierungswissen im umfassenden Sinn. Dieses Orientierungswissen berührt unterschiedliche Sinnebenen des Entscheidungsprozesses. Der individuelle Form- und Gestaltwille, auf den im zweiten Kapitel bezug genommen worden war, ist auf allen diesen Ebenen anzutreffen. Dies spiegelt im übrigen die Aussagen im vierten Kapitel, wonach dieser orientierenden Kompetenz im hier verstandenen Sinne eine wichtige identitätsstiftende Funktion zukommt: *Orientierung erwächst aus Wissen und der Erfahrung eigenen Könnens unter den Bedingungen der umgebenden Kultur, von der man abhängt und in die man zugleich hineinwirkt, in der identitätstragenden Kontinuität von Erfahrung und Erwartung und den Bedingungen der eigenen Persönlichkeitsentwicklung.*[103] Die Erwartung an einen "Gesamtsinn" der eigenen Existenz[104] übersteigt dabei nicht nur die Ebene des Sachwissens, sondern geht auch über die Orientierungsleistung hinaus, die Ansprüche der objektiven Welt und des eigenen Ichs durch Bildung zu vermitteln.

Max Scheler[105] hat diese Unterscheidung in seiner Schrift *Die Formen des Wissens und die Bildung* berücksichtigt und theoretisch begründet, indem er "Herrschafts- oder Leistungswissen" von "Bildungswissen" und "Erlösungswissen" abgrenzte. "Herrschafts- oder Leistungswissen" nannte er jenes Wissen, das dem "Werdensziel der praktischen Beherrschung und Umbildung der Welt für unsere menschlichen Ziele und Zwecke"[106] diene, das Wissen der "positiven Wissenschaft". Dies sei jene Wissensform, die für die kognitive Problemlösung, für die angemessene Durchdringung der Problemstruktur und die Erfassung der "Sachverhältnisse" benötigt werde.

Von diesem "Beherrschungswissen", wie Scheler es auch nannte, ließ er eine Rangordnung der Wissensformen beginnen und ordnete dem Herrschaftswissen zunächst die Form des "Bildungswissens" über. "Bildungswissen" diene dem "Werden und der Vollentfaltung der Person"[107]. Durch dieses werde das "Sein und Sosein der geistigen Person in uns zu einem Mikrokosmos" erweitert, "in dem wir an der Totalität der Welt, wenigstens ihren strukturellen Wesenszügen nach, in der Weise unserer einmaligen Individualität Teilhabe zu gewinnen suchen."[108] Solche Bildung, so sehr sie auch die rechte Sicht der Dinge ermögliche, sei jedoch nicht über das bloße Schauen der Welt zu erreichen. Mehr noch: Bildung, so hatte er an einer früheren Stelle ausgeführt, lasse sich überhaupt nicht direkt anstreben. "Bildung ... ist nicht selbstverliebtes Sichselbstintendieren, sei es seiner Schönheit, seiner Tugend, seiner Form, seines Wissens."[109] Sie sei das "gerade Gegenteil solchen gewollten Selbstgenusses"[110]. Bildung sei nur indirekt zu gewinnen "im Prozesse seines Lebens an der Welt, mit der Welt, in der tätigen Besiegung ihrer und seiner eigenen Leidenschaften, Widerstände, in Liebe und Tat, ... in harter Arbeit, die, indem sie Erträgnisse abwirft, die Kräfte und das Selbst steigert, erhebt und weitet"[111].

Bildung, so läßt sich diese Textstelle auch interpretieren, kann man nur erreichen, wenn man sich auf die Welt einläßt und ihre Herausforderungen annimmt. Im Scheler'schen Bildungswissen ist die notwendige Vermittlung von Welt und Individualität, die in dieser Arbeit wiederholt herausgestellt worden ist, bereits enthalten. Dennoch gab er sich mit einer Vermittlung auf dieser Ebene nicht zufrieden: Damit eine solche Selbstverortung in der Welt überhaupt möglich werde, bedürfe es einer weiteren Form des Wissens. Dieses sei ein Wissen um das "Werden der Welt" und das "zeitfreie Werden ihres obersten Soseins- und Daseinsgrundes selbst"[112]. Scheler nannte es "Erlösungswissen".

Scheler selbst hat eindringlich darauf hingewiesen, daß diese drei Formen des Wissens sich notwendig ergänzen: "Keine dieser Arten des Wissens", so mahnte er, "kann nun aber die andere je 'ersetzen' oder 'vertreten'. Wo die eine Art die beiden anderen oder nur die eine die andere so zurückdrängt, daß diese Art schließlich die Alleingeltung und -herrschaft beansprucht, da entsteht für die Einheit und Harmonie des gesamten kulturellen Daseins des Menschen, ja für die Einheit der leiblichen und geistigen Natur des Menschen stets ein schwerer Schaden."[113]

Eine Kompetenzerziehung, welche die personale Existenz des Menschen im Blick hat, kann demzufolge keine dieser drei Formen ausklammern. Freilich hat Scheler nicht detailliert die Wege entwickelt und gezeigt, wie diese drei Wissensformen vom einzelnen erworben werden können; insbesondere gilt dieses Einschätzung für das "Erlösungswissen", von dem man kaum mehr als einige funktionale und ontologische Andeutungen erfährt.

Aber immerhin sind auch bei ihm einige Ansätze erkennbar geworden, die man folgendermaßen zusammenfassen kann:
- Kompetenzerziehung kann sich weder im völligen Rückzug von der Welt, noch im völligen Aufgehen in den Forderungen ihres Alltags vollziehen, sondern bedarf der "Bewältigung" als eines tätigen Sich-Einlassens auf das Leben.

7.5 Kompetenzerziehung: Systematische Perspektiven

- Die benötigte Orientierungsleistung ist nur möglich in einem Gesamtzusammenhang, welcher den Horizont des Unmittelbaren und Situativen übersteigt und ein Sich-Beziehen der Person auf einen "archimedischen Punkt" ihrer Existenz (Sittlichkeit und Religiosität) ermöglicht. Trotz der Pluralität möglicher Wertesysteme kann eine Kompetenzerziehung daher nicht abgelöst von sittlicher Erziehung stattfinden.

- Wie ein solches "Erlösungswissen" im Sinne Schelers zu vermitteln ist, darüber kann derzeit nicht abschließend geurteilt werden. Nimmt man die Hinweise aus den genannten Beispielen Pestalozzis und Hahns ernst, so sind den Möglichkeiten einer verbalen Vermittlung deutliche Schranken gesetzt und der Teilhabe an einer entsprechenden Lebenspraxis kommt eine ungleich höhere Bedeutung zu.

Gegenüber der letzten, im Grunde hier nicht bestrittenen Position, bleibt jedoch einzuwenden, daß bei aller Vermittlungsproblematik des "Erlösungswissens" es auch zum Geltungsbereich von Bildungswissens gehört, "Kunde" von diesem Erlösungswissen zu gewinnen. Die Vermittlung dieser Kunde unterscheidet sich nämlich zunächst von keiner andersgearteten Wissensvermittlung. Will man ferner nicht für diesen Bereich ausdrücklich ausschließen, was für den Zusammenhang von Wissen und Interessenbildung festgestellt worden war - daß man nämlich zum Wissenserwerb nicht nur des Interesses bedarf, sondern umgekehrt erworbenes Wissen vorhandene Interessenkeime verstärkt -, dann wird man an der Notwendigkeit solcher Kunde vom Erlösungswissen innerhalb des Bildungswissens festhalten müssen.

8. Kompetenzerziehung: Ergebnisse und offene Probleme

Mit dem zuletzt vorgetragenen Gedanken, daß eine identitätsstiftende, Orientierung ermöglichende Kompetenzerziehung im Medium der Bildung möglich ist, wobei sich solche Bildung im umfassenden Sinn auf Sach- und Handlungswissen, Bildungswissen und Erlösungswissen stützen muß, kommt der Gedankengang der hier vorgelegten Arbeit zu seinem Abschluß. Allerdings zeigt sich deutlich, daß dieser "Abschluß" den Charakter eines Zwischenergebnisses trägt, in welchem sich einerseits bestimmte Erkenntnisse formulieren lassen, in welchem andererseits eine Reihe von Fragen offen geblieben oder neu hinzugekommen sind.

Ein erstes Ergebnis der hier vorgelegten Arbeit besteht in der im ersten Teil entwickelten Grundposition: Die Möglichkeit zu einer aktiven, selbständigen Lebensführung kann nur gegen Widerstandserlebnisse, also über die Bewältigung von Aufgaben und mit ihnen verbundenen Belastungen verwirklicht werden. Dabei stützt sich die vorgetragene Argumentation nicht allein auf theoretische Gedankengänge, denen man mit dem Verweis auf ihren "spekulativen" oder "metaphysischen" Charakter ihren wissenschaftlichen Aussagewert abstreiten könnte. Vielmehr wurde herausgearbeitet: Die dargestellten anthropologischen Positionen sind in guter Übereinstimmung mit einer beträchtlichen Zahl von empirischen Ergebnissen vielfältiger Herkunft, welche bis dahin im Rahmen anderer Theorien und den dort vertretenen (latenten) anthropologischen Grundannahmen nicht widerspruchsfrei integriert werden konnten. Die hier als Ergebnis gewonnene Sichtweise bestimmt den Menschen als ein nach aktiver, selbständiger Gestaltung seiner Lebenssituation strebendes, mithin primär als ein handelndes Wesen.

Man wird einwenden können, daß diese Sicht nicht eben revolutionierend neu ist; aber die Auseinandersetzung mit den Gegenpositionen im zweiten Kapitel der Arbeit macht deutlich: Die mit dieser Situation unlösbar verbundenen Belastungen - Tenbruck hatte vom "Lastcharakter des Handelns" gesprochen und damit nicht nur die physische Ermüdung gemeint - können beträchtliche Ausmaße annehmen, so daß durch die sachgemäße Analyse einer sich im Medium individueller Entlastung gerierenden Utopie der elementaren individuellen Glücksverheißung nichts von ihrer Zugkraft genommen wird. Unter diesem Gesichtspunkt ist festzustellen, daß die in dieser Arbeit vertretene Sichtweise erst in den letzten Jahren wieder stärker in der öffentlichen Diskussion berücksichtigt wird und sich von daher erst allmählich wieder durchzusetzen beginnt.

Das dritte Kapitel ist der Präzisierung der pädagogischen Problemstellung gewidmet: Dadurch werden erstens Charakteristika des systematischen pädagogischen Zugangs gegenüber anderen Formen von Bewältigungshilfen (Gespräch, Rat, Seelsorge, Intervention, Social Support u.ä.) freigelegt. Zweitens wird dadurch auch der spezifische Aufgabenbereich von Pädagogik deutlich. Zu den wichtigsten Charakteristika des pädagogischen Zugangs gehören:
- Ihr präventiver Charakter - wodurch sie sich von allen Formen von Therapie unterscheidet.

8. Kompetenzerziehung: Ergebnisse und offene Probleme

- Ihre unauflösbar doppelpolige Zielperspektive einer Vermittlung zwischen Individuum und Welt.
- Ihr gegenüber einer primär deskriptiv orientierten empirischen Psychologie modifizierter, nämlich gerichteter Entwicklungsbegriff, der darin begründet ist, daß sich Bildung und Erziehung nicht ihres Charakters einer auf Selbstaufhebung abgestellten vormundschaftlichen Leitung begeben können, ohne das Zweckganze der Pädagogik in Frage zu stellen.

Der anschließende Versuch, Belastungen aus pädagogischer Sicht zu systematisieren, hat angesichts der beträchtlichen inter- und intraindividuellen Unterschiede sowohl im Belastungserleben als auch in der Wirkung von Belastungen dazu geführt, in Analogie zu einer Denkfigur Kants die Analyse nicht bei den belastenden Situationen selbst zu beginnen, sondern die Belastungen als Folge eines ursprünglichen "logischen Formwillens", eines "Orientierungs-" und "Kompetenzwillens" und dessen Zielspannung zu begreifen. Als eine wichtige Barriere dieses Spannungsfeldes wurde die Bedrohung der Handlungsfähigkeit identifiziert, die unter anderem von einer nicht angemessenen Verarbeitung der auf den Menschen einströmenden Informationsfülle ausgeht. Es werden drei Grundsituationen eines solchen Orientierungsdefizits unterschieden:

- Ein fundamentaler, krisenhafter Orientierungsverlust aufgrund schwerer Schicksalsschläge oder solcher Ereignisse, welche den einzelnen zu einer Revision wesentlicher Teile seines Weltbildes zwingen.
- Eine aktuelle Überforderungssituation aufgrund einer übermäßigen Beanspruchung mit kleineren, für sich genommen wenig bedeutsamen Belastungen.
- Die Situation einer schleichenden Unterminierung des personalen Selbst aufgrund eines persönlichen globalen Orientierungsdefizits in der Welt, das mit der mangelhaften Fähigkeit zu deren sinnhafter Deutung zusammenhängt.

Sondert man die therapeutische Situation der Krisenintervention von den beiden übrigen, so bleiben Aufgabenfelder im Bereich von Erziehung und "Selbst-Management" (z.B. Streßbewältigung) und - vor allem - im Bereich von Weltorientierung durch Bildung bestehen. Insbesondere in dieser dritten Komponente wird die Verzahnung des Themas der hier vorgelegten Arbeit mit dem zentralen bildungstheoretischen Anspruch der Pädagogik deutlich. Zugleich gelingt durch diese Systematisierung eine wichtige Präzisierung der Problemstellung unter systematischem Aspekt: Trotz der Fülle struktureller Veränderungen unserer Lebenswelt ist die prinzipielle Frage, wie der Mensch zur Orientierung in einer sich ändernden Welt aus eigener Kraft befähigt werden könne, die Grundfrage der modernen Pädagogik schlechthin, an deren Beantwortung im "Projekt Moderne" gearbeitet wird.[1]

Diese Überlegungen des dritten Kapitels, die den pädagogischen Charakter der hier vorgelegten Arbeit begründen und in ihrem Aufweis des bildungstheoretischen Bezugs des Themas von zentraler Bedeutung sind, weisen auf eine Reihe offener Fragen, die einer weiterführenden Untersuchung bedürfen. So konnte in dieser Arbeit die bildungstheoretische Thematik lediglich gestreift werden. Es ist indessen daran zu erinnern, daß hier keine bildungstheoretische Arbeit im engeren Sinne intendiert war, sondern bestimmte Entwicklungen in den Nachbardisziplinen der Pädagogik den Anlaß geboten hatten, die dort entwickelten Positionen im systematischen Zusammenhang der Pädagogik aufzuarbeiten. Eine weitere Bearbeitung der einschlägigen Probleme, angefangen von der Stoffauswahl über die offenen Fragen der Curriculumtheorie bis hin zur Thematik, ob und wie Bildung unter den Bedingungen der (Post-) Moderne möglich sei, bleibt deshalb weiterführenden Untersuchungen vorbehalten. Dies gilt über den Rahmen der hier vorgelegten Arbeit hinaus für die aktuelle Lage des Faches Erziehungswissenschaft insgesamt: Ein erneutes Aufgreifen dieser Diskussion, die in ihren älteren Teilen in der Zeit der eher technisch-methodisch interessierten späten sechziger Jahre und der Folgezeit eher überdeckt[2] als abgeschlossen wurde, ist dringend geboten, um jene "zureichenden Antworten auf die Herausforderungen von morgen" (Heldmann[3]) zu bestimmen, denen der Mensch zum Aufbau von Weltorientierung bedarf.

Im zweiten Teil der Arbeit setzt die Argumentation insoweit neu an, als die Thematik der "Belastung" zugunsten einer Untersuchung von Kompetenz als Bewältigungsfähigkeit und ihren Bedingungen in den Hintergrund tritt.

Dabei führt zunächst die eben erwähnte Generalisierung des "logischen Formwillens" zum ebenfalls als ursprünglich angenommen "Orientierungs- und Kompetenzwillens" unmittelbar auf den Themenkreis der Kompetenz, wobei sich genau aus dieser Begründung der Kompetenzthematik eine sehr enge Berührung mit kompetenztheoretischen Ansätzen der jüngeren psychologischen Forschung und ihrer Ergebnisse ergibt: Längst wird "Kompetenz" dort nicht mehr als statisch-produktorientierter Katalog bestimmter Fertigkeiten gesehen, sondern als eine dynamische, steuernde Größe im Zentrum der Person, wie Olbrichs wiederholt zitierte Formel von der Kompetenz als einem "Ressourcen organisierenden Konstrukt" deutlich macht.

Die Aufarbeitung vorliegender Forschungsergebnisse aus dem pädagogischen Bereich ergibt hingegen die Dominanz eines fertigkeitsorientierten Denkens, vor allem im Kontext der aktuellen, pragmatisch geprägten Operationalisierungsdebatte um Schlüsselqualifikationen. Kompetenzen erscheinen lediglich im Sinne klar beschreibbarer Fertigkeiten. Das Wissen, das um ihrer Beherrschung willen erworben wurde, scheint sein Daseinsrecht nur im Hinblick auf die zu vermittelnde Qualifikation zu haben. Diese Fassung des Kompetenz-Begriffes wäre in den pädagogischen Gedankengang der hier vorgelegten Arbeit kaum integrierbar gewesen, weil er den pädagogischen Kern des Problems zutiefst verfehlt.

Nicht ohne Befremden muß man daher feststellen: Offenbar gibt es innerhalb des Faches Pädagogik Strömungen, in denen der Blick für so eminent wichtige Teilbereiche wie beispielsweise für das motivierende Faszinosum der Bildung so gründlich abhanden gekommen zu sein scheint, daß Positionen wie die nachfolgend wiedergegebene, die Philipp Lersch vor mehr als vierzig Jahren noch völlig selbstverständlich aufzählen und definitorisch beschreiben konnte, anscheinend völlig neu gelernt werden müssen. Lersch rechnete unter die Antriebsregungen eine eigenständige Gruppe, die er als die "Strebungen der wissenden Teilhabe" bezeichnete und erläuterte: "Es handelt sich um das Streben nach Erweiterung des Welthorizonts in der Form des Wissens um sich um das Streben nach Erweiterung des Welthorizonts in der Form des Wissens um etwas, des Einsichtgewinnens in Sachverhalte und Zusammenhänge. ... Interesse in dem hier gemeinten Sinne ist Erkenntnisstreben, Wissensdrang, Streben nach wissender Teilhabe. Und zwar ist dieses Wissen nicht zu verstehen in einem nur theoretischen Sinn, sondern in der allgemeineren Bedeutung des Kennens. Wir wollen im Interesse Sachverhalte der Welt in ihrer Eigenbedeutsamkeit als Sachverhalte kennenlernen."[4] Die Nähe zu der Kantischen Annahme eines als ursprünglich anzusehenden "logischen Formwillens", die in dieser Arbeit für die Einführung der Kompetenz von Bedeutung war, ist offensichtlich. Mit einer Mediatisierung der Inhalte im Dienste bloßen Fertigkeitserwerbs ist diese Position gänzlich unvereinbar.

In der hier vorgelegten Arbeit wird die statische produktorientierte Sichtweise von Kompetenz insofern überwunden, als nicht allein nach der Faktizität des Könnens, sondern auch nach den Bedingungen des Könnens gefragt wird. Unter diesen Bedingungen wurden zwei Bereiche unterschieden: Die sachlogischen Bedingungen der Kompetenz, die im Zusammenhang mit der Organisation des Wissens im folgenden fünften Kapitel untersucht wurden, und psychologische Bedingungen der Kompetenz, die im Kontext des vierten Kapitels aufgearbeitet wurden. Dort sind wiederum zwei Gruppen solcher psychologischer Bedingungen und Faktoren des Könnens gebildet worden: Kontrolle und Selbstwirksamkeit einerseits, Motivation und Emotion andererseits.

Der als ursprünglich angenommene Kompetenzwille läßt sich, wie gezeigt wurde, deuten als Wunsch, sich selbst in relevanten Lebenssituationen als gestaltende Kraft zu erfahren zu können - einschließlich der Möglichkeit, auf solche gestaltende Wirkung freiwillig und aus eigenem Entschluß zu verzichten. Die Arbeiten von Heider, Atkinson, Weiner, Rotter, DeCharms, Brehm und Bandura wurden herangezogen, um den Einfluß der aktuellen Kompetenz-Selbsteinschätzung auf das Erleben und Handeln in der jeweiligen Situation hat. Dort, wo entsprechende Gestaltungsmöglichkeiten und Wirksamkeitserwartungen fehlen, ist die eigene Kompetenzeinschätzung akut bedroht. Dies wiederum kann wegen der zentralen Bedeutung des Kompetenzwillens von außerordentlich schwerwiegender Wirkung sein, wobei das Reaktionsspektrum von der Hilflosigkeit (Seligman) bis zum Schutz der eigenen Kompetenzeinschätzung mit "verbotenen" Mitteln (Dörner) reichen kann.

Kompetenzerziehung muß im Hinblick auf diese Faktorengruppe psychologischer Bedingungen darauf abzielen, Möglichkeiten zur Ausbildung entsprechender Selbstwirksamkeitserwartungen zu Verfügung zu stellen; dazu gehört ganz elementar die Möglichkeit zur Selbsttätigkeit. Solche Selbsttätigkeit eröffnet auch zwanglos die Möglichkeit, eine weitere wichtige Einflußgröße von Kompetenz zu stabilisieren, deren Bedeutung bei besonders bei Atkinson und DeCharms und in späterem Zusammenhang bei Csikszentmihalyi hervorgehoben wird: die Ausbildung eines realistischen Anspruchsniveaus. Dort, wo selbsttätig durchgeführte Arbeitsprozesse eine ständige Rückmeldung über das Verhältnis von subjektivem Können und den Anforderungen der Situation vermitteln, wird sich ein solches realistisches Anspruchsniveau mit grö-

8. Kompetenzerziehung: Ergebnisse und offene Probleme

In der Logik der zeitgenössischen Erwartungs × Wert-Theorien der Motivation liegt mithin: Unrealistische Erwartungen gehen mit einem hohen Risiko einher, daß die Handlungsmotivation selbst zusammenbricht. Die Bedeutung einer guten Abstimmung von Könnenserwartung und situativen Anforderungen bestimmt Csikszentmihalyi dahingehend, daß die Erwartung des Voll-Gefordertwerdens, des Alles-geben-Müssens und des Überfordertwerdens im Grenzbereich dessen, was vielleicht doch noch gelingen könnte, eine wichtige Bedingung für das Zustandekommen von Flow-Erlebnissen in auto- und heterotelischen Prozessen ist. Im zweiten Kapitel waren aus dem Kreis der Berliner Lewin-Schule bereits ähnliche Ergebnisse referiert worden. Heckhausens Postulat von der "optimalen Passung" und der "dosierten Diskrepanz" weisen in dieselbe Richtung.

Die bifaktorielle Konstruktion von Erwartungs × Wert-Theorien führt im weiteren dazu, die Fähigkeit des Wertens zu den Bedingungen von Kompetenz zu rechnen; dies allerdings nicht nur in dem quantifizierenden Sinn einer "höheren Wertigkeit" der entsprechenden Motivationstheorien, sondern in einem sehr viel einfacheren und grundlegenderen Sinn: Der ursprüngliche Kompetenzwille ist nicht denkbar ohne einen entsprechenden Orientierungswillen. Orientierung aber ist nicht möglich, wo allen Informationen und Wissensdaten gleicher Wert zukommt. Aus dem flachen, zweidimensionalen Weltbild des Wissens (Aebli) muß ein dreidimensionales "Bedeutungsrelief" (Schiefele) werden.

Kompetenzerziehung muß daher Situationen arrangieren, in denen das Erfahren und Erleben von Werten möglich ist. Nach allem, was man über den nicht selten von unerwünschten Nebenwirkungen überlagerten Charakter direkter Einflußnahme insbesondere im Hinblick auf die Vermittlung von Einstellungen und Haltungen weiß[5], scheint es angezeigt, auch in diesem Bereich der Komptenzerziehung dem Prinzip des Indirekten den Vorzug zu geben und Situationen zu schaffen, in denen der Wert der Verläßlichkeit, der Kameradschaftlichkeit, der Solidarität, der ästhetischen Schönheit, der Wahrheit, des Guten erlebt werden kann. Ein entsprechendes Maß an "pädagogischem Takt" (Herbart) vorausgesetzt, kann aber auch die direkte Einwirkung des Erziehers, sei es als Vorbild, sei es als jemand, der die eigene Begeisterung an einer Sache vermitteln kann, gute Dienste leisten.

Aus der zentralen Steuerfunktion von Kompetenz im Gefüge der Handlungsorganisation werden schließlich Berührungspunkte zum Konzept der Selbständigkeit abgeleitet und dadurch weitere wichtige Ergänzungen des Kompetenz-Begriffs gewonnen. Die Auswertung des vierten Kapitels ergibt: Ein so verstandenes Konzept von Kompetenz hat nichts mit Katalogen erlernter Fertigkeiten zu tun. Vielmehr ist es an zentraler Stelle des personalen Selbst mit umfangreichen Steuerfunktionen anzusiedeln. In dieser Argumentation sind die Aussagen der hier vorgelegten Arbeit gut zu vereinbaren mit dem, was bei Olbrich ein "Ressourcen organisierendes Konstrukt" genannt wird. Die "steuernde" oder "organisierende" Kompetenz berührt damit Selbständigkeit und Identität der Person. Solche Selbständigkeit zeichnet sich vor allem dadurch aus, daß die Person die Fähigkeit hat, sich denkend auf sich selbst zu beziehen, und zwar gleichermaßen erkennend wie wertend. Dies hat wichtige Konsequenzen für menschliches

259

8. Kompetenzerziehung: Ergebnisse und offene Probleme

Identität der Person. Solche Selbständigkeit zeichnet sich vor allem dadurch aus, daß die Person die Fähigkeit hat, sich denkend auf sich selbst zu beziehen, und zwar gleichermaßen erkennend wie wertend. Dies hat wichtige Konsequenzen für menschliches Tun, das erst dadurch aus dem Geschehnishaften heraustritt und die Qualität eines nach moralischen Kriterien reflektierten, individuell verantworteten Handelns annimmt. Freiheit, Moralität und Kompetenz sind in diesem Konzept untrennbar miteinander verwoben.

Dabei zeigt sich: Kompetenz muß ähnlich wie Selbständigkeit stets auch gedacht werden als eine spezifische Haltung der Welt gegenüber: Das Kantische Postulat aufgeklärten Denkens: "Sapere aude!" - "Habe Mut, dich deiner Vernunft zu bedienen!" weist in diese Richtung. Auch hier wird über die Ausbildung der Wissensbasis hinaus der Aufbau einer solchen Haltung gefordert. Keineswegs beiläufig, sondern ausdrücklich wird damit anerkannt, daß es zum geforderten Verhalten nicht nur der Vernunft bedarf, sondern darüber hinaus einer außerhalb ihrer selbst liegenden, Werturteile und damit Sinnhorizonte außerhalb des Subjekts voraussetzenden, moralisch als Tugend qualifizierten Haltung des "Mutes".

Nach dieser Erweiterung des fertigkeitsorientierten zu einem personorientierten Kompetenzkonzept im vierten Kapitel, aus dem bereits wichtige Konsequenzen für Kompetenzerziehung abgeleitet wurden, sind die sachlogischen Bedingungen dieser Kompetenz Gegenstand des fünften und sechsten Kapitels.

Dabei wird im fünften Kapitel die Frage nach den sachlogischen Bedingungen der Kompetenz auf der Ebene des Wissens verknüpft mit der Frage des Weges: Die Zielbestimmung einer "Kompetenzerziehung" ist hochgradig formal, und von daher ist es unumgänglich, eine Auseinandersetzung mit dem Themenkreis der formalen Bildung mit in die Überlegungen dieser Arbeit aufzunehmen. Um über Möglichkeiten und Grenzen einer formalen Kompetenzerziehung oder isolierter "Kompetenz-Trainings-Programme" Rechenschaft ablegen zu können, werden die wichtigsten Ergebnisse der Transferforschung aufgearbeitet. Dies ergibt: Die in einigen Konzepten formaler Bildung implizit behauptete Existenz formal-abstrakter Transfermechanismen als direkte Grundlage eines entsprechenden isolierten "Kompetenz"-Trainings kann als in keiner Weise gesichert angesehen werden.

Dies bedeutet indessen weder, daß es keinen Transfer gäbe, noch, daß es keine formal-abstrakte Bildung gäbe: Auch abstrakte Strategien sind erkennbar und mitteilbar, und ohne einen solchen Strategie-Transfer wäre eine methodische Ausbildung kaum vorstellbar. Aber die Ergebnisse der empirischen Forschung zeigen zweierlei sehr deutlich: Erstens hat die Vermittlung solcher Strategien abgelöst von ihren Anwendungsbereichen wenig Aussicht auf Erfolg. Zweitens darf die Idee der formalen Bildung als Kräftebildung im Sinne Humboldts nicht dahingehend überstrapaziert werden, diese Kräfte als realiter existierend und trainierbar anzusehen. Die Situation der Kompetenzerziehung ähnelt in gewisser Weise der bei Herbart beschriebenen, die notwendig formal formulierten Erziehungsziele mittlerer und höchster Abstraktion in einer "Erziehung durch Unterricht"[6] zu verwirklichen. Transfer, so kann man diesen Gedanken fortführen, ist nur möglich "auf dem Rücken" der Vermittlung von Sach- und Handlungswissen.

Im weiteren Verlauf der Argumentation wird im fünften Kapitel eine entsprechende Position entwickelt, die gleichzeitig dem Aufbau von Kompetenz aus Performanzen (Flammer) Rechnung trägt: Grundlage von Kompetenz ist Wissen. Dieses Wissen wird erstens aus Handlungsschemata abgezogen und zu Begriffen verdichtet, die ihrerseits wieder als Assimilationsschemata die Funktion von Erkenntnisinstrumenten, von "Werkzeugen des Denkens" (Aebli), besitzen. Zweitens können Begriffe direkt in das System des Wissens eingeflochten werden, allerdings um den Preis, daß zugehöriges Handlungswissen dann vor der Anwendung der entsprechenden Begriffe zuerst zusätzlich erarbeitet werden muß.

Für Kompetenzerziehung lassen sich aus dem Gesagten eine Reihe von Schlußfolgerungen ziehen: Es kommt darauf an,
- eine sichere Wissensbasis zu bilden, in der Handlungswissen (Schemata) und vernetztes Sachwissen (System) in ausreichendem Maße vorhanden sind,
- dabei Begriffe zu bilden, mit denen die Welt möglichst adäquat abgebildet werden kann und die gleichzeitig möglichst "mächtige" Werkzeuge zur Erfassung von Welt darstellen, und dabei
- für eine möglichst reichhaltige Vernetzung der Begriffe untereinander zu sorgen. Diese vielfältige Beziehungen unter den Knoten des Begriffsnetzes ermöglichen eine "Beweglichkeit des Denkens" und bilden die inhaltlich-materiale Basis für produktives Denken und Kreativität.

Als günstig für den Aufbau einer solchen Wissensstruktur erweisen sich:
- die Mannigfaltigkeit von Erfahrungen in Verbindung mit
- der Entwicklung eines reflexiven Bewußtseins.

Mannigfaltigkeit von Erfahrungen läßt sich in organisierten Bildungsprozessen durch eine angemessene Variation der Darbietung und der benutzten Operationen erreichen. Im ersten Falle dient eine solche Variation unter anderem der besseren Kontrastierung des zu erlernenden Begriffs oder der Regel gegenüber dem semantischen begrifflichen Umfeld: die Abgrenzung vom "genus proximum" durch das klare Herausarbeiten der "differentia specifica". Im zweiten Fall meint Variation den Aufbau reversibler Operationen im Sinne Piagets; ein frühes Beispiel für die pädagogische Bedeutung dieses Prinzip findet sich bereits bei Pestalozzi in seinen Ideen zur elementarmathematischen Unterweisung: "Sein Einmaleins ... war so ausgesprochen: 2 und 2 sind 4, 2 mal 2 sind 4, 2 in 4 geht 2 mal, und dann fort: 2 und 2 sind 4 sind 6, 3 x 2 sind 6, 3 in 6 geht 2 mal, 2 in 6 geht 3 mal. Und so machte er sich das ganze Einmaleins mehr studieren als Auswendiglernen."[7] Eine einfaches Beispiel, gewiß. Aber es verdeutlicht prägnant, was gemeint ist und mit welch einfachen Mitteln das Ziel zu bewerkstelligen ist. Man sieht: Statt einfacher Assoziationspaare des "Kleinen Einmaleins" wird eine Vielzahl von Bahnungen grundgelegt. Dieses Prinzip gilt für jeden Lerngegenstand:

Seine Grundstruktur wird gewonnen, indem man ihn in vielfältigen Blickwinkeln vor Augen führt.

Die Entwicklung eines reflexiven Bewußtseins betrifft zwei Aspekte: die Distanzierung und die methodische Bildung. Mit Distanzierung ist ein zentrales Ergebnis der Problemlöse- und Problemlösetrainingsforschung gemeint: Gleich, ob es sich um eine Übungs-, ein taktisches oder ein strategisches Training handelt - eine signifikante Leistungssteigerung bei den Probanden ist bereits dadurch zu erreichen, daß man sie zur Reflexion ihrer Lösungsidee oder bisheriger Lösungsversuche anhält. In Aeblis Sichtweise vom "Denken als Ordnen des Tuns" fällt eine Deutung nicht schwer: Die Reflexion verhilft zur Distanz, aus der heraus das Erkennen von Ordnung und Sinn möglich wird.

Dieses Ergebnis unterstreicht die Bedeutung der alten pädagogischen Forderung nach angemessener Methodenbildung, die man in prononcierter Form bereits in der Formalstufentheorie Herbarts und im "sächsischen Zweig" der Arbeitsschulbewegung bei Hugo Gaudig und seinem Schüler- und Mitarbeiterkreis bis in die Vorschläge für entsprechende didaktische Arrangements im Unterricht nachlesen kann.[8] Mit Dörners Elementen des Problemlöseprozesses einerseits gibt es auf der anderen Seite zahlreiche Berührungspunkte mit den Heuristiken Polyas und Aeblis und ebenso mit der Modellierung des Arbeitsprozesses in fünf Stufen nach Otto Scheibner[9]: Zielbildung, Bereitstellung von Arbeitsmitteln, Entwurf eines Plans, Ausführung der einzelnen Lösungsschritte unter ständiger Kontrolle auf Zielkonsistenz und Erfassung, Bewertung und Kontrolle des Ergebnisses.

Für Kompetenzerziehung bedeutet dies: Ein methodisches Wissen um das Prozedere des Problemlösens und "neuralgischer Punkte" dieses Prozesses muß von der Lösung konkreter Probleme "abgezogen" werden. Ohne die detaillierten Hinweise Dörners zu möglichen Fehlleistungen im Problemlöseverhalten an dieser Stelle auch nur katalogartig wiederholen zu können, ist darauf hinzuweisen, daß Dörners Monita zumeist nicht direkt in eine positive Maßnahmenplanung umsetzbar sind: Der Umgang mit Zielkonflikten beispielsweise läßt sich eben nur zum Teil mit den Mitteln des Verstandes lösen; zu einem beträchtlichen Teil stellt er sich als Wert- und Orientierungsproblem dar, das nur im ganzheitlichen Ansatz personaler Bildung mit Aussicht auf Erfolg angegangen werden kann.

Gleichwohl kann und sollte die Mehrzahl der Dörner'schen Fehlleistungsbedingungen als Prüfsystem bei der Organisation von Bildungsprozessen Verwendung finden. So sollte, wer sich mit Handlungszielen auseinandersetzt, um die Bedeutung einer klaren Ziel-Elaboration wissen; er sollte wissen, daß es eine allgemeine Grundregel gibt ("maximale Effizienz-Divergenz"), welche Zwischenziele lohnend sind; und er sollte wissen, daß Zielkonflikte grundsätzlich auf drei Wegen ausgeräumt werden können (Ausbalancieren, Alternativlösungen, Umgestaltung des Systems). Wer sich mit der Eigendynamik von Problemen beschäftigt, muß die besonderen Schwierigkeiten für die menschliche Anschauungskraft kennen, die sich aus exponentiellem Wachstum und aus zeitversetzten Wirkungen ergeben. In der Phase des Planens, Entscheidens und

Ausführens ist es wichtig, Verfahren zur Suchraumerweiterung und -einschränkung zu kennen, mögliche "Friktionen" von schematisierten Lösungen aufgrund von situativen Gegebenheiten zu bedenken und damit um die Anwendbarkeit von geplanten Lösungsschritten zu wissen. Und schließlich ist es nicht minder wichtig, die Versuchung zu kennen, sich der Effektivitätskontrolle eigenen Handelns zu entziehen, um die eigene Kompetenz-Illusion zu schützen. Einfache, direkte Wege, wie dies zu erreichen ist, sind jedoch nicht zu erkennen.

Das Studium der Coping-Prozesse nach Lazarus erweiterte und vertiefte die bis dahin gewonnenen Ergebnisse des Problemlösens: Coping-Prozesse fußen nicht nur auf der epistemischen Kompetenz im Sinne Dörners und Städels, sondern beziehen die emotionale Seite des Erlebens mit ein. Gleichzeitig kann man die aspekthafte Trennung zwischen Primary und Secondary Appraisal als Vertiefung oder Bestätigung der bisherigen Ergebnisse werten, insofern diese Trennung die Bedeutung des reflexiven Moments unterstreicht: Die Ersteinschätzung der Situation steht unter dem Eindruck des unmittelbaren Involviertseins; erst in der Überprüfung der "persönlichen Ressourcen" - und damit in einem reflexiven Akt - festigt sich das Urteil über die Lage und damit die Auswahl der eingesetzten Coping-Formen.

Im Hinblick auf Kompetenzerziehung liefert das Modell der Coping-Prozesse nach Lazarus vor allem einen Beitrag zum Verständnis des Bewältigungsprozesses auf der Mikro-Ebene der einzelnen "Coping-Episode" und verdeutlicht damit den möglichen Einsatzpunkt pädagogischer Hilfen und Interventionsmaßnahmen, wobei diese sich nach allem bisher Gesagten im wesentlichen als Ermutigung darstellen. Beide Bewertungsebenen, die Primary und die Secondary Appraisal hängen von situativen wie von personbezogenen Faktoren ab. Unter den personbezogenen Faktoren sind drei besonders wichtig: motivationale Charakteristika (Richtung und Stärke), Grundüberzeugungen hinsichtlich des Person-Umwelt-Bezuges und intellektuelle Ressourcen, Erziehung, Kultiviertheit. Diese Faktoren bestimmen (zusammen mit den situativen) sowohl die unmittelbare Einschätzung, ob ein Ereignis günstig, gleichgültig oder potentiell streßträchtig ist, als auch ganz wesentlich den Charakter, welchen der potentielle Streß zugeschrieben bekommt (Bedrohung oder Herausforderung), und sie beeinflussen darüber hinaus die Wahl der Coping-Form. An Lazarus' eindeutige Wertung ist zu erinnern: Günstige personspezifische Faktoren beeinflußten die Streßbewertung eher zum Pol "Herausforderung", hin und dies sei "ein besserer seelischer Zustand als Bedrohung ..., eine wirksamere Art zu leben und tätig zu sein und möglicherweise ein Weg, um bessere körperliche Gesundheit zu erlangen".[10] Die entsprechende erzieherische Beeinflussung der personspezifischen Faktoren ist weder kurzfristig noch auf direktem Wege möglich, sondern kann nur über langfristig angelegte Bildungsprozesse erreicht werden.

In Ergänzung dieser Position hat die Konzeption Thomaes den Blick auf die Makro-Perspektive der Biographie zurückgelenkt: Die thematische Strukturierung, von welcher her sich die Reaktionsformen der Person verstehen lassen, sind individuell. Thomaes Position steht dabei trotz seiner außerordentlichen Zurückhaltung in allen Fragen der gezielten Einflußnahme auf die Auswahl von Reaktionsformen und die Umschichtung von Reaktionshierarchien der pädagogischen Position nicht entgegen. Mag die thematische Strukturierung auch für den Psychologen primär ein Ergebnis der individuellen Biographie sein, für den Pädagogen bleibt sie - allerdings je später, desto weniger - beeinflußbar. Interessenbildung, Motivbildung, Werteerziehung und Gewissensbildung sind möglich; und was für den schicksalhaften Aspekt der Sozialisation gilt, daß nämlich die Kontinuität bestimmter Erfahrungsketten zur Ausbildung entsprechender Daseinsthemen und individueller Reaktionshierarchien führt, muß daher prinzipiell auch für den bewußt arrangierten und verantworteten Teilbereich einer "Sozialisation durch Bildung" seine Gültigkeit behalten: "Der Grundbegriff der Pädagogik ist die Bildsamkeit des Zöglings."[11]

Die Analysen des abschließenden siebten Kapitels ergeben: Bisherige Versuche einer Umsetzung von theoretischen Konzeptionen im Bereich von Problemlösen und Problembewältigung erweisen sich als in wesentlichen Punkten überarbeitungsbedürftig. Am ehesten kommen noch die Ansätze auf der stärker kognitiven Ebene - die Heuristiken Polyas und Aeblis - dem Wunsch des Praktikers nach einer möglichst konkreten Umsetzung der Basistheorie in entsprechende Trainingsprogramme entgegen.

Weitergehender Untersuchen bedarf hingegen das Problem, einen durchgängigen Aufbau von Kompetenz unter Berücksichtigung der ganzen Lebenssituation (Kognition und Emotion) einerseits und in der synthetisierenden Perspektive von der Bewältigung der aktuellen Situation bis zur Ausbildung entsprechender thematischer Strukturen andererseits zu formulieren. Den mit wohlwollender Skepsis referierten Ansätzen von Roskies und Lazarus (Teaching of Coping-Skills) hier und Bedersdorfer (Angstbewältigung bei Schülern) dort wurden deshalb zwei Beispiele einer ganzheitlich orientierten pädagogischen Praxis gegenübergestellt, in denen neben der Bewältigung der aktuellen Problemlage auch solche Elemente klar hervortraten, die in der Ausarbeitung des Kompetenz-Konzepts im vierten Kapitel als notwendige Ergänzung fertigkeitsorientierten Kompetenz-Denkens herausgearbeitet worden waren.

Ob allerdings diese bisher ausstehende Stringenz in der Formulierung der Kompetenzerziehung vom einzelnen Bewältigungsverhalten in der aktuellen Situation über die Habitualisierung pädagogisch favorisierter Bewältigungsstile bis hin zum Aufbau einer im Zentrum der Person anzusiedelnden Kompetenz überhaupt möglich ist, scheint mir nach Abschluß meiner Arbeiten nicht nur aus Praktikabilitätserwägungen, sondern auch aus prinzipiellen Gründen fraglich: Jede Coping-Episode im Sinne von Lazarus mündet normalerweise nicht in eine einzige, sondern in eine Mehrzahl von Handlungsalternativen ein. Die Freiheit des Menschen ernst zu nehmen bedeutet: Diese Situation darf nicht als technisches Problem unzulänglicher Analysemöglichkeiten interpretiert werden. Sondern: Es muß hingenommen werden, daß der Mensch an jedem dieser Verzweigungspunkte (zumindest theoretisch) die Freiheit der Entscheidung hat und von dieser Freiheit auch gegen pädagogische Lenkungsinteressen Gebrauch machen kann. Dies bedeutet einerseits, daß es für Kompetenzerziehung ebensowenig eine Erfolgsgarantie geben kann wie für Erziehung insgesamt: Die Möglichkeit des Scheiterns bleibt. Daß es eine strenge Wirkkausalität von Bildung und Erziehung im technisch-kausalen Verständnis nicht gibt, ist andererseits nichts weniger als ein direkter Ausfluß der menschlichen Freiheit. Diese Freiheit ist unantastbar.

Anmerkungen

Anmerkungen zu Kapitel 1

(1) Als grundlegend anzusehen ist dabei das Werk von Olbrich, E. & Todt, E. (Hg.): Probleme des Jugendalters. Neuere Sichtweisen. Berlin: Springer (1984); vgl. außerdem: Seiffge-Krenke, I.: Problembewältigung im Jugendalter. Gießen: Habilitationsschrift des Fachbereichs Psychologie der Justus-Liebig-Universität (1984); leichter zugänglich ist das Überblicksreferat von Seiffge-Krenke, I.: Problembewältigung im Jugendalter. In: Zeitschrift für Entwicklungspsychologie und Pädagogische Psychologie. 18 (1986) 122-152.

(2) Stellvertretend sei hingewiesen auf die Arbeit von Bedersdorfer, H.W.: Angstverarbeitung von Schülern. Bewältigung von Schulangst und ihre Beeinflussung durch ein pädagogischens Interventionsprogramm. Weinheim: Juventa (1988). Zur Rezeption des Coping-Konstruktes vgl. auch meine früheren Untersuchungen in: Wollersheim, H.-W.: Jugend - Ideal und Wirklichkeit. Historisch-systematische Studien zur Genese und pädagogischen Relevanz moderner Jugendkonzepte. Bonn: Phil. Diss. (1987), Kap. 4.

(3) Cube, F.v. & Alsguth, D.: Fordern statt Verwöhnen. Die Erkenntnisse der Verhaltensbiologie in Erziehung und Führung. München: Piper (1989 (3.), zuerst 1986).

(4) Wichtige Originalarbeiten sind zusammengefaßt und neu veröffentlicht in Jucknat, M.: Erfolg oder Mißerfolg? Ergebnisse experimentell-psychologischer Forschung von 1930-1979. Darmstadt: Wiss. Buchgesellschaft (WdF 198) (1987). Erinnert sei ferner an die in dieser Arbeit nicht behandelte Individual-Psychologie, vor allem an die Arbeiten von R. Dreikurs. Eine umfangreiche Würdigung der Bedeutung von Erfolg und Mißerfolg aus pädagogischer Sicht findet sich bei Geißler, E.E.: Erziehungsmittel. Bad Heilbrunn: Klinkhardt (1975 (5.), zuerst 1967), 272-280.

(5) Ulich, D.: Krise und Entwicklung. Zur Psychologie der seelischen Gesundheit. München: PVU (1987).

(6) Seneca: Epistulae morales. 106, 11-12.

(7) Heldmann, W.: Kultureller und gesellschaftlicher Auftrag von Schule. Krefeld: Pädagogik & Hochschul Verlag (1990).

(8) Vgl. Kapitel 3 dieser Arbeit.

(9) Zu erwähnen sind in diesem Zusammenhang vor allem die Arbeiten der Bonner Psychologen Franz und Ulrike Petermann, deren Konzeption der Trainingskurse mit aggressiven Kindern, mit sozial unsicheren Kindern und zur Förderung von Arbeits- und Sozialverhalten bei Jugendlichen ich mit großem Gewinn rezipiert habe. Ebenfalls unbehandelt blieben im Rahmen dieser Arbeit eine Vielzahl von Projekten im sozialpädagogischen Bereich, in welchen die aktuelle Intervention im Vordergrund steht. Dabei ist eine gewisse Nähe zum Thema der hier vorgelegten Arbeit durchaus gegeben, insofern versucht wird, auffällig gewordene Jugendliche zu (sozial) angemesseneren Bewältigungsformen zu befähigen. Stellvertretend für diese auf Substitution einer Jugendstrafe zielenden Maßnahmen seien genannt das Modell des "Täter-Opfer-Ausgleichs" und die Konzeption eines "Sozialen Trainingskurs (STK)", die in einer Reihe von deutschen Großstädten seit der Mitte der achtziger Jahre von unterschiedlichen Trägern durchweg mit gutem Erfolg praktiziert werden.

Anmerkungen zu Kapitel 2

(1) Man denke beispielsweise an das Schicksal der erfolgreichen Kunstturnerinnen aus den Ländern des ehemaligen Ostblocks.

(2) Brockhaus: Enzyklopädie in 24 Bänden. Mannheim: F.A. Brockhaus ((19.)1986ff.), Bd. 3, 51.

(3) Thyhurst, J. S.: Individual reactions to community disaster. In: American Journal of Psychiatry. 107 (1951) 764-769.

(4) Lindemann, E.: Symptomatology and management of acute grief.. In: American Journal of Psychiatry. 101 (1944) 141-148.

(5) Lindemann, E.: Jenseits von Trauer. Göttingen: Verlag für medizinische Psychologie (1985), 81ff.

Anmerkungen zu Kapitel 2

(6) Lindemann, E.: The meaning of crisis in individual and family living. In: Teacher College Record. 57 (1956) 310-315, 311, zitiert in der Übersetzung von Ulich, D.: Krise und Entwicklung. Zur Psychologie der seelischen Gesundheit. München: PVU (1987), 26.

(7) Ebd.

(8) Caplan, G.: Emotional problems of early childhood. New York: Basic Books (1955), 2.

(9) Caplan, G.: Principles of preventive psychiatry. New York: Tavistock (1964), 39.

(10) Klein, D.C. & Lindemann, E.: Preventive intervention in individual and family crisis situations. In: Caplan, G.(Hg.): Prevention of mental disorders in children. New York: Basic Books (1961) 283-306, 304. Caplan, G.: Principles of preventive psychiatry. New York: Tavistock (1964), 43.

(11) Freud, S.: Die endliche und die unendliche Analyse (1937). In: Ders.: Gesammelte Werke, chronologisch geordnet. Bd. 11. Frankfurt/M.: S. Fischer (1968(3.)) 57-99, 77.

(12) Ulich, D.: Krise und Entwicklung. Zur Psychologie der seelischen Gesundheit. München: PVU (1987).

(13) Ulich, Krise ... A.a.O., 51f.

(14) Ulich, Krise ... A.a.O., 72.

(15) Ulich, Krise ... A.a.O., 71

(16) Ebd.

(17) Ebd.

(18) Ulich, Krise ... A.a.O., 72.

(19) Ulich, Krise ... A.a.O., 207.

(20) Habermas, J.: Theorie des kommunikativen Handelns. 2 Bde. Frankfurt: Suhrkamp (1981).

(21) Habermas, J.: Können komplexe Gesellschaften eine vernünftige Identität ausbilden? (Langfassung der Hegelpreisrede vom 19.1.1974) In: Ders.: Zur Rekonstruktion des Historischen Materialismus. Frankfurt: Suhrkamp (1982(3., zuerst 1976)) 92-126, 93.

(22) Ebd.

(23) Vgl. zum folgenden: Habermas, J.: Können komplexe Gesellschaften ... A.a.O., 97-101.

(24) Dieses Argument Habermas' muß man sich freilich nicht zu eigen machen: Zu beachten ist nämlich, daß Habermas das Theorem von der Gruppenidentität als Bedingung der Ich-Identität setzt, aber kaum weiter argumentativ absichert. Zu fragen wäre, inwieweit es über die Distanzierungsleistung des Ich hinaus einer Identität der Gruppe bedarf (und was dies überhaupt sein soll). Wäre nicht bereits die Annahme ausreichend, zur Ausbildung einer Ich-Identität bedürfe es des Erlebens eigener biographischer Kontinuität und des Erlebens des Verschiedenseins von Ich und Nicht-Ich? Diese Frage kann und muß an dieser Stelle nicht abschließend beantwortet werden; wohl aber eignet sie sich dazu, das Konstruktionsprinzip der Habermas'schen Argumentation transparent zu machen.

(25) Habermas, J.: Können komplexe Gesellschaften ... A.a.O., 107.

(26) Daß Habermas selbst an den Konzepten von Ich- und Gruppenidentität festhält, sei hier der Vollständigkeit halber angemerkt. Er versucht, kollektive Identität unter formalen Gesichtspunkten zu verankern: "Ihre kollektive Identität steht den einzelnen nicht mehr als ein Traditionsinhalt gegenüber, an dem die eigene Identität wie an einem feststehenden Objektiven gebildet werden kann; vielmehr beteiligen sich die Individuen selbst an dem Bildungs- und Willensbildungsprozeß einer gemeinsam erst zu entwerfenden Identität. Die Vernünftigkeit der Identitätsinhalte bemißt sich dann allein an der Struktur dieses Erzeugungsprozesses, d.h. an den formalen Bedingungen des Zustandekommens und der Überprüfung einer flexiblen Identität" (107). Dies sei die heute angemessene, ja einzig mögliche Sichtweise: "Nur eine universalistische Moral, die allgemeine Normen (und verallgemeinerungsfähige Interessen) als vernünftig auszeichnet, kann mit guten Gründen verteidigt werden; und nur der Begriff der Ich-Identität, die zugleich Freiheit und Individuierung des einzelnen in komplexen Rollensystemen sichert, kann heute eine zustimmungsfähige Orientierung für Bildungsprozesse angeben." (96)

(27) Vor allem die beiden Preisschriften; positive Gegenentwürfe finden sich im Erziehungsroman "Emile" und - auf kollektiver Ebene - im "Contrat Social". Vgl. dazu auch meine früheren Ausführungen in: Wollersheim, H.-W.: Jugend. Ideal und Wirklichkeit. Historisch-

systematische Studien zur Genese und pädagogischen Relevanz moderner Jugendkonzepte. Bonn: Phil. Diss. (1987).

(28) Adorno, Th. W.: Sociologica. Zum Verhältnis von Soziologie und Psychologie. Frankfurter Beiträge zur Soziologie, Bd. 1. Frankfurt: Suhrkamp (1955) 11-45. Die beiden Zitate finden sich auf den Seiten 29 und 32.

(29) Marcuse, H.: Der eindimensionale Mensch. Neuwied: Luchterhand (1982)(18., zuerst 1967), 76.

(30) Ebd.

(31) Ebd.

(32) Marcuse, H.: Der eindimensionale Mensch. A.a.O., 77.

(33) Im Zusammenhang mit der Idee der Mündigkeit zieht sich das Rationalitätskonzept als Basis moralischer Autonomie durch das gesamte Werk. Vgl. dazu auch resümierend Habermas, J.: Untiefen der Rationalitätskritik. In: Ders.: Die Neue Unübersichtlichkeit. Frankfurt/M.: Suhrkamp (1985) 132-137.

(34) Habermas, J.: Moralentwicklung und Ich-Identität. In: Ders.: Zur Rekonstruktion des historischen Materialismus. Frankfurt/M.: Suhrkamp (1982)(3., zuerst 1976) 63-91, 65.

(35) Ebd.

(36) Habermas, J.: Was heißt heute Krise? Legitimationsprobleme im Spätkapitalismus. In: Ders.: Zur Rekonstruktion des historischen Materialismus. Frankfurt/M.: Suhrkamp (1982)(3., zuerst 1976) 304-328, 312f.

(37) Eine Darstellung der Gefährdung der personalen Existenzweise durch die fortschreitende Technisierung der Welt findet sich zusammen mit einer kritischen Würdigung der dort vorgetragenen Argumente bei Geißler, E.: Welche Farbe hat die Zukunft? Bonn: Bouvier (1986) 47-64.

(38) Wyneken, G.: Schule und Jugendkultur. Jena 1919 (3., zuerst 1913), 42f.

(39) Schopenhauer, A.: Die Welt als Wille und Vorstellung I In: Schopenhauer: Sämtliche Werke. Nach der 1., von Julius Frauenstädt besorgten Gesamtausgabe, neu bearb. u. hrsg. von Arthur Hübscher. 7 Bde. Mannheim: F.A.Brockhaus (1988)(4., Jubiläumsausg., zuerst 1937) Bd. 2, § 56: "Wir haben längst dieses den Kern und das Ansich jedes Dinges ausmachende Streben als das selbe und nämliche erkannt, was in uns, wo es sich am deutlichsten, am Lichte des vollesten Bewußtseyns manifestirt, Wille heißt. Wir nennen seine Hemmung durch ein Hinderniß ... Leiden, hingegen sein Erreichen des Ziels Befriedigung... Alles Streben entspringt aus Mangel, aus Unzufriedenheit mit seinem Zustand, ist also Leiden, solange es nicht befriedigt ist; keine Befriedigung aber ist dauernd, vielmehr ist sie stets nur der Anfangspunkt eines neuen Strebens. Das Streben sehen wir überall vielfach gehemmt, überall kämpfend; so lange also immer als Leiden: kein letztes Ziel des Strebens, also kein Maß und Ziel des Leidens." (365) Vgl. insgesamt: Die Welt als Wille und Vorstellung I, §§ 56-59; Die Welt als Wille und Vorstellung II, Kapitel 46; Parerga und Paralipomena II, Kapitel 11 u. 12.

(40) McKnight, J.: Professionelle Dienstleistung und entmündigende Hilfe. In: Illich, I.u.a.: Entmündigung durch Experten. Reinbek: Rowohlt (1979) 37-56, 44.

(41) Klages, H.: Anspruchsdynamik und Bürokratisierung. In: Geißler, H.(Hg.): Verwaltete Bürger - Gesellschaft in Fesseln. Frankfurt/M.: Ullstein (1978) 100-111, 103.

(42) Klages, H.: Anspruchsdynamik und Bürokratisierung. A.a.O., 108.

(43) Cube, F.v. & Alsguth, D.: Fordern statt Verwöhnen. Die Erkenntnisse der Verhaltensbiologie in Erziehung und Führung. München: Piper (1989)(3., zuerst 1986).

(44) Gegen die Konzeption der Verhaltensbiologie sind gravierende Einwände unter wissenschaftstheoretischem und philosophischem Aspekt vorgetragen worden, denen ich mich im wesentlichen anschließe. Vgl. dazu besonders: Derbolav, J.: Grundriß einer Gesamtpädagogik. Frankfurt: Diesterweg (1987), 40ff. und Anm. 43, S. 79.

(45) v. Cube & Alsguth: Fordern ... A.a.O., 33ff.

(46) v. Cube & Alsguth: Fordern ... A.a.O., 11 u. 115f.

(47) v.Cube & Alsguth: Fordern ... A.a.O., 114.

(48) v. Cube & Alsguth: Fordern ... A.a.O., 114.

(49) Vgl. v. Cube & Alsguth: Fordern ... A.a.O., 118f.

(50) Vgl. Wie Gertrud ihre Kinder lehrt. 9.-13. Brief

(51) Hier trägt der Vergleich zur alttestamentarischen Erzählung freilich nur noch begrenzt: Hiob bezieht seine Kraft aus dem Glauben. Die Verankerung der personalen Identität in der Sphäre des Religiösen blieb in den vorgetragenen Betrachtungen unberücksichtigt. Eine ausschließlich säkularisierte Deutung des Hiob-Themas im Sinne eines psychischen Bewältigungsgeschehens wäre deshalb unangemessen, weil damit die heilsgeschichtliche Dimension des Problems übergangen würde.

(52) 1. Mose 22.

(53) Weinstock, H.: Die Tragödie des Humanismus. Wiesbaden: Aula (1989)(5., zuerst 1953).

(54) Weinstock, H.: Die Tragödie ... A.a.O., 65.

(55) Ebd.

(56) Poetik 1449b.

(57) Weinstock, H.: Die Tragödie ... A.a.O., 113.

(58) Geißler, E.: Bildung in der Wertekrise. In: Institut der deutschen Wirtschaft(Hg.): Wirtschaftliche Entwicklungslinien und gesellschaftlicher Wandel. Köln: Deutscher Instituts-Verlag (1983) 285-295, 287.

(59) Ebd., 286.

(60) Freytag, G.: Die Technik des Dramas. 1863.

(61) Vgl. Szondi, P.: Die Theorie des bürgerlichen Trauerspiels im 18. Jahrhundert. Frankfurt/M.: Suhrkamp (1979)(4., zuerst 1973).

(62) Vgl. Habermas, J.: Was heißt heute Krise? Legitimationsprobleme im Spätkapitalismus. In: Ders.: Zur Rekonstruktion des historischen Materialismus. Frankfurt/M.: Suhrkamp (1982)(3., zuerst 1976) 304-328, 305.

(63) Ebd.

(64) Bollnow, O.F.: Existenzphilosophie. Stuttgart: Kohlhammer (1984) (9., zuerst 1955), 62.

(65) Heidegger, M.: Sein und Zeit. Tübingen: Niemeyer (1986)(16., zuerst 1927), § 29, 134.

(66) Heidegger, M.: Sein und Zeit. A.a.O., § 40, 184.

(67) Heidegger, M.: Sein und Zeit. A.a.O., 187.

(68) Heidegger, M.: Sein und Zeit. A.a.O., § 51.

(69) Sartre, J.P.: Das Sein und das Nichts. Reinbek: Rowohlt (1989)(3.), 696.

(70) La nauseé (1938).

(71) Vgl. Bollnow, O.F.: Neue Geborgenheit. Stuttgart: Kohlhammer (1955).

(72) Bollnow, O.: Neue Geborgenheit. A.a.O., 16.

(73) Jaspers, K.: Philosophie. Berlin (1932)(3.) II, 204.

(74) Vgl. die Ausführungen zu Kurt Hahn im siebten Kapitel dieser Arbeit.

(75) Jaspers, K.: Allgemeine Psychopathologie. Berlin: Springer (1965), 686.

(76) Bollnow, O.F.: Neue Geborgenheit. A.a.O., 36.

(77) Sartre, J.P.: Das Sein und das Nichts. A.a.O., 610.

(78) Sartre, J.P.: Das Sein und das Nichts. A.a.O., 700.

(79) Gebsattel, V.E.v.: Krise in der Psychotherapie. In: Jb. Psychiat. u. Psychother. (1952) 66-78. Gebsattel, V.E.v.: Gedanken zu einer anthropologischen Psychotherapie. In: Frankl, E. & al.(Hg.): Handbuch der Neurosenlehre und Psychotherapie. (1959) 531-567, 562ff.

(80) Frankl, V.E.: Der Wille zum Sinn. Bern: Huber (1982)(3.).

(81) Monod, J.: Zufall und Notwendigkeit. München: dtv (1988 (8., zuerst 1975, Orig. 1970)).

(82) Monod, J.: Zufall und Notwendigkeit. A.a.O., 151.

(83) Überträgt man das Alter der Erde (ca 5 Milliarden Jahre) und des Homo sapiens (ca 100 Tausend Jahre) auf eine 24-Stundenskala, so ergibt sich, daß der Homo sapiens die Weltbühne erst etwa zwei Sekunden vor 24 Uhr betritt.

(84) Clark, R.: The Life of Bertrand Russel. Harmondsworth: Penguin Books 1978, 686.

(85) Monod, J.: Zufall und Notwendigkeit. A.a.O., 148.

(86) Im Sinne E. Heintels und J. Derbolavs. Vgl. zur Orientierung: Derbolav, J.: Abriß europäischer Ethik. Würzburg: Königshausen & Neumann (1983), 66-68, 152.

(87) Vgl. zusammenfassend: Rahner, K.: Grundkurs des Glaubens. Freiburg: Herder 1989(5., zuerst 1976)

Anmerkungen zu Kapitel 2

(88) Westhoff, H.: Peter Wust: Christliches Existenzbewußtsein. In: Speck, J.(Hg.): Grundprobleme der großen Philosophen. Philosophie der Gegenwart V. Göttingen: Vandenhoeck & Ruprecht (UTB) (1982) 178-212.

(89) Lukas 15, 11-32.

(90) In zahlreichen Liedertexten wird der "höhere Wert" des Welt-Erfahrenden gegenüber dem "Stubenhocker" betont, beispielsweise in den bekannten Eichendorff-Versen: "Die Trägen, die zu Hause liegen, erquicket nicht das Morgenrot; sie wissen nur vom Kinderwiegen, von Sorgen, Last und Not um Brot." Oder: "Aus grauer Städte Mauern ziehn wir in die Welt. Wer bleibt, der mag versauern ...".

(91) Wust, P.: Ungewißheit und Wagnis. München: Kösel (1986)(8., zuerst 1937), 20.

(92) Wust, P.: Ungewißheit und Wagnis. A.a.O., 14f.

(93) Wust, P.: Ungewißheit und Wagnis. A.a.O., 26.

(94) Ebd.

(95) Wust, P.: Ungewißheit und Wagnis. A.a.O., 27.

(96) Am ehesten noch vergleichbar der Konstruktion bei Jaspers, wonach sich Existenzverwirklichung in Grenzsituationen und bezogen auf Transzendenz vollzieht: "Existenz ist nur, wenn sie bezogen ist auf andere Existenz und auf Transzendenz, vor der als dem schlechthin anderen sie sich bewußt wird, nicht durch sich selbst allein zu sein."(Philosophie II, 2)

(97) Wust, P.: Ungewißheit und Wagnis. A.a.O., 61.

(98) Wust, P.: Ungewißheit und Wagnis. A.a.O., 61f.

(99) Wust, P.: Ungewißheit und Wagnis. A.a.O., 64.

(100) Vgl. Wust, P.: Ungewißheit und Wagnis. A.a.O., 291.

(101) Hier zeigt sich eine nicht nur begriffliche Parallele zum katholischen Existenzialismus französischer Prägung bei dem etwa gleichaltrigen Gabriel Marcel, dessen Werk Homo viator indes erst 1944, nach dem Tode Wusts, erschien.

(102) Wust, P.: Ungewißheit und Wagnis. A.a.O., 296.

(103) Speck, J.: A. Camus: Die Grundantinomien des menschlichen Daseins. In: Ders.(Hg.): Grundprobleme der großen Philosophen. Philosophie der Gegenwart V. Göttingen: Vandenhoeck & Ruprecht (1982) 126-177,128.

(104) Camus, A.: Werkausgabe. Bd. II: Essais. Paris: Bibliothèque de la Pléiade (1981), 1427.

(105) Speck, J.: A. Camus. A.a.O., 131.

(106) Vgl. Speck, J.: A. Camus. A.a.O., 135 übereinstimmend mit Di Meglio, I.: Antireligiösität und Kryptotheologie bei Albert Camus. Bonn 1975, 307.

(107) Zitiert nach der modifizierten Übersetzung bei Speck, J.: A. Camus. A.a.O., 139.

(108) Camus, A.: Der Mythos von Sisyphos. Zitiert nach der modifizierten Übersetzung bei Speck. A.a.O., 141.

(109) Freud, S.: Abwehr-Neuropsychosen, in: Gesammelte Werke, Bd. 1, London: Imago (1940-42 (zuerst 1894)), 56-74. Vgl. dazu die späte Schrift: Hemmung, Symptom und Angst. In: Gesammelte Werke, Bd. 14. A.a.O. (zuerst 1926) 1-323.

(110) Einen Überblick über die Entwicklung des Verdrängungs- und Abwehrbegriffes bei S. Freud findet man bei: Wyss, D.: Die tiefenpsychologischen Schulen von den Anfängen bis zur Gegenwart. Göttingen: Vandenhoeck & Ruprecht (1970)(3., erw. (zuerst 1959)), 92f.

(111) Vgl. Kapitel 2.1 dieser Arbeit.

(112) Freud 1937, 77.

(113) Diese Deutung von Verdrängung ist eingebunden in Freuds Vorstellung über die Primär- und Sekundärfunktionen des psychischen Apparates; vgl. Freud, S.: Gesamte Werke, Bd. 2. A.a.O., 603-617.

(114) Freud, A.: Das Ich und die Abwehrmechanismen. In: Die Schriften der Anna Freud, Bd. 1. Frankfurt: Fischer (1987) (zuerst 1936), 193-355.

(115) Regression, Reaktionsbildung, Isolierung, Ungeschehenmachen, Projektion, Introjektion, Wendung gegen die eigene Person, Verkehrung ins Gegenteil.

(116) Freud, A.: Das Ich und die Abwehrmechanismen. A.a.O., 240.

(117) Freud, A.: Das Ich und die Abwehrmechanismen. A.a.O., 353.

(118) Freud, A.: Das Ich und die Abwehrmechanismen. A.a.O., 354. Hervorhebung nicht im Original.

(119) Zu den Eigenheiten der Freud'schen Theoriebildung gehört die Unklarheit des Begriffs vom Ich. Das Ich ist einerseits als Selbsterhaltungstrieb bestimmt, andererseits wird der Begriff immer wieder substanziell gebraucht. Insofern ist es einerseits durch peinliche Erinnerungen gefährdet und insofern Anlaß von Verdrängung, gleichzeitig aber die verdrängende Kraft selbst. Dem analytischen Kopf mag eine solche Konstruktion widerstreben, indes können Referate nichts klären, was im zu Referierenden selbst unklar geblieben ist.

(120) Freud, A.: Das Ich und die Abwehrmechanismen. A.a.O., 354f. Hervorhebungen nicht im Original.

(121) Erikson, E.H.: Jugend und Krise. Die Psychodynamik im sozialen Wandel. München: dtv (1988, orig. 1968), 20.

(122) Erikson, E.: Jugend und Krise. A.a.O., 208.

(123) Erikson. A.a.O., 18. Zu beachten ist freilich, daß "Ich" auch bei Erikson als psychoanalytischer Terminus benutzt wird, weshalb man sich davor hüten muß, den Begriff der Ich-Identität vereinfachend mit "Persönlichkeit", "Selbst" oder dem umgangssprachlich geläufigen "Ich" gleichzusetzen. Erikson selbst hält es für "notwendig, zwischen persönlicher Identität und Ich-Identität zu unterscheiden. Das bewußte Gefühl, eine persönliche Identität zu haben, beruht auf zwei gleichzeitigen Beobachtungen: auf der Wahrnehmung der Selbstgleichheit und Kontinuität der eigenen Existenz in Zeit und Raum und auf der Wahrnehmung der Tatsache, daß andere unsere Gleichheit und Kontinuität anerkennen. ... Ich-Identität ... betrifft allerdings mehr als die reine Tatsache der Existenz; es ist sozusagen die Ich-Qualität dieser Existenz". (A.a.O., 45f.)

(124) Im Sinne Heinz Hartmanns. Vgl. Hartmann, H.: Comments on the Psychoanalytic Theory of the Ego. In: The Psychoanalytic Study of the Child. Bd. 5. New York: International Universities Press (1950), 74-96. Vgl. Erikson. A.a.O., 206ff.

(125) Erikson, E.: Jugend und Krise. A.a.O., 208.

(126) Erikson, E.: Jugend und Krise. A.a.O., 207.

(127) Erikson, E.: Jugend und Krise. A.a.O., 208.

(128) Erikson, E.: Jugend und Krise. A.a.O., 86.

(129) Ebd.

(130) Blos, P.: Adoleszenz. Eine psychoanalytische Interpretation. Stuttgart: Klett (1973 (orig. amerik. 1962)).

(131) Blos, P.: Adoleszens. A.a.O., 130.

(132) Ebd.

(133) Blos, P.: Adoleszens. A.a.O., 202.

(134) Blos, P.: Adoleszens. A.a.O., 203, vgl. auch 206f.

(135) Vgl. Olbrich, E.: Jugendalter - Zeit der Krise oder der produktiven Anpassung? In: Olbrich, E. & Todt, E.(Hg.): Probleme des Jugendalters. Neuere Sichtweisen. Berlin: Springer (1984) 1-47, 14. Der Begriff "coping" taucht in der deutschen Übersetzung nicht auf, wohl aber im amerikanischen Original.

(136) Blos, P.: Adoleszens. A.a.O., 215.

(137) Blos, P.: Adoleszens. A.a.O., 216.

(138) Blos, P.: Adoleszens. A.a.O., 220.

(139) Blos, P.: Adoleszens. A.a.O., 217.

(140) Ebd.

(141) Geißler, E.: Welche Farbe hat die Zukunft? Bonn: Bouvier (1986) 115ff.

(142) Coleman, J.: Eine neue Theorie der Adoleszenz. In: Olbrich, E. & Todt, E.(Hg.): Probleme des Jugendalters. Neuere Sichtweisen. Berlin: Springer (1984) 49-67, 50ff. Allerdings bleibt zu fragen, inwieweit die Kritik des Autors allzusehr seiner eigenen, die erfolgreiche Bewältigung übermäßig betonenden Perspektive verhaftet bleibt. Coleman droht nämlich im Gegenzug den Wert und die Berechtigung von Stabilisierungsmaßnahmen aus dem Blick zu verlieren.

(143) Kroeber, T.C.: The coping functions of the ego mechanisms. In: White, R.(Hg.): The study of lives. New York: Atherton (1963).

(144) Haan, N.: Proposed model of ego functioning: Coping and defense mechanisms in relationship to I.Q. change. In: Psychological Monographs. 77(8, Whole No. 571) (1963).

(145) Die Erläuterung, was unter einem Ich-Prozeß zu verstehen ist, gibt Haan ausgehend vom Begriff der Persönlichkeit in denkbar knappster Form; deshalb zitiere ich: "I propose that personality should concern the processes that people use in their attempts to be 'persons', the strategies the use to achieve a modestly sensible view of themselves. This view is constructivist by reason of its assertion that personality consists of organizational processes; however to build upon what has gone before, we had best call these ego processes, although the word ego has not always been used in construtivist sense." Haan, N.: Coping and defending. A.a.O., 1f.

(146) Im wesentlichen orientiert an A. Freud, jedoch sind die dort aufgeführten Abwehrmechanismen "Ungeschehenmachen", "Introjektion", "Wendung gegen die eigene Person" und "Verkehrung ins Gegenteil" weggefallen, dafür sind "Intellektualisierung", "Rationalisierung", "Zweifel" und "Verleugnung" hinzugekommen.

(147) Vgl. Haan, N.: Coping and defending. A.a.O., 37.

(148) Der Funktionsbegriff ist hier folgendermaßen zu verstehen: Haan unterteilt die Aktivitäten des Ich (ego actions) in Ich-Prozesse (ego processes), Ich-Funktionen (ego functions) und Ich-Regulationen (ego regulations). "Prozeß" wird dabei in einem sehr allgemeinem Sinn das Wechselspiel von Assimilation und Akkomodation im Sinne Piagets genannt; "Funktionen" heißen diejenigen Aktivitäten, die für besondere Bedingungen und Gelegenheiten geeignet sind (actions which are suited to particular conditions and occasions); "Regulationen" schließlich bezeichnen das Ordnen von Emotionen, Impulsen und Gefühlen im engeren Sinne. (Coping and defending. A.a.O., 33)

(149) Haan vertritt eine prozessuale Interpretation des Ichs und kritisiert scharf jede zustandsorientierte Betrachtung. Ihre Überlegungen gründet sie auf das Axiom, "that personality is nothing more than the analyzing and synthesizing processes of the person" (Coping and defending. A.a.O., 9.) Das Ich verfügt also nicht über unspezifische Ich-Prozesse, sondern es besteht aus ihnen. "The view of ego to be developed here is that it is exclusively processes..." (Ebd., 33)

(150) Haan, N.: Coping and defending. A.a.O., 3.

(151) Haan, N.: Coping and defending. A.a.O., 35.

(152) "In effect, coping processes continue an open system, defenses produce particular closures of the system, and fragmentation signal temporary or more enduring dysfunctions that reject intersubjective realities that contradict important private formulations." Haan, N.: Coping and Defending. A.a.O., 34.

Unklar in Haans Ausführungen bleibt allerdings, was eigentlich stabilisiert wird, vor allem im Zusammenhang mit ihrem Begriff des "offenen Systems": Sollte mit "Stabilisation des offenen Systems" nur ein Funktionszusammenhang gemeint sein, der nicht auseinanderbrechen soll, dann wäre der Begriff des offenen Systems aber inhaltlich sehr schwer zu fassen. Sollte mit ihm andererseits etwas Substanziell-Situationsübergreifendes gemeint sein, dann ist die Frage eines offenen Systems allerdings eine problematische.

(153) Lazarus, R.S.: Psychological Stress and the Coping Process. New York: McGraw-Hill (1966).

(154) Platon: Protagoras 320d-324d. Den Zitaten liegt die Schleiermacher-Übersetzung zugrunde: Platon: Sämtliche Werke, Bd.1. Hamburg: Rowohlt (1957), 61-65.

(155) Schleiermacher-Übersetzung. A.a.O., 63.

(156) Auch dies beinhaltet bereits der Mythos. Mit dem Feuer erhielt der Mensch die prinzipielle Fähigkeit zur Kultur als Geschenk. Die konkrete Ausgestaltung dieser Fähigkeit in den unterschiedlichsten Kulturtechniken hingegen ist seine eigene Leistung.

(157) Herder, J.G.: Ideen zur Philosophie der Geschichte der Menschheit. Wiesbaden: Fourier (1985)(mit einem Vorwort von G. Schmidt, hinsichtlich Orthographie und Interpunktion modernisierte Bearbeitung der Suphan-Ausgabe), 119.

(158) Gehlen, A.: Der Mensch. Seine Natur und seine Stellung in der Welt. Wiesbaden: Aula (1986)(13., zuerst 1940), 36.

Anmerkungen zu Kapitel 2

(159) Ebd.
(160) Gehlen, A.: Der Mensch. A.a.O., 37.
(161) Gehlen, A.: Der Mensch. A.a.O., 32.
(162) Gehlen, A.: Der Mensch. A.a.O., 39.
(163) Ebd.
(164) Ebd.
(165) Gehlen, A.: Der Mensch. A.a.O., 132ff. Heute würde man das hier Gemeinte als Sensumotorik bezeichnen.
(166) So jedenfalls in den ersten drei Auflagen 1940ff. Gehlen hat das Konzept der Führungssysteme in der 4. Auflage der Schrift (1950) als zu undifferenziert verworfen und durch Ansätze einer Institutionentheorie ersetzt, die wenige Jahre später in Urmensch und Spätkultur breit ausgeführt wurde.
(167) Vor allem durch Th. Litt: Trotz der Exkurse zum Geistproblem im Schlußteil des hier referierten Werkes bleibe Gehlens Ansatz nämlich zur Gänze in den Horizont der Natur eingebunden - eine Position, die der von der idealistischen Philosophie herkommende Litt nicht akzeptieren konnte. Über die Erhaltung des Lebens hinaus anerkenne Gehlen keinen Sinn. In diesem Sinne hat Theodor Litt im Anhang zu Mensch und Welt (1948, 1962) darauf hingewiesen, daß Gehlen die Kategorie des "Sinnes" - in Litts eigener Konzeption eine nicht weiter ableitbare Kategorie - schlicht vergessen habe. Vgl. vermittelnd die Diskussion bei Derbolav, J.: Grundriß einer Gesamtpädagogik. Frankfurt: Diesterweg (1987), 39f.
(168) Hoppe, F.: Erfolg und Mißerfolg. In: Psychologische Forschung. 14 (1930) 2-32.
(169) Dembo, T.: Der Ärger als dynamisches Problem. In: Psychologische Forschung. 15 (1931) 2-26.
(170) Fajans, S.: Erfolg, Ausdauer und Aktivität beim Säugling und Kleinkind. In: Psychologische Forschung. 17 (1933) 268-286.
(171) Jucknat, M.: Leistung, Anspruchsniveau und Selbstbewußtsein. In: Psychologische Forschung. 22 (1937) 89-130.
(172) In ihren wesentlichen Auszügen sind sie abgedruckt in Jucknat, M.: (Hg.): Erfolg oder Mißerfolg? Ergebnisse experimentellpsychologischer Forschung von 1930-1979. Darmstadt: Wiss. Buchgesellschaft (WdF 198) (1987).
(173) Vgl. Hoppe, F.: Erfolg und Mißerfolg. A.a.O., 8f.
(174) Vgl. Hoppe, F.: Erfolg und Mißerfolg. A.a.O., 19.
(175) Hoppe, F.: Erfolg und Mißerfolg. A.a.O., 18.
(176) Hoppe, F.: Erfolg und Mißerfolg. A.a.O., 24ff.
(177) Hoppe, F.: Erfolg und Mißerfolg. A.a.O., 33.
(178) Hoppe, F.: Erfolg und Mißerfolg. A.a.O., 30.
(179) Offenbar kommt daher der selbständigen Bewältigung von Schwierigkeiten und Belastungen eine beträchtliche motivatorische Kraft zu.
(180) Hoppe, F.: Erfolg und Mißerfolg. A.a.O., 43. Auch sei hier nur kurz darauf verwiesen, daß dieser Gedanke in modernen Konzepten wieder eine bedeutende Rolle spielt, so der "secondary appraisal" bei Lazarus vorgreift.
(181) Hoppe, F.: Erfolg und Mißerfolg. A.a.O., 37.
(182) Dembo, T.: Der Ärger als dynamisches Problem. In: Psychologische Forschung. 15 (1931) 2ff. Wiederabgedruckt in: Jucknat, M. (Hg.): Erfolg oder Mißerfolg? Ergebnisse experimentell-psychologischer Forschung von 1930-1979. Darmstadt: Wiss. Buchgesellschaft (WdF 198) (1987) 47-77 (Auszug).
(183) Haan, N.: Coping and Defending. Process of Self-Environment Organization. New York: Academic Press (1977).
(184) Dembo, T.: Der Ärger als dynamisches Problem. A.a.O., 73.
(185) Ebd.
(186) Fajans, S.: Erfolg, Ausdauer und Aktivität beim Säugling und Kleinkind. In: Erfolg und Mißerfolg. A.a.O., 78-102.
(187) Fajans, S.: Erfolg, Ausdauer und Aktivität ... A.a.O., 102.

(188) Jucknat, M.: Leistung, Anspruchsniveau und Selbstbewußtsein. In: Erfolg und Mißerfolg. A.a.O., 103-162.
(189) Jucknat, M.: Leistung, Anspruchsniveau und Selbstbewußtsein. A.a.O., 104f.
(190) Jucknat, M.: Leistung, Anspruchsniveau und Selbstbewußtsein. A.a.O., 125.
(191) Jucknat, M.: Leistung, Anspruchsniveau und Selbstbewußtsein. A.a.O., 137.
(192) Jucknat, M.: Leistung, Anspruchsniveau und Selbstbewußtsein. A.a.O., 134.
(193) Ebd.
(194) Jucknat, M.: Leistung, Anspruchsniveau und Selbstbewußtsein. A.a.O., 136.
(195) Jucknat, M.: Leistung, Anspruchsniveau und Selbstbewußtsein. A.a.O., 160f.

Anmerkungen zu Kapitel 3

(1) Die Anführung soll andeuten, daß die Wege weder qualitativ gleichwertig sind noch hier die Bewältigung im Sinne einer Problemlösung gemeint ist: Linderung würde in diesem Sinne zu den Bewältigungsmaßnahmen zu rechnen sein, obwohl am Grundproblem nichts verändert wird.
(2) Ich denke vor allem an die verschiedenen Bereiche der Sonderpädagogik.
(3) Thomae, H.: Vorschlag zur Neudefinition von Entwicklung. In: Thomae, H.(Hg.): Entwicklungspsychologie. Handbuch der Psychologie, Bd. 3.2. Göttingen: Verlag f. Psychologie (1959) 9-12, hier zitiert nach: Thomae, H.: Dynamik menschlichen Handelns. Bonn: Bouvier 1985, 185.
(4) Ulich, D.: Krise und Entwicklung. Zur Psychologie der seelischen Gesundheit. München: PVU (1987), 102ff.
(5) Lehr, U.: Erträgnisse biographischer Forschung in der Entwicklungspsychologie. In: Jüttemann, G. & Thomae, H.(Hg.): Biographie und Psychologie. Berlin: Springer (1987) 217-248, 223.
(6) Enzyklopädie, 19. Auflage, Bd. 6, 1988, 534.
(7) Ebd.
(8) Vgl. die Ausführungen zu F. Hoppe im vorigen Kapitel dieser Arbeit.
(9) Aebli, H.: Zwölf Grundformen des Lehrens. Stuttgart: Klett-Cotta (1983).
(10) Weinheim: Deutscher Studienverlag 1991.
(11) Im kantischen, nicht im gestaltpsychologischen Sinne.
(12) Koch beruft sich hier auf Kant: Kritik der reinen Vernunft, B 788.
(13) Koch, L.: Logik des Lernens. A.a.O., 270ff.
(14) Koch, L.: Logik des Lernens. A.a.O., 286.
(15) Ebd.
(16) Koch, L.: Logik des Lernens. A.a.O., 288.
(17) Ebd.
(18) So ist beispielsweise nach Angaben des BMFT zwischen 1982 und 1986 der gesamte Buchbestand der Deutschen Bibliothek von 2.956 auf 3.746 Millionen Bände angewachsen. Die Zahl der Buchproduktionen in der Bundesrepublik Deutschland pendelt sich auf einem hohen Niveau von etwa 50.000 jährlich verlegten Erstauflagen ein; 1951 waren es noch wenig mehr als 10.000. Ähnliches gilt für den Bereich der Zeitschriften: Am 31.12.1986 wurden in der Bundesrepublik insgesamt 6.908 verschiedene Zeitschriften verlegt, darunter etwa 3.000 Fachzeitschriften. Der Zuwachs an Datenmenge verdeutlicht sich auch am Umfang von Fachbibliographien: Der Psychologische Index, in dem erst seit 1981 die deutschsprachige Literatur erfaßt und dokumentiert wird, weist Jahr für Jahr etwa 4000 Arbeiten nach; im internationalen Bereich läßt sich indes die Steigerung im Längsschnittvergleich gut erkennen: Von 6.563 Arbeiten im Jahr 1950 über 8.532 im Jahr 1960, 19.681 im Jahr 1970, 26.844 im Jahr 1980 auf 37.637 im Jahr 1988, wobei sich diese Zahlen auf die Erfassung im Psychological Abstract erstrecken.
(19) Geißler, E.E.: Allgemeinbildung in der modernen Gesellschaft. (Gesellschaftspolitische Schriftenreihe der AGV Metall, Köln, Bd. 44) Köln: Arbeitgeberverband Metall Köln (1989)
(20) "Herrschaftswissen" hier gebraucht im Sinne M. Schelers.
(21) Kroy, W.: Szenario 2000 - Perspektiven und Zukunftsentwicklung. In: Aurin, K. & Durner, H. (Hg.): Intelligente Technologien und der gebildete Mensch. Ohne Ortsangabe: dphv (1984) 12-33

(22) Kroy, a.a.O., 24.

(23) Schwierig ist darüber hinaus auch die Situation jener, die entsprechende Bildungsprozesse zu organisieren haben, sowohl was die (Wieder-)Erweckung und Festigung einer entsprechenden Bildungsbereitschaft, als auch was die Frage der zu vermittelnden Inhalte angeht: Was soll den eigentlich gelehrt werden, wenn Anlaß zur Sorge besteht, daß ein nicht unbeträchtlicher Teil des erlernten Wissens bereits zum Ausbildungsabschluß veraltet ist?

(24) Jonas, H.: Das Prinzip Verantwortung. Versuch einer Ethik für die technologische Zivilisation. Frankfurt: Suhrkamp 1984 (zuerst 1979).

(25) Gehlen, A.: Urmensch und Spätkultur. Wiesbaden: Aula (1986) (13., zuerst 1956).

(26) In mehrfacher Hinsicht: Vance Packard (Die geheimen Verführer. Der Griff nach dem Unbewußten in jedermann. Frankfurt/M.: Ullstein (1982, dt. zuerst 1958) sprach mit Blick auf die Warenwelt von "Geheimen Verführern". Als Charakteristikum der conditio humana findet sich dieses Argument vorher bei A. Gehlen, der von einer "durchaus untierischen Reizüberflutung" des Menschen sprach: Gehlen, A.: Der Mensch. Seine Natur und seine Stellung in der Welt. Wiesbaden: Aula (1986)(13., zuerst 1940). In ähnlicher Weise argumentiert N. Luhmann, der angesichts der "Knappheit der Zeit" und der "Vordringlichkeit des Befristeten" die Kategorie des "Vertrauens" als Mechanismus zur "Reduktion von Komplexität". Vgl. u.a.: Zweckbegriff und Systemrationalität. Frankfurt: Suhrkamp (1973).

(27) Habermas, J.: Die Krise des Wohlfahrtsstaates und die Erschöpfung utopischer Energien. In: Ders.: Die Neue Unübersichtlichkeit. Frankfurt/M.: Suhrkamp (1985) 141-163, 143.

(28) Erikson, E.H.: Jugend und Krise. Die Psychodynamik im sozialen Wandel. München: dtv (1988); Döbert, R. & Nunner-Winkler, G.: Adoleßenzkrise und Identitätsbildung. Psychische und soziale Aspekte des Jugendalters in modernen Gesellschaften. Frankfurt: Suhrkamp (1975).

(29) Atteslander, P.: Mehr oder weniger Demokratie? Durch die neuen Medientechniken droht eine gefährliche Überinformation. In: DIE ZEIT. Nr. 52 / 20.12.1985, 42

(30) Schörner, G.: Von der Freiheit des Urteils. Untersuchungen zu Konzepten moralischer Autonomie. München: Profil, zugl.: Bonn, Univ., Phil. Diss. (1989), 328.

(31) Semper homo bonus tiro est.

(32) Vgl. zur Bedeutung eines ausgearbeiteten Belastungskonzepts: Faltermaier, T.: Notwendigkeit einer sozialwissenschaftlichen Belastungskonzeption. In: Brüderl, L.(Hg.): Theorien und Methoden der Bewältigungsforschung. Weinheim: Juventa (1988) 46-62. Der stark gesellschaftsorientierten Sichtweise Faltermaiers vermag ich mich allerdings nicht anzuschließen, weil sie der aktiven Rolle des Menschen zu wenig Rechnung trägt.

(33) Vgl. dazu Tenbruck, Fr.: Die kulturellen Grundlagen der Gesellschaft. Der Fall der Moderne. Opladen: Westdeutscher Verlag (1988), 24ff.

(34) Wobei davon auszugehen ist, daß dieser Dimension gleichzeitig ein gradueller Unterschied des Innewerdens dieser Belastung entspricht. Vgl. außerdem die Einteilung des Belastungserlebens in "critical life events" und "daily hassles" in den Konzepten der neueren Psychologie, die eine ähnliche Zielrichtung aufweist.

(35) Beispielsweise des Zusammenbruchs staatstragender ideologischer Wertsysteme.

(36) Beispielsweise die durch vergleichsweise nichtige Anlässe ausgelösten Bekehrungserlebnisse (Buddha, Rousseau u.a.m.).

(37) Vgl. Lassahn, R.: Pädagogische Anthropologie. Heidelberg: Quelle & Meyer (1983).

(38) Menze, C.: Die Bildungsreform Wilhelm von Humboldts. Hannover: Schroedel (1975), 9.

(39) Humboldt, W.v.: Werke I, 64

(40) Lehmensick, E.: Die Theorie der formalen Bildung. (Gött. Stud. z. Päd., H. 6) Göttingen (1926).

(41) Vgl. Geißler, E.E.: Herbarts Lehre vom erziehenden Unterricht. Heidelberg: Quelle und Meyer (1970), 133-147.

(42) Pestalozzi, J.H.: Wie Gertrud ihre Kinder lehrt (1801), vor allem 4. bis 8. Brief.

(43) Vgl. Geißler, E.E.: Allgemeinbildung in der modernen Gesellschaft. (Gesellschaftspolitische Schriftenreihe der

AGV Metall, Köln, Bd. 44) Köln: Arbeitgeberverband Metall Köln (1989), S.31

(44) Vgl. Flitner, W.: Der Kampf gegen die Stofffülle. Exemplarisches Lernen, Verdichtung und Auswahl. In: Die Sammlung. (1955) 556-561.

(45) Genannt seien die wichtigsten Veröffentlichungen: Wagenschein, M.: Natur physikalisch gesehen. Frankfurt/M. (1953). Wagenschein, M.: Das Exemplarische in seiner Bedeutung für die Überwindung der Stofffülle. In: Bildung und Erziehung. 8 (1955) 519-. Wagenschein, M.: Zum Begriff des exemplarischen Lehrens. In: Zeitschr. f. Pädagogik. 2 (1956) 129-153. Derbolav, J.: Das Exemplarische im Bildungsraum des Gymnasiums. Versuch einer pädagogischen Ortsbestimmung des exemplarischen Lernens. Düsseldorf (1957). Scheuerl, H.: Die exemplarische Lehre. Tübingen (1958). Klafki, W.: Grundformen des Fundamentalen und Exemplarischen. In: Das pädagogische Problem des Elementaren und die Theorie der kategorialen Bildung. Weinheim (1964)(4.) 441-457. Spranger, E.: Die Fruchtbarkeit des Elementaren. In: Ders.: Pädagogische Perspektiven. Heidelberg: Quelle & Meyer (1955)(3.). Gerner, B. (Hg.): Das exemplarische Prinzip. Beiträge zur Didaktik der Gegenwart. Darmstadt: WB (Wege der Forschung Bd. XXX) (1963) Letztgenanntes Werk stellt bereits den resümierenden Schlußpunkt dieser Entwicklung dar. Aus der Distanz von drei Jahrzehnten die kritische Kurzbilanz in: Derbolav, J.: Grundriß einer Gesamtpädagogik. Frankfurt: Diesterweg (1987), 24 und 111-121.

(46) Derbolav, J.: Grundriß einer Gesamtpädagogik. Frankfurt: Diesterweg (1987), 111-121.

(47) Vor allem im "Ersten Discours" und im "Emile".

(48) Kemsies, F.: Die häusliche Arbeitszeit meiner Schüler. In: Zeitschr. f. Päd. Psychologie. (1899 H. 2/3) 89-95 u. 132 - 134; dazu auch: Wollersheim, H.-W.: Zur historischen Entwicklung und zum gegenwärtigen Stand der empirischen Hausaufgabenforschung. In: Die Realschule. 93 (1985) 158-165

(49) Vgl. zusammenfassend den Aufsatzband Edding, Fr.: Auf dem Wege zur Bildungsplanung. Braunschweig: Westermann (1970); und Kaiser, A.: Bildungsökonomie und Bildungsplanung. In: Die Deutsche Berufs- und Fachschule. 73 (1977) 243ff.

(50) Heimann, P.: Didaktik als Theorie und Lehre. In: Die Deutsche Schule. 54 (1962) 407-427; Heimann, P., Otto, G. & Schulz, W.: Unterricht - Analyse und Planung. Hannover: Schroedel (1977) (9., zuerst 1965).

(51) Blankertz, H. (Hg.): Fachdidaktische Curriculumforschung, Essen 1973; Menck, P. & Thoma, G.(Hg.): Unterrichtsmethode, München: Kösel 1972; Menck, P.: Unterrichtsanalyse und didaktische Konstruktion, Frankfurt/M. 1975; Menck, P.: Sinn und Struktur. Das 'didaktische Strukturgitter' und die Unterrichtsplanung. In: Neue Sammlung (1977), 367-375.

(52) Robinsohn, S. B.: Bildungsreform als Revision des Curriculums. Neuwied: Luchterhand (1967)

(53) Die entscheidende Stelle, aus der sich die erwähnte Doppelnatur des "Jetzigen" und des "Künftigen" ersehen läßt, lautet: "Wir gehen also von den Annahmen aus, daß in der Erziehung Ausstattung zur Bewältigung von Lebenssituationen geleistet wird; daß diese Ausstattung geschieht, indem gewisse Qualifikationen und eine gewisse 'Disponibilität' durch Aneignung von Kenntnissen, Einsichten, Haltungen und Fertigkeiten erworben werden; und daß eben die Curricula und - in engerem Sinne - ausgewählte Bildungsinhalte zur Vermittlung derartiger Qualifikationen bestimmt sind." A.a.O., 45. Und weiter betont er die Wichtigkeit, "den Gesamtinhalt dessen festzustellen, was von einem Schüler im Laufe seiner Schulzeit erfahren werden muß, damit er für ein mündiges ... Leben so gut wie möglich vorbereitet sei." A.a.O., 46.

54 Vgl. zur Curriculumdiskussion in der Nachfolge Robinsohns: Huhse, K.: Theorie und Praxis der Curriculumforschung. Ein Bericht über Wege der Curriculumreform in den USA mit Ausblicken auf Schweden und England. Berlin: Max Planck-Institut für Bildungsforschung, Studien und Berichte 13 (1968); Achtenhagen, F. & Meyer, H.L.: (Hg.): Curriculumrevision. Möglichkeiten und Grenzen. München (1971); Derbolav, J.: Systematischkritische Überlegungen zur deutschen Curriculumforschung. In: Die Realschule. 81 (1973) 87-90, 122-127; Kaiser, A.: Strukturprobleme des Curriculum. Die vergessene systematische Dimension der deutschen Cur-

riculumforschung. Bern (1975); Rülcker, T.: Bildung, Gesellschaft, Wissenschaft. Eine Einführung in Grundbegriffe, Perspektiven und Grenzen der deutschen Curriculumdiskussion. Heidelberg (1976); Deutsches Institut für wissenschaftliche Pädagogik (Hg.): Lebenspraktische gegen wissenschaftliche Bildung? Münster (Erziehungswissenschaftliches Arbeitsgespräch vom 1. bis 2. Juni 1977 in Münster) (1977); Krüger, H.H.: Curriculumreform in der Bundesrepublik. Meisenheim (1977); Geißler, E.E.: Allgemeinbildung in einer freien Gesellschaft. Düsseldorf: dphv (1977); Gstettner, P. & Rathmayr, B.: Lehrerbeteiligung als Innovationsstrategie. Schulnahe Curriculumentwicklung zwischen Basisanspruch und staatlichem Planungsdilemma. In: Zeitschrift f. Pädagogik. 24 (1978) 329-349; Westphalen, K.: Praxisnahe Curriculumentwicklung Donauwörth (1978); Casjens, R. D.: Sozialtechnologische Curriculumtheorie. Zur Kritik entscheidungs- und systemtheoretisch orientierter Modelle der Curriculumentwicklung. Königstein/Ts. (1979); Heinze, T.: Unterrichtsforschung als handlungsorientierte Curriculumentwicklung. In: Bildung und Erziehung. 32 (1979) 443-454; Becker, E.: Curriculare Sackgassen. Königstein/Ts. (1980); Geißler, E.E.: Ungewollte und gewollte Effekte neuerer Curriculumstrategien. In: Zeitschrift f. Politik. 28 (1981) 219-238.

(55) Insgesamt sind es drei; neben der im folgenden genannten nennt Robinsohn zweitens, daß Schule an der Realisierung dieser allgemeinen Zielposition einen entscheidenden Anteil hat, und drittens, daß die Struktur des Curriculums weder durch Tradition noch durch Wissenschaft legitimiert sei. Vgl. Robinsohn, a.a.O., 46.

(56) Robinsohn. A.a.O., 45.

(57) Derbolav nennt drei: die Unklarheit der Bestimmung künftiger Verwendungssituationen, die Unklarheit des Qualifikationsbegriffs und die Konsistenz des Ableitungszusammenhangs zwischen Situation und Inhalt. Derbolav, J.: Grundriß ... A.a.O., 128.

(58) Ich stütze mich auf die Analysen von Rülcker, T.: Bildung, Gesellschaft, Wissenschaft. Eine Einführung in Grundbegriffe, Perspektiven und Grenzen der deutschen Curriculumdiskussion. Heidelberg (1976), 138ff.

(59) Robinsohn. A.a.O., 45.

(60) Vgl. hierzu Robinsohn, a.a.O., 13-19.

(61) Dies geschah in Deutschland in engster Anlehnung an die behavioristisch orientierte amerikanische Curriculumforschung; ich nenne die grundlegenden Arbeiten zur Taxonomie, wobei ein besonderer Hinweis dem beträchtlichen "time-lag" zwischen amerikanischer Erstveröffentlichung und deutscher Ausgabe gilt: Bloom, B.S. (Hg.): Taxonomy of educational objectives. The classification of educational goals, Handbook I: Cognitive Domain. New York (1956) (deutsch: Taxonomie von Lernzielen im kognitiven Bereich, Weinheim: Beltz 1972); Krathwohl, D.R. , Bloom, B.S. & Masia, B.B. (Hg.): Taxonomy of educational objectives, Handbook II: Affective domain New York (1964) (deutsch: Taxonomie von Lernzielen im affektiven Bereich, Weinheim: Beltz 1975); Krathwohl, D.R.: The taxonomy of educational objectives. Its use in curriculum building. In: Lindvall, C. (Hg.): Defining eductional objectives. Pittsburgh (1964) 19-36; Mager, R.F.: Lernziele und programmierter Unterricht. Weinheim: Beltz (1972).

(62) Robinsohn will seine Qualifikationen jenseits behavioristischer Operationalisierung (Vgl. dazu seine Kritik an der Lernzieloperationalisierung, a.a.O., 11) definiert wissen; allerdings ist seine Gesamtkonstruktion nicht stimmig. Zur Kritik vgl. Geißler, E.E.: Allgemeinbildung in einer freien Gesellschaft. Düsseldorf: dphv (1977), 30-40; Derbolav, J.: Grundriß ... A.a.O., 128f.; Derbolav, J.: Pädagogik und Politik. Eine systematisch-kritische Analyse ihrer Beziehungen. Stuttgart: Kohlhammer (1975), 41ff.; Schneider, H.: Bildungswissen und wissenschaftliche Systematik. Bonn: Phil. Diss. (1979).

(63) Geißler, E.E.: Allgemeinbildung ... A.a.O., 39.

(64) Meyer, H.L.: Das ungelöste Deduktionsproblem in der Curriculumforschung. In: Achtenhagen, F. & Meyer, H. (Hg.): Curriculumrevision. Möglichkeiten und Grenzen München(1971), 106-132, 132.

(65) Das Beispiel ist fiktiv, gleichwohl realitätsnah konstruiert; vgl. zur Verwendung von Lernziel-Taxonomien in der Mathematikdidaktik: Zech, Fr.: Grundkurs Mathematikdidaktik. Weinheim: Beltz (1978)(2.), 45-90, bes. 62ff.

(66) Deutscher Bildungsrat - Empfehlungen der Bildungskommission: Strukturplan für das

Bildungswesen. Bonn: Bundesdruckerei (1970), (Buchhandelsausgabe: Stuttgart: Klett 1970), 361.

(67) Strukturplan, 33.

(68) Strukturplan, 34.

(69) Strukturplan, 33.

(70) Herbart, J.Fr.: Allgemeine Pädagogik aus dem Zwecke der Erziehung abgeleitet (1806). In: Johann Friedrich Herbart. Pädagogische Schriften, hg. v. W. Asmus. Bd. 2. Düsseldorf: Küpper 1965, 9-155.

(71) Vgl. Gaudigs bekannte Forderung, der Schüler solle Methode haben; zur Realsiation im Unterricht vgl. vor allem die Beispiele in Gaudig, H.: Freie geistige Schularbeit in Theorie und Praxis. Breslau: Hirt (1922), 206-209, 217-219, 259-260 u.a.m.

(72) In Form des "Learning by Doing"; zusammenfassend: Dewey, J.: Democracy and Education. New York: Mc Millan (1948 (zuerst 1916))

(73) Die fortschreitende Ausbildung menschlicher Vernunft und damit letztlich Bildung und Wissenschaft führt aus dem Zeitalter der "vollendeten Sündhaftigkeit" in das fünfte und letzte, das der "vollendeten Rechtfertigung und Heiligung"; Fichte, J.G.: Die Grundzüge des gegenwärtigen Zeitalters (1804/1805). Hg. v. A. Messer. Berlin: Wegweiser (1924), Erste Vorlesung, bes. 28-33.

(74) Bundesregierung: Bericht zur Bildungspolitik ("Bildungsbericht '70"). BT-Drucksache VI/925. Bonn: Heger (1970): "Lebenslanges Lernen": "Die Bereitschaft und Motivierung zum 'Lebenslangen Lernen' muß bereits in der Schule vermittelt und durch entsprechende Angebote in der Weiterbildung erneut angeregt werden." (S. 2, Sp. 2)

(75) Leitner, F.: So lernt man lernen. Freiburg (1972); Naef, D.: Rationales Lernen lernen. Weinheim: Beltz (1972).

(76) Vgl. hierzu Geißler, E.E.: Die Schule. Theorien, Modelle, Kritik. Stuttgart: Klett (1984), 173-184.

(77) Zitiert nach: Geißler, E.E.: Die Schule. A.a.O., 181.

(78) Zur Bewertung dieses Ereignisses und als frühes Beispiel für den Verlust des Optimismus' vgl. die Analysen des damaligen Kultusministers von Baden-Württemberg Hahn, W.: Hat die Bildungsreform versagt?. In: Politische Akademie Eichholz(Hg.): Bildung zwischen Reform und Revolution. Wesseling: Tagungsbericht der Fachtagung Bildungspolitik 20.3.-23.3.1974 (nicht im Buchhandel), 3-20. Andere Gründe waren ein sich abzeichnendes Bewußtsein, daß die Bildungsreform ein ganzes Spektrum von unerwünschten Nebenwirkungen hervorgebracht hatte, ferner ein plötzlich einsetzende Zweifel am Wert schulischer Bildung schlechthin (Illich, I.: Entschulung der Gesellschaft. München: Kösel (1972)), und der bald aufkommende Verdacht der Pathogenität von Schule (z.B. Wandel, F.: Macht die Schule krank? Heidelberg: Quelle & Meyer 1979; vgl. zur neueren Schulkritik: Geißler, E.E.: Die Schule. A.a.O., 172-233).

(79) Vgl. Geißler, E.E.: Die Schule. A.a.O., 298ff.

(80) Bundesregierung: Bericht zur Bildungspolitik ("Bildungsbericht '70"). A.a.O., 99.

(81) Vor allem das Phänomen der Jugendarbeitslosigkeit war seit 1974 besonders gravierend. Hierbei sind freilich eine erste, konjunkturell bedingte Phase und ab 1980 eine zweite, demographisch bedingte Welle zu unterscheiden. Vgl. Beywl, W.: Jugendarbeitslosigkeit. Zu den individuellen Auswirkungen eines verschleppten Arbeitsmarktproblems. In: aus politik und zeitgeschichte. B 38 (1985) 16-26.

(82) Mertens, D.: Schlüsselqualifikationen. Thesen zur Schulung für eine moderne Gesellschaft. In: Mitteilungen aus der Arbeitsmarkt- und Berufsforschung. H 4 (1974) 36-45, 36.

(83) Deutscher Bildungsrat: Empfehlungen der Bildungskommission: Strukturplan für das Bildungswesen. A.a.O., 177-196; Bundesregierung: Bericht zur Bildungspolitik ("Bildungsbericht '70"). A.a.O., 32-40.

(84) Lenske, W.(Hg.): Qualified in Germany. Ein Standortvorteil für die Bundesrepublik Deutschland. Köln: Deutscher Institutsverlag (1988), dort bes. der Beitrag von R. Zedler: Standortvorteil: Berufsausbildung, 75-98; für die Bundesvereinigung der Deutschen Arbeitgeberverbände vgl. Murmann, K.: Vorzüge und Nachteile des Wirtschaftsstandortes Bundesrepublik Deutschland. Köln: BDA (Vortragsmanuskript Brilon 22.5.89) und Murmann, K.: Innovation und Qualifikation. Köln: BDA (Vortragsmanuskript Kongreß "Innovation und Qualifikation", Frankfurt 28.9.88).

(85) Göbel, U.: Was Ausbilder fordern - Was Schüler leisten. Köln: Deutscher Instituts-Verlag (1982) ; ferner: Lenske, W. & Zilleßen, R.: Ergebnisse einer Betriebsbefragung zur beruflichen und schulischen Bildung. In: Göbel, U & Schlaffke, W(Hg.): Berichte zur Bildungspolitik 1987/88 des Instituts der deutschen Wirtschaft. Köln: Deutscher Instituts-Verlag (1987) 77-92, 84. Erhebungszeitraum: Herbst 1986.

(86) Lenske, W.: Einleitung. In: Ders. (Hg.): Qualified in Germany. A.a.O., 13.

(87) Vgl. Solzbacher, C.: Schlüsselqualifikationen. In: Geißler, E.E. (Hg.):Bildung für das Alter - Bildung im Alter. Bonn: Bouvier 1990, 51-73.

(88) Derbolav, J.: Grundriß einer Gesamtpädagogik. A.a.O., 173.

(89) Dahrendorf, R.: Industrielle Fertigkeiten und soziale Schichtung. In: Kölner Zeitschrift für Soziologie und Sozialpsychologie. 8 (1956) 540-578.

(90) Kern, H. & Schumann, M.: Industriearbeit und Arbeiterbewußtsein. Eine empirische Untersuchung über den Einfluß der aktuellen technischen Entwicklung auf die industrielle Arbeit und das Arbeiterbewußtsein. Frankfurt/M. (1974)(4., zuerst 1970).

(91) Offe, C.: Leistungsprinzip und industrielle Arbeit. Frankfurt/M. (1970).

(92) Lempert, W.: Leistungsprinzip und Emanzipation. Studien zur Realität, Reform und Erforschung des beruflichen Bildungswesens. Frankfurt/M. (1971).

(93) Kuhn, H.W.: Qualifikation und Sozialisation in der beruflichen Bildung. Ein Beitrag zur aktuellen Problematik des Verhältnisses von Bildungssystem und Beschäftigungssystem im Bereich der beruflichen Bildung. Frankfurt/M. (1980).

(94) "Allgemeinbildung" erfuhr in der zweiten Hälfte der achtziger Jahre ein bemerkenswertes Interesse, wie sich bereits anhand der Anzahl und Dichte entsprechender Kongresse ablesen läßt: Den Auftakt bildete im März 1986 die Deutsche Gesellschaft für Erziehungswissenschaft, die ihren 10. Kongreß in Heidelberg unter dieses Thema stellte. Im April 1986 widmete sich die Westdeutsche Rektorenkonferenz an gleichem Ort diesem Gegenstand; im Juni 1986 folgte ein vom BMBW veranstaltetes Symposium "Allgemeinbildung im Computer-Zeitalter" in Bonn; im Oktober 1986 tagte der Stifterverband für die deutsche Wirtschaft in Essen zum Thema "Wirtschaft - Technik - Bildung", im Dezember 1986 beschloß Landeszentrale für Politische Bildung Schleswig-Holstein den Reigen mit einer Tagung zum Thema "Politische Bildung als Allgemeinbildung".

Anmerkungen zu Kapitel 4

(1) Vgl. Brockhaus-Enzyklopädie, Bd. 12, 1990(19.)

(2) Koch, L.: Logik des Lernens. Weinheim: Deutscher Studien Verlag (1991), hier: §11, §45.

(3) Ichheisser, G.: Zur Psychologie des Nichtkönnens. In: Archiv gesamte Psychologie. 92 (1934). Den Hinweis fand ich bei Stäudel, Th.: Problemlösen, Emotionen und Kompetenz. Regensburg: Roderer (1987), 48.

(4) Dorsch, F.(Hg.): Psychologisches Wörterbuch. Bern: Huber 1989 (11.)

(5) Rotter, J.B.: Generalized expectancies for internal versus external control of reinforcement. In: Psychological Monographs. 1 (1966) 1-28.

(6) Seligman, M.E.P.: Erlernte Hilflosigkeit. München: PVU (1986, 3., Veränd., orig. 1975).

(7) Bandura, A.: Self-efficacy. Toward a Unifying Theory of Behavioral Change. In: Psychological Review 81 (1977) 191-215.

(8) Lazarus, R.S.: Psychological Stress and the Coping Process. New York: McGraw-Hill 1966. Lazarus, R.S. & Launier, R.: Streßbezogene Transaktionen zwischen Person und Umwelt. In: Nitsch, J. (Hg.): Stress. Bern: Huber 1981, 213-259.

(9) Vgl. Stäudel, Th.: Kompetenz. In: Brüderl, L.(Hg.): Theorien und Methoden der Bewältigungsforschung. Weinheim: Juventa (1988) 129-138, 129.

(10) Kruse, A.: Kompetenzerhaltung, Kompetenzsteigerung und Kompetenzwiedergewinnung im Alter. In: Kruse, A., Lehr, U. & Rott Chr.(Hg.): Gerontologie - eine interdisziplinäre Wissenschaft München: Bayerischer Monatsspiegel (1987) 343-412

(11) Lehr, U.: Kompetenz im Alter - Beiträge aus gerontologischer Forschung und Praxis. In: Rott, Chr. & Oswald, F.(Hg.): Kompetenz im Alter. Vaduz: Liechtenstein (1989) 1-14.

(12) Olbrich, E.: Kompetenz im Alter. In: Zeitschrift für Gerontologie. 20 (1987) 319-331; ders.: Kompetentes Verhalten älterer Menschen - epochale Aspekte. In: Rott, Chr. & Oswald, F.(Hg.): Kompetenz im Alter. Vaduz: Liechtenstein (1989) 32-61.

(13) Thomae, H.: Formen der Kompetenz im Alter. In: Rott, Chr. & Oswald, F.(Hg.): Kompetenz im Alter. Vaduz: Liechtenstein (1989) 15-32.

(14) Olbrich, E.: Kompetentes Verhalten älterer Menschen - epochale Aspekte. In: Rott, Chr. & Oswald, F.(Hg.): Kompetenz im Alter. Vaduz: Liechtenstein (1989) 32-61, hier: 33ff.

(15) Stäudel, Th.: Problemlösen, Emotionen und Kompetenz. Regensburg: Roderer (1987), ibs. 47ff. Dies.: Kompetenz. In: Brüderl, L.(Hg.): Theorien und Methoden der Bewältigungsforschung. Weinheim: Juventa (1988) 129-138.

(16) Dörner, D.: Wissen und Verhaltensregulatioon: Versuch einer Integration. In: Mandl, H. & Spada, H.(Hg.): Wissenspsychologie. München: U & S (1986)

(17) Stäudel, Th.: Problemlösen, Emotionen und Kompetenz. A.a.O., 47.

(18) Unter "Operator" ist dabei allgemein eine Vorschrift zu verstehen, wie man ein bestimmtes System aus einem bestimmten Zustand A in einen Zustand B überführen kann. Das Operator-Modell eignet sich damit zur Beschreibung menschlichen Handelns, wenn auch der Hinweis nicht unwichtig scheint, welchen Ursprung es hat: In engster Analogie zur mathematischen Disziplin der Funktionalanalysis hatte Dörner in einer seiner frühen Arbeiten Operatoren als ein-eindeutige Abbildung einer bestimmten Teilmenge von S oder des Produkts von Teilmengen von S in die Menge S definiert, wobei mit S die Menge aller möglichen Zustände oder Situationen bezeichnet wird. Diese eher verwirrend und ohne Bezug zu menschlichem Handeln erscheinende Formulierung bietet Vorteile, wenn man auf einer allgemeinen, von den jeweiligen Inhalten der Handlung abstrahierte Ebene Abläufe von Handlungen beschreiben und analysieren möchte: Das Operator-Modell gestattet eine beliebig feine Zerlegung komplexer Operationen in eine endliche Anzahl zur Anwendung gelangender Einzeloperatoren. Vgl. Dörner, D.: Die kognitive Organisation beim Problemlösen. Versuch einer kybernetischen Theorie der elementaren Informationsprozesse beim Denken. Bern: Huber (1974), 25.

(19) Vielfach wird "Heuristik" von "Algorithmus" unterschieden, wobei unter Algorithmen Verfahren verstanden werden, die bei korrekter Anwendung mit Sicherheit zur Lösung des Problems führen, wohingegen Heuristiken Faustregeln darstellen, die häufig, aber nicht in jedem Fall, zu Lösung führen. Inwieweit daher heuristisches Denken mit der Vorstellung des Operator-Modells als ein-eindeutige Abbildung eines Ausgangszustandes in einen Endzustand verträglich ist, bedarf einer weiteren Klärung.

(20) Stäudel, Th.: Problemlösen, Emotionen und Kompetenz. A.a.O., 41.

(21) Ebd., 54.

(22) Ebd., 55.

(23) Ebd., 55.

(24) Oerter, R.: Entwicklung und Förderung: Angewandte Entwicklungspsychologie. In: Roth, L.(Hg.): Pädagogik. Handbuch für Studium und Praxis. München: Ehrenwirth (1991) 158-171, 166f.

(25) "In jedem Lebensalter werden zur Bewältigung von Aufgaben Kompetenzen benötigt, die es zu entwickeln gilt. Dabei lassen sich mindestens drei Ebenen unterscheiden: Skills oder Fertigkeiten, Kompetenzen als Gruppierungen von Fertigkeiten und schließlich die Tätigkeit als organisierende zentrale Aktivität." A.a.O., 166.

(26) A.a.O., 167.

(27) Ebd.

(28) Flammer, A.: Entwicklungstheorien. Psychologische Theorien der menschlichen Entwicklung. Bern: Huber (1988).

(29) Ebd., 21.

(30) Ebd., 22.

(31) Vgl. dazu Kruse, A.: Kompetenzerhaltung, Kompetenzsteigerung und Kompetenzwiedergewinnung im Alter. In: Kruse, A., Lehr, U. & Rott, Chr.(Hg.): Gerontologie - eine inter-

Anmerkungen zu Kapitel 4

disziplinäre Wissenschaft. München: Bayerischer Monatsspiegel (1987) 343-412, hier 353ff., mit einer Fülle von Literaturhinweisen.

(32) Ebd., 319.

(33) Wer organisiert was?

(34) Waters, E. & Sroufe, L. A.: Social competence as a developmental construct. In: Developmental Review. 3 (1983) 79-97.

(35) Vgl. zum folgenden Olbrich, E.: Kompetentes Verhalten ... A.a.O., 36f.

(36) Ebd., 36f.

(37) Lehr, U.: Kompetenz im Alter - Beiträge aus gerontologischer Forschung und Praxis. In: Rott, Chr. & Oswald, F.(Hg.): Kompetenz im Alter. Vaduz: Liechtenstein (1989) 1-14.

(38) Kruse, A.: Kompetenzerhaltung, Kompetenzsteigerung und Kompetenzwiedergewinnung im Alter. In: Kruse, A., Lehr, U. & Rott, Chr.(Hg.): Gerontologie - eine interdisziplinäre Wissenschaft. München: Bayerischer Monatsspiegel (1987) 343-412.

(39) Thomae, H.: Formen der Kompetenz im Alter. In: Rott, Chr. & Oswald, F.(Hg.): Kompetenz im Alter. Vaduz: Liechtenstein (1989) 15-32.

(40) Thomae, H.: Alternsstile und Alternsschicksale - Ein Beitrag zu differentiellen Gerontologie. Bern: Huber (1983). Ders.: Formen der Kompetenz im Alter. A.a.O.

(41) Thomae, H.: Formen der Kompetenz im Alter. A.a.O., 21.

(42) Olbrich, E.: Kompetentes Verhalten älterer Menschen - epochale Aspekte. A.a.O., 33.

(43) Olbrich, E.: Kompetentes Verhalten ... A.a.O., 36.

(44) Vor allem Chomskys generative Transformationsgrammatik, ferner "kommunikative Kompetenz" im Sinne von Habermas.

(45) Heursen, G.: Kompetenz - Performanz. In: Lenzen, D. & Mollenhauer, K. (Hg.): Enzyklopädie Erziehungswissenschaft. Band 1. Stuttgart: Klett (1983) 472-478.

(46) Heursen, G.: Kompetenz - Performanz. A.a.O., 476.

(47) Heursen, G.: Kompetenz - Performanz. A.a.O., 477.

(48) Loch, W.: Curriculare Kompetenzen und pädagogische Paradigmen. In: Bildung und Erziehung. 32 (1979) 241-266.

(49) Loch, W.: Curriculare Kompetenzen ... A.a.O., 244.

(50) Brezinka, W.: Tüchtigkeit. Analyse und Bewertung eines Erziehungszieles. A.a.O.

(51) Short, nach Brezinka, W. A.a.O., 40.

(52) Apel, H.-J.: Mehr Wissen - Mehr Können. Überlegungen und Vorschläge zur Optimierung von Lernvorgängen in der betrieblichen Aus- und Fortbildung. Köln: Industrie und Handelskammer (nicht im Buchhandel) (1988), 5.

(53) Apel, H.-J.: Mehr Wissen ... A.a.O., 6.

(54) Roth, H.: Pädagogische Anthropologie. Band II: Entwicklung und Erziehung. Grundlagen einer Entwicklungspädagogik. Hannover: Schroedel (1971).

(55) White, R.W.: Motivation reconsidered: The concept of competence. In: Psychological Review. 66 (1959) 297-333.

(56) Roth, H.: Pädagogische Anthropologie. Band II. A.a.O., 290, 296.

(57) Roth, H.: Pädagogische Anthropologie, Bd. II. A.a.O., 296.

(58) Roth, H.: Pädagogische Anthropologie, Bd. II. A.a.O., 311.

(59) Roth, H.: Pädagogische Anthropologie, Bd. II. A.a.O., 180.

(60) Vgl. die Kritik bei Brezinka, W.: Tüchtigkeit. Analyse und Bewertung eines Erziehungszieles. München/Basel: E. Reinhardt (1987), 38.

(61) Roth, H.: Pädagogische Anthropologie, Bd. II. A.a.O., 389.

(62) Roth, H.: Pädagogische Anthropologie, Bd. II. A.a.O., 539ff.

(63) Dies auch nur als über die Ergebnisse der vorgelegten Untersuchung hinausweisendes Postulat, vgl. Stäudel. A.a.O., 311.

(64) Stäudel, Th.: Problemlösen, Emotionen und Kompetenz. A.a.O., 47, Hervorhebung nicht im Original.

(65) Stäudel, Th.: Problemlösen ... A.a.O., Hervorhebung nicht im Original.

(66) Stäudel, Th.: Problemlösen ... A.a.O., 43.

(67) Stäudel, Th.: Problemlösen ... A.a.O., 135.
(68) Stäudel, Th.: Problemlösen ... A.a.O., 54.
(69) Stäudels Doktorvater D. Dörner hat in seinem letzten Buch (Die Logik des Mißlingens) auf die Selbstüberschätzung als Faktor des Mißlingens hingewiesen. Seine Überlegungen werden in einem späteren Teil dieser Arbeit dargestellt.
(70) Stäudel, Th.: Problemlösen ... A.a.O., 306f.
(71) Ebd.
(72) Stäudel, Th.: Problemlösen ... A.a.O., Kap. 10.
(73) Stäudel, Th.: Problemlösen ... A.a.O., 311f.
(74) Höhn, E.: Der schlechte Schüler. Sozialpsychologische Untersuchungen über das Bild des Schulversagers. München: Piper (1980 (überarb., zuerst 1967))
(75) Ebd., 5. Kapitel.
(76) Vgl. Geißler, E.E.: Analyse des Unterrichts. Bochum: Kamp (1973), 109ff.
(77) Vgl. die Unterrichtsbeispiele bei: Schwerdt, Th.: Kritische Didaktik. Paderborn: Schöningh (1952) (15., zuerst 1933).
(78) Lehr, U.: Kompetenz im Alter - Beiträge aus gerontologischer Forschung und Praxis. In: Rott, Chr. & Oswald, F.(Hg.): Kompetenz im Alter. Vaduz: Liechtenstein (1989) 1-14, 4.
(79) Vgl. Lehr, U.: Pschologie des Alterns. Heidelberg: Quelle & Meyer (1984(5., zuerst 1972)).
(80) Vgl. Thomae, H.: Altersstile und Alternsschicksale - Ein Beitrag zur differentiellen Gerontologie. Bern: Huber (1983).
(81) Thomae, H.: Das Individuum und seine Welt. Göttingen: Hogrefe (1968), 10-32. Ebd. (2., völlig neu bearb. Auflage 1988), 6-13.
(82) Vgl. Kap. 2.6 dieser Arbeit.
(83) Heider, F.: The Gestalt theory of Motivation. In: Jones, M.R.(Hg.): The Nebraska Symposium on Motivation. Lincoln, Nebr.: University of Nebraska Press (1960) 145-172.

Heider, F.: The psychology of interpersonal relations. New York: Wiley (1958).

(84) Heider, F.: The psychology of interpersonal relations. A.a.O., 58ff.

(85) Atkinson, J.W.: Motivational determinants of risk-taking behavior. In: Psychological Review. 64 (1957) 359-372. Atkinson, J.W.: An introduction to Motivation. New York: Van Nostrand (1964). Die Abbildung ist entnommen: Schönpflug & Schönpflug: Psychologie. München 1983, 319.

(86) Weiner, B.: Theories of Motivation. From mechanisms to cognition. Chicago: Markam 1972. Weiner, B.: An attributional Interpretation of expectancy-value theory. In: Weiner, B.(Hg.): Cognitive views of human Motivation. New York: Academic Press (1984) 51-70. Weiner, B.: An attributional theory of achievement motivation and emotion. In: Psychological Review. 92 (1985) 548-573.

(87) Wichtige Hinweise verdanke ich der Arbeit von Mielke, R.: Lernen und Erwartung. Bern: Huber (1984).

(88) Rotter, J.B.: Social Learning and clinical psychology. New York: Englewood Cliffs (1954).

Rotter, J.B.: Generalized expectancies for internal versus external control of reinforcement. In: Psychological Monographs. 1 (1966) 1-28.

Rotter, J.B.: An introduction to social learning theory. In: Rotter, J.B., Chance, J.E. & Phares, E.J.(Hg.): Applications of social learning theory of personality. New York: Holt (1972).

(89) Vgl. Mielke, R.: Lernen und Erwartung. A.a.O., 47ff.

(90) Referiert bei: Stäudel, TH.: Problemlosen, Emotionen und Kompetenz. Regensburg: Roderer (1987) 52.

(91) Ebd.

(92) De Charms, R.: Personal causation. New York: Academic Press (1968).

(93) De Charms, R.: Origins, pawns, and educational practice. In: Lesser, G.S.(Hg.): Pscholgical Practice and Educational Process. New York: Scott & Foresman (1969).

(94) Brehm, J.W.: A theory of psychological reactance. New York: Academic Press (1966).

Brehm, J.W.: Responses to loss of freedom: A theory of psychological reactance. Moristown, N.J.: General Learning Press (1972).

Anmerkungen zu Kapitel 4

(95) Bandura, A.: Self-efficacy: Toward a unifying theory of behavioral change. In: Psychological Review 84 (1977), 151-215.

(96) Heckhausen, H.: Achievement motivation and its constructs: A cognitive model. In: Motivation and Emotion. 1 (1977) 283-329.

(97) Seligman, M.: Helplessness. On Development, Depression and Death. San Francisco: Freeman (1975)

(98) Seligmans Theorie steht dem erwähnten Reaktanz-Konzept Brehms - wonach Hilflosigkeit als Einengung des persönlichen Handlungsspielraumes zu Widerstand führen müßte - diametral gegenüber. Nach heftigen Einsprüchen der Gruppe um Wortman und Brehm wurde das Konzept der erlernten Hilflosigkeit um neue Gesichtspunkte erweitert, ohne daß sich die Positionen der Arbeitsgruppen um Seligman und Brehm einander nennenswert angenähert hätten. Vgl. Rosch-Inglehart, M.: Kritische Lebensereignisse. A.a.O., 34ff.

(99) Vgl. dazu Mielke, R.: Lernen und Erwartung. A.a.O., 92.

(100) Abramson, L., Seligman, M. & Teasdale, J.: Learned helplessness in humans: critique and reformulation. In: Journal of Abnormal Psychology. 87 (1978) 49-74.

(101) Aebli, H.: Grundlagen des Lehrens. Stuttgart: Klett-Cotta 1987, 20.

(102) Offer, D.: Das Selbstbild normaler Jugendlicher.. In: Olbrich, E. & Todt, E.(Hg.): Probleme des Jugendalters. Berlin: Springer (1984) 111-130, 116, Item 70.

(103) Bühler, K.: Die Krise der Psychologie. Jena (1927),192ff.

(104) Huizinga, J.: Homo Ludens. Vom Ursprung der Kultur im Spiel. Reinbek: Rowohlt (1987) (orig. niederländisch 1938).

(105) Piaget,J.: Nachahmung, Spiel und Traum. Stuttgart: Klett (1969).

(106) Maslow, A.: Motivation und Persönlichkeit. Reinbek: Rowohlt (1981) (orig. amerikanisch 1954).

(107) Csikszentmihalyi, M.: Das Flow-Erlebnis, A.a.O., 58f.: Flow bezeichnet einen "besonderen dynamischen Zustand - das holistische Gefühl bei völligem Aufgehen in einer Tätigkeit".

(108) Csikszentmihalyi, M.: Das Flow-Erlebnis, A.a.O., 62.

(109) Csikszentmihalyi, M.: Das Flow-Erlebnis, A.a.O., 68f.

(110) Thomae, H.: Das Individuum und seine Welt. 1968. A.a.O., 72.

(111) Csikszentmihalyi, M.: Das Flow-Erlebnis, A.a.O., 76.

(112) Rheinberg, F.: Zweck und Tätigkeit. Motivationspsychologische Analysen. Göttingen: Verlag für Psychologie 1989.

(113) Siehe dort: Studie E.

(114) Siehe dort: Studie F.

(115) Vgl. Mierke, K.: Psychohygiene im Schulalltag. Bern: Huber (1967), 58. Mierke führt den Begriff auf Fritz Künkel zurück.

(116) Aebli, H.: Grundlagen des Lehrens. Stuttgart: Klett-Cotta (1987).

(117) Aebli, H.: Grundlagen ... A.a.O., 37ff.

(118) Vgl. zur didaktischen Bedeutung und Umsetzung: Geißler, E.E.: Analyse des Unterrichts. Bochum: Kamp (1973), 171ff.

(119) Vgl. dazu Lersch, Ph.: Aufbau der Person. München: Barth (1970 (11.), zuerst 1938). Eine vorwiegend an Reiz-Reaktions-Mechanismen orientierte behavioristische Psychologie muß für die vorgetragene Position verständlicherweise weitgehend blind bleiben.

(120) Aebli, H.: Grundlagen des Lehrens. Stuttgart: Klett-Cotta (1987),136.

(121) Vor allem im "Umriß pädagogischer Vorlesungen" §§ 63, 71-94, 99, 125, 290.

(122) Vgl. Geißler, E.E.: Herbarts Lehre vom erziehenden Unterricht. Heidelberg: Quelle und Meyer (1970), 168ff.

(123) UV § 125.

(124) Geißler, E.E.: Herbarts Lehre ... A.a.O., 169.

(125) Haußer, K.: Identitätsentwicklung. New York: Harper & Row (1983) UTB 1269.

(126) Haußer unterteilt Identität aspekthaft in "Identität als situative Erfahrung", "Identität als übersituative Verarbeitung" und "Identität als motivationale Quelle". Siehe Teil A der genannten Schrift.

(127) Haußer bezieht sich hier vor allem auf Rotter und Heider, vgl. 46ff.

(128) Haußer, K.: Identitätsentwicklung. A.a.O., 72ff.

(129) Herbart, J.F.: Allgemeine Pädagogik. (1806) Zweites Buch. Vgl. dazu: Geißler, E.E.: Herbarts Lehre ... A.a.O., 162-168.

(130) In Analogie zum Intelligenzkonstrukt: "Kompetenz ist das, was die Kompetenzskala mißt."

(131) Boethius: Contra Eutychem Et Nestorium. In: The Theological Tractates. Ed. and transl. by E.K.Rand and F.F.Stewart. London 1946, p. 72-127, 84.

(132) Dem hier nur kurz skizziertierten Problemzusammenhang waren in der jüngsten Vergangenheit zahlreiche unterschiedliche Forschungsaktivitäten am Institut für Erziehungswissenschaft gewidmet. Einen Überblick bieten die folgenden jeweils von E.E. Geißler herausgegebenen Tagungsberichte des Instituts: Gemeinwohl (1984), Politische Bildung (1985), Verantwortung (1986), Inhalt und Bedeutung des personalen Menschenbildes (1987), Postmoderne Zukunft? (1988) Der mündige Bürger. Illusion oder Wirklichkeit? (1990).

(133) Waters, E. & Sroufe, L. A.: Social competence as a developmental construct. In: Developmental Review. 3 (1983) 79-97.

(134) Vgl. Zimmermann, A.: Zum philosophischen Hintergrund des Personbegriffs. In: Geißler, E.E.(Hg.): Inhalt und Bedeutung des personalen Menschenbildes. Bonn: Institut für Erziehungswissenschaft (1987) 30-44.

Anmerkungen zu Kapitel 5

(1) Vgl. die Darstellung bei: Anderson, J.: Kognitive Psychologie. Heidelberg: Spektrum der Wissenschaft (1988), 220ff. Diesem Werk sind auch die beiden oben stehenden Graphiken entnommen (222). Blackburn, J.: Acquisition of Skill: An Analysis of Learning Curves. In: IHRB Report 73 (1936). Kolers, P.A.: A Pattern Analyzing Basis of Recognition. In: Cermak, L. & Craik, F. (Hg.): Levels of Processing in Human Memory. Hillsdale: Erlbaum 1979. Neves, D. & Anderson, J.: Knowledge Compilation. In: Anderson. J. (Hg.): Cognitive Skills and Their Acquisition. Hillsdale: Erlbaum 1981.

(2) Dies zu betonen ist wichtig, wenn man den nahezu verantwortungslos-optimistischen Tenor mancher Veröffentlichungen zur Transfer-Problematik aus den siebziger Jahren kennt.

(3) Bergius, R.: Analyse der "Begabung": Die Bedingungen des intelligenten Verhaltens. In: Roth, H.(Hg.): Begabung und Lernen. Stuttgart: Klett (1968) 229-268, ibs. 232ff.

(4) Weinert, F.: Lernübertragung. In: Weinert, F., Graumann, C., Heckhausen, H. et al.(Hg.): Funkkolleg Pädagogische Psychologie. Bd. 2. Frankfurt: Fischer (1974) 687-709 Hesse, H.: Lernübertragung. In: Weinert, F., Bredenkamp, J. u.a.(Hg.): Pädagogische Psychologie. Bd. V: Lernen. Weinheim: Beltz (1976)(Bearb. Neuausg. d. Studienbegleitbriefe zum Funkkolleg Päd. Psychologie) 63-92.

(5) So z.B. Klauer, K.J.: Lernen und Intelligenz. Der Einfluß von Trainingsmethoden auf die Intelligenztestleistung schwachbegabter Kinder. Weinheim: Beltz (1969). Flammer, A.: Transfer und Korrelation. Weinheim: Beltz (1970)

(6) So etwa Messner, H.: Wissen und Anwenden. Zur Problematik des Transfers im Unterricht. Stuttgart: Klett Cotta (1978) 53ff.

(7) Weinert, F.: Lernübertragung. A.a.O., 688.

(8) Benesch, H.: dtv-Atlas zur Psychologie. 2 Bde. München: dtv (1987), Bd. 1, 157/II.

(9) Anderson, J.: Kognitive Psychologie. Heidelberg: Spektrum der Wissenschaft (1988), 225f.

(10) Flammer, A.: Transfer und Korrelation. A.a.O.

(11) Ebd., 14f.

(12) Ebd., 108.

(13) Klauer, K.J.: Lernen und Intelligenz. A.a.O., 37.

(14) Vgl. dazu Geißler, E.E.: Die Schule. Theorien, Modelle, Kritik. Stuttgart: Klett (1984) Kap. 4.

(15) Roth, H.: (Hg.): Begabung und Lernen. Stuttgart: Klett (1969) (Gutachten und Studien der Bildungskommission, Bd. 4).

Anmerkungen zu Kapitel 5

(16) Klauer, K.J.: Lernen und Intelligenz. A.a.O., 172f.

(17) Messner, H.: Wissen und Anwenden. Zur Problematik des Transfers im Unterricht. Stuttgart: Klett Cotta (1978).

(18) Messner, H.: Wissen und Anwenden. A.a.O., 25.

(19) In den Konzeptionen Hans Aeblis und in den neueren Arbeiten Karl-Josef Klauers; auf beides wird weiter unter ausführlicher eingegangen.

(20) Eine solch positive Einstellung formalbildenden Unterrichtsfächern gegenüber findet man bei zahlreichen pädagogischen Autoren der Zeit. Vielzitiert ist die Ansicht des preußischen Schulreformers Friedrich Gedike, der ausgangs des 18. Jahrhunderts seinem Leser versicherte, durch das Erlernen von Latein und Griechisch ihrem "Geiste jene Bildung, jene Geschmeidigkeit verschafft zu haben, die auch in ... (ihre) Geschäfte mit übergeht". (Zitiert nach Höhn, E.: Psychologische Probleme der Höheren Schule. In: Hetzer, H. (Hg.): Handbuch der Psychologie Bd. 10. Göttingen: Hogrefe 1959, 306.) Eine ähnliche Auffassung vertrat Friedrich Immanuel Niethammer, der eine Beschäftigung mit den alten Sprachen um ihres formalen Bildungsgehaltes willen forderte. (Niethammer, Fr. I.: Philantropinismus - Humanismus. Texte hg. v. W. Hillebrecht. Weinheim: Beltz (1968 (1808)).) Die innere Festigkeit, Gesetzmäßigkeit und Konsequenz der antiken Sprachen seien es, welche sie für die Übung des Geistes geeignet machten. Auch Wilhelm von Humboldts Votum aus dem Sektionsbericht von 1809 wird in diesem Zusammenhang immer wieder angeführt: Die Bildung zum "sittlichen Menschen und guten Bürger" ist das Leitziel, "welches dadurch zu erreichen steht, daß man bei der Methode des Unterrichts nicht sowohl darauf sehe, dass dieses oder jenes gelernt, sondern in dem Lernen das Gedächtnis geübt, der Verstand geschärft, das Urteil berichtigt, das sittliche Gefühl verfeinert werde". (Humboldt, W. v.: Bericht der Sektion des Kultus und Unterrichts an den König. Dezember 1809. In: Flitner, A. & Giel, K.(Hg.): Wilhelm von Humboldt. Werke, Bd. IV. Darmstadt: Wissenschaftliche Buchgesellschaft (1982)(3.) 211-238, 217.) Zusammenfassend: Vgl. Lehmensick, E.: Die Theorie der formalen Bildung. (Gött. Stud. z. Päd., H. 6) Göttingen: Vandenhoeck & Ruprecht (1926), 20ff.

(21) Wolff, Fr. A.: Darstellungen der Alterthumswissenschaften. Halle (1869), 863ff., Zitat 869.

(22) Herbart, J. Fr.: Umriß pädagogischer Vorlesungen (1835). K 9 145

(23) Ebert, E. & Meumann, E.: Über einige Grundfragen der Psychologie der Übungsphänomene in Bereichen des Gedächtnisses, zugleich ein Beitrag zur Psychologie der formalen Geistesbildung. In: Archiv für die Gesamte Psychologie. 4 (1905) 1-232.

(24) Vgl. die tabellarische Zusammenstellung bei Ebert & Meumann, a.a.O., 191. Leicht zugänglich ist der Wiederabruck der Ergebnisse in: Weinert, F.: Lernübertragung. In: Weinert, F., Graumann, C. , Heckhausen, H. et al.(Hg.): Funkkolleg Pädagogische Psychologie. Bd. 2. Frankfurt: Fischer (1974) 687-709, 691.

(25) Zuerst formuliert in: Thorndike, E.L. & Woodworth, R.S.: The influence of improvement in one function upon the efficiency of other functions I, II, III. In: Psychological Reviews. 8 (1901) 247-261, 384-395, 553-564. Thorndike, E.L.: Educational Psychology. New York (1903). Thorndike, E.: Mental discipline in high school studies. In: Journal of Educational Psychology. (1924) 1-22, 83-98. Thorndike, E.: Psychologie der Erziehung (Educational Psychology, Vol. II: The Psychology of Learning). Darmstadt: Wissenschaftliche Buchgesellschaft (1970 (zuerst 1913)).

(26) Dies ist keine Erscheinung, die man einer 'typisch amerikanischen' Neigung zum Pragmatismus anlasten könnte. Auch in Deutschland gab es starke Bestrebungen, die den monopolisierten Bildungsanspruch der Altphilologie attackierten. Der sog. Realienstreit des ausgehenden 19. Jahrhunderts kann in diesem Sinne gedeutet werden, und auch weite Teile der Reformpädagogik zu Beginn unseres Jahrhunderts erhebt sich nicht nur gegen die "Buchschule", sondern ebenso gegen das Bildungsmonopol des humanistischen Gymnasiums.

(27) Weinert, F.: Lernübertragung. A.a.O., 695f.

(28) Vgl. Thorndike, E.: Psychologie der Erziehung. Darmstadt: Wissenschaftliche Buchgesellschaft (1970 (zuerst 1930)), 223.

(29) Messner, H.: Wissen und Anwenden. Zur Problematik des Transfers im Unterricht. Stuttgart: Klett Cotta (1978), 127.

(30) Thorndike, E.: Psychologie der Erziehung. A.a.O., 222.

(31) Die Legitimationsproblematik von Schulfächern steht in dieser Arbeit nicht zur Diskussion. Am Rande sei daher nur darauf verwiesen, daß eine ausschließlich auf funktionaler Bildung beruhende Legitimation eines Schulfaches mit Sicherheit bereits deshalb unzureichend wäre, weil zur Urteilsfähigkeit nicht allein das "Schlüsse-ziehen-Können", sondern darüberhinaus auch ein solide strukturiertes Weltwissen gehört.

(32) Thorndike, E.: Psychologie der Erziehung. Darmstadt: Wissenschaftliche Buchgesellschaft (1970)(original: Educational Psychology II, The Psychology of Learning. New York: Teachers College of Columbia University 1913).

(33) Judd, Ch.: The relation of special training to general intelligence. In: Educational Review. 36 (1908) 28-42.

(34) Overing, R. & Travers, R.: Training Conditions and Transfer. In: Journal of Educational Psychology. 57 (1966) 179-188

(35) Woodrow, H.: Der Einfluß der Übungsart auf die Lernübertragung (transfer). In: Weinert, F.(Hg.): Pädagogische Psychologie. Köln: Kiepenheuer & Witsch (1969)(4.) 213-229.

(36) Katona, G.: Organizing and memorizing. New York: Columbia University Press (1940). Eine ausführliche Beschreibung seiner Experimente findet sich bei Hesse, H.: Lernübertragung. In: Weinert, F., Bredenkamp, J. u.a.(Hg.): Pädagogische Psychologie. Bd. V: Lernen. Weinheim: Beltz (1976)(Bearb. Neuausg. d. Studienbegleitbriefe zum Funkkolleg Päd. Psychologie) 63-92, 84ff.

(37) Bourne, L.E.: Knowing and using concepts. In: (Hg.): Psychological Review. 77 (1970) 546-556.

(38) Vgl. Hussy, W.: Denkpsychologie. Stuttgart: Kohlhammer (1984), Bd. I, 45f.

(39) Hussy, W.: Denkpsychologie. A.a.O. Bd. 1, 68-78.

(40) Entnommen aus Hussy, W.: Denkpsychologie. A.a.O., 75.

(41) Der letzte Satz bedarf einer näheren Begründung. Wenn man einen zweidimensionalen Begriff bilden möchte, so kann man einen gegebenen Mustervorrat einer Kreuzklassifikation unterwerfen, das heißt: man kann alle Elemente des Mustervorrats in ein zweidimensionales Schema einordnen, wobei jedes Feld einer der vier möglichen Merkmalskombinationen entspricht. Jeder Verknüpfungsregel der Wahrheitstafel (beispielsweise "logisches und") entspricht genau ein charakteristisches Muster der Vierfeldertafel. Wer dies weiß, kann mit Hilfe der Vierfeldertafel die gesuchte Verknüpfungsregel rasch und sicher bestimmen. Dies ist die (sehr einfache) Logik des Gesamtsystems. Hussy interpretiert den oben dargestellten Transfer in Bournes Experiment als "Erkenntnisgewinn bezüglich der Struktur des Gesamtsystems; die Probanden gewinnen Einsicht in die Zusammenhänge zwischen den Regeln und finden eine Strategie zur fehlerfreien Identifikation von Regeln." (Hussy, W.: Denkpsychologie Bd. 1. A.a.O., 77.) Bourne und Mitarbeiter konnten in einer folgenden Untersuchung zeigen, daß ein neutrales Vortraining im Umgang mit der Vierfeldertafel die Leistung bei der anschließenden Regelidentifikation wesentlich verbesserte.

(42) Harlow, H.F.: Learning set and error factor theory. In: Koch, S.(Hg.): Psychology: A study of science. New York: McGraw Hill (1959) 492-537.

(43) Hesse, H.: Lernübertragung. A.a.O., 77.

(44) Piaget, J. & Inhelder, B.: Von der Logik des Kindes zur Logik des Heranwachsenden. Essay über die Ausformung der formal-operativen Strukturen. Olten: Walter (1977).

(45) Bourne, L.E. & O'Banion, K.: Conceptual rule learning and chronological age. In: Developmental Psychology. 5 (1971) 525-534.

(46) Klauer, K.J.: Lernen und Intelligenz. A.a.O., 26.

(47) Watson, J.B.: Psychology as the behaviorist views it. In: Psychological Reviews. 20 (1913) 158-177.

(48) Klauer, K.J.: Lernen und Intelligenz. A.a.O., 27.

(49) Hull, C.L.: Principles of behavior. New York: Appleton-Century-Croft (1943).

(50) Osgood, C.E.: The similarity paradox: A resolution. In: Psychological Reviews. 56 (1949) 132-143.

(51) Flammer, A.: Transfer und Korrelation. A.a.O., 32-108.

(52) Luchins, A.S.: Mechanisierung beim Problemlösen. In: Graumann, C.F.(Hg.): Denken. Köln: Kiepenheuer & Witsch (1971/1942)(5.) 171-190.

(53) Bühler, K.: Tatsachen und Probleme zu einer Psychologie der Denkvorgänge.. In: Archiv für die gesamte Psychologie. (1907/08) 9, 297-305, 12, 1-92.

(54) Birch, H.G. & Rabinowitz, H.S.: Die negative Wirkung vorhergehender Erfahrung auf das produktive Denken. In: Graumann, C.F.(Hg.): Denken. Köln: Kiepenheuer & Witsch (1971/1951) 265-270.

(55) Aebli, H.: Denken. Das Ordnen des Tuns. Bd. 1. A.a.O., 38.

(56) Vgl. die Deutung bei Aebli, H.: Denken. Das Ordnen des Tuns. 2 Bde. Stuttgart: Klett-Cotta (1980/81), Bd. 1, 43.

(57) Selz, O.: Die Gesetze der produktiven Tätigkeit. In: Graumann, C.F.(Hg.): Denken. Köln: Kiepenheuer & Witsch (1971)(5., orig. 1913) 215-224, 218.

(58) Ebd., 219f.

(59) Selz, O.: Die Gesetze der produktiven Tätigkeit. A.a.O., 220.

(60) Bartlett, F.C.: Remembering. A Study of experimental and social Psychology. Cambridge: Cambridge University Press (1932), 201; zitiert wurde die Übersetzung dieser Stelle in: Miller, G.A. & Galanter, E. & Pribam, K.H.: Strategien des Handelns. Stuttgart: Klett (1973/1960), 17.

(61) Ebd.

(62) Denken. Bd. 1 A.a.O., 47.

(63) Piaget, J.: Das Erwachen der Intelligenz beim Kinde. Stuttgart: Klett (1969/1936), 259.

(64) Vgl. den Begriff des Algorithmus und die Idee der Turing-Maschine; z.B. Gardner, H.: Dem Denken auf der Spur. Stuttgart: Klett-Cotta (1989) (orig. amerikanisch 1985); Varela, F.J.: Kognitionswissenschaft - Kognitionstechnik. Eine Skizze aktueller Perspektiven. Frankfurt/M.: Suhrkamp (1990); Mantz, R.: Maschine und Denken. Wuppertal: Deimling (1991), 191ff.

(65) Besonders deutlich wird der mögliche negative Einfluß des Schemas auf eine neue Situation im Wasserumfüllexperiment von Luchins (vgl. Anm. 53), da hier der negative Transfer ja erst durch die Schematisierung des Lösungsweges zustande kommt.

(66) Aebli, H.: Denken. A.a.O., Bd. 1, 213.

(67) Vgl. dazu Aebli, H.: Denken. A.a.O., Bd. 1, 240.

(68) Aebli, H.: Denken. A.a.O., Bd. 2, 83ff.

(69) In dem Sinne, daß Schemata einzelne Wissenselemente zu geordneten Sequenzen zusammenfassen, in deren Kontext erst die sinnhafte Deutung der einzelnen Elemente ermöglicht wird und die ihrerseits auf Zwecke hin geordnet sind: Schema X benötigt man, wenn man A tun will. Vgl. Aebli, H.: Denken. A.a.O., Bd. 2, 232.

(70) Aebli, H.: Denken. A.a.O., Bd. 2, 198ff.

(71) Aebli, H.: Denken. Bd. 2., 270f.

(72) Aebli, H.: Denken. Bd. 2. A.a.O., 199f.

(73) Aebli, H.: Denken. Bd. 2. A.a.O., 210.

(74) Gleichzeitig wird erkennbar, warum die Formulierung des Transferphänomens in anderen Dialekten der kognitiven Psychologie so schwierig ist. Manche, wie beispielsweise Dörner, postulieren zwei verschiedene Wissensbereiche, die epistemische und die heuristische Struktur. Alles, was je erfahren und inhaltlich gewußt wurde, vom simplen Faktum bis zur komplizierten Problemlösung, gehöre zum Bereich der epistemischen Struktur. Die heuristische Struktur enthalte in ihren "Metaoperatoren" jenes spezielle Wissen darüber, wie neue Operatoren der epistemischen Struktur im Bedarfsfall konstruiert werden können. Trifft dies zu, dann darf man Transfer nicht im Bereich der heuristischen Struktur suchen, denn hier obwaltet ausschließlich Akkomodation im Piaget'schen Sinne! In der epistemischen Struktur ist auch kein Platz für Transfer, denn das einzige Organisationsprinzip für die Konstruktion von Problemlösungen aus Operatoren der epistemischen Struktur, das Dörner anerkennt, ist die TOTE-Einheit von Miller, Galanter & Pribam (1960): Test-Operate-Test-Exit. Es gibt also keinen Transfer, sondern nur ein Kombinieren geeigneter Operatoren, Kontrol-

le, Verwerfen und Neukombinieren, Kontrolle usw. bis "es paßt". Dieser Befund ist um so erstaunlicher, als eigentlich die Begrifflichkeit Dörners darauf hindeutet, daß Transfer als existierend vorausgesetzt wird: Ein Operator ist bei Dörner "die allgemeine Form einer Handlung" (1987, S. 15) und in dieser Allgemeinheit übertragbar.
Andere, wie etwa Anderson, beschäftigen sich primär mit dem Aufbau von Fertigkeiten und identifizieren Transfer flugs mit Übung: Die einzelnen Komponenten der kognitiven Prozesse müssen gehörig trainiert werden, damit der Gesamtablauf flüssig vor sich gehen kann. Hier verdeckt das konkrete Ziel den Blick für mögliche und notwendige Abstraktion, damit die Anwendbarkeit von früher Erlerntem in einer veränderten Situation erkannt werden kann.

(75) Vgl. Aebli, H.: Denken. A.a.O., Bd. 2, 216f.

(76) Masendorf, F. & Klauer, K. J.: Gleichheit und Verschiedenheit als kognitive Kategorien. In: Zeitschrift f. Entwicklungspsychologie u. Pädagogische Psychologie. 18 (1986) 46-55. Klauer, K. J.: Auswirkungen eines Trainings des abstrakt-analytischen Denkens auf die Intelligenz von Grundschülern. In: Zeitschrift f. Pädagogische Psychologie. 1 (1987) 53-60. Klauer, K. J.: Intellektuelles Training bei Vorschul- und Grundschulkindern. In: Pychologie in Erziehung und Unterricht. 34 (1987) 205-213. Klauer, K. J.: Induktives Denken, analytische Lösungsstrategie und Intelligenz: Ergebnisse zweier Trainingsstudien. In: Zeitschrift für Entwicklungspsychologie und Pädagogische Psychologie. 19 (1987) 325-339. Klauer, K. J.: Intellektuelle Förderung durch Einzelfalltraining. In: (Hg.): Psychologie in Erziehung und Unterricht. 35 (1988) 269-278. Klauer, K. J.: Die Messung von Transferdistanzen. In: Zeitschrift für Entwicklungspsychologie und Pädagogische Psychologie. 21 (1989) 146-166. Klauer, K. J.: Allgemeine oder bereichsspezifische Transfereffekte eines Denktrainings? In: Zeitschrift für Entwicklungspsychologie und Pädagogische Psychologie. 21 (1989) 185-200. Klauer, K. J.: Paradigmatisches Training induktiven Denkens: Ergebnisse zweier Transferexperimente. In: Zschr. f. Pädagogische Psychologie. 3 (1989) 249-258.

(77) Klauer, K. J.: Allgemeine oder bereichsspezifische .... A.a.O., 195.

(78) Fitts, P. M. & Posner, M. I.: Human Performance. Belmont: Brooks Cole (1967).

(79) Anderson, J.: Kognitive Psychologie. A.a.O., 219ff.

(80) In letzter Zeit sind in ähnlicher Weise die Wissensgebiete "Geometrie", "Physik" und "Computerprogrammierung" erschlossen worden. Einen guten Überblick bietet Anderson, J. R.: Kognitive Psychologie. A.a.O., 230-240.

(81) Groot, A. de: Thought ans Choice in Chess. The Hague: Mouton (1965). Ders.: Perception and Memory Versus Thought: Some Old Ideas and Recent Findings. In: Kleinmuntz, B.(Hg.): Problem Solving. New York: Wiley (1966) 19-50.

(82) Simon, H. A. & Gilmartin, K. A.: A Simulation of Memeory for Chess Positions. In: Cognitive Psychology. 5 (1973) 29-46.

(83) Beispielsweise Anderson, a.a.O., 218 u. 241.

(84) Chase, W. G. & Simon, H. A.: The Mind's Eye in Chess. In: Chase, W. G.(Hg.): Visual Information Processing. New York: Academic Press (1973). Dies.: Perception in Chess. In: Cognitive Psychology. 4 (1973) 55-81.

(85) Charness, N.: Memory fo Chess Positions: Resistence to Interference. In: (Hg.): Journal of Experimental Psychology: Human Learning and Memory 2. (1976) 641-653.

(86) Hartlaub, G.: Der Genius im Kinde. Breslau: Hirt (1922).

(87) "Genius" bezeichnet nach Brockhaus die "höchste schöpferische Geisteskraft" bzw. einen "Menschen mit hoher Schöpferkraft"; "Genie" als Leitbegriff des Sturm und Drang diente ursprünglich zur Bezeichnung des Schöpferischen und der Originalität des Dichters und des Künstlers.

(88) Vgl. Seiffge-Krenke, I.: Probleme und Ergebnisse der Kreativitätsforschung. Bern: Huber (1974). Preiser, S.: Kreativitätsforschung. Darmstadt: Wissenschaftliche Buchgesellschaft (1976), 101-107.

(89) Weisberg, R.: Kreativität und Begabung. Heidelberg: Spektrum der Wissenschaft (1989) (orig.: Creativity. New York: Freeman 1986).

Anmerkungen zu Kapitel 6

(1) Ob die Umkehrung dieser Aussage ebenfalls gilt, wird an späterer Stelle noch zu diskutieren sein.

(2) Hussy, W.: Denkpsychologie Stuttgart: Kohlhammer (1984), Bd. 1, 118ff. u. 154ff.

(3) Drinck, M.: Systemtheoretisch orientierte Modelle von Emotion und Kognition. Einige Folgerungen für Pädagogik und Psychotherapie. Bonn: Phil. Diss. (1989), 74f. u. 108ff.

(4) Hussy: Denkpsychologie. Bd. 1. A.a.O., 201ff., 224ff. u. 250ff.

(5) Vgl. dazu Drinck, M.: Systemtheoretisch orientierte Modelle, A.a.O., 71.

(6) Selz, O.: Zur Psychologie des produktiven Denkens und des Irrtums. Bonn: Cohen (1922). Duncker, K.: Zur Psychologie des produktiven Denkens. Berlin: Springer (1974(3., zuerst 1935)). Wertheimer, M.: Productive Thinking. New York: Harper (1945 (deutsch: Produktives Denken. Frankfurt: Krämer 1964,2.)).

(7) Dörner, D. , Lutz, W. & Meurer, K.: Informationsverarbeitung beim Konzepterwerb. In: Z. Psychol. 174 (1967) 194-230.

(8) Dörner, D.: Die Kognitive Organisation beim Problemlösen. Versuch einer kybernetischen Theorie der elementaren Informationsprozesse beim Denken. Bern: Huber (1974).

(9) Dörner, D.: Problemlösen als Informationsverarbeitung. Stuttgart: Kohlhammer (1984)(3., zuerst 1976).

(10) Vor allem: Dörner, D. & Kreuzig, H. W. & Reither, F. et al.: Lohausen: Vom Umgang mit Unbestimmtheit und Komplexität Bern: Huber (1983).

(11) Dörner, D.: Die Logik des Mißlingens. Reinbek: Rowohlt (1989).

(12) Bei dem im Unterschied zum "Aufgabenlösen" die Methoden zur Bewältigung grundsätzlich nicht bekannt sind; vgl. Problemlösen als Informationsverarbeitung. A.a.O., 10.

(13) Dörner, D.: Die kognitive Organisation ... A.a.O., 43.

(14) Dörner, D.: Die kognitive Organisation ... A.a.O., 44.

(15) Dörner, D.: Problemlösen ... A.a.O., 13.

(16) Dörner, D.: Problemlösen ... A.a.O., 14.

(17) Vgl. Geißler, E.E.: Erziehungsmittel. Bad Heilbrunn: Klinkhardt (1975) (5., zuerst 1967), 15ff.

(18) Aebli, H.: Denken. Das Ordnen des Tuns. 2 Bde. Stuttgart: Klett-Cotta (1980/81), Bd. 2, 19ff.

(19) "Ein Problem ist ein Handlung- oder Operationsplan oder eine vorläufige Wahrnehmung oder Deutung einer Gegebenheit, die bezüglich der Handlungs, Operations- oder Verstehensabsicht des Problemlösers eine unbefriedigende Struktur hat." Aebli, H.: Denken. A.a.O., 17.

(20) Z.B. Die Logik des Mißlingens. Kapitel 4.

(21) "Ein Operator ist die allgemeine Form einer Handlung, ... ein allgemeines Handlungsprogramm." Problemlösen als Informationsverarbeitung. A.a.O., 15. Dörners Begriff des Operators entspricht dem des Schemas bei Bartlett, Piaget und Aebli, der im Zusammenhang mit dem Transferproblem im Rahmen dieser Arbeit dargestellt wird.

(22) Lindsay, P.H. & Norman, D.A.: Human Information processing. New York: Academic Press (1972).

(23) Norman, D. & Rumelhart, D.: Explorations in Cognition. San Francisco: Freeman (1975).

(24) Vgl. zu Einzelfragen: Dörner, D.: Problemlösen als Informationsverarbeitung. A.a.O., 29-33.

(25) Dörner greift explizit auf das TOTE-Schema bei Miller, Galanter & Pribam: "Test-Operate-Test-Exit" zurück.

(26) Dörner, D.: Problemlösen ... A.a.O., 47f.

(27) Dörner, D.: Problemlösen ... A.a.O., 42.

(28) Dörner, D.: Problemlösen ... A.a.O., 27.

(29) Dörner, D.: Problemlösen ... A.a.O., 49.

(30) Ebd.

(31) Dörner: Problemlösen ... A.a.O., 27.

(32) Ebd.

(33) Dörner, D.: Problemlösen ... A.a.O., Kap. 3-5.

(34) Newell, A., Shaw, J.C. & Simon, H.A.: Report on a General Problem-Solving Program

for a Computer. In: UNESCO (Hg.): Information Prozessing: Proceedings of the International Conference on Information Prozessing. Paris: UNESCO (1960) 256-264. Vgl. außerdem die spätere Position in Newell, A. & Simon, H.A.: Human problem solving. Englewood Cliffs, N.J.: Prentice Hall (1972).

(35) Dörner, D.: Problemlösen ... A.a.O., 117ff.

(36) Dörner, D.: Problemlösen ... A.a.O., 129ff.

(37) Dörner, D.: Problemlösen ... A.a.O., 130.

(38) Ebd.

(39) Vgl. Kapitel 5.4.1.

(40) Dörner, D.: Problemlösen ...A.a.O., 138.

(41) Putz-Osterloh, W.: Über die Effektivität verschiedener Trainingsverfahren zur Verbesserung des Problemlöseverhaltens erwachsener Personen. Universität Kiel: Dissertation (1973).

(42) Dörner, D.: Die Logik des Mißlingens. Reinbek: Rowohlt (1989).

(43) Vgl. Abschnitt 6.1.1.2 dieser Arbeit.

(44) Interessanterweise verwendet er das Merkmal "Vorhandensein freier Komponenten" in der Logik des Mißlingens nicht mehr.

(45) Dörner, D.: Die Logik... A.a.O., 66.

(46) Putz-Osterloh, W.: Über die Beziehung zwischen Testintelligenz und Problemlöseerfolg. In: (Hg.): Zeitschrift für Psychologie. H 1 (1981) 80-100. Putz-Osterloh, W. & Lüer, G.: Über die Vorhersagbarkeit komplexer Problemlöseleistungen durch Ergebnisse in einem Intelligenztest. In: Zeitschrift für Experimentelle und Angewandte Psychologie. 28 (1981) 309-334. Hesse, F.W.: Effekte des semantischen Kontexts auf die Bearbeitung komplexer Probleme. In: Zeitschrift für Experimentelle und Angewandte Psychologie. 29 (1982) 62-91. Gediga, G., Schöttke, H. & Tücke-Bressler, M.: Problemlösen und Intelligenz. In: Universität Osnabrück Psychologische Forschungsberichte. 34 (1984). Hussy, W.: Komplexes Problemlösen - Eine Sackgasse?. In: Zeitschrift für Experimentelle und Angewandte Psychologie. 32 (1985) 55-74. Strohschneider, St.: Die Stabilität von Verhaltensmerkmalen, Intelligenz und Coping-Strategien bei der Steuerung komplexer Systeme. Bamberg: Diplom-Arbeit Psychologie (1985).

(47) Dörner, D., Kreuzig, H. W., Reither, F. & Stäudel, Th.: Lohhausen: Vom Umgang mit Unbestimmtheit und Komplexität. Bern: Huber (1983), Kapitel 6.

(48) Dörner, D.: Die Logik... A.a.O., 67ff.

(49) Dörner, D.: Die Logik... A.a.O., 67.

(50) Vgl. Dörner, D.: Die Logik... A.a.O., Kap. 4.

(51) Dörner, D.: Die Logik... A.a.O., 86f.

(52) Dörner, D.: Die Logik... A.a.O., 94.

(53) Dörner, D.: Die Logik... A.a.O., 103ff.

(54) Dörner, D.: Die Logik... A.a.O., 106. Hervorhebung nicht im Original.

(55) Herbart, J.Fr.: Umriß pädagogischer Vorlesungen, § 8.

(56) Dörner, D.: Die Logik... A.a.O., 107ff.

(57) Dörner, D.: Die Logik... A.a.O., 112.

(58) Dörner, D.: Die Logik... A.a.O., 116f.

(59) Dörner, D.: Die Logik... A.a.O., 130f.

(60) Dörner, D.: Die Logik... A.a.O., 144.

(61) Dörner, D.: Die Logik... A.a.O., 145.

(62) Ebd.

(63) Dörner, D.: Die Logik... A.a.O., 150.

(64) Dörner, D.: Die Logik... A.a.O., 233.

(65) Dörner, D.: Die Logik... A.a.O., 236ff.

(66) Dörner, D.: Die Logik... A.a.O., 253.

(67) Auf Untersuchungen von Kühle und Kühle & Badke gestützt: Kühle, H.J.: Zielangaben anstelle von Lösungen - Hintergründe für ein bei Politikern häufig zu beobachtendes Phänomen und deren Konsequenzen. Memorandum Lehrstuhl Psychologie II, Universität Bamberg, No. 9, 1982; Kühle, H.J. & Badke, P.: Die Entwicklung von Lösungsvorstellungen in komplexen Problemsituationen und die Gedächtnisstruktur. Sprache und Kognition (1986) H 2, 95-105.

(68) Dörner, D.: Die Logik... A.a.O., 261.

(69) Dörner, D.: Die Logik... A.a.O., 269.

(70) Ebd.

(71) Reither, F.: Wertorientierung in komplexen Entscheiungssituationen. In: Sprache und Kognition. H 4 (1985) 21-27.

(72) Reither, F.: Wertorientierung und Entscheidung ... A.a.O., 24.

(73) Dörner, D.: Die Logik... A.a.O., 272f.

(74) In: Robbespierre, Ausgewählte Texte (dt. v. Manfred Unruh), 1971, S. 594; hier zitiert nach Isensee, J.: Grundrechtliche Freiheit - Republikanische Tugend. In: Geißler, E.E.: (Hg.): Verantwortete politische Bildung. Bonn: Bouvier 1988, 65-76, 68.

(75) Vgl. dazu auch die knappen Hinweise am Ende von Kap. 6.1.2.1.

(76) Dörner, D.: Die Logik... A.a.O., 292.

(77) Ebd.

(78) Dörner, D.: Die Logik... A.a.O., 293f.

(79) Dörner, D.: Die Logik... A.a.O., 295.

(80) Dörner, D.: Die Logik... A.a.O., 288ff.

(81) Dörner, D.: Die Logik... A.a.O., 295.

(82) Ohne daß damit eine "Alleinzuständigkeit" dieser Fächer behauptet werden soll.

(83) So konstruierten und bauten beispielweise Gymnasiasten im Rahmen einer Arbeitsgemeinschaft eines Gymnasiums einer kleinen Eifelstadt ein komplett funktionstüchtiges Radioteleskop in Eigenregie.

(84) Vgl. Dörner, D.: Problemlösen als ... A.a.O., 117.

(85) Vgl. Kapitel 5.2.2 dieser Arbeit.

(86) Sollte Dörner dies mit den Meta-Operatoren der heuristischen Struktur meinen, so wäre ihm freilich beizupflichten.

(87) Vgl. Abschnitt 6.1.1.4 dieser Arbeit.

(88) Vgl. auch Abschnitt 5.2.2 dieser Arbeit.

(89) Dörner, D.: Die Logik... A.a.O., 304.

(90) Stäudel, Th. & Weber, H.: Bewältigungs- und Problemlöseforschung: Parallelen, Überschneidungen, Abgrenzungen. In: Brüderl, L.(Hg.): Theorien und Methoden der Bewältigungsforschung. Weinheim: Juventa (1988) 63-78, 71f.

(91) Case, R.: Intellectual Development. Birth to Adulthood. Orlando: Academic Press (1985).

(92) Vgl. die ähnliche Argumentation bei Spranger, E.: Psychologie des Jugendalters. Leipzig: Quelle & Meyer (1925(3.)), 3f.

(93) Beispielhaft sei an dieser Stelle auf die Arbeiten E. Heintels und J. Derbolavs verwiesen. Einen ersten Überblick und Hinweise auf weiterführende Literatur findet man bei Derbolav, J.: Abriß europäischer Ethik. Würzburg: Königshausen & Neumann (1983), 65f. Heintel, E.: Die beiden Labyrinthe der Philosophie. Systemtheoretische Betrachtungen zur Fundamentalphilosophie des abendländischen Denkens. Bd. 1. Wien (1968).

(94) Oerter, R.: Aspekte einer entwicklungspsychologischen Beratung im Jugendalter. In: Brandstädter, J. & Gräser, H.(Hg.): Entwicklungsberatung unter dem Aspekt der Lebensspanne. Göttingen: Hogrefe (1985) 65-82.

(95) Vgl. Abschnitt 2.5 dieser Arbeit.

(96) Erikson, E.H.: Jugend und Krise. A.a.O., 87.

(97) Erikson, E.H.: Jugend und Krise. A.a.O., 90.

(98) Ebd.

(99) Ebd.

(100) Havighurst, R.J.: Developmental task and education. New York: McKay (1970)(16. Nachdruck der 2. Aufl. 1952, zuerst 1948).

(101) Havighurst, R.J.: Developmental tasks ... A.a.O., Vf.

(102) Havighurst, R.J.: Developmental tasks ... A.a.O., 2f.

(103) Havighurst, R.J.: Developmental tasks ... A.a.O., 2.

(104) Alterseinteilung und Nennung der nachfolgenden Tabellierung der developmental tasks entsprechen der Darstellung bei Havighurst, A.a.O., 9-98. Diese weicht in Aufteilung und Inhalt erheblich von den Darstellungen in der Sekundärliertatur ab; vgl. z.B. die Tabellierung von Newman & Newman in Oerter, R. & Montada, L. (Hg.): Entwicklungspsychologie. München: U & S (1982),112.

(105) "Adjusting to death of spouse", vgl. Havighurst. A.a.O., 94.

(106) Dies gesteht der Autor auch selber zu: Vgl. Havighurst, R.J.: Developmental tasks ... A.a.O., 30.

(107) Havighurst, R.J.: Developmental tasks ... A.a.O., 5.

(108) Unter zahlreichen Veröffentlichungen seien hier stellvertretend genannt: Baltes, P. &

Schaie, K.: (Hg.): Life-span developmental psychology: Personality and socialization. New York: Academic Press (1973). Baltes, P.: (Hg.): Life-span development and behavior. Bd. 1. New York: Academic Press (1978). Baltes, P. & Brim, O.J.jr.: (Hg.): Life-span development and behavior. Bd. 2. New York: Academic Press (1979).
Vgl. für den deutschen Sprachraum etwa: Thomae, H.: Persönlichkeit. Eine dynamische Interpretation. Bonn: Bouvier (1951). Thomae, H.: Das Individuum und seine Welt. Göttingen: Hogrefe (1968)(1., 2. völlig überarb. ebd. 1988).
Oerter, R.(Hg.): Entwicklung als lebenslanger Prozeß. Hamburg: Hoffmann & Campe (1978).

(109) Kontextualismus im Sinne Lerners: Lerner, R.M. Hultsch, D.F. & Dixon, R.A.: Contextualism and the character of developmental psychology in the 1970s. In: (Hg.): Anuals of the New York Academy of Sciences. 412. (1983) 225-235.

(110) Lerner, R.M. & Bush-Rossnagel, N.A.(Hg.): Individuals as producers of their own development: a life-span perspective. New York: Academic (1981). Lerner, R.M.: Children and adolescents as producers of their own development. In: Developmental Review. 2 (1982) 342-370. Lerner, R.M.: Jugendliche als Produzenten ihrer eigenen Entwicklung. In: Olbrich, E. & Todt, E.(Hg.): Probleme des Jugendalters. Berlin: Springer (1984) 69-87. Lerner, R.M.: Entwicklungs-Kontextualismus und Person-Umwelt-Interaktion in lebenslanger Sicht. In: Schweizerische Zeitschrift für Psychologie. 47 (1988).

(111) Lerner, R.M.: Jugendliche als Produzenten ... A.a.O., 76.

(112) Lerner, R.M.: Jugendliche als Produzenten ... A.a.O., 76f., basierend auf Studien von Berscheid & Walster 1974 zum Einfluß körperlicher Charakteristika und von Thomas & Chess 1977 zum Einfluß von Temperamentsfaktoren auf die Sozialisationsumgebung. Literaturnachweis dort.

(113) Lerner, R.M.: Jugendliche als Produzenten ... A.a.O., 77.

(114) In diesem Zusammenhang sei ausdrücklich an die Studien Erik H. Eriksons über "Young Man Luther" und "Gandhi" erinnert.

(115) So Flammer, A.: Entwicklungstheorien. Psychologische Theorien der menschlichen Entwicklung. Bern: Huber (1988), 301.

(116) Flammer, A.: Entwicklungstheorien ...A.a.O., 302ff.

(117) Vor allem: Persönlichkeit. Eine dynamische Interpretation. Bonn: Bouvier (1951) und Das Individuum und seine Welt. Göttingen: Hogrefe (1968,1988).

(118) Vgl. zu diesem "Boom": Seiffge-Krenke, I.: Problembewältigung im Jugendalter. In: Zeitschr. f. Entwicklungspsychologie u. Pädagogische Psychologie. 18 (1986) 122-152.

(119) Prystav, G.: Psychologische Copingforschung: Konzeptbildung, Operationalisierungen und Meßinstrumente. In: Diagnostica. Zeitschrift für psychologische Diagnostik und differentielle Psychologie. 27 (1981) 189-214.

(120) White, R.W.: Strategies of adaptation: an attempt on systematic description. In: Coelho, G.V., Hamburg, D. & Adams, J.E.(Hg.): Coping and adaptation. New York: Basic Books (1974) 47-68.

(121) Ebd., S. 49.

(122) Die von Prystav (S. 190) White zugeschriebene Einschränkung von mastery auf streßfrei-lustbetonte Bewältigung und coping/defending auf unlustbetonte Reaktionsformen werden von White zurückgewiesen: "The English language, loved by poets for its flexibility, offers only pitfalls to the systematic thinker. There is nothing wrong with saying that danger and anxiety have to be mastered ..." (p. 48).

(123) Prystav, G.: Psychologische Coping-Forschung ... A.a.O., 190.

(124) Brüderl, L.(Hg.): Theorien und Methoden der Bewältigungsforschung. Weinheim: Juventa (1988). Gemeinsam mit dem gleichzeitig erschienenen Band Brüderl, L.: Belastende Lebenssituationen. Untersuchungen zur Bewältigungs- und Entwicklungsforschung. Weinheim: Juventa (1988).

(125) Vgl. stellvertretend für weitere Arbeiten: Folkman, S. & Lazarus, R.S.: An analysis of coping in a middle-aged community sample. In: Journal of Health & Social Behavior. 21 (1980) 219-239.

Anmerkungen zu Kapitel 6

(126) Murphy, L.B.: The widening world of childhood: Path toward mastery. New York: Basic Books (1962).

(127) Lazarus, R.S.: Psychological Stress and the Coping Process. New York: McGraw-Hill (1966).

(128) Ebd., 24f.

(129) Vgl. Selye, H.: The general adaptation syndrom and the diseases of Adaptation. In: Journal of clinical Endocrinology. 6 (1946) 117-230. Selye, H.: The physiology and pathology of exposure to stress. Montreal: Acta (1950). Selye, H.: Einführung in die Lehre vom Adaptationssyndrom. Stuttgart: Thieme (1953). Selye, H.: Streß beherrscht unser Leben. Düsseldorf: Econ (1957).

(130) Lazarus, R.S.: Psychological Stress and the Coping Prcess. A.a.O., 25.

(131) Lazarus, R.S.: Psychological Stress and the Coping Process. A.a.O., 25.

(132) "Once a stimulus has been appraised as threatening, processes whose function it is to reduce or eliminate the anticipated harm are set in motion. They are called coping processes." Ebd.

(133) Damit ist nicht notwendig eine zeitliche Sukzession gemeint. Lazarus weist ausdrücklich darauf hin, daß sie sich zeitlich überlappen können: Lazarus, R.S.: Psychological stress and the coping process. A.a.O., 159.

(134) Auch weil er Lazarus' psychologische Streßtheorie von anderen reaktiv orientierten physiologischen Streßtheorien unterscheidet.

(135) Lazarus, R.S.: Psychological stress and the coping process. A.a.O., 32, ferner mit Bezug auf Withey: "The notion of threat specifically implies that the noxious stimuli are not actually present. Only the cues heralding their coming are involved."

(136) Lazarus, R.S.: Psychological stress and the coping process. A.a.O., 43.

(137) Lazarus, R.S.: Psychological stress and the coping process. A.a.O., 55.

(138) "If some future anticipated state or condition is irrelevant to the individual's goals or values, it will not lead to threat appraisal, since the future condition will not harm the individual. If the future condition involves the realization of goals without the thwarting of others, the cue indicationg it will result a positively toned emotion. If the cue stimulus portends the thwarting of a motive, it is likely to be appraised as threatening. The stronger the motive that is endangered, the greater is the potential threat. Harm viewed psychologically is therefore identical to motive thwarting, and the anticipation of motiv thwarting constitutes threat appraisal." Lazarus, R.S.: Psychological stress and the coping process. A.a.O., 56.

(139) Lazarus, R.S.: Psychological stress and the coping process. A.a.O., Kap. 4.

(140) Der Begriff bezeichnet in der Physik Größe und Richtung einer resultierenden Kraft, die sich aus dem Zusammenwirken mehrerer Kräfte unterschiedlichen Betrages und verschiedener Richtung ergibt. Lazarus benutzt den Terminus "relative balance of power bewteen harm-producing stimuli and counterharm resources", doch machen seine weiteren Ausführungen klar, daß er nicht ein Kräftegleichgewicht zwischen beiden meint. Vgl. Lazarus, R.S.: Psychological stress and the coping process. A.a.O., 88.

(141) "Imminence increases threat. But threat also increases imminence." Lazarus, R.S.: Psychological stress and the coping process. A.a.O., 116.

(142) "If the motive is weak, the threat appraised mulst also be weak. If it is strong, the threat may be strong depending on other factors." Lazarus, R.S.: Psychological stress and the coping process. A.a.O., 121.

(143) Hier zeigt sich die Nähe zur Kompetenz-Selbsteinschätzung und den im Zusammenhang damit referierten Untersuchungen. Vgl. Kap. 4 dieser Arbeit.

(144) Lazarus, R.S.: Psychological stress and the coping process. A.a.O., 134.

(145) Lazarus, R.S.: Psychological stress and the coping process. A.a.O., 146ff.

(146) Ich hatte zu Beginn dieser Studie auf die Bedeutung der Informationsflut im Zusammenhang mit der subjektiven Handlungssicherheit hingewiesen, vgl. dazu Kapitel 3 dieser Arbeit.

(147) Lazarus, R.S.: Psychological stress and the coping process. A.a.O., 148.

(148) Lazarus, R.S.: Psychological stress and the coping process. A.a.O., 208.

(149) Lazarus, R.S.: Psychological stress and the coping process. A.a.O., 152.

(150) Lazarus, R.S.: Psychological stress and the coping process. A.a.O., 25f.

(151) Ebd. Vgl. auch 155ff.

(152) Lazarus, R.S.: Psychological stress and the coping process. A.a.O., 179ff.

(153) "Situational constraints produce conflict between the coping impulse and social norms and pressures." Lazarus, R.S.: Psychological stress and the coping process. A.a.O., 198.

(154) Vgl. Lazarus, R.S.: Psychological stress and the coping process. A.a.O., 211-257.

(155) Lazarus, R.S.: Psychological stress and the coping process. A.a.O., 162, 163.

(156) "Degree of threat is a key factor in the outcome." Lazarus, R.S.: Psychological stress and the coping process. A.a.O., 165. Und er vermutet, daß die bislang in der Forschung dominanten pathologischen Reaktionsformen darin ihren Grund haben: "Most of the classical studies of threat and disaster (for example, Bettelheim, 1960) illustrate the most severe conditions of threat as causes of extremly primitive levels of coping processes." Ebd.

(157) Lazarus, R.S.: Psychological stress and the coping process. A.a.O., 250ff., hier in enger Anlehnung an 256.

(158) Zur Kritik dieser Deutung von Emotion vergleiche die reiche Argumentation bei Drinck, M.: Systemtheoretisch orientierte Modelle von Emotion und Kognition. Einige Folgerungen für Pädagogik und Psychotherapie. Bonn: Phil. Diss. (1989),57ff.

(159) Vgl. dazu Lazarus' frühe Kritik an Haan in: Lazarus, R.S.: Psychological stress and the coping process. A.a.O., 275ff. Später nimmt er diese Kritik noch entschiedener wieder auf in: Lazarus, Averill & Opton: The psychology of coping. A.a.O., 250.

(160) Ebd.

(161) Lazarus, R.S. & Launier, R.: Streßbezogene Transaktionen zwischen Person und Umwelt. In: Nitsch, J.(Hg.): Streß. Bern: Huber (1981, orig.: 1978) 213-259.

Lazarus, R.S.: Streß und Streßbewältigung - Ein Paradigma.. In: Filipp, S.H.(Hg.): Kritische Lebensereignisse. München: U & S (1981, orig.: 1978) 198-232.

(162) Lazarus, R.S.: Psychological stress and the coping process. A.a.O., 133ff.

(163) Lazarus, R.S. , Averill, J.R. & Opton, E.M.: The Psychology of Coping: Issues of Research and Assessment. In: Coelho, G.V. & al.(Hg.): Coping and Adaptation. New York: Basic Books (1974) 249-315, 258.

(164) Vgl. das Mannheimer Symposium zum Interaktionismus im Jahre 1978. Bericht bei: Eckensberger, L.(Hg.): Bericht über den 31. Kongreß der Deutschen Gesellschaft für Psychologie, Bd. 1 Göttingen: Hogrefe (1979) .

(165) Lantermann, E.D.(Hg.): Wechselwirkungen. Psychologische Analysen der Person-Umwelt-Beziehung. Göttingen: Hogrefe (1982).

(166) "Such a definition now seems too narrow in scope." Lazarus, R.S., Averill, J.R. & Opton, E.M.: The Psychology of Coping: Issues of Research and Assessment. In: Coelho, G.V. & al.(Hg.): Coping and Adaptation. New York: Basic Books (1974) 249-315, 250.

(167) Die Anlehnung an Murphy wird in diesem Text noch viel stärker vollzogen als dies in der Studie von 1966 (dort z.B. 151ff.) zum Ausdruck kommt. Dies ist verständlich, weil Murphy bereits mit der weiten, threat und challenge umfassenden Coping-Begrifflichkeit arbeitete, die Lazarus 1966 noch auf threat reduzierte (vgl. dort 152). Murphy, L.B.: The widening world of childhood: Path toward mastery. New York: Basic Books (1962).

(168) Lazarus, Averill & Opton: The psychology of coping. A.a.O., 250f.

(169) Lazarus, Averill & Opton: The psychology of coping. A.a.O., 251.

(170) Vgl. dazu auch: Lazarus, R.S.: The self-regulation of emotions. In: Levi, L. (Hg.): Emotions - Their parameters and measurement. New York: Raven Press (1975) 47-67.

(171) "Unsere Betonung des kausalen Einflusses kognitiver Prozesse auf Streß und Emotion bedeutet nicht, daß Streß und Emotion umgekehrt nicht Kognition beeinflusset. Wir

Anmerkungen zu Kapitel 6

sind vielmehr überzeugt, daß zwischen Kognition, Emotion (oder Affekt) und Motivation äußerst komplexe Wechselbeziehungen bestehen, wobei Emotionen häufig die | kognitive Aktivität unterbrechen oder stören, die Motivation ... die Bewertung eines Schadens oder einer Bedrohung beeinflußt, Emotionen im Laufe der Entwicklung zur Formung der Motivation und Kognition beitragen. " Lazarus, R.S. & Launier, R.: Streßbezogene Transaktionen zwischen Person und Umwelt. In: Nitsch, J.(Hg.): Streß. Bern: Huber (1981) 213-259, 234f.

(172) Lazarus, R. & Launier, R.: Streßbezogene Transaktionen ... A.a. O., 233ff.

(173) Lazarus, R. & Launier, R.: Streßbezogene Transaktionen ... A.a. O., 235f.

(174) Lazarus, R. & Launier, R.: Streßbezogene Transaktionen ... A.a. O., 236.

(175) Lazarus, R. & Launier, R.: Streßbezogene Transaktionen ... A.a. O., 236.

(176) Ebd.

(177) Ebd.

(178) Wobei die Autoren kritisieren, daß Leugnung ein sehr unscharf definiertes Konzept sei, daß von der bloßen Betrachtung der Dinge im positiven Licht über tatsächliche Selbsttäuschung in gefährlichen Situationen bis hin zu bloßer sozialer Selbstpräsentation reiche.

(179) Lazarus, R. & Launier, R.: Streßbezogene Transaktionen ... A.a. O., 237.

(180) Interesasant ist auch, daß das ursprüngliche Konzept, in dem "threat" nach eigenem Bekunden eine so zentrale Rolle gespielt hatte, nicht zusammenbricht, wenn man coping von threat löst. Dies spricht dafür, daß die eigentliche zentrale Kategorie des Konzepts nicht "threat", sondern eine subjektive Relevanzbewertung in der Dimesion "hoch - niedrig" ist, die ebenso gut als "threat" wie als "challenge" ausgeprägt sein kann.

(181) Lazarus, R. & Launier, R.: Streßbezogene Transaktionen ... A.a. O., 238. Allerdings findet sich (vgl. 240) auch genau die umgekehrte Argumentationsfigur: Entscheidend sei, daß die sekundäre Bewertung nicht nur die Primary Appraisal beeinflusse, sondern auch die Bewältigungsmaßnahmen bestimme.

(182) Ursprünglich hatte Lazarus "reappraisal" im Sinne von "Umwertung" als intrapsychischen Abwehrmechanismus verstanden (Psychological stress and the coping process. A.a.O., 277ff.), später benutzt er den Begriff für beide Phänomene gleichzeitig (Lazarus, R. & Launier, R.: Streßbezogene Transaktionen ... A.a.O., 240f.)

(183) Lazarus, Averill & Opton: The psychology of coping. A.a.O., 261-264.

(184) Basierend auf den Untersuchungen von Sachar (1968), die einen Zusammenhang zwischen einer erhöhten Hormonausschüttung im Gefolge von Streß-Reaktionen belegen, deuteten Lazarus, Averill & Opton die Depression als äußere Coping-Form mit intrapsychischer Zielsetzung, welche dann einsetze, wenn die intrapsychische Bewältigung nicht gelingt. Vgl. A.a.O., 263.

(185) Lazarus, R.S.: Psychological stress and coping in adaptation and illness. In: International Journal of Psychiatrie in Medicine. 5 (1974) 321-333.

(186) Lazarus, R. & Launier, R.: Streßbezogene Transaktionen ... A.a.O., 245ff.

(187) Lazarus, R.S.: Streß und Streßbewältigung - Ein Paradigma. In: Filipp, S.H.(Hg.): Kritische Lebensereignisse. München: U & S (1981) 198-232, 218.

(188) Entnommen: Lazarus, R. & Launier, R.: Streßbezogene Transaktionen ... A.a.O., 246.

(189) Lazarus, R. & Launier, R.: Streßbezogene Transaktionen ... A.a. O.,245ff.

(190) Lazarus, R.S.: Streß und Streßbewältigung - Ein Paradigma. A.a. O., 218-220.

(191) Lazarus, R.S.: Streß und Streßbewältigung - Ein Paradigma. A.a. O., 219.

(192) Lazarus, R.S.: Streß und Streßbewältigung - Ein Paradigma. A.a. O., 220.

(193) Lazarus, R. & Launier, R.: Streßbezogene Transaktionen ... A.a. O., 253.

(194) Lazarus, R. & Launier, R.: Streßbezogene Transaktionen ... A.a. O., 256ff.

(195) Lazarus, R. & Launier, R.: Streßbezogene Transkationen ... A.a.O., 236.

(196) Vgl. Kapitel 4.2.3.

(197) Vgl. Kap. 4.2.2.

Anmerkungen zu Kapitel 6

(198) Vgl. Kap. 5.4.3.

(199) Macha, H.: Emotionale Erziehung. Frankfurt/M.: Lang (1984).

(200) Bollnow, O.F.: Das Wesen der Stimmungen. Frankfurt/M.: Klostermann (1956).

(201) Vgl. Geißler, E.E.: Der Gedanke der Jugend bei Gustav Wyneken. Frankfurt: Diesterweg (1963).

(202) Thomae, H.: Persönlichkeit. Eine dynamische Interpretation. Bonn: Bouvier (1966, 3. zuerst 1951).

(203) Thomae, H.: Persönlichkeit. A.a.O., 12.

(204) Thomae, H.: Persönlichkeit. A.a.O., 115.

(205) Thomae, H.: Persönlichkeit. A.a.O., 116.

(206) Thomae, H.: Persönlichkeit. A.a.O., 125ff. u. 134ff.

(207) Vgl. Kruse, A.: Strukturen des Erlebens und Verhaltens bei chronischer Erkrankung im Alter. Bonn: Phil. Diss. (1986), 120.

(208) Kruse, A.: Strukturen des Erlebens ... A.a.O., 99.

(209) Thomae, H.: Das Wesen der menschlichen Antriebsstruktur. Leipzig: Barth (1944).

(210) Kruse, A.: Strukturen des Erlebens ... A.a.O., 100.

(211) Entwicklung als aktive Selbst- und Weltgestaltung.

(212) Gehlen, A.: Der Mensch. Seine Natur und seine Stellung in der Welt. Wiesbaden: Aula (1986a)(13., zuerst 1940), 327ff.

(213) Lersch, Ph.: Aufbau der Person. München: Barth (1970 (11.), zuerst 1938), 131ff.

(214) Lersch, Ph.: Aufbau der Person. A.a.O., 209.

(215) Thomae (1944) zit. n. Kruse, A.: Strukturen ... A.a.O., 102.

(216) Vgl. zur biographischen Methode: Jüttemann, G. & Thomae, H.: (Hg.): Biographie und Psychologie. Berlin: Springer (1987).

(217) "Demgemäß nennen wir auch die möglichen Weisen, das Dasein erträglich zu machen, nicht in beliebiger Folge, sondern so, wie sie sich um bestimmte tonangebende Werte gruppieren und in dieser Gruppierung zu Daseinsthemen gerinnen." (Thomae, H.: Persönlichkeit. A.a.O., 142; Hervorhebung von mir). Auf eine weitergehende Legitimation der Kategorisierung verzichtet der Autor.

(218) Zwar ist die Begrifflichkeit Thomaes für sich belassen recht abstrakt; dennoch verzichte ich hier auf eine ausführliche Darstellung der einzelnen Techniken. Eine solche Darstellung hat Thomae selbst wiederholt gegeben (zuletzt z.B. modifiziert als Reaktionsformen in: Das Individuum und seine Welt. 1988. A.a.O., 86ff) und würde in ihren Details hier zu weit vom Thema abführen.

(219) "Der Lebensraum, das heißt die Person und die psychologische Umwelt, wie diese für jene existiert." Lewin, K.: Feldtheorie in den Sozialwissenschaften. Bern: Huber (1963), 97f.

(220) Thomae, H.: Das Individuum und seine Welt. 1968. A.a.O., 224f.

(221) "Als sinnvollste Bezeichnung für die Gesamtheit der Aspekte, in denen eine bestimmte Lebenslage kognitiv repräsentiert ist, erscheint uns der Begriff des 'subjektiven Lebensraumes'. Das Konzept des 'Lebensraumes' wurde von Lewin als Bezeichnung für die 'Person und die psychische Umgebung, so wie sie für sie existiert', umschrieben, an gleicher Stelle aber sogleich auf 'Bedürfnisse, Motivation, Stimmung, Ziele, Ängstlichkeit und Ideale' bezogen. Kognitive Prozesse und Repräsentation werden einer 'Grenzzone des Lebensraumes' zugeordnet, während den motivationalen Variablen eine zentrale Position zugeschrieben wird. Brunswick ... lokalisierte den 'Lebensraum' als 'post-perceptual' und 'pre-behavioral'. ... In einem Versuch zur Integrierung dieser Beiträge von Lewin und Brunswick möchten wir den Terminus 'subjektiver Lebensraum' vorschlagen und ihn als | die Gesamtheit der in einem bestimmten Augenblick für ein Individuum gegebenen kognitiven Repräsentationen seiner Lebenssituation definieren." Thomae, H.: Das Individuum und seine Welt. 1988. A.a.O., 23f.

(222) Thomae, H.: Das Individuum und seine Welt. 1988. A.a.O., 13.

(223) Ebd.

(224) Thomae, H.: Lage und Lageschema. In: Funke, G.(Hg.): Konkrete Vernunft. Festschrift für Erich Rothacker. Bonn: Bouvier (1958) 289-297.

(225) Thomae, H.: Das Individuum und seine Welt. 1988. A.a.O., 14.

(226) Thomae, H.: Das Individuum und seine Welt. 1988. A.a.O., 15.

(227) Ebd.

(228) Ebd.

(229) Thomae, H.: Das Individuum und seine Welt. 1988. A.a.O., 27.

(230) Thomae, H.: Das Individuum und seine Welt. 1988. A.a.O., 74.

(231) Thomae, H.: Das Individuum und seine Welt. 1988. A.a.O., 77.

(232) Ebd.

(233) Thomae, H.: Das Individuum und seine Welt. 1988. A.a.O., 79.

(234) Thomae, H.: Das Individuum und seine Welt. 1988. A.a.O., 80.

(235) Thomae, H.: Das Individuum und seine Welt. 1988. A.a.O., 83.

(236) Thomae, H.: Das Individuum und seine Welt. 1988. A.a.O., 84.

(237) Thomae, H.: Das Individuum und seine Welt. 1988. A.a.O., 84f.

(238) Thomae, H.: Das Individuum und seine Welt. 1988. A.a.O., 85.

(239) Ebd.

(240) Eine ausführliche Darstellung mit zahlreichen Beispielen gibt Thomae in: Das Individuum und seine Welt. 1988. A.a.O., 86ff.

(241) Thomae, H.: Das Individuum und seine Welt. 1988. A.a.O., 91.

(242) Thomae, H.: Das Individuum und seine Welt. 1988. A.a.O., 93.

(243) Thomae, H.: Das Individuum und seine Welt. 1988. A.a.O., 94.

(244) Thomae, H.: Das Individuum und seine Welt. 1988. A.a.O., 97.

(245) Thomae, H.: Das Individuum und seine Welt. 1988. A.a.O., 101.

(246) Thomae, H.: Das Individuum und seine Welt. 1988. A.a.O., 102f.

(247) Thomae, H.: Das Individuum und seine Welt. 1988. A.a.O., 103.

(248) Ebd.

(249) Thomae, H.: Das Individuum und seine Welt. 1988. A.a.O., 104.

(250) Thomae, H.: Alternsstile und Alternsschicksale - Ein Beitrag zur differentiellen Gerontologie. Bern: Huber (1983).

(251) Baltes, P. & Schaie, K.: (Hg.): Life-span developmental psychology. New York: Academic Press (1973).

(252) Lehr, U.: Pschologie des Alterns. Heidelberg: Quelle & Meyer (1984(5., zuerst 1972)), 320ff.

(253) Rudinger, G. & Lantermann, E.D.: Soziale Bedingungen der Intelligenz im Alter. In: Zeitschrift für Gerontologie. 13 (1980) 433-441.

(254) Rudinger & Lantermann: Soziale Bedingungen ... A.a.O., 439.

(255) Lehr, U.: Psychologie des Alterns. A.a.O., 318.

(256) Vgl. die entsprechenden bildungstheoretischen Analysen, die jüngst Heldmann in seiner umfangreichen Studie dargelegt hat: Heldmann, W.: Kultureller und gesellschaftlicher Auftrag von Schule. Krefeld: Pädagogik & Hochschul Verlag (1990).

(257) Vgl. dazu auch Skowronek, H.: Psychologische Grundlagen einer Didaktik der Denkerziehung. Hannover: Schroedel (1968), 154ff.

Anmerkungen zu Kapitel 7

(1) Polya, G.: Schule des Denkens. Bern: Francke (Sammlung Delp) 1980(3., zuerst 1949), 7.

(2) Polya, G.: Schule des Denkens. A.a.O., 9.

(3) Polya, G.: Schule des Denkens, A.a.O., 15f., 66ff. u. 157f.

(4) Polya, G.: Schule des Denkens, A.a.O., 16.

(5) Polya, G.: Schule des Denkens, A.a.O., 17.

(6) Polya, G.: Schule des Denkens, A.a.O., 15.

(7) Polya, G.: Schule des Denkens, A.a.O., 160.

(8) Polya, G.: Schule des Denkens, A.a.O., 119.

(9) Dem möglichen Einwand, daß diese Betrachtungsweise zu stark linearisiert ist und daß bei der Lösung komplexer Probleme sich das Verständnis der Aufgabe im Zuge der Problemlösung mehrfach ändert und dadurch erst vollständiger erschließt (vgl. TOTE-Einheit in Kaskadenschaltung), begegnet Polya insofern, als er die Phase des "Verstehens der Aufgabe" an anderer Stelle (op. cit. 48f.) in die zwei Teile "Vertrautwerden mit der Aufgabe" und "Erarbeiten eines besseren Verständnisses" zerlegt.

(10) Polya, G.: Schule des Denkens, A.a.O., 51.

(11) Polya, G.: Schule des Denkens, A.a.O., 14.

(12) Polya, G.: Schule des Denkens, A.a.O., 34ff.

(13) Scheibner, O.: Arbeitsschule in Idee und Gestaltung. Heidelberg: Quelle & Meyer 1951 (3., zuerst unter dem Titel Zwanzig Jahre Arbeitsschule in Idee und Gestaltung 1927

(14) Vgl. Kapitel 6.1.1 dieser Arbeit.

(15) Aebli spricht in diesem Zusammenhang von "Medien des Problemlösens" und fordert, daß der Abstraktionsgrad der Problemrepräsentation den vorhandenen Schemata im Problemlöser entspricht (Denken, Bd. 2, 71).

(16) Nachfolgende Zitate finden sich im Textzusammenhang bei Aebli: Denken ... Bd. 2. A.a.O., 75-82

(17) Vgl. Kapitel 6.1.3 dieser Arbeit.

(18) Skowronek, H.: Psychologische Grundlagen einer Didaktik der Denkerziehung. Hannover: Schroedel (1968).

(19) Bruner, J.: Towards a theory of instruction. Cambridge, Mass. (1966).

(20) Skowronek, H.: Psychologische Grundlagen ... A.a.O., 154-180.

(21) Es findet sich in zahlreichen Systemen der Pädagogik. Besonders klar beispielsweise bei Pestalozzi, der in Lienhard und Getrud (3. Teil: Wer Rechnungssinn und Wahrheitsgeist trennt ...) eine solche gezielte Variation einsetzt, um Verständnis für elementare mathematische Zusammenhänge zu vermitteln.

(22) Siehe Kapitel 6.4.2 mit den Modifikationen des Kapitels 6.4.3.

(23) Roskies, E. & Lazarus, R.S.: Coping Theory and the Teaching of Coping Skills. In: Davidson, P.O. & Davidson, S. M.(Hg.): Behavioral Medicine: Changing Health Lifestyles. New York: Brunner/Mazel (1980) 38-69, 39: "This view of stress as an unusual state is no longer tenable."

(24) Roskies, E. & Lazarus, R.S.: Coping Theory and the Teaching of Coping Skills. A.a.O., 49f.

(25) Vgl. beispielsweise die referierten Arbeiten von Heider, Weiner, Rotter, Atkinson, DeCharms und Bandura im 4. Kapitel dieser Arbeit.

(26) Roskies, E. & Lazarus, R.S.: Coping Theory and the Teaching of Coping Skills. A.a.O., 51ff.

(27) Roskies, E. & Lazarus, R.S.: Coping Theory and the Teaching of Coping Skills. A.a.O., 52f.

(28) Ähnliche Modelle von beschränkter zeitlicher Gültigkeit sind beispielsweise auch im Bereich der Nationalökonomie anzutreffen, wo die kritische Frage v. Hayeks nach dem Geltungshorizont des Keynes'schen Modells: "But in the long run?" von Keynes selbst konterkariert wurde durch die lapidare Feststellung: "In the long run - we are all dead."

(29) Silber, E., Hamburg, D.A., Coelho, G.V. et al.: Adaptive behavior in competent adolescents. In: Archivs of General Psychiatry. 5 (1961) 354-365. Silber, E., Coelho, G.V., Murphy, E.B. et al.: Competent adolescents coping with college decision. In: Archivs of General Psychiatry. 5 (1961) 517-527.

(30) Roskies, E. & Lazarus, R.S.: Coping Theory and the Teaching of Coping Skills. A.a.O., 59.

(31) Gemeint ist die Haltung einer ruhigen, nichtaggressiven Selbstbehauptung im Sinne von J. Wolpe: Psychotherapy by reciprocal inhibition. Stanford: University Press 1958. Vgl. die ausführliche Diskussion des Begriffs bei Aebli, H.: Grundlagen des Lehrens. Stuttgart: Klett-Cotta (1987), 272-280.

(32) Bedersdorfer, H.W.: Angstverarbeitung von Schülern. Bewältigung von Schulangst und ihre Beeinflussung durch ein pädagogisches Interventionsprogramm. Weinheim: Juventa (1988).

(33) Bedersdorfer, H.W.: Angstverarbeitung ... A.a.O., 100.

Anmerkungen zu Kapitel 7

(34) Bedersdorfer, H.W.: Angstverarbeitung ... A.a.O., 95.

(35) Bedersdorfer, H.W.: Angstverarbeitung ... A.a.O., 92.

(36) Bedersdorfer, H.W.: Angstverarbeitung ... A.a.O., 91.

(37) Z0 bis Z5 bezeichnet die Meßzeitpunkte. Bedersdorfer, H.W.: Angstverarbeitung ... A.a.O., 181.

(38) Bedersdorfer, H.W.: Angstverarbeitung ... A.a.O., 185.

(39) Ebd.

(40) Die acht Coping-Formen (in Klammern: Item-Beispiele) sind: 1. Konstruktive personbezogene Maßnahmen (z.B.: "Ich mache mir einen Plan und lege fest, was ich noch lernen will."), 2. Konstruktive situationsbezogene Maßnahmen (z.B.: "Ich versuche, vom Lehrer zu erfahren, was in der Klassenarbeit drankommt."), 3. kognitive Umdeutung von Bedrohungsfaktoren (z.B.: "Ich denke daran, daß ich mich gut auf die Klassenarbeit vorbereitet habe und auch eine gute Note schreiben werde."), 4. Suche nach weiteren Bedrohungshinweisen (z.B.: "Ich erinnere mich wieder an fgrühere Klassenarbeiten, in denen ich große Schwierigkeiten hatte."), 5. Resignation (z.B.: "Ich ergebe mich in mein Schicksal. Soll in dieser Klassenarbeit passieren, was will.") 6. Zuflucht zu mystischen Vorstellungen (z.B.: "Ich vertraue auf meinen'guten Schutzengel'."), 7. Ablenkung und gedankliche Flucht (z.B.: "Ich lenke mich ab. Ich befasse mich mit irgend etwas anderem, was mit der Klassenarbeit nichts zu tun hat."), 8. Konstruktive Entspannung (z.B.: "Ich beruhige mich, damit ich mich nacher besser auf das konzentrieren kann, was ich noch lernen muß.").

(41) Bedersdorfer benutzt die Begriffe "Präferenz" und "Effizienz", um die Bevorzugung und den tatsächlichen Einsatz von Coping-Formen zu unterscheiden. Mit Effizienz ist hierbei die Effizienz einer Coping-Form im Hinblick auf den Abbau von Schulangst gemeint. In diesem Sinne müßte man von einem "effizienten Einsatz" der Coping-Form "Ablenkung/gedankliche Flucht" sprechen, wenn der Schüler dadurch das Aufkommen von Angstgefühlen vor der Klassenarbeit möglichst weitgehend vermeiden kann.

(42) Ein Student formulierte seine Enttäuschung im Seminargespräch so: "Streicht man das Fach-Chinesisch weg, so bleibt die Frage: 'Was kann man tun, um Schulangst zu vermeiden?' Darauf erhält man bei Bedersdorfer die Antwort: 'Sich besser auf Klassenarbeiten vorbereiten.' Und das soll ein neues Forschungsergebnis sein?" Wäre es nur dies, so dürfte es diejenigen, die auf eine empirische Validierung traditionellen pädagogischen Wissens Wert legen, freuen und diejenigen, die auch ohne Empirie von der Richtigkeit überzeugt waren, zumindest nicht stören. Bedersdorfers Arbeit belegt aber, wie im Text betont, mehr: nämlich die positive Beeinflußbarkeit von Kompetenz-, Leistungs- und Selbstbewußtsein durch ein kognitiv orientiertes Trainingsprogramm.

(43) Bedersdorfer, H.W.: Angstbewältigung ... A.a.O., 227.

(44) Bedersdorfer, H.W.: Angstbewältigung ... A.a.O., 228.

(45) Bachmann, J.G.: Die Bedeutung des Bildungsniveaus für Selbstwertgefühl, berufsbezogene Einstellungen, Delinquenz und Drogenkonsum von Jugendlichen. In: Olbrich, E. & Todt, E.(Hg.): Probleme des Jugendalters. Berlin: Springer (1984) 131-157, 136.

(46) Vgl. Herbarts Forderung in der Allgemeinen Pädagogik von 1806, Einleitung: "Es dürfte wohl besser sein, wenn die Pädagogik sich so genau als möglich auf ihre einheimischen Begriffe besinnen und ein selbständiges Denken mehr kultivieren möchte, wodurch sie zum Mittelpunkt eines Forschungskreises würde und nicht mehr Gefahr liefe, als entfernte eroberte Provinz von einem Fremden aus regiert zu werden." Asmus-Ausgabe, Bd. 2, 21.

(47) Vgl. Pleines, J.-E.: Studien zur Bildungstheorie. Darmstadt: Wissenschaftliche Buchgesellschaft (1989).

(48) Pestalozzi, J.H.: Eine Bitte an Menschenfreunde und Gönner ... (1775). In: Pestalozzi, Ausgewählte Schriften. Hg. v. W. Flitner. Frankfurt/M.: Ullstein 1983, 19-22, 19.

(49) Ebd.

(50) Liedtke, M.: Pestalozzi. Reinbek: Rowohlt (1987 (zuerst 1968)).

(51) In: Pestalozzi: Ausgewählte Schriften. Hg.v. W. Flitner. A.a.O., 28-41.

(52) Pestalozzi: Abendstunde. A.a.O., 33.
(53) Ebd.
(54) Vgl. auch Mierke, K.: Psychohygiene im Schulalltag. Bern: Huber (1967).
(55) Liedtke: Pestalozzi. A.a.O., 53.
(56) Eine Bitte an Menschenfreunde und Gönner. In: Ausgewählte Schriften ... A.a.O., 21.
(57) Pestalozzi, J.H.: Lienhard und Gertrud. Ein Buch für das Volk. In: Pestalozzi, J.H.: Gesammelte Werke in zehn Bänden. Hg. v. Bosshardt, Dejung, Kempter & Stettbacher. Zürich: Rascher (1945). Bd. 2, 425f.
(58) Lienhard und Gertrud. A.a.O., 426.
(59) Lienhard und Gertrud. A.a.O., 420.
(60) Lienhard und Gertrud. A.a.O., 421.
(61) Lienhard und Gertrud. A.a.O., 216f.
(62) Lienhard und Gertrud. A.a.O., 218.
(63) Lienhard und Gertrud. A.a.O., 212.
(64) Allerdings gibt es auch die Kontinuitätslinie von Pestalozzi über Father Flanagan und Makarenko zu aktuellen Praxisberichten aus der sozialpädagogischen Arbeit mit auffälligen Jugendlichen (öffentliche Fürsorgeerziehung, Sozialer Trainingskurs, Täter-Opfer-Ausgleich u.a.m.), in denen Pestalozzis Haltung dieser Zielgruppe gegenüber immer wieder bestätigt wird.
(65) Pestalozzi: Meine Nachforschungen über den Gang der Natur in der Entwicklung des Menschengeschlechts (1797). In: Ausgewählte Schriften. A.a.O., 93-222, 135.
(66) Dörner, D.: Die Logik des Mißlingens. A.a.O., 304.
(67) Ebd.
(68) Pestalozzi: Lienhard und Gertrud. A.a.O., 213.
(69) Pestalozzi: Brief an einen Freund über seinen Aufenthalt in Stans. In: Ausgewählte Schriften. A.a.O., 228.
(70) Vgl. das Kapitel "Die Folgen der Erziehung" in Lienhard und Gertrud, Dritter Teil. A.a.O., 30ff.: "Kurz, sie richtete nichts aus, bis sie die Rute bei ihm brauchte."
(71) Ebd.

(72) Vgl. die zahlreichen Belege im Stanser Brief. A.a.O.
(73) Lienhard und Gertrud. A.a.O., 32.
(74) Vgl. Kapitel 6.5.3 dieser Arbeit.
(75) Lienhard und Gertrud. A.a.O., 209.
(76) Lienhard und Gertrud. A.a.O., 209f.
(77) Dennoch ist, wie wir vor einiger Zeit zeigen konnten, sehr wohl möglich, aus der Vielzahl zumeist kleinerer Schriften das Menschenbild Kurt Hahns in klaren Zügen herauszuarbeiten. An diese früheren Forschungsarbeiten knüpfe ich hier an. Vgl. Geißler, E.E. & Wollersheim, H.-W.: Kurt Hahns Menschenbild: Kritik an seinen Kritikern. In: Pädagogische Rundschau. 40 (1986) 267-284.
(78) Hahn, K.: Gedanken über Erziehung. In: Erziehung zur Verantwortung. Stuttgart: Klett (1958), 9.
(79) Hahn, K.: Gedanken über Erziehung. A.a.O., 11.
(80) Hahn, K.: Gedanken über Erziehung. A.a.O., 12.
(81) Hahn, K.: Gedanken über Erziehung. A.a.O., 15.
(82) Vgl. Kapitel 4.2.4 dieser Arbeit.
(83) Hahn, K.: Gedanken über Erziehung. A.a.O., 12.
(84) Hahn, K.: Gedanken über Erziehung. A.a.O., 19.
(85) Hahn, K.: Die Aufgabe der Landerziehungsheime. In: Erziehung zur Verantwortung. A.a.O., 29.
(86) Hahn, K.: Die Aufgabe der Landerziehungsheime. In: Erziehung zur Verantwortung. A.a.O., 32.
(87) Hahn, K.: Die Aufgabe der Landerziehungsheime. In: Erziehung zur Verantwortung. A.a.O., 32.
(88) Hahn, K.: Die Aufgabe der Landerziehungsheime. In: Erziehung zur Verantwortung. A.a.O., 34.
(89) Hahn, K.: A German Public School. 1934. Archiv Salem: Typskript, 11.
(90) Hahn, K.: Erziehung zur Verantwortung. In: Erziehung zur Verantwortung. A.a.O., 72.

(91) Man denke an das Beispiel des Feuerwehrmannes, der "aus Sehnsucht nach Bewährung im Ernstfall" zu Brandstifter wird.

(92) Hahn, K.: Gedanken über Erziehung. A.a.O., 17.

(93) Hahn, K.: Gedanken über Erziehung. A.a.O., 23.

(94) Hahn, K.: Erziehung zur Verantwortung. In: Erziehung zur Verantwortung. A.a.O., 83.

(95) Hahn, K.: Die nationale und internationale Aufgabe der Erziehung. Vortrag Düsseldorf, 22.4.1958. SV-Schriftenreihe zur Förderung der Wissenschaft 1958/5, 4.

(96) "Körperliche Tauglichkeit, Initiative, Sorgsamkeit, Selbstzucht, Erbarmen", "Verantwortung" läßt sich als übergeordneter Moralbegriff hinzufügen. Ebd., 11.

(97) Hahn, K.: Hoffnungen und Sorgen eines Landerziehungsheims. In: Erziehung zur Verantwortung. A.a.O., 83f.

(98) Hahn, K.: Hoffnungen und Sorgen eines Landerziehungsheims. In: Erziehung zur Verantwortung. A.a.O., 86.

(99) Hahn, K.: Hoffnungen und Sorgen eines Landerziehungsheims. In: Erziehung zur Verantwortung. A.a.O., 83.

(100) Vgl. Kapitel 4.2.3

(101) Hahn, K.: Kurzschulen. Bericht über Outward-Bound. In: Ders.: Erziehung und die Krise der Demokratie. Reden, Aufsätze, Briefe eines politischen Pädagogen. Hg. v. Michael Knoll. Stuttgart: Klett-Cotta (1986), 83-86, 83.

(102) Vgl. unter anderem: Dienes, Z.P.: Methodik der modernen Mathematik. Freiburg: Herder (1970). Freudenthal, H.: Mathematik als pädagogische Aufgabe. 2 Bde. Stuttgart: Klett (1977)(2.). Dormolen, J.v.: Didaktik der Mathematik. Braunschweig: Vieweg (1978). Wittmann, E.: Grundfragen des Mathematikunterrichts. Braunschweig: Vieweg (1978)(5., zuerst 1974). Wagenschein, M.: Ursprüngliches Verstehen und exaktes Denken. 2 Bde. Stuttgart: Klett (1970).

(103) Vgl. dazu Geißler, E.E.: Allgemeinbildung in einer freien Gesellschaft. Düsseldorf: dphv (1977), ibs. Kap. 5.

(104) Ein entsprechendes Orientierungsdefizit wird auch in einigen Konzepten der Drogenarbeit thematisiert, in denen eine Störung der Sinnfindung als zentrales Problem der Abhängigen angesehen wird. Vgl. in diesem Zusammenhang z.B.: Busch, P.M.: Auf der Suche nach Sinn. Zur Problematik der Sinnvermittlung in der Drogenarbeit. Weinheim: Deutscher Studien Verlag (1988).

(105) Scheler, M.: Die Formen des Wissens und die Bildung. Bonn: Fr. Cohen (1925).

(106) Scheler, M.: Die Formen ... A.a.O., 33.

(107) Scheler, M.: Die Formen ... A.a.O., 32.

(108) Scheler, M.: Die Formen ... A.a.O., 33.

(109) Scheler, M.: Die Formen ... A.a.O., 22.

(110) Ebd.

(111) Scheler, M.: Die Formen ... A.a.O., 23.

(112) Scheler, M.: Die Formen ... A.a.O., 32.

(113) Scheler, M.: Die Formen ... A.a.O., 37.

Anmerkungen zu Kapitel 8

(1) Vgl. Heldmann, W.: Kultureller und gesellschaftlicher Auftrag von Schule. Krefeld: Pädagogik & Hochschul Verlag (1990), ibs. 61-208.

(2) Pleines sprach sogar davon, daß diese Diskussion "zum Teil willkürlich abgebrochen wurde". Vgl.: Pleines, J.-E.: Bildungstheorien. Probleme und Positionen. In: Ders.: Studien zur Bildungstheorie. Darmstadt: Wissenschaftliche Buchgesellschaft (1989), 63-78, 76.

(3) Heldmann, W.: Kultureller und gesellschaftlicher Auftrag von Schule. A.a.O., Abschnitt I, C.

(4) Lersch, Ph.: Aufbau der Person. München: Barth (1970 (11.), zuerst 1938), 193f.

(5) Vgl. Geißler, E.E.: Erziehungsmittel. Bad Heilbrunn: Klinkhardt (1975) (5., zuerst 1967).

(6) Herbart, J.F.: Allgemeine Pädagogik (1806), Einleitung.

(7) Pestalozzi, J.H.: Lienhard und Gertrud. III, "Wer Rechnungsgeist und Wahrheitssinn trennt ...". A.a.O., 220.

(8) Gaudig, H.: Freie geistige Schularbeit in Theorie und Praxis. Breslau: Hirdt 1922. Ders.: Die Schule im Dienste der werdenden Persönlichkeit. Leipzig: Quelle & Meyer (1917) Ders.: Die Idee der Persönlichkeit und ihre Bedeutung für die Pädagogik. Leipzig: Quelle & Meyer (1923). Müller, L.: Einstellung auf Freitätigkeit. (1924, ab 4. 1951 u.d.T.: Die Umstellung auf freie geistige Schularbeit). Dies.: Von freier Schülerarbeit (1930). Besser erreichbar: Müller, L. (Hg.): Die Schule der Selbsttätigkeit. Bad Heilbrunn: Klinkhardt 1969. Dies.: Innere Schulreform - Die Gaudig-Schule als Beispiel. In: Berliner Lehrerzeitung. Beilage, 8 Folgen 1968-70. Scheibner, O.: Arbeitsschule in Idee und Gestaltung. Heidelberg: Quelle & Meyer 1951(3.).

(9) Scheibner, O.: Der Arbeitsvorgang in technischer, psychologischer und pädagogischer Erfassung. In: Arbeitsschule in Idee und Gesatltung. A.a.O., 33-64, 37.

(10) Lazarus, R. & Launier, R.: Streßbezogene Transkationen ... A.a.O., 236.

(11) Herbart, J.F.: Umriß pädagogischer Vorlesungen. § 1. A.a.O., 165.

Literatur

Abramson, L., Seligman, M. & Teasdale, J.: Learned helplessness in humans: critique and reformulation. In: Journal of Abnormal Psychology. 87 (1978) 49-74.

Abramson, L., Garber, J. & Seligman, M.: Learned helplessness in humans: An attributional analysis. In: Garber, J. & Seligman, M.(Hg.) : Human Helplessness. Theory and Applications. New York: Academic Press (1980) 3-34.

Achtenhagen, F. & Meyer, H.L.(Hg.): Curriculumrevision. Möglichkeiten und Grenzen. München: Kösel (1971).

Adams, J.E. & Lindemann, E.: Coping with Long-term Disability. In: Coelho, G.V. et al.(Hg.) : Coping and Adaptation. New York: Basic Books (1974) 127-138.

Adler, A.: Die Erziehung zum Mut. In: Internationale Zeitschrift für Individualpsychologie. (1927) 324-326.

Adorno, Th. W.: Sociologica. Zum Verhältnis von Soziologie und Psychologie. Frankfurter Beiträge zur Soziologie, Bd. 1. Frankfurt: Suhrkamp (1955) 11-45.

Aebli, H.: Denken. Das Ordnen des Tuns. 2 Bde. Stuttgart: Klett-Cotta (1980/81).

Aebli, H.: Zwölf Grundformen des Lehrens. Stuttgart: Klett-Cotta (1983).

Aebli, H.: Grundlagen des Lehrens. Stuttgart: Klett-Cotta (1987).

Aebli, H. & Ruthemann, U.: Angewandte Metakognition: Schüler vom Nutzen der Problemlösestrategien überzeugen. In: Zeitschrift für Entwicklungspsychologie und Pädagogische Psychologie. 19 (1987) 46-64.

Anderson, J.: Kognitive Psychologie. Heidelberg: Spektrum der Wissenschaft (1988).

Apel, H.-J.: Mehr Wissen - Mehr Können. Überlegungen und Vorschläge zur Optimierung von Lernvorgängen in der betrieblichen Aus- und Fortbildung. Köln: Industrie und Handelskammer (nicht im Buchhandel) (1988).

Arbeitsgruppe Bildungsbericht am Max Planck Institut für Bildungsforschung: Das Bildungswesen in der Bundesrepublik Deutschland. Ein Überblick für Eltern, Lehrer und Schüler. Reinbek: Rowohlt (1990).

Atkinson, J.W.: An introduction to Motivation. New York: Van Nostrand (1964 (deutsch: 1975)).

Atkinson, J.W.: Motivational determinants of risk-taking behavior. In: Psychological Review. 64 (1957) 359-372.

Atteslander, P.: Mehr oder weniger Demokratie? Durch die neuen Medientechniken droht eine gefährliche Überinformation. In: DIE ZEIT. Nr. 52 / 20.12. (1985) 42.

Aurin, K.: Herausforderung des Gymnasiums durch die 'intelligenten Technologien' - Aufgabe des Gymnasiums und die Vermittlungsfunktion seiner Lehrer. In: Aurin, K. & Durner, H. & Knoche, H.-G.(Hg.) : Intelligente Technologien und der gebildete Mensch. Ohne Ortsangabe : dphv (1984) 68-82.

Aurin, K. & Durner, H. & Knoche, H.-G.: Intelligente Technolgien und der gebildete Mensch. Neue Technologien in Arbeitswelt und Gesellschaft. (Berichtband der 3. Tagung des Arbeitskreises Gymnasium und Wirtschaft). Ohne Ortsangabe: Pädagogik und Hochschulverlag (1984).

Bachmann, J.G.: Die Bedeutung des Bildungsniveaus für Selbstwertgefühl, berufsbezogene Einstellungen, Delinquenz und Drogenkonsum von Jugendlichen. In: Olbrich, E. & Todt, E.(Hg.) : Probleme des Jugendalters. Berlin: Springer (1984) 131-157.

Baltes, P. & Schaie, K.(Hg.): Life-span developmental psychology. New York: Academic Press (1973).

Baltes, P.(Hg.): Life-span development and behavior. Bd. 1. New York: Academic Press (1978).

Baltes, P. & Brim, O.J.jr.(Hg.): Life-span development and behavior. Bd. 2. New York: Academic Press (1979).

Bandura, A.: Social learning theory. Englewood Cliffs, New Jersey: Prentice Hall (1977).

Bandura, A.: Self-efficacy. Toward a Unifying Theory of Behavioral Change. In: Psychological Review. 84: (1977) 191-215.

Bartlett, F.C.: Remembering. Cambridge: Cambridge University Press (1932).
Becker, E.: Curriculare Sackgassen. Königstein/Ts.: Scriptor (1980).
Bedersdorfer, H.W.: Angstverarbeitung von Schülern. Bewältigung von Schulangst und ihre Beeinflussung durch ein pädagogisches Interventionsprogramm. Weinheim: Juventa (1988).
Benesch, H.: dtv-Atlas zur Psychologie. 2 Bde. München: dtv (1987).
Berger, R.: Chancen und Herausforderungen durch moderne Kommunikationstechnologien. In: Aurin, K. & Durner, H. & Knoche, H.-G.(Hg.) : Intelligente Technologien und der gebildete Mensch. Ohne Ortsangabe: dphv (1984) 50-67.
Bergius, R.: Analyse der "Begabung": Die Bedingungen des intelligenten Verhaltens. In: Roth, H.(Hg.) : Begabung und Lernen. Stuttgart: Klett (1968) 229-268.
Bergler, R.: Psychologie stereotyper Systeme. Bern (1966).
Bergler, R.: Sauberkeit. Norm - Verhalten - Persönlichkeit. Bern (1974).
Beywl, W.: Jugendarbeitslosigkeit. Zu den individuellen Auswirkungen eines verschleppten Arbeitsmarktproblems. In: aus politik und zeitgeschichte. B 38 (1985) 16-26.
Birch, H.G. & Rabinowitz, H.S.: Die negative Wirkung vorhergehender Erfahrung auf das produktive Denken. In: Graumann, C.F.(Hg.) : Denken. Köln: Kiepenheuer & Witsch (1971/1951) 265-270.
Bittner, G.(Hg.): Erziehung in früher Kindheit. München: Piper (1973)(5.).
Bloom, B.S.(Hg.): Taxonomy of educational objectives. The classification of educational goals, Handbook I: Cognitive Domain. New York: Longmanns & Green (1956).
Blos, P.: Adoleszenz. Eine psychoanalytische Interpretation. Stuttgart: Klett (1973) (orig. amerik. 1962).
BMFT(Hg.): Fachinformationsprogramm der Bundesregierung mit Zwischenbilanz 1986. Bonn: Hausveröffentlichung (1986).
Bollnow, O.F.: Neue Geborgenheit. Stuttgart: Kohlhammer (1955).
Bollnow, O.F.: Das Wesen der Stimmungen. Frankfurt/M.: Klostermann (1956).
Bollnow, O.F.: Existenzphilosophie und Pädagogik. Stuttgart: Kohlhammer (1984) (6., zuerst 1959).
Bollnow, O.F.: Existenzphilosophie. Stuttgart: Kohlhammer (1984)(9., zuerst 1955).
Bourne, L.E. & O'Banion, K.: Conceptual rule learning and chronological age. In: Developmental Psychology. 5 (1971) 525-534.
Bourne, L.E.: Knowing and using concepts. In: Psychological Review. 77 (1970) 546-556.
Brandtstädter, J.: Kontinuität, Wandel und Kontext: Zum Problem des Spielraums menschlicher Entwicklung. In: Berichte aus der Arbeitsgruppe 'Entwicklung und Handeln'. Universität Trier (1985).
Brehm, J.W.: A theory of psychological reactance. New York: Academic Press (1966).
Brehm, J.W.: Responses to loss of freedom: A theory of psychological reactance. Moristown, N.J.: General Learning Press (1972).
Brezinka, W.: Tüchtigkeit. Analyse und Bewertung eines Erziehungszieles. München/Basel: E. Reinhardt (1987).
Brockhaus: Enzyklopädie in 24 Bänden. Mannheim: F.A. Brockhaus (1986ff.)(19.).
Bruner, J.: Towards a theory of instruction. Cambridge, Mass. (1966).
Brüderl, L.(Hg.): Theorien und Methoden der Bewältigungsforschung. Weinheim: Juventa (1988).
Brüderl, L.: Belastende Lebenssituationen. Untersuchungen zur Bewältigungs- und Entwicklungsforschung. Weinheim: Juventa (1988).
Bundesregierung: Bericht zur Bildungspolitik ("Bildungsbericht '70"). BT-Drucksache VI/925. Bonn: Heger (1970).
Bühl, L.W.: Krisentheorien. Politik, Wirtschaft und Gesellschaft im Übergang. Darmstadt: Wissenschaftliche Buchgesellschaft (1984).
Bühler, K.: Die Krise der Psychologie. Jena (1927).
Bühler, K.: Tatsachen und Probleme zu einer Psychologie der Denkvorgänge. In: Archiv für die gesamte Psychologie. 9 (1907/08) 297-305, 12, 1-92.
Camus, A.: Werkausgabe. Bd. II: Essais. Paris: Bibilothèque de la Pléiade (1981).

Caplan, G.: Emotional problems of early childhood. New York: Basic Books (1955).
Caplan, G.: Principles of preventive psychiatry. New York: Tavistock (1964).
Caplan, G.: Emotional Crisis. In: Deutsch, A. & Fishbein, H.(Hg.) : The encyclopedia of mental health. New York: Watts (1963) 521-532.
Case, R.: Intellectual Development. Birth to Adulthood. Orlando: Academic Press (1985).
Casjens, R. D.: Sozialtechnologische Curriculumtheorie. Zur Kritik entscheidungs- und systemtheoretisch orientierter Modelle der Curriculumentwicklung. Königstein/Ts.Hain (1979).
Charness, N.: Memory fo Chess Positions: Resistence to Interference. In(Hg.): Journal of Experimental Psychology: Human Learning and Memory 2. (1976) 641-653.
Chase, W. G. & Simon, H. A.: Perception in Chess. In: Cognitive Psychology. 4 (1973) 55-81.
Chase, W. G. & Simon, H. A.: The Mind's Eye in Chess. In: Chase, W. G.(Hg.) : Visual Information Processing. New York: Academic Press (1973).
Coelho, G.V. & Hamburg, D.A. & Adams, J. E.(Hg.): Coping and Adaptation. New York: Basic Books (1974).
Coleman, J.: Eine neue Theorie der Adoleszenz. In: Olbrich, E. & Todt, E.(Hg.) : Probleme des Jugendalters. Neuere Sichtweisen. Berlin: Springer (1984) 49-67.
Cube, F.v. & Alsguth, D.: Fordern statt Verwöhnen. Die Erkenntnisse der Verhaltensbiologie in Erziehung und Führung. München: Piper (1989)(3., zuerst 1986).
Dahrendorf, R.: Industrielle Fertigkeiten und soziale Schichtung. In: Kölner Zeitschrift für Soziologie und Sozialpsychologie. 8 (1956) 540-578.
Davidson, P.O. & Davidson, S.M.(Hg.): Behavioral Medicine: Changing Health Lifestyles. New York: Brunner/Mazel (1980).
De Charms, R.: Personal causation. New York: Academic Press (1968).
De Charms, R.: Origins, pawns, and educational practice. In: Lesser, G.S.(Hg.) : Psychological Practice and Educational Process. New York: Scott & Foresman (1969).
Dembo, T.: Der Ärger als dynamisches Problem. In: Psychologische Forschung. 15 (1931) 2-26.
Derbolav, J.: Das Exemplarische im Bildungsraum des Gymnasiums. Versuch einer pädagogischen Ortsbestimmung des exemplarischen Lernens. DüsseldorfSchwann (1957).
Derbolav, J.: Frage und Anspruch. Ratingen: Henn (1970).
Derbolav, J.: Systematisch-kritische Überlegungen zur deutschen Curriculumforschung. In: Die Realschule. 81 (1973) 87-90, 122-127.
Derbolav, J.: Pädagogik und Politik. Eine systematisch-kritische Analyse ihrer Beziehungen. Stuttgart: Kohlhammer (1975).
Derbolav, J.: Kritik und Metakritik der Praxeologie. Ratingen: Henn (1976).
Derbolav, J.: Abriß europäischer Ethik. Würzburg: Könighausen & Neumann (1983).
Derbolav, J.: Grundriß einer Gesamtpädagogik. Frankfurt: Diesterweg (1987).
Deutscher Bildungsrat: Empfehlungen der Bildungskommission: Strukturplan für das Bildungswesen. Stuttgart: Klett (1970).
Deutsches Institut für wissenschaftliche Pädagogik(Hg.): Lebenspraktische gegen wissenschaftliche Bildung? Münster (Erziehungswissenschaftliches Arbeitsgespräch vom 1. bis 2. Juni 1977 in Münster) (1977).
Dewey, J.: Democracy and Education. New York: Mc Millan (1948 (zuerst 1916)).
Dinkmeyer, D. & Dreikurs, R.: Ermutigung als Lernhilfe. Stuttgart: Klett (1978).
Dienes, Z.P.: Methodik der modernen Mathematik. Freiburg: Herder (1970).
Dohrendwend, B.S. & Dohrenwend, B.P. (Eds.) : Stressful Life Events: Their Nature and Effects. New York: Wiley (1974).
Dollase, R.: Entwicklung und Erziehung. Angewandte Entwicklungspsychologie für Pädagogen. Stuttgart: Klett (1985).
Döbert, R. & Nunner-Winkler, G.: Adoleszenzkrise und Identitätsbildung. Psychische und soziale Aspekte des Jugendalters in modernen Gesellschaften. Frankfurt: Suhrkamp (1975).

Dörner, D., Lutz, W. & Meurer, K.: Informationsverarbeitung beim Konzepterwerb. In: Z. Psychol. 174 (1967) 194-230.
Dörner, D.: Die kognitive Organisation beim Problemlösen. Versuch einer kybernetischen Theorie der elementaren Informationsprozesse beim Denken. Bern: Huber (1974).
Dörner, D.: Problemlösen als Informationsverarbeitung. Stuttgart: Kohlhammer (1984)(3., zuerst 1976).
Dörner, D., Kreuzig, H. W., Reither, F. & Stäudel, Th.: Lohhausen: Vom Umgang mit Unbestimmtheit und Komplexität. Bern: Huber (1983).
Dörner, D.: Wissen und Verhaltensregulation: Versuch einer Integration. In: Mandl, H. & Spada, H.(Hg.) : Wissenspsychologie. München: U & S (1986).
Dörner, D.: Die Logik des Mißlingens. Reinbek: Rowohlt (1989).
Dormolen, J.v.: Didaktik der Mathematik. Braunschweig: Vieweg (1978).
Dreikurs, R.: Grundbegriffe der Individualpsychologie. Stuttgart: Klett (1969).
Drinck, M.: Systemtheoretisch orientierte Modelle von Emotion und Kognition. Einige Folgerungen für Pädagogik und Psychotherapie. Bonn: Phil. Diss. (1989).
Duncker, K.: Zur Psychologie des produktiven Denkens. Berlin: Springer (1974)(3., zuerst 1935).
Ebert, E. & Meumann, E.: Über einige Grundfragen der Psychologie der Übungsphänomene in Bereichen des Gedächtnisses, zugleich ein Beitrag zur Psychologie der formalen Geistesbildung. In: Archiv für die Gesamte Psychologie. 4 (1905) 1-232.
Eckensberger, L.(Hg.): Bericht über den 31. Kongreß der Deutschen Gesellschaft für Psychologie, Bd. 1 Göttingen: Hogrefe (1979).
Edding, Fr.: Auf dem Wege zur Bildungsplanung. Braunschweig: Westermann (1970).
Ellis, H.: The transfer of learning. New York: Macmillan (1965).
Erikson, E.H.: Identität und Lebenszyklus. Frankfurt: Suhrkamp (1977)(4.).
Erikson, E.H.: Jugend und Krise. Die Psychodynamik im sozialen Wandel. München: dtv (1988 (orig. 1968)).

Ewert, O.M.: Selbstkonzept und Erklärung von Verhalten. In: Oerter, R.(Hg.) : Entwicklung als lebenslanger Prozeß. Hamburg: Hoffmann & Campe (1978) 136-146.
Fajans, S.: Erfolg, Ausdauer und Aktivität beim Säugling und Kleinkind. In: Psychologische Forschung. 17 (1933) 268-286.
Faltermaier, T.: Notwendigkeit einer sozialwissenschaftlichen Belastungskonzeption. In: Brüderl, L.(Hg.) : Theorien und Methoden der Bewältigungsforschung. Weinheim: Juventa (1988) 46-62.
Fichte, J.G.: Die Grundzüge des gegenwärtigen Zeitalters (1804/1805). Hg. v. A. Messer. Berlin: Wegweiser (1924).
Filipp, S.-H.: Aufbau und Wandel von Selbstschemata über die Lebensspanne. In: Oerter, R.(Hg.) : Entwicklung als lebenslanger Prozeß. Hamburg: Hoffmann & Campe (1978) 111-135.
Fitts, P. M. & Posner, M. I.: Human Performance. Belmont: Brooks Cole (1967).
Flammer, A.: Transfer und Korrelation. Weinheim: Beltz (1970).
Flammer, A.: Entwicklungstheorien. Psychologische Theorien der menschlichen Entwicklung. Bern: Huber (1988).
Flitner, W.: Der Kampf gegen die Stoffülle. Exemplarisches Lernen, Verdichtung und Auswahl. In: Die Sammlung. (1955) 556-561.
Flöttmann, H.B.: Angst. Ursprung und Überwindung. Stuttgart: Kohlhammer (1989).
Fogt, H.: Politische Generationen. Opladen: Westdeutscher Verlag (1982).
Folkman, S. & Lazarus, R.S.: An analysis of coping in a middle-aged community sample. In: Journal of Health & Social Behavior. 21 (1980) 219-239.
Frankl, V.E.: Der Wille zum Sinn. Bern: Huber (1982)(3.).
Freud, A.: Das Ich und die Abwehrmechanismen. Frankfurt: Fischer (1981)(zuerst 1936).
Freud, S.: Hemmung, Symptom und Angst. In: Gesammelte Werke, Bd. 14. London: Imago (1940-42)(zuerst 1926) 1-323.
Freud, S.: Die endliche und die unendliche Analyse (1937). In: Ders.: Gesammelte

Werke, chronologisch geordnet. Bd. 11. Frankfurt/M.: S. Fischer (1968)(3.) 57-99.
Freudenthal, H.: Mathematik als pädagogische Aufgabe. 2 Bde. Stuttgart: Klett (1977)(2.).
Friedrichs, G. & Schaff, A.(Hg.) : Auf Gedeih und Verderb. Mikroelektronik und Gesellschaft. Bericht an den Club of Rome. Reinbek: Rowohlt (1982).
Gardner, H.: Dem Denken auf der Spur. Stuttgart: Klett-Cotta (1989) (orig. amerikanisch 1985).
Gaudig, H.: Die Idee der Persönlichkeit und ihre Bedeutung für die Pädagogik. Leipzig: Quelle & Meyer (1923).
Gaudig, H.: Freie geistige Schularbeit in Theorie und Praxis,. Breslau: Hirt (1922).
Gebsattel, V.E.v.: Gedanken zu einer anthropologischen Psychotherapie. In: Frankl, E. & al.(Hg.) : Handbuch der Neurosenlehre und Psychotherapie. (1959) 531-567.
Gebsattel, V.E.v.: Krise in der Psychotherapie. In: Jb. Psychiat. u. Psychother. (1952) 66-78.
Gediga, G. , Schöttke, H. & Tücke-Bressler, M.: Problemlösen und Intelligenz. In: Universität Osnabrück Psychologische Forschungsberichte. 34 (1984).
Gehlen, A.: Der Mensch. Seine Natur und seine Stellung in der Welt. Wiesbaden: Aula (1986a)(13., zuerst 1940).
Gehlen, A.: Urmensch und Spätkultur. Wiesbaden: Aula (1986b)(13., zuerst 1956).
Geißler, E.E.: Der Gedanke der Jugend bei Gustav Wyneken. Frankfurt: Diesterweg (1963).
Geißler, E.E.: Herbarts Lehre vom erziehenden Unterricht. Heidelberg: Quelle und Meyer (1970).
Geißler, E.E.: Erziehungsmittel. Bad Heilbrunn: Klinkhardt (1975)(5. , zuerst 1967).
Geißler, E.E.: Allgemeinbildung in einer freien Gesellschaft. Düsseldorf: dphv (1977).
Geißler, E.E.: Analyse des Unterrichts. Bochum: Kamp (1980)(5., zuerst 1973).
Geißler, E.E.: Ungewollte und gewollte Effekte neuerer Curriculumstrategien. In: Zeitschrift f. Politik. 28 (1981) 219-238.
Geißler, E.E.: Allgemeine Didaktik. Grundlegung eines erziehenden Unterrichts. Stuttgart: Klett (1983)(2., zuerst 1981).

Geißler, E.E.: Bildung in der Wertekrise. In: Institut der deutschen Wirtschaft (Hg.): Wirtschaftliche Entwicklungslinien und gesellschaftlicher Wandel. Köln: Deutscher Instituts-Verlag (1983) 285-295.
Geißler, E.E.: Die Schule. Theorien, Modelle, Kritik. Stuttgart: Klett (1984).
Geißler, E.E.(Hg.): Gemeinwohl. Bonn: Institut f. Erziehungswissenschaft (1984).
Geißler, E.E.(Hg.): Politische Bildung. Bonn: Institut für Erziehungswissenschaft (1985).
Geißler, E.E.(Hg.): Verantwortung. Bonn: Institut für Erziehungswissenschaft (1986).
Geißler, E.E.: Welche Farbe hat die Zukunft? Bonn: Bouvier (1986).
Geißler, E.E. & Wollersheim, H.-W.: Kurt Hahns Menschenbild: Kritik an seinen Kritikern. In: Pädagogische Rundschau. 40 (1986) 267- 284.
Geißler, E.E.(Hg.): Inhalt und Bedeutung des personalen Menschenbildes. Bonn: Institut für Erziehungswissenschaft (1987).
Geißler, E.E.(Hg.): Postmoderne Zukunft? Bonn: Institut für Erziehungswissenschaft (1988).
Geißler, E.E.(Hg.): Verantwortete politische Bildung. Bonn: Bouvier (1988).
Geißler, E.E.: Allgemeinbildung in der modernen Gesellschaft. (Gesellschaftspolitische Schriftenreihe der AGV Metall, Köln, Bd. 44) Köln: Arbeitgeberverband Metall Köln (1989).
Geißler, E.E.(Hg.): Life-long-learning-society: Fortschritt oder Bedrohung. Bonn: Institut für Erziehungswissenschaft (1989).
Geißler, E.E.(Hg.): Der mündige Bürger. Illusion oder Wirklichkeit? Bonn: Institut für Erziehungswissenschaft (1990).
Gergen, K.: Selbstkonzepte und Sozialisation des aleatorischen Menschen. In: Montada, L.(Hg.) : Brennpunkte der Entwicklungspsychologie. Stuttgart: Kohlhammer (1979) 358-373.
Gerner, B.(Hg.): Das exemplarische Prinzip. Beiträge zur Didaktik der Gegenwart. Darmstadt: WB (Wege der Forschung Bd. XXX) (1963).
Göbel, U.: Was Ausbilder fordern - Was Schüler leisten. Köln: Deutscher Instituts-Verlag (1982).

Göbel, U. & Schlaffke, W.(Hg.): Kongreß: Beruf und Weiterbildung. Köln: Deutscher Institutsverlag (1987).
Göbel, U. & Schlaffke, W.(Hg.): Die Zukunftsformel. Technik - Qualifikation - Kreativität. Köln: Deutscher Institutsverlag (1987).
Göbel, U. & Kramer, W.(Hg.): Aufgaben der Zukunft - Bildungsauftrag des Gymnasiums. Köln: Dt.-Inst.-Verlag (1989).
Gripp, H.: Jürgen Habermas. Paderborn: Schöningh (1984).
Groot, A. de: Thought and Choice in Chess. The Hague: Mouton (1965).
Groot, A. de: Perception and Memory Versus Thought: Some Old Ideas and Recent Findings. In: Kleinmuntz, B.(Hg.) : Problem Solving. New York: Wiley (1966) 19-50.
Gstettner, P. & Rathmayr, B.: Lehrerbeteiligung als Innovationsstrategie. Schulnahe Curriculumentwicklung zwischen Basisanspruch und staatlichem Planungsdilemma. In: Zeitschrift f. Pädagogik. 24 (1978) 329-349.
Haan, N.: Proposed model of ego functioning: Coping and defense mechanisms in relationship to I.Q. change. In: Psychological Monographs. 77(8, Whole No. 571) (1963).
Haan, N.: Coping and Defending. Processes of Self-Environment Organization. New York: Academic Press (1977).
Habermas, J.: Theorie des kommunikativen Handelns. 2 Bde. Frankfurt: Suhrkamp (1981).
Habermas, J.: Können komplexe Gesellschaften eine vernünftige Identität ausbilden? (Langfassung der Hegelpreisrede vom 19.1.1974) In: Ders.: Zur Rekonstruktion des Historischen Materialismus. Frankfurt: Suhrkamp (1982(3., zuerst 1976)) 92-126.
Habermas, J.: Was heißt heute Krise? Legitimationsprobleme im Spätkapitalismus. In: Ders.: Zur Rekonstruktion des historischen Materialismus. Frankfurt/M.: Suhrkamp (1982)(3., zuerst 1976) 304-328.
Habermas, J.: Moralentwicklung und Ich-Identität. In: Ders.: Zur Rekonstruktion des historischen Materialismus. Frankfurt/M.: Suhrkamp (1982)(3., zuerst 1976) 63-91.
Habermas, J.: Die Krise des Wohlfahrtsstaates und die Erschöpfung utopischer Energien.
In: Ders.: Die Neue Unübersichtlichkeit. Frankfurt/M.: Suhrkamp (1985) 141-163.
Habermas, J.: Untiefen der Rationalitätskritik. In: Ders.: Die Neue Unübersichtlichkeit. Frankfurt/M.: Suhrkamp (1985) 132-137.
Haefner, K.: Die neue Bildungskrise. Herausforderung der Informationstechnik an Bildung und Ausbildung. Basel: Birkhäuser (1982).
Hahn, K.: Gedanken über Erziehung. In: Erziehung zur Verantwortung. Stuttgart: Klett (o.J.).
Hahn, K.: Erziehung und die Krise der Demokratie. Reden, Aufsätze, Briefe eines politischen Pädagogen. Hg. v. Michael Knoll. Stuttgart: Klett-Cotta (1986).
Hahn, W.: Hat die Bildungsreform versagt?. In: Politische Akademie Eichholz (Hg.) : Bildung zwischen Reform und Revolution. Wesseling: Tagungsbericht der Fachtagung Bildungspolitik 20.3.-23.3. (1974) (nicht im Buchhandel) 3-20.
Hamburg, D.A. & Coelho, G.V. & Adams, J.E.: Coping and Adaptation: Steps toward a Synthesis of Biological and Social Perspectives. In: Coelho, G.V. & al.(Hg.) : Coping and Adaptation. New York: Basic Books (1974) 403-440.
Harlow, H.F.: Learning set and error factor theory. In: Koch, S.(Hg.) : Psychology: A study of science. New York: McGraw Hill (1959) 492-537.
Haußer, K.: Identitätsentwicklung. New York: Harper & Row (1983) UTB 1269.
Havighurst, R.J.: Developmental task and education. New York: McKay (1970)(16. Nachdruck der 2. Aufl. 1952, zuerst 1948).
Heckhausen, H.: Achievement motivation and its constructs: A cognitive model. In: Motivation and Emotion. 1 (1977) 283-329.
Heidegger, M.: Sein und Zeit. Tübingen: Niemeyer (1986)(16., zuerst 1927).
Heider, F.: The Gestalt theory of motivation. In: Jones, M.R.(Hg.) : The Nebraska Symposium on Motivation. Lincoln, Nebr.: University of Nebraska Press (1960) 145-172.
Heider, F.: The psychology of interpersonal relations. New York: Wiley (1958).

Heimann, P.: Didaktik als Theorie und Lehre. In: Die Deutsche Schule. 54 (1962) 407-427.
Heimann, P. & Otto, G. & Schulz, W.: Unterricht - Analyse und Planung. Hannover: Schroedel (1972)(6.).
Heintel, E.: Die beiden Labyrinthe der Philosophie. Systemtheoretische Betrachtungen zur Fundamentalphilosophie des abendländischen Denkens. Bd. 1. Wien (1968).
Heinze, T.: Unterrichtsforschung als handlungsorientierte Curriculumentwicklung. In: Bildung und Erziehung. 32 (1979) 443-454.
Heitmeyer, W.: Rechtsextremistische Orientierung bei Jugendlichen. Empirische Ergebnisse und Erklärungsmuster einer Untersuchung zur politischen Sozialisation. München: Juventa (1987).
Heldmann, W.: Kultureller und gesellschaftlicher Auftrag von Schule. Krefeld: Pädagogik & Hochschul Verlag (1990).
Henz, H.: Ermutigung. Ein Prinzip der Erziehung. Freiburg (1964).
Herbart, J.Fr.: Allgemeine Pädagogik aus dem Zwecke der Erziehung abgeleitet (1806). In: Herbart. Pädagogische Schriften, hg. v. W. Asmus. Düsseldorf: Küpper (1965) (19).
Herder, J.G.: Ideen zur Philosophie der Geschichte der Menschheit (1784-91). Wiesbaden: Fourier (1985)
Hesse, F.W.: Effekte des semantischen Kontexts auf die Bearbeitung komplexer Probleme. In: Zeitschrift für Experimentelle und Angewandte Psychologie. 29 (1982) 62-91.
Hesse, H.: Lernübertragung. In: Weinert, F., Bredenkamp, J. u.a.(Hg.) : Pädagogische Psychologie. Bd. V: Lernen. Weinheim: Beltz (1976) (Bearb. Neuausg. d. Studienbegleitbriefe zum Funkkolleg Päd. Psychologie) 63-92.
Heursen, G.: Kompetenz - Performanz. In: Lenzen, D. & Mollenhauer, K.(Hg.) : Enzyklopädie Erziehungswissenschaft. Band 1. Stuttgart: Klett (1983) 472-478.
Hoppe, F.: Erfolg und Mißerfolg. In: Psychologische Forschung. 14 (1930) 2-32.
Horkheimer, M.: Zum Begriff des Menschen (1957). In: Schmid Noerr, G.(Hg.) : Max Horkheimer: Gesammelte Schriften. Bd. 7: Vorträge und Aufzeichnungen 1949-1973. Frankfurt: S. Fischer (1980) 55-80.
Höhn, E.: Der schlechte Schüler. Sozialpsychologische Untersuchungen über das Bild des Schulversagers. München: Piper (1980 (überarb., zuerst 1967)).
Huhse, K.: Theorie und Praxis der Curriculumforschung. Ein Bericht über Wege der Curriculumreform in den USA mit Ausblicken auf Schweden und England. Berlin: Max Planck-Institut für Bildungsforschung, Studien und Berichte 13 (1968).
Huizinga, J.: Homo Ludens. Vom Ursprung der Kultur im Spiel. Reinbek: Rowohlt (1987) (orig. niederländisch 1938).
Hull, C.L.: A behavior system. New Haven: Yale University Press (1952).
Hull, C.L.: The conflicting psychologies of learning - a way out. In: Psychological Reviews. 42 (1935) 491-516.
Hull, C.L.: Principles of behavior. New York: Appleton-Century-Croft (1943).
Humboldt, W. v.: Bericht der Sektion des Kultus und Unterrichts an den König. Dezember 1809. In: Flitner, A. & Giel, K.(Hg.) : Wilhelm von Humboldt. Werke, Bd. IV. Darmstadt: Wissenschaftliche Buchgesellschaft (1982)(3.) 211-238.
Hussy, W.: Denkpsychologie Stuttgart: Kohlhammer (1984).
Hussy, W.: Komplexe menschliche Informationsverarbeitung: das SPIV-Modell. In: Sprache und Kognition (1983,2) 47-62.
Hussy, W.: Komplexes Problemlösen - Eine Sackgasse?. In: Zeitschrift für Experimentelle und Angewandte Psychologie. 32 (1985) 55-74.
Ichheiser, G.: Zur Psychologie des Nichtkönnens. In: Archiv gesamte Psychologie. 92 (1934).
Illich, I.: Entschulung der Gesellschaft. München: Kösel (1972).
Jaspers, K.: Philosophie. Berlin (1932)(3.).
Jaspers, K.: Allgemeine Psychopathologie. Berlin: Springer (1965).
Jentschura, U.: Eine Bestätigung für Platos Theorie. In: F.A.Z. v. 24.8. (1988).
Jerusalem, M. & Schwarzer, R.: Selbstkonzept und Ängstlichkeit als Einflußgrößen für Streßerleben und Bewältigungstendenzen.

In: Zeitschr. f. Entwicklungspsychologie u. Pädagogische Psychologie. 21 (1989) 307-324.

Jonas, H.: Das Prinzip Verantwortung. Versuch einer Ethik für die technologische Zivilisation. Frankfurt: Suhrkamp (1984)(zuerst 1979).

Jucknat, M.: Leistung, Anspruchsniveau und Selbstbewußtsein. In: Psychologische Forschung. 22 (1937) 89-130.

Jucknat, M.: Erfolg oder Mißerfolg? Ergebnisse experimentell-psychologischer Forschung von 1930-1979. Darmstadt: Wiss. Buchgesellschaft (WdF 198) (1987).

Judd, Ch.: The relation of special training to general intelligence. In: Educational Review. 36 (1908) 28-42.

Jüttemann, G. & Thomae, H. (Hg.) : Biographie und Psychologie. Berlin: Springer (1987).

Kaiser, A.: Bildungsökonomie und Bildungsplanung. In: Die Deutsche Berufs- und Fachschule. 73 (1977) 243ff.

Kaiser, A.: Strukturprobleme des Curriculum. Die vergessene systematische Dimension der deutschen Curriculumforschung. Bern (1975).

Katona, G.: Organizing and Memorizing New York: Columbia University Press (1940).

Kemsies, F.: Die häusliche Arbeitszeit meiner Schüler. In: Zeitschr. f. Päd. Psychologie. (1899 H. 2/3) 89-95 u. 132 - 134.

Kern, H. & Schumann, M.: Industriearbeit und Arbeiterbewußtsein. Eine empirische Untersuchung über den Einfluß der aktuellen technischen Entwicklung auf die industrielle Arbeit und das Arbeiterbewußtsein. Frankfurt/M.: Europäische Verlags-Anstalt (1974)(4., zuerst 1970).

Kerschensteiner, G.: Der Begriff der Arbeitsschule. Leipzig: Teubner (1930).

Klafki, W.: Grundformen des Fundamentalen und Exemplarischen. In: Das pädagogische Problem des Elementaren und die Theorie der kategorialen Bildung. Weinheim: Beltz (1964)(4.) 441-457.

Klages, H.: Anspruchsdynamik und Bürokratisierung. In: Geißler, H.(Hg.) : Verwaltete Bürger - Gesellschaft in Fesseln. Frankfurt/M.: Ullstein (1978) 100-111.

Klauer, K. J.: Lernen und Intelligenz. Der Einfluß von Trainingsmethoden auf die Intelligenztestleistung schwachbegabter Kinder. Weinheim: Beltz (1969).

Klauer, K. J.: Induktives Denken, analytische Lösungsstrategie und Intelligenz: Ergebnisse zweier Trainingsstudien. In: Zschr. für Entwicklungspsychologie und Pädagogische Psychologie. 19 (1987) 325-339.

Klauer, K. J.: Auswirkungen eines Trainings des abstrakt-analytischen Denkens auf die Intelligenz von Grundschülern. In: Zschr. f. Pädagogische Psychologie. 1 (1987) 53-60.

Klauer, K. J.: Intellektuelles Training bei Vorschul- und Grundschulkindern. In: Pychologie in Erziehung und Unterricht. 34 (1987) 205-213.

Klauer, K. J.: Intellektuelle Förderung durch Einzelfalltraining. In: Psychologie in Erziehung und Unterricht. 35 (1988) 269-278.

Klauer, K. J.: Paradigmatisches Training induktiven Denkens: Ergebnisse zweier Transferexperimente. In: Zschr. f. Pädagogische Psychologie. 3 (1989) 249-258.

Klauer, K. J.: Die Messung von Transferdistanzen. In: Zschr. f. Entwicklungspsychologie und Pädagogische Psychologie. 21 (1989) 146-166.

Klauer, K. J.: Allgemeine oder bereichsspezifische Transfereffekte eines Denktrainings? In: Zschr. f. Entwicklungspsychologie und Pädagogische Psychologie. 21 (1989) 185-200.

Klein, D.C. & Lindemann, E.: Preventive intervention in individual and family crisis situations. In: Caplan, G.(Hg.) : Prevention of mental disorders in children. New York: Basic Books (1961) 283-306.

Kluge, N.: Ermutigung als Prinzip und Maßnahme der Erziehung. In: Lebendige Schule. 25 (1970) 370-379.

Koch, L.: Logik des Lernens. Weinheim: Deutscher Studien Verlag (1991).

Krampen, G.: Entwicklung von Kontrollüberzeugungen - Thesen zu Forschungsstand und Perspektiven. In: Zeitschrift für Entwicklungspsychologie und Pädagogische Psychologie. 19 (1987) 195-227.

Krathwohl, D.R.: The taxonomy of educational objectives. Its use in curriculum building. In:

Lindvall, C.N.(Hg.) : Defining eductional objectives. Pittsburgh: University of Pittsburgh Press (1964) 19-36.

Krathwohl, D.R. , Bloom, B.S. & Masia, B.B.(Hg.): Taxonomy of educational objectives, Handbook II: Affective domain New York: McKay (1964).

Kroeber, T.C.: The coping functions of the ego mechanisms. In: White, R.(Hg.) : The study of lives. New York: Atherton (1963).

Krone, H.-W.: Theorien zur Angst. Stuttgart: Kohlhammer (1976).

Krone, H.: Coping Research: Current Theoretical and Methodological Developments. Mainzer Berichte zur Persönlichkeitsforschung. Mainz: Psychologisches Institut, Abt. Persönlichkeitspsychologie (1987).

Kroy, W.: Intelligente Technologien - künstliche Intelligenz. In: Aurin, K. & Durner, H. & Knoche, H.-G.(Hg.) : Intelligente Technologien und der gebildete Mensch. Ohne Ortsangabe : dphv (1984) 34-49.

Kroy, W.: Szenario 2000 - Perspektiven und Zukunftsentwicklung. In: Aurin, K. & Durner, H. & Knoche, H.-G.(Hg.) : Intelligente Technologien und der gebildete Mensch Ohne Ortsangabe : dphv (1984) 12-33.

Kruse, A.: Strukturen des Erlebens und Verhaltens bei chronischer Erkrankung im Alter. Bonn: Phil. Diss. (1986).

Kruse, A.: Kompetenzerhaltung, Kompetenzsteigerung und Kompetenzwiedergewinnung im Alter. In: Kruse, A., Lehr, U. & Rott, Chr.(Hg.) : Gerontologie - eine interdisziplinäre Wissenschaft. München: Bayerischer Monatsspiegel (1987) 343-412.

Krüger, H.H.: Curriculumreform in der Bundesrepublik. Meisenheim: Hain (1977).

Kühle, H.J.: Zielanganben anstelle von Lösungen - Hintergründe für ein bei Politikern häufig zu beobachtendes Phänomen und deren Konsequenzen. Memorandum Lehrstuhl Psychologie II, Universität Bamberg, No. 9, 1982.

Kühle, H.J. & Badke, P.: Die ENtwicklung von Lösungsvorstellungen in komplexen Problemsituationen und die Gedächtnisstruktur. Sprache und Kognition (1986) H 2, 95-105.

Kuhn, H.W.: Qualifikation und Sozialisation in der beruflichen Bildung. Ein Beitrag zur aktuellen Problematik des Verhältnisses von Bildungssystem und Beschäftigungssystem im Bereich der beruflichen Bildung. Frankfurt/M.: Diesterweg (1980).

Lantermann, E.D.(Hg.): Wechselwirkungen. Psychologische Analysen der Person-Umwelt-Beziehung. Göttingen: Hogrefe (1982).

Lassahn, R.: Das Selbstverständnis der Pädagogik Theodor Litts. Wuppertal: Henn (1968).

Lassahn, R.: Grundriß einer Allgemeinen Pädagogik. Heidelberg: Quelle & Meyer (1977).

Lassahn, R.: Pädagogische Anthropologie. Heidelberg: Quelle & Meyer (1983).

Lassahn, R.: Einführung in die Pädagogik. Heidelberg: Quelle & Meyer (1988)(5., zuerst 1976).

Laux, L.: Psychologische Streßkonzeptionen. In: Thomae, H.(Hg.) : Motivation und Emotion (= Enzyklopädie der Psychologie, Serie IV, Bd. 1). Göttingen: Hogrefe (1983) 453-535.

Lawler, J.: Dialektische Philosophie und Entwicklungspsychologie: Hegel und Piaget über Widerspruch. In: Riegel, K.(Hg.) : Zur Ontogenese dialektischer Operationen. Frankfurt: Suhrkamp (1978) 7-29.

Lazarus, R.S.: Psychological Stress and the Coping Process. New York: McGraw-Hill (1966).

Lazarus, R.S. , Averill, J.R. & Opton, E.M.: The Psychology of Coping: Issues of Research and Assessment. In: Coelho, G.V. & al.(Hg.) : Coping and Adaptation. New York: Basic Books (1974) 249-315.

Lazarus, R.S.: Psychological stress and coping in adaptation and illness. In: International Journal of Psychiatrie in Medicine. 5 (1974) 321-333.

Lazarus, R.S.: The self-regulation of emotions. In: Levi, L.(Hg.) : Emotions - Their parameters and measurement. New York: Raven Press (1975) 47-67.

Lazarus, R.S.: Streß und Streßbewältigung - Ein Paradigma. In: Filipp, S.H.(Hg.) : Kritische Lebensereignisse. München: U & S (1981) 198-232.

Lazarus, R.S. & Launier, R.: Streßbezogene Transaktionen zwischen Person und Um-

welt. In: Nitsch, J.(Hg.) : Streß. Bern: Huber (1981) 213-259.
Lazarus, R.S. & Folkman, S.: Stress, appraisal and coping. New York: Springer (1984).
Lazarus, R.S. & Folkman, S.: Transactional theory and research on emotions and coping. In: Laux, L. & Vossel, G. (Eds.) : European Journal of Personality. Special Issue (No. 3) (1987).
Lehmensick, E.: Die Theorie der formalen Bildung. (Gött. Stud. z. Päd., H. 6) Göttingen: Vandenhoeck & Ruprecht (1926).
Lehr, U.: Psychologie des Alterns. Heidelberg: Quelle & Meyer (1984(5., zuerst 1972)).
Lehr, U.: Das mittlere Erwachsenenalter - ein vernachlässigtes Gebiet der Entwicklungspsychologie. In: Oerter, R.(Hg.) : Entwicklung als lebenslanger Prozeß. Hamburg: Hoffmann & Campe (1978) 147-177.
Lehr, U.: Erträgnisse biographischer Forschung in der Entwicklungspsychologie. In: Jüttemann, G. & Thomae, H.(Hg.) : Biographie und Psychologie. Berlin: Springer (1987) 217-248.
Lehr, U.: Kompetenz im Alter - Beiträge aus gerontologischer Forschung und Praxis. In: Rott, Chr. & Oswald, F.(Hg.) : Kompetenz im Alter. Vaduz: Liechtenstein (1989) 1-14.
Leitner, S.: So lernt man lernen. Freiburg: Herder (1972).
Lempert, W.: Leistungsprinzip und Emanzipation. Studien zur Realität, Reform und Erforschung des beruflichen Bildungswesens. Frankfurt/M.: Suhrkamp (1971).
Lenske, W. & Zilleßen, R.: Ergebnisse einer Betriebsbefragung zur beruflichen und schulischen Bildung. In: Göbel, U. & Schlaffke, W.(Hg.) : Berichte zur Bildungspolitik 1987/88 des Instituts der deutschen Wirtschaft. Köln: Deutscher Instituts-Verlag (1987) 77-92.
Lenske, W.(Hg.): Qualified in Germany. Ein Standortvorteil für die Bundesrepublik Deutschland. Köln: Deutscher Institutsverlag (1988).
Lenske, W.: Realschule - Schule der Zukunft. Ergebnisse einer Umfrage bei Betrieben aus Industrie, Handel und Handwerk zum Bildungsprofil der Realschule und zum Qualifikationsniveau von Realschülern. Köln:

Deutscher Instituts-Verlag (1989)(Beiträge zur Gesellschafts- und Bildungspolitik, Nr. 144 (3/1989)).
Leonhardt, R.W.: Was ist, wie erwirbt man, wem nützt Allgemeinbildung?. In: DIE ZEIT. Nr. 16 vom 16. April (1982).
Lerner, R.M. & Bush-Rossnagel, N.A.(Hg.): Individuals as producers of their own development: a life-span perspective. New York: Academic (1981).
Lerner, R.M.: Children and adolescents as producers of their own development. In: Developmental Review. 2 (1982) 342-370.
Lerner, R.M. Hultsch, D.F. & Dixon, R.A.: Contextualism and the character of developmental psychology in the 1970s. In: Annuals of the New York Academy of Sciences. 412. (1983) 225-235.
Lerner, R.M.: Jugendliche als Produzenten ihrer eigenen Entwicklung. In: Olbrich, E. & Todt, E.(Hg.) : Probleme des Jugendalters. Berlin: Springer (1984) 69-87.
Lerner, R.M.: Entwicklungs-Kontextualismus und Person-Umwelt-Interaktion in lebenslanger Sicht. In: Schweizerische Zeitschrift für Psychologie. 47 (1988).
Lersch, Ph.: Aufbau der Person. München: Barth (1970 (11.) , zuerst 1938).
Levinson, D.J.: A conception of adult development. In: American Psychologist. 41 (1986) 3-13.
Lewin, K.: Feldtheorie in den Sozialwissenschaften. Bern: Huber (1963).
Liebau, E.: Das Jugendbild der Politik. In(Hg.): Neue Sammlung. 22 (1982) 438-454.
Liedtke, M.: Pestalozzi. Reinbek: Rowohlt (1987)(zuerst 1968).
Lindemann, E.: Symptomatology and management of acute grief.. In: American Journal of Psychiatry. 101 (1944) 141-148.
Lindemann, E.: The meaning of crisis in individual and family living. In: Teacher College Record. 57 (1956) 310-315.
Lindemann, E.: Jenseits von Trauer. Göttingen: Verlag für medizinische Psychologie (1985).
Lindsay, P.H. & Norman, D.A.: Human information processing. New York: Academic Press (1972).
Loch, W.: Pädagogik des Mutes. In: Bildung und Erziehung. 18 (1965) 1-15.

Loch, W.: Curriculare Kompetenzen und pädagogische Paradigmen. In: Bildung und Erziehung. 32 (1979) 241-266.
Luchins, A.S.: Mechanisierung beim Problemlösen. In: Graumann, C.F.(Hg.) : Denken. Köln: Kiepenheuer & Witsch (1971/1942)(5.) 171-190.
Luhmann, N.: Zweckbegriff und Systemrationalität. Frankfurt: Suhrkamp (1973).
Lukton, R.C.: Crisis theory: Review and critique. In: Social Service Review. 48 (1974) 384-402.
Lukton, R.C.: Myths and realities of crisis intervention. In: Social casework. (1982) 276-285.
Lübbe, H.: Selbstverwirklichung als Lebensthema. In: Weigelt, K.(Hg.) : Die Tagesordnung der Zukunft. Bonn: Bouvier (1986) 15-21.
MacIntyre, A.: After Virtue. London: Duckworth (1985)(2., zuerst 1981).
Mager, R.F.: Lernziele und programmierter Unterricht. Weinheim: Beltz (1972).
Mantz, R.: Maschine und Denken. Wuppertal: Deimling (1991).
Marchetti, C.: Die magische Entwicklungskurve. In: Bild der Wissenschaft. 19 (1982) H 10114-128.
Marcuse, H.: Der eindimensionale Mensch. Neuwied: Luchterhand (1982)(18., zuerst 1967).
Masendorf, F. & Klauer, K. J.: Gleichheit und Verschiedenheit als kognitive Kategorien. In: Zschr. f. Entwicklungspsychologie u. Pädagogische Psychologie. 18 (1986) 46-55.
Maslow, A.: Motivation und Persönlichkeit. Reinbek: Rowohlt (1981) (orig. amerikanisch 1954).
McKnight, J.: Professionelle Dienstleistung und entmündigende Hilfe. In: Illich, I.u.a.: Entmündigung durch Experten. Reinbek: Rowohlt (1979) 37-56.
Mead, G.H.: Geist, Identität und Gesellschaft. Frankfurt: Suhrkamp (1968).
Meadows, D.: Die Grenzen des Wachstums. Bericht des Club of Rome zur Lage der Menschheit. Stuttgart: DVA (1972).
Menze, C.: Die Bildungsreform Wilhelm von Humboldts. Hannover: Schroedel (1975).
Mertens, D.: Schlüsselqualifikationen. Thesen zur Schulung für eine moderne Gesellschaft.. In: Mitteilungen aus der Arbeitsmarkt- und Berufsforschung. H 4 (1974) 36-45.
Messner, H.: Wissen und Anwenden. Zur Problematik des Transfers im Unterricht. Stuttgart: Klett Cotta (1978).
Meyer, H.L.: Das ungelöste Deduktionsproblem in der Curriculumforschung. In: Achtenhagen, F. & Meyer, H.L.(Hg.) : Curriculumrevision. Möglichkeiten und Grenzen München: Kösel (1971) 106-132.
Mielke, R.: Lernen und Erwartung. Bern: Huber (1984).
Mierke, K.: Psychohygiene im Schulalltag. Bern: Huber (1967).
Miller, G.A. & Galanter, E. & Pribam, K.H.: Strategien des Handelns. Stuttgart: Klett (1973/1960).
Monod, J.: Zufall und Notwendigkeit. München: dtv (1988) (8., zuerst 1975, orig. 1970).
Murmann, K.: Innovation und Qualifikation. Köln: BDA (Vortragsmanuskript Kongreß "Innovation und Qualifikation", Frankfurt 28.9.88) (1988).
Murmann, K.: Vorzüge und Nachteile des Wirtschaftsstandortes Bundesrepublik Deutschland. Köln: BDA (Vortragsmanuskript Brilon 22.5.89) (1989).
Murphy, L.B.: The widening world of childhood: Path toward mastery. New York: Basic Books (1962).
Naef, D.: Rationelles Lernen lernen. Weinheim: Beltz (1972).
Newell, A. & Simon, H.A.: Human problem solving. Englewood Cliffs, N.J.: Prentice Hall (1972).
Newell, A., Shaw, J.C. & Simon, H.A.: Report on a General Problem-Solving Program for a Computer. In: UNESCO (Hg.) : Information Prozessing: Proceedings of the International Conference on Information Prozessing. Paris: UNESCO (1960) 256-264.
Niethammer, Fr. I.: Philantropinismus - Humanismus. Texte hg. v. W. Hillebrecht. Weinheim:: Beltz (1968 (1808)).
Nitsch, J. (Hg.) : Stress. Bern: Huber (1981) ,.

Norman, D. & Rumelhart, D.: Explorations in Cognition. San Francisco: Freeman (1975).
Oerter, R.: Zur Dynamik von Entwicklungsaufgaben im menschlichen Lebenslauf. In: Oerter, R.(Hg.) : Entwicklung als lebenslanger Prozeß. Hamburg: Hoffmann & Campe (1978) 66-110.
Oerter, R.(Hg.): Entwicklung als lebenslanger Prozeß. Hamburg: Hoffmann & Campe (1978).
Oerter, R. & Montada, L.(Hg.): Entwicklungspsychologie. München: U & S (1982).
Oerter, R.: Aspekte einer entwicklungspsychologischen Beratung im Jugendalter. In: Brandstädter, J. & Gräser, H.(Hg.) : Entwicklungsberatung unter dem Aspekt der Lebensspanne. Göttingen: Hogrefe (1985) 65-82.
Oerter, R.: Entwicklung und Förderung: Angewandte Entwicklungspsychologie. In: Roth, L.(Hg.) : Pädagogik. HAndbuch für Studium und Praxis. München: Ehrenwirth (1991) 158-171.
Offe, C.: Leistungsprinzip und industrielle Arbeit. Frankfurt/M.EVA (1970).
Offer, D.: Das Selbstbild normaler Jugendlicher. In: Olbrich, E. & Todt, E.(Hg.) : Probleme des Jugendalters. Berlin: Springer (1984) 111-130.
Olbrich, E.: Die Entwicklung der Persönlichkeit im menschlichen Lebenslauf. In: Oerter, R. & Montada, L.(Hg.) : Entwicklungspsychologie: ein Lehrbuch. München: Urban & Schwarzenberg (1982) 91-123.
Olbrich, E.: Jugendalter - Zeit der Krise oder der produktiven Anpassung? In: Olbrich, E. & Todt, E.(Hg.) : Probleme des Jugendalters. Neuere Sichtweisen. Berlin: Springer (1984) 1-47.
Olbrich, E. & Todt, E.(Hg.): Probleme des Jugendalters. Neuere Sichtweisen. Berlin: Springer (1984).
Olbrich, E.: Kompetenz im Alter. In: Zeitschrift für Gerontologie. 20 (1987) 319-331.
Olbrich, E.: Kompetentes Verhalten älterer Menschen - epochale Aspekte. In: Rott, Chr. & Oswald, F.(Hg.) : Kompetenz im Alter. Vaduz: Liechtenstein (1989) 32-61.

Osgood, C.E.: The similarity paradox: A resolution. In: Psychological Reviews. 56 (1949) 132-143.
Overing, R. & Travers, R.: Training Conditions and Transfer. In: Journal of Educational Psychology. 57 (1966) 179-188.
Packard, V.: Die geheimen Verführer. Der Griff nach dem Unbewußten in jedermann. Frankfurt/M.: Ullstein (1982)(dt. zuerst 1958).
Pervin, L.: Personality. Current controversies, issues, and directions.. In: Annual Review of Psychology. 36 (1985) 83-114.
Peschke, R., Hullen, G. & Diemer, W. R.: Anforderungen an neue Lerninhalte. (Materialien zur Schulentwicklung, Hefte 4/5). Wiesbaden: Hessisches Institut für Bildungsplanung und Schulentwicklung (1984) 2 Bde.
Pestalozzi, J.H.: Gesammelte Werke in zehn Bänden. Hg. v. Bosshardt, Dejung, Kempter & Stettbacher. Zürich: Rascher (1950).
Pestalozzi, J.H.: Ausgewählte Schriften. Hg. v. W. Flitner. Frankfurt: Ullstein (1983).
Petermann, F. & Petermann, U.: Training mit sozial unsicheren Kindern. Weinheim: PVU (1989) (3.).
Petermann, F. & Petermann, U.: Training mit aggressiven Kindern. Weinheim: PVU (1991) (4.).
Petermann, F. & Petermann, U.: Training mit Jugendlichen: Förderung von Arbeits- und Sozialverhalten. Weinheim: PVU (1991) (2.).
Piaget, J.: Das Erwachen der Intelligenz beim Kinde. Stuttgart: Klett (1969/1936).
Piaget, J.: Nachahmung, Spiel und Traum. Stuttgart: Klett (1969).
Piaget, J. & Inhelder, B.: Von der Logik des Kindes zur Logik des Heranwachsenden. Essay über die Ausformung der formal-operativen Strukturen. Olten: Walter (1977).
Platon: Sämtliche Werke. Hamburg: Rowohlt (1957).
Pleines, J.-E.: Studien zur Bildungstheorie. Darmstadt: Wissenschaftliche Buchgesellschaft (1989).
Polya, G.: Schule des Denkens. Bern: Francke (Sammlung Dalp) (1967)(2.)
Polya, G.: Vom Lösen mathematischer Aufgaben. 2 Bde. Basel: Birkhäuser (1967).

Preiser, S.: Kreativitätsforschung. Darmstadt: Wissenschaftliche Buchgesellschaft (1976).
Prystav, G.: Psychologische Copingforschung: Konzeptbildung, Operationalisierungen und Meßinstrumente. In: Diagnostica. Zeitschrift für psychologische Diagnostik und differentielle Psychologie. 27 (1981) 189-214.
Putz-Osterloh, W.: Über die Effektivität verschiedener Trainingsverfahren zur Verbesserung des Problemlöseverhaltens erwachsener Personen. Universität Kiel: Dissertation (1973).
Putz-Osterloh, W.: Über die Beziehung zwischen Testintelligenz und Problemlöseerfolg. In: Zeitschrift für Psychologie. H 1 (1981) 80-100.
Putz-Osterloh, W. & Lüer, G.: Über die Vorhersagbarkeit komplexer Problemlöseleistungen durch Ergebnisse in einem Intelligenztest. In: Zeitschrift für Experimentelle und Angewandte Psychologie. 28 (1981) 309-334.
Rapaport, L.: The state of crisis. In: Social Service Review 36 (1962) 211-217.
Reither, F.: Wertorientierung in komplexen Entscheidungssituationen. In: Sprache und Kognition. H 4 (1985) 21-27.
Riegel, K.: Ansätze zu einer dialektischen Theorie der Entwicklung. In: Riegel, K.(Hg.) : Zur Ontogenese dialektischer Operationen. Frankfurt: Suhrkamp (1978) 75-96.
Riegel, K.: Psychologie, mon amour. Ein Gegentext. München: Urban & Schwarzenberg (1981).
Riegel, K.: Die Dialektik der menschlichen Entwicklung. In: Dollase, R.: Entwicklung und Erziehung. Stuttgart: Klett (1985) 74-90.
Riemann, F.: Grundformen der Angst. München: Reinhardt (1975)(12.).
Robinsohn, S. B.: Bildungsreform als Revision des Curriculums. Neuwied: Luchterhand (1967).
Röhr-Sendlmeier , U.: Zweitspracherwerb und Sozialisationsbedingungen. Frankfurt: Lang (1985).
Röhr-Sendlmeier , U.: Pubertät. Bonn: Bouvier (1988).

Rosch-Inglehart, M.: Kritische Lebensereignisse. Eine sozialpsychologische Analyse. Stuttgart: Kohlhammer (1988).
Rosenthal, R. & Jacobson, L.: Pygmalion in the classroom. New York: Holt (1968).
Roskies, E. & Lazarus, R.S.: Coping Theory and the Teaching of Coping Skills. In: Davidson, P.O. & Davidson, S. M.(Hg.) : Behavioral Medicine: Changing Health Lifestyles. New York: Brunner/Mazel (1980) 38-69.
Roth, H.: Pädagogische Anthropologie. Band II: Entwicklung und Erziehung. Grundlagen einer Entwicklungspädagogik. Hannover: Schroedel (1971).
Roth, H. (Hg.) : Begabung und Lernen. Stuttgart: Klett (1969)(Gutachten und Studien der Bildungskommission, Bd. 4).
Rotter, J.B.: Social Learning and clinical psychology. New York: Englewood Cliffs (1954).
Rotter, J.B.: Generalized expectancies for internal versus external control of reinforcement. In: Psychological Monographs. 1 (1966) 1-28.
Rotter, J.B.: An introduction to social learning theory. In: Rotter, J.B. , Chance, J.E. & Phares, E.J.(Hg.) : Applications of social learning theory of personality. New York: Holt (1972).
Rudinger, G. & Lantermann, E.D.: Soziale Bedingungen der Intelligenz im Alter. In: Zeitschrift für Gerontologie. 13 (1980) 433-441.
Rülcker, T.: Bildung, Gesellschaft, Wissenschaft. Eine Einführung in Grundbegriffe, Perspektiven und Grenzen der deutschen Curriculumdiskussion. Heidelberg: Quelle & Meyer (1976).
Sartre, J.P.: Das Sein und das Nichts. Reinbek: Rowohlt (1989)(3.).
Scarbath, H.: Videokonsum und pädagogische Verantwortung. Köln: Adamas (1986 (Reihe "Pädagogik und freie Schule" Bd. 33)).
Scheler, M.: Die Formen des Wissens und die Bildung. Bonn: Fr. Cohen (1925).
Scheler, M.: Die Stellung des Menschen im Kosmos. Bern: Francke (1978)(9., zuerst 1928).

Literatur

Schelsky, H.: Die skeptische Generation. Frankfurt/M.: Ullstein (1975 (zuerst 1957)).
Scheuerl, H.: Die exemplarische Lehre. Tübingen: Niemeyer (1958).
Schneider, H.: Bildungswissen und wissenschaftliche Systematik. Bonn: Phil. Diss. (1979).
Scholz, O.B. & Collin, H.: Konfliktlösestrategien bei Ehepaaren der zweiten Lebenshälfte. In: Z. Gerontol. 15 (1982) 234-240.
Scholz, R. W. & Hasemann, K.: Psychologische Forschung zu mathematikbezogenen Lehr-, Lern- und Denkprozessen an bundesdeutschen und österreichischen Hochschulen. In: Zeitschr. f. Entwicklungspsychologie u. Pädagogische Psychologie. 21 (1989) 325-355.
Schopenhauer, A.: : Sämtliche Werke. Nach d. 1., von Julius Frauenstädt besorgten Gesamtausgabe, neu bearb. u. hrsg. von Arthur Hübscher. 7 Bde. Mannheim: F.A.Brockhaus (1988)(4., Jubiläumsausg., zuerst 1937).
Schörner, G.: Von der Freiheit des Urteils. Untersuchungen zu Konzepten moralischer Autonomie. München: Profil, zugl.: Bonn, Univ. Diss. (1989).
Schwarz, G.: Konfliktmanagement. Sechs Grundmodelle der Konfliktlösung. Wiesbaden: Gabler (1990).
Schwerdt, Th.: Kritische Didaktik. Paderborn: Schöningh (1952)(15., zuerst 1933).
Seiffge-Krenke, I.: Probleme und Ergebnisse der Kreativitätsforschung. Bern: Huber (1974).
Seiffge-Krenke, I.: Problembewältigung im Jugendalter. Gießen: Habilitationsschrift des Fachbereichs Psychologie der Justus-Liebig-Universität (1984).
Seiffge-Krenke, I.: Problembewältigung im Jugendalter. In: Zeitschr. f. Entwicklungspsychologie u. Pädagogische Psychologie. 18 (1986) 122-152.
Seiffge-Krenke, I.: Die Entwicklung des sozialen Verhaltens. In: Hetzer, H., Todt, E. , Seiffge-Krenke, I. et al.(Hg.): Angewandte Entwicklungspsychologie des Kindes- und Jugendalters. Heidelberg: Quelle & Meyer (1990)(2.) 352-396.

Seligman, M.: Helplessness. On Development, Depression and Death. San Francisco: Freeman (1975).
Seligman, M.E.P.: Erlernte Hilflosigkeit. München: PVU (1986)(3., veränd., orig. 1975).
Selye, H.: The general adaptation syndrom and the diseases of adaptation. In: Journal of clinical Endocrinology. 6 (1946) 117-230.
Selye, H.: The physiology pathology of exposure to stress. Montreal: Acta (1950).
Selye, H.: Einführung in die Lehre vom Adaptationssyndrom. Stuttgart: Thieme (1953).
Selye, H.: Streß beherrscht unser Leben. Düsseldorf: Econ (1957).
Selz, O.: Die Gesetze der produktiven Tätigkeit. In: Graumann, C.F.(Hg.) : Denken. Köln: Kiepenheuer & Witsch (1971)(5., orig. 1913) 215-224.
Selz, O.: Zur Psychologie des produktiven Denkens und des Irrtums. Bonn: Cohen (1922).
Silber, E., Hamburg, D.A., Coelho, G.V. et al.: Adaptive behavior in competent adolescents. In: Archivs of General Psychiatry. 5 (1961) 354-365.
Silber, E., Coelho, G.V., Murphy, E.B. et al.: Competent adolescents coping with college decision. In: Archivs of General Psychiatry. 5 (1961) 517-527.
Silver, R.L. & Wortmann, C.B.: Coping with undesirable events. In: Garber, J. & Seligman, M.E.P.(Hg.) : Human helplessness. New York: Academic Press (1980) 279-340.
Simon, H. A. & Gilmartin, K. A.: A Simulation of Memory for Chess Positions. In: Cognitive Psychology. 5 (1973) 29-46.
Singer, J. L. & Kolligian, J.: Personality: Developments in the Study of Private Experience. In: Annual Review of Psychology. 38 (1987) 533-574.
Skowronek, H.: Psychologische Grundlagen einer Didaktik der Denkerziehung. Hannover: Schroedel (1968).
Solzbacher, C.: Schlüsselqualifikationen. In: Geißler, E.E.(Hg.) : Bildung für das Alter - Bildung im Alter. Bonn: Bouvier (1990) 51-73.
Späte, G. J.: Die Emotionen der Subjekte im Religionsunterricht. Eine Untersuchung zur Emtionalität in Erkenntnisprozessen in reli-

gionspädagogischer Absicht. Bonn: Schriftliche Hausarbeit im Rahmen der Ersten Staatsprüfung für das Lehramt für die Sekundarstufe I und II, nicht im Buchhandel (1988).
Speck, J.: A. Camus: Die Grundantinomien des menschlichen Daseins. In: Ders.(Hg.) : Grundprobleme der großen Philosophen. Philosophie der Gegenwart V. Göttingen: Vandenhoeck & Ruprecht (1982) 126-177.
Spranger, E.: Psychologie des Jugendalters. Leipzig: Quelle & Meyer (1925(3.)).
Spranger, E.: Die Fruchtbarkeit des Elementaren. In: Ders.: Pädagogische Perspektiven. Heidelberg: Quelle & Meyer (1955)(3.) .
Stäudel, Th. & Weber, H.: Bewältigungs- und Problemlöseforschung: Parallelen, Überschneidungen, Abgrenzungen. In: Brüderl, L.(Hg.) : Theorien und Methoden der Bewältigungsforschung. Weinheim: Juventa (1988) 63-78.
Stäudel, Th.: Problemlösen, Emotionen und Kompetenz. Regensburg: Roderer (1987).
Stäudel, Th.: Kompetenz. In: Brüderl, L.(Hg.) : Theorien und Methoden der Bewältigungsforschung. Weinheim: Juventa (1988) 129-138.
Steindorf, G.: Einführung in die Schulpädagogik. Bad Heilbrunn: Klinkhardt (1976)(3.).
Steindorf, G.: Lernen und Wissen. Bad Heilbrunn: Klinkhardt (1985).
Steindorf, G.: Grundbegriffe des Lehrens und Lernens. Bad Heilbrunn: Klinkhardt (1991)(3.).
Strohschneider, St.: Die Stabilität von Verhaltensmerkmalen, Intelligenz und Coping-Strategien bei der Steuerung komplexer Systeme. Bamberg: Diplom-Arbeit Psychologie (1985).
Strohschneider, S.: Zur Stabilität und Validität von Handeln in komplexen Realitäbereichen. In: Sprache und Kognition. H 1 (1986) 42-48.
Szondi, P.: Die Theorie des bürgerlichen Trauerspiels im 18. Jahrhundert. Frankfurt/M.: Suhrkamp (1979)(4., zuerst 1973).
Taplin, J.R.: Crisis Theory. In: Community Mental Health Journal. 7 (1971) 13-23.
Tenbruck, Fr.: Geschichtserfahrung und Religion in der heutigen Gesellschaft. In: Spricht Gott in der Geschichte? Freiburg: Herder (1972) 9-94.
Tenbruck, Fr.: Die kulturellen Grundlagen der Gesellschaft. Der Fall der Moderne. Opladen: Westdeutscher Verlag (1988).
Tenbruck, Fr.: Zur Anthropologie des Handelns. In: Lenk, H.(Hg.) : Handlungstheorien interdisziplinär. Bd. II. München: Fink (1978) 89-138.
Thoits, P.A.: Dimensions of life events that influence psychological distress: An evaluation and synthesis of the literature. In: Kaplan, H.B.(Hg.) : Psychological stress: Trends in theory and research. New York: Academic Press (1983) 33-103.
Thomae, H.: Das Wesen der menschlichen Antriebsstruktur. Leipzig: Barth (1944).
Thomae, H.: Die biographische Methode in den anthropologischen Wissenschaften. In: Studium Generale 5 (1952) 163-177.
Thomae, H.: Lage und Lageschema. In: Funke, G.(Hg.) : Konkrete Vernunft. Festschrift für Erich Rothacker. Bonn: Bouvier (1958) 289-297.
Thomae, H.: Vorschlag zur Neudefinition von Entwicklung. In: Thomae, H.(Hg.) : Entwicklungspsychologie. Handbuch der Psychologie, Bd. 3.2. Göttingen: Verlag f. Psychologie (1959) 9-12.
Thomae, H.: Persönlichkeit. Eine dynamische Interpretation. Bonn: Bouvier (1966)(3., zuerst 1955).
Thomae, H.: Das Individuum und seine Welt. Göttingen: Hogrefe (1968)(1.).
Thomae, H.: Zur Problematik des Entwicklungsbegriffs im mittleren und höheren Erwachsenenalter. In: Oerter, R.(Hg.) : Entwicklung als lebenslanger Prozeß. Hamburg: Hoffmann & Campe (1978) 21-32.
Thomae, H.: Altersstile und Altersschicksale - Ein Beitrag zur differentiellen Gerontologie. Bern: Huber (1983).
Thomae, H. & Lehr, U.: Stages, crisis, conflicts and life-span development. In: Sorensen, A.B. & Weinert, F.E. & Sherrod, L.R.(Hg.) : Human development and the life course: Interdisciplinary perspectives. Hillsdale: Erlbaum (1986) 429-444.

Thomae, H.: Das Individuum und seine Welt. Göttingen: Verlag für Psychologie (1988)(2., neu bearb.).

Thomae, H.: Formen der Kompetenz im Alter. In: Rott, Chr. & Oswald, F.(Hg.) : Kompetenz im Alter. Vaduz: Liechtenstein (1989) 15-32.

Thorndike, E.L. & Woodworth, R.S.: The influence of improvement in one function upon the efficiency of other functions I, II, III. In: Psychological Reviews. 8 (1901) 247-261, 384-395, 553-564.

Thorndike, E.L.: Educational Psychology. New York (1903).

Thorndike, E.: Psychologie der Erziehung. Darmstadt: Wissenschaftliche Buchgesellschaft (1970/1921).

Thorndike, E.: Mental discipline in high school studies. In: Journal of Educational Psychology. (1924) 1-22, 83-98.

Thyhurst, J. S.: Individual reactions to community disaster. In: American Journal of Psychiatry. 107 (1951) 764-769.

Ulich, D.: Kriterien psychologischer Entwicklungsbegriffe. In: Zeitschrift für Sozialisationsforschung und Erziehungssoziologie 6 (1986) 5-27.

Ulich, D.: Krise und Entwicklung. Zur Psychologie der seelischen Gesundheit. München: PVU (1987).

Varela, F.J.: Kognitionswissenschaft - Kognitionstechnik. Eine Skizze aktueller Perspektiven. Frankfurt/M.: Suhrkamp (1990).

Verhofstadt-Deneve, L.: Durch Konflikte leben lernen. In: Psychologie heute 9 (1982) 62-67.

Wagenschein, M.: Natur physikalisch gesehen. Frankfurt/M.: Diesterweg (1953).

Wagenschein, M.: Das Exemplarische in seiner Bedeutung für die Überwindung der Stofffülle. In: Bildung und Erziehung. 8 (1955) 519ff.

Wagenschein, M.: Zum Begriff des exemplarischen Lehrens. In: Zeitschr. f. Pädagogik. 2 (1956) 129-153.

Wagenschein, M.: Ursprüngliches Verstehen und exaktes Denken. 2 Bde. Stuttgart: Klett (1970).

Waters, E. & Sroufe, L. A.: Social competence as a developmental construct. In: Developmental Review. 3 (1983) 79-97.

Watson, J.B.: Psychology as the behaviorist views it. In: Psychological Reviews. 20 (1913) 158-177.

Weiner, B.: Theories of motivation. From mechanisms to cognition. Chicago: Markham (1972).

Weiner, B.: An attributional interpretation of expectancy-value theory. In: Weiner, B.(Hg.) : Cognitive views of human motivation. New York: Academic Press (1984) 51-70.

Weiner, B.: An attributional theory of achievement motivation and emotion. In: Psychological Review. 92 (1985) 548-573.

Weinert, F.: Lernübertragung. In: Weinert, F., Graumann, C., Heckhausen, H. et al.(Hg.) : Funkkolleg Pädagogische Psychologie. Bd. 2. Frankfurt: Fischer (1974) 687-709.

Weinstock, H.: Die Tragödie des Humanismus. Wiesbaden: Aula (1989)(5., zuerst 1953).

Weisberg, R.: Kreativität und Begabung. Heidelberg: Spektrum der Wissenschaft (1989)(orig.: Creativity. New York: Freeman 1986).

Welsch, W.: Unsere postmoderne Moderne. Weinheim: VCH Acta Humaniora (1987).

Werdt, J.D.v.: Von der systemischen Sicht zum therapeutischen Handeln. In: Psychother. med. Psychol. 37 (1987) 126-132.

Wertheimer, M.: Productive Thinking. New York: Harper (1945 (deutsch: Produktives Denken. Frankfurt: Kramer 1964,2.)).

Westhoff, H.: Peter Wust: Christliches Existenzbewußtsein. In: Speck, J.(Hg.) : Grundprobleme der großen Philosophen. Philosophie der Gegenwart V. Göttingen: Vandenhoeck & Ruprecht (UTB) (1982) 178-212.

Westphalen, K.: Praxisnahe Curriculumentwicklung Donauwörth (1978).

White, R. W.: Motivation reconsidered: The concept of competence. In: Psychological Review. 66 (1959) 297-333.

White, R.W.: Strategies of adaptation: an attempt on systematic description. In: Coelho, G.V., Hamburg, D. & Adams, J.E.(Hg.) :

Coping and adaptation. New York: Basic Books (1974) 47-68.
Willis, S. & Blieszner, R. & Baltes, P.: Intellectual Training Research in Aging: Modification of Performance on the Fluid Ability of Figural Relations. In: Journal of Educational Psychology. 73 (1981) 41-50.
Wittmann, E.: Grundfragen des Mathematikunterrichts. Braunschweig: Vieweg (1978)(5., zuerst 1974).
Wolff, Fr. A.: Darstellungen der Alterthumswissenschaften. Halle (1869).
Wollersheim, H.-W.: Orientierungslosigkeit der Jugend heute? In: DLG-Mitteilungen. 101 (1986) 47-50 H 1.
Wollersheim, H.-W.: Jugend. Ideal und Wirklichkeit. Historisch-systematische Studien zur Genese und pädagogischen Relevanz moderner Jugendkonzepte. Bonn: Phil. Diss. (1987).
Wollersheim, H.-W.: Jugend und Politik. In: Geißler, E.E.(Hg.) : Verantwortete politische Bildung. Bonn: Bouvier (1988) 38-62.
Wollersheim, H.-W.: Die alternde Gesellschaft als Herausforderung an die Pädagogik. In: Solzbacher, C. & Wollersheim, H.-W. (Hg.) : Wege in die Zukunft. Pädagogische Perspektiven im pluralistischen Staat. Bonn: Bouvier (1988) 109-131.
Wolpe, J.: Psychotherapy by reciprocal inhibition. Stanford: Stanford University Press (1958).
Woodrow, H.: Der Einfluß der Übungsart auf die Lernübertragung (Transfer). In: Weinert, F.(Hg.) : Pädagogische Psychologie. Köln: Kiepenheuer & Witsch (1969)(4.) 213-229.
Wust, P.: Ungewißheit und Wagnis. München: Kösel (1989)(12.).
Wyss, D.: Die tiefenpsychologischen Schulen von den Anfängen bis zur Gegenwart. Göttingen: Vandenhoeck & Ruprecht (1970)(3., erw. (zuerst 1959)).
Zech, Fr.: Grundkurs Mathematikdidaktik. Weinheim: Beltz (1978)(2.).
Ziehe, Th.: Pubertät und Narzißmus. Sind Jugendliche entpolitisiert? Frankfurt/M.: EVA (1975).
Zimmer, D.: Die Entwicklung des Begriffs der Selbstsicherheit und der sozialen Kompetenz in der Verhaltenstherapie. In: Ullrich, R. & Ullrich, R.(Hg.) : Soziale Kompetenz. München: Pfeiffer (1978) 469 482.
Zimmermann, A.: Zum philosophischen Hintergrund des Personbegriffs. In: Geißler, E.E. (Hg.) : Inhalt und Bedeutung des personalen Menschenbildes. Bonn: Institut für Erziehungswissenschaft (1987) 30-44.

Martin K. W. Schweer

Bewältigungsstrategien in problematischen Interaktionssituationen

Frankfurt/M., Bern, New York, Paris, 1991. IV, 341 S., zahlr. Abb.
Empirische Schul- und Unterrichtsforschung. Herausgegeben von
Manfred Herbig. Bd. 6
ISBN 3-631-43115-5 br. DM 93.--

Im Mittelpunkt der Arbeit steht die Analyse des Interaktionsverhaltens in Problemsituationen: Wann wird eine Situation als problematisch wahrgenommen? Wie wird sie erlebt? Von welchen Faktoren ist das Handeln der Interaktionspartner abhängig? Es ist hierbei der Einfluß personaler und situationaler Bedingungsgrößen zu untersuchen, da menschliches Verhalten als eine Funktion von Person und Situation nur durch die Einbettung in seine personalen und situationalen Teilkomponenten hinreichend zu verstehen ist. Die Ergebnisse der empirischen Studien im pädagogischen und medizinisch-sozialen Bereich geben wichtige Hinweise für die Aus- und Weiterbildung in der beruflichen Praxis.

Aus dem Inhalt: Die Person-Situation-Interaktion - Die Wahrnehmung von Problemsituationen - Das Erleben von Problemsituationen - Die Bewältigungsstrategien in Problemsituationen

Verlag Peter Lang Frankfurt a.M. · Berlin · Bern · New York · Paris · Wien
Auslieferung: Verlag Peter Lang AG, Jupiterstr. 15, CH-3000 Bern 15
Telefon (004131) 9411122, Telefax (004131) 9411131
- Preisänderungen vorbehalten -